plurall

Parabéns!
Agora você faz parte do **Plurall**, a plataforma digital do seu livro didático! Acesse e conheça todos os recursos e funcionalidades disponíveis para as suas aulas digitais.

Baixe o aplicativo do **Plurall** para Android e IOS ou acesse www.plurall.net e cadastre-se utilizando o seu código de acesso exclusivo:

AASPTBGS4

Este é o seu código de acesso Plurall. Cadastre-se e ative-o para ter acesso aos conteúdos relacionados a esta obra.

@plurallnet
@plurallnetoficial

SOMOS EDUCAÇÃO

CURSO PRÁTICO DE GRAMÁTICA

ERNANI TERRA
Doutor em Língua Portuguesa
pela Pontifícia Universidade
Católica de São Paulo

editora scipione

Direção de inovação e conteúdo: Guilherme Luz
Direção editorial: Luiz Tonolli e Renata Mascarenhas
Gestão de projeto editorial: Viviane de Lima Carpegiani
Gestão e coordenação de área: Alice Silvestre e Camila De Pieri Fernandes
Edição: Cristiane Schlecht
Gerência de produção editorial: Ricardo de Gan Braga
Planejamento e controle de produção: Paula Godo e Roseli Said
Revisão: Hélia de Jesus Gonsaga (ger.), Kátia Scaff Marques (coord.), Rosângela Muricy (coord.), Adriana Rinaldi, Brenda T. de Medeiros Morais, Carlos Eduardo Sigrist, Diego Carbone, Gabriela M. de Andrade, Heloísa Schiavo, Lilian M. Kumai, Luciana B. de Azevedo, Luís Maurício Boa Nova, Patricia Cordeiro, Raquel A. Taveira, Ricardo Miyake, Vanessa de Paula Santos
Edição de arte: Leandro Hiroshi Kanno (coord.), Luiza Massucato, Nicola Loi (assist.)
Diagramação: Luiza Massucato
Iconografia e licenciamento de texto: Sílvio Kligin (superv.), Denise Durand Kremer (coord.), Fernando Cambetas (pesquisa iconográfica), Liliane Rodrigues (licenciamento de textos)
Tratamento de imagem: Cesar Wolf, Fernanda Crevin
Capa: Gláucia Correa Koller (coord.) e Adilson Casarotti
Foto de capa: Roger Kisby/Cavan Images/Shutterstock
Fotos das aberturas: Shane Maritch/Shutterstock (parte 1); Cavan Images/Shutterstock (parte 2); Roger Kisby/Cavan Images/Shutterstock (parte 3); Roger Kisby/Cavan Images/Shutterstock (parte 4); Alberto Bernasconi/Shutterstock (Manual do Professor)
Projeto gráfico de miolo: Gláucia Correa Koller (coord.) e Adilson Casarotti

---

Todos os direitos reservados por Editora Scipione S.A.
Avenida das Nações Unidas, 7221, 1º andar, Setor D
Pinheiros – São Paulo – SP – CEP 05425-902
Tel.: 4003-3061
www.scipione.com.br / atendimento@scipione.com.br

Dados Internacionais de Catalogação na Publicação (CIP)
(Câmara Brasileira do Livro, SP, Brasil)

```
Terra, Ernani
    Curso prático de gramática / Ernani Terra. --
7. ed. -- São Paulo : Editora Scipione, 2017.

    1. Português - Gramática (Ensino médio) I. Título.

17-03208                                CDD-469.507
```

Índice para catálogo sistemático:
1. Gramática : Português : Ensino médio 469.507

2025
ISBN 978 85 4740 027 9 (AL)
ISBN 978 85 4740 028 6 (PR)
Código da obra CL 740100
CAE 621311 (AL) / 621312 (PR)
7ª edição
10ª impressão

Impressão e acabamento: Forma Certa Gráfica Digital
Cód. da OP: 262246

APRESENTAÇÃO

É com satisfação que apresentamos esta nova edição de nosso *Curso prático de Gramática*. Lançada há mais de trinta anos, esta gramática rapidamente teve grande aceitação por parte dos colegas professores, dos alunos e do público em geral, especialmente daqueles que querem conhecer melhor o funcionamento de nossa língua. Nesses anos, fomos acrescentando ao livro não só novas atividades, para melhor adequá-lo às provas e aos concursos de todo o país, como também novos textos e conteúdos, sem, no entanto, desfigurar o caráter original da obra.

Publicar uma gramática atualmente é um desafio, na medida em que muitas pessoas, incluídos alunos e professores, perguntam se tem sentido, nos dias atuais, ensinar e aprender a gramática normativa. A pergunta obviamente tem razão de ser por haver uma grande preocupação com os estudos do texto, deixando a gramática normativa numa posição secundária e, em alguns casos, até ausente dos conteúdos de ensino de língua portuguesa.

Poderíamos dar uma resposta simplista, com a afirmação de que os conteúdos gramaticais ainda são cobrados em provas e concursos de todo o país, justificando o fato de ter de estudar e ensinar gramática. A questão vai, no entanto, muito além disso. Afinal, não se estuda apenas para ser aprovado em exames; estuda-se também para que os conhecimentos adquiridos possam ser úteis em nossa vida, tornando-nos pessoas mais completas. Que importância tem então a gramática no nosso cotidiano? Que benefícios esse conhecimento pode nos trazer?

Embora a língua apresente variedades, existe uma de maior prestígio social, que nos é exigida em inúmeras situações da vida. Dominar essa variedade é possibilitar o acesso à cultura e à informação, geralmente veiculadas por meio da norma de prestígio. Conclui-se, portanto, inversamente, que não dominá-la pode afastar a pessoa do acesso à informação veiculada por grande parte dos órgãos de imprensa, bem como de manifestações culturais expressas nessa variedade. Além disso, o não domínio da variedade de prestígio pode acarretar dificuldades no entendimento de outras disciplinas. Afinal, os discursos da História, da Sociologia, do Direito, da Pedagogia, da Filosofia, etc., embora tenham as especificidades dos ramos de saber em que se inserem, são manifestados nessa norma de prestígio.

O competente domínio dessa variedade tem, pois, o condão de permitir a inserção social das pessoas, tornando-as cidadãos plenos, capazes de exercer seus direitos, e isso passa pelo conhecimento da gramática da língua. Esse é, a nosso ver, o maior objetivo de estudar gramática.

Neste livro, procuramos apresentar o conhecimento gramatical de forma objetiva e direta. Nele, não fazemos uma descrição da língua portuguesa, mas de um aspecto dela, a variedade de prestígio do português brasileiro atual. Para tanto, apresentamos os conceitos e, sempre que possível, procuramos mostrar as mudanças e as transformações por que passa a norma gramatical. O que se considerava "incorreto" há alguns anos hoje é uso comum até mesmo em situações que exigem um nível mais formal de linguagem. Se a língua muda com o tempo, suas variedades também se alteram. A gíria de hoje não é a mesma de antigamente. O que hoje consideramos como variedade de prestígio não corresponde exatamente ao que se denominava por linguagem culta num passado não muito distante.

Essa é a filosofia que norteou o nosso trabalho e que apresentamos agora aos leitores para que lhes possa servir de subsídio em seus estudos da língua portuguesa.

Este livro teve a importante colaboração de muitas pessoas. Umas, no trabalho direto com o texto; outras, com o seu incentivo e a sua generosidade. A citação nominal delas todas constituiria uma lista extensa, razão por que deixo de fazê-la. A gratidão é o maior dos deveres. A todas elas, a minha sempre eterna gratidão.

O autor

SUMÁRIO

INTRODUÇÃO 9

PARTE 1 — FONOLOGIA E ORTOGRAFIA

Capítulo 1 – Fonologia 12
Conceitos iniciais.. 12
- Fonologia 12
- Fonemas e letras... 17
- Dígrafos 13
- Transcrição fonológica.. 13

Classificação dos fonemas... 15
- Classificação das vogais 16
- Classificação das consoantes 17

Sílaba.. 18
- Sílaba átona e sílaba tônica 18
- Monossílabos átonos e tônicos 19
- Ortoépia e prosódia 19
- Encontros vocálicos 20
    - Ditongo 20
    - Tritongo 21
    - Hiato 21
- Encontros consonantais 21
- Translineação.. 22

A gramática no dia a dia 23
Atividades... 25
Dos textos à gramática/Da gramática aos textos............. 27

Capítulo 2 – Ortografia 28
Conceitos iniciais.. 28
Sistema ortográfico... 29
Orientações ortográficas... 30
- Mesmo fonema representado por letras diferentes 30
- Mesma letra representando fonemas diferentes 30
- Emprego do h 30
- Emprego do s 31
- Emprego do z 31
- Emprego do dígrafo ss.. 32
- Emprego do ç 32
- Emprego do sc 33
- Emprego do x/ch.. 33
- Emprego do j 34
- Emprego do g 34
- Emprego do e 34
- Emprego do i 34
- Palavras de uma mesma família 34

Formas variantes 35
Parônimos e homônimos 35
- Parônimos 35
- Homônimos.. 37

Emprego do hífen 38
A gramática no dia a dia 38
Atividades... 39
Dos textos à gramática/Da gramática aos textos............. 41

Capítulo 3 – Acentuação gráfica 42
Introdução 42
Regras de acentuação gráfica... 42
- Proparoxítonas.. 42
- Paroxítonas.. 43

- Oxítonas.. 43
- Acentuação dos monossílabos 44
- Acentuação dos hiatos 44
- Acentuação de formas verbais..................................... 44

Acento grave... 45
Acento diferencial 45
O til 45
Acentuação de palavras com elementos
ligados por hífen 45
A gramática no dia a dia 46
Atividades... 47
Dos textos à gramática/Da gramática aos textos............. 48

PARTE 2 — MORFOLOGIA

Capítulo 4 – Estrutura, formação e classificação das palavras................................. 50
Estrutura das palavras 50
- Os morfemas 51
    - Radical 51
    - Desinências... 51
    - Vogal temática 52
    - Afixos 53

O léxico português 54
- Radicais... 54
    - Origem grega 54
    - Origem latina 58
- Prefixos 59
    - Origem grega 59
    - Origem latina 60
- Sufixos 61
    - Sufixos nominais 61
    - Sufixos verbais.. 62
    - Sufixo adverbial.. 63

Formação das palavras.. 63
- Principais processos de formação de palavras 63
    - Composição... 63
    - Derivação por acréscimo de afixos 64
    - Outros tipos de derivação 65
- Outros processos de formação de palavras................. 66
    - Onomatopeia... 66
    - Abreviação.. 66
    - Hibridismo.. 68
    - Palavra-valise 68
    - Decalque... 68

Classes de palavras 69
- Classificação das palavras 69

A gramática no dia a dia 71
Atividades... 72
Dos textos à gramática/Da gramática aos textos............. 75

Capítulo 5 – Substantivo................................... 76
Definição... 76
Formação dos substantivos 76
Classificação dos substantivos 77
- Substantivos coletivos 78

Flexão de gênero 79

- Substantivos biformes 79
- Substantivos uniformes 80
  - Substantivos epicenos 80
  - Substantivos comuns de dois gêneros 80
  - Substantivos sobrecomuns 80
  - Alguns substantivos que costumam causar dúvidas 81
- Oposição gênero × sentido 81
Flexão de número 82
- Plural com alteração de timbre da vogal tônica.....................82
- Plural dos substantivos simples 83
  - Substantivos terminados em vogal ou ditongo 83
  - Substantivos terminados pelo ditongo nasal -ão 83
  - Substantivos terminados em -r e -z 83
  - Substantivos terminados em -s 84
  - Substantivos terminados em -x 84
  - Substantivos terminados em -l 84
  - Alguns plurais que merecem destaque 84
  - Plural dos diminutivos terminados em -zinho e -zito 84
- Plural dos substantivos compostos 85
Flexão de grau 86
- Aumentativos sintéticos..87
- Diminutivos sintéticos 87
- Diminutivos eruditos 88
Morfossintaxe do substantivo 88
A gramática no dia a dia 89
Atividades...90
Dos textos à gramática/Da gramática aos textos........................92

Capítulo 6 – Artigo 93
Definição 93
Classificação dos artigos...93
Propriedades dos artigos 94
Emprego dos artigos...94
Morfossintaxe do artigo 96
A gramática no dia a dia 97
Atividades...97
Dos textos à gramática/Da gramática aos textos........................99

Capítulo 7 – Adjetivo 100
Definição 100
Classificação dos adjetivos 100
- Adjetivos pátrios..100
  - Outros adjetivos pátrios 102
  - Adjetivos pátrios compostos 103
- Locução adjetiva 103
Flexão do adjetivo 105
- Flexão de gênero 105
- Flexão de número 105
  - Plural dos adjetivos simples 105
  - Plural dos adjetivos compostos 106
- Flexão de grau 106
  - Grau comparativo 107
  - Grau superlativo 108
Morfossintaxe do adjetivo 109
A gramática no dia a dia 110
Atividades...111
Dos textos à gramática/Da gramática aos textos........................113

Capítulo 8 – Numeral 114
Definição 114
Classificação dos numerais..114
- Numerais substantivos e numerais adjetivos.........................114
- Numerais cardinais e ordinais 115
- Numerais multiplicativos e fracionários 116
Flexão dos numerais...116
- Cardinais..116
- Ordinais 116
- Multiplicativos 116

- Fracionários 117
Emprego dos numerais..117
Morfossintaxe do numeral 118
A gramática no dia a dia 119
Atividades...120
Dos textos à gramática/Da gramática aos textos........................121

Capítulo 9 – Pronome 122
Definição e classificação...122
As pessoas do discurso 122
Pronomes pessoais...123
- Pronomes de tratamento 124
- Emprego dos pronomes pessoais 124
- Morfossintaxe do pronome pessoal 126
Atividades...128
Pronomes possessivos...130
- Concordância dos pronomes possessivos 130
- Emprego dos pronomes possessivos 131
- Morfossintaxe do pronome possessivo 131
Pronomes demonstrativos..132
- Emprego dos pronomes demonstrativos 133
- Morfossintaxe do pronome demonstrativo..............................134
Atividades...134
Pronomes relativos...136
- Emprego dos pronomes relativos 136
- Morfossintaxe do pronome relativo 138
Pronomes indefinidos..138
- Emprego dos pronomes indefinidos 139
- Morfossintaxe do pronome indefinido....................................140
Pronomes interrogativos..140
- Morfossintaxe do pronome interrogativo................................140
Colocação pronominal...141
- Ênclise 141
- Próclise 141
- Mesóclise 142
- Colocação pronominal nas locuções verbais
  e nos tempos compostos...142
A gramática no dia a dia 143
Atividades...144
Dos textos à gramática/Da gramática aos textos........................145

Capítulo 10 – Verbo 147
Definição 147
Locução verbal 148
Estrutura do verbo 148
- Radical 148
- Vogal temática 149
- Desinências 149
- Formas rizotônicas e formas arrizotônicas.............................150
Formação dos tempos verbais 150
- Presente do subjuntivo 150
- Imperativo 151
  - Imperativo afirmativo 151
  - Imperativo negativo 152
- Pretérito mais-que-perfeito do indicativo, pretérito
  imperfeito do subjuntivo e futuro do subjuntivo 152
- Futuro do presente e futuro do pretérito 153
- Pretérito imperfeito do indicativo 154
Classificação dos verbos..154
- Verbos regulares..154
- Verbos irregulares 155
- Verbos defectivos 155
- Verbos abundantes 156
- Verbos pronominais 158
Flexão do verbo...158
- Flexão de tempo...158
  - Presente 158

Pretérito	159
Futuro	159
Tempos simples e compostos	159
• Flexão de modo	160
• Flexão de número	160
• Flexão de pessoa	160
• Flexão de voz	160
Voz ativa	160
Voz passiva	161
Voz reflexiva	161
Vozes verbais e intencionalidade	162
Formas nominais do verbo	162
Emprego dos modos verbais	163
• Modo indicativo	163
• Modo subjuntivo	163
• Modo imperativo	164
Emprego do infinitivo	164
• Infinitivo não flexionado	164
• Infinitivo flexionado (pessoal)	165
Emprego dos tempos verbais	165
• Presente do indicativo	165
• Pretérito imperfeito do indicativo	166
• Pretérito perfeito do indicativo	166
• Pretérito mais-que-perfeito do indicativo	166
• Futuro do presente do indicativo	167
• Futuro do pretérito do indicativo	167
• Presente do subjuntivo	167
• Pretérito imperfeito do subjuntivo	167
• Futuro do subjuntivo	167
Aspecto verbal	168
• Oposições de sentido	168
Conjugação verbal	169
• Modo indicativo	169
• Modo subjuntivo	171
• Modo imperativo	172
• Formas nominais	173
Verbos auxiliares	173
• Modo indicativo	174
• Modo subjuntivo	176
• Modo imperativo	177
• Formas nominais	177
Alteração de um verbo seguido de pronome oblíquo	178
Lista de verbos notáveis	178
Morfossintaxe do verbo	185
A gramática no dia a dia	185
Atividades	187
Dos textos à gramática/Da gramática aos textos	189

Capítulo 11 – Categorias gramaticais invariáveis ... 190

Advérbio	190
• Definição	190
• Locução adverbial	191
• Classificação dos advérbios	191
Advérbios interrogativos	192
• Flexão de grau	192
Grau comparativo	192
Grau superlativo	192
• Emprego dos advérbios	192
• Morfossintaxe do advérbio	194
Preposição	194
• Definição	194
• Locução prepositiva	194
• Classificação das preposições	195
• Emprego das preposições	195
• Morfossintaxe da preposição	196
Conjunção	196

• Definição	196
• Locução conjuntiva	197
• Classificação das conjunções	197
Conjunções coordenativas	197
Conjunções subordinativas	197
As conjunções e o contexto frasal	197
• Morfossintaxe da conjunção	198
• Os operadores argumentativos	198
Tipos de operadores argumentativos	198
Interjeição	200
• Definição	200
• Locução interjetiva	200
• Classificação das interjeições	200
• Morfossintaxe da interjeição	201
A gramática no dia a dia	201
Atividades	202
Dos textos à gramática/Da gramática aos textos	204

PARTE 3 SINTAXE

Capítulo 12 – Termos essenciais da oração ... 206

Os termos da oração	206
A análise sintática	206
• Frase	206
Tipos de frase	207
• Oração	208
• Período	208
• Resumindo	208
Termos essenciais da oração	208
• Sujeito e predicado	209
Sujeito	209
• Ordem direta e ordem inversa	209
• Concordância entre verbo e sujeito	210
• Núcleo	210
• Morfossintaxe do sujeito	211
• Tipos de sujeito	212
A palavra se	213
• O sujeito é sempre termo regente	213
Oração sem sujeito	214
• Verbos impessoais	215
Atividades	215
Predicado	217
• Predicação verbal	217
Verbos intransitivos	217
Verbos transitivos	218
Verbos de ligação	218
• Predicativo	219
Predicativo do sujeito	219
Morfossintaxe do predicativo do sujeito	220
Predicativo do objeto	220
Morfossintaxe do predicativo do objeto	221
• Tipos de predicado	221
Predicado verbal	221
Predicado nominal	221
Predicado verbo-nominal	221
A gramática no dia a dia	222
Atividades	223
Dos textos à gramática/Da gramática aos textos	225

Capítulo 13 – Termos integrantes da oração ... 226

Conceitos iniciais	226
Complementos verbais	226
• Objeto direto	226
• Objeto indireto	227

- Objeto constituído por um pronome oblíquo átono....................227
- Objeto direto preposicionado.....................228
- Objeto direto interno (ou cognato).....................228
- Objeto pleonástico.....................229
- Morfossintaxe dos objetos.....................229

Agente da passiva.....................230
- Morfossintaxe do agente da passiva.....................230

Complemento nominal.....................231
- Morfossintaxe do complemento nominal.....................231

A gramática no dia a dia.....................232

Atividades.....................233

Dos textos à gramática/Da gramática aos textos.....................234

Capítulo 14 – Termos acessórios da oração e vocativo.....................235

Conceitos iniciais.....................235

Adjunto adnominal.....................235
- Diferença entre adjunto adnominal e complemento nominal.....................235
- Diferença entre adjunto adnominal e predicativo.....................236
- Morfossintaxe do adjunto adnominal.....................236

Adjunto adverbial.....................237
- Classificação dos adjuntos adverbiais.....................237
- Morfossintaxe do adjunto adverbial.....................238

Aposto.....................238
- Morfossintaxe do aposto.....................239

Vocativo.....................240
- Morfossintaxe do vocativo.....................240

A gramática no dia a dia.....................240

Atividades.....................241

Dos textos à gramática/Da gramática aos textos.....................242

Capítulo 15 – Orações coordenadas.....................244

Introdução.....................244
- Período composto por coordenação.....................244
- Período composto por subordinação.....................245
- Período composto por coordenação e subordinação.....................245

Orações coordenadas.....................245
- Classificação das orações coordenadas sindéticas.....................246

Orações intercaladas.....................247

A gramática no dia a dia.....................247

Atividades.....................248

Dos textos à gramática/Da gramática aos textos.....................250

Capítulo 16 – Orações subordinadas.....................251

Introdução.....................251

Orações subordinadas substantivas.....................251
- Subjetivas.....................251
- Objetivas diretas.....................252
- Objetivas indiretas.....................252
- Predicativas.....................252
- Completivas nominais.....................252
- Apositivas.....................253
  - Como identificar a função sintática das orações substantivas.....................253

Orações substantivas reduzidas.....................254

Atividades.....................255

Orações subordinadas adjetivas.....................256
- Restritivas.....................257
- Explicativas.....................257
- Funções sintáticas do pronome relativo.....................257

Orações adjetivas reduzidas.....................258

Atividades.....................259

Orações subordinadas adverbiais.....................261
- Causal.....................261
- Comparativa.....................262
- Consecutiva.....................262
- Concessiva.....................262

- Condicional.....................263
- Conformativa.....................263
- Final.....................263
- Proporcional.....................263
- Temporal.....................263
- Mesma conjunção com valores semânticos diferentes.....................264
- Orações subordinadas adverbiais justapostas.....................264
  - Posição das orações subordinadas adverbiais.....................264

Orações adverbiais reduzidas.....................265

Atividades.....................266

A gramática no dia a dia.....................267

Atividades.....................268

Dos textos à gramática/Da gramática aos textos.....................270

Capítulo 17 – Concordância verbal.....................271

Introdução.....................271

Concordância verbal.....................271
- Regra.....................271
- Casos particulares.....................272
  - Substantivos coletivos.....................272
  - Expressões a maior parte de / grande parte de.....................272
  - Nomes que só se usam no plural.....................273
  - Pronomes de tratamento.....................273
  - Pronome relativo que.....................273
  - Pronome relativo quem.....................274
  - Expressões mais de um / mais de dois / mais de....................275
  - Expressões cerca de / perto de.....................275
  - Expressões alguns de nós / poucos de nós.....................275
  - Verbo com índice de indeterminação do sujeito.....................276
  - Verbo com pronome apassivador.....................276
  - Expressões que representam porcentagem.....................276
  - Numerais fracionários.....................277
  - Sujeito oracional.....................277
  - Expressão haja vista.....................277
  - Sujeito composto.....................277
  - Sujeito composto resumido por um indefinido.....................278
  - Sujeito composto formado de pessoas gramaticais diferentes.....................278
  - Núcleos do sujeito composto ligados por ou.....................278
  - Núcleos do sujeito composto ligados por com.....................279
  - Sujeito formado por expressões correlativas.....................279
- Concordância de alguns verbos que merecem destaque.....................279
  - Verbos haver e fazer impessoais.....................279
  - Verbos dar, bater, soar indicando horas.....................279
  - Verbo parecer seguido de infinitivo.....................280
  - Verbos dever e poder seguidos de infinitivo.....................280
  - Verbo ser.....................280

A gramática no dia a dia.....................281

Atividades.....................202

Dos textos à gramática/Da gramática aos textos.....................284

Capítulo 18 – Concordância nominal.....................286

Regra.....................286

Casos especiais.....................286
- Um único adjetivo referindo-se a mais de um substantivo.....................286
- Um único substantivo determinado por mais de um adjetivo.....................287
- As expressões é bom / é necessário / é proibido.....................287
- As palavras anexo / incluso.....................287
- A palavra menos e o elemento de composição pseudo.....................288
- A palavra bastante.....................288
- A palavra só.....................289
- Adjetivos empregados como advérbios.....................289
- A palavra possível.....................289
- As expressões alguma coisa boa / alguma coisa nova / alguma coisa de bom / alguma coisa de novo.....................290
- Substantivo empregado como adjetivo.....................290
- Pronomes de tratamento.....................290

- Particípios 290
A gramática no dia a dia 291
Atividades 291
Dos textos à gramática/Da gramática aos textos 293

Capítulo 19 – Regência 295

Definição 295
Regência de alguns verbos 295
- Agradecer 295
- Custar 296
- Namorar 296
- Obedecer / desobedecer 296
- Pedir 297
- Preferir 297
- Responder 297
- Simpatizar 298
Verbos que apresentam mais de uma regência 298
- Agradar 298
- Aspirar 299
- Assistir 299
- Atender 300
- Chamar 300
- Esquecer / lembrar 301
- Implicar 301
- Informar 301
- Pagar 302
- Proceder 302
- Querer 303
- Visar 303
Observações gerais 304
Regência de alguns nomes 305
Atividades 306
Crase 308
- Introdução 308
Crase da preposição *a* com o artigo *a* ou *as* 308
- Regra 308
- Não ocorre crase 309
- Casos especiais 310
  Locuções formadas por palavras femininas 310
  Pode ou não ocorrer crase 311
  Diante de nomes de lugar 311
  Diante das palavras casa e terra 312
Crase com os pronomes demonstrativos
aquele(s), aquela(s) e *aquilo* 312
Crase diante de pronomes relativos 312
- *A qual* e *as quais* 312
- *Quem* e *cuja* 313
- *Que* 313
A gramática no dia a dia 313
Atividades 315
Dos textos à gramática/Da gramática aos textos 318

PARTE 4 · NORMA E ESTILO

Capítulo 20 – Pontuação 320

Introdução 320
O ponto 320
O ponto de interrogação 320

O ponto de exclamação 321
A vírgula 321
- A vírgula no interior da oração 321
  Termos intercalados 321
  Termos deslocados 322
  Termos coordenados assindéticos 322
  Termos coordenados ligados por e, ou, nem 323
  Outros casos 323
- A vírgula entre orações 323
  Orações subordinadas adjetivas explicativas 324
  Orações subordinadas adjetivas restritivas 324
  Orações subordinadas adverbiais 324
  Orações subordinadas substantivas 324
  Orações coordenadas 324
  Orações intercaladas 325
O ponto e vírgula 325
Os dois-pontos 326
As aspas 326
O travessão 326
As reticências 327
Os parênteses 327
A gramática no dia a dia 328
Atividades 329
Dos textos à gramática/Da gramática aos textos 330

Capítulo 21 – Figuras e vícios de linguagem ... 331

Introdução 331
Figuras de linguagem 331
- Figuras de som 331
- Figuras de construção 332
- Figuras de pensamento 334
- Figuras de palavras (ou tropos) 336
Vícios de linguagem 337
A gramática no dia a dia 340
Atividades 341
Dos textos à gramática/Da gramática aos textos 344

Capítulo 22 – Emprego de algumas palavras e expressões 345

Palavras e expressões que causam dúvidas 345
- A fim de / afim 345
- A par / ao par 345
- Acerca de / cerca de / há cerca de / a cerca de 345
- Ao encontro / de encontro 345
- Ao invés de / em vez de 346
- Cessão / sessão / seção 346
- Demais / de mais 346
- Há / a 346
- Mas / mais 347
- Mau / mal 347
- Nenhum / nem um 347
- Onde / aonde / donde 347
- Por ora / por hora 348
- Por que / por quê / porque / porquê 348
- Senão / se não 349
- Sob / sobre 349
- Sobretudo / sobre tudo 349
- Tampouco / tão pouco 349
Atividades 350
Dos textos à gramática/Da gramática aos textos 351

Questões de vestibulares e Enem 353
Índice analítico 514
Lista de instituições promotoras de exames vestibulares 518
Bibliografia 520

INTRODUÇÃO

Nesta introdução, apresentamos alguns conceitos básicos que ajudarão o leitor não só a compreender melhor os conteúdos gramaticais, mas também a fazer um bom uso deste livro; pois a gramática, a não ser para alguns gramáticos, não é um fim em si mesma, mas um instrumento útil e necessário para quaisquer atividades que envolvam o uso da linguagem verbal, como as de leitura e as de produção de textos.

Entre os conceitos que devem ser conhecidos, destacamos o de texto, o de linguagem, o de língua, o de norma e, evidentemente, o de gramática.

Há várias definições de texto. Neste livro, consideramos como texto um todo organizado capaz de produzir sentido e estabelecer comunicação entre pessoas. O texto resulta da união indissolúvel de dois planos que se sobrepõem reciprocamente: o do conteúdo e o da expressão. O primeiro corresponde ao sentido; o segundo, à materialização do sentido por meio de uma linguagem qualquer.

Linguagem e língua

Linguagem é todo sistema de sinais capaz de efetuar comunicação entre sujeitos. Dependendo do tipo de sinais de que se vale, a linguagem pode ser verbal, quando utiliza exclusivamente palavras, ou não verbal, quando utiliza qualquer outro tipo de sinal que não sejam palavras.

Quando a expressão é dada exclusivamente pela linguagem verbal, temos um texto verbal, como um poema, um conto, um editorial de jornal. Caso o sentido seja expresso por outro sistema de sinais (cores, gestos, formas, etc.), temos um texto não verbal, como um quadro, uma caricatura e os *emoticons* e *emojis* que usamos com frequência em nossa comunicação pelas redes sociais. Há textos cuja expressão apresenta linguagem verbal e linguagem não verbal ao mesmo tempo, como filmes, histórias em quadrinhos com balões, mensagens de texto acompanhadas de figuras, etc. Nesse caso, temos o que se denomina textos sincréticos.

Não se deve confundir linguagem com língua, pois esta é apenas um aspecto daquela. Assim, a linguagem pode fazer uso de diferentes tipos de sinais. A língua é o tipo de linguagem que usa as palavras como expressão para transmitir sentidos e realizar a comunicação. Portanto, linguagem verbal significa o mesmo que língua.

Língua falada e língua escrita

A língua pode se manifestar na forma oral ou na forma escrita. No primeiro caso, temos a língua falada; no segundo, a língua escrita, portanto temos textos falados e escritos. Geralmente, ao estudarmos a língua falada, examinamos uma modalidade de texto denominada conversação. Isso porque a conversação face a face representa o uso mais comum e informal da língua falada, em oposição ao texto escrito, marcado por maior grau de formalidade.

A conversação face a face, ao contrário do texto escrito, não é planejada. Nela, interagem dois ou mais interlocutores que se alternam constantemente falando sobre assuntos do cotidiano. Assim, há trocas de turno, isto é, cada falante deve falar na sua vez e esperar que o outro termine sua fala para então tomar a palavra. No entanto, na prática, isso nem sempre ocorre, pois há o que chamamos "assaltos de turno", ou seja, um dos falantes assume a fala sem que o outro tenha terminado a sua.

Por não ser planejada, a conversação espontânea apresenta truncamentos, hesitações, interrupções, repetições. Nela, também estão presentes palavras e expressões que não integram o conteúdo do texto e que são usadas para marcar a interação. São os chamados marcadores conversacionais, de que fazemos uso com frequência, tais como: né?, tá bom?, certo?, entende?, então, aí, olha, viu, quer dizer.

É preciso ressaltar que é frequente a oralização de textos escritos, ou seja, um texto escrito é lido por alguém para um público. É o que ocorre com frequência em telejornais e comunicados oficiais transmitidos pela tevê, em que um locutor dirige-se aos espectadores e lê um texto, dando a impressão de que está falando. Nesses casos, não se trata de textos falados, mas de textos escritos que são lidos em voz alta.

Variedade linguística

As línguas são produtos culturais, isto é, são criações humanas e pertencem a todas as pessoas que as utilizam. Como a diversidade de culturas é imensa, há uma variedade muito grande de línguas: língua portuguesa, espanhola, inglesa, japonesa, etc. Mesmo dentro de uma mesma cultura, há variações no uso da língua que dependem de diversos fatores, como os de ordem geográfica, social, contextual, etc. Uma criança faz uso da língua de forma diferente da que faz um adulto; nos grandes centros urbanos, os falantes utilizam a língua de modo diferente do utilizado pelos falantes das comunidades rurais; no Brasil usamos a língua portuguesa de forma diversa daquelas usadas em Portugal e nos países africanos de língua portuguesa. Numa mensagem via WhatsApp, a língua é usada de forma diferente daquela usada em requerimentos a uma autoridade.

Esses são apenas alguns fatores que determinam variações no uso da língua. Existem outros. Em certas profissões, os falantes fazem um uso da língua típico da profissão. Assim, existe a língua dos marinheiros, a dos advogados, a dos médicos, a dos economistas, etc.

O meio usado também determina variações. Mensagens via WhatsApp são a grande prova disso. O importante é saber que, entre todas as variedades que uma língua apresenta, não existe uma que seja melhor ou mais correta que a outra. O que se deve levar em conta é a adequação da variação linguística a cada situação comunicativa.

Norma culta e gramática normativa

Neste livro, daremos enfoque ao que se denomina gramática normativa. A palavra **normativa**, que é um adjetivo, está especificando a palavra **gramática**, que é um substantivo, restringindo assim seu sentido. O que quer dizer isso? Quer dizer que não é uma gramática em sentido amplo, mas um tipo de gramática que estabelece normas, daí ser chamada de normativa.

Mas o que são normas? São regras, preceitos, prescrições. Portanto, a gramática normativa estabelece regras para um determinado uso da língua, que se convencionou chamar de norma culta.

Norma culta é, portanto, uma das tantas variedades da língua, nem melhor, nem mais correta que as demais. Apenas se trata de uma variedade que deve ser utilizada em situações de maior formalidade, como em uma entrevista de emprego, uma carta para um jornal, uma conferência, um contrato, um currículo, uma consulta médica, etc.

É importante ressaltar que o uso da norma culta não está condicionado à modalidade do uso da língua, ou seja, se é falada ou escrita. Há situações de língua falada em que o uso da norma culta é adequado, como numa entrevista de emprego. Por outro lado, há situações de língua escrita em que não é preciso usar a norma culta, como numa mensagem enviada por celular para um colega de classe convidando-o para uma festa.

Neste livro, estudaremos a organização do plano da expressão dos textos verbais. Em sentido amplo, a gramática estuda como elementos de uma língua se organizam para expressar sentidos. Para facilitar esse estudo, a gramática também classifica os elementos da língua dando nome a eles (substantivo, pronome, sujeito, predicado, etc.). Assim, ela estuda e classifica desde elementos mínimos, os fonemas, isto é, os sons da língua, bem como sua representação por meio de sinais gráficos (as letras), até a própria constituição do texto, verificando como os elementos de um texto se relacionam na construção do seu sentido. Estuda e classifica também palavras, orações e períodos. Tudo isso será apresentado neste livro.

Costuma-se dividir a gramática em três partes:

1. **Fonologia:** estuda os sons da língua e sua representação.
2. **Morfologia:** estuda as palavras, sua estrutura, formação, flexão e classificação.
3. **Sintaxe:** estuda as relações que as palavras estabelecem dentro das orações e as que as orações estabelecem dentro de um período.

Este livro segue essa divisão, mas convém observar que ela só tem caráter didático, pois, na prática, o que nos interessa é a língua como um todo, como recurso capaz de produzir sentidos.

Uma quarta e última parte, denominada **Norma e estilo**, foge a essa divisão, por abarcar alguns conteúdos que não se encaixam na divisão tradicional, mas que perpassam por todas elas.

Por último, mas não menos importante, lembramos que, nesta gramática, a língua não é estudada em sua totalidade, mas apenas sua manifestação em uma de suas diversas variedades, aquela denominada norma culta.

FONOLOGIA E ORTOGRAFIA

PARTE

1

CAP. 1   Fonologia 12

CAP. 2   Ortografia 28

CAP. 3   Acentuação gráfica 42

FONOLOGIA

CONCEITOS INICIAIS

Fonologia

A palavra **fonologia** provém do grego: *fon(o)* = som + *logia* = estudo. Damos o nome de fonologia à parte da gramática que trata do estudo funcional dos fonemas de uma língua, ou seja, para a fonologia só interessam os fatos fônicos que cumprem determinada função na língua. Por isso certos sons que emitimos, como o estalar dos lábios para indicar beijo, o ronco, o ruído do pigarro, etc., não têm interesse algum para a fonologia.

Fonologia e fonética distinguem-se: enquanto a primeira se ocupa do estudo dos fonemas de uma dada língua (o português, o espanhol, o inglês, por exemplo), a segunda trata do estudo da natureza física dos sons da fala.

Fonemas e letras

A língua pode se manifestar na forma falada ou escrita. Na língua falada, fazemos uso de sons (os fonemas); na escrita, utilizamos um sistema de sinais gráficos. Fala e escrita são, portanto, dois sistemas distintos e aprendidos de maneiras diferentes. Enquanto a fala é aprendida de maneira espontânea, por meio da convivência com outros falantes, a aprendizagem da escrita é feita formalmente e em geral ocorre na escola.

> **Fonema** é a menor unidade sonora que se pode isolar no interior de uma palavra. O fonema possui a propriedade de estabelecer distinção entre palavras de uma língua e pertence à língua falada.

Veja alguns exemplos:

tia	dia
bola	bela
fico	fixo

caro	carro
mato	manto
ele pode	ele pôde

Observando os pares acima, podemos concluir que:

a) o fonema pode ser representado por uma única letra, como em **t**ia / **d**ia, **b**ola / **b**ela;
b) também pode ser representado por mais de uma letra, como em ma**n**to (/mãto/), ca**rr**o (/kaRo/);
c) uma letra pode representar mais de um fonema, como em fi**x**o, em que a letra **x** representa dois fonemas /k/ e /s/;
d) uma mesma letra pode representar fonemas distintos, como em ele p**ô**de / ele p**o**de;
e) isoladamente os fonemas são desprovidos de sentido.

Na língua escrita, os fonemas são representados por sinais gráficos denominados **letras**. Além das letras, utilizamos **notações léxicas** (acentos gráficos, til, cedilha) para representar os fonemas.

Dígrafos

Dígrafo ou **digrama** é o encontro de duas letras para representar um único fonema. Os dígrafos podem ser consonantais ou vocálicos.

Dígrafos consonantais

ch (fonema /ʃ/): **ch**ave, **ch**uva
lh (fonema /ʎ/): ma**lh**a, te**lh**a
nh (fonema /ɲ/): ni**nh**o, rai**nh**a
rr (fonema /R/): ca**rr**o, ma**rr**eco
sc (fonema /s/): na**sc**er, cre**sc**er

sç (fonema /s/): na**sç**o, cre**sç**o
ss (fonema /s/): a**ss**ado, pê**ss**ego
xc (fonema /s/): e**xc**eto, e**xc**elente
gu (fonema /g/): **gu**erra, san**gu**e
qu (fonema /k/): **qu**ilo, es**qu**entar

Dígrafos vocálicos

am, an (fonema /ã/): t**am**pa, c**an**to
em, en (fonema /ẽ/): t**em**po, t**en**ente
im, in (fonema /ĩ/): l**im**po, t**in**ta

om, on (fonema /õ/): b**om**ba, c**on**ta
um, un (fonema /ũ/): b**um**bo, f**un**do

Nos dígrafos vocálicos, as letras **m** e **n** não representam consoantes, mas tão somente indicam que a vogal anterior é nasal.

Para efeito de separação silábica, os dígrafos **rr**, **ss**, **sc**, **sç** e **xc** separam-se (cada consoante pertence a uma sílaba). Os demais dígrafos não se separam.

rr	car-re-gar
ss	as-sas-si-no
sc	des-ci-da

sç	re-ju-ve-nes-ço
xc	ex-ce-ção

Transcrição fonológica

Como letra e fonema são coisas distintas, pois o primeiro pertence à língua falada e o segundo à língua escrita, nem sempre o número de letras corresponde ao número de fonemas; por isso, quando queremos fazer a transcrição exata dos fonemas de uma palavra, utilizamos, entre barras, símbolos que representam os fonemas da língua.

No quadro a seguir apresentamos esses símbolos com exemplos e sua transcrição fonológica.

	símbolo	exemplo	transcrição fonológica
consoantes	/p/	**p**ata, ta**p**a	/pata/, /tapa/
	/b/	**b**ata, a**b**a	/bata/, /aba/
	/t/	**t**ola, bo**t**a	/tola/, /bɔta/
	/d/	**d**ata, ca**d**a	/data/, /kada/
	/k/	**c**ala, *kart*	/kala/, /kart/
	/g/	**g**ata, ma**g**o	/gata/, /mago/
	/f/	**f**aca, ri**f**a	/faka/, /Rifa/
	/v/	**v**ala, **w**agneriano	/vala/, /vagneriano/
	/s/	**s**ala, te**x**to	/sala/, /testo/
	/z/	ca**s**a, e**x**ame	/kaza/, /ezame/
	/ʃ/	to**ch**a, **x**arope	/tʃʃa/, /ʃarɔpe/
	/ʒ/	**j**ogo, **g**elo	/ʒogo/, /ʒelo/
	/m/	**m**ata, da**m**a	/mata/, /dama/
	/n/	**n**ada, **n**ulo	/nada/, /nulo/

PARTE 1 // FONOLOGIA E ORTOGRAFIA

	símbolo	exemplo	transcrição fonológica
consoantes	/ɲ/	pinha, rainha	/piɲa/, /Raiɲa/
	/l/	lata, tolo	/lata/, /tolo/
	/ʎ/	folha, galho	/foʎa/, /gaʎo/
	/r/	arara, cara	/arara/, /kara/
	/R/	raça, garra	/Rasa/, /gaRa/

	símbolo	exemplo	transcrição fonológica
semi-vogais	/j/	pai	/paj/
	/w/	pau	/paw/

	símbolo	exemplo	transcrição fonológica
vogais	/a/	xá	/ʃa/
	/ɛ/	terra	/tɛRa/
	/e/	mesa	/meza/
	/i/	bica	/bika/
	/ɔ/	soja	/sɔʒa/
	/o/	goma	/goma/
	/u/	bula	/bula/
	/ã/	manta	/mãta/
	/ẽ/	lenta	/lẽta/
	/ĩ/	linda	/lĩda/
	/õ/	conta	/kõta/
	/ũ/	fundo	/fũdo/

Observe nas palavras a seguir o número de letras e o número de fonemas:

sapato
seis letras: s-a-p-a-t-o   seis fonemas: /s/ /a/ /p/ /a/ /t/ /o/

chapéu
seis letras: c-h-a-p-é-u   cinco fonemas: /ʃ/ /a/ /p/ /ɛ/ /w/
Note que o dígrafo **ch** representa um único fonema /ʃ/.

táxi
quatro letras: t-á-x-i   cinco fonemas: /t/ /a/ /k/ /s/ /i/
Na palavra táxi, a letra **x** representa dois fonemas, o /k/ e o /s/, pronunciando-se [taksi].

hora
quatro letras: h-o-r-a   três fonemas: /o/ /r/ /a/
Na palavra hora, a letra **h** não representa fonema algum.

CLASSIFICAÇÃO DOS FONEMAS

Dependendo da forma com que são emitidos, os fonemas classificam-se em vogais, consoantes e semivogais.

Vogais são fonemas que resultam da livre passagem da corrente de ar pela boca, ou pela boca e pelas cavidades nasais.

Os fonemas vocálicos são representados pelas letras **a, e, i, o, u** e pelos dígrafos vocálicos, e funcionam sempre como base da sílaba. Lembre-se de que não existe sílaba sem vogal.

animal, casa, elétrico, saci, bule, tomate, sopa, infantil, mundo

Observe que uma vogal sozinha pode formar sílaba, como em **a**-ni-mal e **e**-lé-tri-co.

Consoantes são fonemas que resultam de algum obstáculo encontrado pela corrente de ar. Só formam sílaba quando apoiados em uma vogal.

Os fonemas consonantais são representados pelas letras **b, c, d, f, g, j, k, l, m, n, p, q, r, s, t, v, x, z** e pelos dígrafos consonantais.

bodega, faca, luva, rato, jiló, dúvida, trova, xadrez, menos, prato, quilo, torrada, rolha, kartódromo, kantismo

Semivogais são os fonemas /j/ e /w/, cuja articulação é semelhante à das vogais e que se juntam a uma vogal para com ela formar sílaba.

Esses fonemas são representados pelas letras **i** e **u** (em algumas palavras podem ser representados pelas letras **e** e **o**). As semivogais, assim como as consoantes, sozinhas não constituem sílabas.

cárie, coisa, água, lousa, róseo, mágoa, pão, cães

Observe que a letra **o** de "mágoa" soa como a letra **u** de "água", tanto que essas palavras rimam, como neste trecho de uma canção de Chico Buarque:

Deixe em paz meu coração / Que ele é um pote até aqui de **mágoa** /
E qualquer desatenção, faça não / Pode ser a gota d'**água**.

HOLANDA, Chico Buarque de. Chico Buarque: letra e música 1. 2. ed. São Paulo: Companhia das Letras, 1994. p. 112.

Observe também que as semivogais representam um som mais fraco que o das vogais. Isso fica nítido quando se observa que "roupa" rima com "estopa" e "beijo", com "desejo", como nestes versos de Noel Rosa:

Meu terno já virou **estopa** / E eu nem sei mais com que **roupa** /
Com que roupa eu vou / Pro samba que você me convidou?

Nunca mais quero o seu **beijo** / Mas meu último **desejo** / Você não pode negar.

ROSA, Noel. Noel pela primeira vez (encarte da coleção de CDs). Ministério da Cultura/Funarte/Velas, [s.d.]. p. 10 e 111.

Quanto às letras **k, w** e **y**, a primeira estará sempre representando um fonema consonantal, como em *kart*, **k**antismo. A letra **w** pode representar o fonema consonantal /v/, como em **W**agner, ou o fonema vocálico /u/, como em **W**ilson. A letra **y** pode representar o fonema vocálico /i/, como em *chantilly*, ou o fonema semivocálico /j/, como em *motoboy*.

Palavras como **Y**ara e **Y**asmim podem ser pronunciadas de duas maneiras: **Y**a-ra, **Y**as-mim ou **Y**-a-ra, **Y**-as-mim, ou seja, dependendo da pronúncia adotada, o **y** será classificado como semivogal ou como vogal. Em palavras como *byte* e *byroniano*, a letra **y** não representa nem vogal nem semivogal, mas o ditongo oral decrescente /ai/: b**ai**-te; b**ai**-ro-ni-a-no.

Fonema é o mesmo que letra?

Não. O fonema é uma unidade de caráter sonoro, que se realiza na fala, enquanto a letra é simplesmente a representação gráfica do fonema. Por convenção, os fonemas devem ser escritos entre barras oblíquas. Observe, por exemplo, a transcrição fonológica da palavra **campo**:

/k/ /ã/ /p/ /o/

Classificação das vogais

Segundo a Nomenclatura Gramatical Brasileira (NGB), as vogais devem ser classificadas de acordo com quatro critérios:

a) quanto à zona de articulação

- anteriores – a ponta da língua dirige-se gradualmente em direção ao palato duro (a parte anterior do céu da boca):
  p**e**le, p**e**rigo, l**i**vro

- médias – a língua permanece baixa, quase em repouso:
  c**a**sa, m**a**la, p**a**go

- posteriores – a parte posterior da língua dirige-se gradualmente em direção ao palato mole (ou véu palatino, a parte posterior do céu da boca):
  m**o**le, b**o**lo, b**u**la

b) quanto ao timbre

- abertas – pronunciadas com a cavidade bucal mais aberta:
  c**a**sa, p**e**le, l**o**ja

- fechadas – pronunciadas com a cavidade bucal mais fechada:
  m**e**sa, s**i**no, p**o**rco, p**u**ra

- reduzidas – pronunciadas com pouca sonoridade. Situam-se em posição intermediária entre as abertas e as fechadas:
  cas**a**, d**e**nte, menin**o**

A figura a seguir ilustra a classificação das vogais quanto à zona de articulação e quanto ao timbre:

c) quanto ao papel das cavidades bucal e nasal

- orais – a corrente de ar ressoa apenas na cavidade bucal:
  m**a**ré, p**e**le, p**e**rigo, l**i**ma, l**o**ja, b**o**lo, m**u**ro

- nasais – a corrente de ar, encontrando o véu palatino abaixado, ressoa também na cavidade nasal:
  alem**ã**, órf**ã**, ma**çã**, disp**õe**, **em**presa, **om**bro, pen**um**bra, elef**an**te

A nasalidade de uma vogal é marcada pelo til (~), ou pelas letras **m** e **n** em final de sílaba, formando os dígrafos vocálicos.

d) quanto à intensidade

- tônicas – são proferidas com maior intensidade:
    casa, pele, saci, bolo

- átonas – são proferidas com menor intensidade:
    casa, pele, bolo

Considerando as vogais abertas e fechadas, orais e nasais, temos, em português, doze fonemas vogais. Volte à tabela da página 14 e confira.

Classificação das consoantes

A NGB classifica as consoantes da seguinte forma:

a) quanto ao modo de articulação

- oclusivas

- constritivas
    - fricativas
    - laterais
    - vibrantes

b) quanto ao ponto de articulação

- bilabiais
- labiodentais
- linguodentais
- alveolares
- palatais
- velares

c) quanto ao papel das cordas vocais

- surdas
- sonoras

d) quanto ao papel das cavidades bucal e nasal

- orais
- nasais

Veja, no quadro, a classificação dos fonemas consonantais da língua portuguesa:

cavidades bucal e nasal	orais						nasais
modo de articulação	oclusivas		constritivas				
			fricativas		laterais	vibrantes	
cordas vocais	surdas	sonoras	surdas	sonoras	sonoras	sonoras	sonoras
bilabiais	/p/	/b/					/m/
labiodentais			/f/	/v/			
linguodentais	/t/	/d/					/n/
alveolares			/s/	/z/	/l/	/r/	
palatais			/ʃ/	/ʒ/	/ʎ/		/ɲ/
velares	/k/	/g/				/R/	

SÍLABA

As palavras, quando articuladas, apresentam unidades intermediárias: as sílabas. Portanto:

Sílaba é o fonema ou grupo de fonemas pronunciado numa só emissão de voz.

Uma sílaba sozinha pode formar uma palavra. Lembre-se, ainda, de que toda sílaba tem por base uma vogal; logo, para saber quantas sílabas há numa palavra, basta verificar o número de vogais, pois nas palavras o número de sílabas é sempre igual ao número de vogais.

sol: uma vogal; uma sílaba

ca-sa: duas vogais; duas sílabas

ár-vo-re: três vogais; três sílabas

ca-der-ne-ta: quatro vogais; quatro sílabas

te-le-fo-ne-ma: cinco vogais; cinco sílabas

i-na-pli-ca-bi-li-da-de: oito vogais; oito sílabas

Quanto ao número de sílabas, as palavras classificam-se em:

a) monossílabas – quando têm uma única sílaba:

me, a, um, dor, cor, lá, pá, sol

b) dissílabas – quando têm duas sílabas:

ca-sa, li-vro, cha-ve, pi-pa, blu-sa

c) trissílabas – quando têm três sílabas:

ca-der-no, ca-ne-ta, Ca-pi-tu, cin-zei-ro

d) polissílabas – quando têm mais de três sílabas:

ma-ra-cu-já, me-lan-ci-a, in-fe-liz-men-te, Lu-ci-a-na

A sílaba pode terminar em vogal ou consoante. Quando termina em vogal, recebe o nome de **sílaba livre**; quando termina em consoante, denomina-se **sílaba travada**. A tendência, na língua portuguesa, é a silabação livre.

Sílaba átona e sílaba tônica

Sílaba tônica é a sílaba da palavra que recebe o acento tônico, ou seja, aquela que é pronunciada com maior intensidade.

Nem sempre a sílaba tônica vem indicada com acento gráfico. Por isso é fundamental distinguir o acento tônico do acento gráfico:

a) Acento tônico é o acento da fala; manifesta-se pela maior intensidade da voz na pronúncia de uma sílaba.

b) Acento gráfico é o sinal utilizado, em algumas palavras, para indicar a sílaba tônica.

Em algumas palavras, geralmente derivadas, além da sílaba tônica, em que recai o acento principal, pode existir uma sílaba em que recai um acento secundário. A essa sílaba dá-se o nome de **subtônica**.

*ra*pida*men*te, ca*fe*zal, vo*vo*zinho

Nessas palavras, *men*, *zal* e *zi* são as sílabas tônicas, e **ra**, **fe** e **vo**, as subtônicas.

Observe que a sílaba subtônica dessas palavras corresponde à sílaba tônica das palavras das quais se derivaram: **rá**pido, ca**fé** e vo**vô**.

Excetuando a sílaba tônica e a subtônica, todas as demais sílabas das palavras são átonas. As sílabas átonas podem ser **pré-tônicas**, quando vêm antes de uma tônica, ou **pós-tônicas**, quando vêm depois de uma tônica.

*sa*úde: tônica: **ú**; pré-tônica: *sa*; pós-tônica: *de*

ca*ne*ta: tônica: **ne**; pré-tônica: *ca*; pós-tônica: *ta*

Quanto à posição da sílaba tônica, as palavras classificam-se em:

a) **oxítonas** – a sílaba tônica é a última sílaba da palavra:

ma-ra-cu-**já**, ca-**fé**, re-com-**por**

b) **paroxítonas** – a sílaba tônica é a penúltima sílaba da palavra:

ca-**dei**-ra, ca-**rá**-ter, **me**-sa

c) **proparoxítonas** – a sílaba tônica é a antepenúltima sílaba da palavra:

sí-la-ba, me-ta-**fí**-si-ca, **lâm**-pa-da

Monossílabos átonos e tônicos

Os monossílabos podem ser:

a) **átonos** – não possuem acentuação própria, isto é, são pronunciados com pouca intensidade no interior da frase.

O menino **me** perguntou quando **lhe** entregarei **as** encomendas.

b) **tônicos** – possuem acentuação própria, isto é, são pronunciados com bastante intensidade no interior da frase.

No **mês** passado, **tu** disseste a **mim** que sentias **dor** de dente.

Somente dentro da frase é que podemos saber se os monossílabos são átonos ou tônicos. Os tônicos soam distintamente no interior da frase, podendo aparecer sozinhos como resposta a uma pergunta; já os átonos, por não possuírem acentuação própria, soam como uma sílaba da palavra anterior ou da palavra posterior e não podem aparecer sozinhos como resposta a uma pergunta.

Paulo não dá o braço a torcer.

Nessa frase, **não** e **dá** são monossílabos tônicos; **o** e **a**, átonos.

Observe que **não** e **dá** podem aparecer sozinhos como resposta a uma pergunta, o que não ocorre com **o** e **a**.

— Paulo dá o braço a torcer?
— **Não**.
— Pedro dá o braço a torcer?
— **Dá**.

Ortoépia e prosódia

A **ortoépia** (ou ortoepia) trata da pronúncia correta das palavras. Por outro lado, pronunciar incorretamente uma palavra é cometer **cacoépia**.

Ortoépia e cacoépia são palavras formadas por radicais gregos: *orto* = correto, certo; *caco* = feio, mau; *épos* – palavra. Da mesma forma, podemos falar em ortofonia e cacofonia.

É mais comum encontrarmos erros de ortoépia na linguagem informal.

Apresentamos, a seguir, a pronúncia correta de algumas palavras:

abób**a**da em vez de "abóboda"
a**d**vogado em vez de "a**d**ivogado" ou "a**de**vogado"
alei**j**ar em vez de "ale**j**ar"
aste**ri**sco em vez de "aste**rí**stico"
ban**de**ja em vez de "ban**dei**ja"
benefi**cen**te em vez de "benefi**cien**te"
cabe**lei**reiro em vez de "cabe**lere**iro"
ca**der**neta em vez de "**carde**neta"
caran**gue**jo em vez de "caran**guei**jo"
cuspe em vez de "**gu**spe"
disen**te**ria em vez de "**desin**teria"
e**m**pecilho em vez de "**im**pecilho"

es**tou**rar em vez de "estorar"
es**tu**pro em vez de "estrupo"
la**gar**tixa em vez de "**larga**tixa"
man**tei**gueira em vez de "man**te**gue**ra"
men**di**go em vez de "men**din**go"
meri**tís**simo em vez de "mere**tís**simo"
mor**ta**dela em vez de "mor**tan**dela"
praze**ro**so em vez de "prazeiroso"
pri**vi**légio em vez de "**pre**vilégio"
pró**prio** em vez de "própio"
reivindicar em vez de "**rein**vindicar"
tra**ve**sseiro em vez de "tra**bis**seiro"

PARTE 1 // FONOLOGIA E ORTOGRAFIA

A **prosódia** trata da correta acentuação tônica das palavras. Assim, cometer um erro de prosódia é, por exemplo, transformar uma palavra oxítona em paroxítona, ou uma proparoxítona em paroxítona. Os erros de prosódia recebem o nome de **silabada**.

Observe a pronúncia correta das palavras a seguir (a sílaba tônica está em destaque).

a) São palavras oxítonas:

ca**te**ter, con**dor**, fe**bril**, han**gar**, ha**rém**, mis**ter**, No**bel**, no**vel**, re**cém**, re**fém**, ru**im**, su**til**, ure**ter**

b) São palavras paroxítonas:

ambro**sia**, a**va**ro, a**zia**go, carac**te**res, cartoman**cia**, cere**be**lo, ci**clo**pe, cli**tó**ris, de**ca**no, de**no**do, e**fe**bo, esta**li**do, filan**tro**po, for**tui**to, **gól**fão, **grá**cil, gra**tui**to, Hun**gria**, i**be**ro, inau**di**to, **lá**tex, leu**ce**mia, li**bi**do, maqui**na**ria, mer**can**cia, meteo**ri**to, misan**tro**po, o**pi**mo, pe**ga**da, pe**ri**to, ple**to**ra, pu**di**co, quiroman**cia**, re**cor**de, re**fre**ga, ru**bri**ca, **têx**til, tu**li**pa

c) São palavras proparoxítonas:

a**cró**pole, ae**ró**dromo, ae**ró**lito, **á**gape, **á**lacre, **ál**cool, al**vís**saras, **â**mago, a**mál**gama, a**ná**tema, an**dró**gino, a**nó**dino, a**rí**ete, ar**qué**tipo, au**tóc**tone, a**zá**fama, **bá**tega, **bá**varo, **bí**gamo, **bí**mano, **brâ**mane, **cá**fila, **cás**pite, coti**lé**done, cri**sân**temo, **dé**dalo, **é**gide, e**pí**teto, este**re**ótipo, fa**gó**cito, **hé**gira, hi**pó**dromo, **ím**probo, **ín**clito, **ín**greme, **ín**terim, leu**có**cito, **lú**cifer, mo**nó**lito, no**tí**vago, **ó**bolo, **ô**mega, o**pí**paro, **pân**tano, pe**rí**frase, **pé**riplo, pro**tó**tipo, qua**drú**mano, re**vér**bero, **sâns**crito, **sá**trapa, **sín**drome, **trâns**fuga, ver**mí**fugo, **zé**firo, **zê**nite

Algumas palavras admitem dupla pronúncia, ambas consideradas corretas. É o caso de *orto**é**pia* ou *ortoe**pia***.

Outros exemplos:

acró**ba**ta ou acro**ba**ta
bi**óp**sia ou biop**sia**
bi**ó**tipo ou bio**ti**po
bo**ê**mia ou boe**mia**
hie**ró**glifo ou hiero**gli**fo
ho**mí**lia ou homi**lia**

pro**jé**til ou proje**til**
réptil ou rep**til**
sóror ou so**ror**
tran**sís**tor ou transis**tor**
xérox ou xe**rox**
zângão ou zan**gão**

Encontros vocálicos

> **Encontros vocálicos** são agrupamentos de vogais ou de vogais e semivogais sem consoante intermediária.

São três os tipos de encontros vocálicos: ditongo, tritongo e hiato.

Ditongo

É o encontro de uma vogal e uma semivogal, ou vice-versa. Nos ditongos, a vogal e a semivogal pertencem à mesma sílaba.

Os ditongos podem ser:

a) **crescentes** – a semivogal vem antes da vogal;

b) **decrescentes** – a vogal vem antes da semivogal;

c) **orais** – quando a vogal é oral;

d) **nasais** – quando a vogal é nasal.

É importante ressaltar que um mesmo ditongo pode acumular duas dessas categorias. Veja:

ditongos	crescentes	decrescentes
orais	lí-rio, ré-gua, in-fân-cia, má-goa	pai, cha-péu, he-rói, boi
nasais	quan-do, fre-quen-te, pin-guim	põe, mão, vem, bem, a-ma-ram, fa-la-ram

Em *vem*, *bem*, *amaram* e *falaram*, a nasalização produz ditongos cuja semivogal não é representada na escrita: /vẽj/; /bẽj/; /amarãw/; /falarãw/. Não confunda essas ocorrências com os dígrafos vocálicos **am** e **em**. Para tanto, observe que:

a) **em** /ẽj/ e **am** /ãw/ representam ditongos nasais decrescentes quando aparecem na última sílaba das palavras;

b) quando surgem nas sílabas internas das palavras, **em** e **am** são dígrafos vocálicos que representam os fonemas /ẽ/ e /ã/, respectivamente.

Tritongo

É o encontro de semivogal + vogal + semivogal, nessa ordem. Nos tritongos as semivogais e a vogal pertencem à mesma sílaba.

Os tritongos podem ser:

a) orais

Pa-ra-g**uai**, a-ve-ri-g**uei**, en-xa-g**uou**

b) nasais

sa-g**uão**, q**uão**, en-xá-g**uam**, á-g**uam**, en-xá-g**uem**, de-lin-q**uem**

Em **enxáguam**, **águam**, **enxáguem** e **delinquem**, a nasalização produz os tritongos nasais /wãw/ e /wẽy/, cuja semivogal não é representada graficamente.

Hiato

É o encontro imediato de duas vogais. Como a cada vogal corresponde uma sílaba, as vogais que formam os hiatos pertencem a sílabas distintas.

ra-**iz**, sa-**ú**-de, co-r**o-o**, Sa-**a**-ra

É frequente, sobretudo na linguagem poética, a conversão de:

- hiatos em ditongos: g**e-a**-da → g**ea**-da; en-l**u-a**-ra-da → en-l**ua**-ra-da
- ditongos em hiatos: v**ai**-da-de → va-**i**-da-de; gló-r**ia** → gló-r**i-a**

A conversão de hiato em ditongo recebe o nome de **sinérese** e a conversão de ditongo em hiato é denominada **diérese**.

Encontros consonantais

Encontros consonantais são grupos formados por mais de uma consoante sem vogal intermediária.

Os encontros consonantais podem ser:

a) **perfeitos** – as consoantes pertencem à mesma sílaba. Nesse caso, a segunda consoante geralmente é **l** ou **r**:

blu-sa, **pr**a-to, a-**pl**au-so, **cr**í-ti-ca

b) **imperfeitos** – as consoantes pertencem a sílabas diferentes:

a**f-t**a, a**b-s**o-lu-to, ri**t-m**o, pa**c-t**o

Os encontros consonantais **gn**, **mn**, **pn** e **ps**, quando ocorrem no início das palavras, são perfeitos; no interior delas são imperfeitos.

gno-mo, **gn**ós-ti-co, **mn**e-mô-ni-co, **pn**eu-má-ti-co, **ps**i-co-se
co**g-n**a-to, a**g-n**ós-ti-co, gi**m-n**os-per-ma, a**p-n**ei-a, cá**p-s**u-la

> **[!] Encontro consonantal é o mesmo que dígrafo?**
>
> Não. Nos dígrafos **rr**, **ss**, **ch**, **lh**, **nh**, **sc**, **sç** e **xc**, as duas consoantes juntas representam um único fonema; nos encontros consonantais, cada consoante representa um fonema.

Em palavras como **táxi**, **anexo**, **tóxico**, **axioma**, **circunflexo**, **complexo**, **oxidação**, **clímax** e **tórax**, temos um encontro consonantal fonético, já que a letra **x** representa dois fonemas consonantais (k e s). Na fala, temos: [táksi], [anekso], [tóksico], [aksioma], [circunflekso], [complekso], [oksidação], [clímaks] e [tóraks].

Translineação

Não se separam os elementos que formam sílaba. Por isso, observe que a divisão das sílabas de uma palavra é feita pela soletração, e não pelos elementos que a constituem segundo a etimologia (parte da gramática que estuda a origem das palavras). Lembre-se de que a cada vogal existente na palavra corresponderá uma sílaba. A separação de sílabas é marcada pelo hífen (-).

te-sou-ra, de-ter-mi-na-ção, su-bal-ter-no, tran-sa-tlân-ti-co, bi-sa-vô, de-sa-tar

Para a separação de sílabas de uma palavra, observe as seguintes regras:

1 Não se separam os ditongos e os tritongos.
au-ro-ra, **ai**-ro-so, U-ru-**guai**

2 Sempre se separam os dígrafos **rr**, **ss**, **sc**, **sç** e **xc**.
ca**r-r**o-ça, a**s-s**as-si-no, a**s-c**en-são, de**s-ç**a, e**x-c**e-ção

3 Os demais dígrafos não se separam.
ma-**ch**a-do, a-ga-sa-**lh**a-do, a-di-vi-**nh**a-ção, fo-**gu**e-te, e-**qu**i-li-bris-ta

4 Não se separam os encontros consonantais perfeitos (consoante + **l** ou **r**).
a-**br**a-sar, li-**vr**ei-ro, a-**bl**a-ção, a-**pl**au-so

Nem sempre os grupos consoante + **l** ou consoante + **r** formam encontros consonantais perfeitos. Se o **l** e o **r** forem pronunciados separadamente, deverão vir separados na divisão silábica.
su**b-l**in-gual, su**b-l**e-gen-da, a**b-r**up-ção

5 Os encontros consonantais que ocorrem no início de palavra não se separam.
mne-mô-ni-co, **ps**i-co-lo-gia, **gn**o-mo

6 Os encontros consonantais que ocorrem no interior da palavra devem ser separados.
in-di**g-n**o, a**f-t**a, in-te-le**c-ç**ão, ri**t-m**o, a**p-t**o, ma**g-n**é-ti-co, a-na**m-n**e-se, dis**p-n**ei-a, a-po-ca-li**p-s**e

7 Separam-se as vogais que formam os hiatos.
sa-í-da, ra-i-nha, ra-iz, ca-a-tin-ga, Sa-a-ra, co-or-de-na-ção, cr**e-e**m, r**e-l**e-em

8 Palavras como **baleia**, **areia**, **goiaba** e **balaio** são assim separadas:
ba-lei-a, a-rei-a, goi-a-ba, ba-lai-o

Em relação aos encontros vocálicos presentes nessas palavras, há dupla possibilidade de classificação: há autores que afirmam que nelas ocorre hiato de um ditongo com uma vogal (ba-**lei-a**; a-**rei-a**; goi-a-ba; ba-**lai-o**); outros sustentam a ocorrência de dois ditongos, uma vez que na pronúncia a semivogal da sílaba anterior se prolonga para a sílaba posterior. Na fala, temos o seguinte: ba-**lei-ia**, a-**rei-ia**, goi-ia-ba, ba-**lai-io**.

9 Palavras como **uruguaio** e **paraguaias** separam-se da seguinte forma:
u-ru-guai-o, pa-ra-guai-as

Nesse caso, também ocorre dupla classificação dos encontros vocálicos: hiato de um tritongo com uma vogal (u-ru-guai-o, pa-ra-guai-as), ou tritongo seguido de ditongo crescente, uma vez que a semivogal /j/ dos tritongos prolonga-se para a sílaba posterior, formando um ditongo. Na fala, temos o seguinte: u-ru-guai-io, pa-ra-guai-ia.

 Considera-se antiestético deixar uma vogal sozinha no início ou no final de uma linha. Evitem-se, portanto, partições como:

  a-   **ba-**
  teu.   **ú**.

A gramática no dia a dia

Alofones

As orientações apresentadas neste capítulo se referem a um uso da língua portuguesa denominado uso culto ou linguagem formal. No entanto, no dia a dia, você poderá observar, no português falado no Brasil, realizações diferentes de um mesmo fonema, algumas até mesmo se afastando do uso culto. É o caso, por exemplo, de palavras em que o fonema /l/ está no final de sílaba. Em algumas regiões, ele é pronunciado como a semivogal /w/; em outras, como a consoante /r/. Observe a variação de pronúncia de palavras como **Brasil, canal, voltar**.

 /brazil/, /braziw/, /brazir/   /canal/, /canaw/, /canar/   /voltar/, /vowtar/, /vortar/

É em decorrência dessa variação que muitas pessoas cometem erros de grafia, trocando a letra **l** pela letra **u** ou **r** em palavras como:

  "ancest**r**ar" em vez de ancestra**l**   "bo**u**sista" em vez de bo**l**sista
  "caniba**r**" em vez de caniba**l**   "a**l**tógrafo" em vez de a**u**tógrafo
  "sa**u**var" em vez de sa**l**var   "ma**u**dade" em vez de ma**l**dade

Cumpre observar que a grafia da palavra deverá ser sempre a mesma, independentemente de como o falante, em decorrência de fatores regionais ou de hábitos linguísticos, realiza o fonema: **Brasil, canal, voltar, ancestral, canibal, salvar, bolsista, autógrafo, maldade**.

Damos o nome de **alofone** a cada uma dessas possibilidades de realização de um mesmo fonema. Observe que, ao contrário dos fonemas, os alofones não possuem caráter distintivo, de tal sorte que a realização de um mesmo fonema de maneiras diferentes em decorrência de hábitos linguísticos ou regionais não chega a interferir no significado. Contudo, os alofones nos permitem identificar se o falante vive, por exemplo, na zona rural ou na urbana, se é do sul ou do norte do país.

Observe outras realizações de alguns fonemas no português falado no Brasil:

a) supressão do fonema /r/ final:

  entrega[r] → entregá   compra[r] → comprá   faze[r] → fazê

A supressão de um fonema no final da palavra recebe o nome de **apócope**.

b) em certas palavras ocorre a **síncope**, isto é, a supressão de fonema no meio da palavra:

  "abobra" em vez de abóbora   "cansera" em vez de canseira
  "bestera" em vez de besteira   "xicra" em vez de xícara

c) transformação do fonema /λ/ em /i/ (**jeísmo**):

olha → oia   telha → teia   velho → veio

d) introdução de um /i/ ou um /e/ entre duas consoantes:

ab[i]soluto   p[i]neu ou p[e]neu

ad[i]vogado ou ad[e]vogado   rit[i]mo

O acréscimo de um fonema no meio da palavra recebe o nome de **epêntese**.

e) redução das vogais átonas finais **e** e **o**, que, em algumas regiões, são pronunciadas respectivamente como **i** e **u**:

dente → denti   menino → mininu

f) transformação de ditongos orais em um só fonema vocálico. A esse fenômeno damos o nome de **monotongação**:

caixa → caxa   peixe → pexe

falou → falô   pouco → poco

Como essa pronúncia é comum nas variedades não prestigiadas, acaba ocorrendo o fenômeno da **hipercorreção**, que leva falantes a dizer (e grafar), por exemplo, "carangu**ei**jo", "band**ei**ja", "praz**ei**roso", em vez de carangu**e**jo, band**e**ja, praz**e**roso.

g) transformação da vogal tônica final, seguida de **s** ou **z**, em ditongo:

arroz → arroiz   faz → faiz   mês → meis

h) transformação do fonema consonantal /l/, em final de sílaba, na semivogal /w/:

alto → awto   mal → maw   sal → saw

i) quando os fonemas representados pelas letras **s** e **z** ocorrem em final de sílaba, é comum o aparecimento da semivogal /j/:

atrás → atraiz   fez → feiz

Observe, no texto a seguir, que o modo como são realizados alguns fonemas identifica um uso regional da língua portuguesa.

Asa-branca

Quando oiei a terra ardendo
Quá foguera de São João
Eu preguntei a Deus do céu, ai
Pru que tamanha judiação?

Qui brazero, qui fornaia
Nem um pé de prantação
Por farta d'água perdi meu gado
Morreu de sede meu alazão

Inté mesmo asa-branca
Bateu asa do sertão

Entonce, eu disse: "Adeus, Rosinha,
Guarda contigo meu coração"

Hoje longe muitas légua
Numa triste solidão
Espero a chuva caí de novo
Pra mim vortá pro meu sertão

Quando o verde dos teus oios
Se espaiá na prantação
Eu te asseguro, num chore, não, viu,
Que eu vortarei, viu, meu coração.

GONZAGA, Luiz; TEIXEIRA, Humberto. Asa-Branca.
In: VELOSO, Caetano. *A arte de Caetano Veloso* (CD). Universal Music, 1988.

Em alguns textos poéticos, o autor procura explorar ao máximo os recursos sonoros, utilizando, por exemplo, palavras que apresentam fonemas semelhantes para conferir, com isso, originalidade, beleza e eficácia à mensagem. No capítulo 21, **Figuras e vícios de linguagem**, estudaremos algumas figuras que exploram os recursos sonoros.

Convém notar, no entanto, que esse tipo de recurso não é exclusivo de textos literários. Textos publicitários, *slogans*, letras de música, ditados populares e trava-línguas também costumam "jogar" com a sonoridade das palavras para obter efeito expressivo. Veja alguns exemplos:

"Boi bem bravo, bate baixo, bota baba, boi berrando... Dansa doido, dá de duro, dá de dentro, dá direito... Vai, vem, volta, vem na vara, vai não volta, vai varando..." (Guimarães Rosa)

"Conhecer as manhas e as manhãs, o sabor das massas e das maçãs." (Almir Sater e Renato Teixeira)

Melhoral, Melhoral é melhor e não faz mal.

De raminho em raminho o passarinho faz seu ninho.

Quem com ferro fere com ferro será ferido.

Quem tem cem mas deve cem pouco tem.

Não tem truque, troque o trinco, traga o troco e tire o trapo do prato. Tire o trinco, não tem truque, troque o troco e traga o trapo do prato.

Quem parte e reparte e não fica com a melhor parte, ou é tolo, ou no partir não tem arte.

ATIVIDADES

1. Damos o nome de trocadilho ao jogo de palavras cujos sons são iguais ou semelhantes, causando em geral efeito de humor.

   O trecho a seguir foi extraído do livro *Alice no país das maravilhas*, de Lewis Carroll. Leia-o atentamente e indique qual é o trocadilho e de que ele resulta.

   — Pois, como a senhora sabe, a Terra leva vinte e quatro horas para dar uma volta em seu próprio eixo... Para a ciência, foi um achado...

   — Por falar em machado – disse a Duquesa – corte a cabeça dela!

   Alice lançou um olhar ansioso para a cozinheira, vendo se ela pretendia atender à sugestão. Mas ela estava muito ocupada mexendo a sopa e parecia não ouvir nada.

   CARROLL, Lewis. *Alice no país das maravilhas*.
   São Paulo: Cosac Naify, 2009. p. 70-72.

2. O trecho a seguir foi extraído do livro *Mayombe*, do escritor moçambicano Pepetela.

   Os meus conhecimentos levaram-me a ser nomeado professor da Base. [...] A minha vida na Base é preenchida pelas aulas e pelas guardas. Por vezes, raramente, uma ação. Desde que estamos no interior, a atividade é maior. Não atividade de guerra, mas de patrulha e reconhecimento. Ofereço-me sempre para as missões, mesmo contra a opinião do Comando: poderia recusar? Imediatamente se lembrariam de que não sou igual aos outros.

   PEPETELA. *Mayombe*. São Paulo: Leya, 2013. p. 21.

   Transcreva quatro palavras que apresentem:

   a) dígrafos vocálicos;

   b) encontros consonantais;

   c) dígrafo consonantal.

3. O trecho a seguir foi extraído do livro *A confissão da leoa*, do escritor moçambicano Mia Couto. Leia-o e responda ao que se pede.

   Nunca gostei de aeroportos. Tão cheios de gente, tão sem ninguém. Prefiro as estações de comboio, onde sobra tempo para as lágrimas e para acenar os lenços. Os comboios arrancam lentos, suspirantes, arrependidos de partir. Já o avião tem pressas que não são humanas. E a lenda da minha mãe perde razão quando contemplo os aviões que se lançam pelos ares. Afinal, nem tudo é lento no infinito firmamento. Estou no aeroporto de Maputo com a certeza de que não estou em lugar nenhum. Alguém falando em inglês devolve-me ao chão da realidade.

   COUTO, Mia. *A confissão da leoa*.
   São Paulo: Companhia das Letras, 2012. p. 63.

PARTE 1 // FONOLOGIA E ORTOGRAFIA

a) Transcreva do trecho três palavras que apresentam, ao mesmo tempo, dígrafo vocálico e dígrafo consonantal.

b) Transcreva três palavras que apresentam, ao mesmo tempo, ditongo e encontro consonantal.

Texto para as questões 4 a 7.

solitário	solidário	soli ário
solitário	solitário	soli ário
solidário	solitário	soli ário
solidário	solidário	soli ário

AZEREDO, Ronaldo. In: AZEVEDO FILHO, Leodegário Amarante de. *Poetas do Modernismo*: antologia crítica. Brasília: INL, 1972.

4. As palavras **solitário** e **solidário** distinguem-se por um único elemento. Que nome ele recebe?

5. Divida as sílabas de **solidário** e **solitário**.

6. Classifique o encontro vocálico existente nessas palavras.

7. Na palavra **solidário**, que nome recebe o primeiro **i**? E o segundo?

8. No trecho a seguir, destaque os monossílabos e classifique-os em átonos ou tônicos.

Fazendo teatro a gente experimenta ser o que não é, e tem ideia de como seria a vida se a gente fosse outra pessoa, fazendo coisas diferentes das coisas que a gente faz todo dia.

COELHO, Raquel. *Teatro*. Belo Horizonte: Formato, 1999. p. 4.

9. Leia em voz alta os pares de palavras apresentados a seguir e indique aqueles em que a letra em destaque representa fonemas distintos. Lembre-se de que uma mesma letra pode representar fonemas diferentes.

a) me**d**o – me**s**a

b) **s**erra – **g**elo

c) **t**erra – **qu**eda

d) lo**j**a – mo**ç**a

e) me**s**a – **s**apato

f) **r**oda – ba**r**ato

g) **r**ápido – **r**aposa

h) **c**oncerto – con**s**erto

i) **j**eito – **g**ente

10. Divida as sílabas das palavras a seguir e diga se as letras **i** e **u** representam vogais ou semivogais.

raízes – direito – miúdo – herói – náufrago – baú

11. A letra **x** pode representar fonemas distintos. Coloque em colunas as palavras relacionadas a seguir levando em conta o som que a letra **x** representa na primeira palavra de cada coluna.

exagero – xarope – próximo – exército – paradoxo – caixa – reflexo – auxílio – exame – xingar – anexo – peixe – contexto – exato – sintaxe – complexo

lixo	agrotóxico	máximo	existência

12. Em um programa de televisão, uma apresentadora afirmou que a palavra **escola** tem a seguinte grafia: **iscola** (com **i** inicial). Como você justificaria esse deslize ortográfico da apresentadora?

13. Em qual alternativa ambas as palavras não apresentam o mesmo fonema inicial?

a) girafa – jiló

b) xícara – chave

c) jegue – geleia

d) garra – guerra

e) guia – gigante

14. Em qual das palavras a seguir há mais letras que fonemas?

caneta – chave – fixo – casa – natureza – mesa

15. Em qual das palavras a seguir há mais fonemas que letras?

campo – menino – Lua – sabonete – carro – fixo

16. Quantos fonemas há na palavra **representante**? E em **assanhado**?

17. Que palavra tem o mesmo número de fonemas de **cheque**?

fixo – lixo – ilha – caixa – sapato

18. Qual palavra tem o mesmo número de fonemas de **lâmpada**?

minha – laranja – agulha – lucro – revista

19. Qual palavra tem o mesmo número de fonemas que **tórax**?

milho – falange – faixa – quilo – fósforo

20. Qual palavra tem o mesmo número de fonemas de **guerra**?

máximo – ficha – cabelo – sapato – papel

21. Quantos fonemas há em **cachorrinha**?

22. Identifique, na relação abaixo, as palavras que apresentam semivogal:

riso – muro – melancia – herói – tênue – luz – giz

23. Aponte a sílaba tônica dos vocábulos abaixo:

caderno – compor – laranjal – metafísica – música – herói – sabonete – alçapão – irmão – alemão – órfã – lâmpada – vender – talvez – café – japonês – altivez – mesquinhez – caminhão – maquinaria

24. Separe as palavras da relação a seguir em duas colunas: na primeira, você colocará aquelas que apresentam dígrafo; na segunda, as que apresentam encontro consonantal.

quero	marco	livro
falso	brasa	assado
prato	esquilo	murro
cheque	descer	chinelo
lucro	exceto	telha
agulha	exceção	nasça
ficha	foguete	blusa
apto	aplauso	trava

25. De cada relação de palavras a seguir, transcreva apenas:

a) os vocábulos que apresentam ditongo:

calmaria – ignorância – demência – trégua – dicionário – raízes – leite – mamãe – dispõe – telefonia – tesoura – saúva – irmão

b) os vocábulos que apresentam hiato:

Saara – sábio – raiz – céu – chapéu – saída – heroico – meu – saúva – retribuíssemos – pai

c) os vocábulos que apresentam tritongo:

Paraguai – averiguei – saguão – maio – meia

d) os vocábulos que apresentam ditongo crescente:

pai – chapéu – herói – padaria – Claudete – diário – boi – coisa – lousa – régua – vaidoso

e) os vocábulos que apresentam ditongo decrescente:

véu – anéis – sábio – espécie – vou – raízes – juízes – loira – sumário – inglório – férteis

f) os vocábulos que apresentam dígrafo:

ninhada – carroça – quilo – marco – guerra – esquilo – sagui – tampa – brasa – limpo – tinta – muro – canto

---

DOS TEXTOS À GRAMÁTICA DA GRAMÁTICA AOS TEXTOS

VVVVVVVVV
VVVVVVVVE
VVVVVVVEL
VVVVVVELO
VVVVVELOC
VVVVVELOCI
VVVVELOCID
VVVELOCIDA
VVELOCIDAD
VELOCIDADE

Ronaldo Azeredo, 1958.

AZEREDO, Ronaldo. Velocidade. In: *Noigandres 4*: poesia concreta. São Paulo: Edição dos autores, 1958.

Dissemos que os textos apresentam dois planos que se pressupõem: a expressão e o conteúdo. Quando dizemos que há entre eles uma relação de pressuposição, estamos dizendo que um não existe sem o outro, como os dois lados de uma folha de papel.

Nos textos verbais, o sentido pertence ao plano do conteúdo. Há, no entanto, certos textos verbais cuja expressão também cria sentidos. É o que ocorre nos chamados textos poéticos.

Com base nessas informações e levando em conta o que você viu neste livro, responda:

1. Como é constituído o plano da expressão desse texto?

2. Levando em conta ainda o plano da expressão, como você classificaria esse texto: verbal, não verbal ou sincrético?

3. Dissemos que, em determinados textos, o plano da expressão também cria sentidos. Nesse texto, isso ocorre?

ORTOGRAFIA

CONCEITOS INICIAIS

A palavra **ortografia** provém do grego: *orthós* = reto, direito + *gráphein* = escrever, descrever. Damos o nome de ortografia à parte da gramática que trata da maneira de escrever corretamente as palavras e do uso dos sinais de acentuação e pontuação.

As regras de acentuação gráfica e o uso dos sinais de pontuação serão estudados nos capítulos 3 e 20, respectivamente.

Os sons da fala são representados na escrita por sinais gráficos denominados letras. O conjunto das letras recebe o nome de alfabeto ou abecedário, que, na língua portuguesa, é composto de 26 letras:

Letra de imprensa

Maiúsculas: A B C D E F G H I J K L M N O P Q R S T U V W X Y Z

Minúsculas: a b c d e f g h i j k l m n o p q r s t u v w x y z

Letra cursiva

Maiúsculas: A B C D E F G H I J K L M N O P Q R S T U V W X Y Z

Minúsculas: a b c d e f g h i j k l m n o p q r s t u v w x y z

As letras **k**, **w** e **y** são utilizadas em casos especiais, como:

a) na grafia de abreviaturas e símbolos:

K (potássio), kg (quilograma), kW (quilowatt), K.O. (abreviatura de *knockout*, nocaute em português)

b) em nomes próprios de origem estrangeira:

Kafka, Kant, Byron, Darwin, Kátia, William

> **OBSERVAÇÃO**
>
> Na grafia dos derivados portugueses de nomes próprios estrangeiros, mantêm-se as letras dos nomes originais:
>
> kafkiano, kantismo, byroniano, darwinista

c) em palavras estrangeiras de uso internacional:

show, hacker, sexy, download, know-how, megabyte, walkie-talkie, kiwi, yakisoba

Além das letras, utilizamos sinais denominados **notações léxicas**. São eles:

a) os acentos gráficos:

- o acento agudo (´) é utilizado nas vogais tônicas **a**, **i** e **u** e nas vogais abertas **e** e **o**.

p**á**tio, f**á**cil, ra**í**zes, m**í**sero, sa**ú**de, m**ú**sica, caf**é**, h**é**lice, t**ó**rax, cip**ó**

- o acento circunflexo (ˆ) é utilizado nas vogais tônicas fechadas **e** e **o** e no **a** seguido de **m** ou **n**.

  pêssego, você, cômodo, vovô, lâmpada, pântano

- o acento grave (`) é utilizado para indicar a crase, isto é, a fusão de dois **aa**.

  Vou **à** feira semanalmente. O diretor fez referência **à**quele caso.

b) o til (~) é utilizado sobre as letras **a** e **o** para indicar que elas são nasais.

  Amanh**ã** eles pagar**ã**o o que devem.
  Jo**ã**o disp**õ**e de pouco tempo.
  As medalhas ser**ã**o entregues aos campe**õ**es.

c) a cedilha (¸) é utilizada sob a letra **c**, antes de **a**, **o** e **u**, para indicar o som de /s/.

  Fa**ç**a o favor de me passar o a**ç**úcar.
  Usava um la**ç**o no cabelo.

d) o apóstrofo (') é utilizado para indicar que uma ou mais letras foram suprimidas.

  Naquele sítio há criação de galinhas-d'angola.

e) o hífen, ou traço de união (-), é utilizado para unir os elementos de palavras compostas, separar sílabas em fim de linha e ligar pronomes oblíquos átonos (enclíticos ou mesoclíticos) ao verbo.

  guarda-roupa, arco-íris, mico-leão-dourado
  ajude-me, beijaram-no, tê-lo, mandaram-lhe
  pedir-me-ia, comê-lo-ei, falar-me-ás
                    Não abrimos às segundas-
  -feiras.

Vale lembrar que as regras de divisão silábica são úteis na **translineação** (passagem de uma linha para a outra em que parte da palavra fica na linha superior e o restante na de baixo): o hífen das palavras compostas ou daquelas em que há combinação de termos com hífen deve ser repetido na linha seguinte, caso a divisão no fim da linha ocorra no final de um dos termos.

> **OBSERVAÇÃO**
>
> O novo Acordo Ortográfico aboliu o trema (¨). Dessa forma, palavras como aguentar, sagui, frequente e tranquilo **não** devem receber o trema. Seu uso fica restrito a palavras derivadas de nomes próprios estrangeiros, como mülleriano, de Müller.

SISTEMA ORTOGRÁFICO

Um sistema ortográfico é sempre uma convenção. Sua base pode ser histórica (leva em conta a etimologia, isto é, a origem da palavra), fonética (leva em conta os sons da fala) ou mista (uma mescla do critério fonético e do histórico).

A ortografia francesa é essencialmente etimológica; a espanhola, fonética. O sistema ortográfico adotado no Brasil privilegia o critério fonético, no entanto, muitas palavras são ainda grafadas com base no critério etimológico, e como exemplo citamos aquelas grafadas com **h** inicial. Trata-se, portanto, de um sistema misto.

O sistema ortográfico ideal seria aquele em que cada letra representasse um único fonema e cada fonema fosse representado por uma única letra. Na realidade, em maior ou menor grau, nenhum idioma concretiza esse ideal. Dada a grande variedade de fonemas e as diferenças entre a língua falada no Brasil e nos demais países de língua portuguesa, a ortografia em língua portuguesa também não foge a essa regra.

No português, uma ortografia exclusivamente fonética seria impossível em razão da variedade de pronúncias existentes. Não há apenas diferenças de pronúncia entre o português brasileiro e o falado em outros países de língua portuguesa: dentro do próprio território nacional, há diversas pronúncias da língua portuguesa.

PARTE 1 // FONOLOGIA E ORTOGRAFIA

O sistema ortográfico adotado atualmente no Brasil é o do Acordo da Língua Portuguesa, assinado em Lisboa, em 16 de dezembro de 1990, por Angola, Brasil, Cabo Verde, Guiné-Bissau, Moçambique, Portugal e São Tomé e Príncipe. O novo Acordo Ortográfico, no entanto, só passou a vigorar em 2009.

ORIENTAÇÕES ORTOGRÁFICAS

O emprego das letras em português não é tarefa fácil, uma vez que um mesmo fonema pode ser representado por mais de uma letra, e uma letra pode representar mais de um fonema. As 26 letras de que se compõe o nosso alfabeto não dão conta de representar todo o sistema fonético do português, já que essas letras apresentam variações que podem ser marcadas por sinais gráficos ou não. Observe os exemplos a seguir.

Mesmo fonema representado por letras diferentes

- O fonema /ã/ pode ser representado por **ã** (l**ã**, f**ã**, catal**ã**) e pelos dígrafos vocálicos **am** e **an** (t**am**pa, l**âm**pada, m**an**to, pr**an**to).

- O fonema /s/ pode ser representado pela letra **s** (**s**ala, **s**abão); por **ç** (mo**ç**o, ma**ç**o); por **x** (sinta**x**e, má**x**imo); e pelos dígrafos **ss** (ma**ss**a, fo**ss**a) e **sc** (na**sc**er, cre**sc**er).

- O fonema /z/ pode ser representado pela letra **s** (a**s**a, ca**s**a); pela letra **z** (nature**z**a, certe**z**a); e pela letra **x** (e**x**ame, e**x**íguo).

- O fonema /ʒ/ pode ser representado pela letra **g** (**g**elo, **g**eladeira) e pela letra **j** (**j**ogo, **j**eito).

- O fonema /ʃ/ pode ser representado pela letra **x** (**x**ícara, **x**arope) ou pelo dígrafo **ch** (**ch**aleira, **ch**ave).

Mesma letra representando fonemas diferentes

A letra **x** pode representar os seguintes fonemas:

- /ʃ/: xícara, caixa;
- /z/: exame, exibir;
- /s/: texto, auxílio.

E, como visto no capítulo anterior, a letra **x** também pode representar o encontro consonantal fonético [**ks**] em palavras como tá**x**i, ane**x**o, tó**x**ico, o**x**idação, clíma**x** e tóra**x**. Quando a letra **x** faz parte do dígrafo **xc**, ela não representa fonema algum, como em e**xc**eção, e**xc**elente, e**xc**eto. Nesse caso, o emprego do **x** justifica-se pela etimologia.

A letra **e** pode representar os fonemas /e/ (m**e**do, m**e**sa) e /ɛ/ (t**e**rra, qu**e**da).

A letra **o** pode representar os fonemas /o/ (g**o**ma, b**o**neca) e /ɔ/ (h**o**mem, m**o**le).

A letra **g** pode representar o fonema /g/ (**g**ato, **g**alinha) e o fonema /ʒ/ (**g**eladeira, **g**ente).

A letra **s** pode representar o fonema /s/ (**s**ala, **s**apato) e o fonema /z/ (ca**s**a, me**s**a).

A letra **r** pode representar o fonema /R/ (**r**oda, **r**ato) e o fonema /r/ (ca**r**o, ba**r**ato).

Apresentamos a seguir orientações básicas para empregar corretamente algumas letras que costumam gerar dúvidas. Tais orientações, evidentemente, não têm a pretensão de esgotar o assunto, por isso, sempre que houver dúvida sobre a grafia de uma palavra, é recomendável consultar um bom dicionário.

Emprego do *h*

O **h** (agá) não representa fonema algum; empregado junto às letras **c**, **l** e **n**, forma os dígrafos consonantais **ch**, **lh** e **nh**. Em algumas palavras, aparece em decorrência da etimologia ou da tradição escrita de nosso idioma. Emprega-se **h**:

- No final de algumas interjeições: a**h**!, o**h**!, i**h**!, etc.

- No início de palavras cuja etimologia ou tradição escrita do nosso idioma assim o determine: **h**ábil, **h**abitação, **h**ábito, **h**aver, **h**erói, **h**iato, **h**onesto, etc.

  Há palavras em que se eliminou o **h** etimológico: erva (do latim: *herba, ae*); inverno (do latim: *hibernum*); andorinha (do latim: *hirundo, inis*), etc. O **h** etimológico pode, no entanto, aparecer em formas derivadas dessas palavras, como em her**h**bívoro, her**h**báceo, her**h**banário, her**h**bicida (**erva**); hi**h**bernação, hi**h**bernal, hi**h**bernar, hi**h**bernáculo (**inverno**); hirundino, relativo a **andorinha**.

- No interior dos vocábulos, quando faz parte dos dígrafos **ch, lh, nh**: **ch**apéu, ar**ch**ote, **ch**uva, **ch**icote, **ch**ávena, mal**h**a, cal**h**a, ral**h**a, pil**h**a, nin**h**o, anjin**h**o, colarin**h**o, ban**h**a, gan**h**a, etc.

- Nos compostos em que o segundo elemento com **h** etimológico se une ao primeiro por hífen: Pré--**H**istória, anti-**h**igiênico, super-**h**omem, etc.

Fora esse último caso, não existe, em português, **h** medial: desonra, desumano, reaver, desabitado, inábil, lobisomem, etc.

Por tradição, o topônimo **Bahia** é escrito com **h**; porém isso não acontece com os seus derivados e compostos: **baiano, baianidade, coco-da-baía, jacarandá-da-baía**.

Emprego do *s*

Emprega-se **s**:

- Depois de ditongos: coi**s**a, fai**s**ão, mau**s**oléu, mai**s**ena, lou**s**a, Cleu**s**a, etc.

- Nos adjetivos terminados pelo sufixo **-oso(a)**, indicador de estado pleno, abundância, e pelo sufixo **-ense**, indicador de origem ou pertinência: cheiro**s**o, dengo**s**a, horroro**s**o, gaso**s**a, rio-granden**s**e, canaden**s**e, israelen**s**e, fluminen**s**e, palmeiren**s**e, etc.

- Nos sufixos **-ês, -esa, -isa**, indicadores de título de nobreza, origem ou profissão: franc**ês**, france**s**a, holand**ês**, holande**s**a, campon**ês**, campone**s**a, burgu**ês**, burgue**s**a, marqu**ês**, marque**s**a, prince**s**a, barone**s**a, duque**s**a, poeti**s**a, sacerdoti**s**a, profeti**s**a, etc.

- Nas palavras terminadas em **-ese** e **-ose**: anamne**s**e, diure**s**e, exege**s**e, cateque**s**e, mito**s**e, osmo**s**e, necro**s**e, simbio**s**e, etc.

- Nas formas dos verbos **pôr** e **querer**: pu**s**, pu**s**esse, pu**s**er, qui**s**, qui**s**er, qui**s**éssemos, etc.

- Nas seguintes correlações:

nd → ns	pel → puls
pretender: pretensão, pretensioso	impelir: impulso, impulsão, impulsivo
suspender: suspensão, suspensivo, suspensório	repelir: repulsão, repulsivo, repulsor
expandir: expansão, expansivo, expansionismo	expelir: expulsão, expulsivo, expulsório

Emprego do *z*

Emprega-se **z**:

- Nos sufixos **-ez, -eza**, formadores de substantivos abstratos femininos a partir de adjetivos:

adjetivo	substantivo abstrato	adjetivo	substantivo abstrato
insensato	insensatez	magro	magreza
mesquinho	mesquinhez	belo	beleza
estúpido	estupidez	grande	grandeza
altivo	altivez	claro	clareza

- No sufixo **-izar**, formador de verbo a partir de substantivo ou adjetivo:

substantivo/adjetivo	verbo	substantivo/adjetivo	verbo
hospital	hospitalizar	atual	atualizar
canal	canalizar	humano	humanizar
real	realizar	ameno	amenizar

Em palavras como **analisar**, **alisar** e **pesquisar** não ocorre o sufixo **-izar**. A formação dessas palavras não foi assim: *anal + izar, al + izar, pesq + izar*; mas assim: anális(e) + ar = analisar; a + lis(o) + ar = alisar; pesquisa + ar = pesquisar.

- Na terminação **-triz**: bissetriz, cicatriz, embaixatriz, geratriz, imperatriz, etc.
- Nos verbos terminados em **-uzir**, bem como nas formas em que ocorre o fonema /z/: ad**uzir**: ad**uz**o, ad**uz**, ad**uz**i; cond**uzir**: cond**uz**o, cond**uz**iste, cond**uz**iu; ded**uzir**: ded**uz**o, ded**uz**iste, ded**uz**ia; prod**uzir**: prod**uz**o, prod**uz**i, prod**uz**ia; red**uzir**: red**uz**o, red**uz**, red**uz**i, etc.

Emprego do dígrafo *ss*

Emprega-se **ss** nas seguintes correlações:

- **ced** → **cess**

    ceder: **cess**ão, **cess**ionário, **cess**ante
    con**ced**er: con**cess**ão, con**cess**ivo, con**cess**ionário
    retro**ced**er: retro**cess**o, retro**cess**ivo, retro**cess**ão

- **gred** → **gress**

    a**gred**ir: a**gress**ão, a**gress**or, a**gress**ivo
    pro**gred**ir: pro**gress**ão, pro**gress**ivo, pro**gress**ividade
    re**gred**ir: re**gress**ão, re**gress**ivo, re**gress**o

- **prim** → **press**

    im**prim**ir: im**press**o, im**press**ão, im**press**ora   re**prim**ir: re**press**ão, re**press**ivo, re**press**or
    o**prim**ir: o**press**ão, o**press**ivo, o**press**or   ex**prim**ir: ex**press**ão, ex**press**o, ex**press**ivo

- **tir** → **ssão**

    admi**tir**: admi**ssão**   omi**tir**: omi**ssão**
    demi**tir**: demi**ssão**   permi**tir**: permi**ssão**
    discu**tir**: discu**ssão**   repercu**tir**: repercu**ssão**
    emi**tir**: emi**ssão**

Emprego do ç

Emprega-se **ç**:

- Nas palavras de origem árabe, tupi ou africana: a**ç**afrão, a**ç**úcar, mu**ç**ulmano, ara**çá**, pa**ç**oca, Ju**ç**ara, ca**ç**ula, mi**ç**anga, a**ç**aí, cai**ç**ara, cupua**çu**, etc.

- Após ditongos: lou**ç**a, fei**ç**ão, trai**ç**ão, etc.

- Na correlação **ter** → **tenção**:

    abs**ter**: abs**tenção**   de**ter**: de**tenção**   re**ter**: re**tenção**
    con**ter**: con**tenção**   ob**ter**: ob**tenção**

- Nos substantivos terminados em **-ção**, correspondentes a verbos:

verbo	substantivo	verbo	substantivo
formar	forma**ção**	construir	constru**ção**
exportar	exporta**ção**	destruir	destrui**ção**

- Nos verbos em que há o grupo **nd** no radical, ocorre a correlação **nd → ns** (vide emprego do **s**):

    apree**nd**er: apree**ns**ão
    asce**nd**er: asce**ns**ão
    compree**nd**er: compree**ns**ão
    repree**nd**er: repree**ns**ão
    suspe**nd**er: suspe**ns**ão
    prete**nd**er: prete**ns**ão

- Nos sufixos **-aça(o)**, **-iça(o)**, **-uça(o)**: bar**ç**a**ç**a, ri**ç**a**ç**o, carni**ç**a, cani**ç**o, pingu**ç**o, dentu**ç**a, etc.

Emprego do *sc*

Quando o grupo **sc** forma o dígrafo que representa unicamente o fonema /s/, costuma haver dificuldade em seu emprego, justamente porque ele apresenta o mesmo som de palavras grafadas com **c** (antes de **e** ou **i**), como em amanhe**c**er, anoite**c**er, conhe**c**er, etc.

A razão para algumas palavras apresentarem o dígrafo **sc** é puramente etimológica: cre**sc**er vem do latim *crescere*; na**sc**er, do latim *nascere*; de**sc**er, do latim *descendere*. Nas palavras em que o grupo **sc** aparecia no início da palavra, ele foi substituído por **c**: a palavra latina *scena* virou **c**ena; *scientia*, **c**iência.

Nas palavras formadas dentro da língua portuguesa usa-se o **c**, e não **sc**: entarde**c**er (en + tard + ecer); ensurde**c**er (en + surd + ecer).

Lembre-se de que o dígrafo representa um único fonema; portanto não se pronuncia o **s** e depois o **c**. Só é necessário pronunciar os dois no caso de encontros consonantais, como em de**sc**onto, di**sc**utir, etc.

Em palavras como **descentralizar** e **descapitalizar**, temos o prefixo **des-** acompanhando uma forma verbal iniciada por **c**. Não se trata, pois, de dígrafo.

Emprego do *x/ch*

Emprega-se **x**:

- Normalmente depois de ditongo: cai**x**a, pei**x**e, amei**x**a, fai**x**a, etc.

> [!] **Por que recauchutar e recauchutagem devem ser grafadas com ch?**
>
> Porque derivam de **caucho**, palavra que designa uma espécie de árvore de cujo látex se produz uma borracha de qualidade inferior.

- Depois da sílaba inicial **en**: en**x**oval, en**x**ada, en**x**ame, en**x**aqueca, en**x**ugar, en**x**ertar, etc.

- **Encher** e seus derivados são com **ch**: en**ch**imento, en**ch**ido, en**ch**ente, preen**ch**er, etc.
- Junção do prefixo **en-** a um radical iniciado por **ch**: en**ch**arcar, en**ch**arcado (de **ch**arco); en**ch**umaçar, en**ch**umaçado (de **ch**umaço); en**ch**iqueirar (de **ch**iqueiro); en**ch**ouriçar (de **ch**ouriço); en**ch**ocalhar (de **ch**ocalho), etc.

- Depois da sílaba inicial **me**: me**x**er, me**x**ilhão, me**x**icano, me**x**erica, etc.

Mecha e seus derivados escrevem-se com **ch**.

- Em palavras de origem tupi ou africana: capi**x**aba, abaca**x**i, ori**x**á, **x**ará, **x**angô, etc.

Emprego do *j*

Emprega-se **j**:

- Em palavras de origem tupi: jiboia, pajé, jenipapo, tijuca, jequitibá, jerimum, etc.
- Alguns topônimos de origem tupi, no entanto, são grafados com **g**. É o caso de Sergipe.
- Nas formas dos verbos terminados em **-jar**, como **arranjar**: arranje, arranjemos; **apedrejar**: apedreje, apedrejemos; **encorajar**: encoraje, encorajemos; **viajar**: viaje, viajemos.
- Na terminação **-aje**: laje, traje, ultraje, etc.

Emprego do *g*

Emprega-se **g**:

- Nas palavras terminadas em **-ágio**, **-égio**, **-ígio**, **-ógio**, **-úgio**: pedágio, egrégio, litígio, necrológio, refúgio, etc.
- Nos substantivos terminados em **-gem**: aragem, coragem, vertigem, vagem, garagem, ferrugem, etc.

  Os substantivos **pajem** e **lajem** são escritos com **j**.

- Em geral, depois de **a** inicial: ágil, agir, agitar, agenciar, agenda, agente, etc.

Emprego do *e*

Emprega-se a letra **e**:

- Nas formas dos verbos terminados em **-oar** e **-uar**, como **abençoar**: abençoe, abençoes; **perdoar**: perdoe, perdoes; **caçoar**: caçoe, caçoes; **continuar**: continue, continues; **pactuar**: pactue, pactues; **insinuar**: insinue, insinues, etc.
- Nos ditongos nasais **ãe**, **õe**: pães, cães, mãe, põe, casarões, etc.

  Cãibra (ou **câimbra**) escreve-se com **i**.

- No prefixo **ante-**, que significa anterioridade: antevéspera, antediluviano, antecâmara, etc.*

Emprego do *i*

Emprega-se a letra **i**:

- Nas formas dos verbos terminados em **-air**, **-oer** e **-uir**, como **sair**: sai, sais; **cair**: cai, cais; **extrair**: extrai, extrais; **moer**: mói, móis; **doer**: dói; **possuir**: possui, possuis; **contribuir**: contribui, contribuis, etc.
- No prefixo **anti-**, que significa ação contrária: antiaéreo, antibiótico, antijurídico, antialérgico, etc.
- No verbo **criar** e seus derivados: criar, criação, criatura, malcriado, etc.

Palavras de uma mesma família

Palavras de uma mesma família são geralmente grafadas com a mesma letra. Como **gesso** é grafado com **g**, **g**esseiro, en**g**essar e en**g**essado devem ser grafados com **g**. Veja outros exemplos:

pesquisa: pesquisar, pesquisado

análise: analisar, analisado

bronze: bronzear, bronzeamento

jeito: ajeitar, ajeitado, jeitinho

O substantivo **catequese** é grafado com **s**, mas o verbo **catequizar** é grafado com **z**. Isso ocorre em função da etimologia: **catequese** vem do latim *catechese*, e o verbo **catequizar** vem do latim *catechizare*.

FORMAS VARIANTES

> **Variante** é a forma modificada na grafia de um vocábulo à qual não corresponde alteração de sentido.

Há, em português, palavras que podem ser grafadas de duas maneiras, sendo ambas consideradas corretas.

aluguel	aluguer	edredom	edredão
anchova	enchova	espuma	escuma
assobiar	assoviar	flecha	frecha
aterrissar	aterrizar	juntar	ajuntar
bêbado	bêbedo	labareda	lavareda
bílis	bile	laje	lajem
cãibra	câimbra	loira	loura
carroçaria	carroceria	massapê	massapé
catorze	quatorze	moletom	moletão
chimpanzé	chipanzé	porcentagem	percentagem
cociente	quociente	radiatividade	radioatividade
cota	quota	soprar	assoprar
cotidiano	quotidiano	taverna	taberna
coisa	cousa	toucinho	toicinho

> **OBSERVAÇÃO**
> A palavra **cinquenta** não possui forma variante (cincoenta). A palavra **infarto** apresenta duas formas variantes: **enfarto** e **enfarte**.

PARÔNIMOS E HOMÔNIMOS

Em português existem palavras cuja grafia ou pronúncia são parecidas, mas que têm significados diferentes; existem também palavras que possuem a mesma pronúncia, ou a mesma grafia, mas significados diferentes. Por isso são comuns as dúvidas relativas à grafia e ao uso de uma no lugar de outra.

Parônimos

> **Parônimos** são palavras parecidas na grafia ou na pronúncia, mas com significados diferentes.

absolver (perdoar, inocentar)	absorver (aspirar, sorver)
apóstrofe (figura de linguagem)	apóstrofo (sinal gráfico)
aprender (tomar conhecimento)	apreender (assimilar)
área (extensão)	ária (peça musical)
arrear (pôr arreios)	arriar (descer, cair)

ascensão (subida)	assunção (elevação a um cargo)
bebedor (aquele que bebe)	bebedouro (local onde se bebe)
cavaleiro (que cavalga)	cavalheiro (homem cortês)
comprimento (extensão)	cumprimento (saudação)
cotejar (investigar, comparar)	cortejar (fazer a corte)
deferir (atender)	diferir (retardar, divergir, discordar)
delatar (denunciar)	dilatar (alargar)
descrição (ato de descrever)	discrição (reserva, prudência)
descriminar (tirar a culpa)	discriminar (distinguir)
despensa (onde se guardam mantimentos)	dispensa (ato de dispensar)
devagar (sem pressa)	divagar (fugir do assunto)
docente (relativo a professores)	discente (relativo a alunos)
emigrar (deixar um país)	imigrar (entrar num país)
eminente (elevado)	iminente (prestes a ocorrer)
esbaforido (ofegante, apressado)	espavorido (apavorado)
estande (espaço para expor algo)	estante (tipo de móvel)
flagrante (evidente)	fragrante (perfumado)
fluir (correr)	fruir (desfrutar)
fusível (aquilo que funde)	fuzil (arma de fogo)
imergir (afundar)	emergir (vir à tona)
inflação (alta dos preços)	infração (violação)
infligir (aplicar pena)	infringir (violar, desrespeitar)
mandado (ordem judicial)	mandato (procuração, poder dado ou autorizado)
peão (ajudante de boiadeiro, trabalhador rural, aquele que anda a pé)	pião (tipo de brinquedo)
polpa (parte comestível das frutas)	popa (traseira de uma embarcação)
posar (fazer pose)	pousar (descer ao chão)
precedente (que vem antes)	procedente (proveniente, que tem fundamento)
ratificar (confirmar)	retificar (corrigir)
recrear (divertir)	recriar (criar novamente)
ringue (espaço para lutas de boxe)	rinque (espaço para patinação)
soar (produzir som)	suar (transpirar)
sortir (abastecer)	surtir (originar)
sustar (suspender)	suster (sustentar)
tráfego (trânsito)	tráfico (comércio ilegal)
vadear (atravessar a vau)	vadiar (andar ociosamente)
vestiário (lugar para guardar roupas)	vestuário (conjunto de roupas)
vultoso (volumoso)	vultuoso (acometido de congestão na face)

Homônimos

> **Homônimos** são palavras que possuem a mesma pronúncia ou a mesma grafia, mas significados diferentes.

As palavras homônimas subdividem-se em:

- **homófonas** – têm a mesma pronúncia, mas grafias diferentes.

    sela / cela   conserto / concerto   taxar / tachar

- **homógrafas** – têm a mesma grafia, mas pronúncias diferentes.

    governo (substantivo) / governo (forma do verbo governar)
    colher (substantivo) / colher (verbo)

- **homógrafas homófonas** (homônimos perfeitos) – possuem a mesma grafia e a mesma pronúncia.

    cedo (advérbio) / cedo (do verbo ceder)
    cabo (corda, extremidade) / cabo (patente militar)
    canto (esquina) / canto (som musical) / canto (forma do verbo cantar)

Outros exemplos:

acender (pôr fogo)	ascender (subir)
acento (sinal gráfico)	assento (local onde se senta)
acerto (ato de acertar)	asserto (afirmação)
apreçar (ajustar o preço)	apressar (tornar rápido)
bucho (estômago)	buxo (arbusto)
caçar (perseguir animais)	cassar (tornar sem efeito)
cegar (deixar cego)	segar (ceifar, cortar)
cela (pequeno quarto)	sela (arreio, forma do verbo selar)
censo (recenseamento)	senso (entendimento, juízo)
censor (aquele que censura)	sensor (dispositivo que detecta mudanças)
cerração (nevoeiro)	serração (ato de serrar)
cerrar (fechar)	serrar (cortar)
chá (bebida)	xá (antigo soberano do Irã)
cheque (ordem de pagamento)	xeque (lance no jogo de xadrez, soberano árabe)
círio (vela, procissão)	sírio (natural da Síria)
cito (forma do verbo citar)	sito (situado)
concertar (ajustar, combinar)	consertar (corrigir, reparar)
concerto (sessão musical)	conserto (reparo)
coser (costurar)	cozer (cozinhar)
empoçar (formar poça)	empossar (dar posse a)
esotérico (secreto)	exotérico (que é transmitido em público)
espectador (aquele que assiste)	expectador (aquele que tem expectativa, esperança)
esperto (atento, vigilante, perspicaz)	experto (experiente, perito)
espiar (observar)	expiar (pagar pena)
estático (imóvel)	extático (posto em êxtase)
esterno (osso do peito)	externo (exterior)

estrato (camada, tipo de nuvem)	extrato (o que se extrai de)
incerto (não certo, impreciso)	inserto (inserido, introduzido)
incipiente (principiante)	insipiente (ignorante)
laço (nó, vínculo, união)	lasso (fatigado, cansado, frouxo)
ruço (pardacento, grisalho)	russo (natural da Rússia)
tacha (prego pequeno)	taxa (imposto, tributo)
tachar (atribuir defeito a)	taxar (fixar taxa, tributar)

EMPREGO DO HÍFEN

O hífen (-) é empregado em português na ligação de elementos de palavras compostas ou derivadas por acréscimo de prefixos ou sufixos (guarda-chuva, couve-flor, sabiá-guaçu, anti-higiênico), para ligar pronomes oblíquos ao verbo (amá-lo, dizê-lo-íamos) e para marcar a separação silábica das palavras (com-pu-ta-do--ri-za-do).

Sem dúvida alguma, o emprego do hífen na ligação de elementos de palavras compostas ou derivadas é o que costuma gerar mais dúvidas, já que não são todas as palavras compostas e derivadas que têm seus elementos ligados por hífen.

Como são inúmeras as regras que estabelecem o emprego do hífen, tornando praticamente impossível que elas sejam memorizadas, a melhor forma de saber se uma palavra é grafada ou não com o hífen é fazer uma consulta ao Vocabulário Ortográfico da Língua Portuguesa (Volp) no *site* da Academia Brasileira de Letras. Também é possível pesquisar em bons dicionários da língua portuguesa editados em conformidade com o novo Acordo Ortográfico.

A **gramática** no dia a dia

Nomes próprios

As orientações ortográficas apresentadas neste capítulo devem ser aplicadas também a nomes próprios portugueses, ou aportuguesados, de pessoas (físicas ou jurídicas) e de lugares.

Vimos que depois de ditongo se emprega **s**, e não **z**. Portanto deveríamos grafar Cleu**s**a de Sou**s**a, e não Cleu**z**a de Sou**z**a. No entanto, se no registro de nascimento de uma pessoa com esse nome constar a grafia Cleu**z**a de Sou**z**a, evidentemente ela grafará seu nome de acordo com a forma que está no registro. O mesmo ocorre com nomes de firmas, sociedades, marcas e títulos.

Isso explica o fato de, no dia a dia, encontrarmos grafias que não estão de acordo com as orientações que apresentamos neste capítulo, tais como Neuza, Jussara, Maizena, Paissandu, Corinthians, *Correio Braziliense*, *Jornal do Commercio*.

Grafia de palavras estrangeiras

No dia a dia é cada vez mais comum depararmos com palavras estrangeiras que ainda não foram aportuguesadas. Em relação a tais palavras, deve-se manter a grafia original, com destaque (entre aspas em textos manuscritos ou em itálico nos textos impressos). Citemos algumas: *airbag, blitz, boom, cash, chat, check-in, coffee break, croissant, download, drugstore, e-mail, fast-food, flashback, fondue, funk, habeas corpus, hacker, hobby, honoris causa, hotline, impeachment, ipsis litteris, jeans, jet ski, joystick, ketchup, know-how, laptop, link, looping, mouse, notebook, ombudsman, on-line, outdoor, pay-per-view, per capita, recall, réveillon, showroom, software, top model, walkman, workshop, zoom.*

Há, no entanto, inúmeros estrangeirismos já aportuguesados. Citemos alguns: abajur (do francês: *abat-jour*), álibi (do latim: *alibi*), ateliê (do francês: *atelier*), bangue-bangue (do inglês: *bang-bang*), becape (do inglês: *backup*), bipe (do inglês: *beep*), breque (do inglês: *break*), bufê (do francês: *buffet*), butique (do francês: *boutique*), chique (do francês: *chic*), copidesque (do inglês: *copy desk*), dossiê (do francês: *dossier*), drinque (do inglês: *drink*), escâner (do inglês: *scanner*), espaguete (do italiano: *spaghetti*), lasanha (do italiano: *lasagna*), sanduíche (do inglês: *sandwich*), tchau (do italiano: *ciao*), tíquete (do inglês: *ticket*), uísque (do inglês: *whisky*), xampu (do inglês: *shampoo*).

ATIVIDADES

1. Em português, a palavra **banco**, entre outras, pode ser usada nas seguintes acepções: a) estabelecimento bancário; b) lugar destinado para sentar. Quando uma mesma palavra possui a mesma grafia e a mesma pronúncia, temos um homônimo.

   Em "Uma igreja pode ser diferente da outra, mas os bancos são sempre iguais. Têm aquele apoiozinho na frente para que os fiéis se ajoelhem" (Marcelo Coelho, *Folha de S.Paulo*, 7 set. 2011, p. E14), em que sentido foi empregada a palavra **banco**? Que elemento do texto permite essa conclusão?

   Texto para as questões 2 a 5.

   O trecho a seguir foi extraído do livro *Memórias de um sargento de milícias*, de Manuel Antônio de Almeida. Leia-o e responda ao que se pede.

   Com os emigrados de Portugal veio também para o Brasil a praga dos ciganos. Gente ociosa e de poucos escrúpulos, ganharam eles aqui reputação bem merecida dos mais refinados velhacos: ninguém que tivesse juízo se metia com eles em negócio, porque tinha certeza de levar carolo. A poesia de seus costumes e de suas crenças, de que muito se fala, deixaram-na da outra banda do oceano; para cá só trouxeram maus hábitos, esperteza e velhacaria, e se não, o nosso Leonardo pode dizer alguma coisa a respeito.

   ALMEIDA, Manuel Antônio. *Memórias de um sargento de milícias*. 4. ed. Cotia: Ateliê Editorial, 2012. p. 98.

2. A palavra **emigrados** tem por parônima a palavra **imigrados**. Essas palavras correspondem, respectivamente, aos verbos **emigrar** e **imigrar**. Qual é o sentido de **emigrados** no trecho?

3. A palavra **ociosa**, que caracteriza a palavra **gente** no trecho, provém de **ócio**. Levando isso em conta, forme palavras derivadas, obedecendo ao modelo: ócio – ocioso.

   a) dengo
   b) charme
   c) maravilha
   d) infecção
   e) impiedade

4. No trecho aparece a palavra **certeza**, derivada de **certo**. Forme palavras derivadas obedecendo ao modelo: certo – certeza.

   a) delicado
   b) áspero
   c) nobre
   d) avaro
   e) fino

5. Nesse trecho, o narrador (aquele que fala no texto) nos apresenta uma visão negativa e preconceituosa a respeito dos ciganos. Transcreva elementos do texto que comprovem isso.

6. Em cada par, apenas uma das palavras foi grafada corretamente. Destaque-a.

   a) canjica – cangica
   b) esteriótipo – estereótipo
   c) engulir – engolir
   d) pantomima – pantonima
   e) hilaridade – hilariedade
   f) xipófago – xifópago
   g) frontispício – fronstispício

7. Em cada uma das alternativas, uma das palavras foi grafada incorretamente. Assinale-a.

   a) contusão, frizar, esquisito, matizar
   b) acordião, cadeado, creolina, rédea
   c) irrequieto, escárnio, dentefrício, digladiar
   d) boteco, imbulia, bobina, moela
   e) menosprezo, balisa, sagaz, ânsia

8. Qual das palavras do par entre parênteses completa corretamente a lacuna?

   a) Nos carros, o rádio é considerado um *. (acessório / assessório)
   b) Guardou no * a safra de soja daquele ano. (celeiro / seleiro)
   c) O trânsito ficou parado porque havia muita * no trecho de serra. (cerração / serração)
   d) Deixou o alimento do gado no *. (coxo / cocho)
   e) O * é um sinal gráfico que indica a supressão de uma letra. (apóstrofe / apóstrofo)
   f) Podemos viajar tranquilos porque a empresa vai * todas as despesas. (costear / custear)
   g) No próximo * será escolhido um novo prefeito. (pleito / preito)

9. Leia esta tira:

LAERTE. *Classificados:* livro 2. São Paulo: Devir, 2002. p. 9.

Comente o humor da tira, explicitando os sentidos possíveis da palavra **cravos**.

10. Leia os trechos a seguir, que foram extraídos da obra *Santa Rita*, de Carmo Bernardes:

    Esses dias, indo com Diolinda panhar gabiroba, passei lá perto da casa da escola, tinha uns meninos lá jogando pedras nas janelas, e arrancavam as plantações de flores plantadas com todo carinho nos canteiros.

    Estou pensando que ele queria o animal para andar, eu já estava maginando qual dos meus burros iria dar conta de balancear as oito arrobas de nervos e ossos que o frei enfeixa no corpo desengonçado.

    BERNARDES, Carmo. *Santa Rita*. Goiânia: Ed. da UFG, 1995. p. 78 e 80.

    Em duas palavras o autor não grafou o fonema inicial na tentativa de reproduzir a forma como o personagem as pronuncia. Que palavras são essas?

11. Leia:

    Entre os vários detalhes do verdadeiro quadro, perceberam um que se movia; tratava-se de um cavaleiro que cavalgava na direção delas. Em poucos minutos puderam perceber que se tratava de um cavalheiro e, nesse momento, Marianne exclamou, em um arrebatamento irrefreável:

    — É ele. É ele, sim. Eu sei que é!

    AUSTEN, Jane. *Razão e sensibilidade*. São Paulo: Nova Cultural, 2003. p. 85.

    No texto, há duas palavras parônimas. Identifique-as, dando o sentido de cada uma delas.

12. Qual palavra de cada par completa a frase corretamente?

    a) Em algumas regiões a mandioca é conhecida por *. (macaxeira / macacheira)
    b) Algumas pessoas chamam cadeia de *. (chilindró / xilindró)
    c) Não se deve * os muros. (pixar / pichar)
    d) Quem * o rabo *. (cochicha / coxixa) (espixa / espicha)
    e) * de ser *: não * na minha *. (Deixe / Deiche) (chereta / xereta) (mexa / mecha) (mochila / moxila)

CAPÍTULO 2 // Ortografia

13. Substitua os asteriscos por **x** ou **ch**.

a) O coletivo de abelhas é en * ame.

b) En * otar é verbo e significa afugentar.

c) Antes de viajar, en * eu o tanque do carro.

d) Por causa da chuva, ficou todo en * arcado.

e) Naquele rio, há vários tipos de pei * e.

14. Identifique as palavras que apresentam erros de grafia e reescreva-as corretamente.

enxame – cachumba – caximbo – xuxu – ameixa – lagarticha – mecher – charope – flexa – feixe – pexinxa – chingar – puchar – pixe – enxada – toxa – mexerico – mexida – mexilhão – xecar

15. Assinale a alternativa em que não haja erro de ortografia.

a) Espero que vocês viajem bem.

b) A poetiza escreveu belos versos.

c) A lage daquela casa não é muito resistente.

d) Não fui visitar minha sobrinha, pois ela está com cachumba.

e) O ladrão passou só três meses no xadrês.

16. Reescreva corretamente as palavras que apresentam erro quanto à grafia.

ascensão – almoço – asserção – cisão – rechaçar – ansioso – ascensor – consecussão – imerção – obsessão – obcecado – sinuzite – suspensão – extensão – dissensão – sossobrar – menção – prevenção – presunção

17. Assinale a alternativa correta quanto à grafia.

a) subterfúgio, mangedoura, gesto, trage

b) jiló, colégio, ojeriza, coragem

c) geito, ágio, vertigem, magestade

d) angélico, pajem, anginho, jente

e) viajem, sarjeta, gorjeta, beringela

18. Preencha as lacunas com a alternativa correta: "Pedira a * dos advogados, pois queria estar bem * no negócio".

a) intercessão – assessorado

b) intercessão – acessorado

c) intersecção – acessorado

d) intersseção – acessorado

e) interseção – assessorado

DOS TEXTOS À GRAMÁTICA | DA GRAMÁTICA AOS TEXTOS

Cardápio indigesto

Paula Nei, no restaurante, consultava o cardápio.

Quando chegou o garçom, pediu:

— Traga-me uns erros de ortografia.

O garçom, intrigado:

— Não temos isso, fregues.

Paula Nei mostrou o cardápio:

— Como não têm, se a lista está cheia deles?

GOULART, Mário. *Livro dos erros*: histórias equivocadas da vida real. Rio de Janeiro: Record, 2001. p. 113.

O texto que você leu pertence ao gênero anedota. Como texto, além de ser uma unidade de sentido, funciona como elemento de comunicação entre sujeitos. No caso, vamos chamar esses sujeitos de autor e leitor, já que se trata de um texto escrito. Se a anedota, em vez de escrita, fosse contada, teríamos um texto falado e os parceiros da comunicação seriam chamados de falante e ouvinte.

Nos textos, há sempre por parte daquele que o constrói (falante ou escritor) uma intenção de influenciar seu parceiro a aceitar o texto. Portanto, além de instrumento de comunicação entre sujeitos, os textos são produzidos para persuadir os seus destinatários (os falantes ou os ouvintes). Em síntese, todo texto é produzido com determinada intenção.

1. Qual é a intenção de quem produziu o texto?

2. O adjetivo **indigesto** significa "difícil de digerir", portanto refere-se a alimentos. Como você explica o fato de esse adjetivo ter sido aplicado ao substantivo **cardápio**, que não é um alimento?

3. Há uma fala do cliente que deixa bem claro que ele está sendo irônico ao fazer o pedido. Qual?

4. No texto, há uma palavra cujo sentido é o mesmo de **cardápio**. Qual?

5. O que são erros de ortografia? Em que modalidade de escrita eles aparecem?

ACENTUAÇÃO GRÁFICA

INTRODUÇÃO

Como visto, a ortografia trata da grafia correta das palavras. Na introdução deste livro, afirmou-se que a língua portuguesa sofre variações, portanto não há uma língua única, mas variedades de uma mesma língua.

No domínio da ortografia, entretanto, essas variações são mínimas, porque há uma grafia oficial que nos obriga a escrever as palavras de uma maneira específica. Por exemplo: a palavra **Brasil** pode ser pronunciada de formas diferentes, dependendo dos falantes. Há quem pronuncie [Brasi**u**], há quem pronuncie [Brasi**r**], há quem pronuncie [Brasi**l**]. No entanto, independentemente da pronúncia, só há uma forma correta de grafá-la: Brasil. Qualquer outra forma é considerada erro de ortografia. A grafia **Brazil** (com **z**), usada em outras línguas para se referir ao nosso país, decorre do fato de que antigamente era assim que se escrevia o nome do país: Brazil. Numa das muitas reformas ortográficas da língua portuguesa, passou-se a adotar a grafia **Brasil**. No entanto, em outras línguas, a forma **Brazil**, que já foi oficial em nosso país, continua a ser usada.

Este capítulo aborda a acentuação gráfica, que é um aspecto da ortografia e, portanto, está ligada à língua escrita. Na língua falada, também há acentuação, isto é, certas sílabas são pronunciadas com maior intensidade do que outras e, normalmente, o acento gráfico recai sobre essa sílaba. Quando se fala em acentuação, é necessário distinguir acento prosódico de acento gráfico.

Excetuando certos monossílabos que não possuem acentuação própria, todas as palavras da língua portuguesa apresentam uma acentuação prosódica, isto é, um acento da fala. Ou seja, todas as palavras da língua apresentam uma sílaba pronunciada com mais intensidade, denominada sílaba tônica. A sílaba que antecede a tônica é chamada de pré-tônica e a que a sucede, pós-tônica. Assim:

pré-tônica	tônica	pós-tônica
ca	DER	no
in	CRÍ	vel

Como é possível observar, não é sempre que a sílaba tônica recebe acento gráfico. Isso só ocorre quando há uma regra que obrigue o uso do acento gráfico a fim de indicar a correta pronúncia da palavra; é o que se vai estudar neste capítulo.

REGRAS DE ACENTUAÇÃO GRÁFICA

Para acentuar corretamente as palavras, devem-se observar as seguintes regras:

Proparoxítonas

Todas as palavras proparoxítonas devem receber acento gráfico:
Jéssica, **Mô**nica, **Á**frica, **Bél**gica, meta**fí**sica, **lâm**pada, cri**sân**temo, pu**dés**semos, de**vês**semos

Paroxítonas

As palavras paroxítonas normalmente não são acentuadas:

cadeira, envelope, enjoo, brasileiro, aldeia, ideia, cortesmente, sozinho

Recebem acento as palavras paroxítonas terminadas em:

a) **-i** e **-u** (seguidas ou não de **-s**)

júr**i**, júr**is**, beribér**i**, biquín**i**, ír**is**, láp**is**, bôn**us**, vír**us**

b) **-ã** e **-ão** (seguidas ou não de **-s**)

órf**ã**, órf**ãs**, ím**ã**, ím**ãs**, órg**ão**, órg**ãos**, sót**ão**, sót**ãos**

c) **-um** e **-uns**

méd**ium**, méd**iuns**, álb**um**, álb**uns**, fór**um**, factót**um**

d) **-om**, **-on**, **-ons**

iând**om**, prót**on**, prót**ons**, elétr**on**, elétr**ons**, í**on**, í**ons**

e) ditongo oral crescente ou decrescente (seguidas ou não de **-s**)

Austrál**ia**, Polôn**ia**, Lúc**ia**, Dél**ia**, infânc**ia**, trég**ua**, vác**uo**, histór**ias**, cár**ies**, pôn**ei**, jóq**ueis**, fác**eis**, amáss**eis**

f) **-r**, **-x**, **-n**, **-l** e **-ps**

márti**r**, repórte**r**, tóra**x**, ôni**x**, póle**n**, hífe**n**, fáci**l**, amáve**l**, bíce**ps**, fórce**ps**

ITURRUSGARAI, Adão. Família bíceps. *Folha de S.Paulo*, São Paulo, 2 fev. 2005. Ilustrada. p. E7.

> **OBSERVAÇÕES**
> - As palavras paroxítonas terminadas em **-ns** não devem ser acentuadas.
>   hifens, polens, jovens, homens
> - Os prefixos paroxítonos terminados em **-i** ou **-r** não se acentuam.
>   super-homem, semi-interno, inter-helênico

Oxítonas

São acentuadas as palavras oxítonas terminadas em:

a) **-a**, **-e**, **-o** (seguidas ou não de **-s**)

Canad**á**, Par**á**, maracuj**á**, caf**é**, palet**ó**, vov**ô**, sof**ás**, franc**ês**, noruegu**ês**, domin**ós**

b) **-em**, **-ens**

tamb**ém**, algu**ém**, armaz**ém**, por**ém**, vint**éns**, armaz**éns**

c) ditongos abertos decrescentes **-éis**, **-éu** e **-ói** (seguidas ou não de **-s**)

an**éis**, past**éis**, carret**éis**, chap**éu**, chap**éus**, escarc**éu**, her**ói**, her**óis**, anz**óis**

Acentuação dos monossílabos

São acentuados os monossílabos tônicos terminados em:

a) **-a**, **-e**, **-o** (seguidos ou não de **-s**)

pá, lá, já, dás, pé, pés, é, és, mês, pó, pós, pôs

b) ditongos orais abertos **-éi**, **-éu** e **-ói** (seguidos ou não de **-s**)

méis, céu, céus, dói, mói, móis

> **OBSERVAÇÃO**
>
> Monossílabo tônico é aquele que possui acentuação própria, por isso soa como uma palavra no interior da frase. Os monossílabos átonos são aqueles que não possuem acentuação própria, por isso soam no interior da frase como uma sílaba da palavra que o antecede ou o precede. Monossílabos átonos nunca são acentuados.
>
> Quero vê-*la* **lá** longe.
>
> Tenho **dó** *do* menino.
>
> No primeiro exemplo, **vê** e **lá** são monossílabos tônicos. O *la* que completa a forma verbal **vê** é átono.
>
> No segundo, **dó** (substantivo) é tônico e *do* (contração da preposição **de** com o artigo **o**) é átono.

Acentuação dos hiatos

Coloca-se acento agudo nas vogais **i** e **u** quando, formando hiato com a vogal anterior, estão sozinhas na sílaba, ou com a letra **s**, e não são seguidas de **nh**.

sa-í-da, ru-í-na, ju-í-zo, sa-ú-de, sa-ís-te, ba-la-ús-tre, sa-í, ca-í, dis-tri-bu-í, pos-su-ís, pa-ís

> **OBSERVAÇÕES**
>
> - Palavras como Ra-ul, ru-im, ju-iz, ra-iz, a-in-da, sa-ir-des, in-flu-ir não levam acento gráfico porque as letras **i** e **u**, embora formem hiato com a vogal anterior, não estão sozinhas na sílaba.
>
> - Palavras como ba-i-nha, ta-i-nha, ven-to-i-nha, mo-i-nho não devem ser acentuadas graficamente porque, embora o **i** forme hiato com a vogal anterior e fique sozinho na sílaba, vem seguido de **nh**.
>
> - Não se acentuam o **i** e o **u** dos hiatos se vierem precedidos de ditongo ou de vogal idêntica.
>
>   bai-u-ca, fei-u-ra, boi-u-na, mao-is-mo, xi-i-ta, va-di-i-ce, pa-ra-cu-u-ba
>
> - Nas palavras oxítonas, mesmo precedidas de ditongo, as letras **i** e **u** recebem acento gráfico.
>
>   Pi-au-í, tui-ui-ús

Acentuação de formas verbais

Os verbos **ter** e **vir** levam acento circunflexo na terceira pessoa do plural do presente do indicativo:

singular	plural
ele tem	eles têm
ele vem	eles vêm

Os verbos derivados de **ter** e **vir** (deter, conter, manter, intervir, convir, etc.) recebem acento agudo na terceira pessoa do singular e acento circunflexo na terceira pessoa do plural do presente do indicativo:

singular	plural
ele detém	eles detêm
ele intervém	eles intervêm

> **OBSERVAÇÃO**
>
> O novo Acordo Ortográfico aboliu o acento circunflexo das formas dos verbos **crer**, **dar**, **ler**, **ver** (e seus derivados) em que havia o **e** dobrado. Assim, *creem, descreem, deem, leem, releem, veem, reveem, preveem* **não** devem receber acento gráfico.

ACENTO GRAVE

O acento grave (`) só é utilizado, em português, para marcar a crase, isto é, a fusão de dois **aa**:

Irei **a a** praia. → Irei **à** praia.

Refiro-me **a a**quela mulher. → Refiro-me **à**quela mulher.

ACENTO DIFERENCIAL

O novo Acordo Ortográfico aboliu o acento diferencial que existia em algumas palavras, como **pelo** (substantivo) para diferenciar de **pelo** (contração); **para** (verbo) para diferenciar de **para** (preposição). As duas únicas palavras em que se emprega obrigatoriamente o acento diferencial são **pôde** (pretérito perfeito do verbo **poder**), que continua sendo acentuado por oposição a **pode** (presente do indicativo do verbo **poder**), e **pôr** (verbo) para diferenciar de **por** (preposição).

Ontem ele não **pôde** vir, mas com certeza hoje ele pode.

Vou **pôr** o dinheiro no banco por precaução.

O TIL

O til (~) é o sinal gráfico colocado sobre as vogais **a** e **o** para indicar nasalização.

lã, fãs, irmã, alemãs, amanhã, maçã, órfã, ímã, dispõe, opiniões, órfão, acórdão

ACENTUAÇÃO DE PALAVRAS COM ELEMENTOS LIGADOS POR HÍFEN

Nas palavras cujos elementos são ligados por hífen (palavras compostas e formas verbais com pronome pessoal átono enclítico ou mesoclítico), para efeito de acentuação gráfica, considera-se cada elemento separado pelo hífen uma unidade autônoma.

água-de-colônia, salário-família, arco-íris, caça-níquel, lápis-lazúli, vendê-lo-ás, retribuí-la, distribuí-lo-íamos

A **gramática** no dia a dia

Acentuação de marcas registradas

Pelas regras estudadas neste capítulo, as palavras **Antarctica**, **Ferrari** e **Petrobras** deveriam apresentar acento gráfico. **Antarctica** por ser proparoxítona, **Ferrari** por ser paroxítona terminada em **-i** e **Petrobras** por ser oxítona terminada em **-a** (seguida de **s**).

Você poderá encontrar no dia a dia palavras como essas que, pelas regras estudadas, deveriam receber acento gráfico, mas são grafadas sem o acento.

Segundo o *Formulário ortográfico* de 1943 (cap. IX, 39ª instrução), "os nomes próprios personativos, locativos e de qualquer natureza, sendo portugueses ou aportuguesados, serão sujeitos às mesmas regras estabelecidas para os nomes comuns".

Isso significa que tais palavras deveriam receber acento gráfico. No entanto, a 40ª instrução do mesmo formulário diz: "Para salvaguardar direitos individuais, quem o quiser manterá em sua assinatura a forma consuetudinária. Poderá também ser mantida a grafia original de quaisquer firmas, sociedades, títulos e marcas que se achem inscritos em registro público".

Isso significa que, se uma marca ou nome de pessoa que deveriam receber acento gráfico foram registrados sem o acento, eles poderão assim ser grafados. Isso vale, evidentemente, não só para a acentuação, mas também para o emprego de letras, por isso é possível encontrar grafias como Luís, Luis, Luiz, Jessyca, Monica, Lucia, Mariangela, Ernani, Hernani, Hernane.

Acento diferencial facultativo

Dissemos que o novo Acordo Ortográfico aboliu os acentos diferenciais, exceto em **pôde** (pretérito perfeito do verbo **poder**) e **pôr** (verbo). Há alguns casos, no entanto, em que o novo Acordo Ortográfico permite que se use **facultativamente** o acento diferencial. São os seguintes:
- em **fôrma** (substantivo) para distinguir de **forma** (substantivo ou verbo);
- em **dêmos** (primeira pessoa do plural do presente do subjuntivo) para distinguir de **demos** (primeira pessoa do plural do pretérito perfeito do indicativo), ambos do verbo **dar**;
- nas formas da primeira pessoa do plural do pretérito perfeito do indicativo dos verbos da primeira conjugação para diferenciar da mesma pessoa e número do presente do indicativo: **amámos**, **cantámos**, **estudámos** (pretérito perfeito do indicativo).

O uso facultativo desse acento justifica-se porque, em Portugal, ao contrário do que ocorre no Brasil, na pronúncia desses verbos na primeira pessoa do plural do pretérito perfeito do indicativo, a vogal temática é aberta (am**á**mos, cant**á**mos, estud**á**mos), ao passo que no presente do indicativo é fechada (am**a**mos [â], cant**a**mos [â], estud**a**mos [â]).

ATIVIDADES

1. O trecho a seguir pertence ao livro *Grande sertão: veredas*, de Guimarães Rosa.

   Que isso foi o que sempre me invocou, o senhor sabe: eu careço de que o bom seja bom e o ruim ruim, que de um lado esteja o preto e do outro o branco, que o feio fique bem apartado do bonito e a alegria longe da tristeza!

   ROSA, João Guimarães. *Grande sertão*: veredas.
   Rio de Janeiro: Nova Fronteira, 2006. p. 221.

   Pelas regras de acentuação estudadas neste capítulo, a palavra **ruim** não deveria receber acento gráfico. Por que Guimarães Rosa teria usado o acento gráfico nessa palavra?

2. Nos textos a seguir, os acentos gráficos foram propositadamente eliminados. Reescreva-os, acentuando-os corretamente.

   a) "Para sossegarmos os leitores, que estarão sem duvida com cuidado no mestre de cerimonias, apressamo-nos a dizer que não chegou ele a ir à cadeia; o Vidigal quis dar-lhe apenas uma amostra do pano, e depois de o ter exposto na casa da guarda por algumas horas, como ja acontecera ao Leonardo, à vistoria publica, o deixou ir embora envergonhado, abatido, maldizendo a ideia que tivera de ir assistir de dentro do quarto à festa dos anos da sua amasia." (Manuel Antônio de Almeida)

   b) "Cultivei por muito tempo uma convicção: a maior aventura humana e dizer o que se pensa. Meu bisavo, vigilante, puxava sempre da algibeira esta moeda antiga: 'A diplomacia é a ciencia dos sabios'. Era um ancião que usava botinas de pelica, camisa de tricoline em fio de Escocia, e gravata escolhida a dedo, em que uma ponta de cor voluvel marcava a austeridade da casemira inglesa." (Raduan Nassar)

   c) "Um pais de povo alegre, festeiro, que dribla todas as dificuldades com o celebre jeitinho, um pais feliz. E mais! Um povo que nunca enfrentou guerras, nem pestes, nem vulcões, nem terremotos, nem furacões, nem lutas fratricidas. E mais um povo que convive em amenidade e cortesia, um povo prestativo, de coração bondoso, em que todas as cores e raças se misturam livremente, pois desconhece o preconceito racial, visto que aqui o preconceito e economico." (João Ubaldo Ribeiro)

   d) "Como as plantas e os animais, tambem as pessoas podem se comunicar, dizer o que pensam e o que sentem sem utilizar palavras. Um violinista utiliza a música para transmitir ao público o que sente; um pintor demonstra atraves de seus quadros sua forma de ver o mundo; os bailarinos usam o corpo para expressar emoções... Voce tambem, quando faz um desenho para alguem, quando dança, quando chora ou ri, esta se expressando e se comunicando, mesmo sem usar uma palavra sequer." (Beth Brait)

   e) "Finalmente eu ia começar a minha marcha, e fora o cadaver de Nina que descerrara as portas da minha prisão. Levantei-me de novo, inquieto, caminhei pelo quarto – ah, nunca me parecera tão pequeno, tão irrespiravel, de paredes tão estreitas. Conhecia cada um dos seus cantos como pedaços de um territorio amigo – e eis que de repente, a um simples sinal do destino, tornavam-se estrangeiros para mim." (Lúcio Cardoso)

   f) "Em consequência da romanização, a lingua portuguesa tem a sua origem principal no latim: o chamado latim coloquial tardio.

   O latim coloquial tardio, tambem designado latim vulgar, era utilizado por funcionarios, soldados, comerciantes, e foi introduzido durante a romanização; este latim contrapõe-se ao chamado latim classico, que entrou no portugues em epocas posteriores, sobretudo durante o Renascimento (seculos XV e XVI)." (Olívia M. Figueiredo e Rosa P. Bizarro)

3. Passe as palavras a seguir para o feminino. Use o acento gráfico, se necessário.

   a) ateu
   b) plebeu
   c) europeu
   d) juiz
   e) herói

4. Reescreva as palavras a seguir no plural. Use o acento gráfico, se necessário.

   a) caracol
   b) anzol
   c) anel
   d) coronel
   e) troféu
   f) céu
   g) véu

PARTE 1 // FONOLOGIA E ORTOGRAFIA

5. No texto que segue, propositadamente se omitiu o acento gráfico de três palavras. Reescreva-as, colocando o acento e justificando a acentuação.

> Ha tantas formas de ser culpado e de perder-se para sempre e de se trair e de não se enfrentar. Eu escolhi a de ferir um cão, pensou o homem. Porque eu sabia que esse seria um crime menor e que ninguem vai para o Inferno por abandonar um cão que confiou num homem. Porque eu sabia que esse crime não era punivel.

> LISPECTOR, Clarice. *A imitação da rosa.* 2. ed.
> Rio de Janeiro: Artenova, [s.d.]. p. 103.

6. Copie as frases e coloque os acentos que faltam.

a) Antonio e da epoca em que com um vintem se compravam dois pasteis.

b) E inutil pedir: Mauricio insiste em por açucar na chupeta do nene.

c) Empresario sequestrado e solto no Amapa.

d) O disc-joquei não para de tocar aquela musica.

e) Antropologos não conseguiram encontrar o pinguim perdido.

7. Acentue as formas verbais, se necessário.

a) O técnico mantem o mesmo time para o jogo de domingo.

b) Polícia intervem na greve dos metalúrgicos.

c) Aposentados mantem a esperança no reajuste.

d) Policiais detem três suspeitos de assalto a banco.

8. Copie, da relação a seguir, apenas as palavras que devem receber acento gráfico e acentue-as.

musica – maracuja – laranjal – juri – sabedoria – jovens – interim – xadrez – fregues – bonus – tenis – rubrica – nuvem – lapis – regua – pente – vez – hifen – imã

DOS TEXTOS À GRAMÁTICA DA GRAMÁTICA AOS TEXTOS

Cocô gelado?!

Colocar acento em coco

É um erro bem danado!

Principalmente no fim

Se o acento é colocado,

Pois ninguém está maluco

De beber "cocô gelado"!

> NÓBREGA, Janduhi Dantas. *A gramática no cordel.*
> João Pessoa: [s. ed.], 2005. p. 23. © Janduhi Dantas Nóbrega

1. As palavras **coco** e **cocô** apresentam a mesma grafia, mas pronúncias diferentes. Que nome recebem essas palavras? Classifique-as de acordo com a posição da sílaba tônica.

2. Justifique a acentuação gráfica das seguintes palavras:

a) cocô

b) ninguém

c) está

3. Você já aprendeu que os monossílabos podem ser átonos ou tônicos. Classifique, quanto à tonicidade, os seguintes monossílabos do texto.

a) é   c) fim   e) o

b) um   d) se

4. "Colocar acento em coco / É um erro bem danado!" E colocar acento em **erro** para diferenciar de *erro* (forma do verbo errar) seria correto? Justifique sua resposta.

5. Você já aprendeu a separar as sílabas de uma palavra. Os versos de um poema dividem-se em sílabas poéticas (ou métricas) que correspondem ao ritmo do poema, por isso as sílabas métricas nem sempre coincidem com as sílabas gramaticais. Para efeito de contagem das sílabas poéticas, considera-se até a última sílaba tônica do verso, desprezando-se a(s) sílaba(s) átona(s) que seguir(em). As vogais átonas do final de uma palavra unem-se à vogal que inicia a palavra subsequente, pois é assim que as pronunciamos.

Levando em conta essas informações, diga quantas sílabas métricas há nos versos do poema "Cocô gelado?!". Como se denomina esse tipo de verso?

6. Damos o nome de rima à identidade de sons que ocorrem geralmente no fim dos versos. Indique as palavras do texto que rimam.

7. A característica fundamental dos textos poéticos é o ritmo. Que recursos empregados pelo autor conferem ritmo ao poema?

MORFOLOGIA

PARTE

2

CAP. 4	Estrutura, formação e classificação das palavras 50
CAP. 5	Substantivo 76
CAP. 6	Artigo 93
CAP. 7	Adjetivo 100
CAP. 8	Numeral 114
CAP. 9	Pronome 122
CAP. 10	Verbo 147
CAP. 11	Categorias gramaticais invariáveis .... 190 - Advérbio - Preposição - Conjunção - Interjeição

CAPÍTULO 4
ESTRUTURA, FORMAÇÃO E CLASSIFICAÇÃO DAS PALAVRAS

A segunda parte deste livro aborda especificamente o estudo da morfologia, que é a parte da gramática que trata da estrutura e da formação das palavras, sua classificação, suas propriedades e flexões. Neste capítulo, estudaremos a estrutura, a formação e a classificação das palavras em língua portuguesa; nos capítulos seguintes, veremos as dez classes gramaticais: o substantivo, o artigo, o adjetivo, o numeral, o pronome, o verbo, o advérbio, a preposição, a conjunção e a interjeição.

ESTRUTURA DAS PALAVRAS

Vimos que as palavras são constituídas de unidades sonoras, os fonemas. A palavra **cachorro**, por exemplo, pode ser segmentada em seis fonemas, que, isoladamente, são desprovidos de significação:

/k/ /a/ /ʃ/ /o/ /R/ /o/

Essa palavra comportaria outra divisão:

ca-chor-ro

Nesse caso, estamos dividindo a palavra em sílabas (fonema ou grupo de fonemas pronunciado numa só emissão de voz).

É possível também efetuarmos outra divisão na palavra cachorro. Observe:

cachorr-o

O primeiro segmento (**cachorr-**) contém a base da significação da palavra e nos remete a uma noção presente em nosso mundo: um animal mamífero, carnívoro, quadrúpede, da família dos canídeos. O segundo segmento (**-o**) tem significação somente no universo da língua, indicando que se trata de um animal macho.

Veja agora como poderíamos dividir a palavra **cachorrinhos**:

cachorr-inh-o-s

Nela podemos observar quatro segmentos providos de significação:

cachorr-: segmento que contém a base da significação e nos remete a um conceito existente no universo da realidade;

-inh-: segmento que tem significação apenas no universo da língua, indicando o tamanho do ser (pequeno);

-o-: segmento que tem significação apenas no universo da língua, indicando que se trata de animal macho;

-s: segmento que tem significação apenas no universo da língua, indicando que se trata de mais de um ser.

> **Morfemas** ou **elementos mórficos** são os elementos constituintes das palavras providos de significação.

CAPÍTULO 4 // Estrutura, formação e classificação das palavras

Os morfemas cuja significação nos remete a noções presentes no mundo objetivo e no subjetivo (ações, estados, qualidades, seres, etc.) são denominados **morfemas lexicais**; aqueles que só possuem significação no universo da língua são denominados **morfemas gramaticais**. Chama-se **análise mórfica** o processo pelo qual se divide a palavra em seus elementos mórficos.

> **OBSERVAÇÃO**
>
> Existem palavras que apresentam um único morfema e que, portanto, não comportam divisão em unidades menores. Por exemplo:
>
> sol, mar, luz
>
> Nesses casos, temos apenas o morfema lexical.

Os morfemas

São quatro os elementos mórficos que ocorrem nas palavras: **radical**, **desinências**, **vogal temática** e **afixos**.

Radical

> **Radical** é o elemento mórfico que funciona como base do significado e que nos remete a um conceito existente na realidade (objetiva ou subjetiva).

Trata-se, portanto, de um morfema lexical. Constitui o elemento comum a palavras da mesma família:

ferr	o	**pedr**	a
ferr	eiro	**pedr**	eiro
ferr	agem	**pedr**	inha
radical		radical	

As palavras que provêm do mesmo radical são chamadas **palavras cognatas** (ou famílias etimológicas):

agri**cultor**, **agrí**cola, **agri**cultura (agri- = campo)

a**trofia**, dis**trofia**, hiper**trofia** (-trofia = desenvolvimento)

a**céfalo**, bi**céfalo**, en**céfalo** (-céfalo = cabeça)

Assim como os fonemas, o radical também pode apresentar variações. A variante de um morfema recebe o nome de **alomorfe**:

ouro, **our**ives, **our**ivesaria, **áur**eo, **aur**ífero (our-/aur-)

saber, **sab**edor, **sáb**io, **sap**iência, **sap**ientíssimo (sab-/sap-)

Nesta obra, utilizamos o termo radical para designar o morfema que funciona como base do significado. Evitamos intencionalmente o termo "raiz", uma vez que a identificação da raiz depende de conhecimentos da etimologia de cada palavra.

Desinências

> **Desinências** são elementos mórficos que se apõem ao radical para assinalar as flexões da palavra (gênero, número, modo, tempo, pessoa).

PARTE 2 // MORFOLOGIA

Trata-se, portanto, de morfemas gramaticais. As desinências podem ser:

a) nominais: indicam o gênero e o número dos nomes.

menin	o	
menin	a	
menin	o	s
menin	a	s
radical	desinência nominal de gênero	desinência nominal de número

Na língua portuguesa, o singular é não marcado, isto é, não apresenta desinência. Alguns autores falam em desinência zero.

Há autores que consideram que, em português, o masculino é forma não marcada, portanto consideram o **o** de **menino** vogal temática e não desinência nominal, posição que não adotamos nesta obra.

> **OBSERVAÇÕES**
>
> - Em palavras como **mesa**, **cadeira**, **livro** e **caderno**, as vogais **a** e **o** que aparecem no final dos vocábulos não são desinências, uma vez que não estabelecem oposição de gênero ("mesa", "cadeira", "livro" e "caderno" não se opõem a "meso", "cadeiro", "livra" e "caderna"). Já em **menino**, **aluno**, **amada** e **gata**, as vogais **o** e **a** que aparecem no final dos vocábulos são desinências, já que estabelecem a oposição masculino/feminino (menin**o**/menin**a**, alun**o**/alun**a**, amad**a**/amad**o**, gat**a**/gat**o**).
>
> - Em palavras como **pires**, **lápis** e **ônibus**, o **s** final também não é desinência nominal, já que nesses casos não marca a oposição singular/plural. Já em palavras como **alunos** e **meninos**, o **s** é desinência nominal porque estabelece a oposição singular/plural (aluno/aluno**s**; menino/menino**s**).

b) verbais: indicam, nos verbos, o tempo e o modo (desinências modo-temporais), a pessoa e o número (desinências número-pessoais).

| cantá | va | mos |
| | desinência modo-temporal | desinência número-pessoal |

As desinências nominais e as desinências número-pessoais explicitam as relações de concordância entre os termos da oração.

Menin**o** pequen**o** brinca no quintal.

Menin**a** pequen**a** brinca no quintal.

Menin**os** pequen**os** brinca**m** no quintal.

Menin**as** pequen**as** brinca**m** no quintal.

Vogal temática

Vogal temática é aquela que, em alguns casos, se agrega ao radical, formando uma base para receber as desinências.

cant	a	va
vend	e	ra
part	i	sse
mar	e	s
luz	e	s
radical	vogal temática	desinência

Nos exemplos acima, observamos que a vogal temática pode aparecer tanto em verbos como em nomes, daí podermos falar em vogais temáticas verbais e nominais.

CAPÍTULO 4 // Estrutura, formação e classificação das palavras

Em alguns casos, a vogal temática sofre alterações, como acontece com o verbo **cantar**, cuja vogal temática é **a**, mas que, conjugado no pretérito perfeito, fica assim:

cant-**e**-i
cant-a-ste
cant-**o**-u

cant-a-mos
cant-a-stes
cant-a-ram

Na primeira e na terceira pessoa do singular, a vogal temática mudou para **e** e **o**, respectivamente.

Em palavras como **mesa**, **cadeira**, **livro** e **caderno**, as vogais finais não são desinências nominais por não estabelecerem a oposição masculino/feminino. Em casos como esses, as vogais átonas finais **a**, **e** e **o** são classificadas como vogais temáticas nominais:

mes	a
cadeir	a
pent	e
gerent	e
livr	o
cadern	o
radical	vogal temática

Os nomes terminados em vogal tônica não apresentam vogal temática:

maracujá, café, dominó, saci, bambu

Nos verbos, a vogal temática indica a que conjugação ele pertence:

cant**a**r
vogal temática **a** – 1ª conjugação

vend**e**r
vogal temática **e** – 2ª conjugação

part**i**r
vogal temática **i** – 3ª conjugação

Tema é o radical acrescido da vogal temática, pronto para receber desinências e afixos.

canta	va
vende	ra
parti	sse
tema	desinência

canta	dor
parti	ção
tema	sufixo

Afixos

Afixos são elementos mórficos que se agregam ao radical, alterando-lhe o sentido.

A junção de um afixo a um radical forma uma nova palavra. Classificam-se em:

a) **prefixos:** quando vêm antes do radical ou antes de outro prefixo.

re
prefixo

fazer
radical

des
prefixo

leal
radical

re
prefixo

descobrir
prefixo + radical

b) **sufixos:** quando vêm depois do radical.

feliz
radical

mente
sufixo

leal
radical

dade
sufixo

real
radical

ismo
sufixo

Além dos elementos mórficos assinalados, em certas palavras podem aparecer **vogais** e **consoantes de ligação**. Tais vogais e consoantes são desprovidas de significação (não são, pois, morfemas) e intercalam-se no vocábulo tão somente para facilitar a pronúncia:

gas- **ô** -metro
paris- **i** -ense
vogal de ligação

pau- **l** -ada
cafe- **t** -eira
consoante de ligação

O LÉXICO PORTUGUÊS

A língua é um organismo vivo, modifica-se no tempo. Palavras novas surgem para expressar conceitos igualmente novos. Damos o nome de **neologismos** às palavras que surgem com essa finalidade. Em contrapartida, certas palavras, por diversas razões, deixam de ser utilizadas pelos falantes. São os chamados **arcaísmos**. Sobre neologismos e arcaísmos, consulte o capítulo 21, **Figuras e vícios de linguagem**.

> Damos o nome de **léxico** ao conjunto de palavras de uma língua.

A língua portuguesa é uma língua latina porque sua estrutura provém do latim que era falado na Europa medieval e no antigo Império Romano. No entanto, na formação do léxico português, entraram palavras oriundas de diversas outras línguas.

No português falado hoje no Brasil, podemos perceber a influência de várias línguas. O contato com os povos indígenas agregou ao nosso léxico palavras como cipó, mandioca, peroba, carioca, aipim, jacaré, jerimum, cupuaçu, mingau, nhe-nhe-nhem.

Os negros trazidos para o Brasil legaram-nos inúmeros vocábulos de línguas africanas, tais como quiabo, macumba, samba, vatapá, abadá, acarajé. Das línguas africanas, predominam as palavras vindas do iorubá, falado atualmente na Nigéria, e o quimbundo, falado em Angola.

Podemos encontrar também no português atual palavras provenientes de línguas estrangeiras modernas. Veja alguns exemplos:

- do inglês: sanduíche, futebol, bife, gol, clube, xampu, chuteira, *selfie*, pôquer, folclore;
- do francês: penhoar, abajur, toalete, champanha, avenida, gafe, cachecol;
- do italiano: maestro, *pizza*, tchau, espaguete, mortadela, malária, *paparazzo*;
- do árabe: alambique, álgebra, burca, caravana, espinafre, fulano, intifada, laranja, javali;
- do espanhol: camarilha, fandango, matambre, ninharia, pastilha;
- do japonês: biombo, haicai, haraquiri, quimono, *sushi*, gueixa;
- do hebraico: aleluia, Páscoa, sábado, jubileu, hosana;
- do russo: balalaica, estrogonofe, mujique, samovar.

No entanto, a grande maioria das palavras da língua portuguesa provém do grego antigo ou do latim; por isso é muito importante conhecer alguns radicais e prefixos gregos e latinos. Isso o ajudará muito na compreensão do significado das palavras de nossa língua.

Radicais

A seguir, apresentamos listas de alguns dos principais radicais de origem grega e de origem latina encontrados em português. Tais radicais podem aparecer como primeiro ou segundo elemento na composição de palavras.

Origem grega

Primeiro elemento

radical	sentido	exemplo
acro	alto	acrofobia, acrobata
aero	ar	aerofagia, aeronáutica
agro	campo	agronomia, agrovila
andro	homem	androide, andrógino
anemo	vento	anemômetro, anemofilia

radical	sentido	exemplo
antropo	homem	antropologia, antropofagia
arqueo	antigo	arqueologia, arqueozoico
atmo	gás, vapor	atmosfera, atmógrafo
auto	de/por si mesmo	autobiografia, automóvel
baro	peso, pressão	barômetro, barógrafo
biblio	livro	biblioteca, bibliografia
bio	vida	biologia, biogênese
caco	mau	cacofonia, cacografar
cali	belo	caligrafia, calígrafo
cardio	coração	cardiologia, cardiovascular
cine, cinesi	movimento	cinemática, cinesia
cino	cão	cinofilia, cinografia
cito	célula	citologia, citoplasma
cloro	verde	clorofila, cloroplasto
cosmo	mundo	cosmopolita, cosmonauta
cromo	cor	cromoterapia, cromático
crono	tempo	cronômetro, cronologia
datilo	dedo	datilografia, datiloscopia
demo	povo	democracia, demagogia
derma, dermato	pele	dermatite, dermatologia
dinamo	força	dinamômetro, dinamometria
eco	casa	ecologia, economia
etimo	verdadeiro, certo	etimologia, etimológico
etno	raça	etnologia, etnocêntrico
filo	amigo	filosofia, filógino
fito	vegetal	fitófago, fitologia
flebo	veia	flebite, flebotomia
fono	som, voz	fonologia, fonoaudiólogo
foto	luz	fotofobia, fotômetro
gastro	estômago	gastrite, gastroenterite
gene	origem	genealogia, genética
geo	terra	geologia, geometria
gino, gineco	mulher	ginofobia, ginecologia
helio	sol	heliocêntrico, heliolatria
hemi	metade	hemisfério, hemiciclo
hemo, hemato	sangue	hemorragia, hematofobia
hepato	fígado	hepatopatia, hepatite
hetero	outro, diferente	heterônimo, heterossexual
hidro	água	hidrografia, hidrômetro
hiero	sagrado	hierografia, hierograma
higro	úmido	higrômetro, higrometria

radical	sentido	exemplo
hipno	sono	hipnose, hipnotismo
hipo	cavalo	hipódromo, hipomania
homo	mesmo, igual	homógrafo, homossexual
icono	imagem	iconoclasta, iconografia
ictio	peixe	ictiologia, ictiofagia
iso	igual	isósceles, isogamia
lito	pedra	litografia, litogravura
macro	grande, longo	macrocéfalo, macrobiótica
mega, megalo	grande	megafone, megalomania
meso	meio	mesopotâmia, mesóclise
micro	pequeno	micróbio, microfilme
miso	que tem aversão	misógino, misogamia
morfo	forma	morfologia, morfossintaxe
necro	morto	necrologia, necrofobia
neo	novo	neologismo, neofobia
noso	doença	nosologia, nosocômio
odonto	dente	odontologia, odontite
oftalmo	olho	oftalmologia, oftálmico
oligo	pouco	oligarquia, oligopólio
onir, oniro	sonho	onírico, onirologia
ornito	pássaro	ornitologia, ornitorrinco
orto	direito, correto	ortografia, ortopédico
pato	doença	patologia, patonomia
peda(o)	criança	pedagogia, pedofilia
piro	fogo	piromania, pirotécnico
pluto	riqueza	plutocracia, plutocrata
poli	muitos	polissílabo, politeísta
proto	primeiro	protótipo, protomártir
pseudo	falso	pseudônimo, pseudofruto
psico	alma	psicologia, psicanálise
quiro	mão	quiromancia, quirografário
rizo	raiz	rizotônico, rizomorfo
taqui	rápido	taquicardia, taquigrafia
tecno	arte, ciência	tecnologia, tecnocrata
tele	longe	telefone, telescópio
teo	deus	teologia, teocracia
termo	calor, temperatura	termologia, termômetro
topo	lugar	topologia, toponímia
xeno	estrangeiro	xenofobia, xenomania
xero	seco	xerofilia, xerófito
xilo	madeira	xilogravura, xilologia
zoo	animal	zoológico, zoologia

◻ Segundo elemento

radical	sentido	exemplo
agogo	o que conduz	pedagogo, demagogo
algia	dor	nevralgia, cefalalgia
arquia	comando, governo	autarquia, monarquia
cefalo	cabeça	hidrocefalia, braquicéfalo
cracia	governo	democracia, teocracia
dromo	(local de) corrida	hipódromo, autódromo
edro	base, face	icosaedro, poliedro
fago	que come	antropófago, hematófago
fobia	medo ou aversão	nosofobia, hidrofobia
gamia	casamento	bigamia, poligamia
gono	ângulo	hexágono, polígono
grafia	escrita	ortografia, paleografia
latria	culto	egolatria, idolatria
logo	conhecimento, estudo, palavra	etnólogo, geólogo, diálogo
metro	medida	cronômetro, dinamômetro
potamo	rio	hipopótamo, mesopotâmia
ptero	que tem asas	helicóptero, macróptero
sofia	sabedoria	filosofia, teosofia
teca	coleção	biblioteca, mapoteca
terapia	cura	hidroterapia, psicoterapia
trofia	desenvolvimento	distrofia, hipertrofia

Alguns radicais de origem grega carregam a noção de número:

radical	sentido	exemplo
mono	um	monoglota, monossílabo
di	dois	dissílabo, dicéfalo
tri	três	trissílabo, trilogia
tetra	quatro	tetraedro, tetradáctilo
penta	cinco	pentagrama, pentágono
hexa	seis	hexaedro, hexagonal
hepta	sete	heptágono, heptassílabo
octo	oito	octogésimo, octogenário
enea	nove	eneágono, eneassílabo
deca	dez	decaedro, decassílabo
hendeca	onze	hendecaedro, hendecágono
dodeca	doze	dodecaedro, dodecafônico
icos	vinte	icosaedro, icosagonal
hecto, hecato	cem	hectolitro, hecatombe
quilo	mil	quilômetro, quilograma

Origem latina

◦ Primeiro elemento

radical	sentido	exemplo
agri	campo	agricultor, agrícola
ambi	duplicidade, ao redor	ambidestro, ambiente
arbori	árvore	arborizar, arborícola
avi	ave	avicultura, avícola
beli	guerra	belicoso, beligerante
calori	calor	calorimetria, caloria
cruci	cruz	crucifixo, crucificar
curvi	curvo	curvilíneo, curvicórneo
ego	eu	egocentrismo, egolatria
equi	igual	equivalente, equidade
fide	fé	fidedigno, fidelidade
frater	irmão	fraterno, fraternidade
herbi	erva	herbicida, herbívoro
loco	lugar	localizar, localidade
ludo	jogo	ludoterapia, lúdico
mater	mãe	materno, maternidade
morti	morte	mortífero, mortificar
multi	muito	multinacional, multilateral
oni	todo	onipresente, onisciente
pari	igual	paridade, pariforme
pater	pai	paterno, paternidade
pisci	peixe	piscicultura, piscoso
pluri	vários	plurianual, pluricelular
pluvi	chuva	pluvial, pluviômetro
puer	criança	pueril, puericultura
quadri	quatro	quadrilátero, quadrimotor
reti	reto	retilíneo, retiforme
sacar(i)	açúcar	sacarose, sacarina
sapo	sabão	saponáceo, saponificar
sesqui	um e meio	sesquicentenário, sesquipedal
silva	floresta	silvícola, silvicultor
tauru	touro	taurino, tauromaquia
uxor	esposa	uxoricida, uxório
vermi	verme	vermífugo, verminose

◦ Segundo elemento

radical	sentido	exemplo
cida	que mata	homicida, suicida
cola	que cultiva ou habita	agrícola, vinícola
cultura	cultivar	apicultura, piscicultura

radical	sentido	exemplo
evo	idade	medievo, longevo
fero	que contém ou produz	aurífero, mamífero
fico	que faz ou produz	benéfico, frigorífico
forme	forma	biforme, uniforme
fugo	que foge	centrífugo, lucífugo
gero	que contém ou produz	belígero, lanígero
paro	que produz	multíparo, ovíparo
pede	pé	quadrúpede, velocípede
sono	que soa	altíssono, uníssono
vomo	que expele	fumívomo, ignívomo
voro	que come	carnívoro, herbívoro

Prefixos
Origem grega

prefixo	sentido	exemplo
a-, an-	negação, privação	ateu, anarquia
ana-	inversão, repetição	anástrofe, anáfora
anfi-	duplicidade, dualidade	anfíbio, anfiteatro
anti-	ação contrária, oposição	antiaéreo, antipatia
apo-	afastamento, separação	apogeu, apóstata
arce-, arque-, arqui-	superioridade	arcebispo, arquétipo, arquiduque
cata-	movimento para baixo	cataclismo, catarata
dia-	movimento através	diagonal, diâmetro
dis-	dificuldade	dispneia, disenteria
e-, en-	posição interna	elipse, encéfalo
ec-, ex-	posição exterior, movimento para fora	eclipse, exorcismo
endo-	posição interior	endoscopia, endotérmico
epi-	posição superior	epitáfio, epiderme
eu-	bem, bom	eufonia, eufemismo
hemi-	metade	hemiciclo, hemisfério
hiper-	excesso, posição superior	hipertensão, hipertrofia
hipo-	deficiência, posição inferior	hipodérmico, hipoteca
meta-	mudança, transformação	metamorfose, metáfora
pan-	tudo, todos	pan-americano, panteísmo
para-	ao lado de, proximidade	paralelo, parágrafo
peri-	em torno de	perímetro, periscópio
pro-	anteriormente	prólogo, prognóstico
sin-	simultaneidade	simpatia, sincrônico

Origem latina

prefixo	sentido	exemplo
ab-, abs-	afastamento, separação	abdicar, abster
a-, ad-	aproximação, direção	abeirar, adjunto, advogar
ante-	anterioridade	antebraço, antepor
bem-, bene-	bem	bendito, beneficente
bi-, bis-	dois	bienal, bisavô
circum-	movimento em torno	circum-navegação, circunferência
cis-	posição aquém	cisalpino, cisplatino
co-, com-, con-	proximidade, companhia	coautor, combinação, contemporâneo
contra-	oposição, ação contrária	contradizer, contra-ataque
des-, dis-	separação, negação	desgraça, discordar
em-, en-	movimento para dentro	embarcar, enterrar
e-, es-, ex-	movimento para fora	emergir, escorrer, exonerar
extra-	posição exterior, fora de	extraoficial, extraordinário
i-, im-, in-	negação	ilógico, impalpável, inaceitável
infra-	posição inferior, abaixo	infra-assinado, infravermelho
entre-, inter-	entre, posição intermediária	entrelaçar, intercalar
in-, intra-, intro-	posição interior, movimento para dentro	injeção, intravenoso, introvertido
justa-	posição ao lado	justapor, justalinear
mal-, male-	mal	malcriado, maledicente
o-, ob-	posição em frente, oposição	opor, objeto
pen-	quase	penumbra, península
per-	movimento através	percorrer, perambular
pos-	posição posterior	póstumo, postergar
pre-	anterioridade	prefácio, preconceito
preter-	além de	pretérito, preternatural
pro-	movimento para a frente	projetar, procrastinar
re-	movimento para trás, repetição	regredir, refazer
retro-	movimento mais para trás	retrocesso, retrospecto
semi-	metade, meio	semicírculo, semiprecioso
sota-, soto-	posição inferior	soto-capitão, soto-pôr
so-, sob-, sub-	inferioridade, posição abaixo	soterrar, sobpor, subsolo
sobre-, super-, supra-	posição superior	sobreloja, super-homem, supracitado
trans-	posição além de, através	transatlântico, transamazônico
ultra-	posição além do limite, excesso	ultramarino, ultravioleta
vice-, vis-	substituição, no lugar de	vice-reitor, visconde

Sufixos

Os sufixos da língua portuguesa possuem origem variada. Predominam, no entanto, os de origem grega ou latina. Quanto ao sentido, costumam assumir inúmeros significados. Dividem-se em nominais e verbais.

Sufixos nominais

Sufixos nominais são os que formam substantivos e adjetivos.

▫ **Sufixos de valor aumentativo**

O sufixo aumentativo mais produtivo em português é **-ão(-ona)**: casarão, paredão, salão, chorão, chorona, solteirona, sabichona.

Outros sufixos de valor aumentativo:

- **-alhão:** amigalhão, dramalhão, grandalhão
- **-aço, -aça:** barulhaço, ricaço, barcaça, loiraça
- **-arra, -orra:** bocarra, cabeçorra
- **-eirão:** chaveirão, boqueirão, moleirão
- **-anzil:** corpanzil
- **-ázio:** balázio, copázio, pratázio
- **-aréu:** casaréu, fogaréu, povaréu, mundaréu
- **-(z)arrão:** gatarrão, homenzarrão

> **OBSERVAÇÃO**
>
> Mesmo que a palavra primitiva pertença ao gênero feminino, as palavras derivadas formadas pelo acréscimo do sufixo aumentativo **-ão** pertencerão ao gênero masculino:
>
> | | |
> |---|---|
> | a parede | o paredão |
> | a sala | o salão |
> | uma casa | um casarão |
> | uma mulher | um mulherão |

▫ **Sufixos de valor diminutivo**

O sufixo diminutivo mais produtivo em português é **-inho/-(z)inho**: barzinho, chapeuzinho, lapisinho, piresinho, solzinho.

Outros sufixos diminutivos:

- **-ebre:** casebre
- **-eco:** jornaleco, livreco, padreco
- **-ejo:** animalejo, lugarejo, vilarejo
- **-icho(a):** rabicho, barbicha
- **-isco:** chuvisco, namorisco
- **-ulo, -culo(a)** (diminutivos eruditos)**:** glóbulo, grânulo, versículo, partícula

É importante assinalar que nem sempre a presença de terminações como **inho** ou **ão** indica ideia de diminuição ou aumento. É o que ocorre, por exemplo, em palavras como **cartão, portão, caldeirão, orelhão, palavrão, tampinha, folhinha** (calendário), **calcinha, coxinha, quentinha, flanelinha, caixinha** (gorjeta).

Em outros casos, sufixos aumentativos e diminutivos são utilizados com valor afetivo (paizinho, mãezinha, maninha) ou depreciativo (poetastro, livreco, gentinha, dramalhão).

▫ **Sufixos que formam substantivos por meio de outros substantivos**

- **-ada:** alfinetada, boiada, ninhada
- **-ado:** doutorado, juizado, papado
- **-aria:** borracharia, livraria, pastelaria
- **-eiro:** açougueiro, barbeiro, jornaleiro
- **-eria:** choperia, doceria, leiteria
- **-agem:** canoagem, clonagem, folhagem
- **-ia:** controladoria, diretoria, procuradoria

Sufixos que formam substantivos por meio de adjetivos

-dade, -(i)dade: lealdade, mensalidade, nacionalidade
-ice: burrice, doidice, velhice
-ez(-eza): altivez, insensatez, beleza, magreza

-ura: altura, bravura, doçura
-ia: alegria, cortesia, galhardia

Sufixos que formam substantivos por meio de verbos

-aço: cansaço, esfregaço, inchaço

-ança: confiança, esperança, vingança

-ância: dominância, entrância, exorbitância

-ante: aromatizante, embargante, estudante

-ção: adjetivação, decodificação, terceirização

-dor: apostador, batedor, jogador

-douro: abatedouro, bebedouro, matadouro

-ente: batente, combatente, descendente

-mento: desarmamento, ferimento, sucateamento

-tório: classificatório, declaratório, inflamatório

-ura: assinatura, dobradura, rachadura

Outros sufixos nominais

sufixo	sentido	exemplo
-ano(a)	indicador de origem, partidário de	africano, corintiano, baiana
-ável	digno de, passível de ser	comemorável, calculável, presidenciável, papável
-ês(-esa)	indicador de origem	polonês, norueguês, francesa
-ismo	doutrina, escola, doença	absolutismo, criacionismo, alcoolismo
-ista	partidário de, praticante	ambientalista, pecuarista, surfista
-ite	inflamação	apendicite, encefalite, faringite
-oide	que tem forma de, semelhante a	cristaloide, negroide, tifoide
-ose	doença	artrose, cirrose, neurose
-oso(a)	indicador de estado pleno, abundância	dengoso, horroroso, saboroso

Em palavras como chefoide, debiloide, fascistoide, gramaticoide, o sufixo **-oide** tem valor depreciativo.

Sufixos verbais

Sufixos verbais são os que formam verbos.

Observe os sufixos verbais mais produtivos em português:

-ar: analisar, cruzar, pesquisar

-ear (aspecto frequentativo, isto é, ação repetida, e aspecto incoativo, ou seja, início de ação, mudança de estado): chicotear, folhear, branquear, falsear

-ficar (aspecto factitivo, isto é, indica ideia de fazer, de mudança de estado): codificar, mumificar, plastificar, solidificar

-izar (aspecto factitivo): terceirizar, capitalizar, civilizar, digitalizar, escravizar, modernizar

Outros sufixos verbais

-ejar, -icar (aspecto frequentativo): gotejar, praguejar, bebericar, tremelicar

-ecer, -escer (aspecto incoativo): amanhecer, florescer, rejuvenescer

Sufixo adverbial

Há ainda um único sufixo formador de advérbios, o sufixo **-mente**.
Nos adjetivos biformes, o sufixo deve ser acrescido à forma feminina do adjetivo:

ligeira	+	**mente**	=	ligeiramente
modesta	+	**mente**	=	modestamente
suave	+	**mente**	=	suavemente
fiel	+	**mente**	=	fielmente
adjetivo		sufixo		advérbio

FORMAÇÃO DAS PALAVRAS

Como pré-requisito ao estudo da formação das palavras, convém observar que há em português:

a) **palavras primitivas:** aquelas que, na língua portuguesa, não provêm de outra:
casa, pedra, flor

b) **palavras derivadas:** aquelas que, na língua portuguesa, provêm de outra:
casebre, pedreiro, florzinha

c) **palavras simples:** aquelas que possuem um só radical, sejam elas primitivas, sejam derivadas:
flor, florista, tempo, cavalo, cavalgada, mar, alto

d) **palavras compostas:** aquelas que possuem mais de um radical:
couve-flor, passatempo, cavalo-marinho, planalto

Principais processos de formação de palavras

Composição

Na composição, dois ou mais radicais juntam-se para formar uma nova palavra.
Nesse processo, podem-se juntar palavras que possuem significado autônomo na língua, como em:

amor + perfeito = amor-perfeito
passa + tempo = passatempo
gira + sol = girassol

Mas ocorre composição também com radicais que não possuem vida autônoma na língua. Nesse caso, temos os chamados **compostos eruditos**:

demo + cracia = democracia
filo + sofia = filosofia
cardio + logia = cardiologia

Pelo processo de composição, formam-se substantivos e adjetivos, que, por isso mesmo, serão chamados de substantivos e adjetivos compostos. Diversas classes gramaticais (substantivos, adjetivos, numerais, verbos, pronomes, advérbios, preposições, conjunções) participam da formação de substantivos compostos. Observe as classes de palavras que formaram os substantivos compostos a seguir:

sofá-cama (substantivo + substantivo)	pé de moleque (substantivo + preposição + substantivo)
criado-mudo (substantivo + adjetivo)	porta-luvas (verbo + substantivo)
puro-sangue (adjetivo + substantivo)	vale-tudo (verbo + pronome)
primeira-dama (numeral + substantivo)	leva e traz (verbo + conjunção + verbo)

PARTE 2 // MORFOLOGIA

De acordo com a forma que a palavra composta assumir, temos dois tipos de composição:

a) **composição por justaposição:** dá-se quando os radicais se juntam sem que haja alteração fonética:

couve-flor, salário-família, passatempo, girassol, talvez

b) **composição por aglutinação:** dá-se quando, na junção dos radicais, ocorre qualquer alteração fonética:

aguardente, planalto, pernalta, doravante, destarte, outrora

Observe que o que distingue a justaposição da aglutinação é o fato de haver ou não alteração fonética. Em **girassol** ocorreu justaposição, já que as palavras **gira** e **sol** mantêm a mesma pronúncia que tinham quando separadas.

Derivação por acréscimo de afixos

Esse tipo de derivação designa o processo pelo qual se obtêm palavras novas (ditas derivadas) pelo acréscimo de afixos à palavra primitiva. Pode ser prefixal, sufixal ou parassintética.

a) **prefixal (ou prefixação):** dá-se quando a palavra nova é obtida por acréscimo de prefixo:

Pré-História	**sub** solo	**des** leal	**anti**-higiênico
prefixo · radical	prefixo · radical	prefixo · radical	prefixo · radical

As palavras formadas por derivação prefixal normalmente pertencem à mesma classe gramatical das palavras primitivas:

chefe (substantivo) → subchefe (substantivo)

natural (adjetivo) → sobrenatural (adjetivo)

distribuir (verbo) → redistribuir (verbo)

ontem (advérbio) → anteontem (advérbio)

b) **sufixal (ou sufixação):** ocorre quando a palavra nova é obtida por acréscimo de sufixo.

feliz **mente**	leal **dade**	livr **aria**	digital **izar**
radical · sufixo	radical · sufixo	radical · sufixo	radical · sufixo

Pelo processo da derivação sufixal, podem-se formar palavras que não pertencem à mesma classe gramatical da palavra primitiva:

atual (adjetivo) → atualizar (verbo)

atual (adjetivo) → atualidade (substantivo)

atual (adjetivo) → atualmente (advérbio)

atualizar (verbo) → atualização (substantivo)

c) **parassintética:** neste caso, a palavra nova é obtida pelo acréscimo **simultâneo** de prefixo e sufixo. Por parassíntese formam-se principalmente verbos:

en trist ecer	en tard ecer	a terror izar	em barc ar
prefixo · radical · sufixo	prefixo · radical · sufixo	prefixo · radical · sufixo	prefixo · radical · sufixo

---

[!] Condições da parassíntese

Para que haja parassíntese, é necessário que o prefixo e o sufixo tenham-se agregado simultaneamente ao radical. Em **deslealdade** e **desrespeitoso** não há parassíntese, uma vez que os prefixos e os sufixos não se agregaram ao mesmo tempo ao radical. Observe que as palavras **desleal** e **lealdade**, assim como **desrespeito** e **respeitoso**, têm existência autônoma. Nesse caso, dizemos que a palavra foi formada por **derivação prefixal e sufixal**.

Já em palavras como **entristecer** e **aterrorizar** ocorreu parassíntese, uma vez que prefixo e sufixo agregaram-se **ao mesmo tempo** ao radical, porque não existem, em português, as palavras "entriste", "tristecer", "aterror" e "terrorizar".

CAPÍTULO 4 // Estrutura, formação e classificação das palavras **65**

Pelo acréscimo de afixos, podemos derivar palavras com base não apenas em palavras primitivas, mas também em palavras já derivadas ou em palavras compostas, que nesse caso passam a ser primitivas em relação às que dela derivarem.

emprego	**plano**
empregado	planejar
empregável	planejador
desempregado	planejamento
subemprego	replanejamento

Outros tipos de derivação

Nos casos vistos até agora, a palavra nova (derivada) era formada por acréscimo de afixos à palavra primitiva. Há, no entanto, dois casos em que a palavra derivada é formada sem que haja a presença de afixos. São eles: a derivação regressiva e a derivação imprópria.

▫ **Derivação regressiva**

Na **derivação regressiva**, a palavra nova é obtida por redução da palavra primitiva. A derivação regressiva é bastante produtiva na formação de substantivos derivados de verbos (substantivos deverbais), que expressam o ato ou o efeito do processo verbal.

agitar	agito
caçar	caça
chorar	choro
combater	combate
pescar	pesca
trocar	troca
primitiva (verbo)	derivada (substantivo)

[!] **Como reconhecer a derivação regressiva**

Como nem sempre é fácil determinar se a palavra primitiva é o verbo ou o substantivo, sugerimos o critério do filólogo Mário Barreto, citado por Celso Cunha e Lindley Cintra na *Nova gramática do português contemporâneo* (3. ed. Rio de Janeiro: Nova Fronteira, 2001. p. 104): "Se o substantivo denota ação, será palavra derivada, e o verbo palavra primitiva; mas, se o nome denota algum objeto ou substância, se verificará o contrário". Assim: **combate**, **caça** e **pesca** são derivados, respectivamente, de **combater**, **caçar** e **pescar**. Mas **planta**, **âncora** e **telefone** são palavras primitivas que dão origem, respectivamente, aos verbos **plantar**, **ancorar** e **telefonar**.

▫ **Derivação imprópria**

Na **derivação imprópria**, também chamada conversão, a palavra nova (derivada) é obtida pela mudança de categoria gramatical da palavra primitiva. Tal derivação é chamada de imprópria porque não se trata de um fato que interesse diretamente à morfologia, mas à semântica, na medida em que não ocorre mudança na forma da palavra, mas tão somente em seu sentido. Observe:

"Eu fico ali sonhando acordado
Juntando o **antes**, o **agora** e o **depois**." (Peninha)

substantivos, derivados de **antes**, **agora** e **depois** (advérbios)

"O que o interessava era o **como** e não o **porquê** das coisas." (Leon Tolstoi)

substantivos, derivados de **como** e **porque** (advérbio e conjunção)

Outros processos de formação de palavras

Onomatopeia

Onomatopeia é a palavra que procura reproduzir aproximadamente sons ou ruídos.

Veja:

tique-taque, zum-zum, cacarejar, miar

Muitas onomatopeias são formadas por reduplicação (repetição de um grupo de fonemas): tique--taque, zum-zum, pingue-pongue, fom-fom, bangue-bangue, ti-ti-ti, blá-blá-blá.

Abreviação

A **abreviação** consiste no emprego de uma parte da palavra pelo todo.

Observe:

moto (por motocicleta)
refri (por refrigerante)
foto (por fotografia)
níver (por aniversário)
pneu (por pneumático)
portuga (por português)
pornô (por pornográfico)

auto (por automóvel)
zoo (por zoológico)
bi (por bilhão ou bicampeão)
Floripa (por Florianópolis)
Pelô (por Pelourinho)
retrô (por retrocesso)
reaça (por reacionário)

O processo de abreviação é usado frequentemente em nome de pessoas para gerar efeito de sentido de intimidade, de familiaridade.

Lu (por Luciana, Lúcia, Ludmila)
Cris (por Cristina, Cristiane, Cristiano)
Zé (por José)

Também é frequente o caso de abreviação em que se utiliza apenas um prefixo ou um dos elementos de uma palavra composta para designar o todo:

lipo (por lipoaspiração)
micro (por microcomputador)
vídeo (por videoclipe)
vice (por vice-governador, vice-prefeito, vice-presidente)
ex (por ex-esposo/a)

Em outros casos, ocorre a redução de uma expressão por elipse de um de seus elementos, como em:

fritas (por batatas fritas)
paralelo (por mercado paralelo)
doméstica (por empregada doméstica)
Constituinte (por Assembleia Nacional Constituinte)

celular (por telefone celular)
genérico (por medicamento genérico)
classificado (por anúncio classificado)

Não devemos confundir **abreviação** com **abreviatura**, que é a representação de uma palavra por meio de algumas de suas sílabas ou letras:

pág. ou p. (página)

m (metro)

Fís. (Física)

As **siglas** constituem um tipo especial de abreviatura, formada pelas letras iniciais, ou mesmo pelas sílabas iniciais, das palavras que as compõem:

ONG – **O**rganização **N**ão **G**overnamental

OAB – **O**rdem dos **A**dvogados do **B**rasil

IBGE – **I**nstituto **B**rasileiro de **G**eografia e **E**statística

Embratur – **Em**presa **Bra**sileira de **Tur**ismo

É interessante notar que das siglas podemos derivar outras palavras:

petista, petismo (de PT – **P**artido dos **T**rabalhadores)

celetista (de CLT – **C**onsolidação das **L**eis do **T**rabalho)

dedetizar (de DDT – **d**icloro**d**ifenil**t**ricloroetano)

Algumas siglas são originárias de outras línguas, principalmente do inglês.

Aids (**A**cquired **I**mmune **D**eficiency **S**yndrome – síndrome da imunodeficiência adquirida)

PET (**P**ol**y**ethylene **T**erephthlate – politereftalato de etileno)

HIV (**H**uman **I**mmunodeficiency **V**irus – vírus da imunodeficiência humana)

Nasa (**N**ational **A**eronautic and **S**pace **A**dministration – Administração Nacional da Aeronáutica e do Espaço)

DVD (**D**igital **V**ideo **D**isk – disco digital de vídeo)

Unesco (**U**nited **N**ations **E**ducational, **S**cientific and **C**ultural **O**rganization – Organização das Nações Unidas para a Educação, a Ciência e a Cultura)

GPS (**G**lobal **P**ositioning **S**ystem – sistema de posicionamento global)

Com relação à grafia das siglas, convém observar os seguintes critérios:

- siglas formadas por até três letras são grafadas em letras maiúsculas:

    PT, CBF, ONU, OAB, STF, CPF, ONG

- siglas com mais de três letras devem ser grafadas com letra inicial maiúscula e as demais letras minúsculas:

    Incra, Fiesp, Embratur, Bovespa, Funai, Ibama, Ibope

    Se, no entanto, as siglas formadas por mais de três letras não puderem ser pronunciadas como uma palavra, também serão grafadas em letras maiúsculas:

    ABNT, INSS, BNDES, CNBB, CPOR, DNER, IBGE, PSDB, FGTS

O artigo que acompanha as siglas deve ser do mesmo gênero da primeira palavra presente no nome da instituição. Por isso, devemos dizer:

a Embratel (**a** **Em**presa **Bra**sileira de **Tel**ecomunicações)

a ABL (**a** **A**cademia **B**rasileira de **L**etras)

o BNDES (**o** **B**anco **N**acional de **D**esenvolvimento **E**conômico e **S**ocial)

a CBF (**a** **C**onfederação **B**rasileira de **F**utebol)

o SBT (**o** **S**istema **B**rasileiro de **T**elevisão)

a CNBB (**a** **C**onfederação **N**acional dos **B**ispos do **B**rasil)

o CPF (**o** **C**adastro de **P**essoas **F**ísicas)

a OAB (**a** **O**rdem dos **A**dvogados do **B**rasil)

o STF (**o** **S**upremo **T**ribunal **F**ederal)

De acordo com essa regra, deveríamos dizer a DDD (**a** **d**iscagem **d**ireta a **d**istância) e a DDI (**a** **d**iscagem **d**ireta **i**nternacional). No entanto, o uso já consagrou essas siglas como masculinas: **o** DDD e **o** DDI, porque se estabeleceu concordância com o nome da letra **d** (o dê) e não com a palavra **discagem**.

Hibridismo

Dá-se o nome de **hibridismo** às palavras em cuja formação ocorrem elementos mórficos oriundos de línguas diferentes.

automóvel (*auto* = grego; *móvel* = latim)

sociologia (*socio* = latim; *logia* = grego)

cybercafé (*cyber* = inglês; *café* = árabe)

agribusiness (*agri* = latim; *business* = inglês)

bafômetro (*bafo* = latim; *metro* = grego)

burocracia (*buro*, de "bureau" = francês; *cracia* = grego)

sambódromo (*samba* = dialeto africano; *dromo* = grego)

camelódromo (*camelô* = francês; *dromo* = grego)

Como se nota, o hibridismo nada mais é do que uma forma de composição cujos radicais que entram na formação da palavra nova são oriundos de línguas diferentes. Acrescente-se que nem sempre é fácil identificar a origem dos radicais, por isso alguns autores preferem considerar o hibridismo uma composição.

Palavra-valise

Palavra-valise é aquela resultante da junção de partes de outras palavras.

Veja alguns exemplos:

portunhol = de português + espanhol

brasiguaio = de brasileiro + paraguaio

bebemorar = de beber + comemorar

showmício = de *show* + comício

treminhão = de trem + caminhão

aborrescente = de aborrecer + adolescente

Grenal = de Grêmio + Internacional

Flaflu = de Flamengo + Fluminense

As palavras-valise são formadas por aglutinação, uma vez que na junção dos radicais sempre ocorre alteração fonética.

Decalque

Decalque é um empréstimo linguístico em que se traduz uma palavra ou expressão estrangeira.

Trata-se de um recurso usado quando se quer criar uma palavra para nomear um conceito novo vindo do exterior e não se quer usar a palavra estrangeira que dá nome a esse conceito. Veja alguns exemplos:

cachorro-quente (do inglês: *hotdog*)

lua de mel (do inglês: *honeymoon*)

supermercado (do inglês: *supermarket*)

bola ao cesto (do inglês: *basketball*)

alta-fidelidade (do inglês: *high fidelity*)

cartão de crédito (do inglês: *credit card*)

rabo de galo (do inglês: *cocktail*)

centroavante (do inglês: *center forward*)

fibra de vidro (do inglês: *fiberglass*)

controle remoto (do inglês: *remote control*)

novo-rico (do francês: *nouveau riche*)

montanha-russa (do francês: *montagne russe*, adaptação do alemão *Rutschenberg*, "monte escorregadio")

estagflação (do inglês: *stagflation*)

pequeno-burguês (do francês: *petit-bourgeois*)

CLASSES DE PALAVRAS

Para facilitar o estudo do funcionamento da língua, a gramática se vale de um procedimento: a classificação. Classificar significa agrupar com base em características comuns. As palavras podem ser classificadas, por exemplo, quanto ao número de sílabas (monossílabas, dissílabas, trissílabas e polissílabas), quanto ao sentido (sinônimas, antônimas, homônimas, parônimas), entre outras possibilidades.

Outra forma de classificar as palavras é levar em conta a forma e a função que elas apresentam na língua. Segundo esses critérios, as palavras são agrupadas, de acordo com a Nomenclatura Gramatical Brasileira (NGB), em dez classes de palavras: *artigo, substantivo, adjetivo, pronome, numeral, verbo, advérbio, preposição, conjunção* e *interjeição*.

Quando estudamos as palavras considerando sua estrutura (as partes de que se compõem) e sua flexão (se apresentam ou não variações na sua forma), estamos no domínio da **morfologia**.

As palavras entram na composição de unidades maiores: as orações, que são frases ou pedaços de frases que contêm verbo. Nelas, as palavras desempenham funções sintáticas e são chamadas de termos da oração. Os termos da oração podem ser formados por uma única palavra ou por um conjunto de palavras. Neste caso, haverá sempre uma de maior importância quanto ao sentido, a que denominamos núcleo. Em português são doze os termos da oração: *sujeito, predicado, predicativo do sujeito, predicativo do objeto, objeto direto, objeto indireto, complemento nominal, agente da passiva, adjunto adverbial, adjunto adnominal, aposto* e *vocativo*. Quando estudamos as palavras (ou grupo de palavras) sob o ponto de vista da função que elas exercem na oração, estamos no campo da **sintaxe**. As funções sintáticas das palavras serão estudadas na Parte 3 desta gramática.

Quando estudamos as palavras considerando sua estrutura e, ao mesmo tempo, sua função nas orações, estamos no campo da **morfossintaxe**. Por exemplo, numa oração como *Ela chegou ontem*, do ponto de vista morfossintático, *ela* é um pronome pessoal na função sintática de sujeito; *ontem*, um advérbio na função sintática de adjunto adverbial; e *chegou* é um verbo na função sintática de núcleo do predicado.

As palavras podem ser estudadas também quanto à relação que mantêm com elementos não linguísticos, ou seja, conceitos ou coisas a que elas remetem, a que chamamos de referente. Por exemplo, a palavra *menino* remete a um referente que existe no mundo natural que apresenta as seguintes características: *humano, macho, jovem*. Nesse caso, consideramos os significados que elas transmitem. Quando isso ocorre, estamos no domínio da **semântica**. Do ponto de vista semântico, as palavras podem ser **sinônimas**, quando possuem sentidos semelhantes, como *menino, garoto, guri*; **antônimas**, quando possuem sentidos opostos como *claro/escuro* e *rico/pobre*; **homônimas**, quando possuem a mesma grafia ou pronúncia, mas sentidos diferentes, como *cela* e *sela*; *concerto* e *conserto*; **parônimas**, quando possuem grafia e pronúncia parecidas, mas significados diferentes, como *eminente* e *iminente*; *retificar* e *ratificar*.

Classificação das palavras

A classificação das palavras em português não é feita com base em apenas um critério; além da forma e função, costuma-se também levar em conta o sentido que elas veiculam, ou seja, seu valor semântico.

Quando se define, por exemplo, que o **substantivo** é a palavra que dá nome aos seres, o critério adotado é o **semântico**, isto é, classifica-se a palavra de acordo com o seu sentido. Quando se diz que a **preposição** é a palavra que relaciona dois termos da oração, o critério adotado é o **sintático**, isto é, classifica-se a palavra com base na função que ela exerce na oração.

Ao explicar que **verbo** é uma palavra variável em tempo, modo, pessoa, número e voz, estamos levando em conta as flexões que a palavra pode apresentar; nesse caso, o critério é **morfológico**. Portanto, ao classificar uma palavra, é preciso estar atento a mais de um critério, uma vez que ela poderá mudar de classificação dependendo do contexto. Veja: *Os portugueses chegaram ao Brasil em 1500* e *Os azeites portugueses são reconhecidos pela sua excelente qualidade*. Na primeira frase, **portugueses** é substantivo, pois dá nome a um ser (pessoas nascidas em Portugal ou que adotaram a cidadania portuguesa). Na segunda, **portugueses** é adjetivo, pois refere-se ao substantivo *azeite*, caracterizando-o. No caso, dando-lhe a procedência ou origem.

PARTE 2 // MORFOLOGIA

A língua é bastante complexa, por isso seu estudo não deve se restringir a um único aspecto. Estudar gramática implica aprender como a língua se organiza em níveis diferentes (fonológico, morfológico, sintático e semântico). Esse conhecimento é fundamental para que você possa usar a língua com proficiência na leitura e na produção de textos. Acrescentamos ainda que, antes de chegar à escola, já temos um conhecimento intuitivo da gramática da língua. Na escola, o estudo da gramática vai auxiliá-lo a desenvolver esse conhecimento e também a conhecer a norma culta, para que possa usá-la quando a situação assim o exigir.

A seguir, apresentamos um quadro-resumo com as dez classes de palavras existentes em português e os critérios semânticos, morfológicos e sintáticos que baseiam essa classificação.

critério / classe	semântico	morfológico	sintático
substantivo	Nomeia os seres em geral e também qualidades, estados, sentimentos, ações, eventos – concretos ou abstratos.	Flexiona-se em gênero e número. Admite morfemas gramaticais.	Funciona como núcleo nominal de um termo da oração.
adjetivo	Exprime qualidade e estados.	Flexiona-se em gênero e número. Admite morfemas gramaticais.	Especifica o núcleo nominal.
artigo	Define ou indefine o substantivo.	Flexiona-se em gênero e número. Admite morfemas gramaticais.	Determina o núcleo nominal.
numeral	Indica a quantidade ou a ordem dos seres numa série.	Flexiona-se em gênero e número. Admite morfemas gramaticais.	Especifica o núcleo nominal ou o substitui.
pronome	Designa pessoas ou coisas, relacionando-as às pessoas do discurso.	Flexiona-se em gênero, número e pessoa. Admite morfemas gramaticais.	Determina um núcleo nominal ou o substitui.
verbo	Exprime ação, estado, acontecimento ou fenômeno natural.	Flexiona-se em tempo, modo, número, pessoa e voz. Admite morfemas gramaticais.	Palavra que constitui o predicado, podendo ser seu núcleo.
advérbio	Exprime uma circunstância (tempo, modo, lugar, etc.).	Não se flexiona, portanto não aceita morfemas gramaticais.	Modifica um verbo, pode também modificar um adjetivo ou outro advérbio.
preposição	Estabelece sentido entre palavras (posse, finalidade, origem, etc.).	Não se flexiona, portanto não aceita morfemas gramaticais.	Usada para fazer a conexão entre dois termos de uma oração, estabelecendo entre eles relação de dependência.
conjunção	Estabelece sentido entre orações (adversidade, causa, condição, tempo, etc.).	Não se flexiona, portanto não aceita morfemas gramaticais.	Usada normalmente para fazer a conexão entre duas orações de um período ou entre termos que exercem a mesma função sintática.
interjeição	Exprime emoções e sentimentos.	Não se flexiona, portanto não aceita morfemas gramaticais.	Não é propriamente uma classe de palavra, uma vez que se trata de uma palavra que equivale a uma frase.

Do ponto de vista morfológico há palavras que têm a mesma propriedade (substantivos e adjetivos, por exemplo, que se flexionam em gênero e número), por isso, para distinguir umas das outras, recorremos a outros critérios. Quanto à flexão, é importante assinalar que ela pode não ocorrer em todas as palavras de uma classe. Há, por exemplo, adjetivos, substantivos, numerais e pronomes que não se flexionam e existem verbos que não podem ser flexionados em determinada pessoa, tempo ou modo.

Há também classes de palavras que admitem morfemas gramaticais e outras não. Com base nisso, as palavras se classificam em variáveis, quando admitem morfemas gramaticais, e invariáveis, quando não admitem.

No quadro, colocamos a interjeição como classe de palavra, seguindo o que postula a NGB. No entanto, há gramáticos e linguistas que não a consideram uma classe de palavra, mas um rudimento de frase, sem estrutura sintática, porém dotada de entoação.

Certas classes de palavras constituem um inventário aberto, ou seja, o conjunto de palavras dessa classe pode ser ampliado pela criação de novas palavras. São exemplos de classes de palavras abertas: o substantivo, o adjetivo, o verbo, o advérbio, a interjeição. Há classes de palavras que constituem um inventário fechado, isto é, o conjunto de palavras pertencentes a essa classe é finito (em geral poucas palavras). Por serem classes fechadas, não são ampliadas por palavras novas, por exemplo, o artigo, o pronome, a preposição, a conjunção.

> **OBSERVAÇÃO**
>
> Do ponto de vista semântico, substantivos são palavras que nomeiam os seres (pessoas e coisas). Os pronomes também podem fazer referência a pessoas e coisas, mas, diferentemente dos substantivos, não as nomeiam, apenas as designam, indicando-as. Os substantivos têm sentido fora de uma frase, o que não ocorre com os pronomes, cujo sentido só é dado pelo contexto.

A **gramática** no dia a dia

Frequentemente nos deparamos com palavras novas que ainda não constam nos dicionários. O léxico, que é o conjunto de palavras de uma língua, está em evolução constante, uma vez que sempre surgem palavras novas (os neologismos) para expressar conceitos novos dos diversos ramos da atividade humana: ciência, tecnologia, esportes, artes, etc.

Os conceitos apresentados neste capítulo, associados ao conhecimento dos elementos mórficos de que se compõem as palavras, são instrumentos muito úteis que nos possibilitam atribuir sentido a palavras novas que ainda não constam nos dicionários. Isso porque a criação de novas palavras, na maioria das vezes, é feita de elementos já existentes na língua (os elementos mórficos), de tal sorte que, pelo conhecimento daqueles elementos mórficos, o falante pode atribuir sentido a uma palavra que nunca ouviu antes.

Mesmo sem consultar um dicionário, pode-se dizer o significado de palavras como **ecoturismo** e **biodiversidade** com base em seus elementos mórficos.

eco + turismo: turismo ecológico; turismo que respeita o meio ambiente

bio + diversidade: diversidade de seres vivos

O conhecimento dos elementos mórficos também é muito útil para conhecermos o significado de palavras que utilizamos em outras disciplinas, como Biologia, Química, Matemática, Física, Sociologia, por exemplo.

Observe como, pelos elementos mórficos, podemos entender o significado de palavras como arrizófito, decaedro, potamologia e fitófago:

- **arrizófito:** nessa palavra temos os radicais gregos **rizo** e **fito**, que significam, respectivamente, *raiz* e *vegetal*, e o prefixo grego **a-**, que indica negação. Em Botânica, dá-se o nome de arrizófito ao vegetal desprovido de raiz;
- **decaedro:** nesse composto erudito, temos dois elementos mórficos de origem grega, **deca** e **edro**, que significam, respectivamente, *dez* e *face*. Decaedro é uma figura geométrica de dez faces;
- **potamologia:** essa palavra é formada pelos elementos de origem grega **potamo**, que significa *rio*, e **logia**, que significa *estudo*. Potamologia é a parte da Geografia que estuda os rios;
- **fitófago:** nessa palavra estão presentes dois radicais de origem grega: **fito** e **fago**, que significam, respectivamente, *vegetal* e *que come*. Fitófago é o ser que se alimenta de vegetais.

Certos radicais de origem grega ou latina, em português, passaram a ter significação especial, funcionando como prefixos para a formação de outras palavras, por isso mesmo são chamados de falsos prefixos ou **pseudoprefixos**. Veja um exemplo: o radical grego **auto** (si próprio), que aparece na palavra **automóvel**, ganhou vida autônoma em português, dando origem a palavras como autopeça, autoescola, autoestrada.

Outro exemplo é o radical grego **tele** (longe), que passou a funcionar como prefixo formador de palavras relacionadas semanticamente à palavra televisão, como telenovela, telejornal, telecurso.

Finalmente, cumpre destacar que na linguagem atual é bastante comum encontrarmos o emprego do advérbio **não** e da preposição **sem** como prefixos de negação:

    sem-terra, sem-teto, não governamental, não verbal, não violência

Observe ainda que, quando **sem** funciona como prefixo, deve vir ligado por hífen à palavra seguinte:

    Os **sem-terra** reivindicam maior número de assentamentos.

ATIVIDADES

1. Leia a frase abaixo, extraída do romance *Triste fim de Policarpo Quaresma*, de Lima Barreto, e responda ao que se pede.

   Encomendou livros nacionais, franceses, portugueses; comprou termômetros, barômetros, pluviômetros, higrômetros, anemômetros.

   Disponível em: <www.dominiopublico.gov.br/download/texto/bn000013.pdf>. Acesso em: 3 out. 2016.

   Levando em conta os radicais de que são formadas, diga o que significam as palavras abaixo.

   a) barômetro   b) pluviômetro   c) higrômetro   d) anemômetro

Texto para a questão 2.

ITURRUSGARAI, Adão. Mundo monstro. *Folha de S.Paulo*, São Paulo, 13 out. 2011. Ilustrada, p. E11.

2. O humor da tira está centrado na palavra **plutocracia**. Levando em conta os radicais gregos que formam essa palavra, explique:

   a) o que é uma plutocracia;

   b) considerando que se trata de um texto sincrético, em que o sentido é expresso não só por palavras, mas também por imagens, explique a estratégia utilizada para provocar sentido de humor.

3. Quando nos referimos a médicos, costumamos fazê-lo por sua especialidade. Assim, um cardiologista é um médico que cuida de doenças do coração. Responda: de que cuidam as especialidades médicas a seguir?

   a) oftalmologia   c) hematologia   e) pediatria   g) otorrinolaringologia
   b) gastroenterologia   d) pneumologia   f) dermatologia

CAPÍTULO 4 // Estrutura, formação e classificação das palavras

4. No trecho a seguir, extraído do livro *O filho de mil homens*, de Valter Hugo Mãe, há palavras em que se acrescentou o sufixo **-inho(a)**. Nessas palavras o sufixo indica diminuição? Justifique.

> Quando chovia de mais, sempre alguém acudia à anã. Você tem as telhas no sítio, tem lume, tem arroz que chegue, tem cobertores, a cama não lhe está dura, perguntavam. Você tome um chazinho, faça uma canjinha, cubra o pescocinho, ponha umas botinhas, tranque as janelinhas, tranque as portinhas, durma cedinho, deite-se tapadinha, não se canse.
>
> MÃE, Valter Hugo. *O filho de mil homens.*
> São Paulo: Cosac Naify, 2011. p. 22.

5. Hoje é cada vez mais frequente o uso da internet e dos aplicativos disponíveis nela para interagirmos com pessoas, estabelecimentos comerciais e bancários, instituições, órgãos públicos, etc. Com a crescente expansão da interação via internet, surgiram muitas palavras que antes dela não existiam. Há também palavras que já existiam, mas que na internet passaram a ter outro significado. Cite algumas delas.

6. Constantemente, nos deparamos com a palavra **homofobia** em expressões como "combate à homofobia", "acusado de homofobia", etc. Levando em conta os elementos mórficos que formam essa palavra e também seu uso, em que sentido costuma-se empregar a palavra homofobia?

Texto para as questões 7 a 10.

Carnaval

O Carnaval nos seus folguedos tem muito de pagão, mas seu nome não desmente as origens cristãs, associado que está à lei de abstinência da carne. Que Carnaval está ligado a carne qualquer leigo pode ouvir ou ver na palavra. Mas e abstinência? Vamos à história.

Por muito tempo interpretou-se a palavra como "Carne, vale!", ou seja, "Carne, adeus!" ou "Adeus, carne!". Seria a definição da festa como a despedida da carne às vésperas da quaresma, tempo em que se impunha a abstinência da carne... Interpretação visivelmente fantasiosa, em que carne é impossível como vocativo.

Hoje, os etimologistas mais acreditados concordam em apontar a origem italiana do vocábulo. *Carnevale*, de *carne-levale*, alteração de *carnelevare*: *carne levare. Levare* significando "deixar, pôr de lado, suspender, suprimir". Referência clara à abstinência quaresmal que se seguia aos festejos carnavalescos.

> LUFT, Celso Pedro. *O romance das palavras.*
> São Paulo: Ática, 1996. p. 43.

7. "Hoje, os etimologistas mais acreditados concordam em apontar a origem italiana do vocábulo." Sabendo que a palavra **etimologista** deriva de **etimologia**, que por sua vez provém de **étimo**, analise a frase acima e responda:

   a) O que a etimologia estuda? Caso tenha dúvidas, consulte um dicionário.

   b) O que significa a terminação **-ista** na palavra **etimologista**?

8. A terminação **-al** pode indicar "relação, pertinência"; "coleção, quantidade"; "cultura de vegetais". O que indica a terminação **-al** na palavra **quaresmal**?

9. O adjetivo **carnavalesco** vem do latim e significa "pertencente ou relativo ao Carnaval, ou próprio dele". No Brasil, essa palavra passou a ser usada também como substantivo. Quais os possíveis sentidos do substantivo **carnavalesco**?

10. Após a leitura atenta do texto, responda: qual a origem mais remota da palavra **Carnaval**? Qual seu significado literal?

11. Nos trechos a seguir indique por qual processo foram formadas as palavras destacadas.

    a) "Anita andava pelo sótão **misteriosa** e **sonolenta**. Fugia dele e tinha súbitas crises de **choro** que o deixavam sem saber o que pensar." (Mário Donato)

    b) "Sopra uma brisa vinda do rio e a noite está **silenciosa** e com um **cheiro** de **dama-da-noite** tão intenso que chega a ser enjoativo." (Marçal Aquino)

    c) "A China tem conseguido quase toda a sua **matéria-prima** na África. O comércio **bilateral** entre essas duas regiões é **extremamente** lucrativo." (Ricardo Lísias)

    d) "Malagueta, Perus e Bacanaço faziam roda à porta do Jeca, **boteco** da concentração maior de toda a **malandragem**." (João Antônio)

    e) "Se conseguirem **destrancar** todas as portas e entrar no meu quarto, ainda posso gritar para alguém na rua." (Patrícia Melo)

f) "Pedro parecia um animal **enjaulado**, percorrendo em três ou quatro passadas todo o comprimento da pequena salinha de estar onde Maria da Glória gostava de se sentar..." (Miguel Sousa Tavares)

12. Observe as palavras da relação a seguir, que foram formadas pelo acréscimo do sufixo **-ista** a um radical.

monarquista – ascensorista – comunista – azulejista – materialista – abolicionista – balconista – socialista – cartunista – ambientalista – anarquista – diarista – racista – budista – eletricista – humanista – parlamentarista – figurinista – esquerdista – florista – evolucionista – lojista – fascista – motorista – feminista – propagandista – taxista – governista – idealista – imperialista – marxista – radialista – modernista – nacionalista

Como você deve ter notado, o sufixo **-ista** não possui o mesmo sentido em todas elas. Assim, separe-as, de acordo com o sentido, em dois grupos. A seguir, diga o que o sufixo exprime em cada um deles.

13. Os nomes de algumas ciências são formadas pelo radical **-logo**, que significa "estudo, conhecimento". Nas palavras a seguir, indique a que tipo de estudo cada ciência se dedica.
    a) Ontologia
    b) Citologia
    c) Enologia
    d) Biologia
    e) Etimologia
    f) Morfologia
    g) Psicologia
    h) Teologia

14. Nas palavras **violinista** e **violonista**, temos a terminação **-ista**. Qual é a diferença de sentido entre os dois termos?

15. "Às vezes no silêncio da noite
    Eu fico imaginando nós dois
    Eu fico ali sonhando acordado
    Juntando o antes, o agora e o depois" (Peninha)

    Nos versos dessa canção, as palavras **antes**, **agora** e **depois** são primitivas ou derivadas? Justifique.

16. Leia a tirinha abaixo para responder ao que se pede a seguir.

ITURRUSGARAI, Adão. *Aline. Folha de S.Paulo*, 26 mar. 2005. Ilustrada. p. E11.

a) A expressão **assassino em série** é uma tradução literal de *serial killer*. Levando isso em conta, diga por qual processo de formação de palavras essa expressão foi gerada.

b) A palavra **anglicista** foi formada por derivação sufixal (ânglico + ista). Levando em conta que **ânglico** provém do radical **anglo**, que significa "inglês", diga em que sentido foi empregada a palavra **anglicista** no quadrinho.

c) O radical latino que indica "aquele que mata" é **cida**. Levando isso em conta, escreva numa única palavra:
   • quem mata a si próprio;   • quem mata um ser humano;   • que mata formigas.
   • quem mata o irmão;   • que mata bactérias;

17. "Chega ao Brasil o primeiro inseticida ecológico." Aponte dois radicais da expressão "inseticida ecológico": um de origem grega, outro de origem latina. Dê, também, o significado desses radicais.

18. Classifique os elementos mórficos das palavras a seguir.

a) menininhas
   menin
   inh
   a
   s

b) inapto
   in
   apt
   o

c) agenda
   agend
   a

d) cantássemos
   cant
   á
   sse
   mos

e) vendêramos
   vend
   e
   ra
   mos

19. Classifique as palavras destacadas em primitivas (**p**) ou derivadas (**d**).

a) Dia **chuvoso** provocou **engarrafamentos** em São Paulo.

b) Os **treinamentos** devem **recomeçar** nesta **época** do ano.

c) O **reinício** das aulas devolverá às ruas um milhão de **veículos**.

d) A **feijoada**, **prato** típico **brasileiro**, é muito apreciada.

DOS TEXTOS À GRAMÁTICA | DA GRAMÁTICA AOS TEXTOS

WATTERSON, Bill. *Calvin e Haroldo*: felino selvagem psicopata homicida. São Paulo: Best News, 1996. p. 53.

1. "Eu gosto de verbificar palavras." Para informar Haroldo sobre o que anda fazendo com as palavras, Calvin usou o verbo **verbificar**. Apesar de ter a intenção de tumultuar a língua com suas invenções, ele usou elementos mórficos perfeitamente adequados. Que elementos ele usou?

2. Qual o significado de **verbificar**?

3. Cite outros verbos que você conhece que apresentam o radical **-fico**.

4. "Eu pego nomes e adjetivos e os uso como verbos. Lembra quando 'acesso' era uma coisa? Agora é algo que você **faz**. Foi verbificado." Qual é o significado de **acesso** e sua classe gramatical?

5. A vogal final da palavra **acesso** é desinência de gênero ou vogal temática? Explique.

6. "Verbificar esquisita a língua."

   Na frase acima, apesar de **verbificar** ser um verbo, foi usado na função de que outra classe gramatical?

7. Calvin usou **esquisita** como verbo. Qual seria o infinitivo desse verbo, se ele existisse?

8. Você diria que, usando a palavra **esquisita** como verbo, Calvin conseguiu seu intento de tumultuar a língua? Ou seja: a frase é compreensível ou não? Justifique sua resposta.

9. Finalmente, Haroldo sugere que eles criem um sistema que torne a linguagem um impedimento à comunicação. Acrescente um prefixo ao adjetivo **comunicativas** para traduzir as intenções deles:

   Eles têm intenções * comunicativas.

CAPÍTULO 5

SUBSTANTIVO

DEFINIÇÃO

Vivemos entre nomes e coisas. O homem é capaz de dar nomes às coisas e evocá-las quando quiser, referindo-se a elas, lembrando-se delas, fazendo história com elas, caracterizando-as, agregando-as à sua vida.

Esses nomes são tão expressivos que o simples fato de pronunciá-los ou escrevê-los traz à nossa mente a imagem a que se referem ou o sentimento que provocam em nós. Sobre essa propriedade dos nomes, os árabes costumam dizer que "nomear as coisas é possuí-las".

Essas palavras tão ricas de significado e que muitas vezes valem por verdadeiras imagens são os **substantivos**.

> **Substantivo** é a palavra que dá nome aos seres em geral, sejam eles animados, sejam inanimados, concretos ou abstratos. Admite morfemas gramaticais para expressar gênero, número e grau.

São, portanto, substantivos:

a) os nomes de coisas, pessoas, animais, vegetais, minerais, lugares, instituições:
livro, cadeira, Gabriela, Humberto, cachorro, orquídea, ouro, Florianópolis, júri, parlamento

b) os nomes de ações, noções, estados, qualidades e eventos, tomados como seres:
trabalho, corrida, justiça, tristeza, beleza, queda

FORMAÇÃO DOS SUBSTANTIVOS

Quanto à formação, o substantivo pode ser:

a) primitivo: quando não provém de outra palavra existente na língua portuguesa:
flor, pedra, ferro, casa, jornal

b) derivado: quando, pelo processo da derivação, provém de outra palavra da língua portuguesa:
florista, pedreiro, ferreiro, caseiro, jornaleiro

c) simples: quando é formado por um só radical:
água, pé, couve, amor, tempo, Sol

d) composto: quando é formado por mais de um radical:
água-de-colônia, couve-flor, amor-perfeito, mico-leão-dourado, jacaré-de-papo-amarelo, pé de moleque, passatempo, girassol, malmequer, pontapé

Um substantivo é primitivo quando não provém de outro existente na língua portuguesa, por isso os substantivos **flor** e **lobo** são primitivos, embora procedam do latim *florem* e *lupum*, respectivamente.

Os substantivos derivados são normalmente obtidos pelo acréscimo de afixos, enquanto os compostos são obtidos pela junção de radicais e podem ter ou não seus elementos ligados por hífen.

CLASSIFICAÇÃO DOS SUBSTANTIVOS

Quanto ao elemento que designa, o substantivo classifica-se em:

a) **comum:** quando designa genericamente qualquer elemento da espécie. Os substantivos comuns rotulam categorias e não objetos específicos:

   rio, cidade, país, menino, aluno

b) **próprio:** quando designa especificamente determinado elemento. Podem ser nomes de pessoas (antropônimos), de lugares (topônimos), marcas comerciais, nomes de livros, associações, etc. São grafados com letra inicial maiúscula:

   Tocantins, Florianópolis, Brasil, Luís, Camila, Sadia, *Dom Casmurro*, Ordem dos Advogados do Brasil

Alguns substantivos próprios, por convenção, grafam-se com letra inicial minúscula. É o caso dos nomes dos meses e das estações do ano:

   julho, novembro, verão, inverno

c) **concreto:** quando designa seres de existência real ou não: coisas, pessoas, animais, lugares, etc. (verifique que é sempre possível visualizar em nossa mente o substantivo concreto, mesmo que ele não possua existência real):

   casa, cadeira, caneta, mulher, gato, rua, fada, bruxa, saci

d) **abstrato:** quando designa noções, ações, estados e qualidades tomados como seres. Os substantivos abstratos, por não terem existência própria, sempre estarão apoiados em algo para serem percebidos. A maioria pertence ao gênero feminino:

   justiça, estudo, recordação, viuvez, coragem, altura, largura

Os substantivos abstratos são, em geral, derivados de verbos ou adjetivos:

É importante observar que o contexto é fundamental para determinar se o substantivo é concreto ou abstrato. Quando dizemos "A construção do prédio demorou dois anos", o substantivo **construção** foi empregado como **abstrato**. Já em "Os pedreiros dormem na construção em que trabalham", o substantivo **construção** foi empregado como **concreto**, significando prédio, obra. Veja outro exemplo:

   A venda do jogador para um time europeu desagradou a torcida. (venda = substantivo abstrato)
   Pedro, vá à venda e compre um quilo de tomates. (venda = substantivo concreto)

Os substantivos concretos admitem a oposição animado *versus* inanimado, o que não ocorre com os abstratos.

Embora a Nomenclatura Gramatical Brasileira (NGB) não leve em conta a classificação que propomos a seguir, também é possível classificar os substantivos em:

a) **contáveis:** não podem ser divididos sem deixar de ser o que são:

   relógio, óculos, ventilador, caneta
   Um pedaço de relógio não é um relógio.

b) **não contáveis:** preservam sua natureza, mesmo quando divididos em partes menores:

   pão, vinho, água, leite
   Um pedaço de pão é pão.

Substantivos coletivos

Entre os substantivos comuns, merecem destaque os coletivos.

Coletivos são aqueles substantivos que, mesmo no singular, designam um conjunto de seres ou coisas da mesma espécie.

Observe alguns substantivos coletivos:

acervo: de obras artísticas	**falange:** de soldados, de anjos
álbum: de fotografias, de selos	**farândola:** de maltrapilhos
alcateia: de lobos	**fato:** de cabras
antologia: de trechos literários escolhidos	**fauna:** de animais de uma região
armada: de navios de guerra	**feixe:** de lenha, de raios luminosos
arquipélago: de ilhas	**flora:** de vegetais de uma região
assembleia: de parlamentares, de membros de associações	**frota:** de navios mercantes, de táxis, de ônibus
atilho: de espigas de milho	**girândola:** de fogos de artifícios
atlas: de cartas geográficas, de mapas	**horda:** de invasores, de selvagens, de bárbaros
baixela: de objetos de mesa	**junta:** de bois, de médicos, de examinadores
banca: de examinadores	**júri:** de jurados
bandeira: de garimpeiros, de exploradores de minérios	**legião:** de anjos, de soldados, de demônios
bando: de aves, de pessoas em geral	**malta:** de desordeiros
cabido: de cônegos	**manada:** de gado de grande porte
cacho: de uvas, de bananas	**matilha:** de cães de caça
cáfila: de camelos	**molho:** de chaves
camarilha: de bajuladores	**ninhada:** de pintos, de filhotes
cambada: de ladrões, de caranguejos, de chaves	**nuvem:** de gafanhotos
cancioneiro: de poemas, de canções	**pelotão:** de soldados
caravana: de viajantes	**penca:** de bananas, de chaves
cardume: de peixes	**pinacoteca:** de pinturas
clero: de sacerdotes	**plantel:** de animais de raça, de atletas
colmeia: de abelhas	**quadrilha:** de ladrões, de bandidos
concílio: de bispos	**ramalhete:** de flores
conclave: de cardeais em reunião para eleger o papa	**rebanho:** de gado em geral
congregação: de professores, de religiosos	**récua:** de animais de carga
congresso: de parlamentares, de cientistas	**repertório:** de peças teatrais, de anedotas
conselho: de ministros	**resma:** de papel
constelação: de estrelas	**réstia:** de alhos e cebolas
corja: de vadios	**revoada:** de pássaros
elenco: de artistas	**romanceiro:** de poesias populares
enxame: de abelhas	**súcia:** de pessoas desonestas
esquadra: de navios de guerra	**vara:** de porcos
esquadrilha: de aviões	**vocabulário:** de palavras

Como você pôde notar pela relação, há coletivos específicos, isto é, que se aplicam apenas a um único substantivo, tais como **arquipélago**, **cáfila** e **pinacoteca** (ilhas, camelos e pinturas, respectivamente), e coletivos genéricos, que podem ser aplicados a mais de uma classe de substantivos, tais como **álbum** (fotografias, selos), **cacho** (uvas, bananas), **frota** (navios, ônibus, táxis). Os coletivos genéricos, por se referirem a mais de uma classe de substantivos, costumam vir especificados, por exemplo: "Para se distrair, folheava um **álbum de fotografias**" ou "Foi examinado por uma **junta de médicos**". Já os coletivos específicos não devem vir determinados, pois teríamos, nesse caso, um pleonasmo vicioso, como em "Visitou uma **pinacoteca de pinturas**" ou "Fernando de Noronha é um **arquipélago de ilhas**". Merecem destaque também os coletivos numéricos, aqueles que indicam quantidade exata, como dúzia, década, quarteto, centena, século, milênio, etc.

FLEXÃO DE GÊNERO

Em português, os substantivos podem ser do gênero masculino ou feminino.
São masculinos os substantivos a que se pode antepor o artigo **o**:

o livro, o caderno, o telefonema, o clima, o mapa, o maracujá, o café

São femininos aqueles a que se pode antepor o artigo **a**:

a borracha, a caneta, a tribo, a libido

Observe que **livro** é masculino e **borracha** é feminino não porque terminam em **-o** e **-a**, respectivamente, mas por admitirem a anteposição dos artigos **o** e **a**, respectivamente. Veja que o substantivo **telefonema** termina em **-a** e é masculino e o substantivo **tribo** termina em **-o** e é feminino. Em todos esses casos, as terminações **o** e **a** não são desinências de gênero, mas vogal temática.

Gênero é o mesmo que sexo?

Não. Nunca confunda gênero com sexo. O gênero é gramatical, isto é, mostra se a palavra é masculina ou feminina.
Evidentemente, **livro**, **caderno**, **borracha**, **caneta**, que são coisas, não possuem sexo, embora seus nomes possam se apresentar no gênero masculino ou feminino. Já o substantivo **vítima** pertence ao gênero feminino (a vítima), conquanto possa se referir a pessoas de ambos os sexos.

Ainda com relação ao gênero, dependendo da forma que assumem, os substantivos são classificados em biformes e uniformes.

Substantivos biformes

Biformes são os substantivos que designam pessoas ou animais e que apresentam duas formas, uma para o masculino, outra para o feminino.

Observe alguns exemplos:

aluno	aluna	pai	mãe
menino	menina	homem	mulher
moço	moça	carneiro	ovelha
gato	gata	bode	cabra
presidente	presidenta	cavalo	égua
masculino	*feminino*	*masculino*	*feminino*

Observe que a forma feminina dos substantivos do segundo bloco de exemplos não é marcada pela desinência. É uma forma diferente da masculina, proveniente de outro radical. A esses substantivos damos o nome de **heterônimos**.

Nos casos de substantivos cuja forma feminina é não marcada, a forma masculina costuma ser usada com valor genérico. Por exemplo: O homem é mortal. Nesse caso, a forma **homem** tem valor genérico, na medida em que engloba os seres humanos em sua totalidade, independentemente do sexo.

Substantivos uniformes

Uniformes são os substantivos que apresentam uma única forma, tanto para o masculino como para o feminino.

Subdividem-se em **epicenos**, **comuns de dois gêneros** e **sobrecomuns**.

Substantivos epicenos

São substantivos uniformes que designam animais:

a onça, a borboleta, a foca, o jacaré, o peixe, o pinguim, a baleia, a capivara, a raposa

Caso se queira especificar o sexo do animal, devem-se usar as palavras **macho** ou **fêmea**:

a onça macho, o jacaré fêmea, uma fêmea de baleia

Observe que o substantivo não muda de gênero: **onça** sempre será um substantivo feminino; **jacaré** sempre será um substantivo masculino.

Substantivos comuns de dois gêneros

São substantivos uniformes que designam pessoas. Nesse caso, o gênero é indicado pelo artigo ou outro determinante qualquer:

o colega, **a** colega
o gerente, **a** gerente
estudante esforçad**o**, estudante esforçad**a**
est**e** cliente, aquel**a** cliente

Os substantivos terminados em **-ista** são comuns de dois gêneros:

o artista, **a** artista
o acionista, **a** acionista
o dentista, **a** dentista
o jornalista, **a** jornalista

Substantivos sobrecomuns

São substantivos uniformes que designam pessoas. Nesse caso, o gênero é fixo (sempre masculino ou sempre feminino):

a criança, **o** cônjuge, **a** pessoa, **a** criatura, **o** cadáver

Caso se queira especificar o sexo do ser representado pelo substantivo, procede-se assim:

uma criança do sexo masculino, o cônjuge do sexo feminino

Alguns substantivos que costumam causar dúvidas

São masculinos:

o ágape	o coma	o grama (unidade de massa)
o alvará	o dó (pena, compaixão)	o guaraná
o anátema	o eclipse	o lança-perfume
o aneurisma	o eczema	o plasma
o apêndice	o edema	o proclama
o beliche	o estratagema	o telefonema
o caudal	o fibroma	o teorema
o champanha	o formicida	o tracoma
o clã	o gengibre	o trema

São femininos:

a aguardente	a cólera (raiva, impulso violento)	a libido
a alface	a comichão	a mascote
a análise	a derme	a omoplata
a apendicite	a dinamite	a pane
a bacanal	a ênfase	a sentinela
a cal	a hélice	a síndrome

São usados em ambos os gêneros:

o(a) aluvião	o(a) cólera (doença)	o(a) personagem
o(a) amálgama	o(a)/os(as) diabete(s)	o(a) sabiá
o(a) avestruz	o(a) laringe	o(a) suéter

Oposição gênero × sentido

Há substantivos idênticos na forma, porém de gêneros diferentes e significados distintos. Veja alguns exemplos na lista a seguir.

substantivo masculino	significado	substantivo feminino	significado
o cabeça	o chefe, o líder	a cabeça	parte do corpo
o capital	o dinheiro, os bens	a capital	cidade principal
o cisma	separação de uma religião	a cisma	desconfiança, suspeita
o cura	pároco, vigário	a cura	ato ou efeito de curar
o estepe	pneu sobressalente	a estepe	tipo de vegetação
o fila	raça de cão	a fila	fileira
o grafite	desenho feito sobre rocha ou parede	a grafite	bastão que serve para escrever
o guia	pessoa que orienta	a guia	formulário para pagamento; meio-fio
o lotação	veículo	a lotação	capacidade
o moral	ânimo	a moral	parte da filosofia, conclusão
o rádio	aparelho receptor	a rádio	estação transmissora

É importante notar que nem sempre está ocorrendo flexão de gênero, e sim homonímia. Os substantivos **o grama / a grama**, por exemplo, são idênticos na forma, mas diferentes no gênero e na origem, ou seja, **o grama** e **a grama** são palavras completamente distintas. Nos dicionários, aparecem como verbetes diferentes:

---

grama¹

[Do lat. *gramina*, pl. de *gramen*, *inis*, 'relva'; 'erva'.]
Substantivo feminino Bot.

1. Designação comum a várias espécies de gramíneas cultivadas em áreas urbanas e jardins, e de outras forrageiras, além de algumas medicinais.
2. Bras. V. *capim-de-burro*.

grama²

[Do fr. *gramme* < lat. *gramma* < gr. *grámma*.]
Substantivo masculino

Fís. Unidade de medida de massa no sistema c.g.s., igual a 10^{-3} kg [símb.: *g*]. [É corrente o uso deste vocábulo no feminino.]

FERREIRA, Aurélio Buarque de Holanda. *Novo dicionário Aurélio da língua portuguesa*. 4. ed. Curitiba: Editora Positivo, 2009. p. 997.

FLEXÃO DE NÚMERO

Quanto ao número, o substantivo pode ser singular ou plural:

aluno	alunos	mãe	mães
relógio	relógios	boiada	boiadas
singular	plural	singular	plural

Há, no entanto, substantivos que só aparecem no plural. Veja alguns:

as alvíssaras
as bodas
as cãs
as condolências
as costas
as exéquias
as férias (repouso)

as fezes
as núpcias
os afazeres
os anais
os parabéns
os pêsames
os víveres

Há também alguns substantivos que só se empregam no singular, tais como neve, burguesia, sono, sede, fome, lealdade, etc.

Plural com alteração de timbre da vogal tônica

Em certas palavras, ocorre mudança de timbre da vogal tônica por influência de uma vogal átona posterior. A esse fenômeno dá-se o nome de **metafonia** (*meta* = mudança; *fonia* = som).

No caso dos substantivos, alguns deles sofrem metafonia ao se pluralizarem, mudando o **o** fechado (ô) para **o** aberto (ó). Observe alguns exemplos:

singular (ô)	plural (ó)	singular (ô)	plural (ó)
aposto	apostos	olho	olhos
caroço	caroços	osso	ossos
corno	cornos	ovo	ovos
corpo	corpos	poço	poços
esforço	esforços	posto	postos
fogo	fogos	povo	povos
forno	fornos	socorro	socorros
miolo	miolos	tijolo	tijolos

Nos substantivos da relação abaixo **não ocorre** metafonia:

singular (ô)	plural (ô)	singular (ô)	plural (ô)
almoço	almoços	globo	globos
bolso	bolsos	gosto	gostos
cachorro	cachorros	pescoço	pescoços
esposo	esposos	polvo	polvos
estojo	estojos	sogro	sogros

Plural dos substantivos simples

Substantivos terminados em vogal ou ditongo

Formam o plural pelo acréscimo da desinência **-s**:

isqueiro	isqueiros	pai	pais	degrau	degraus
caderno	cadernos	mãe	mães	troféu	troféus

Substantivos terminados pelo ditongo nasal *-ão*

Fazem o plural de três maneiras:

a) **terminação em -ões** (a maioria desses substantivos e todos os aumentativos):

balão	balões	opinião	opiniões
canção	canções	questão	questões
eleição	eleições	casarão	casarões
vozeirão	vozeirões	rapagão	rapagões

b) **terminação em -ãos:**

acórdão	acórdãos	sótão	sótãos	irmão	irmãos
bênção	bênçãos	cidadão	cidadãos	mão	mãos
órgão	órgãos	cristão	cristãos	pagão	pagãos

c) **terminação em -ães:**

alemão	alemães	escrivão	escrivães
cão	cães	pão	pães
capitão	capitães	tabelião	tabeliães

Alguns substantivos terminados em **-ão** admitem mais de uma forma para o plural (em substantivos terminados em **-ão** que admitem mais de uma forma para o plural, a terminação **-ões** é a mais usada):

alazão: alazães, alazões

aldeão: aldeões, aldeães, aldeãos

anão: anões, anãos

ancião: anciões, anciãos, anciães

charlatão: charlatões, charlatães

cirurgião: cirurgiões, cirurgiães

ermitão: ermitões, ermitãos, ermitães

guardião: guardiões, guardiães

refrão: refrões, refrãos, refrães

verão: verões, verãos

vilão: vilões, vilãos, vilães

vulcão: vulcões, vulcãos

Substantivos terminados em *-r* e *-z*

Formam o plural pelo acréscimo de **-es** ao singular:

mar	mares	dólar	dólares	raiz	raízes
cruz	cruzes	fôlder	fôlderes	giz	gizes
colher	colheres	aprendiz	aprendizes	rapaz	rapazes

Substantivos terminados em -s

Quando não são oxítonos, ficam invariáveis. Quando oxítonos, formam o plural pelo acréscimo de **-es**:

não oxítono
o lápis   os lápis
o pires   os pires
o ônibus   os ônibus
o atlas   os atlas

oxítono
o ananás   os ananases
o país   os países
o retrós   os retroses
o lilás   os lilases

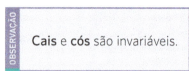

OBSERVAÇÃO: **Cais** e **cós** são invariáveis.

Substantivos terminados em -x

Os substantivos terminados em **-x** não variam:

o tórax   os tórax   uma xerox   duas xerox
o látex   os látex   o fax   os fax

Substantivos terminados em -l

a) Se o **-l** vier precedido de **a, e, o, u** (al, el, ol, ul), formam o plural trocando o **-l** por **-is**:

animal   animais   farol   faróis
papel   papéis   paul   pauis

OBSERVAÇÕES
- **Mal** (males) e **cônsul** (cônsules) são exceções.
- **Mel** e **gel** fazem o plural conforme a regra (**méis, géis**) ou por acréscimo de **-es** (**meles, geles**).

b) Se o **-l** vier precedido de **i** (il), podem formar o plural de duas maneiras:

- Os oxítonos trocam o **-l** por **-s**:
    barril   barris
    funil   funis
    fuzil   fuzis

- Os não oxítonos trocam o **-il** por **-eis**:
    fóssil   fósseis   míssil   mísseis

Alguns plurais que merecem destaque

abdômen: abdomens ou abdômenes   júnior: juniores (ô)
caráter: caracteres (té)   líquen: liquens ou líquenes
espécimen: espécimens ou espécimenes sênior: seniores (ô)
hífen: hifens ou hífenes

Plural dos diminutivos terminados em -zinho e -zito

O plural dos diminutivos terminados em **-zinho** e **-zito** é feito da seguinte forma:

1 Coloca-se a palavra primitiva no plural:
    bar → bares; mulher → mulheres; coronel → coronéis; cão → cães

2 Retira-se o **-s** de plural da palavra primitiva:
    bares – -s = bare; mulheres – -s = mulhere; coronéis – -s = coronéi; cães – -s = cãe

3 Acrescenta-se a terminação **-zinho** ou **-zito** seguida de **-s**:
    bare → barezinhos; mulhere → mulherezinhas; coronéi → coroneizinhos; cãe → cãezitos

Plural dos substantivos compostos

Não é fácil sistematizar o plural dos substantivos compostos, uma vez que ocorrem muitas oscilações, mesmo na língua formal. Cumpre, no entanto, observar as seguintes regras:

1 Os substantivos compostos ligados sem hífen formando uma única palavra fazem o plural como se fossem substantivos simples:

aguardente	aguardentes	passatempo	passatempos
girassol	girassóis	lobisomem	lobisomens

2 Nos substantivos compostos que apresentam seus elementos ligados por hífen, podem variar ambos os elementos, apenas um dos elementos ou nenhum dos elementos, conforme as regras a seguir.

a) Nos compostos formados de palavras repetidas (ou muito semelhantes), só o segundo elemento varia:

teco-teco	teco-tecos	bangue-bangue	bangue-bangues
tico-tico	tico-ticos	pingue-pongue	pingue-pongues
reco-reco	reco-recos	lambe-lambe	lambe-lambes

b) Nos compostos cujos elementos venham unidos por preposição, só o primeiro elemento varia:

feijão-de-corda	feijões-de-corda	pimenta-de-cheiro	pimentas-de-cheiro
couve-de-bruxelas	couves-de-bruxelas	cravo-da-índia	cravos-da-índia
estrela-do-mar	estrelas-do-mar	andorinha-do-mar	andorinhas-do-mar

Essa regra se aplica também para os substantivos compostos em que não ocorre o hífen.

pão de ló	pães de ló	camisa de força	camisas de força
mula sem cabeça	mulas sem cabeça	pé de moleque	pés de moleque

c) Nos compostos formados de **grão**, **grã** e **bel** seguidos de substantivo, só varia o segundo elemento:

grão-duque	grão-duques	grão-mestre	grão-mestres
grã-duquesa	grã-duquesas	bel-prazer	bel-prazeres

d) Nos compostos formados por dois substantivos, se o segundo elemento limita ou determina o primeiro, indicando tipo, finalidade ou semelhança, a variação ocorre somente no primeiro elemento:

banana-maçã	bananas-maçã	peixe-espada	peixes-espada
manga-rosa	mangas-rosa	salário-família	salários-família
caneta-tinteiro	canetas-tinteiro	samba-enredo	sambas-enredo

> **[!] Teste: função do segundo substantivo**
>
> Como nem sempre é fácil perceber se o segundo elemento limita ou restringe o primeiro, sugerimos o seguinte procedimento: se a relação entre os dois substantivos não for aditiva (procure acrescentar a conjunção **e**), com certeza o segundo substantivo estará limitando ou restringindo o primeiro:
>
> Banana-maçã não é banana **e** maçã.   Peixe-espada não é peixe **e** espada.

e) Nos compostos formados de verbo seguido de substantivo no plural ou de palavra invariável, ambos os elementos ficam invariáveis:

o saca-rolhas	os saca-rolhas	o porta-luvas	os porta-luvas
o tira-dúvidas	os tira-dúvidas	o vale-tudo	os vale-tudo
o caça-dotes	os caça-dotes	o conta-gotas	os conta-gotas
o lava-rápido	os lava-rápido	o pisca-alerta	os pisca-alerta

PARTE 2 // MORFOLOGIA

f) Para os demais substantivos compostos e para os derivados por prefixação cujo prefixo venha ligado ao segundo elemento por hífen, convém observar o seguinte: só devem ir para o plural os elementos representados por substantivos, adjetivos e numerais. Verbos, advérbios e prefixos (ex-, vice-, etc.) ficam invariáveis. Observe:

- **Variam os dois elementos** (substantivo + substantivo, substantivo + adjetivo, adjetivo + substantivo, numeral + substantivo):

couve-flor	couves-flores	cabra-cega	cabras-cegas
sofá-cama	sofás-camas	lugar-comum	lugares-comuns
carro-forte	carros-fortes	mão-boba	mãos-bobas
puro-sangue	puros-sangues	quinta-feira	quintas-feiras
montanha-russa	montanhas-russas	primeira-dama	primeiras-damas
boia-fria	boias-frias	obra-prima	obras-primas
boa-vida	boas-vidas	segundo-tenente	segundos-tenentes

- **Varia apenas o segundo elemento** (verbo + substantivo, advérbio + adjetivo, prefixo + substantivo):

guarda-roupa	guarda-roupas	ganha-pão	ganha-pães
guarda-comida	guarda-comidas	sempre-viva	sempre-vivas
guarda-chuva	guarda-chuvas	abaixo-assinado	abaixo-assinados
beija-flor	beija-flores	bem-amado	bem-amados
vira-lata	vira-latas	ex-aluno	ex-alunos
bate-papo	bate-papos	vice-reitor	vice-reitores
quebra-cabeça	quebra-cabeças	trava-língua	trava-línguas
porta-voz	porta-vozes	para-brisa	para-brisas

> **OBSERVAÇÃO**
>
> Quando a palavra **guarda** lembrar a pessoa, aquele que guarda ou vigia, e vier seguida de adjetivo, será substantivo e, portanto, irá para o plural:
>
> guardas-noturnos, guardas-civis, guardas-florestais

g) Frases substantivadas ficam invariáveis:

o maria vai com as outras	os maria vai com as outras
o leva e traz	os leva e traz
o bumba meu boi	os bumba meu boi
o louva-a-deus	os louva-a-deus

FLEXÃO DE GRAU

Além do grau normal, o substantivo pode se apresentar no grau **aumentativo** e no grau **diminutivo**. A indicação do grau do substantivo pode ser feita de duas maneiras:

a) **analiticamente:** determina-se o substantivo por um adjetivo que indica aumento ou diminuição:

menino grande (aumentativo analítico)

menino pequeno (diminutivo analítico)

b) sinteticamente: acrescentam-se ao substantivo sufixos indicadores de grau:

meninão (aumentativo sintético)

menininho (diminutivo sintético)

[!] Grau do substantivo: flexão ou derivação?

Tradicionalmente, tem-se considerado o grau como flexão, o que é abonado pela NGB.

Atualmente, no entanto, diversos linguistas e gramáticos entendem que na alteração do grau do substantivo não ocorre flexão da palavra. Eles consideram que a alteração de grau não é um mecanismo que interfere na concordância, como ocorre na alteração do gênero e do número:

menin**o** estudios**o**	menin**a** estudios**a**	menin**os** estudios**os**
menin**ão** estudios**o**	menin**inho** estudios**o**	menin**inha** estudios**a**

Segundo esse entendimento, em palavras como **meninão**, **menininho** e **menininha** ocorreu derivação sufixal e não flexão.

A seguir, alguns exemplos de aumentativos e diminutivos que merecem destaque:

Aumentativos sintéticos

amigo	amigalhão	corpo	corpanzil
animal	animalaço	fogo	fogaréu
barca	barcaça	forno	fornalha
bobo	bobalhão	homem	homenzarrão
cabeça	cabeçorra	nariz	narigão
cão	canzarrão	rapaz	rapagão
chapéu	chapelão	sábio	sabichão
copo	copázio	voz	vozeirão

Diminutivos sintéticos

animal	animalejo	ilha	ilhota
astro	asteroide	laje	lajota
bandeira	bandeirola	lugar	lugarejo
barba	barbicha	papel	papelucho
burro	burrico	ponte	pontilhão
casa	casebre	rio	riacho
chuva	chuvisco	rua	ruela
espada	espadim	sala	saleta
estátua	estatueta	sino	sineta
farol	farolete	verão	veranico
frango	frangote	via	viela
guerra	guerrilha	vila	vilarejo

Diminutivos eruditos

cela	célula	obra	opúsculo
corpo	corpúsculo	orelha	aurícula
febre	febrícula	ovo	óvulo
feixe	fascículo	parte	partícula
globo	glóbulo	pele	película
gota	gotícula	porção	porciúncula
grão	grânulo	questão	questiúncula
homem	homúnculo	raiz	radícula
monte	montículo	rede	retículo
nó	nódulo	verme	vermículo
núcleo	nucléolo	verso	versículo

Esses exemplos nos mostram que a classificação morfológica de uma palavra, para ser eficaz, tem de levar em conta o papel que ela desempenha dentro da oração, ou seja, sua função sintática. Em outras palavras: há uma estreita relação entre a morfologia (a classificação da palavra) e a sintaxe (a função que a palavra desempenha na oração).

Quando estudamos as palavras do ponto de vista sintático e do morfológico, ao mesmo tempo, estamos fazendo **morfossintaxe**.

MORFOSSINTAXE DO SUBSTANTIVO

Na oração, o substantivo funciona como núcleo de um grupo nominal, preposicionado ou não, podendo exercer todas as funções sintáticas, exceto a de núcleo do predicado verbal, desempenhada necessariamente por um verbo. Veja:

a) sujeito:

Vendas crescem no final do ano.

b) predicativo do sujeito:

Felipe é **astrônomo**.

c) predicativo do objeto:

Consideraram o técnico **herói**.

d) objeto direto:

No mês passado, compraram **livros**.

e) objeto indireto:

Acreditam em **Deus**.

f) complemento nominal:

Tinham sede de **justiça**.

g) agente da passiva:

A praia foi tomada por **turistas**.

h) aposto:

A mulher de Hagar, **Helga**, estava nervosa.

i) vocativo:

Alunos, comportem-se.

O substantivo pode ainda aparecer como núcleo de locuções adjetivas e adverbiais:

Ficaram com dor de **estômago**.
Ele estuda de **manhã**.

A **gramática** no dia a dia

As gramáticas normalmente aplicam a distinção **concreto/abstrato** apenas à classe dos substantivos. Em termos mais amplos, podemos dizer que há também adjetivos e verbos que podem ser concretos ou abstratos.

Adjetivos que designam cores, por exemplo, são concretos, pois são percebidos pelos sentidos, no caso, a visão, as propriedades **vermelha**, **amarela**, **verde**, etc. dos seres. Por outro lado, adjetivos como **inseguro** e **tímido** são abstratos. O mesmo ocorre com verbos. **Plantar** e **escrever** são verbos concretos, mas **raciocinar** e **sonhar** são abstratos.

A distinção entre palavras concretas e abstratas é interessante, pois nos permite compreender que há textos figurativos, aqueles em que predominam palavras concretas, e textos temáticos, aqueles em que a predominância é de palavras abstratas.

Nos textos figurativos, o tema, isto é, a ideia que o texto exprime, se expressa por meio de figuras (palavras concretas). Os textos literários são predominantemente figurativos. Como exemplo de textos temáticos, podemos citar os textos argumentativos. Podemos dizer também que, geralmente, os textos figurativos representam o real, enquanto os temáticos interpretam o real.

As orientações apresentadas neste capítulo com relação à flexão dos substantivos referem-se ao que denominamos norma culta. No entanto, convém lembrar que, mesmo nas variedades mais prestigiadas, podem ocorrer oscilações. A seguir, comentaremos algumas.

1 Afirmamos que nos substantivos compostos em que o segundo elemento limita ou determina o primeiro, indicando tipo ou finalidade, só o primeiro elemento varia:

banana-maçã → bananas-maçã   peixe-espada → peixes-espada

No entanto, mesmo pela norma culta, é comum a pluralização de ambos os elementos (**bananas-maçãs**, **peixes-espadas**), formas essas já abonadas por dicionários e gramáticas.

2 Como vimos, nos substantivos terminados em **-l**, se o **-l** for precedido de **a**, **e**, **o**, **u**, formam o plural trocando o **-l** por **-is**:

animal → animais   farol → faróis   papel → papéis   paul → pauis

Porém, para o substantivo **gol**, utilizamos o plural **gols**, que, mesmo contrário aos mecanismos de flexão do português, já está tão arraigado e consagrado pelo uso que dificilmente será substituído pelas formas vernáculas **gois** ou **goles**, já propostas por alguns gramáticos.

No português de Portugal, utiliza-se o plural **golos** (pronuncia-se **gôlos**), uma vez que lá a palavra inglesa *goal* foi aportuguesada para **golo** (pronuncia-se **gôlo**). Em algumas cidades do sul do Brasil, percebe-se tal uso.

3 Alguns substantivos, originalmente aumentativos ou diminutivos, não mais transmitem ideia de aumento ou diminuição. São por isso chamados de aumentativos e diminutivos formais. É o que ocorre, por exemplo, em:

cartão, portão, caldeirão, sacolão, orelhão, tampinha, cigarrilha, folhinha (calendário), coxinha

4 Em outros casos, os sufixos aumentativos e diminutivos são utilizados com valor afetivo (**paizinho**, **amorzinho**) ou pejorativo (**livreco**, **gentinha**).

5 É comum a utlização de um substantivo que designa coisa para caracterizar pessoa:

a trouxa (embrulho, fardo de roupa)   o trouxa (pessoa tola)
a laranja (uma fruta)   o laranja (intermediário em operações fraudulentas)
a goiaba (uma fruta)   o goiaba (pessoa aborrecida, chata)

ATIVIDADES

Texto para as questões **1** a **3**.

A bela e o dragão

As coisas que não têm nome assustam, escravizam-nos, devoram-nos... Se a bela faz de ti gato e sapato, chama-lhe, por exemplo, A Bela Desdenhosa. E ei-la rotulada, classificada, exorcismada, simples marionete agora, com todos os gestos perfeitamente previsíveis, dentro do seu papel de boneca de pau. E no dia em que chamares a um dragão de Joli, o dragão te seguirá por toda parte como um cachorrinho...

QUINTANA, Mário. *Prosa e verso.*
Porto Alegre: Globo, 1978. p. 26.

1. Quais são os dois substantivos próprios usados no texto?

2. Complete as frases com os substantivos referentes às qualidades em destaque:
    a) A bela era **desdenhosa**. Ela demonstrava *.
    b) Seus gestos eram **previsíveis**. Eles demonstravam *.
    c) "Ei-la **rotulada**, **classificada**, **exorcismada** [...]". Ei-la submetida a *, * e *.

3. No texto, há um substantivo formado por derivação imprópria (ou conversão).
    a) Qual é esse substantivo?
    b) Que substantivo abstrato se formou a partir do mesmo radical dessa palavra?

Texto para as questões **4** a **6**.

A paz

A paz invadiu o meu coração
De repente me encheu de paz
Como se o vento de um tufão arrancasse meus pés
[do chão
Onde eu já não me enterro mais

A paz fez o mar da revolução invadir meu destino
A paz com aquela grande explosão
Uma bomba sobre o Japão fez nascer o Japão
[da paz

Eu pensei em mim, eu pensei em ti, eu chorei
[por nós
Que contradição, só a guerra faz nosso amor
[em paz!

Eu vim, vim parar na beira do cais
Onde a estrada chegou ao fim, onde o fim da tarde
[é lilás
Onde o mar arrebenta em mim, o lamento de
[tantos ais!

GIL, Gilberto; DONATO, João. Disponível em:
<www.gilbertogil.com.br/sec_musica.php>. Acesso em: 4 nov. 2016.

4. No texto aparece um substantivo próprio. Qual?

5. Aponte dois substantivos abstratos que aparecem no texto.

6. Escreva no plural as seguintes palavras do texto:
    a) paz
    b) revolução
    c) coração
    d) chão
    e) mar
    f) amor
    g) explosão
    h) contradição
    i) cais

7. Destaque, nas frases abaixo, as palavras que, no contexto, funcionam como substantivos.
    a) Os fortes sobreviveram, os fracos pereceram.
    b) "Um fraco rei faz fraca a forte gente." (Camões)
    c) Todo executivo anseia por férias.
    d) Almoço executivo com duas opções de entrada.

Texto para as questões **8** a **10**.

Cuidados com o talão de cheques – Tome a máxima cautela na guarda deste talão. A perda, extravio ou furto de qualquer cheque pode acarretar-lhe sérios danos, pois o banco não se responsabiliza pelo pagamento de cheques perdidos, extraviados, falsos ou falsificados, se a assinatura do emitente não for facilmente reconhecível em confronto com a existente em seus registros. Comunique imediatamente a sua agência, caso ocorra perda ou extravio de cheque ou deste talão.

Informação constante no talão de cheques de um banco brasileiro.

CAPÍTULO 5 // Substantivo

8. Muitos substantivos apresentam o mesmo radical de verbos. Indique os verbos correspondentes aos seguintes substantivos do texto:

a) guarda

b) perda

c) extravio

d) furto

e) emitente

9. As palavras **perdidos**, **extraviados**, **falsos** e **falsificados** referem-se a um substantivo do texto.

a) Qual é esta palavra?

b) Que função essas palavras exercem em relação ao substantivo a que se referem?

c) A que classe pertencem?

10. No trecho "[...] se a assinatura do emitente não for facilmente reconhecível em confronto com a existente em seus registros [...]", um substantivo ficou subentendido. Qual?

Texto para a questão 11.

O sultão é traído por sua mulher e resolve vingar-se em outras moças. Assim, passa cada noite com uma jovem, mandando matá-la no dia seguinte, até que Sherazade se oferece para passar uma noite com ele, com a condição de lhe contar uma história antes da execução. O sultão deixa-se envolver, noite após noite, pelas fascinantes narrativas de Sherazade, e assim se passam mil e uma noites.

AS MIL E UMA NOITES. [Quarta capa] Adaptação de Julieta de Godoy Ladeira. 12. ed. São Paulo: Scipione, 2003.

11. Pronomes são palavras que, entre outras coisas, são usadas para substituir substantivos. Reescreva o trecho a seguir substituindo os pronomes destacados pelos substantivos que eles representam. Faça as modificações que julgar necessárias.

"Assim, passa cada noite com uma jovem, mandando matá-**la** no dia seguinte, até que Sherazade se oferece para passar uma noite com **ele**, com a condição de **lhe** contar uma história antes da execução."

Texto para as questões 12 e 13.

Passou-se um mês de calma e sem qualquer acontecimento que pudesse causar a menor preocupação aos parentes e amigos de nossos aventureiros.

Um dia o barbeiro e o cura quiseram verificar se, finalmente, Dom Quixote estava curado de suas manias cavaleirescas.

[...]

— Ai, meu Deus! — suspirou a sobrinha. — Esse não tem mais cura.

CERVANTES, Miguel de. *Dom Quixote*. Adaptação de José Angeli. 21. ed. São Paulo: Scipione, 2005. p. 69.

12. Transcreva do texto um substantivo comum de dois gêneros e dois substantivos derivados.

13. O substantivo **cura** aparece duas vezes no texto. Dê o sentido dessa palavra em cada uma das ocorrências.

14. Nos trechos a seguir, aponte os substantivos.

a) "A tripulação anda pelo convés com passos inquietos e trêmulos; mas em seus semblantes há alguma coisa mais próxima da ansiedade da esperança do que da apatia do desespero." (Edgar Allan Poe)

b) "A impossibilidade de vê-lo me exasperava e eu acendia todas as lâmpadas do meu apartamento, como se pudesse, àquela claridade, descobri-lo." (Guy de Maupassant)

c) "Durante todos esses anos o homem observa o porteiro quase sem interrupção. Esquece os outros porteiros e este primeiro parece-lhe o único obstáculo para a entrada na lei." (Franz Kafka)

15. Escreva no plural as frases a seguir.

a) O guarda-noturno perdeu o guarda-chuva.

b) A ex-aluna compareceu ao chá de cozinha.

16. Passe para o feminino as frases a seguir.

a) O czar era um autêntico cavalheiro.

b) O genro e o sogro criavam carneiros e bodes.

c) O juiz e o herói eram padrinhos do cônsul.

d) Aquele indivíduo conhecia o jornalista e o estudante.

e) Aquele artista era o ídolo do dentista.

17. Da relação a seguir, destaque os substantivos que só aparecem no plural.

ônibus – pires – lápis – camponês – núpcias – pêsames – hemorroidas – alferes – atlas – ananás – país – tênis

PARTE 2 // MORFOLOGIA

DOS TEXTOS À GRAMÁTICA   DA GRAMÁTICA AOS TEXTOS

Como dissemos na seção *A gramática no dia a dia*, nos textos figurativos, as figuras (as palavras concretas, particularmente os substantivos) revestem os temas (ideias abstratas), dando concretude e sensorialidade aos textos. Elas podem revestir temas diversos. Por exemplo: a palavra concreta **ilha** pode recobrir o tema da solidão, do isolamento, do refúgio. Uma figura como **pássaro** pode recobrir o tema da liberdade.

Leia agora o poema "Canção do exílio", de Gonçalves Dias, e a seguir responda ao que se pede.

Canção do exílio

Minha terra tem palmeiras,
Onde canta o Sabiá;
As aves, que aqui gorjeiam,
Não gorjeiam como lá.

Nosso céu tem mais estrelas,
Nossas várzeas têm mais flores,
Nossas flores têm mais vida,
Nossa vida mais amores.

Em cismar, sozinho, à noite,
Mais prazer encontro eu lá;
Minha terra tem palmeiras,
Onde canta o Sabiá.

Minha terra tem primores,
Que tais não encontro eu cá;
Em cismar – sozinho, à noite –
Mais prazer encontro eu lá;
Minha terra tem palmeiras,
Onde canta o Sabiá.

Não permita Deus que eu morra,
Sem que eu volte para lá;
Sem que desfrute os primores
Que não encontro por cá;
Sem qu'inda aviste as palmeiras,
Onde canta o Sabiá.

DIAS, G. In: CANDIDO, A.; CASTELLO, J. A. *Presença da literatura brasileira I:
das origens ao Romantismo.* 5. ed. São Paulo: Difusão Europeia do Livro, 1973.

1. O texto se articula na oposição expressa pelos advérbios **aqui** e **lá**, que só podem ser entendidos se levarmos em conta o contexto em que o poema foi enunciado. Levando isso em conta, a que substantivos esses advérbios fazem referência?

2. Na oposição expressa por esses dois substantivos, estabelece-se também uma comparação entre o que eles representam. Um deles é valorizado positivamente em relação ao outro. Qual?

3. "Canção do exílio" é um texto figurativo, ou seja, predominam palavras concretas que revestem um tema. As figuras dão sensorialidade aos textos, isto é, remetem a órgãos do sentido: visão, audição, olfato, tato e paladar, e encadeiam-se dando coerência ao texto.

   Em relação às figuras a seguir, diga a que órgão do sentido se relacionam.

   a) palmeiras

   b) sabiá

   c) aves

   d) céu

   e) estrelas

   f) bosques

4. Dissemos que não apenas substantivos expressam ideias concretas. Indique verbos que funcionam como figuras no texto e estão ligados a sensações auditivas. A que substantivos fazem referência?

5. Sabe-se que o substantivo **Deus** é concreto, portanto constitui uma figura. A que tema está relacionado?

6. Além do tema da resposta à questão anterior, que outros temas estão presentes no texto?

ARTIGO

DEFINIÇÃO

Damos o nome de artigo às palavras **o** e **um** (e suas flexões) que se antepõem a um substantivo, determinando-o de modo preciso (**o** e suas flexões) ou vago (**um** e flexões).

Observe:

O atleta veio de **uma** cidade pequena.

Os atletas vieram de **umas** cidades pequenas.

A expedição percorreu **um** lugar inóspito.

As expedições percorreram **uns** lugares inóspitos.

O artigo é uma palavra gramatical, isto é, isoladamente não possui significado. Sempre está ligado a um substantivo do qual depende e com o qual concorda em gênero e número, formando um grupo nominal cujo núcleo será o substantivo.

Veja:

o atleta

as expedições

um lugar inóspito

uns lugares inóspitos

CLASSIFICAÇÃO DOS ARTIGOS

Os artigos são classificados em:

a) artigo definido: determina o substantivo de modo preciso, particularizando-o. Pode ser singular (**o**, **a**) ou plural (**os**, **as**).

O menino resolveu **a** questão.

Os meninos resolveram **as** questões.

b) artigo indefinido: determina o substantivo de modo vago, impreciso, generalizando-o. Pode ser singular (**um**, **uma**) ou plural (**uns**, **umas**).

Um jornalista viajou para **uma** cidade distante.

Uns jornalistas viajaram para **umas** cidades distantes.

PROPRIEDADES DOS ARTIGOS

1 A anteposição do artigo pode substantivar qualquer palavra:

Vamos deixar de lado **os entretantos** e vamos direto **aos finalmentes**. (**entretanto:** conjunção substantivada, exercendo a função de complemento de "deixar"; **finalmente:** advérbio substantivado exercendo a função de complemento de "vamos")

Como resposta recebeu **um não**. (**não:** advérbio substantivado, exercendo a função sintática de complemento de "recebeu")

Na vida jornalística, **o porquê** dos fatos nunca pode ser desprezado. (**porquê:** conjunção substantivada, exercendo a função sintática de núcleo do sujeito)

2 O artigo evidencia o gênero e o número do substantivo que estiver determinando:

Fiquei com **um dó** danado do menino. (**dó:** substantivo masculino singular)

No almoço, comeu **uma omelete**. (**omelete:** substantivo feminino singular)

Convidaram **a colega** para jantar. (**colega:** substantivo feminino singular)

Nunca mais sentiria **a comichão** entre **as omoplatas**. (**comichão:** substantivo feminino singular; **omoplatas:** substantivo feminino plural)

Os colegas de Pedro chegaram atrasados. (**colegas:** substantivo masculino plural)

O lápis estava diante dele. (**lápis:** substantivo masculino singular)

Os lápis estavam diante dele. (**lápis:** substantivo masculino plural)

3 O artigo pode aparecer unido com preposições:

Ele estava **no** sítio dos amigos. (**no** = em + o)

Não pôde comparecer **à** festa. (**à** = a + a)

Ele precisava **do** apoio dos amigos. (**do** = de + o)

Fizeram referência **às** pessoas presentes. (**às** = a + as)

Deixou o livro **numa** mala. (**numa** = em + uma)

> **OBSERVAÇÃO**
>
> A fusão da preposição **a** com o artigo **a** (ou **aa**) é indicada pelo acento grave (`) e recebe o nome de crase. O uso do acento grave será estudado no capítulo 19, **Regência**.

EMPREGO DOS ARTIGOS

1 Um grupo nominal introduzido por artigo indefinido deve ser retomado por um grupo nominal introduzido por artigo definido:

Um motorista dirigia **um carro** por **uma estrada**. Como **a estrada** estava mal sinalizada, **o motorista** conduzia **o carro** com cuidado redobrado.

2 Emprega-se o artigo definido entre o numeral **ambos** e o substantivo a que esse numeral se refere:

O juiz solicitou a presença de **ambos os** cônjuges.

Compareceram pessoas de **ambos os** sexos.

3 Nunca deve ser usado artigo depois do pronome relativo **cujo** (e suas flexões):

Este é o homem **cujo** amigo desapareceu.

Este é o autor **cujas** obras aprecio.

CAPÍTULO 6 // Artigo — 95

4 Não se deve usar artigo antes das palavras **casa** (no sentido de lar, moradia) e **terra** (no sentido de chão firme), a menos que venham especificadas:

Eles estavam **em casa**.

Os marinheiros permaneceram **em terra**.

Eles estavam n**a casa dos amigos**.

Os marinheiros permaneceram n**a terra dos anões**.

5 Com nomes de pessoas, geralmente não se usa artigo, já que indicam pessoas determinadas:

Lígia e **Paulo** não compareceram à cerimônia.

Capitu é personagem de um romance de **Machado de Assis**.

Napoleão teve de abandonar a Rússia.

6 Alguns nomes de lugar admitem a anteposição do artigo; outros, não:

Passaram o Carnaval em **Salvador**.

Arroz de cuxá é um prato típico d**o Maranhão**.

Florianópolis é a capital de **Santa Catarina**.

Passaram o Carnaval n**a Bahia**.

Nevou em **Roma**.

Faz muito calor n**o Piauí**.

Brasília é a capital da República.

7 Se o nome de lugar que não admite artigo vier qualificado, passa a admitir o artigo:

A bela Florianópolis é capital de Santa Catarina.

Não conheciam **a velha Salvador**.

Estavam n**a Roma antiga**.

A moderna Brasília é considerada um monumento arquitetônico.

8 Com nomes de rios, usa-se o artigo, embora designem rio determinado:

o Araguaia, o São Francisco, o Sena, o Tâmisa

9 É facultativo o emprego do artigo definido diante dos pronomes possessivos:

Deixaram **meu livro** na sala.

Não conheço **sua namorada**.

Deixaram **o meu livro** na sala.

Não conheço **a sua namorada**.

10 Não se emprega artigo antes dos pronomes de tratamento:

Vossa Excelência resolverá os problemas de **Sua Senhoria**.

Conheci **Vossa Alteza** no ano passado.

11 Emprega-se o artigo definido com o superlativo relativo:

Não consegui resolver **as** questões mais difíceis.

Resolvi **as** mais difíceis questões.

Na norma culta, não se admite a repetição do artigo:

Não consegui resolver **as** questões **as** mais difíceis. (Essa construção **não é aceita** na norma culta.)

12 Depois do pronome indefinido **todo**, emprega-se artigo quando se quer dar ideia de **inteiro, totalidade**. Quando se quer dar ideia de **qualquer**, omite-se o artigo:

Ele leu todo **o** livro. (o livro inteiro)

Todo **o** país comemorou a conquista. (o país inteiro)

Todo homem é mortal. (qualquer homem)

Todo país tem seu governo. (qualquer país, cada país)

No plural, **todos** e **todas** sempre virão seguidos de artigo, exceto se houver palavra que o exclua, ou numeral não seguido de substantivo:

Todos os jurados concordaram.

Todos doze concordaram.

Todos aqueles jurados concordaram.

Todos os doze jurados concordaram.

13 Não se une com preposição o artigo que faz parte do nome de revistas, jornais, obras literárias:

Li a notícia em *O Estado de S. Paulo*.

A notícia foi publicada em *O Globo*.

"Inês de Castro" é um episódio de *Os Lusíadas*.

Em *A origem das espécies*, Darwin nos apresenta sua teoria sobre a evolução.

Em *O morro dos ventos uivantes*, de Emily Brontë, o tema do amor se liga ao tema da vingança.

14 Não se deve empregar artigo diante de substantivos utilizados em sentido genérico:

Hoje é possível tocar **violoncelo** e até mesmo **bateria** sem fazer nenhum ruído.

15 Vimos que o artigo definido particulariza o ser a que se refere. Há casos, entretanto, em que o artigo definido, mesmo se referindo a um substantivo singular, tem caráter genérico:

Ninguém duvida de que **o** avião seja um meio de transporte seguro.

O advogado deve prestar contas a**o** cliente.

16 Usa-se o artigo definido em lugar do pronome indefinido **cada** para exprimir, por unidade de peso ou medida, o custo ou o valor de determinada coisa:

No supermercado, estão vendendo carne a dez reais **o** quilo. (cada quilo)

Vendiam terrenos a mais de mil reais **o** metro quadrado. (cada metro quadrado)

17 O artigo indefinido é também usado para exprimir quantidade aproximada ou comparação:

Maria Helena teria **uns** 60 anos de idade.

Guilherme joga futebol, mas não é **um** Pelé.

MORFOSSINTAXE DO ARTIGO

Como vimos, o artigo sempre determina um substantivo com o qual concorda em gênero e número. Justamente por isso, exerce na oração a função sintática de adjunto adnominal do substantivo que está determinando. Observe:

O dia permanece nublado.

O artigo **o** forma o sujeito "O dia", em que o substantivo **dia** desempenha o papel de núcleo e o artigo desempenha o papel de adjunto adnominal.

Observe este exemplo:

Eles não conheciam **as** leis.

O artigo **as** forma o complemento verbal "as leis", em que o substantivo **leis** desempenha o papel de núcleo e o artigo desempenha o papel de adjunto adnominal.

No caso a seguir, o artigo **um** forma o sujeito "Um problema", em que o substantivo **problema** desempenha o papel de núcleo e o artigo desempenha o papel de adjunto adnominal:

Um problema ainda permanece sem solução.

No próximo exemplo, o artigo **umas** forma o sujeito "umas pessoas ilustres", em que o substantivo **pessoas** desempenha o papel de núcleo; o artigo **umas** e o adjetivo **ilustres** desempenham o papel de adjuntos adnominais:

Compareceram **umas** pessoas ilustres.

A **gramática** no dia a dia

Artigo com valor de superlativo

É frequente o uso do artigo definido com valor de superlativo absoluto, como em:

>Muita gente considera Lady Gaga a cantora.

Em construções desse tipo, o artigo definido é empregado geralmente em oposição ao artigo indefinido:

Aquela foi **a** invenção do século.
Não era **uma** cantora qualquer: era **a** cantora.
Por não saber falar inglês, Pedro não perdeu **um** emprego. Perdeu **o** emprego.

Emprego ou omissão dos artigos: detalhes de significação

Ao optarmos pelo uso dos artigos ou pela omissão deles, realçamos diferentes detalhes de significação:

Foi acusado **do crime**.
Foi acusado **de um crime**.
Foi acusado **de crime**.

Na primeira frase, a presença do artigo definido antes do substantivo **crime** confere à acusação um caráter preciso: os interlocutores sabem a que crime se faz referência.

Na segunda, ao se optar pelo artigo indefinido, confere-se à acusação um caráter vago: trata-se de um crime qualquer, sobre o qual os interlocutores não têm mais informações.

Na terceira, a ausência de artigo antes do substantivo **crime** confere à acusação um caráter genérico, tornando a acusação mais vaga do que na segunda frase.

Artigos com nomes de pessoas

Na linguagem coloquial de alguns estados brasileiros, é frequente a anteposição de artigo a nomes de pessoas, a fim de indicar afetividade ou familiaridade:

O Paulo é meu melhor amigo.
A Raquel é minha namorada.

ATIVIDADES

Texto para as questões 1 e 2.

O calculista das arábias

Um admirador do calculista Beremiz já tinha aprendido quase todas as suas lições matemáticas, só faltava o reconhecimento. Procurou um mercador conhecido e ofereceu seus serviços, mas o homem respondeu que não precisava de calculistas.

ALMANAQUE BRASIL DE CULTURA POPULAR. São Paulo: Andreato Comunicação e Cultura, n. 158, jun. 2012.

1. No texto, um termo introduzido por artigo indefinido deve ser retomado por termo introduzido por artigo definido. Levando isso em conta, que termo é retomado por "o homem"?

2. A frase "Procurou um mercador conhecido e ofereceu seus serviços" refere-se a um termo mencionado anteriormente no texto. Identifique-o e classifique as palavras que o compõem, indicando a classe de palavras a que pertencem.

PARTE 2 // MORFOLOGIA

3. Leia o trecho a seguir.

Um garoto da redondeza vem sentar-se nos degraus da escada, como aconteceu em outras noites. Não gosta de conversar, mas fica ali, ouvindo prosa alheia. As roupas dele são ordinárias, porém limpas. O garoto tem altivez no olhar, uma espécie de confiança de estar no mundo.

> AQUINO, Marçal. *Eu receberia as piores notícias dos seus lindos lábios*. São Paulo: Companhia das Letras, 2005. p. 12.

O substantivo **garoto** aparece duas vezes nesse trecho. Em ambas, está precedido de artigo. Justifique o uso do artigo nas duas ocorrências.

4. A seguir, você vai ler uma frase de Machado de Assis, um dos mais importantes escritores brasileiros.

Suponho que nunca teria visto um homem e não sabia, portanto, o que era o homem.

> ASSIS, Machado de. *Memórias póstumas de Brás Cubas*. Disponível em: <www.dominiopublico.gov.br/download/texto/bn000167.pdf>. Acesso em: 10 out. 2016.

Agora, responda: qual é a diferença de sentido da palavra **homem** nas duas ocorrências?

5. Substitua os asteriscos pelo artigo adequado.

Era * vez uma bondosa mulher que tinha uma única filha, * menina linda e meiga, a quem amava muito. * dia, * mulher adoeceu gravemente e, embora ainda fosse jovem, sentiu que não ia durar muito tempo. Assim, chamou * filha para perto de si e, depois de abraçá-la carinhosamente, pediu:

— Seja sempre meiga e bondosa para com todos, minha filha, que lá do céu estarei o tempo todo olhando por você.

> SILVA, Lenice Bueno da. A gata borralheira. In: *Histórias da Carochinha*. 6. ed. São Paulo: Ática, 2003. p. 125.

6. Na frase a seguir, explique a diferença de sentido entre "notícias de interesse público" e "notícias de interesse do público".

Há notícias que são de interesse público e há notícias que são de interesse do público.

7. Na frase a seguir, o substantivo **jogo** aparece duas vezes, em cada uma delas precedida de artigo diferente. Explique a diferença de sentido entre "o jogo" e "um jogo".

O que era para ser o jogo acabou sendo apenas um jogo.

> KFOURI, Juca. *Folha de S.Paulo*, São Paulo, 18 set. 2006. p. D3.

8. Explique por que nos ditados populares a seguir os substantivos não vêm precedidos de artigos.

"Cautela e caldo de galinha não fazem mal a ninguém."; "Em boca fechada não entra mosquito."; "Gato escaldado tem medo de água fria."; "Tempo é dinheiro."

9. Leia os ditados populares a seguir.

I. Mais vale um pássaro na mão do que dois voando.

II. Quem tem boca vai a Roma.

Agora responda e justifique:

a) Em I, **um** é artigo ou numeral?

b) Em II, **a** é artigo ou preposição?

10. "Ela queria ser reconhecida como dona da casa e não como dona de casa." Explique a diferença de sentido entre **dona da casa** e **dona de casa**.

11. Empregue o artigo definido adequado aos substantivos a seguir.

a) champanha

b) guaraná

c) alface

d) pêsames

e) núpcias

f) olheiras

12. Explique a diferença de significado das expressões em destaque.

a) Ele leu **todo o livro**.

b) **Todo livro** deve ser bem conservado.

13. Reescreva as frases a seguir, corrigindo-as, se necessário.

a) Todos os três foram reprovados em Matemática.

b) Li a notícia da demissão do técnico no *Estado de S. Paulo*.

c) Discutia os assuntos os mais profundos.

d) Todas as duas vezes que viajei para a Itália visitei Florença.

e) Haverá hoje uma reunião com a Sua Majestade.

f) Não conheço a escola cuja a diretora se aposentou.

DOS TEXTOS À GRAMÁTICA | DA GRAMÁTICA AOS TEXTOS

Velha história

Era uma vez um homem que estava pescando, Maria. Até que apanhou um peixinho! Mas o peixinho era tão pequenininho e inocente, e tinha um azulado tão indescritível nas escamas, que o homem ficou com pena. E retirou cuidadosamente o anzol e pincelou com iodo a garganta do coitadinho. Depois guardou-o no bolso traseiro das calças, para que o animalzinho sarasse no quente. E desde então ficaram inseparáveis. Aonde o homem ia, o peixinho o acompanhava, a trote, que nem um cachorrinho. Pelas calçadas. Pelos elevadores. Pelos cafés. Como era tocante vê-los no "17"! – o homem, grave, de preto, com uma das mãos segurando a xícara de fumegante moca, com a outra lendo o jornal, com a outra fumando, com a outra cuidando o peixinho, enquanto este, silencioso e levemente melancólico, tomava laranjada por um canudinho especial...

Ora, um dia o homem e o peixinho passeavam à margem do rio onde o segundo dos dois fora pescado. E eis que os olhos do primeiro se encheram de lágrimas. E disse o homem ao peixinho:

"Não, não me assiste o direito de te guardar comigo. Por que roubar-te por mais tempo ao carinho do teu pai, da tua mãe, dos teus irmãozinhos, da tua tia solteira? Não, não e não! Volta para o seio da tua família. E viva eu cá na terra sempre triste!..."

Dito isto, verteu copioso pranto e, desviando o rosto, atirou o peixinho n'água. E a água fez um redemoinho, que foi depois serenando, serenando... até que o peixinho morreu afogado...

QUINTANA, Mário. *Prosa e verso*. Porto Alegre: Globo, 1978. p. 27.

1. Ao ler um texto que começa por "Era uma vez [...]", o leitor já tem uma ideia do que vai encontrar pela frente. Levando em conta os diversos gêneros textuais (carta, editorial, poema, anúncio, receita, etc.), como você classificaria o texto que acabou de ler?

2. É possível afirmar que a história do homem e do peixinho tem um interlocutor explícito no texto? Explique.

3. Releia o seguinte trecho:

   Era uma vez **um** homem que estava pescando, Maria. Até que apanhou **um** peixinho! Mas **o** peixinho era tão pequenininho e inocente, e tinha

um azulado tão indescritível nas escamas, que **o** homem ficou com pena.

Nesse trecho, as palavras destacadas são artigos. Observe-os e explique o que ocorreu.

4. Observe este trecho:

   Depois guardou-**o** no bolso traseiro das calças, para que **o** animalzinho sarasse no quente.

   Atente para as palavras destacadas e responda:

   a) Qual delas vem junto de um substantivo que determina gênero e número, além de especificá-lo?

   b) O que ocorre com a outra palavra?

5. Releia este trecho:

   [...] o peixinho o acompanhava, **a** trote, que nem um cachorrinho.

   a) Por que o **a** destacado não é um artigo?

   b) Levante uma hipótese para o fato de o substantivo **cachorrinho** vir acompanhado de artigo indefinido.

6. Observe mais este trecho:

   Ora, um dia o homem e o peixinho passeavam à margem do rio onde o segundo dos dois fora pescado. E eis que os olhos do primeiro se encheram de lágrimas.

   a) Quem é o segundo?

   b) Quem é o primeiro?

   c) Por que o autor empregou essas formas?

7. Adjetivo é a palavra que se refere a um substantivo (ou a um pronome) com a função de caracterizá-lo, indicando qualidade, modo de ser, aspecto. No texto, há um adjetivo empregado como substantivo. Aponte-o e, em seguida, explique qual palavra foi responsável pela transformação do adjetivo em substantivo.

8. Indique o substantivo subentendido três vezes no seguinte trecho:

   [...] com a outra lendo o jornal, com a outra fumando, com a outra cuidando o peixinho [...]

9. Nos trechos "[...] passeavam **à** margem do rio [...]" e "E disse o homem **ao** peixinho", destaque e explique como foram empregados os artigos.

CAPÍTULO

7

ADJETIVO

DEFINIÇÃO

Adjetivo é a palavra que caracteriza o substantivo ou qualquer palavra com valor de substantivo, indicando-lhe atributo, propriedade, estado, modo de ser ou aspecto. Admite morfemas gramaticais para indicar as variações de gênero, número e grau.

Observe:

Tratava-se de um homem **incompetente**.
Encontrei uma pessoa **ética**.
Ela é uma mulher **honesta**.
Foi encaminhada a um hospital **infantil**.
Saíram num dia **quente**.
Viver é **perigoso**.

CLASSIFICAÇÃO DOS ADJETIVOS

Os adjetivos são classificados em:

a) **simples:** apresentam um único radical:

momento **inesquecível**, alimento **dietético**

b) **compostos:** apresentam mais de um radical:

acordo **luso-brasileiro**, causas **político-econômicas**

c) **primitivos:** não provêm de outra palavra da língua portuguesa:

camisa **verde**, homem **leal**

d) **derivados:** provêm de outras palavras da língua portuguesa, que podem ser derivadas de:

a) substantivos: comida **baiana**;
b) verbos: material **resistente**;
c) outro adjetivo: pessoa **desleal**.

Adjetivos pátrios

Adjetivos pátrios são aqueles que se referem a países, continentes, cidades, regiões, etc., exprimindo a nacionalidade ou a origem do ser.

Veja, na lista que segue, os adjetivos pátrios das capitais e dos estados brasileiros.

estado	sigla	adjetivo pátrio	capital	adjetivo pátrio
Acre	AC	acriano	**Rio Branco**	rio-branquense
Alagoas	AL	alagoano	**Maceió**	maceioense
Amapá	AP	amapaense	**Macapá**	macapense
Amazonas	AM	amazonense	**Manaus**	manauense ou manauara
Bahia	BA	baiano	**Salvador**	soteropolitano ou salvadorense
Ceará	CE	cearense	**Fortaleza**	fortalezense
Espírito Santo	ES	espírito-santense ou capixaba	**Vitória**	vitoriense
Goiás	GO	goiano	**Goiânia**	goianiense
Maranhão	MA	maranhense	**São Luís**	são-luisense ou ludovicense
Mato Grosso	MT	mato-grossense	**Cuiabá**	cuiabano
Mato Grosso do Sul	MS	mato-grossense-do-sul ou sul-mato-grossense	**Campo Grande**	campo-grandense
Minas Gerais	MG	mineiro	**Belo Horizonte**	belo-horizontino
Pará	PA	paraense	**Belém**	belenense
Paraíba	PB	paraibano	**João Pessoa**	pessoense
Paraná	PR	paranaense	**Curitiba**	curitibano
Pernambuco	PE	pernambucano	**Recife**	recifense
Piauí	PI	piauiense	**Teresina**	teresinense
Rio de Janeiro	RJ	fluminense	**Rio de Janeiro**	carioca
Rio Grande do Norte	RN	rio-grandense-do-norte ou norte-rio-grandense ou potiguar	**Natal**	natalense
Rio Grande do Sul	RS	rio-grandense-do-sul ou sul-rio-grandense ou gaúcho	**Porto Alegre**	porto-alegrense
Rondônia	RO	rondoniense ou rondoniano	**Porto Velho**	porto-velhense
Roraima	RR	roraimense	**Boa Vista**	boa-vistense
Santa Catarina	SC	catarinense ou catarineta ou barriga-verde	**Florianópolis**	florianopolitano
São Paulo	SP	paulista	**São Paulo**	paulistano
Sergipe	SE	sergipano ou sergipense	**Aracaju**	aracajuense ou aracajuano
Tocantins	TO	tocantinense	**Palmas**	palmense

Ainda com relação ao Brasil, merecem destaque os seguintes adjetivos pátrios:

cidade	adjetivo pátrio
Brasília (DF)	brasiliense
Fernando de Noronha (PE)	noronhense
Marajó (PA)	marajoara
Petrópolis (RJ)	petropolitano
Teresópolis (RJ)	teresopolitano
Três Corações (MG)	tricordiano
Santarém (PA)	santareno ou mocorongo

Outros adjetivos pátrios

local	adjetivo pátrio
Açores	açoriano
Afeganistão	afegão ou afegane
Alentejo	alentejano
Andaluzia	andaluz
Angola	angolano
Atenas	ateniense
Austrália	australiano
Áustria	austríaco
Baviera	bávaro
Bélgica	belga
Bizâncio	bizantino
Buenos Aires	buenairense ou portenho
Bulgária	búlgaro
Cairo	cairota
Calábria	calabrês
Camarões	camaronês
Cartago	cartaginês ou púnico
Catalunha	catalão
Chipre	cipriota
Córsega	corso
Creta	cretense
Croácia	croata
Curdistão	curdo
Dinamarca	dinamarquês ou danês
Egito	egípcio
El Salvador	salvadorenho
Equador	equatoriano
Estados Unidos	estadunidense ou norte-americano
Etiópia	etíope
Filipinas	filipino
Finlândia	finlandês
Flandres	flamengo
Florença	florentino
Gália	gaulês
Grécia	grego ou helênico
Guatemala	guatemalteco
Honduras	hondurenho

local	adjetivo pátrio
Hungria	húngaro ou magiar
Iêmen	iemenita
Índia	indiano ou hindu
Irã	iraniano
Iraque	iraquiano
Israel	israelense
Japão	japonês ou nipônico
Jerusalém	hierosolimita ou hierosolimitano
Lituânia	lituano
Londres	londrino
Madagascar	malgaxe
Madeira	madeirense
Madri	madrileno ou madrilense ou madrilês
Malta	maltês
Marrocos	marroquino
Milão	milanês
Mônaco	monegasco
Moscou	moscovita
Nápoles	napolitano
Nova York	nova-iorquino
Nova Zelândia	neozelandês
País de Gales	galês
Panamá	panamenho
Paris	parisiense
Parma	parmesão
Pequim	pequinês
Porto (Portugal)	portuense
Porto Rico	porto-riquenho
Provença	provençal
Rússia	russo
Sardenha	sardo
Sérvia	sérvio
Suécia	sueco
Suíça	suíço ou helvético
Terra do Fogo	fueguino
Tibete	tibetano
Tirol	tirolês
Ucrânia	ucraniano

Adjetivos pátrios compostos

Muitas vezes os adjetivos pátrios são compostos, referindo-se a duas ou mais nacionalidades ou regiões. Nesse caso, assumem sua forma reduzida e erudita, com exceção do último adjetivo, que se apresentará em sua forma normal. Assim, um acordo entre a França, a Itália e o Brasil é um acordo franco-ítalo-brasileiro.

Veja agora algumas formas reduzidas de adjetivos pátrios:

afro (africano)
anglo (inglês)
austro (austríaco)
belgo (belga)
euro (europeu)

franco (francês)
germano (alemão)
greco (grego)
hispano (espanhol)
indo (indiano, hindu)

ítalo (italiano)
luso (português, lusitano)
nipo (japonês, nipônico)
sino (chinês)
teuto (alemão, teutônico)

Locução adjetiva

Locução adjetiva é a expressão formada de preposição mais substantivo (ou advérbio) com valor de um adjetivo.

Observe:
atitudes **de anjo** (angelicais)
menino **do Brasil** (brasileiro)
romances **de Machado de Assis** (machadianos)
teorias **de Freud** (freudianas)
pata **de trás** (traseira)
jantar **de rei** (real)

Veja a seguir uma lista de locuções adjetivas acompanhadas dos adjetivos correspondentes.

locução adjetiva	adjetivo correspondente
de abdômen	abdominal
de abelha	apícola
de abutre	vulturino
de águia	aquilino
de alma	anímico
de aluno	discente
de andorinha	hirundino
de anjo	angelical
de ano	anual
de asno	asinino
de baço	esplênico
de bispo	episcopal
de boca	bucal, oral
de bode	hircino
de boi	bovino
de bronze	brônzeo, êneo
de cabeça	capital
de cabelo	capilar
de cabra	caprino
de campo	rural, campestre

de cão	canino
de carneiro	arietino
de cavalo	equino, hípico
de chumbo	plúmbeo
de chuva	pluvial
de cidade	citadino, urbano
de cinza	cinéreo
de cobre	cúprico
de coelho	cunicular
de coração	cardíaco, cordial
de crânio	craniano
de criança	pueril, infantil
de dedo	digital
de diamante	adamantino, diamantino
de dinheiro	pecuniário
de estômago	estomacal, gástrico
de estrela	estelar
de fábrica	fabril
de face	facial
de fantasma	espectral
de farelo	furfúreo

de farinha	farináceo
de fêmur	femoral
de fera	ferino
de ferro	férreo
de fígado	hepático, figadal
de filho	filial
de fogo	ígneo
de frente	frontal
de garganta	gutural
de gato	felino
de gelo	glacial
de gesso	gípseo
de guerra	bélico
de homem	humano, viril
de idade	etário
de ilha	insular
de intestino	entérico, intestinal
de inverno	hibernal, invernal
de irmão	fraternal, fraterno
de lado	lateral
de lago	lacustre

locução adjetiva	adjetivo correspondente
de leão	leonino
de lebre	leporino
de leite	lácteo
de lobo	lupino
de lua	lunar, selênico
de macaco	simiesco
de madeira	lígneo
de mãe	materno, maternal
de manhã	matinal
de marfim	ebúrneo
de margem	marginal
de mestre	magistral
de monge	monacal
de monstro	monstruoso
de morte	mortal, letal
de nádegas	glúteo
de nariz	nasal
de neve	níveo
de noite	noturno
de nuca	occipital
de olho	ocular
de orelha	auricular
de osso	ósseo
de ouro	áureo
de ovelha	ovino
de pai	paterno, paternal
de paixão	passional
de palato	palatal
de pedra	pétreo
de peixe	písceo
de pele	epidérmico, cutâneo
de pescoço	cervical

de pombo	columbino
de porco	suíno, porcino
de prata	argênteo
de professor	docente
de proteína	proteico
de pulmão	pulmonar
de raposa	vulpino
de rato	murino, murídeo
de rei	régio, real
de rim	renal
de rio	fluvial
de rocha	rupestre
de selo	filatélico
de selva	silvestre, selvagem
de serpente	ofídico
de sintaxe	sintático
de sonho	onírico
de tarde	vesperal, vespertino
de terra	telúrico, terrestre
de tórax	torácico
de touro	taurino
de trás	traseiro
de trigo	tritíceo
de umbigo	umbilical
de vaca	vacum
de veia	venoso
de velho	senil
de vento	eólio
de verão	estival
de víbora	viperino
de vida	vital
de vidro	vítreo
de virgem	virginal
de voz	vocal

Muitas vezes, a locução adjetiva não possui um adjetivo que lhe corresponda, mas nem por isso deixa de ser classificada como locução adjetiva.

Veja alguns exemplos:

instrumento **de sopro**, piano **de cauda**, caixa **de papelão**, gol **de placa**

Em outros casos, há diferença de sentido entre a locução adjetiva e o adjetivo que lhe corresponde. Assim, um inimigo **figadal** não é um inimigo do fígado, mas um inimigo a quem se tem muito ódio ou rancor; um contrato **leonino** não é um contrato de leão, mas um contrato abusivo em relação a uma das partes; uma moqueca de peixe evidentemente não será nunca uma moqueca **píscea**.

A maioria das locuções adjetivas é introduzida pela preposição **de**. Há, no entanto, locuções adjetivas introduzidas por **a** ou **em**:

ensino **a distância**; sauna **a vapor**; tevê **a cabo**; fogão **a gás**; tevê **em cores**.

FLEXÃO DO ADJETIVO

Além de flexionar-se em gênero e número concordando com o substantivo a que se refere, o adjetivo também apresenta variação de grau.

Quanto ao grau do adjetivo, relembramos que a Nomenclatura Gramatical Brasileira (NGB) contempla grau como flexão de adjetivos e substantivos. Reiteramos o que dissemos na página 87, quando tratamos do grau dos substantivos: diversos linguistas e gramáticos entendem que na alteração de grau não ocorre flexão da palavra.

Flexão de gênero

Como os substantivos, os adjetivos podem ser do gênero masculino ou feminino.
Observe:

aluno **atento**	aluna **atenta**
dia **ensolarado**	tarde **ensolarada**

Dependendo da forma que assumem, os adjetivos classificam-se em uniformes e biformes:

a) **uniformes:** não se flexionam em gênero; apresentam uma única forma para o masculino e o feminino.

homem **inteligente**	mulher **inteligente**
homem **simples**	mulher **simples**
aluno **feliz**	aluna **feliz**
<u>masculino</u>	<u>feminino</u>

b) **biformes:** flexionam-se em gênero, apresentando uma forma para o masculino e outra para o feminino.

homem **magro**	mulher **magra**
homem **obeso**	mulher **obesa**
aluno **estudioso**	aluna **estudiosa**
<u>masculino</u>	<u>feminino</u>

Flexão de número

O adjetivo flexiona-se em número (singular / plural), concordando com o substantivo a que se refere. Há, no entanto, alguns adjetivos uniformes quanto ao número.

Veja:

homem **simples**	homens **simples**
reles cidadão	**reles** cidadãos
triângulo **isósceles**	triângulos **isósceles**

Plural dos adjetivos simples

Os adjetivos simples formam o plural da mesma maneira que os substantivos simples (ver páginas 83 e 84).
Observe:

pessoa	**decente**	pessoas	**decentes**
animal	**dócil**	animais	**dóceis**
homem	**feliz**	homens	**felizes**
	<u>singular</u>		<u>plural</u>

Os substantivos empregados como adjetivos ficam invariáveis:

blusa	**vinho**	blusas	**vinho**
caminhão	**pipa**	caminhões	**pipa**
terno	**cinza**	ternos	**cinza**
	<u>singular</u>		<u>plural</u>

PARTE 2 // MORFOLOGIA

Plural dos adjetivos compostos

▫ **Regra geral**

Como regra geral, nos adjetivos compostos somente o último elemento varia, tanto em gênero quanto em número.
Veja:

acordo **luso-franco-brasileiro**	acordos **luso-franco-brasileiros**
camisa **verde-clara**	camisas **verde-claras**
sapato **marrom-escuro**	sapatos **marrom-escuros**

▫ **Exceções**

- Se o último elemento for substantivo, o adjetivo composto mantém no plural a mesma forma do singular:

camisa **verde-abacate**	camisas **verde-abacate**
sapato **marrom-café**	sapatos **marrom-café**
blusa **amarelo-ouro**	blusas **amarelo-ouro**
meia **azul-cobalto**	meias **azul-cobalto**

- Os adjetivos compostos azul-marinho e azul-celeste são invariáveis:

blusa **azul-marinho**	blusas **azul-marinho**
camisa **azul-celeste**	camisas **azul-celeste**

Flexão de grau

O adjetivo pode apresentar-se no grau comparativo e no grau superlativo.

No **grau comparativo**, a qualidade expressa pelo adjetivo estabelece uma comparação entre dois seres ou dois aspectos de um mesmo ser:

O piloto brasileiro é **tão veloz** quanto o alemão. (comparação entre dois seres)

O piloto brasileiro é **mais arrojado que experiente**. (comparação entre dois aspectos do mesmo ser)

No **grau superlativo**, a qualidade expressa pelo adjetivo apresenta-se amplificada:

Casou-se com uma mulher **belíssima**.

Casou-se com uma mulher **extremamente bela**.

A mudança de grau do adjetivo pode ser obtida por dois processos:

a) **sintético:** a alteração de grau é expressa por meio de uma única palavra:

Esta casa é **agradabilíssima**.

Esta casa é **menor** que a outra.

b) **analítico:** a alteração de grau é feita pelo acréscimo de alguma palavra que modifique o adjetivo:

Esta casa é **muito agradável**.

Era uma casa **mais pequena** que incômoda.

Antes de estudarmos os graus comparativo e superlativo, vale destacar que há diversos adjetivos que não apresentam variação de grau.
Veja alguns exemplos:

anual, mensal, seguinte, paterno, materno, gratuito, póstumo, último, atmosférico, mamífero

Grau comparativo

No grau comparativo, como o próprio nome indica, comparam-se uma mesma qualidade entre dois seres ou duas qualidades de um mesmo ser. O comparativo pode ser:

a) de igualdade:

Esta atriz é **tão talentosa quanto** (ou **como**) aquela.
Esta atriz é **tão talentosa quanto** (ou **como**) bonita.

b) de superioridade:

Esta atriz é **mais talentosa (do)** que aquela.
Esta atriz é **mais talentosa (do)** que bonita.

c) de inferioridade:

Esta atriz é **menos talentosa (do)** que aquela.
Esta atriz é **menos talentosa (do)** que bonita.

Normalmente, o grau comparativo é obtido pelo processo analítico. Há, no entanto, alguns poucos adjetivos que formam o comparativo de superioridade pelo processo sintético.

Observe a lista a seguir.

adjetivo	comparativo de superioridade analítico	comparativo de superioridade sintético
bom	mais bom	melhor
mau	mais mau	pior
grande	mais grande	maior
pequeno	mais pequeno	menor

Nesses casos, deve-se preferir a forma sintética na comparação entre dois seres. Só se deve usar a forma analítica quando se comparam duas qualidades de um mesmo ser.

Veja:

Esta sala é **maior** que a outra. (comparação entre dois seres)
Esta sala é **mais grande** que arejada. (comparação de duas qualidades de um mesmo ser)
"Os homens são **mais bons** que maus, e na verdade a questão não é essa." (Albert Camus)

Neste último exemplo, empregou-se a forma **mais bons** e não **melhores** porque se comparam duas qualidades (bom e mau) no mesmo ser (homens). Caso se comparasse a qualidade **bom** entre dois seres, deveria ser empregada a forma analítica:

Alguns homens são **melhores** do que outros.

[!] Mais pequeno ou menor?

As formas **mais pequeno** e **menor** podem ser usadas indiferentemente, sendo a forma sintética mais utilizada no português brasileiro.

Observe:

Esta sala é menor que a outra.
Esta sala é mais pequena que a outra.

Grau superlativo

O superlativo pode ser absoluto ou relativo. No **superlativo absoluto**, a qualidade expressa pelo adjetivo não é posta em relação a outros elementos:

Este exercício é **muito fácil**. (superlativo absoluto analítico)
Este exercício é **facílimo**. (superlativo absoluto sintético)

No **superlativo relativo**, a qualidade expressa pelo adjetivo é posta em relação a outros elementos:

"Você era **a mais bonita** das cabrochas dessa ala [...]" (Chico Buarque) (superlativo relativo de superioridade)
Este exercício é **o menos fácil** da lição. (superlativo relativo de inferioridade)

O superlativo absoluto sintético é formado pelo acréscimo dos sufixos superlativos **-íssimo**, **-ílimo** ou **-érrimo**.

Observe a seguir alguns superlativos absolutos sintéticos.

adjetivo	superlativo absoluto sintético
acre	acérrimo
ágil	agílimo, agilíssimo
agradável	agradabilíssimo
agudo	acutíssimo, agudíssimo
amargo	amaríssimo
amável	amabilíssimo
amigo	amicíssimo
antigo	antiquíssimo
áspero	aspérrimo
atroz	atrocíssimo
audaz	audacíssimo
belo	belíssimo
benéfico	beneficentíssimo
benévolo	benevolentíssimo
bom	boníssimo ou ótimo
capaz	capacíssimo
célebre	celebérrimo
comum	comuníssimo
contumaz	contumacíssimo
cristão	cristianíssimo
cru	cruíssimo
cruel	crudelíssimo, cruelíssimo
doce	dulcíssimo, docíssimo
eficaz	eficacíssimo
fácil	facílimo
feio	feiíssimo
feroz	ferocíssimo
fértil	fertilíssimo
fiel	fidelíssimo
frágil	fragílimo
frígido	frigidíssimo
frio	friíssimo
geral	generalíssimo
humilde	humílimo
inimigo	inimicíssimo
íntegro	integérrimo

jovem	juveníssimo
legal	legalíssimo
livre	libérrimo
loquaz	loquacíssimo
magnífico	magnificentíssimo
magro	macérrimo, magérrimo
maledicente	maledicentíssimo
maléfico	maleficentíssimo
malévolo	malevolentíssimo
manso	mansuetíssimo
miserável	miserabilíssimo
miúdo	minutíssimo
móvel	mobilíssimo
negro	nigérrimo
nobre	nobilíssimo
notável	notabilíssimo
original	originalíssimo
parco	parcíssimo
perspicaz	perspicacíssimo
pessoal	personalíssimo
pio	pientíssimo, piíssimo
pobre	paupérrimo
possível	possibilíssimo
pródigo	prodigalíssimo
próspero	prospérrimo
provável	probabilíssimo
público	publicíssimo
pudico	pudicíssimo
regular	regularíssimo
sábio	sapientíssimo
sagrado	sacratíssimo
salubre	salubérrimo
são	saníssimo
seco	sequíssimo
sensível	sensibilíssimo
sério	seriíssimo
simpático	simpaticíssimo

adjetivo	superlativo absoluto sintético
simples	simplicíssimo, simplíssimo
singular	singularíssimo
soberbo	superbíssimo
tenaz	tenacíssimo
terrível	terribilíssimo
triste	tristíssimo

trivial	trivialíssimo
útil	utilíssimo
veloz	velocíssimo
volúvel	volubilíssimo
voraz	voracíssimo
vulgar	vulgaríssimo
vulnerável	vulnerabilíssimo

Quando, na lista anterior, o adjetivo apresenta mais de uma forma para o superlativo absoluto sintético, a primeira é a forma erudita; as demais são formas populares consagradas pelo uso e registradas no *Vocabulário Ortográfico da Língua Portuguesa* (Volp).

Em português, quatro adjetivos de largo uso apresentam também um superlativo absoluto sintético de forma irregular.

Veja:

adjetivo	forma regular	forma irregular
bom	boníssimo	ótimo
mau	malíssimo	péssimo
grande	grandíssimo, grandessíssimo	máximo
pequeno	pequeníssimo	mínimo

As formas do superlativo relativo dos adjetivos **bom**, **mau**, **grande** e **pequeno** são, respectivamente, **o melhor**, **o pior**, **o maior** e **o menor**.

MORFOSSINTAXE DO ADJETIVO

Dentro da oração, o adjetivo (e a locução adjetiva) poderá exercer as seguintes funções sintáticas:

a) **adjunto adnominal:** quando acompanha o substantivo diretamente, isto é, sem mediação de verbo:
> Coisas **assustadoras** ocorrem naquela casa.
> Colecionavam objetos **antigos**.
> As dores **de estômago** o prostravam.

No primeiro exemplo, o adjetivo **assustadoras** caracteriza o substantivo **coisas**, que desempenha a função de núcleo do sujeito; no segundo, o adjetivo **antigos** caracteriza o substantivo **objetos**, que desempenha a função de núcleo do objeto direto. No terceiro exemplo, a locução adjetiva **de estômago** especifica o substantivo **dores**, núcleo do sujeito.

b) **predicativo do sujeito:** quando se refere ao sujeito da oração por meio da mediação de um verbo (de ligação ou não):
> Os professores ficaram **satisfeitos** com o resultado da prova.
> Os professores compareceram à reunião **satisfeitos**.
> O anel era **de ouro**.

Nos exemplos, o adjetivo **satisfeitos** e a locução adjetiva **de ouro** referem-se, respectivamente, aos substantivos **professores** e **anel**, que funcionam como núcleo do sujeito.

c) **predicativo do objeto:** quando se refere ao objeto, mediante um verbo transitivo:
> Considero sua proposta **extravagante**.
> Considero sua proposta **sem pé nem cabeça**.

Nos exemplos, tanto o adjetivo **extravagante** como a locução adjetiva **sem pé nem cabeça** referem-se ao substantivo **proposta**, que funciona como núcleo do objeto direto.

A gramática no dia a dia

Formas coloquiais de superlativo

Na linguagem informal, os falantes criaram outras formas de expressar o grau superlativo dos adjetivos. Veja alguns exemplos:

a) pelo acréscimo ao adjetivo de prefixos ou pseudoprefixos como **extra**, **hiper**, **super**, **ultra**, etc.:

> Foram jantar num restaurante **extrafino**.
> Tratava-se de uma pessoa **superagressiva**.
> Pedro foi **ultralegal** comigo.

b) pela repetição do próprio adjetivo:

> Conheceram um lugar **lindo, lindo**.
> Passaram o fim de semana num lugar **agradável, agradável**.

c) por meio de comparações ou de expressões próprias da linguagem coloquial:

> Este bife está **duro feito pedra**.
> Comprou uma casa **linda de morrer**.

Adjetivos com sufixos aumentativos e diminutivos

Sufixos aumentativos e diminutivos não são empregados apenas para indicar a flexão de grau de substantivos. Na linguagem informal, é frequente o uso desses sufixos para a formação de adjetivos.

> aluno **sabidão**, indivíduo **moleirão**, menina **bonitinha**, pessoa **baixinha**

Adjetivo caracterizando frases

Em muitos casos, o adjetivo é utilizado para caracterizar não um substantivo, mas uma oração inteira. Veja:

> **Inacreditável**, conseguiram viajar dois meses pela Europa sem quase nenhum dinheiro.
> Caminhar todos os dias é **saudável**.

Adjetivo ou substantivo? Depende do contexto...

Deve-se sempre observar a relação existente entre as palavras para classificá-las corretamente. Note que, no exemplo a seguir, a palavra em destaque ora funciona como substantivo, ora como adjetivo:

> O **brasileiro** é um povo cordial, por isso o turista **brasileiro** costuma ser sempre bem recebido aonde quer que vá.

Na primeira ocorrência, **brasileiro** é um substantivo (vem determinado por um artigo) e indica o ser que possui a nacionalidade brasileira. Já na segunda ocorrência, **brasileiro** é um adjetivo e se refere ao substantivo **turista**, emprestando a ele uma característica (no caso, de nacionalidade ou origem).

Na língua portuguesa, o adjetivo normalmente vem posposto ao substantivo. Isso é tão determinante que permite definir uma palavra como adjetivo, como se percebe nos exemplos a seguir:

> Tenho um advogado **amigo**.
> Tenho um amigo **advogado**.

No primeiro exemplo, a palavra **amigo**, posposta a **advogado**, funciona como um adjetivo, caracterizando advogado, que, nesse contexto, funciona como substantivo.

Já no segundo exemplo, ocorre o inverso: **amigo** nomeia o ser, funcionando como substantivo; **advogado** é uma característica do substantivo **amigo**, portanto funciona como adjetivo.

Adjetivo empregado como advérbio

Na linguagem atual, é comum o emprego de adjetivos na função de advérbio. É o que ocorre, por exemplo, em:

Há muitas empresas, muitos governos e muitas pessoas trabalhando **duro** para salvar o Brasil e o planeta.
O conferencista falava **baixo**.

Nos exemplos acima, as palavras **duro** e **baixo** funcionam como advérbios, pois modificam os verbos **trabalhar** e **falar**. Observe que, nesses contextos, por funcionarem como advérbios, as palavras **duro** e **baixo**, ao contrário do que ocorre quando funcionam como adjetivos, não devem ser flexionadas.

Ele trabalha **duro**.   Os conferencistas falavam **baixo**.
Eles trabalham **duro**.   As conferencistas falavam **baixo**.

Caracterização objetiva e subjetiva

A posição que o adjetivo ocupa em relação ao substantivo a que se refere é fundamental para o tipo de caracterização do ser nomeado pelo substantivo.

Quando pospostos ao substantivo, os adjetivos caracterizam os seres de maneira mais objetiva, isto é, apresentam o ser do modo como nossos sentidos o percebem.

Quando antepostos ao substantivo a que se referem, assumem caráter subjetivo, isto é, nos apresentam o ser como nossa imaginação ou sensibilidade o vê.

Observe:

Marcos era um homem **pobre**: não ganhava nem para o próprio sustento.
Que **pobre** homem era Marcos; apesar de ganhar muito dinheiro, não tinha um amigo sequer.

No primeiro exemplo, o adjetivo **pobre**, posposto ao substantivo **homem**, revela uma característica objetiva do ser que está sendo caracterizado: Marcos era uma pessoa de poucos recursos.

Já no segundo, o mesmo adjetivo, agora anteposto ao substantivo **homem**, revela uma característica subjetiva do ser que está sendo descrito, ou seja, nesse contexto, **pobre** assume a significação de pessoa que merece dó ou compaixão.

ATIVIDADES

Texto para as questões 1 a 7.

Felicidade clandestina

Ela era gorda, baixa, sardenta e de cabelos excessivamente crespos, meio arruivados. Tinha um busto enorme, enquanto nós todas ainda éramos achatadas. Como se não bastasse, enchia os dois bolsos da blusa, por cima do busto, com balas. Mas possuía o que qualquer criança devoradora de histórias gostaria de ter: um pai dono de livraria.

Pouco aproveitava. E nós menos ainda: até para aniversário, em vez de pelo menos um livrinho barato, ela nos entregava em mãos um cartão-postal da loja do pai. Ainda por cima era de paisagem do Recife mesmo, onde morávamos, com suas pontes mais do que vistas. Atrás escrevia com letra bordadíssima palavras como "data natalícia" e "saudade".

Mas que talento tinha para a crueldade. Ela toda era pura vingança, chupando balas com barulho. Como essa menina devia nos odiar, nós que éramos imperdoavelmente bonitinhas, esguias, altinhas, de cabelos livres. Comigo exerceu com calma ferocidade o seu sadismo. Na minha ânsia de ler, eu nem notava as humilhações a que ela me submetia: continuava a implorar-lhe emprestados os livros que ela não lia.

[...]

LISPECTOR, Clarice. In: MORICONI, Italo (Org.). *Os cem melhores contos brasileiros do século*. Rio de Janeiro: Objetiva, 2001. p. 312.

PARTE 2 // MORFOLOGIA

1. Destaque todos os adjetivos do trecho a seguir e indique as palavras do texto a que eles se referem.

   Ela era gorda, baixa, sardenta e de cabelos excessivamente crespos, meio arruivados. Tinha um busto enorme, enquanto nós todas ainda éramos achatadas.

2. Com que finalidade foram empregados os adjetivos do trecho da questão anterior?

3. Algumas características das outras meninas se opõem às da filha do dono da livraria. Indique características das outras meninas que se opõem a:

   a) "tinha um busto enorme"

   b) "cabelos excessivamente crespos"

   c) "gorda, baixa"

4. Os adjetivos podem sofrer variações de grau. Indique em que grau estão os adjetivos destacados nos trechos a seguir.

   a) "Ela era gorda, baixa, sardenta e de cabelos excessivamente **crespos**, meio arruivados."

   b) "Atrás escrevia com letra **bordadíssima** palavras como 'data natalícia' e 'saudade'."

5. Atrás do cartão-postal, a filha do dono da livraria costumava escrever "data natalícia". Qual é o significado do adjetivo **natalícia**?

6. Os adjetivos podem ser empregados nos textos na função de adjunto adnominal ou de predicativo. Quando exercem a função de predicativo, relacionam-se a um substantivo (ou pronome) por meio de um verbo; quando exercem a função de adjunto adnominal, relacionam-se a um substantivo (ou pronome) sem mediação de verbo. Assim, coloque os adjetivos dos trechos a seguir em duas colunas. Na primeira, aqueles que exercem a função de adjunto adonominal; na segunda, os que exercem a função de predicativo.

   Ela era gorda, baixa, sardenta e de cabelos excessivamente crespos, meio arruivados. Tinha um busto enorme, enquanto nós todas ainda éramos achatadas.

   [...] éramos imperdoavelmente bonitinhas, esguias, altinhas [...]

7. A personagem narradora caracteriza a filha do dono da livraria como uma pessoa cruel, sádica e vingativa. Em que consiste a crueldade da filha do dono da livraria para com a personagem narradora?

8. Destaque do poema a seguir os adjetivos, indicando a palavra a que se referem.

   O verme

   Existe uma flor que encerra
   Celeste orvalho e perfume.
   Plantou-a em fecunda terra
   Mão benéfica de um nume.

   Um verme asqueroso e feio,
   Gerado em lodo mortal,
   Busca esta flor virginal
   E vai dormir-lhe no seio.

   Morde, sangra, rasga e mina,
   Suga-lhe a vida e o alento;
   A flor o cálix inclina;
   As folhas, leva-as o vento.

   Depois, nem resta o perfume
   Nos ares da solidão...
   Esta flor é o coração,
   Aquele verme o ciúme.

   ASSIS, Machado de. *Obra completa*. v. 3.
   Rio de Janeiro: Aguilar, 1973. p. 52.

9. Levando em conta que o adjetivo é a palavra que se refere a um substantivo (ou palavra que o substitua, um pronome) e concorda com a palavra a que se refere em gênero e número, observe as palavras destacadas nas frases a seguir.

   O conferencista falava **baixo**.

   Ele trabalhou **duro** para educar os filhos.

   De avião, você chega mais **rápido**.

   Agora, responda: essas palavras exercem a função de adjetivos? Justifique sua resposta.

Texto para as questões 10 e 11.

O incidente que se vai narrar, e de que Antares foi teatro na sexta-feira 13 de dezembro do ano de 1963, tornou essa localidade conhecida e de certo modo famosa da noite para o dia – fama um tanto ambígua e efêmera, é verdade – não só no estado do Rio Grande do Sul como também no resto do Brasil e mesmo através do mundo civilizado. Entretanto, esse fato, ao que parece, não sensibilizou até agora geógrafos e cartógrafos.

VERISSIMO, Erico. *Incidente em Antares*.
São Paulo: Companhia das Letras, 2006. p. 17.

10. Reescreva o texto substituindo o substantivo **localidade** por **lugar**. Faça as modificações que forem necessárias.

11. A expressão "esse fato", que aparece no último período do texto, refere-se a qual fato?

DOS TEXTOS À GRAMÁTICA | DA GRAMÁTICA AOS TEXTOS

Cicatriz

Corpo **talhado**, mudo, cansado
peso moribundo, pelo sangue de outros manchado.

Caminhar lento, **grassento**, passos leves como cimento
brancos os cabelos, ostento sombras a sussurrar no vento.

Dias de paz **aniquilados**,
se perdem no caos, **esviscerados**.

Sobe o pano, cala-se o pranto, nasce o encanto
Fascínio pelo desumano, prazer leviano.

PACHECO, Jessyca. *Matéria derradeira*. São Paulo: Córrego, 2015. p. 15.

Ler é construir sentidos. E o sentido dos textos é revelado pela expressão, que dá concretude ao texto e é percebida pelos sentidos. Portanto é por meio do plano da expressão que entramos no mundo dos textos.

Vamos ajudá-lo a construir sentido para este texto, começando por apresentar o significado de algumas palavras. Se houver outras cujo significado você não saiba, pesquise-as em um dicionário.

---

talhado: que foi dividido, cortado.

grassento: da consistência da graxa, gorduroso.

aniquilados: completamente destruídos, arruinados, exterminados.

esviscerados: de que se tiraram as vísceras, qualquer órgão situado na cavidade do tronco que desempenha uma ou mais funções vitais do organismo, tais como coração, pulmão, rim, estômago, útero.

---

1. No texto, há uma única palavra que permite identificar que o "eu" que fala no poema está instalado no texto.
   a) Que palavra é essa?
   b) A que classe pertence?
   c) Ao identificar o "eu" que fala no poema, é possível saber em que tempo se passa aquilo que se diz no texto. Que tempo é esse?

2. Há um sujeito que fala no texto ("eu"). Releia as duas primeiras estrofes e explique o que esse "eu" fala nesses versos e como caracteriza aquilo de que fala.

3. Retome o texto e observe que tipo de palavras predomina: concretas ou abstratas? Que efeitos de sentido o emprego dessas palavras transmite?

4. "Cicatriz" é um texto figurativo, ele não interpreta o real, como nos textos temáticos, mas o representa. As palavras concretas, que são percebidas pelos sentidos, dão corpo ao texto. Observando as palavras do texto, diga qual aspecto sensorial é explorado por elas.

5. Adjetivos são palavras que se referem a substantivos, com a função de caracterizá-los. O poema se inicia com um substantivo: **corpo**.
   a) Que adjetivos o caracterizam?
   b) Que características esses adjetivos conferem ao substantivo?

6. No poema, não são descritas apenas as características do corpo, mas também o seu movimento. Como é esse movimento?

7. Releia agora a terceira estrofe. Nela há dois adjetivos.
   a) Quais são eles e a que substantivo se referem?
   b) Que ideia esses dois adjetivos acrescentam ao substantivo?

8. Nas três primeiras estrofes, observamos o importante papel dos adjetivos na caracterização do corpo, do caminhar e dos dias. Na última estrofe, ao contrário, há um número maior de verbos.
   a) Que verbos são esses? Em que tempo estão?
   b) A que termos esses verbos se referem?
   c) Que ideia esses verbos expressam?

9. Podemos afirmar que a última estrofe estabelece uma oposição às estrofes anteriores. Em que consiste essa oposição?

10. Comente o título do poema.

CAPÍTULO 8

NUMERAL

DEFINIÇÃO

Numeral é a palavra que indica a quantidade exata de seres, ou a posição que um ser ocupa numa determinada série. Admite morfemas gramaticais para expressar as variações de gênero e número.

Veja:

um, dois, cinco, mil, primeiro, décimo

CLASSIFICAÇÃO DOS NUMERAIS

Os numerais classificam-se em:

a) **cardinais:** indicam quantidade determinada.

um, uma, dois, três, quatro, cinco, seis

b) **ordinais:** indicam ordem de sucessão.

primeiro, primeira, segundo, segundas, terceiro, quarto, quinto, décima

c) **multiplicativos:** indicam multiplicação.

dobro, triplo, quádruplo, quíntuplo

d) **fracionários:** indicam partes iguais em que se subdivide um todo.

meio, terço, quarto, onze avos

Numerais substantivos e numerais adjetivos

Embora a Nomenclatura Gramatical Brasileira (NGB) não faça tal distinção, podemos, ainda, classificar os numerais em:

a) **numerais substantivos:** desempenham na frase uma função própria do substantivo.

Dois é um número par.
Os vencedores foram apenas **três**.

Nas frases acima, **dois** e **três** exercem, respectivamente, a função sintática de sujeito e de predicativo do sujeito, funções próprias do substantivo.

b) **numerais adjetivos:** desempenham na frase uma função própria do adjetivo. Nesse caso, virão determinando um substantivo.

Dois alunos chegaram.
Primeiro homem a pisar na Lua, Neil Armstrong voltou ao espaço recentemente.

Dois e **primeiro** estão exercendo, nessas frases, a função sintática de adjunto adnominal, função normalmente desempenhada por adjetivos.

Numerais cardinais e ordinais

algarismos		numerais	
romanos	**arábicos**	**cardinais**	**ordinais**
I	1	um	primeiro
II	2	dois	segundo
III	3	três	terceiro
IV	4	quatro	quarto
V	5	cinco	quinto
VI	6	seis	sexto
VII	7	sete	sétimo
VIII	8	oito	oitavo
IX	9	nove	nono
X	10	dez	décimo
XI	11	onze	undécimo ou décimo primeiro
XII	12	doze	duodécimo ou décimo segundo
XIII	13	treze	décimo terceiro
XIV	14	catorze ou quatorze	décimo quarto
XV	15	quinze	décimo quinto
XVI	16	dezesseis	décimo sexto
XVII	17	dezessete	décimo sétimo
XVIII	18	dezoito	décimo oitavo
XIX	19	dezenove	décimo nono
XX	20	vinte	vigésimo
XXI	21	vinte e um	vigésimo primeiro
XXX	30	trinta	trigésimo
XL	40	quarenta	quadragésimo
L	50	cinquenta	quinquagésimo
LX	60	sessenta	sexagésimo
LXX	70	setenta	septuagésimo ou setuagésimo
LXXX	80	oitenta	octogésimo
XC	90	noventa	nonagésimo
C	100	cem	centésimo
CC	200	duzentos	ducentésimo
CCC	300	trezentos	trecentésimo ou tricentésimo
CD	400	quatrocentos	quadringentésimo ou quadrigentésimo
D	500	quinhentos	quingentésimo
DC	600	seiscentos	seiscentésimo ou sexcentésimo
DCC	700	setecentos	septingentésimo ou setingentésimo
DCCC	800	oitocentos	octingentésimo
CM	900	novecentos	nongentésimo ou noningentésimo
M	1000	mil	milésimo
$\overline{\text{X}}$	10 000	dez mil	dez milésimos
$\overline{\text{C}}$	100 000	cem mil	cem milésimos
$\overline{\text{M}}$	1 000 000	um milhão	milionésimo
$\overline{\overline{\text{M}}}$	1 000 000 000	um bilhão ou um bilião	bilionésimo

Numerais multiplicativos e fracionários

algarismos	multiplicativos	fracionários
2	duplo, dobro, dúplice	meio
3	triplo, tríplice	terço
4	quádruplo	quarto
5	quíntuplo	quinto
6	sêxtuplo	sexto
7	séptuplo	sétimo
8	óctuplo	oitavo
9	nônuplo	nono
10	décuplo	décimo
11	undécuplo	onze avos
12	duodécuplo	doze avos
100	cêntuplo	centésimo

FLEXÃO DOS NUMERAIS

Cardinais

1 Os cardinais **um**, **dois** e as centenas a partir de **duzentos** são flexionados em gênero:
Assino apenas **um** jornal e **uma** revista.
Na semana passada, percorri **dois** quilômetros em **duas** horas.
Havia apenas **duzentos** lugares para **trezentas** pessoas.

2 Os numerais cardinais **milhão**, **bilhão**, **trilhão**, etc. variam em número:
A loteria está acumulada em cinquenta **milhões**.
A dívida daquele país passa de duzentos **bilhões** de dólares.

3 Os demais cardinais não são flexionados:
Comprei **cinco** laranjas e **cinco** abacates.
Ele levou **três** dias e **três** horas para atravessar o país.

Ordinais

Os numerais ordinais variam em gênero e número.
Observe:

Na **segunda** corrida que disputaram, foram os **primeiros** colocados.
Ele estava lendo a **centésima primeira** página do livro.
Na lista dos classificados, ele ocupava o **centésimo primeiro** lugar.

Multiplicativos

Os numerais multiplicativos só variam quando tiverem valor de adjetivo, isto é, quando estiverem se referindo a um substantivo.
Veja:

Mulheres protestam contra **dupla** jornada de trabalho.
Na loteria, fez apostas **triplas**.

Fracionários

Os numerais fracionários concordam em gênero e número com o cardinal que os antecede:

Ele recebeu **um terço** do que merecia.
Ele recebeu **uma terça** parte do que merecia.
Adiantou **dois terços** do preço ao reservar a mercadoria.

EMPREGO DOS NUMERAIS

1 O numeral anteposto ao substantivo deve ser lido como ordinal, concordando com esse substantivo. Se estiver posposto ao substantivo, deve ser lido como cardinal, concordando com a palavra número, que se considera subentendida. Observe:

segunda casa ou casa **dois**
décima quinta cabine ou cabine **quinze**
décima primeira vaga ou vaga **onze**
V Salão do Automóvel (**quinto**)
II Maratona Estudantil (**segunda**)
XVIII Copa do Mundo (**décima oitava**)

> **OBSERVAÇÃO**
>
> Quando se quer fazer referência ao primeiro dia do mês, deve-se utilizar o numeral ordinal:
> **primeiro** de maio, **primeiro** de abril

2 Na indicação de reis, papas, séculos e partes de uma obra, temos um caso particular: quando pospostos ao substantivo, usam-se os numerais ordinais até décimo, inclusive. Daí em diante, devem-se empregar os cardinais. Veja:

século X (**décimo**)   Henrique VIII (**oitavo**)
João Paulo II (**segundo**)   capítulo IV (**quarto**)
século XI (**onze**)   Luís XV (**quinze**)
Bento XVI (**dezesseis**)   capítulo XIII (**treze**)

> **OBSERVAÇÃO**
>
> Se o numeral anteceder o substantivo, será obrigatório o uso do ordinal:
> **vigésimo primeiro** século, **décimo terceiro** capítulo

3 Em textos legais (leis, decretos, medidas provisórias, portarias, etc.), os artigos, incisos e parágrafos numerados até nove são lidos como ordinais; do número dez em diante são lidos como cardinais. Os artigos e parágrafos devem ser grafados com algarismos arábicos e os incisos com algarismos romanos. Observe:

artigo 9º, inciso III, parágrafo 2º (artigo **nono**, inciso **terceiro**, parágrafo **segundo**)
artigo 12, inciso XV, parágrafo 10 (artigo **doze**, inciso **quinze**, parágrafo **dez**)

4 Na leitura de numerais cardinais, após o vinte, usa-se a conjunção **e** entre as dezenas e as unidades e entre as centenas e as dezenas.

22: vinte e dois
74: setenta e quatro
131: cento e trinta e um
206: duzentos e seis
479: quatrocentos e setenta e nove

PARTE 2 // MORFOLOGIA

Entre o milhar e a centena, não se usa a conjunção **e**, exceto se a centena começar por zero.

1615: mil seiscentos e quinze
1989: mil novecentos e oitenta e nove
1900: mil e novecentos
2070: dois mil e setenta

No caso de o numeral se referir a ano, não se separa o milhar da centena nem por ponto nem por espaço.

Ele nasceu em 1951. (mil novecentos e cinquenta e um)
Ela concluiu o curso em 2017. (dois mil e dezessete)

5 Certos substantivos, por exprimirem quantidade exata de seres, assemelham-se a numerais, tanto que alguns gramáticos chamam a essas palavras de **coletivos numerais**.
Veja alguns:

dúzia: conjunto de doze coisas ou seres de mesma natureza
grosa: conjunto de doze dúzias
lustro: período de cinco anos
milênio: período de mil anos
novena: período de nove dias

quarentena: período de quarenta dias
quarteto: conjunto de quatro coisas ou seres
quinquênio: período de cinco anos
século: período de cem anos
semestre: período de seis meses
década: período de dez anos

Para o conjunto de três coisas, obras, seres ou entidades, temos:

trinca, terno, trilogia, trio, trindade

A palavra **quarentena** costuma ser empregada para designar isolamento de pessoas ou coisas por um intervalo de tempo não necessariamente de quarenta dias.

O médico recomendou que ele ficasse de quarentena por duas semanas.

6 Vimos que os numerais multiplicativos correspondentes a dois são **dobro**, **duplo**, **dúplice**, e a três, **triplo**, **tríplice**. As formas **dobro** e **triplo** são sempre empregadas como numerais substantivos; as formas **duplo**, **dúplice** e **tríplice** são sempre usadas como numerais adjetivos, antepostas ou pospostas a um substantivo.

Ele passou a ganhar o **dobro**.
Teve um lucro enorme, pois vendeu o terreno pelo **triplo** do que pagou.
Tiveram uma **dupla** tarefa: embalar e transportar a mercadoria.
O prospecto tinha função **dúplice**: informar e orientar.
O atleta conquistou a **tríplice** coroa.

MORFOSSINTAXE DO NUMERAL

Para entender a função desempenhada pelo numeral na oração, o primeiro passo é observar se ele está substituindo ou acompanhando um substantivo.

Na oração, o numeral substantivo exerce as mesmas funções do substantivo (sujeito, objeto direto, objeto indireto, complemento nominal, predicativo, etc.).

Observe:

Um é pouco, **dois** é bom, **três** é demais. (numeral na função sintática de núcleo do sujeito)
O resultado da soma é **quinze**. (numeral na função de predicativo do sujeito)

O numeral adjetivo exerce a função de adjunto adnominal do substantivo a que estiver se referindo.
Veja:

Quinze pessoas compareceram à reunião. (numeral na função de adjunto adnominal, referindo-se ao substantivo **pessoas**, que funciona como núcleo do sujeito)
O **segundo** turno será disputado por dois candidatos mineiros. (numeral na função de adjunto adnominal, referindo-se ao substantivo **turno**, que funciona como núcleo do sujeito)

A gramática no dia a dia

Flexão de grau e criação de novos numerais

Na variedade popular do português brasileiro, é comum a flexão dos numerais em grau, bem como a criação de novos numerais:

É um produto de **primeiríssima** qualidade.

"Será que essa minha estúpida retórica
Terá que soar, terá que se ouvir
Por mais **zil** anos?" (Caetano Veloso)

Repetiu as mesmas palavras **trocentas** vezes.

Derivação de palavras baseadas nos numerais

Muitas palavras são criadas com base em numerais pelo processo de derivação.

No exemplo a seguir, o substantivo **segundona** foi criado pelo processo de derivação sufixal com base no numeral ordinal **segunda**, da expressão **segunda divisão**:

O campeonato da **segundona** está pegando fogo.
Comprou um carro **zerinho**.

Nesse exemplo, criou-se o adjetivo **zerinho** por acréscimo do sufixo **-inho** ao numeral **zero**.

No próximo caso, o verbo **terceirizar** foi criado pelo processo de derivação sufixal com base no numeral ordinal **terceiro**:

Naquela empresa resolveram **terceirizar** os serviços de digitação.

Agora, observe que o adjetivo **quarentona** foi criado pelo processo de derivação sufixal com base no numeral cardinal **quarenta**:

Era uma mulher **quarentona**, mas tinha atitudes de criança.

Meia no lugar de seis

Na fala, é comum o uso do numeral fracionário **meia** no lugar do cardinal **seis** quando se expressam números de documentos e telefones:

Meu RG é **meia** cinco, três oito **meia**, nove dois **meia**. (65.386.926)

Cardinais no lugar de multiplicativos

Na variedade informal, é comum a expressão de valores multiplicativos por meio de numerais cardinais seguidos do substantivo **vezes**:

Ele ganha **três vezes mais** do que eu. (em lugar de **o triplo**)
Esta casa custa **cem vezes mais** do que aquela. (em lugar de **o cêntuplo**)

Mil reais

Você viu, no quadro dos numerais, que o algarismo 1 000 é representado pelo numeral cardinal **mil**. No entanto, na linguagem do dia a dia, sobretudo no preenchimento de cheques, notas promissórias, letras de câmbio, recibos e outros documentos, para evitar adulterações, costuma-se grafar "hum mil". Observe ao lado:

A forma **hum mil** deve restringir-se apenas a esse uso. Nos demais tipos de texto, devemos empregar **mil**:

mil habitantes, mil torcedores, mil litros, etc.

Numeral cardinal com sentido indeterminado

Na variedade informal, numerais cardinais podem não exprimir quantidade exata, mas número indeterminado:

É um produto com **mil e uma** utilidades. (muitas, inúmeras)
Peço **um** minuto de sua atenção. (alguns minutos)
Vou lhe contar o que houve em **duas** palavras. (poucas)
Já lhe disse isso mais de **mil** vezes. (várias)

ATIVIDADES

1. Nas frases a seguir, os numerais destacados não exprimem quantidade exata. O que eles exprimem? Sem alterar o sentido, reescreva essas frases substituindo os numerais por outra palavra. Faça as modificações que julgar necessárias.

   a) A mãe mandou a ele **um milhão** de beijos.
   b) Ela demora **um século** para se arrumar.
   c) Já contei a mesma história **mil** vezes.
   d) Em **dois** minutos falo com você.

2. O século I teve início no ano 1 d.C. e terminou no ano 100 d.C. O século II teve início no ano 101 d.C. e terminou no ano 200 d.C., e assim por diante. Agora, escreva com algarismos e numerais a que século pertencem os seguintes anos:

   a) 1500
   b) 1822
   c) 1900
   d) 1922
   e) 2000
   f) 2009

3. Classifique, em cada frase, a palavra destacada em artigo indefinido ou numeral.

   a) Acabou comprando só **um** quilo de carne, tão assustado ficou com o preço.
   b) Acabou comprando **um** produto qualquer da cesta básica para doar à campanha.
   c) Queria que eu lhe contasse **uma** história interessante, mas o sono me venceu e não pude terminar nem **uma** sequer.
   d) O departamento de vendas precisa de **um** funcionário bem desinibido.
   e) O departamento de vendas precisa de apenas **um** funcionário.

Texto para a questão 4.

O matemático e o elefante

Thomas A. Stewart conta, em *Capital intelectual*, que houve um período, na Segunda Guerra Mundial, em que os alemães lançavam constantes ataques aéreos contra Moscou.

Apesar da preocupação e do medo geral, um eminente professor de estatística soviético dizia:

— Há sete milhões de pessoas em Moscou. Por que devo esperar que me atinjam?

Numa noite de inverno, durante um dos ataques, o professor chegou nervoso ao abrigo antiaéreo. Era a primeira vez que aparecia. Seus amigos, espantados, perguntaram o que acontecera para que mudasse de ideia. Ele expôs:

— Há sete milhões de pessoas em Moscou e um elefante. Na noite passada, eles atingiram o elefante.

GOULART, Mário. *Livro dos erros:* histórias equivocadas da vida real. Rio de Janeiro: Record, 2001. p. 22-23.

4. Nesse texto, a palavra **um** ocorre quatro vezes. Trata-se do numeral cardinal ou do artigo indefinido?

CAPÍTULO 8 // Numeral · 121

Texto para a questão **5.**

**Em breve lançamento da 2ª fase – 1ª fase:
100% vendido no fim de semana!**

Não perca esta oportunidade! São 20 apartamentos, todos com vista para o mar. Apartamentos de 270 m²
e 290 m². O empreendimento está localizado no km 209 da rodovia Rio-Santos, distante apenas 120 km da
capital paulista. Preço de lançamento: R$ 3500,00 o m². Visite apartamento decorado.

Anúncio de empreendimento imobiliário. (Adaptado.)

5. Escreva por extenso:

a) 2ª fase

b) 100% vendido

c) 270 m²

d) km 209

e) 120 km

f) R$ 3500,00 o m²

6. Reescreva o texto a seguir substituindo os algarismos por numerais.

Ocorreu ontem o sorteio do 48º concurso da quina. O prêmio total de R$ 17594321,12 foi dividido
entre os 16 acertadores, cabendo a cada um deles a importância de R$ 1099645,07.

7. Leia o trecho a seguir:

A chegada de tantos cegos pareceu trazer pelo menos uma vantagem. Pensando bem, duas, sendo
a primeira de uma ordem por assim dizer psicológica...

SARAMAGO, José. *Ensaio sobre a cegueira*. São Paulo: Companhia das Letras, 1995. p. 117.

No trecho "pareceu trazer pelo menos **uma** vantagem", a palavra destacada é artigo ou numeral?
Justifique.

DOS TEXTOS À GRAMÁTICA · DA GRAMÁTICA AOS TEXTOS

Dezessete e setecentos

Eu lhe dei vinte mil-réis, pra pagar três e trezentos,
Você tem que me voltar dezessete e setecentos,
Sou diplomado, frequentei a academia,
Conheço geografia, sei até multiplicar,
Dei vinte mango para pagar três e trezentos,
Dezessete e setecentos, você tem que me voltar.
Mas se eu lhe dei vinte mil-réis, pra pagar três e
[trezentos,
Você tem que voltar dezessete e setecentos,
Eu acho bom você tirar os noves fora,
Evitar que eu vá embora e deixe a conta sem pagar,
Eu já lhe disse que essa droga tá errada,
Vou buscar a tabuada e volto aqui pra lhe provar.

GONZAGA, Luiz; LIMA, Miguel. Dezessete e setecentos.
In: ARAÚJO, Manezinho. *A música brasileira deste século por
seus autores e intérpretes* (CD). Sesc, 2000.

1. **Réis** é o plural de **real**, moeda usada antigamente
no Brasil. Levando em conta o texto como um
todo, que palavras ficam subentendidas em "[...]
pra pagar três e trezentos [...]" e "Você tem que
me voltar dezessete e setecentos [...]"?

2. **Mango** é uma gíria. Em que sentido ela foi empregada no texto?

3. Explique o sentido da expressão "tirar os noves
fora".

4. **Quiasmo** é uma figura de linguagem que consiste
em dispor simetricamente palavras ou expressões de forma cruzada, como nesses versos de
Carlos Drummond de Andrade:

"No meio do caminho tinha uma pedra
Tinha uma pedra no meio do caminho"

Transcreva da letra da canção "Dezessete e setecentos" um exemplo de quiasmo.

5. Cite algumas gírias ou expressões populares para
designar **dinheiro**.

6. Do ponto de vista aritmético, a afirmação "Você
tem que me voltar dezessete e setecentos" é correta? Justifique.

CAPÍTULO 9

PRONOME

DEFINIÇÃO E CLASSIFICAÇÃO

Pronome é a palavra variável em gênero, número e pessoa que representa ou acompanha o substantivo, indicando-o como pessoa do discurso ou situando-o no espaço e no tempo. Alguns pronomes admitem morfemas gramaticais para expressar as flexões de gênero e número. A flexão de pessoa não é assinalada por morfemas gramaticais.

Os pronomes incluem-se na categoria das **palavras fóricas**, que são aquelas que têm a propriedade de fazer referência a outros elementos do texto. Em decorrência do caráter fórico, é pelo contexto que se determina a significação dos pronomes.

Quando o pronome faz referência a um segmento textual mencionado anteriormente, dizemos que tem **valor anafórico**. Caso se refira a elemento do texto que ainda vai ser mencionado, dizemos que tem **valor catafórico**.

Encomendei o livro, e **ele** chegou no prazo. (ele = o livro, citado anteriormente: valor anafórico)
Ele me garantiu que viria. João nunca falta com a palavra. (ele = João, citado posteriormente: valor catáforico)
O livro **que** estou lendo é um romance. (que = o livro, citado anteriormente: valor anafórico)
Só desejo **isto**: compreensão. (isto = compreensão, citado posteriormente: valor catafórico)

Quando o pronome representa o substantivo, dizemos que se trata de **pronome substantivo**:

Convidei Paulo; **ele** confirmou que viria.
Falei com Paulo e convidei-**o** para a festa.

Quando o pronome determina o substantivo, restringindo a extensão de seu significado, dizemos que se trata de **pronome adjetivo**:

Esta casa é antiga.   **Meu** livro é raro.

Por serem capazes de fazer referência a outros elementos do texto, os pronomes são instrumentos gramaticais bastante úteis para "amarrar" ideias, funcionando como importantes elementos de coesão textual.

Há em português seis espécies de pronomes: pessoais, possessivos, demonstrativos, relativos, indefinidos e interrogativos.

AS PESSOAS DO DISCURSO

Como o pronome, em geral, está relacionado às pessoas do discurso, ou seja, às pessoas que participam de uma conversação, é fundamental identificá-las. As pessoas do discurso são:

- **aquela que fala:** primeira pessoa;
- **aquela a quem se fala:** segunda pessoa;
- **aquela de quem (ou de que) se fala:** terceira pessoa.

Embora não participe da situação comunicativa e, portanto, não seja um interlocutor, a pessoa ou a coisa de que se fala é considerada pela gramática uma pessoa do discurso.

Por se referirem às pessoas do discurso, os pronomes têm a propriedade semântica de localizá-las no tempo e no espaço. O sentido dos pronomes, portanto, será construído no discurso. A esse tipo de palavras damos o nome de *dêiticos*, expressões linguísticas cuja interpretação depende da pessoa, do lugar e do momento em que são enunciadas. Por exemplo: **eu** designa a pessoa que fala. **Tu** e **você** devem ser interpretados como a pessoa a quem falamos.

Os dêiticos não devem ser confundidos com os anafóricos e os catafóricos. Estes, como vimos, são expressões que estabelecem uma relação de referência a uma expressão textual mencionada no texto. Nos dêiticos, o referente não é algo presente no texto, mas na situação comunicativa.

PRONOMES PESSOAIS

Pronomes pessoais são aqueles que representam as pessoas do discurso.

Além das flexões de pessoa (primeira, segunda e terceira), gênero (masculino e feminino) e número (singular e plural), o pronome pessoal apresenta variação de forma (reto ou oblíquo), dependendo da função que desempenha na oração.

O pronome pessoal será **reto** quando desempenhar a função de sujeito da oração e **oblíquo** quando desempenhar a função de complemento verbal.

Observe as frases a seguir:

Ontem, **eu** a convidei para sair comigo.

Tu sempre me ensinaste tantas coisas.

Nesses dois exemplos, os pronomes **eu** e **tu** desempenham a função sintática de sujeito, portanto são **pronomes pessoais do caso reto**. E os pronomes **a**, **comigo** e **me** desempenham a função de complemento dos verbos **convidar**, **sair** e **ensinar**, respectivamente. São, portanto, **pronomes pessoais oblíquos**.

Os pronomes pessoais são os seguintes:

número	pessoa	pronomes retos	pronomes oblíquos
singular	primeira	eu	me, mim, comigo
	segunda	tu	te, ti, contigo
	terceira	ele/ela	se, si, consigo, o, a, lhe
plural	primeira	nós	nós, conosco
	segunda	vós	vos, convosco
	terceira	eles/elas	se, si, consigo, os, as, lhes

Os pronomes oblíquos podem ser:

a) **átonos:** me, te, se, lhe, nos, vos, o, a, os, as;

b) **tônicos:** mim, ti, si.

Os pronomes oblíquos tônicos virão sempre precedidos de preposição (a, de, em, para, por, etc.). Precedidos pela preposição **com**, assumem as formas **comigo**, **contigo** e **consigo**. As formas **conosco** e **convosco** resultam da junção da preposição **com** e os pronomes **nós** e **vós**.

No português brasileiro, os pronomes pessoais de segunda pessoa do plural (vós e convosco) são raramente empregados. Em seu lugar, empregam-se as formas **vocês** e **com vocês**.

Pronomes de tratamento

"Tratamento" é a forma pela qual o sujeito falante se dirige ao interlocutor. Na categoria dos pronomes pessoais, incluem-se os **pronomes de tratamento**. Referem-se à pessoa a quem se fala (portanto, segunda pessoa), mas a concordância gramatical deve ser feita com a terceira pessoa.

Veja a seguir alguns desses pronomes.

pronome	abreviatura	emprego
Vossa Alteza	V. A.	príncipes
Vossa Eminência	V. Em.ª	cardeais
Vossa Excelência	V. Ex.ª	altas autoridades em geral
Vossa Magnificência	V. Mag.ª	reitores de universidades
Vossa Reverendíssima	V. Rev.ᵐᵃ	sacerdotes em geral
Vossa Santidade	V. S.	papas
Vossa Senhoria	V. S.ª	tratamento cerimonioso usado, sobretudo, na linguagem comercial
Vossa Majestade	V. M.	reis, imperadores

São também pronomes de tratamento:

> você, vocês

Convém notar que, exceção feita ao pronome **você**(**s**), esses pronomes são empregados no tratamento cerimonioso.

Emprego dos pronomes pessoais

1 Os pronomes oblíquos **se**, **si**, **consigo** devem ser empregados somente como reflexivos. O pronome é reflexivo quando, na função de complemento, representa a mesma pessoa ou coisa representada pelo sujeito:

> Ele feriu-**se**.
> Cada um faça por **si** mesmo a redação.
> O professor trouxe as provas **consigo**.

Na norma culta, esses pronomes não devem ser empregados em construções não reflexivas:

> Querida, preciso urgentemente falar **com você**. (E não: Querida, preciso urgentemente falar *consigo*.)
> Eu gosto muito **de você**. (E não: Eu gosto muito *de si*.)

No plural, o pronome reflexivo **se** também é empregado para indicar reciprocidade de ação. Nesse caso, equivale a **um ao outro**, **uns aos outros**, **mutuamente** e é chamado de **pronome reflexivo recíproco**.

No português de Portugal, o uso de **si** e **consigo** em construções não reflexivas é comum, mesmo na norma culta.

2 Os pronomes oblíquos **conosco** e **convosco** são uma forma sintética, resultante da junção da preposição **com** mais as formas pronominais **nós** e **vós**. As formas **com nós** e **com vós** só devem ser usadas se vierem seguidas de palavras de reforço. Veja os exemplos:

> Eles queriam falar **conosco**.
> Eles queriam falar **com nós** dois.
> palavra de reforço
>
> Queriam conversar **convosco**.
> Queriam conversar **com vós** mesmos.
> palavra de reforço

CAPÍTULO 9 // Pronome **125**

3 Os pronomes oblíquos **o**, **a**, **os**, **as**, quando precedidos de formas verbais que terminam em **-r**, **-s** ou **-z**, assumem as formas **lo**, **la**, **los**, **las**:

amar**-o** = amá**-lo**

vende**r-a** = vendê**-la**

parti**r-os** = parti**-los**

qui**s-o** = qui**-lo**

temo**s-as** = temo**-las**

fe**z-os** = fê**-los**

fi**z-o** = fi**-lo**

4 Os pronomes oblíquos **o**, **a**, **os**, **as**, quando precedidos de formas verbais que terminam em ditongo nasal, assumem as formas **no**, **na**, **nos**, **nas**:

amar**am-o** = amaram**-no**

vender**am-a** = venderam**-na**

partir**am-os** = partiram**-nos**

disp**õe-as** = dispõe**-nas**

d**ão-a** = dão**-na**

p**õe-os** = põe**-nos**

5 Os pronomes oblíquos **o**, **a**, **os**, **as**, geralmente são empregados anaforicamente, isto é, retomam o termo anteriormente expresso.

Procurei **o livro** em várias livrarias. Quando **o** encontrei, comprei**-o** imediatamente.

Nada impede, no entanto, que sejam empregados cataforicamente, isto é, fazendo referência a um termo que ainda será citado.

Apesar de todas as medidas adotadas para minimizá**-la**, **a enchente** continuou a fazer estragos.

6 Na variedade popular do português brasileiro, é comum a omissão do pronome oblíquo por estar implícito no contexto.

Procurei o documento e encontrei na gaveta.

Como os ingressos estavam esgotados, não pude comprar.

7 Na norma culta deve-se manter a **uniformidade de tratamento**, isto é, se iniciarmos um texto tratando o interlocutor pelo pronome pessoal reto **tu**, devemos manter o tratamento em segunda pessoa (**te**, **ti**, **contigo**, **tua**, etc.) até o final. Caso iniciemos o texto por um pronome de tratamento (**você**, **Vossa Senhoria**, **Vossa Excelência**), deveremos manter o tratamento em terceira pessoa até o final, pois, como vimos, embora se refiram à pessoa com quem falamos, a concordância com esses pronomes deve ser feita em terceira pessoa.

Tu deves retornar à **tua** casa, pois **teu** irmão precisa entregar**-te** um documento.

Você deve retornar à **sua** casa, pois **seu** irmão precisa entregar**-lhe** um documento.

Vossa Excelência não precisa **se** incomodar com **seus** problemas.

8 Não se considera errada a repetição de pronomes oblíquos:

A **mim**, ninguém **me** engana.

"A **ti** trocou**-te** a máquina mercante." (Gregório de Matos)

Nesses casos, a repetição do pronome oblíquo não constitui pleonasmo vicioso, e sim ênfase.

9 Muitas vezes os pronomes oblíquos equivalem a pronomes possessivos, exercendo função sintática de adjunto adnominal:

Roubaram**-me** o livro. (Roubaram **meu** livro.)

Nem **te** reconheci a voz. (Nem reconheci **tua** voz.)

Escutei**-lhe** os conselhos. (Escutei **seus** conselhos.)

10 É comum o emprego da primeira pessoa do plural (**nós**) pela primeira do singular (**eu**). O uso do nós no lugar do eu pode ter o efeito de sentido de anonimato decorrente da diluição do individual no plural ou de amplificação do eu.

Em textos científicos e conferências, o uso do **nós** no lugar do **eu** recebe o nome de **plural de autor**.

Em **nossa** tese de doutoramento, **nós** procuramos mostrar que o espaço nas narrativas é constitutivo do sentido.

Quando aparece em discursos solenes oriundos de altas autoridades civis, militares ou religiosas, recebe o nome de **plural majestático**.

Desde que tomamos posse no cargo de presidente da República, **nós** nos voltamos à questão da inclusão social: esta é a principal bandeira que **nós** nos propusemos em **nosso** governo.

Pode ocorrer também o uso da segunda pessoa do plural (vós) para se referir a uma única pessoa (tu). O uso do **vós** em lugar de **tu** ocorre, sobretudo, em textos mais formais, em que aquele que fala usa o plural como forma de respeito. Trata-se de um tratamento cerimonioso.

Meu mestre, **vós** sois muito mais do que aquele que me despertou o gosto pela leitura, **sois** quem me mostrou o caminho para o conhecimento.

11 Os pronomes de tratamento devem vir precedidos de **vossa**, quando nos dirigimos à pessoa representada pelo pronome, e por **sua**, quando nos referimos a essa pessoa:

— **Vossa Excelência** já aprovou os projetos? – perguntou o assessor.
— **Sua Excelência**, o governador, estará presente à inauguração – relatou o repórter.

Na primeira frase, empregou-se **Vossa Excelência** porque o interlocutor **falava** diretamente **com o** governador. Na segunda, o repórter utilizou **Sua Excelência** porque **falava do** governador. Observe que a referência à segunda pessoa, o interlocutor, é feita pelo pronome **vossa**.

12 Os pronomes oblíquos **me**, **te**, **lhe**, **nos** e **vos** podem aparecer combinados com os pronomes oblíquos átonos **o**, **a**, **os**, **as**. As combinações são as seguintes:

me + o = mo	vos + o = vo-lo	nos + a = no-la	lhe + os = lhos	te + as = tas
te + o = to	me + a = ma	vos + a = vo-la	nos + os = no-los	lhe + as = lhas
lhe + o = lho	te + a = ta	me + os = mos	vos + os = vo-los	nos + as = no-las
nos + o = no-lo	lhe + a = lha	te + os = tos	me + as = mas	vos + as = vo-las

Observe um exemplo:

— Você entregou o livro ao professor?
— Sim, entreguei-**lho**. (lho = lhe [ao professor] + o [livro])

No português brasileiro, mesmo na norma culta, o emprego dessas contrações é cada vez mais raro.

Morfossintaxe do pronome pessoal

1 Na norma culta, os pronomes pessoais retos devem ser empregados na função sintática de sujeito e de predicativo do sujeito.

Ele observava os movimentos que **ela** fazia ao dançar.
sujeito de "observava"   sujeito de "fazia"

Os responsáveis por isso somos **nós**.
predicativo do sujeito

2 Na norma culta, na função de complemento verbal, devem-se usar os pronomes oblíquos e não os pronomes retos:

Convidei-**o**. (E não: Convidei ele.)
Chamaram-**nos**. (E não: Chamaram nós.)

3 Os pronomes retos (exceto **eu** e **tu**), quando precedidos de preposição, passam a funcionar como oblíquos. Nesse caso, considera-se correto seu emprego como complemento verbal, complemento nominal ou agente da passiva:

Informaram **a ele** os reais motivos. (complemento verbal)
Emprestaram **a nós** os livros. (complemento verbal)
Eles tinham aversão **a nós**. (complemento nominal)
Temos de ter mais consciência, afinal, os políticos são eleitos **por nós**. (agente da passiva)

CAPÍTULO 9 // Pronome 127

4 As formas retas **eu** e **tu** só podem funcionar como sujeito ou predicativo. Na linguagem culta, não se aceita seu emprego como complemento:

Nunca houve desentendimentos entre **mim** e **ti**. (E não: Nunca houve desentendimentos entre eu e tu.)

Minha mãe tem uma teoria sobre **mim** e **você**. (E não: Minha mãe tem uma teoria sobre eu e você.)

Como **regra prática**, podemos propor o seguinte: quando precedidas de preposição, não se usam as formas retas **eu** e **tu**, mas as formas oblíquas **mim** e **ti**:

Ninguém irá sem **mim**. (E não: Ninguém irá sem eu.)
Nunca houve discussões entre **mim** e **ti**. (E não: Nunca houve discussões entre eu e tu.)

Há, no entanto, um caso em que se empregam as formas retas **eu** e **tu** mesmo precedidas (mas não regidas) por preposição: quando essas formas funcionam como sujeito de um verbo no infinitivo:

Deram o livro para **eu** ler.
sujeito

Deram o livro para **tu** leres.
sujeito

Verifique que, nesse caso, o emprego das formas retas **eu** e **tu** é obrigatório, já que tais pronomes exercem a função sintática de sujeito.

5 Com as preposições **salvo** e **exceto**, devem-se empregar as formas retas **eu** e **tu** e não as formas oblíquas **mim** e **ti**:

Todos se manifestaram favoravelmente, **salvo eu**.
Exceto tu, todos gostaram da apresentação do cantor.

6 As formas oblíquas **o**, **a**, **os**, **as** devem ser empregadas como complemento de verbos transitivos diretos, ao passo que as formas **lhe**, **lhes** devem ser empregadas como complemento de verbos transitivos indiretos:

O menino convidou-**a**.
v. t. d.

O filho obedece-**lhe**.
v. t. i.

Na norma culta, consideram-se erradas as construções em que o pronome **o** (e flexões) aparece como complemento de verbos transitivos indiretos, assim como construções em que o pronome **lhe(s)** aparece como complemento de verbos transitivos diretos:

Nunca **lhe** obedeci. (E não: Nunca o obedeci.)
Eu **o** vi ontem. (E não: Eu lhe vi ontem.)

7 Há casos em que o pronome oblíquo pode funcionar como sujeito. Isso ocorre com os verbos **deixar**, **fazer**, **ouvir**, **mandar**, **sentir**, **ver** seguidos de infinitivo. Nesse caso, o pronome oblíquo será sujeito desse infinitivo:

Deixei-**o** sair.
sujeito

"Sofia deixou-**se** estar à janela." (Machado de Assis)
sujeito

É fácil perceber a função de sujeito dos pronomes oblíquos ao desenvolver as orações reduzidas de infinitivo:

Deixei-**o** sair.
sujeito

Deixei que **ele** saísse.
sujeito

ATIVIDADES

Texto para as questões 1 a 4.

Sete anos de pastor Jacob servia
Labão, pai de Raquel, serrana bela;
Mas não servia ao pai, servia a ela,
E a ela só por prêmio pretendia.

Os dias, na esperança de um só dia,
Passava, contentando-se com vê-la;
Porém o pai, usando de cautela,
Em lugar de Raquel lhe dava Lia.

Vendo o triste pastor que com enganos
Lhe fora assim negada a sua pastora,
Como se a não tivera merecida,

Começa de servir outros sete anos,
Dizendo: — Mais servira, se não fora
Pera tão longo amor tão curta a vida!

CAMÕES, Luís de. *Obra completa em um volume*.
Rio de Janeiro: Aguilar, 1963. p. 298.

1. Os textos podem ser narrados em primeira ou em terceira pessoa. No caso de uma narração ser feita em terceira pessoa, o narrador não deixa marcas linguísticas de sua presença. Na narração em primeira pessoa, as marcas linguísticas do narrador estarão instaladas no texto, sobretudo por pronomes pessoais. Levando isso em conta, que tipos de narração há no poema de Camões?

2. O narrador, aquele que conta a história, ao inserir no texto personagens, pode dar a elas voz, isto é, deixá-las falar no texto. No poema, há algumas personagens, no entanto, apenas uma delas fala. Identifique-a e transcreva a sua fala.

3. Esse poema é um texto figurativo. Observe que predominam as palavras concretas: pastor, Jacó, servia, Labão, Raquel, Lia, pai, prêmio, bela, etc. As figuras encobrem o tema, que é abstrato. Qual é o tema do poema?

4. Nos trechos a seguir, as palavras destacadas são pronomes. Volte ao texto e indique a quem esses pronomes se referem.
   a) "Mas não servia ao pai, servia a **ela**"
   b) "Passava, contentando-se com vê-**la**"
   c) "Em lugar de Raquel **lhe** dava Lia."

5. Leia o trecho a seguir e observe quem narra esta pequena história.

O espartilho

"Você mudou muito, Ana Luísa. Estou abismada com essa mudança tão repentina", disse minha avó enquanto podava uma roseira. Estávamos no jardim. Inclinei a cabeça para o ombro num movimento de débil interrogação, mudei?... E fiquei pensando, ela disse *abismada*. Abismada significava estar num abismo? Outra palavra que eu teria compartilhado com Margarida se fosse ainda o tempo de compartilhação. Mas a avó prosseguia: fazia tudo por mim, os melhores colégios, as melhores roupas. E eu naquela apatia, como se a evitasse. Fechei minha gramática enquanto ia ouvindo suas críticas com o rumor do aço da tesoura que cortava implacável. Vi no chão os galhos caídos, tão viçosos quanto os outros. Como ela soubera distingui-los? Qual seria a lei dessa escolha? Fui me encolhendo no banco de pedra. Assim me cortaria também se não lhe provasse minha força.

TELLES, Lygia Fagundes. *A estrutura da bolha de sabão*.
Rio de Janeiro: Nova Fronteira, 1995. p. 48-49.

Você deve ter notado que quem conta esse episódio é a própria personagem que o viveu, uma vez que o texto é narrado em primeira pessoa: eu. Reescreva-o, substituindo esse narrador-personagem por outro, que não participa dos fatos, mas os observa. Comece assim: "Você mudou muito, Ana Luísa. Estou abismada com essa mudança tão repentina", disse sua avó enquanto podava uma roseira.

Texto para a questão 6.

Camerino permite-lhe agora receber visitas. O desfile hoje começa cerca das dez da manhã, quando seus sogros Aderbal e Laurentina entram no quarto acompanhados de Flora. Flora? Que milagre! Bom, ela representa a sua comédia, para evitar que os pais venham a descobrir o verdadeiro estado de suas relações com o marido.

— Visitas para você – diz ela sem mirá-lo. E senta-se a um canto do quarto. Rodrigo não gosta do hábito que Flora adquiriu no convívio dos cariocas de tratá-lo por **você**. Sempre achou o **tu** mais íntimo, mais carinhoso, além de mais gaúcho.

Bom, seja como for, dadas as relações atuais entre ambos, **você** talvez seja o tratamento mais adequado.

VERISSIMO, Erico. *O tempo e o vento: o arquipélago.* São Paulo: Companhia das Letras, 2004. v. 2. p. 247.

6. Com base nas informações fornecidas pelo texto, assinale apenas as alternativas que forem verdadeiras.

a) Em algumas regiões do Brasil, as pessoas se referem ao interlocutor usando o pronome pessoal **tu** e em outras usando **você**.

b) Quando tratamos o interlocutor por **você**, o verbo deve ir para a segunda pessoa do singular.

c) Quando tratamos o interlocutor por **tu**, o verbo deve ir para a segunda pessoa do singular.

d) Os gaúchos preferem chamar o interlocutor pelo pronome de tratamento **você**.

e) Segundo Rodrigo, o uso do pronome de tratamento **você** revela mais formalidade que o uso do pronome pessoal **tu**.

f) As relações entre Rodrigo e Flora não estavam muito boas.

7. A quem se referem os seguintes pronomes de tratamento?

a) Vossa Alteza
b) Vossa Santidade
c) Vossa Excelência
d) Vossa Eminência
e) Vossa Magnificência

8. Nos textos a seguir, diga se o pronome destacado é pronome substantivo ou pronome adjetivo.

a) "Agora eu era o herói
E o **meu** cavalo só falava inglês." (Chico Buarque)

b) "Se **você** disser que **eu** desafino, amor
Saiba que **isso** em **mim** provoca imensa dor." (Tom Jobim e Newton Mendonça)

c) "Começaria **tudo outra** vez
Se preciso fosse, **meu** amor." (Luiz Gonzaga Jr.)

9. Reescreva as frases a seguir, adequando-as à norma culta.

a) Convidei ela para a festa de aniversário.
b) Vi ele no cinema.
c) Deram o livro para eu.

d) Emprestaram o caderno para tu.
e) Receberam nós com muita atenção.
f) Entre ela e eu não há qualquer problema.
g) Jamais houve qualquer problema entre tu e eu.
h) Não vá à festa sem eu.
i) Deram o livro para mim ler.
j) Não deu para mim ir à escola ontem.
k) Falta muito pouco para mim descobrir a verdade.
l) Meu amor, preciso muito falar consigo.
m) Querida, eu gosto muito de si.
n) Heloísa, preciso falar consigo ainda hoje.
o) Eles queriam falar com nós.
p) Não lhe convidei para a festa.
q) Não o obedeço porque não lhe respeito.

10. No trecho seguinte, quem são os interlocutores?

— Vossa Alteza comparecerá à cerimônia?

— Ainda não posso responder com segurança a Vossa Majestade, mas com certeza Sua Eminência estará presente.

11. Substitua o pronome oblíquo por um possessivo.

a) Roubaram-lhe os documentos.
b) Vendaram-me os olhos.

12. Reescreva as frases a seguir, corrigindo-as, se necessário.

a) Não houve condições para mim resolver os problemas.
b) Para mim, resolver estes problemas é coisa simples.
c) Ninguém irá sem eu.
d) Ninguém irá sem eu autorizar.

13. Reescreva as frases a seguir, corrigindo-as.

a) Você sabe da vossa capacidade.
b) Vossa Excelência conheceis bem vossos ministros.
c) Vossa Majestade não confiais em vossos assessores.

14. Efetue a transformação dos pronomes oblíquos observando a terminação das formas verbais.

a) Aquelas atitudes **deixaram + as** magoadas.
b) Gostei muito daquele carro, por isso desejo **comprar + o**.
c) Aquela tarefa? **Fez + a** com satisfação.
d) Aquele livro? **Temos + o** para pronta-entrega.

PRONOMES POSSESSIVOS

> **Pronomes possessivos** são aqueles que se referem às pessoas do discurso, indicando ideia de posse.

O possuidor pode ser qualquer uma das três pessoas do discurso; o possuído será sempre de terceira pessoa. Veja:

Eu emprestei **meus** livros e **minhas** gravuras.
"Eu não sou da **sua** rua,
Eu não falo a **sua** língua." (Branco Mello e Arnaldo Antunes)
O **nosso** time está embalado!
Posso ler **teu** jornal?

Observe os pronomes possessivos no quadro a seguir.

número	pessoa	pronomes possessivos
singular (um possuidor)	primeira	meu, minha, meus, minhas
	segunda	teu, tua, teus, tuas
	terceira	seu, sua, seus, suas
plural (mais de um possuidor)	primeira	nosso, nossa, nossos, nossas
	segunda	vosso, vossa, vossos, vossas
	terceira	seu, sua, seus, suas

Concordância dos pronomes possessivos

Os pronomes possessivos concordam em gênero e número com a coisa possuída, e em pessoa com o possuidor:

Na oração abaixo, o possuidor está implícito no contexto e pode ser representado pelo pronome pessoal **nós**:

E nesta, o possuidor é a pessoa com quem se fala, ou seja, a segunda pessoa, que pode ser representada pelo pronome **tu**:

Quando o pronome possessivo determina mais de um substantivo, ele deverá concordar com o substantivo mais próximo:

Fiquei lendo **meus** livros e revistas.

Em muitos casos, a utilização do possessivo de terceira pessoa (**seu** e flexões) pode deixar a frase ambígua, ou seja, podemos ter dúvidas quanto ao possuidor:

> A professora disse ao diretor que concordava com **sua** nomeação.
> (Nomeação de quem? Da professora ou do diretor?)

Para evitar essa ambiguidade, deve-se, sempre que possível, substituir o pronome **seu** (e flexões) pela forma **dele** (e flexões):

> A professora disse ao diretor que concordava com a nomeação **dela**. (da professora)
> A professora disse ao diretor que concordava com a nomeação **dele**. (do diretor)

Emprego dos pronomes possessivos

1. Em geral, os pronomes possessivos devem vir antes do substantivo a que se referem:
   > **Minha** casa fica num bairro afastado.
   > **Nossas** amigas viajaram sem avisar.

   Há casos em que a mudança de posição do pronome possessivo pode provocar alterações de sentido nas frases:
   > Recebi notícias **suas**. (notícias sobre você)
   > Recebi **suas** notícias. (notícias transmitidas por você)

2. A palavra **seu** que antecede nomes de pessoas não é pronome possessivo, mas corruptela do pronome de tratamento **senhor**:
   > **Seu** Humberto, o senhor poderia emprestar-me a furadeira?

3. Não se deve usar pronome possessivo antes de termos que indiquem partes do corpo ou faculdades do juízo, quando estiverem na função de complemento na mesma pessoa gramatical do sujeito:
   > Escovei os dentes. (E não: Escovei os meus dentes.)
   > Quebrei a perna. (E não: Quebrei a minha perna.)
   > Tu pintaste as unhas. (E não: Tu pintaste as tuas unhas.)
   > Perdi o juízo. (E não: Perdi o meu juízo.)

   A justificativa para não usar o possessivo nesses casos é que se trata de posse inalienável, ou seja, a coisa possuída não pode, em princípio, ser separada do possuidor.

Morfossintaxe do pronome possessivo

1. O pronome possessivo surge mais comumente como pronome adjetivo, ou seja, acompanhando um substantivo. Nesse caso, desempenha função sintática de adjunto adnominal:

2. Representando um substantivo, o possessivo desempenha a função sintática típica dessa classe de palavra (núcleo do sujeito, do complemento verbal, do predicativo, etc.). Nesses casos, normalmente teremos uma estrutura paralelística, em que o substantivo que está sendo representado já foi mencionado anteriormente, acompanhado por um pronome possessivo adjetivo:

> Este é o **meu** livro.   O **teu**, o professor já levou.

PRONOMES DEMONSTRATIVOS

Pronomes demonstrativos são aqueles que indicam a posição do ser no tempo e no espaço, tomando-o em relação às pessoas do discurso.

Observe os pronomes demonstrativos no quadro a seguir.

pessoa do discurso	variáveis	invariáveis
primeira	este, esta, estes, estas	isto
segunda	esse, essa, esses, essas	isso
terceira	aquele, aquela, aqueles, aquelas	aquilo

As formas variáveis **este**, **esse**, **aquele** (e flexões) podem funcionar como pronomes substantivos ou pronomes adjetivos. As formas invariáveis **isto**, **isso**, **aquilo** sempre funcionarão como pronomes substantivos. Veja:

Esta casa é minha.   Minha casa é **esta**.   **Aquilo**, para nós, foi uma terrível coincidência.

pronome adjetivo   pronome substantivo   pronome substantivo

Os exames se aproximavam e **isso** o deixava preocupado.

pronome substantivo

Só desejo **isto**: que todos voltem rapidamente.

pronome substantivo

Dependendo do contexto, também podem funcionar como pronomes demonstrativos as seguintes palavras: **o**, **mesmo**, **próprio** (variam em gênero e número), **semelhante** e **tal** (variam somente em número).

O, **a**, **os**, **as** são pronomes demonstrativos quando equivalem a **aquele(s)**, **aquela(s)**, **aquilo**, **isso**:

"Somos **o** que somos." (Fernando Pessoa) (**aquilo** que somos)

Esta é a casa que comprei, mas não é **a** que pretendia adquirir. (**aquela** que pretendia adquirir)

Nos exemplos acima, **o** e **a** funcionam como pronomes demonstrativos, antecedendo o pronome relativo **que**. Na frase abaixo, **o** é pronome demonstrativo por equivaler a **isso**:

Embora não **o** dissessem, iriam votar naquele candidato. (Embora não dissessem **isso**, iriam votar naquele candidato.)

Tal é pronome demonstrativo quando equivale a **este**, **esse** (e flexões), **isso**:

Tal fato é digno de repreensão.

Mesmo e **próprio** são demonstrativos de reforço. Estarão sempre se referindo a um substantivo ou pronome, com o qual deverão estabelecer concordância:

Ele **mesmo** resolveu entregar os documentos.

Respondeu às **mesmas** perguntas diversas vezes.

Ela **própria** registrou a queixa.

Não se deve fazer justiça com as **próprias** mãos.

Assim como os artigos, os pronomes demonstrativos (com exceção de **mesmo**, **próprio**, **semelhante** e **tal**) podem aparecer unidos com as preposições **a**, **de** e **em**:

neste, nesse, naquele, nisso (**em** + este, esse, aquele, isso)

deste, dessa, daquele, disto (**de** + este, essa, aquele, isto)

àquele, àqueles, àquela, àquelas, àquilo (**a** + aquele(s), aquela(s), aquilo)

Emprego dos pronomes demonstrativos

1 Os pronomes demonstrativos podem ser utilizados para indicar a posição espacial de um ser em relação às pessoas do discurso.

a) Os demonstrativos de primeira pessoa (**este** e flexões, **isto**) indicam que o ser está próximo à pessoa que fala. Pode ser usado em frases com os pronomes **eu**, **me**, **mim**, **comigo** e com o advérbio de lugar **aqui**:

Esta caneta que está comigo é azul.

Este relógio que eu tenho nas mãos é suíço.

Isto que está aqui comigo é um livro.

b) Os demonstrativos de segunda pessoa (**esse** e flexões, **isso**) indicam que o ser está próximo à pessoa com quem se fala. Podem aparecer com os pronomes **tu**, **te**, **contigo**, **você**, **vocês** e com o advérbio de lugar **aí**:

Essa caneta que está contigo é azul.

Esse relógio que tu tens nas mãos é suíço.

Isso que está aí com você é um livro.

c) Os demonstrativos de terceira pessoa (**aquele** e flexões, **aquilo**) indicam que o ser está próximo à pessoa de quem se fala, ou distante dos interlocutores. Podem ser usados com os advérbios de lugar **ali** ou **lá**:

Aquela caneta que está com o aluno da outra sala é azul.

Aquele relógio que está lá na vitrine é suíço.

Aquilo que está ali com o professor é um livro.

2 Os demonstrativos servem também para indicar a posição temporal, revelando proximidade ou afastamento no tempo em relação à pessoa que fala.

a) O demonstrativo de primeira pessoa (**este** e flexões) revela tempo presente, ou bastante próximo do momento em que se fala:

Este dia está bom para ir à piscina.

Pretendo fazer as compras ainda **nesta** semana.

Agora estou tranquilo: **neste** ano o colégio organizou uma festa à altura de suas tradições.

b) O demonstrativo de segunda pessoa (**esse** e flexões) revela tempo passado relativamente próximo ao momento em que se fala:

Em fevereiro fez muito calor; **nesse** mês pude ir várias vezes à piscina.

Há dois anos concluí meu curso de francês; **nesse** ano pretendia morar na Europa.

c) O demonstrativo de terceira pessoa (**aquele** e flexões) revela tempo remoto ou bastante vago.

Em 1950 realizou-se a Copa do Mundo no Brasil; **naquele** ano o Uruguai surpreendeu a todos, conquistando o título.

Na penúltima década do século passado, chegaram ao Brasil os primeiros telefones celulares. **Naquela** época, poucas pessoas dispunham de tal comodidade.

3 Os pronomes demonstrativos **este** (e flexões), **esse** (e flexões), **isto** e **isso** podem indicar o que ainda vai ser mencionado e aquilo que já foi mencionado, isto é, podem ter valor **catafórico** (se apontam para algo que ainda será mencionado) ou **anafórico** (se apontam para algo mencionado anteriormente).

a) Devemos empregar **este** (e flexões) e **isto** quando queremos fazer referência a alguma coisa que ainda vai ser mencionada (valor catafórico):

Espero sinceramente **isto**: que se procedam as reformas.

Estas são algumas características do Romantismo: subjetivismo, apego à natureza, nacionalismo.

b) Devemos empregar **esse** (e flexões) e **isso** quando queremos fazer referência a alguma coisa que já foi mencionada (valor anafórico):

Sempre quis ter um corpo de atleta: Ronaldo me propiciou **isso**.

Subjetivismo, apego à natureza, nacionalismo; **essas** são algumas características do Romantismo.

c) Emprega-se **este** em oposição a **aquele** quando se quer fazer referência a elementos já mencionados. **Este** se refere ao mais próximo; **aquele**, ao mais distante. Nesse caso, tanto **este** quanto **aquele** possuem valor anafórico, por retomarem termos já mencionados:

Matemática e Literatura são disciplinas que me agradam: **esta** me desenvolve a sensibilidade; **aquela**, o raciocínio.

Em expressões como **por isso**, **além disso** e **isto é**, o uso dos demonstrativos nem sempre está em conformidade com a regra. Nessas expressões, sua forma é fixa.

4 Os demonstrativos **isto**, **isso** e **aquilo** não têm função determinante, portanto são sempre pronomes substantivos e não devem ser empregados em relação a seres animados.

Isto é algo que me incomoda muito.   Ele ficava o tempo todo pensando **naquilo**.
Deixe **disso** e continue sua vida normalmente.   **Aquilo** fez muito mal a ela.

Morfossintaxe do pronome demonstrativo

Os pronomes demonstrativos variáveis podem desempenhar funções próprias do substantivo (sujeito, objeto direto, objeto indireto, etc.) ou do adjetivo (adjunto adnominal e predicativo). Já os pronomes demonstrativos invariáveis (**isto**, **isso**, **aquilo**) necessariamente desempenham funções próprias do substantivo:

Recomendaram **aquele** livro.   **Isto** é o que você pensa!   Ela disse **aquilo**?!
pronome adjetivo   pronome substantivo   pronome substantivo
(adjunto adnominal)   (sujeito)   (objeto direto)

ATIVIDADES

1. Leia a tirinha a seguir:

WALKER, Mort. *O melhor do Recruta Zero 1*. p. 72.

Em diversos textos humorísticos, a comicidade decorre do quiproquó, que consiste na confusão que se faz em tomar uma coisa por outra.

a) Que palavra da tira gera o quiproquó?
b) Que sentido cada um dos interlocutores dá a essa palavra?

2. Complete as lacunas usando **este** ou **esse**.

a) * livro que está comigo é um romance.   c) * relógio que está comigo custou caro.
b) * livro que está com você é um romance.   d) * relógio que está com você custou caro.

3. Observe o texto a seguir:

LAERTE. *Classificados:* livro 2. São Paulo: Devir, 2002. p. 36.

Nessa tira, o pronome demonstrativo substitui uma palavra que fica implícita no contexto. Que palavra é essa?

4. Nos textos seguintes, aponte os pronomes possessivos e os pronomes demonstrativos.

   a) "Eu sei que não tem perigo, que é o transporte mais seguro do mundo, e as estatísticas, e essa coisa toda, você já me explicou. Mas pense um pouco nos nossos filhos, pelo amor de Deus!" (Fernando Sabino)

   b) "Meu primeiro movimento, ao ler esse delicado convite, foi deixar a mesa da redação e me dirigir ao Jardim Botânico, contemplar a flor e cumprimentar a administração do horto pelo feliz evento." (Rubem Braga)

   c) "Minha irmã se casou; nossa mãe não quis festa." (Guimarães Rosa)

   d) "Para ser franco, declaro que esses infelizes não me inspiram simpatia. Lastimo a situação em que se acham, reconheço ter contribuído para isso, mas não vou além. Estamos tão separados! A princípio estávamos juntos, mas esta desgraçada profissão nos distanciou. Madalena entrou aqui cheia de bons sentimentos e bons propósitos. Os sentimentos e os propósitos esbarraram com a minha brutalidade e o meu egoísmo." (Graciliano Ramos)

   e) "Na minha impureza eu havia depositado a esperança de redenção nos adultos. A necessidade de acreditar na minha bondade futura fazia com que eu venerasse os grandes, que eu fizera à minha imagem, mas a uma imagem de mim enfim purificada pela penitência do crescimento, enfim liberta da alma suja de menina. E tudo isso o professor agora destruía, e destruía meu amor por ele e por mim." (Clarice Lispector)

5. Preencha as lacunas usando o pronome demonstrativo adequado.

   a) Roma e Viena são belas cidades: * é a capital da Áustria; *, da Itália.

   b) Machado de Assis e Guimarães Rosa são dois grandes escritores: * escreveu *Dom Casmurro*; *, *Sagarana*.

   c) Salvador e Florianópolis são duas capitais brasileiras: * é a capital de Santa Catarina; *, da Bahia.

   d) * que eu tenho nas mãos é um livro.

   e) * que tu tens nas mãos é um livro.

   f) * que está nas mãos do professor é um livro.

   g) * caneta que está na minha mão é tua?

   h) * são as minhas aspirações: entrar na faculdade e conseguir um bom emprego.

6. Classifique os pronomes destacados de acordo com os códigos a seguir.

   PR = pessoal reto
   PO = pessoal oblíquo
   P = possessivo
   D = demonstrativo

   a) "Cesse tudo **o** que a Musa antiga canta." (Camões)

   b) **O** que sei é que te amo.

   c) Encontrei-**o** em casa.

   d) Não **o** esperava tão cedo.

   e) **Ele** deixou a sala apressado.

   f) Não encontrei **meus** amigos em parte alguma.

   g) Achei **o** que procuravas.

   h) Achei-**o** num canto qualquer.

PARTE 2 // MORFOLOGIA

7. Leia o texto a seguir:

   "De meu país e de minha família tenho pouco a dizer. Maus-tratos e o passar dos anos me afastaram daquele e fizeram de mim um estranho para esta." (Edgar Allan Poe)

   Os pronomes **aquele** (em **daquele**) e **esta** recuperam termos anteriormente expressos no contexto. A que termos tais pronomes se referem?

8. Em "**Os** que aqui se encontram almejam aprovação", o termo destacado é:

   a) artigo
   b) pronome pessoal oblíquo
   c) pronome demonstrativo
   d) pronome pessoal reto
   e) pronome indefinido

9. Assinale a alternativa em que há erro na classificação do pronome.

   a) Convidei-**o** para a festa. (pessoal oblíquo)
   b) Não entendi **o** que você me falou. (pessoal oblíquo)
   c) **Nossos** sofrimentos nos causam dano. (possessivo)
   d) **Isto** não se faz. (demonstrativo)
   e) Desejo-**lhe** boa viagem. (pessoal oblíquo)

10. Assinale a alternativa que não contenha pronome demonstrativo.

    a) Aquela aluna requereu a dispensa.
    b) Não posso admitir tal comportamento.
    c) Aquilo que ouvi nem parece música.
    d) Não consigo compreender o que você fez.
    e) Certo aluno me disse que você iria.

11. Assinale a alternativa que contenha inadequação no emprego do demonstrativo.

    a) Ela mesmo me afirmou que iria.
    b) Estes documentos que estão comigo são importantes.
    c) Esses documentos que estão com você são importantes.
    d) O trabalho foi feito por elas mesmas.
    e) Naquela época costumava-se dançar bolero.

12. Em "Ela **mesma** apresentou **aquela** proposta", os termos em destaque são, respectivamente:

    a) pronome possessivo; pronome demonstrativo.
    b) pronome demonstrativo; pronome possessivo.
    c) adjetivo; pronome demonstrativo.
    d) advérbio; adjetivo.
    e) pronome demonstrativo; pronome demonstrativo.

PRONOMES RELATIVOS

Pronomes relativos são aqueles que retomam um nome da oração anterior (o antecedente) e o projetam em outra oração.

Por retomarem termos já mencionados, os pronomes relativos sempre têm valor anafórico.

Não conhecemos **os alunos**. Os alunos saíram.

Não conhecemos **os alunos** **que** saíram.
            antecedente   pronome relativo

Observe os pronomes relativos no quadro ao lado.

variáveis	invariáveis
o qual, a qual, os quais, as quais	que
cujo, cuja, cujos, cujas	quem
quanto, quanta, quantos, quantas	onde
	como

Emprego dos pronomes relativos

1 Os pronomes relativos virão precedidos de preposição se a regência assim determinar:

Este é o autor **a cuja** obra me refiro. (referir-se **a**)
Este é o autor **de cuja** obra gosto. (gostar **de**)
São opiniões **a que** sou favorável. (favorável **a**)

2 O pronome relativo **quem** é empregado com referência a pessoas:

Não conheço a garota de **quem** você gosta.

Este é o rapaz a **quem** você se referiu.

3 Quando possuir antecedente, o pronome relativo **quem** virá sempre precedido de preposição:

Lúcia era a mulher **a quem** ele amava.

Nesse exemplo, embora o verbo **amar** não exija preposição (quem ama, ama alguém), o relativo **quem** está precedido de preposição porque possui antecedente explícito (a mulher). No caso, **a quem** será classificado sintaticamente como objeto direto preposicionado.

4 É comum a ocorrência do relativo **quem** sem antecedente claro. Nesse caso, ele é classificado como relativo indefinido:

"**Quem** nasce lá na Vila

Nem sequer vacila." (Noel Rosa)

(aquele que nasce lá na Vila)

5 O pronome relativo **que** pode ser empregado com referência a pessoas ou coisas:

Não conheço o rapaz **que** saiu. (refere-se a pessoa: rapaz)

Esta é a saia **que** Simone comprou. (refere-se a coisa: saia)

6 O pronome relativo **que** é empregado quando precedido de preposição monossilábica. Com as preposições de mais de uma sílaba, usa-se o relativo **o qual** (e flexões):

Estas são as ferramentas **de que** necessito.

Este é o móvel **sobre o qual** foi colocado o vaso.

As preposições **sem** e **sob** constituem exceção a essa regra: com elas usa-se de preferência o relativo **o qual** (e flexões):

O professor nos apresentou uma condição **sem a qual** o trabalho não terá sentido.

Este é o móvel **sob o qual** ficou escondido o documento.

7 O pronome relativo **cujo** (e flexões) é relativo possessivo, equivalendo a **do qual** (e flexões). Deve concordar com a coisa possuída e não admite a posposição de artigo:

Esta é a pessoa em **cuja** casa me hospedei. (casa da pessoa)

Feliz o pai **cujos** filhos são ajuizados. (filhos do pai)

Na variedade popular do português brasileiro, é comum não se usar **cujo** (e flexões) e substituí-lo pelo **que**:

A aluna, **que** o pai dela é médico, faltou.

8 O pronome relativo **quanto** (e flexões) normalmente tem por antecedente os pronomes indefinidos **tudo**, **tanto**, etc.; daí seu valor indefinido:

Falou tudo **quanto** queria.   Coloque tantas **quantas** forem necessárias.

9 **Quanto** pode ser empregado sem antecedente. Esse emprego é comum em certos documentos jurídicos:

Saibam **quantos** esta escritura virem que [...].

10 O relativo **onde** é usado para indicar lugar e equivale a **em que**, **no qual** (e flexões).

Esta é a casa **onde** moro.

Não conheço o lugar **onde** você está.

Se não houver indicação de lugar, não devemos empregar **onde**, mas **em que** ou **no qual** (e flexões).

Viviam uma situação tensa **onde** cada um estava com os nervos à flor da pele. (construção **não recomendada** pela norma culta)

Viviam uma situação tensa **em que** (ou **na qual**) cada um estava com os nervos à flor da pele. (construção **recomendada** pela norma culta)

11 **Onde** pode ser usado sem antecedente:
Fique **onde** está.

12 O relativo **como** é usado para exprimir modo:
Não entendo a maneira **como** ele se comporta.

Morfossintaxe do pronome relativo

Os pronomes relativos introduzem orações subordinadas adjetivas, nas quais sempre desempenham uma função sintática.

oração adjetiva
Ouço a voz do vento, **que** varre a tarde.
pronome relativo,
sujeito do verbo **varrer**

oração adjetiva
Ouço a voz **que** o vento traz.
pronome relativo,
objeto direto do verbo **trazer**

O estudo das funções sintáticas do pronome relativo será tratado com detalhes no capítulo 16, **Orações subordinadas**.

PRONOMES INDEFINIDOS

Pronomes indefinidos são aqueles que se referem à terceira pessoa do discurso de modo vago e impreciso.

Observe:

Alguém me contou a verdade.

Algo me diz que não é este o caminho.

Veja a seguir um quadro com os principais pronomes indefinidos.

variáveis	
algum, alguma, alguns, algumas certo, certa, certos, certas muito, muita, muitos, muitas nenhum, nenhuma, nenhuns, nenhumas outro, outra, outros, outras pouco, pouca, poucos, poucas qual, quais	qualquer, quaisquer quanto, quanta, quantos, quantas tanto, tanta, tantos, tantas todo, toda, todos, todas um, uma, uns, umas vário, vária, vários, várias

invariáveis
algo, alguém, cada, mais, menos, nada, ninguém, outrem, que, quem, tudo

Algo, tudo e **nada** referem-se a coisas; **alguém, ninguém** e **outrem** referem-se a pessoas. **Mais, menos** e **cada** podem se referir a coisas ou pessoas.

Os pronomes indefinidos podem aparecer sob a forma de **locução pronominal**:

cada qual, quem quer que, qualquer um, todo aquele que

A palavra *um*

A palavra **um** pode ser pronome indefinido, numeral ou artigo. Para classificá-la corretamente, pense no significado da frase e em alguns conceitos gramaticais.

Pronome
O pronome indefinido **um**, geralmente, vem empregado em construções combinadas com o pronome indefinido **outro**:

Um gosta de futebol, **outro**, de vôlei.

Repare que a palavra **um** está representando um substantivo, papel típico do pronome, e desempenha a função sintática de núcleo do sujeito.

Numeral
O numeral **um** necessariamente nos remete à ideia de quantidade. Para classificarmos a palavra **um** como numeral, é fundamental que a frase apresente uma construção paralela empregando outro numeral:

Um elefante incomoda muita gente,
dois elefantes incomodam muito mais.

Nessa frase, o numeral **um** desempenha a função sintática de adjunto adnominal.

Artigo
O artigo indefinido **um** necessariamente precede substantivo, acrescentando-lhe ideia de indeterminação:

Um elefante sempre faz sucesso no circo.

Na frase acima, fica clara a noção de um ser indeterminado, não específico. Sintaticamente, o artigo sempre desempenha a função de adjunto adnominal.

Emprego dos pronomes indefinidos

1 O indefinido **algum**, quando posposto ao nome, assume valor negativo, equivalendo a **nenhum**:
   Motivo **algum** me fará desistir do cargo.   Livro **algum** faz referência a este episódio.

2 Na norma culta, o pronome indefinido **cada** não deve ser utilizado desacompanhado de substantivo ou numeral:
   Pagaram dez reais **cada** um. (E não: Pagaram dez reais cada.)

3 **Certo** é pronome indefinido quando anteposto ao nome a que se refere. Quando posposto, será adjetivo:
   Não entendi **certos** exercícios. (pronome indefinido)
   Os exercícios **certos** valerão nota. (adjetivo)
   Certo amigo me avisou do perigo. (pronome indefinido)
   O amigo **certo** se conhece na hora incerta. (adjetivo)

4 **Todo** e **toda** (no singular), quando desacompanhados de artigo, significam **qualquer**. Quando acompanhados de artigo, passam a dar a ideia de totalidade:
   Todo homem é mortal. (qualquer homem)
   Ele comeu **todo o** bolo. (o bolo inteiro)

No plural, **todos** e **todas** sempre virão seguidos de artigo, exceto se houver palavra que o exclua, ou numeral não seguido de substantivo:

Todos os alunos compareceram.   **Todos estes alunos** compareceram.
Todos cinco compareceram.   **Todos os cinco alunos** compareceram.

A expressão **de todo** é locução adverbial, por isso permanece sempre invariável.
   Quando se referiu ao assunto, ela não estava **de todo** errada.

PARTE 2 // MORFOLOGIA

5 **Qualquer** tem por plural **quaisquer**. Quando posposto ao substantivo, assume valor pejorativo:

Acabaram acolhendo **quaisquer** soluções.

Era um malandrinho **qualquer**.

6 **Outrem** significa "outra pessoa":

Não aceito que **outrem** modifique o que eu já fiz.

Morfossintaxe do pronome indefinido

Os pronomes indefinidos podem acompanhar ou representar um substantivo. Serão, respectivamente, pronomes adjetivos ou pronomes substantivos e desempenharão funções sintáticas típicas do adjetivo e do substantivo.

Os pronomes **alguém**, **ninguém**, **outrem**, **algo** e **nada** sempre têm valor de substantivo:

Alguém pegou a minha caneta!

pronome substantivo desempenhando
função de sujeito simples

Alguns candidatos faltaram à prova.

pronome adjetivo desempenhando
função de adjunto adnominal

PRONOMES INTERROGATIVOS

Pronomes interrogativos são aqueles usados em frases interrogativas diretas ou indiretas.

São eles: **quem**, **que**, **qual** e **quanto**:

Quem chegou? (interrogativa direta)

Gostaria muito de saber **quem** fez isso. (interrogativa indireta)

O pronome interrogativo refere-se sempre a um ser sobre o qual não temos informações; esta é a própria essência da frase interrogativa. Por essa característica, os pronomes interrogativos assemelham-se aos pronomes indefinidos.

Quando usados como pronomes interrogativos, a referência de **que** e **quem** é desconhecida. Quando **que** e **quem** são pronomes relativos, o referente é conhecido e estarão presentes na oração antecedente.

Quem chegou?

Que sucede?

Não sei **quem** fez isso.

(pronomes interrogativos → referentes desconhecidos)

A atriz de **quem** sou admirador estará na próxima novela.

Pedro encontrou o livro **que** procurava.

(pronomes relativos → referentes conhecidos)

Morfossintaxe do pronome interrogativo

O pronome **quem** é sempre empregado como substantivo, desempenhando, portanto, funções substantivas:

Quem receberá o prêmio?

sujeito

Quem Pedro convidou para a festa?

objeto
direto

O pronome **qual** é, em geral, empregado como adjetivo e exerce a função de adjunto adnominal:

Qual caneta é a minha?

adjunto adnominal

COLOCAÇÃO PRONOMINAL

Os pronomes oblíquos átonos (**o, a, os, as, lhe, lhes, me, te, se, nos, vos**), como todos os outros monossílabos átonos, apoiam-se na tonicidade de alguma palavra próxima. Podem ocupar três posições diferentes em relação ao verbo:

a) **antes do verbo:** nesse caso, ocorre a **próclise** e dizemos que o pronome está proclítico:
    Nunca **me** revelaram os verdadeiros motivos.

b) **no meio do verbo:** nesse caso, ocorre a **mesóclise** e dizemos que o pronome está mesoclítico:
    Revelar-**te**-ei os verdadeiros motivos.

c) **depois do verbo:** nesse caso, ocorre a **ênclise** e dizemos que o pronome está enclítico:
    Revelaram-**me** os verdadeiros motivos.

Apresentamos, a seguir, algumas orientações acerca da colocação dos pronomes oblíquos átonos.

Ênclise

A ênclise ocorre normalmente:

a) com o verbo no início da frase:
    Comenta-se que ele deverá receber o prêmio.

b) com o verbo no imperativo afirmativo:
    Alunos, **apresentem-se** ao diretor.

c) com o verbo no gerúndio:
    Modificou a frase, **tornando-a** ambígua.

Caso o gerúndio venha precedido pela preposição **em**, ocorrerá a próclise:
    Em se tratando de cinema, prefiro filmes europeus.

d) com o verbo no infinitivo impessoal:
    Vim pessoalmente entregar-**te** os documentos.

Se o verbo no infinito impessoal vier precedido de palavra atrativa, é opcional a ênclise ou a próclise.
    Desejo sinceramente não perdoar-**lhe**.   Desejo sinceramente não **lhe** perdoar.

Próclise

A próclise ocorre geralmente em orações em que antes do verbo haja:

a) palavra de sentido negativo (não, nada, nunca, ninguém, etc.):
    Nunca me convidam para festas.

b) conjunção subordinativa:
    "**Quando** eu **te** encarei frente a frente não vi o meu rosto." (Caetano Veloso)

c) advérbio:
    Assim se resolvem os problemas.

Caso haja pausa depois do advérbio (marcada na escrita por vírgula), ocorrerá a ênclise:
    Assim, resolvem-**se** os problemas.

d) pronome indefinido:
    Tudo se acaba na vida.

e) pronome relativo:
    Não encontrei o caminho **que me** indicaram.

A próclise ocorre também nas orações iniciadas por palavras interrogativas e exclamativas e nas orações optativas (orações que exprimem um desejo):

Quem te disse que ele não viria? (oração iniciada por palavra interrogativa)

Quanto me custa dizer a verdade! (oração iniciada por palavra exclamativa)

Deus **te** proteja. (oração optativa)

Mesóclise

A mesóclise só pode ocorrer quando o verbo estiver no futuro do presente ou no futuro do pretérito do indicativo:

Convidar-me-ão para a solenidade de posse da nova diretoria.

Convidar-te-ia para viajar comigo, se pudesse.

Caso o verbo no futuro do presente ou no futuro do pretérito do indicativo venha precedido por pronome pessoal reto, ou de alguma palavra que exija a próclise, esta será de rigor:

Eles me convidarão para a solenidade de posse da nova diretoria.

Não me convidarão para a solenidade de posse da nova diretoria.

Sempre te convidaria para viajar comigo, se pudesse.

Eu te convidaria para viajar comigo, se pudesse.

Colocação pronominal nas locuções verbais e nos tempos compostos

Nas locuções verbais em que o verbo principal está no infinitivo ou no gerúndio, o pronome oblíquo átono pode ser colocado, indiferentemente, depois do verbo auxiliar ou depois do verbo principal:

Quero-lhe apresentar os meus primos que vieram do interior.

Quero **apresentar-lhe** os meus primos que vieram do interior.

Ia-lhe dizendo as razões da minha desistência.

Ia **dizendo-lhe** as razões da minha desistência.

Caso haja antes da locução verbal palavra que exija a próclise, o pronome oblíquo poderá ser colocado, indiferentemente, antes do verbo auxiliar, ou depois do verbo principal:

Não lhe quero apresentar os meus primos que vieram do interior.

Não quero **apresentar-lhe** os meus primos que vieram do interior.

Alguém lhe ia dizendo as razões da minha desistência.

Alguém ia **dizendo-lhe** as razões da minha desistência.

Nos tempos compostos e nas locuções verbais em que o verbo principal está no particípio, a colocação dos pronomes oblíquos átonos será feita sempre em relação ao verbo auxiliar e nunca em relação ao particípio, podendo ocorrer a próclise, a mesóclise ou a ênclise, conforme as orientações apresentadas anteriormente:

Havia-lhe contado os verdadeiros motivos da minha desistência.

Nunca o tinha visto antes.

Tê-lo-ia procurado, se tivesse tempo.

Sentiu-se rejeitado pelos colegas.

Ficou tímido, **porque se** sentiu rejeitado pelos colegas.

Se não o convidarem, **sentir-se-á** rejeitado pelos colegas.

Nas locuções verbais e nos tempos compostos, quando se coloca o pronome oblíquo átono depois do verbo auxiliar, pode-se usar o hífen ou não:

Vou-te devolver o livro amanhã.   **Vou te** devolver o livro amanhã.

CAPÍTULO 9 // Pronome

A gramática no dia a dia

As normas estabelecidas pela gramática normativa nem sempre são obedecidas na variedade popular. Com relação aos pronomes, podemos observar usos que não estão de acordo com a norma culta, mas que já se incorporaram ao falar dos brasileiros.

A gente

Utiliza-se largamente a forma **a gente** em substituição ao pronome pessoal reto de primeira pessoa (nós):

A gente vê cada coisa nesta vida!

A gente precisa respeitar mais o meio ambiente.

"Então **a gente** achava melhor entrar no jogo com a maior cara de pau do mundo." (Lygia Fagundes Telles)

Observe que, quando utilizamos a expressão **a gente**, a concordância deve ser feita na terceira pessoa do singular. Dessa forma, a frase "A gente somos inútil", de uma conhecida canção popular, pode ser entendida como uma irreverência artística.

Na linguagem coloquial, devemos dizer "A gente é inútil". Na norma culta, "Nós somos inúteis".

Pronome oblíquo no início de frases

Embora a gramática normativa estabeleça que não se deve iniciar frases pelos pronomes oblíquos átonos, no português falado no Brasil o emprego desses pronomes (sobretudo os de primeira e segunda pessoas) em início de frases é muito frequente (até mesmo por escritores modernos):

"**Me** ponho a correr na praia.
Venha o mar! Venham canções!
Que o farol me denuncie!
Que a fortaleza me ataque!" (Carlos Drummond de Andrade)

Te contei que viajei para Recife no mês passado?

"**Me** lembro de todos os pregões: ovos frescos e baratos [...]" (Manuel Bandeira)

Você

Como vimos, os pronomes de tratamento têm caráter cerimonioso. No português do Brasil, o pronome de tratamento **você** perdeu esse caráter, sendo utilizado, em diversas regiões do país, em substituição à forma pronominal de segunda pessoa (**tu**). O pronome pessoal de segunda pessoa do plural (**vós**) é hoje muito pouco utilizado no português falado no Brasil. Normalmente, emprega-se o pronome de tratamento **vocês** no lugar de **vós**:

Você percebeu que até o amigo dele ficou constrangido?

Estou morrendo de saudade, por isso queria que **você** voltasse logo.

Dirigindo-se aos filhos, disse:

— **Vocês** podem ir, mas tratem de voltar cedo.

Não se esqueça de que, embora **você** e **vocês** estejam se referindo à pessoa com quem se fala (segunda pessoa, portanto), a concordância deve ser feita na terceira pessoa.

Pronome reto atuando como complemento verbal

Embora a norma culta não aceite, é comum na variedade informal o emprego dos pronomes pessoais retos na função de complemento verbal:

Convidaram **ele** para a festa.   Chamei **ela** para ir comigo.

Pronome possessivo sem ideia de posse

É comum a utilização dos pronomes possessivos sem que estes exprimam ideia de posse. Os possessivos podem ser utilizados para indicar aproximação:

Aquele senhor deve ter **seus** 50 anos. (aproximação)

Quando fazem parte do vocativo, também são utilizados para indicar afeto, respeito ou provocação:

Meu caro aluno, procure esforçar-se mais. (afeto)
Minha senhora, permita-me um aparte. (respeito)
Não jogue papel no chão, **seu** porco! (provocação)

Isso equivalendo a *sim*

Na linguagem coloquial, o pronome demonstrativo **isso** costuma ser empregado como equivalente a **sim** em respostas afirmativas:

— Você foi ao banco depositar o dinheiro?
— **Isso**. E aproveitei também para pegar dois talões de cheque.

Algo / alguma coisa

É bastante comum na linguagem do dia a dia a substituição do pronome indefinido **algo** pela expressão **alguma coisa**.

"**Alguma coisa** acontece no meu coração." (Caetano Veloso)
Há **alguma coisa** errada naquela casa.

ATIVIDADES

Texto para a questão 1.

Sucedeu, porém, que a língua portuguesa nem se entregou de todo à corrupção das senzalas, no sentido de maior espontaneidade de expressão, nem se conservou acalafetada nas salas de aula das casas-grandes sob o olhar duro dos padres-mestres. A nossa língua nacional resulta da interpenetração das duas tendências. Devemo-la tanto às mães Bentas e às tias Rosas como aos padres Gamas e aos padres Pereiras. O português do Brasil, ligando as casas-grandes às senzalas, os escravos aos senhores, as mucamas aos sinhô-moços, enriqueceu-se de uma variedade de antagonismos que falta ao português da Europa. Um exemplo, e dos mais expressivos, que nos ocorre, é o caso dos pronomes. Temos no Brasil dois modos de colocar pronomes, enquanto o português só admite um – o "modo duro e imperativo": *diga-me, faça-me, espere-me*. Sem desprezarmos o modo português, criamos um novo, inteiramente nosso, característicamente brasileiro: *me diga, me faça, me espere*. Modo bom, doce, de pedido.

FREYRE, Gilberto. *Casa-grande & senzala*. 50. ed.
São Paulo: Global, 2005. p. 417-448.

1. Assinale a alternativa incorreta.

   a) Quanto à colocação pronominal, podemos afirmar que o português brasileiro tende à próclise, enquanto o português europeu tende à ênclise.

   b) As diferenças entre o português brasileiro e o português europeu residem apenas na colocação dos pronomes átonos.

   c) No português brasileiro, pode-se notar a influência dos escravos.

   d) O português brasileiro apresenta tanto traços da linguagem usada pelos senhores e padres quanto da linguagem utilizada pelos escravos.

   e) O autor considera a colocação pronominal usada no português brasileiro menos impositiva do que a usada no português de Portugal.

CAPÍTULO 9 // Pronome   145

Texto para a questão 2.

O drama do treinador, a meu ver, é que todo mundo, em todo o mundo, diz que o Brasil tem hoje o melhor elenco de craques do planeta. Com esse material nas mãos, se a seleção for campeã, todos vão dizer: "Também, com um time desses, até eu".

COUTO, José Geraldo. *Folha de S.Paulo*,
São Paulo, 5 set. 2005. p. D9.

2. Sem alterar o sentido, reescreva esse texto, substituindo as expressões **todo mundo** e **em todo o mundo** por outras. Faça as modificações que julgar necessárias.

3. Do texto a seguir, destaque e classifique os pronomes.

Todos os detalhes acertados, voltamos para casa já noite fechada. Meu pai transmitiu a notícia a mamãe, que sem dizer nada nos serviu o jantar. Comemos em silêncio; melhor dizendo, nós, os irmãos, e nossa mãe, nos mantínhamos quietos, eu mastigando automaticamente, Er nem sequer tocando no prato. Mas papai, entusiasmado com a perspectiva das bodas, falava sem cessar, descrevendo o belo futuro que o primogênito teria.

SCLIAR, Moacyr. *Manual da paixão solitária*.
São Paulo: Companhia das Letras, 2008. p. 45.

4. Dos trechos a seguir, destaque os pronomes relativos.

a) "Lembrei-me do tacho velho, que era o centro da pequenina casa onde vivíamos." (Graciliano Ramos)

b) "Ele, que se mostrara sempre tão generoso, tão displicente pelas faltas alheias, não lhe perdoara." (Marques Rabelo)

c) Aquele menino, cujo pai é professor, disse que não faria o trabalho que lhe pediram.

d) Aquelas pessoas que compareceram à reunião falaram tudo quanto queriam falar.

e) "Uma noite destas, vindo da cidade para o Engenho Novo, encontrei no trem da Central um rapaz aqui do bairro, que eu conheço de vista e de chapéu." (Machado de Assis)

5. A frase a seguir foi proferida no interior de um avião por uma comissária de bordo: "Este é o voo 3216 com destino ao aeroporto de Congonhas, que hoje está sob a responsabilidade do comandante Carlos Silva".

a) Da forma como foi regida a frase, o pronome relativo está se referindo a que termo?

b) Reescreva a frase para que fique claro aos interlocutores que o responsável pelo voo 3216 é o comandante Carlos Silva.

DOS TEXTOS À GRAMÁTICA   DA GRAMÁTICA AOS TEXTOS

Santa Rita

Fui com minha tropinha dar um serviço a um homem pracolá, ajuntar mantimento da roça e baldear pra casa, deixei a mulher na sua quadra de dormir na rede. Volto daí duas semanas – aqui esteve Lucinda. Topei a casa vazia. Espiei pelos vãos dos barrotes, notei que ela havia saído já ha uns pares de dias: os trastes estavam tampados de pó e fiapeiras de palha caídas da cobertura, a cinza da trempe toda riscada de rastro de calango. Deixou um bilhete para mim na mao de uma mulher que mora ali embaixo, as duas andavam treladas uma com a outra, abaixo e arriba. Dizia que ausentava de mim era por nada não; estava com vontade de dar umas voltas no mundo, que eu não reparasse sua atitude, e teve muita satisfação em ter vivido esse tempo todo na minha companhia.

Levei um baque danado, fiquei muito tempo suspenso nos ares: um animal anódio e besta. Mas como a cínica é descarada!... Ela não enxerga nadinha em leitura, a quenga companheira dela, muito menos, fiquei numa dúvida, sem saber quem seria o escrevinhador do bilhete. Embolava o papel na mão, um pedaço de caderno, demorava um instante com o sentido girando, abobalhado, desmanchava a bola, desenrugava-a, tornava a ler. Com muito custo, tomei expediente, fui procurar a portadora do bilhete se ela tinha mais alguma coisa a contar. Indaguei dela, a descarada remancheou, mentiu que tinha recebido o papel já escrito, com a incumbência de me entregar.

Desconfiei que sua saída não tinha sido muito legal nada: ela não dissera nada aos vizinhos, duma noite por dia saiu de mansinho feito bufa escapolida. Não mandou dizer para aonde ia, deixa um bilhete que não diz quase nada. Como são volúveis essas mulheres!...

BERNARDES, Carmo. *Santa Rita*. Goiânia: Ed. da UFG, 1995. p. 25-26.

PARTE 2 // MORFOLOGIA

1. O texto é um fragmento do romance *Santa Rita*, do escritor Carmo Bernardes. Em seus romances, esse autor, que reside em Goiânia, retrata o mundo rural goiano.

   Uma das coisas que chama a atenção na leitura do texto de Carmo Bernardes é a linguagem que ele utiliza, uma variedade da língua diferente daquela usada em centros urbanos. Levante, no texto, palavras que caracterizam essa variedade da língua portuguesa. Consulte um dicionário para descobrir o significado das palavras que você desconhece.

2. Uma variedade linguística distingue-se da outra não apenas em relação ao vocabulário, por exemplo:

   bergamota / mexerica / tangerina

   farol / semáforo / sinaleira

   Há entre as diversas variedades da língua também diferenças sintáticas, isto é, na forma de combinar as palavras nos enunciados. Indique no texto construções sintáticas que diferem daquelas das normas urbanas.

3. Os verbos exprimem processos no tempo (passado, presente ou futuro). No entanto, é comum encontrarmos usos de um verbo num tempo para exprimir outro. No fragmento a seguir, o verbo destacado foi empregado com que valor?

   Fui com minha tropinha dar um serviço a um homem pracolá, ajuntar mantimento da roça e baldear pra casa, deixei a mulher na sua quadra de dormir na rede. **Volto** daí duas semanas – aqui esteve Lucinda.

4. *Santa Rita* é um texto predominantemente narrativo. Dizemos predominantemente porque nos textos, em geral, aparecem sequências textuais diversas, sendo uma, que dá a configuração do texto, dominante. Levando em conta o texto como um todo, que função exercem nele os seguintes enunciados: "Mas como a cínica é descarada!..."; "Como são volúveis essas mulheres!..."?

5. As narrações apresentam uma sequência de verbos que se referem a um sujeito. Observe este trecho do texto e, a seguir, responda:

   Fui com minha tropinha dar um serviço a um homem pracolá, ajuntar mantimento da roça e baldear pra casa, **deixei** a mulher na sua quadra de dormir na rede. **Volto** daí duas semanas – aqui esteve Lucinda. **Topei** a casa vazia. **Espiei** pelos vãos dos barrotes, **notei** que ela havia saído já há uns pares de dias [...].

   a) A quem eles se referem?

   b) Os acontecimentos expressos pelos verbos aparecem em uma determinada ordem. Qual?

6. No trecho a seguir, a palavra em destaque tem a função de retomar outra já expressa, funcionando como elemento de coesão textual. Que palavra é retomada?

   Volto daí duas semanas – aqui esteve Lucinda. Topei a casa vazia. Espiei pelos vãos dos barrotes, notei que **ela** havia saído já há uns pares de dias [...].

7. A coesão de um texto não decorre apenas da substituição de um termo por outro, mas também da omissão de um termo já apresentado e que pode ser facilmente recuperado pelo contexto. No trecho a seguir, a desinência dos verbos em destaque permite inferir um termo que foi omitido. Qual?

   Deixou um bilhete para mim na mão de uma mulher que mora ali embaixo, as duas andavam treladas uma com a outra, abaixo e arriba. **Dizia** que ausentava de mim era por nada não; **estava** com vontade de dar umas voltas no mundo, que eu não reparasse sua atitude, e **teve** muita satisfação em ter vivido esse tempo todo na minha companhia.

8. Os pronomes fora de contexto são palavras praticamente vazias de significado. O significado dos pronomes é dado pelo contexto em função do elemento a que fazem referência. Retome a leitura do texto e, a seguir, responda: a que elementos do texto faz referência o pronome **ela** nos trechos a seguir?

   a) "**Ela** não enxerga nadinha em leitura [...]."

   b) "[...] se **ela** tinha mais alguma coisa a contar."

VERBO

DEFINIÇÃO

Verbo é a palavra variável que exprime um processo, isto é, aquilo que se passa no tempo. Admite morfemas gramaticais para expressar as flexões de modo, tempo, pessoa e número.

Ao indicar um fato situado no tempo, o verbo, basicamente, pode exprimir:

a) ação:

Todos **comeram** o bolo.

b) estado:

O jogador **está** nervoso.

c) mudança de estado:

O atleta **ficou** doente.

d) fenômeno da natureza:

Nevou muito naquele ano.

Além desses, outros processos podem ser expressos pelo verbo:

a) existência:

Havia quinze candidatos para cada vaga.

b) desejo:

"**Quero** ficar no teu corpo feito tatuagem." (Chico Buarque e Ruy Guerra)

c) conveniência:

Aquele emprego não me **convém**.

O verbo é a palavra que apresenta o maior número de flexões: tempo, modo, número, pessoa e voz. A possibilidade de flexão temporal é fundamental para definir uma palavra como verbo.

Observe:

A **corrida** foi realizada no autódromo de Interlagos.

A **chuva** estragou a plantação.

Por causa da **tristeza** ficava cada vez mais distante dos amigos.

Do ponto de vista semântico, não se pode negar que nas frases acima as palavras **corrida**, **chuva** e **tristeza** expressam, respectivamente, ação, fenômeno da natureza e estado. No entanto, tais palavras não são verbos, uma vez que não podem ser flexionadas na categoria tempo.

Do ponto de vista sintático, o verbo é a palavra fundamental para estruturar orações, pois é por meio dele que se estabelecem as relações de predicação.

LOCUÇÃO VERBAL

O processo verbal pode ser indicado por mais de uma palavra. Quando isso ocorre, tem-se uma **locução verbal**. Nela, um verbo, denominado auxiliar, junta-se a outro, denominado principal, alargando-lhe a significação. O verbo principal estará sempre em uma das formas nominais (infinitivo, gerúndio ou particípio) e o auxiliar receberá as flexões de tempo, modo, pessoa e número. Se houver mais de um auxiliar, a flexão ocorrerá somente no primeiro. Nas locuções verbais, os verbos podem ou não estar ligados por preposição. Observe:

> Amanhã **poderá chover**.
>
> O candidato **deverá trazer** os documentos solicitados.
>
> Ele **acabou de sair**.

Nos exemplos acima, todos de locuções verbais, as formas auxiliares **poderá**, **deverá** e **acabou** ampliam a significação dos verbos principais (**chover**, **trazer** e **sair**), exprimindo, respectivamente, ideias de possibilidade, obrigatoriedade e passado recente.

São também locuções verbais os tempos compostos e as formas da voz passiva analítica. Nos primeiros, empregam-se os auxiliares **ter** e **haver**; nas segundas, os auxiliares **ser** e **estar** (e raramente **ficar**).

> Luana **tinha viajado** para Paris.
>
> O livro **foi comprado** por Luana.

Nesses exemplos, os auxiliares **ter** e **ser** são empregados, respectivamente, para formar um tempo composto e a voz passiva analítica.

Os verbos auxiliares também são importantes para indicar aspecto, isto é, detalhes do processo verbal. Observe as frases a seguir:

> O aluno **começou** a estudar.
>
> O aluno **continua** a estudar.
>
> O aluno **parou** de estudar.

Nesses casos, o verbo principal é **estudar**, cujo sentido é modificado pelo auxiliar. Na primeira frase, o auxiliar indica início da ação; na segunda, continuidade da ação; e na terceira, conclusão da ação. O aspecto verbal será estudado com detalhes ainda neste capítulo.

ESTRUTURA DO VERBO

Radical

> **Radical** é a parte do verbo que serve de base do significado.

Trata-se, portanto, de um morfema lexical. Obtém-se o radical do verbo retirando-se as terminações **-ar**, **-er** e **-ir** do infinitivo:

cantar	ar	**cant-**
bater	er	**bat-**
partir	ir	**part-**
infinitivo	terminação	radical

A muitos verbos, pode-se acrescentar um prefixo, formando-se, assim, um novo verbo:

re	bater	**rebater**
pre	conceber	**preconceber**
des	carregar	**descarregar**
prefixo	verbo primitivo	verbo derivado

Vogal temática

> **Vogal temática** é aquela que, em alguns casos, se apõe ao radical, preparando-o para receber as desinências.

Como nem sempre é possível agregar a desinência diretamente ao radical, usam-se as vogais **a**, **e** e **i** como elemento de ligação.

cant	a	va	bat	e	sse	part	i	ra
radical	vogal temática	desinência	radical	vogal temática	desinência	radical	vogal temática	desinência

A vogal temática indica a que conjugação pertence o verbo:

    vogal temática **a** → 1ª conjugação: cant**ar**
    vogal temática **e** → 2ª conjugação: bat**er**
    vogal temática **i** → 3ª conjugação: part**ir**

Evidentemente, se as desinências puderem ser agregadas diretamente ao radical, não haverá vogal temática. Veja:

cant	o	bat	i	part	e
radical	desinência	radical	desinência	radical	desinência

[!] O verbo *pôr*

O verbo **pôr** e seus derivados (dispor, compor, repor, etc.) pertencem à segunda conjugação por razões etimológicas: sua forma arcaica era **poer**. Note a presença da vogal temática de segunda conjugação **e** em algumas de suas formas:
    pus-**é**-sse-mos; pus-**é**-ra-mos; pus-**e**-r

O radical, acrescido da vogal temática, recebe o nome de **tema**:

tema		tema		tema	
cant	a	bat	e	part	i
radical	vogal temática	radical	vogal temática	radical	vogal temática

Desinências

> **Desinências** são morfemas gramaticais que se acrescentam ao radical (ou ao tema) para indicar as categorias gramaticais.

Essas categorias podem ser de tempo e modo (desinência modo-temporal), pessoa e número (desinência número-pessoal).
Veja:

cant	a	va	∅
cant	á	va	mos
cant	á	sse	mos
radical	vogal temática	desinência modo-temporal	desinência número-pessoal

As desinências também podem indicar as formas nominais do verbo:

    desinência do gerúndio (**-ndo**): cant**ando**, bat**endo**, part**indo**
    desinência do particípio (**-ado** e **-ido**): cant**ado**, bat**ido**, part**ido**
    desinência do infinitivo (**-r**): canta**r**, bate**r**, parti**r**

Formas rizotônicas e formas arrizotônicas

Formas rizotônicas são aquelas em que o acento tônico recai no radical.

Observe:
and-o, and-as

Formas arrizotônicas são aquelas em que o acento tônico recai na desinência.

Veja:
and-a**rás**, and-a**rí**amos

FORMAÇÃO DOS TEMPOS VERBAIS

Nos verbos, há **tempos primitivos**, isto é, tempos que dão origem a outros que, por isso mesmo, são chamados de **derivados**.

Os tempos primitivos são o **presente do indicativo** e o **pretérito perfeito do indicativo**. O **infinitivo não flexionado** (impessoal), embora não seja um tempo, é também considerado uma forma primitiva do verbo.

Os tempos derivados são formados conforme segue.

Presente do subjuntivo

O presente do subjuntivo é obtido pela troca da desinência **-o** da primeira pessoa do singular pela desinência **-e**, para os verbos da 1ª conjugação, ou pela desinência **-a**, para os verbos da 2ª e 3ª conjugações.

presente do indicativo	presente do subjuntivo
eu am-**o**	am-**e**
eu cant-**o**	cant-**e**
eu vend-**o**	vend-**a**
eu part-**o**	part-**a**

Como se percebe, as desinências modo-temporais do presente do subjuntivo são **-e**, para verbos da 1ª conjugação, e **-a**, para verbos da 2ª e da 3ª conjugações. A obtenção das demais formas do presente do subjuntivo se faz pelo acréscimo das desinências número-pessoais.

radical	desinência modo-temporal	desinência número-pessoal
am	e	Ø
am	e	s
am	e	Ø
am	e	mos
am	e	is
am	e	m

radical	desinência modo-temporal	desinência número-pessoal
vend	a	Ø
vend	a	s
vend	a	Ø
vend	a	mos
vend	a	is
vend	a	m

radical	desinência modo-temporal	desinência número-pessoal
part	a	Ø
part	a	s
part	a	Ø
part	a	mos
part	a	is
part	a	m

Imperativo

Imperativo afirmativo

Forma-se o imperativo afirmativo da seguinte maneira:

a) As segundas pessoas (**tu** e **vós**) derivam das formas do presente do indicativo, retirando-se delas a letra **s**;

b) As demais pessoas são idênticas às do presente do subjuntivo.

presente do indicativo	imperativo afirmativo	presente do subjuntivo
canto	—	cante
cantas →	canta tu	cantes
canta	cante ele/ela	← cante
cantamos	cantemos nós	← cantemos
cantais →	cantai vós	canteis
cantam	cantem eles/elas	← cantem

> **OBSERVAÇÃO**
>
> Os verbos **dizer**, **fazer** e **trazer** e os verbos terminados em **-uzir** (aduzir, conduzir, produzir, etc.) admitem duas formas na segunda pessoa do singular (tu) do imperativo afirmativo:
>
> diz / dize   traz / traze   produz / produze
>
> faz / faze   conduz / conduze   reduz / reduze

Imperativo negativo

O imperativo negativo é derivado do presente do subjuntivo. Suas formas são idênticas, bastando acrescentar o advérbio de negação e excluir a primeira pessoa do singular. Acompanhe o exemplo:

presente do subjuntivo	imperativo negativo
cante	—
cantes	não cantes tu
cante	não cante ele/ela
cantemos	não cantemos nós
canteis	não canteis vós
cantem	não cantem eles/elas

O esquema acima apresentado não se aplica ao verbo **ser**, cujo imperativo é o seguinte:

afirmativo	negativo
—	—
sê	não sejas
seja	não seja
sejamos	não sejamos
sede	não sejais
sejam	não sejam

Pretérito mais-que-perfeito do indicativo, pretérito imperfeito do subjuntivo e futuro do subjuntivo

Do pretérito perfeito do indicativo, obtém-se o pretérito mais-que-perfeito do indicativo, o pretérito imperfeito do subjuntivo e o futuro do subjuntivo.

Esses tempos provêm do tema do perfeito, que é obtido pela eliminação da desinência **-ste**, da 2ª pessoa do singular do pretérito perfeito. Assim:

2ª pessoa do singular do pretérito perfeito	tema do perfeito
ama**ste**	ama
vende**ste**	vende
parti**ste**	parti
vi**ste**	vi
puse**ste**	puse
trouxe**ste**	trouxe

O **pretérito mais-que-perfeito do indicativo** obtém-se pelo acréscimo da desinência **-ra** (na 2ª pessoa do plural torna-se **-re**). O **imperfeito do subjuntivo** obtém-se pelo acréscimo da desinência **-sse** ao tema do perfeito e o **futuro do subjuntivo**, pelo acréscimo da desinência **-r**.

Observe a seguir os tempos derivados do pretérito perfeito de dois verbos: um regular (**amar**) e outro irregular (**ver**).

tema do perfeito	pretérito mais-que-perfeito do indicativo	pretérito imperfeito do subjuntivo	futuro do subjuntivo
ama-	amara	amasse	amar
	amaras	amasses	amares
	amara	amasse	amar
	amáramos	amássemos	amarmos
	amáreis	amásseis	amardes
	amaram	amassem	amarem

tema do perfeito	pretérito mais-que-perfeito do indicativo	pretérito imperfeito do subjuntivo	futuro do subjuntivo
vi-	vira	visse	vir
	viras	visses	vires
	vira	visse	vir
	víramos	víssemos	virmos
	víreis	vísseis	virdes
	viram	vissem	virem

Futuro do presente e futuro do pretérito

Do infinitivo não flexionado (impessoal), obtém-se o **futuro do presente** e o **futuro do pretérito**, bastando acrescentar as respectivas desinências diretamente ao infinitivo.

infinitivo não flexionado (impessoal)	futuro do presente	futuro do pretérito
cantar vender partir	ei	ia
	ás	ias
	á	ia
	emos	íamos
	eis	íeis
	ão	iam

Observação: os verbos **dizer**, **fazer** e **trazer** fazem o futuro do presente e o futuro do pretérito assim: *direi, diria; farei, faria; trarei, traria.*

Pretérito imperfeito do indicativo

Do infinitivo não flexionado, obtém-se também o **pretérito imperfeito do indicativo** pelo acréscimo da desinência **-va** (**-ve**, na segunda do plural) ao tema para verbos da 1ª conjugação, ou da desinência **-ia** (**-ie**, na segunda do plural) diretamente ao radical para verbos da 2ª e da 3ª conjugações.

tema	imperfeito do indicativo
ama	ama**va**
	ama**vas**
	ama**va**
	amá**vamos**
	amá**veis**
	ama**vam**

radical	imperfeito do indicativo	
vend- part-	vend**ia**	part**ia**
	vend**ias**	part**ias**
	vend**ia**	part**ia**
	vend**íamos**	part**íamos**
	vend**íeis**	part**íeis**
	vend**iam**	part**iam**

CLASSIFICAÇÃO DOS VERBOS

Quanto à flexão, os verbos classificam-se em: regulares, irregulares, defectivos, abundantes e pronominais.

Verbos regulares

> **Verbos regulares** são os que se flexionam de acordo com o paradigma, isto é, de acordo com o modelo da conjugação a que pertencem.

Para saber se um verbo é regular ou não, basta conjugá-lo no presente do indicativo e no pretérito perfeito do indicativo. Se ele for regular nesses dois tempos, será regular nas demais formas:

am-o	am-ei
am-as	am-aste
am-a	am-ou
am-amos	am-amos
am-ais	am-astes
am-am	am-aram
presente do indicativo	pretérito perfeito do indicativo

Quando um verbo é regular, o radical mantém-se o mesmo em todas as formas e as desinências são as mesmas do paradigma. Isso não quer dizer que ele não possa apresentar alterações gráficas, a fim de conservar a identidade fonética.

Verbos como **ficar** (**fic**-o, **fiqu**-ei), **dirigir** (**dirij**-o, **dirig**-es) e **descer** (**desç**-o, **desc**-es), por exemplo, são classificados como regulares.

Verbos irregulares

Verbos irregulares são os que, em algum tempo ou pessoa, se afastam do modelo da conjugação, isto é, apresentam alteração no radical ou nas desinências.

Para saber se um verbo é irregular, deve-se conjugá-lo no presente do indicativo e no pretérito perfeito do indicativo. Se houver qualquer irregularidade, ela se manifestará em um desses dois tempos.

Observe, por exemplo, o que ocorre com o verbo **pedir**:

peç-o	ped-i
ped-es	ped-iste
ped-e	ped-iu
ped-imos	ped-imos
ped-is	ped-istes
ped-em	ped-iram
presente do indicativo	pretérito perfeito do indicativo

Note que, na primeira pessoa do singular do presente do indicativo, o radical altera-se para **peç-**; trata-se, portanto, de um verbo irregular.

Há casos em que a irregularidade do verbo se apresenta não no radical, mas nas desinências. Por exemplo, as desinências regulares do presente do indicativo de um verbo da primeira conjugação são: **-o**, **-as**, **-a**, **-amos**, **-ais**, **-am**. Verifique, agora, a conjugação do presente do indicativo do verbo **estar**:

est-**ou**	est-**amos**
est-**ás**	est-**ais**
est-**á**	est-**ão**

Como se nota, há irregularidade na primeira pessoa do singular e na terceira do plural.

Alguns autores costumam classificar os verbos que apresentam profundas irregularidades como **anômalos**; como exemplos, citam os verbos **ser** e **ir**.

Verbos defectivos

Verbos defectivos são aqueles que apresentam conjugação incompleta, isto é, não apresentam certas formas.

Os verbos **reaver**, **abolir** e **falir** enquadram-se nesse caso. Observe:

reaver	
pessoa	**presente do indicativo**
eu	—
tu	—
ele	—
nós	reavemos
vós	reaveis
eles	—

abolir	
pessoa	**presente do indicativo**
eu	—
tu	aboles
ele	abole
nós	abolimos
vós	abolis
eles	abolem

falir	
pessoa	**presente do indicativo**
eu	—
tu	—
ele	—
nós	falimos
vós	falis
eles	—

Nesses casos, as formas faltantes podem ser substituídas por uma locução verbal ou por um sinônimo. Veja alguns exemplos:

Eu **cancelo / revogo**. (possíveis substituições da primeira pessoa do singular do presente do indicativo de **abolir**)

Eles **recuperam**. (possível substituição da terceira pessoa do plural do presente do indicativo de **reaver**)

Eu estou **falindo**. (possível substituição da primeira pessoa do singular do presente do indicativo de **falir**)

Consideram-se defectivos os verbos **unipessoais**, que são aqueles que só se empregam na terceira pessoa do singular, ou na terceira pessoa do singular e na terceira pessoa do plural. Fazem parte deste grupo:

a) os verbos que exprimem fenômenos da natureza (chover, ventar, anoitecer): só se empregam na terceira pessoa do singular:

Nevou em São Joaquim.

Neste momento, **chove** em Belém.

b) os verbos que exprimem vozes de animais (latir, miar, urrar, coaxar, etc.): só se empregam na terceira pessoa do singular e na terceira pessoa do plural:

Capeto **miou** a noite toda.
Os cães **latiram** durante a noite.

Verbos abundantes

Verbos abundantes são os que apresentam mais de uma forma com mesmo valor.

Observe:

constróis ou **construis**
havemos ou **hemos**

A abundância dos verbos é notada com maior frequência no particípio. Alguns verbos apresentam, além do particípio regular (terminação **-ado**, **-ido**), uma forma irregular.

[!] **Tinha *aceitado* ou tinha *aceito*?**

Quando o verbo apresenta duplo particípio, de maneira geral, deve-se usar:

a) a forma regular com os auxiliares **ter** e **haver**:

Tinham **aceitado** o pedido.
Haviam **aceitado** o pedido.

b) a forma irregular com os auxiliares **ser** e **estar**:

O pedido foi **aceito**.
O pedido estava **aceito**.

Observe que os auxiliares **ter** e **haver** expressam situação dinâmica, ao passo que os auxiliares **ser** e **estar** expressam estado.

Apresentamos, a seguir, uma relação dos principais verbos que apresentam dupla forma para o particípio:

infinitivo	particípio regular	particípio irregular
aceitar	aceitado	aceito, aceite
acender	acendido	aceso
benzer	benzido	bento
concluir	concluído	concluso
defender	defendido	defeso
eleger	elegido	eleito
emergir	emergido	emerso
entregar	entregado	entregue
envolver	envolvido	envolto
enxugar	enxugado	enxuto
erigir	erigido	ereto
espargir	espargido	esparso
exaurir	exaurido	exausto
expelir	expelido	expulso
expressar	expressado	expresso
exprimir	exprimido	expresso
expulsar	expulsado	expulso
extinguir	extinguido	extinto
findar	findado	findo
frigir	frigido	frito
fritar	fritado	frito
imprimir	imprimido	impresso
incorrer	incorrido	incurso
inserir	inserido	inserto
isentar	isentado	isento
limpar	limpado	limpo
matar	matado	morto
ocultar	ocultado	oculto
pegar	pegado	pego*
prender	prendido	preso
romper	rompido	roto
salvar	salvado	salvo
segurar	segurado	seguro
soltar	soltado	solto
sujeitar	sujeitado	sujeito
suspeitar	suspeitado	suspeito
suspender	suspendido	suspenso
tingir	tingido	tinto

* Forma popular de largo uso.

Alguns verbos só apresentam o particípio irregular.

infinitivo	particípio irregular
abrir	aberto
benquerer	benquisto
circunscrever	circunscrito
cobrir	coberto
descrever	descrito
dizer	dito
encobrir	encoberto
escrever	escrito
fazer	feito
inscrever	inscrito
malquerer	malquisto
pôr	posto
proscrever	proscrito
recobrir	recoberto
subscrever	subscrito
transcrever	transcrito

Verbos pronominais

Verbos pronominais são aqueles que também vêm acompanhados de pronomes oblíquos átonos, mas não são reflexivos.

Esses verbos podem ser de dois tipos:

a) **essencialmente pronominais:** são sempre acompanhados do pronome oblíquo átono:
apoderar-se, atrever-se, ausentar-se, queixar-se, suicidar-se, candidatar-se

b) **acidentalmente pronominais:** aqueles que podem ser conjugados com ou sem auxílio do pronome oblíquo átono:
lembrar-se, esquecer-se, debater-se, enganar-se

FLEXÃO DO VERBO

Do ponto de vista morfológico, o verbo é a classe de palavras que apresenta o maior número de flexões, podendo flexionar-se em tempo, modo, número, pessoa e voz.

Flexão de tempo

O processo expresso pelo verbo pode se situar em três tempos: presente, pretérito e futuro.

O tempo verbal é absoluto quando tem por referência o presente; é relativo quando situa o processo em relação a outro ponto temporal. O pretérito perfeito é um exemplo de tempo absoluto e o pretérito mais-que-perfeito é exemplo de tempo relativo, já que exprime fato passado tomado em relação a outro fato passado.

Presente

Exprime um processo que ocorre no momento em que se fala:
Neste momento, ele **recebe** o prêmio.

Pretérito

Exprime um processo que ocorreu anteriormente ao momento em que se fala:

Ontem, **fomos** a uma festa.

Futuro

Exprime um processo que deverá ocorrer posteriormente ao momento em que se fala:

Amanhã, **entregaremos** os prêmios.

O presente não se subdivide. O pretérito subdivide-se, tanto no indicativo quanto no subjuntivo, em pretérito perfeito, pretérito imperfeito e pretérito mais-que-perfeito.

O futuro, no indicativo, subdivide-se em futuro do presente e futuro do pretérito.

Tempos simples e compostos

Quanto à **forma**, o tempo pode ser:

- **simples:** é constituído por um só verbo:

  Cheguei atrasado.

- **composto:** é formado pelo verbo **ter** (ou **haver**) e um particípio:

  Tenho chegado atrasado.
  Havíamos falado a verdade.

São os seguintes os tempos compostos do **modo indicativo**:

a) **pretérito perfeito:** formado pelo presente do indicativo do verbo auxiliar mais o particípio do verbo principal:

  tenho (ou hei) cantado, vendido, partido

b) **pretérito mais-que-perfeito:** formado pelo imperfeito do indicativo do verbo auxiliar mais o particípio do verbo principal:

  tinha (ou havia) cantado, vendido, partido

c) **futuro do presente:** formado pelo futuro do presente simples do verbo auxiliar mais o particípio do verbo principal:

  terei (ou haverei) cantado, vendido, partido

d) **futuro do pretérito:** formado pelo futuro do pretérito simples do verbo auxiliar mais o particípio do verbo principal:

  teria (ou haveria) cantado, vendido, partido

No **modo subjuntivo**, temos os seguintes tempos compostos:

a) **pretérito perfeito:** formado pelo presente do subjuntivo do verbo auxiliar mais o particípio do verbo principal:

  tenha (ou haja) cantado, vendido, partido

b) **pretérito mais-que-perfeito:** formado pelo imperfeito do subjuntivo do verbo auxiliar mais o particípio do verbo principal:

  tivesse (ou houvesse) cantado, vendido, partido

c) **futuro do subjuntivo:** formado pelo futuro do subjuntivo simples do verbo auxiliar mais o particípio do verbo principal:

  tiver (ou houver) cantado, vendido, partido

Flexão de modo

No processo de enunciação, o falante, quando diz algo, manifesta uma atitude pessoal em relação àquilo que enuncia: atitude de certeza, de dúvida, de ordem, etc. Entende-se por modo as diferentes formas que o verbo apresenta para indicar a atitude que o falante assume em relação ao processo verbal. São três os modos do verbo: indicativo, subjuntivo e imperativo.

Flexão de número

A flexão de número é característica dos nomes. Entretanto, em decorrência do mecanismo da concordância, ela também se manifesta no verbo, por isso ele pode se apresentar no singular ou no plural, sempre concordando com o sujeito da oração de que faz parte:

| Carlos | **saiu** | com os amigos. |
| Carlos e Luciana | **saíram** | com os amigos. |

Flexão de pessoa

O verbo flexiona-se em pessoa, concordando com o seu sujeito. São três as pessoas do verbo:

a) **primeira pessoa** (a que fala):

Eu **cheguei** cedo.

Nós **chegamos** cedo.

b) **segunda pessoa** (a quem se fala):

Tu chegaste cedo.

Vós chegastes cedo.

c) **terceira pessoa** (de quem ou do que se fala):

Pedro **chegou** cedo.

Pedro e Paulo **chegaram** cedo.

O trem **partiu** atrasado.

O trem e o ônibus **partiram** atrasados.

Caso o verbo não apresente sujeito, não se flexionará em pessoa, devendo permanecer na terceira pessoa do singular:

Naquele lugar **havia** muitas casas abandonadas.

Faz dois meses que ele viajou.

Aos verbos que não possuem sujeito damos o nome de **verbos impessoais**.

Flexão de voz

A flexão de voz não é marcada por desinências. O critério para se estabelecer a voz do verbo é semântico.

Dependendo da relação existente entre o verbo e o seu sujeito, o verbo pode estar na voz ativa, na voz passiva ou na voz reflexiva.

Voz ativa

O fato expresso pelo verbo é praticado pelo sujeito:

O professor **adiou** a prova.

O aluno **resolveu** os exercícios.

Voz passiva

O fato expresso pelo verbo é sofrido pelo sujeito:

A prova **foi adiada** pelo professor.
Os exercícios **foram resolvidos** pelo aluno.

Pelos exemplos acima, podemos observar que o termo que funciona como objeto direto na voz ativa corresponderá ao sujeito na voz passiva, razão pela qual somente os verbos que pedem complementos diretos (verbos transitivos diretos) admitem transformação de voz.

Há duas maneiras de expressar a voz passiva:

a) **voz passiva analítica:** formada por um verbo auxiliar, geralmente o verbo **ser**, seguido do particípio do verbo que exprime o fato:

Os livros **foram lidos** pelo aluno.
As respostas **foram dadas** pelo professor.

b) **voz passiva sintética:** verbo que exprime o fato na terceira pessoa (singular ou plural, dependendo do número do sujeito) mais o pronome apassivador **se**:

sujeito
Vendeu-se o livro.

sujeito
Venderam-se os livros.

sujeito
O livro **divide-se** em três partes.

sujeito
Os livros **dividem-se** em três partes.

Na voz passiva analítica, a nomeação do agente não é obrigatória. Na passiva sintética, praticamente ela nunca ocorre:

As casas **foram vendidas**.

Venderam-se as casas.

Voz reflexiva

O fato expresso pelo verbo é, simultaneamente, praticado e sofrido pelo sujeito. O sujeito é agente e paciente ao mesmo tempo:

O menino **cortou-se**.
Eu **me cortei** com uma faca.

Na voz reflexiva, os verbos vêm acompanhados de um pronome oblíquo átono que funciona como complemento e que estará sempre na mesma pessoa que o sujeito (sujeito e complemento são correferenciais). Tais verbos são chamados **verbos reflexivos**. Serão sempre verbos transitivos:

cortar-se, lavar-se, pentear-se, ferir-se

Como se percebe, o conceito de voz implica uma relação entre o verbo e o sujeito: precisamos reconhecer se este pratica a ação, se a recebe ou se pratica e recebe a ação ao mesmo tempo. Por isso só apresentam flexão de voz os verbos que tenham sujeito e exprimam ação. Se o verbo não tiver sujeito ou não exprimir ação, a flexão de voz fica fora de questão.

[!] **Só existe voz ativa quando o sujeito pratica a ação?**

Não. O conceito de voz ativa é essencialmente gramatical. Em frases como "O animal recebeu um tiro" e "O menino levou uma surra", temos voz ativa. Embora nessas frases os sujeitos sofram a ação, considera-se que elas estão na voz ativa porque as formas verbais (**recebeu** e **levou**) estão na voz ativa.

Observe agora esta manchete publicada no jornal *Folha de S.Paulo*: "Batata e maçã conseguiram reduzir os níveis de agrotóxicos" (24 abr. 2008, p. C3). Gramaticalmente, trata-se de uma oração na voz ativa, embora o sujeito não tenha executado ação alguma, pois é representado por seres inanimados (batata e maçã).

Vozes verbais e intencionalidade

Quando o falante realiza um enunciado, sempre o faz com alguma intenção: perguntar, informar, relatar, definir, ordenar, exprimir emoções, etc.

Nos enunciados, pode-se também valorizar um elemento (o sujeito, a ação, o complemento) em lugar de outro. A escolha de uma voz verbal no lugar de outra está relacionada com o elemento do enunciado a que se quer dar destaque (o agente, o paciente ou o processo verbal).

Observe:

> Aumento da carga tributária é criticado pelos empresários.
> Polícia prende contrabandistas.

Na primeira frase, o verbo está na voz passiva analítica, pois o sujeito ("aumento da carga tributária") recebe a ação expressa pelo verbo ("é criticado"); na segunda, o verbo está na voz ativa, pois o sujeito (**polícia**) pratica a ação de prender.

Tais orações poderiam vir assim redigidas:

> Empresários criticam aumento da carga tributária.
> Contrabandistas são presos pela polícia.

O sentido da informação seria praticamente o mesmo. No entanto, é preciso observar que a opção por uma construção ou outra está ligada àquilo que se quer enfatizar.

Geralmente, a ênfase recai sobre o elemento que abre a oração. Nos exemplos apresentados, enfatiza-ram-se "aumento da carga tributária" e **polícia**.

Na nova redação que demos àquelas frases, a ênfase recai sobre **empresários** e **contrabandistas**.

Quando se quer enfatizar a ação propriamente dita, costuma-se abrir a frase pelo verbo e não pelo agente ou paciente da ação. Veja:

> Afiam-se tesouras.
> Encontraram dois sobreviventes da tragédia.

FORMAS NOMINAIS DO VERBO

Existem três formas verbais que não apresentam as flexões de tempo e de modo. São formas que exercem também funções próprias dos nomes (substantivos, adjetivos e advérbios) e, por isso mesmo, recebem o nome de **formas nominais**. As formas nominais do verbo são as seguintes:

a) **particípio:** indica uma ação já acabada, desempenhando função semelhante à dos adjetivos. O particípio admite flexão de gênero e número:

> **Revelado** o motivo, puderam sair.
> **Reveladas** as razões, puderam sair.

b) **gerúndio:** indica uma ação em curso, desempenhando função semelhante à dos adjetivos e advérbios. O gerúndio não apresenta flexão:

> "**Chorando** se foi / quem um dia só me fez chorar." (José Ari)

Nesse exemplo, o gerúndio exerce função adverbial, indicando circunstância de modo.
Veja outro caso:

> Os meninos, **brincando** na grama, pareciam tranquilos.

Nesse outro exemplo, o gerúndio possui função adjetiva. (Os meninos que brincavam na grama pareciam tranquilos.)

Na linguagem da informática é comum aparecer o gerúndio para indicar processos em curso:

> atualizando, transferindo, encerrando

c) **infinitivo:** indica o processo verbal propriamente dito, sem situá-lo no tempo, desempenhando função semelhante à do substantivo. O infinitivo é a única forma nominal que admite flexão de pessoa:

> Convém **apresentar** as soluções.
> A única saída era **chamarmos** um mecânico.

> **OBSERVAÇÃO**
>
> O gerúndio e o infinitivo podem aparecer em formas compostas.
>
> Tendo sofrido muito, não cometeria o mesmo erro.
> gerúndio composto
>
> Perguntaram se valera a pena ter saído antes.
> infinitivo composto

As funções sintáticas exercidas pelas formas nominais do verbo serão estudadas nos capítulos que abordam o período composto.

EMPREGO DOS MODOS VERBAIS

Como vimos, o modo verbal revela a atitude do falante ao enunciar o processo verbal (de certeza, de dúvida, de mando, etc.). Vejamos agora o emprego de cada um deles (indicativo, subjuntivo e imperativo).

Modo indicativo

O indicativo revela uma atitude objetiva do falante em relação ao processo verbal, apresentando o fato expresso pelo verbo como certo, preciso, seja ele passado, presente ou futuro. Em geral, o indicativo é empregado em orações independentes (orações absolutas ou coordenadas) ou na oração principal dos períodos compostos por subordinação:

Ele **estuda** português. (oração independente)
Quero que ele estude português. (período composto por subordinação)

Modo subjuntivo

O subjuntivo revela uma atitude subjetiva do falante em relação ao processo verbal, permitindo a expressão de estados emocionais, como os de dúvida, desejo, condição:

Ele disse que talvez **vá** ao cinema.
Espero que eles me **convidem** para a festa.
Se ele mesmo não me **dissesse**, não acreditaria.
Empreste-lhe o livro se ele **solicitar**.

O subjuntivo é normalmente empregado nas orações subordinadas. No entanto, pode aparecer, no presente, em orações independentes para exprimir:

a) desejo:

Esperemos ansiosamente a chegada dos atletas.

b) hipótese:

Talvez **encontrem** os verdadeiros culpados.

c) ordem ou proibição:

Que **entrem** os acusados.
Revoguem-se as disposições em contrário.

Podemos, por questão de estilo, substituir o subjuntivo pelo:

a) infinitivo:

Sem que **tragas** o documento, não serás atendido.

Sem **trazer** o documento, não serás atendido.

b) gerúndio:

Se **estudares** com afinco, tirarás boa nota.

Estudando com afinco, tirarás boa nota.

c) substantivo abstrato:

A massa esperava que o time **reagisse**.

A massa esperava a **reação** do time.

Modo imperativo

O imperativo revela uma atitude de interferência do falante sobre o interlocutor, exprimindo mando, ordem, solicitação, conselho ou convite.

Como o imperativo pode expressar diversas atitudes do falante em relação ao interlocutor, a entoação da frase é fundamental para exprimir a ideia pretendida. O imperativo é empregado em orações absolutas, principais e coordenadas.

No imperativo, o falante sempre se dirige a um interlocutor; por isso esse modo só possui as formas que admitem um interlocutor (segundas e terceiras pessoas e primeira pessoa do plural):

Devolva-me os documentos. (ordem)

Passe-me o açúcar, por gentileza. (solicitação)

Não deixe o carro na rua, **guarde**-o na garagem. (conselho)

EMPREGO DO INFINITIVO

Não é fácil sistematizar o emprego do infinitivo, já que, além do infinitivo não flexionado, há em português também o infinitivo flexionado (infinitivo pessoal).

Não há propriamente regras que determinem o emprego do infinitivo; o que se observa são tendências consagradas pelo uso.

Infinitivo não flexionado

Emprega-se o infinitivo não flexionado quando ele:

a) não estiver se referindo a sujeito algum:

É necessário **controlar** os preços.

b) tiver valor imperativo:

O comandante ordenou: **atirar**!

c) fizer parte de uma locução verbal:

Todos deviam **ler** mais.

d) for dependente dos verbos **deixar**, **fazer**, **mandar**, **ouvir**, **sentir** e **ver**, e tiver por sujeito um pronome oblíquo:

Mandei-os **entrar**. Deixei-as **sair**.

Nesses casos, o verbo não é impessoal, mas pessoal, pois possuirá sujeito.

No caso de orações em que o verbo indica reciprocidade, o infinitivo deverá ser flexionado:

Vi-os **afastarem**-se uns dos outros.   Mandei-as **abraçarem**-se.

Quando tais verbos tiverem por sujeito um substantivo anteposto ao infinitivo, é opcional flexionar-se ou não o infinitivo:

Deixai os pequeninos **vir** a mim.   Deixai os pequeninos **virem** a mim.

Se o sujeito representado por um substantivo vier posposto ao infinitivo, é mais frequente o uso da forma não flexionada:

Deixai **vir** a mim os pequeninos.   Ouviu **soar** os clarins.

e) for precedido da preposição **de** seguida de adjetivos como **fácil**, **difícil**, **possível** ou semelhantes. Nesses casos, o infinitivo assume sentido passivo:

Isso é fácil de **resolver**. (ser resolvido)

É uma tarefa impossível de **cumprir**. (ser cumprida)

Nesse caso, não se deve usar o pronome apassivador **se**, uma vez que o infinitivo já tem sentido passivo.

Infinitivo flexionado (pessoal)

Emprega-se o infinitivo pessoal quando:

a) tiver sujeito próprio (expresso ou implícito) diferente do sujeito da oração principal:

A solução era **irmos** embora.

O costume é os jovens **falarem** e os velhos **escutarem**.

b) o sujeito, ainda que sendo o mesmo da oração principal, vier expresso antes do infinitivo:

Para nós **resolvermos** esta tarefa, precisaremos de tempo.

c) o sujeito for indeterminado. Nesse caso, estará na terceira pessoa do plural:

Mesmo distante, percebi **falarem** alto.

EMPREGO DOS TEMPOS VERBAIS

Veremos, a seguir, o emprego dos tempos verbais.

Presente do indicativo

Exprime um fato que ocorre no momento em que se fala:

Neste momento, ela **olha** para mim.

O presente do indicativo também é usado para:

a) indicar fatos ou estados permanentes, bem como para exprimir uma verdade científica, um axioma. Nesse caso, o verbo possui um caráter atemporal, pois não situa o processo verbal no tempo; trata-se de um presente "universal":

A Lua **é** um satélite.

Por um ponto **passam** infinitas retas.

b) exprimir uma ação habitual:

Não **janto** aos domingos.

Acordo todos os dias às seis horas.

c) dar atualidade a fatos ocorridos no passado (presente histórico):

Deodoro **proclama** a República em 1889.

d) indicar fato futuro bastante próximo, quando se tem certeza de que ele ocorrerá:

Viajo daqui a uma semana.

Telefono para você amanhã sem falta.

e) substituir o imperativo, indicando, numa linguagem afetuosa, mais um pedido que uma ordem:

Você me **faz** um favor? (**Faça**-me um favor.)

f) para realizar ações.

Nesse caso, o proferimento do verbo pela pessoa que tem autoridade para fazê-lo realiza a ação que nomeia. Tais verbos são denominados performativos e são empregados na primeira pessoa.

Condeno o réu a uma pena de vinte anos de reclusão.

Aposto cem reais como ele não virá.

Quando um juiz diz **condeno**, ele não diz apenas que condena, ele efetivamente condena. Quando alguém diz **aposto**, ele não está apenas afirmando que aposta, mas realizando a ação de apostar.

Pretérito imperfeito do indicativo

Exprime um fato anterior ao momento em que se fala, mas não o toma como concluído, acabado. Possui aspecto durativo, pois revela o fato em sua duração.

Ele **falava** muito durante as aulas.

Na narração de lendas e fábulas, emprega-se o imperfeito do verbo **ser** para situar vagamente a narração no tempo:

"**Era** uma vez duas pulguinhas que passaram a vida inteira economizando e compraram um cachorro só para elas." (Mário Quintana)

Pretérito perfeito do indicativo

É empregado para exprimir um fato passado, apresentando-o como acabado, concluído:

Ontem eu **telefonei** para você.

É importante notar as seguintes diferenças entre o pretérito perfeito e o pretérito imperfeito:

a) O **pretérito imperfeito** exprime um fato passado habitual; o **pretérito perfeito**, um fato não habitual:

Quando me **convidavam**, **comparecia**.
pretérito imperfeito pretérito imperfeito

Quando me **convidaram**, **compareci**.
pretérito perfeito pretérito perfeito

b) O **pretérito imperfeito** exprime uma ação em seu curso, não limitada no tempo; o **pretérito perfeito** exprime uma ação momentânea, definida no tempo:

Ele **praticava** esporte, **estudava** artes e **trabalhava**.
pretérito imperfeito pretérito imperfeito pretérito imperfeito

Ele **praticou** esporte, **estudou** artes e **trabalhou**.
pretérito perfeito pretérito perfeito pretérito perfeito

Pretérito mais-que-perfeito do indicativo

Exprime um fato passado já concluído, tomado em relação a outro fato também passado:

Quando você resolveu telefonar para ela, eu já **telefonara**.

Na linguagem literária, emprega-se o pretérito mais-que-perfeito simples para substituir o futuro do pretérito e o imperfeito do subjuntivo:

"[...] — Mais **servira** se não **fora**
Para tão longo amor tão curta a vida!" (Camões)
(**servira** = serviria; **fora** = fosse)

O pretérito mais-que-perfeito também pode aparecer em orações optativas (aquelas que exprimem um desejo):

"Quem me **dera**, ao menos uma vez,
Como a mais bela tribo, dos mais belos índios,
Não ser atacado por ser inocente." (Renato Russo)

Futuro do presente do indicativo

Exprime um fato posterior ao momento em que se fala, tomando-o como certo ou provável:

Amanhã os campeões **desembarcarão** no aeroporto.

O futuro do presente também é empregado para:

a) exprimir dúvida ou incerteza sobre fatos atuais:

Será que ela ainda lembra o endereço?

b) exprimir um desejo ou uma ordem, caso em que possui valor imperativo:

Não **matarás**.

Futuro do pretérito do indicativo

Emprega-se para:

a) exprimir um fato futuro tomado em relação a um fato passado:

Ele me afirmou que não **compareceria** à conferência.

b) exprimir dúvida ou incerteza sobre fatos passados:

Naquela época, ele **teria** uns 40 anos.

c) como forma de polidez, para expressar desejo presente:

Você me **faria** um favor?

d) indicar surpresa ou indignação em certas frases interrogativas e exclamativas:

Nunca **diria** uma coisa dessas!

e) em afirmações dependentes de condição, referindo-se a fatos que não se realizaram e que, provavelmente, não se realizarão:

Se ele me convidasse, **iria**.

Presente do subjuntivo

O presente do subjuntivo é empregado sobretudo nas orações dependentes (subordinadas), podendo expressar fatos presentes ou futuros:

É justo que eles **fiquem**. (presente)
Desejo que todos **compareçam**. (futuro)

Em orações independentes, é utilizado para exprimir desejo ou dúvida:

Deus me **proteja**!
A terra lhes **seja** leve!
Talvez ele **traga** um presente.

Pretérito imperfeito do subjuntivo

O imperfeito do subjuntivo pode indicar uma ação passada, presente ou futura em relação ao verbo da oração principal:

Se neste momento eu **tivesse** coragem, contaria a verdade. (presente)
Mesmo que **saísse** antes, não teria chegado a tempo. (passado)
Ficaria feliz se ele **fosse** à minha casa. (futuro)

Futuro do subjuntivo

É empregado em orações dependentes (subordinadas) para indicar eventualidade no futuro:

Farei o trabalho se **tiver** tempo.

ASPECTO VERBAL

O aspecto verbal tem sido uma categoria pouco estudada na escola. Não há também uma uniformidade de linguagem entre gramáticos e linguistas sobre esse assunto, de sorte que é possível encontrar em outras obras aspectos verbais aqui estudados com outra nomenclatura. Sem pretensão de esgotar o assunto, apresentamos algumas considerações sobre aspecto de maneira bastante objetiva.

Denominamos de aspecto o ponto de vista que se tem do processo verbal, isto é, se ele é visto como concluído ou não. O aspecto também exprime a duração do processo verbal. Nesse caso, pode exprimir se o processo está no início, em seu desenvolvimento, ou no fim.

Como se percebe, aspecto é diferente de tempo. Nota-se claramente a noção de aspecto ao comparar enunciados com a presença dos verbos ser e estar. Veja:

Gabriela **é** insegura.　　　　　　　Gabriela **está** insegura.

A diferença entre essas duas frases reside na oposição **permanente** × **temporário**.

Com o verbo **ser**, exprime-se um predicado permanente do sujeito; com o verbo **estar**, um predicado temporário. A diferença entre **ser inseguro** e **estar inseguro** não reside na categoria tempo, mas no ponto de vista pelo qual o processo é expresso.

Observe agora as frases que seguem:

Délia **chegou**.　　　　　　　Délia **acabou de chegar**.

Ambas exprimem fatos concluídos no passado. No entanto, em **acabou de chegar**, situa-se o processo expresso pelo verbo num momento anterior muito próximo do presente, enquanto em **chegou** não é possível localizar em que momento do passado ocorreu a ação.

> **Aspecto** é uma categoria linguística pela qual se expressa o ponto de vista a respeito do processo verbal.

Oposições de sentido

Tomando como referência as lições de Diana Luz Pessoa de Barros, apresentamos uma teoria do aspecto com base nas oposições de sentido. A primeira diz respeito à oposição **concluso** e **não concluso**, ou seja, o processo verbal pode ser visto como algo terminado ou não.

Se o processo verbal exprime algo concluído, temos o aspecto **perfectivo**; se exprimir algo não acabado, temos o aspecto **imperfectivo**. O aspecto perfectivo, como o próprio nome indica, é expresso principalmente pelos pretéritos perfeito e mais-que-perfeito. O imperfectivo é expresso principalmente pelo pretérito imperfeito.

Ele recebeu o prêmio. (aspecto perfectivo)
Ele recebia o salário mensalmente. (aspecto imperfectivo)

Outra oposição que destacamos é entre **durabilidade** e **pontualidade**. A durabilidade corresponde ao intervalo entre o início e o final de um processo. A pontualidade corresponde à ausência de duração, vale dizer, o início de um processo corresponde ao seu final.

Na categoria pontualidade, o processo pode ser observado como algo que começa ou algo que termina. No primeiro caso, temos o **aspecto incoativo**; no segundo, o **aspecto terminativo**.

Ele começou a cantar. (aspecto incoativo, processo em seu início)
Ele acabou de cantar. (aspecto terminativo, processo em seu término)

A categoria durabilidade também pode exprimir processo contínuo ou descontínuo. No primeiro caso, temos o **aspecto durativo**; no segundo, o **aspecto iterativo**.

Ele está cantando. (aspecto durativo, processo visto como contínuo)

O pássaro saltita no poleiro. (aspecto iterativo, processo visto como descontínuo)

A iteratividade diz respeito à repetição de uma mesma grandeza num intervalo de tempo. Compare-se, por exemplo, os verbos **beber** e **bebericar**. Quando afirmamos que ele *bebeu a água do copo*, estamos exprimindo algo sem quebra de continuidade, mas, quando dizemos que ele *bebericava a água do copo*, estamos apresentando o processo como descontínuo. **Beber** é ingerir líquido, mas **bebericar** é ingerir líquido em pequenos goles.

O esquema a seguir resume o que falamos acerca da oposição entre duratividade e pontualidade.

A categoria aspecto, ao contrário das categorias tempo e modo, não é marcada por desinências. A aspectualização do processo verbal pode ser dada por:
- verbo auxiliar: *acabou de* cantar, *começou a* falar;
- item lexical (advérbio, por exemplo): passeia *diariamente*; *neste exato momento*, pediu a palavra;
- sufixo: o pássaro salt*ita*; ele beber*icava*.

CONJUGAÇÃO VERBAL

Conjugar um verbo significa expressá-lo em todas as formas que possui. Como paradigma, apresentamos a conjugação dos verbos regulares **cantar**, **bater**, **partir**, que servem de modelo a todos os demais verbos regulares da primeira, segunda e terceira conjugação, respectivamente.

Modo indicativo

presente		
canto	bato	parto
cantas	bates	partes
canta	bate	parte
cantamos	batemos	partimos
cantais	bateis	partis
cantam	batem	partem

pretérito imperfeito		
cantava	batia	partia
cantavas	batias	partias
cantava	batia	partia
cantávamos	batíamos	partíamos
cantáveis	batíeis	partíeis
cantavam	batiam	partiam

pretérito perfeito simples

cantei	bati	parti
cantaste	bateste	partiste
cantou	bateu	partiu
cantamos	batemos	partimos
cantastes	batestes	partistes
cantaram	bateram	partiram

pretérito perfeito composto

tenho cantado	tenho batido	tenho partido
tens cantado	tens batido	tens partido
tem cantado	tem batido	tem partido
temos cantado	temos batido	temos partido
tendes cantado	tendes batido	tendes partido
têm cantado	têm batido	têm partido

pretérito mais-que-perfeito simples

cantara	batera	partira
cantaras	bateras	partiras
cantara	batera	partira
cantáramos	batêramos	partíramos
cantáreis	batêreis	partíreis
cantaram	bateram	partiram

pretérito mais-que-perfeito composto

tinha cantado	tinha batido	tinha partido
tinhas cantado	tinhas batido	tinhas partido
tinha cantado	tinha batido	tinha partido
tínhamos cantado	tínhamos batido	tínhamos partido
tínheis cantado	tínheis batido	tínheis partido
tinham cantado	tinham batido	tinham partido

futuro do presente simples

cantarei	baterei	partirei
cantarás	baterás	partirás
cantará	baterá	partirá
cantaremos	bateremos	partiremos
cantareis	batereis	partireis
cantarão	baterão	partirão

CAPÍTULO 10 // Verbo   171

futuro do presente composto		
terei cantado	terei batido	terei partido
terás cantado	terás batido	terás partido
terá cantado	terá batido	terá partido
teremos cantado	teremos batido	teremos partido
tereis cantado	tereis batido	tereis partido
terão cantado	terão batido	terão partido

futuro do pretérito simples		
cantaria	bateria	partiria
cantarias	baterias	partirias
cantaria	bateria	partiria
cantaríamos	bateríamos	partiríamos
cantaríeis	bateríeis	partiríeis
cantariam	bateriam	partiriam

futuro do pretérito composto		
teria cantado	teria batido	teria partido
terias cantado	terias batido	terias partido
teria cantado	teria batido	teria partido
teríamos cantado	teríamos batido	teríamos partido
teríeis cantado	teríeis batido	teríeis partido
teriam cantado	teriam batido	teriam partido

Modo subjuntivo

presente		
cante	bata	parta
cantes	batas	partas
cante	bata	parta
cantemos	batamos	partamos
canteis	batais	partais
cantem	batam	partam

pretérito imperfeito		
cantasse	batesse	partisse
cantasses	batesses	partisses
cantasse	batesse	partisse
cantássemos	batêssemos	partíssemos
cantásseis	batêsseis	partísseis
cantassem	batessem	partissem

pretérito perfeito		
tenha cantado	tenha batido	tenha partido
tenhas cantado	tenhas batido	tenhas partido
tenha cantado	tenha batido	tenha partido
tenhamos cantado	tenhamos batido	tenhamos partido
tenhais cantado	tenhais batido	tenhais partido
tenham cantado	tenham batido	tenham partido

pretérito mais-que-perfeito		
tivesse cantado	tivesse batido	tivesse partido
tivesses cantado	tivesses batido	tivesses partido
tivesse cantado	tivesse batido	tivesse partido
tivéssemos cantado	tivéssemos batido	tivéssemos partido
tivésseis cantado	tivésseis batido	tivésseis partido
tivessem cantado	tivessem batido	tivessem partido

futuro simples		
cantar	bater	partir
cantares	bateres	partires
cantar	bater	partir
cantarmos	batermos	partirmos
cantardes	baterdes	partirdes
cantarem	baterem	partirem

futuro composto		
tiver cantado	tiver batido	tiver partido
tiveres cantado	tiveres batido	tiveres partido
tiver cantado	tiver batido	tiver partido
tivermos cantado	tivermos batido	tivermos partido
tiverdes cantado	tiverdes batido	tiverdes partido
tiverem cantado	tiverem batido	tiverem partido

Modo imperativo

afirmativo		
canta (tu)	bate (tu)	parte (tu)
cante (ele/ela)	bata (ele/ela)	parta (ele/ela)
cantemos (nós)	batamos (nós)	partamos (nós)
cantai (vós)	batei (vós)	parti (vós)
cantem (eles/elas)	batam (eles/elas)	partam (eles/elas)

negativo

não cantes (tu)	não batas (tu)	não partas (tu)
não cante (ele/ela)	não bata (ele/ela)	não parta (ele/ela)
não cantemos (nós)	não batamos (nós)	não partamos (nós)
não canteis (vós)	não batais (vós)	não partais (vós)
não cantem (eles/elas)	não batam (eles/elas)	não partam (eles/elas)

Formas nominais

infinitivo impessoal

cantar	bater	partir

infinitivo pessoal

cantar	bater	partir
cantares	bateres	partires
cantar	bater	partir
cantarmos	batermos	partirmos
cantardes	baterdes	partirdes
cantarem	baterem	partirem

gerúndio

cantando	batendo	partindo

particípio

cantado	batido	partido

VERBOS AUXILIARES

Como já vimos, as locuções verbais são conjuntos formados por um verbo auxiliar seguido de uma forma nominal de um verbo principal.

Os verbos auxiliares mais utilizados são: ser, estar, ter, haver, andar, deixar, tornar, poder, ir, começar, acabar, querer, dever.

No entanto, não é somente para a formação de locuções verbais que se empregam os verbos auxiliares. Como vimos, os verbos **ter** e **haver** também são empregados na formação dos tempos compostos, e os verbos **ser** e **estar**, na formação da voz passiva analítica.

No exemplo a seguir, **deverá** junta-se ao verbo principal **ler**, formando com ele uma locução verbal:

Sandra **deverá** ler o relatório ainda hoje.

Nesta frase, o verbo **haver** junta-se ao particípio **lido**, formando com ele o pretérito mais-que-perfeito composto do indicativo:

Ele **havia** lido o relatório.

Neste outro exemplo, o verbo **ser** junta-se ao particípio **lido** para formar com ele a voz passiva analítica:

O relatório **foi** lido.

Apresentamos, a seguir, a conjugação completa dos verbos auxiliares **ser**, **estar**, **ter** e **haver**.

Modo indicativo

presente

sou	estou	tenho	hei
és	estás	tens	hás
é	está	tem	há
somos	estamos	temos	havemos
sois	estais	tendes	haveis
são	estão	têm	hão

pretérito imperfeito

era	estava	tinha	havia
eras	estavas	tinhas	havias
era	estava	tinha	havia
éramos	estávamos	tínhamos	havíamos
éreis	estáveis	tínheis	havíeis
eram	estavam	tinham	haviam

pretérito perfeito simples

fui	estive	tive	houve
foste	estiveste	tiveste	houveste
foi	esteve	teve	houve
fomos	estivemos	tivemos	houvemos
fostes	estivestes	tivestes	houvestes
foram	estiveram	tiveram	houveram

pretérito perfeito composto

tenho sido	tenho estado	tenho tido	tenho havido
tens sido	tens estado	tens tido	tens havido
tem sido	tem estado	tem tido	tem havido
temos sido	temos estado	temos tido	temos havido
tendes sido	tendes estado	tendes tido	tendes havido
têm sido	têm estado	têm tido	têm havido

pretérito mais-que-perfeito simples

fora	estivera	tivera	houvera
foras	estiveras	tiveras	houveras
fora	estivera	tivera	houvera
fôramos	estivéramos	tivéramos	houvéramos
fôreis	estivéreis	tivéreis	houvéreis
foram	estiveram	tiveram	houveram

CAPÍTULO 10 // Verbo   175

pretérito mais-que-perfeito composto

tinha sido	tinha estado	tinha tido	tinha havido
tinhas sido	tinhas estado	tinhas tido	tinhas havido
tinha sido	tinha estado	tinha tido	tinha havido
tínhamos sido	tínhamos estado	tínhamos tido	tínhamos havido
tínheis sido	tínheis estado	tínheis tido	tínheis havido
tinham sido	tinham estado	tinham tido	tinham havido

futuro do presente simples

serei	estarei	terei	haverei
serás	estarás	terás	haverás
será	estará	terá	haverá
seremos	estaremos	teremos	haveremos
sereis	estareis	tereis	havereis
serão	estarão	terão	haverão

futuro do presente composto

terei sido	terei estado	terei tido	terei havido
terás sido	terás estado	terás tido	terás havido
terá sido	terá estado	terá tido	terá havido
teremos sido	teremos estado	teremos tido	teremos havido
tereis sido	tereis estado	tereis tido	tereis havido
terão sido	terão estado	terão tido	terão havido

futuro do pretérito simples

seria	estaria	teria	haveria
serias	estarias	terias	haverias
seria	estaria	teria	haverla
seríamos	estaríamos	teríamos	haveríamos
seríeis	estaríeis	teríeis	haveríeis
seriam	estariam	teriam	haveriam

futuro do pretérito composto

teria sido	teria estado	teria tido	teria havido
terias sido	terias estado	terias tido	terias havido
teria sido	teria estado	teria tido	teria havido
teríamos sido	teríamos estado	teríamos tido	teríamos havido
teríeis sido	teríeis estado	teríeis tido	teríeis havido
teriam sido	teriam estado	teriam tido	teriam havido

Modo subjuntivo

presente

seja	esteja	tenha	haja
sejas	estejas	tenhas	hajas
seja	esteja	tenha	haja
sejamos	estejamos	tenhamos	hajamos
sejais	estejais	tenhais	hajais
sejam	estejam	tenham	hajam

pretérito imperfeito

fosse	estivesse	tivesse	houvesse
fosses	estivesses	tivesses	houvesses
fosse	estivesse	tivesse	houvesse
fôssemos	estivéssemos	tivéssemos	houvéssemos
fôsseis	estivésseis	tivésseis	houvésseis
fossem	estivessem	tivessem	houvessem

pretérito perfeito

tenha sido	tenha estado	tenha tido	tenha havido
tenhas sido	tenhas estado	tenhas tido	tenhas havido
tenha sido	tenha estado	tenha tido	tenha havido
tenhamos sido	tenhamos estado	tenhamos tido	tenhamos havido
tenhais sido	tenhais estado	tenhais tido	tenhais havido
tenham sido	tenham estado	tenham tido	tenham havido

pretérito mais-que-perfeito

tivesse sido	tivesse estado	tivesse tido	tivesse havido
tivesses sido	tivesses estado	tivesses tido	tivesses havido
tivesse sido	tivesse estado	tivesse tido	tivesse havido
tivéssemos sido	tivéssemos estado	tivéssemos tido	tivéssemos havido
tivésseis sido	tivésseis estado	tivésseis tido	tivésseis havido
tivessem sido	tivessem estado	tivessem tido	tivessem havido

futuro simples

for	estiver	tiver	houver
fores	estiveres	tiveres	houveres
for	estiver	tiver	houver
formos	estivermos	tivermos	houvermos
fordes	estiverdes	tiverdes	houverdes
forem	estiverem	tiverem	houverem

futuro composto			
tiver sido	tiver estado	tiver tido	tiver havido
tiveres sido	tiveres estado	tiveres tido	tiveres havido
tiver sido	tiver estado	tiver tido	tiver havido
tivermos sido	tivermos estado	tivermos tido	tivermos havido
tiverdes sido	tiverdes estado	tiverdes tido	tiverdes havido
tiverem sido	tiverem estado	tiverem tido	tiverem havido

Modo imperativo

afirmativo			
sê (tu)	está (tu)	tem (tu)	há (tu)
seja (você)	esteja (você)	tenha (você)	haja (você)
sejamos (nós)	estejamos (nós)	tenhamos (nós)	hajamos (nós)
sede (vós)	estai (vós)	tende (vós)	havei (vós)
sejam (vocês)	estejam (vocês)	tenham (vocês)	hajam (vocês)

negativo			
não sejas (tu)	não estejas (tu)	não tenhas (tu)	não hajas (tu)
não seja (você)	não esteja (você)	não tenha (você)	não haja (você)
não sejamos (nós)	não estejamos (nós)	não tenhamos (nós)	não hajamos (nós)
não sejais (vós)	não estejais (vós)	não tenhais (vós)	não hajais (vós)
não sejam (vocês)	não estejam (vocês)	não tenham (vocês)	não hajam (vocês)

Formas nominais

infinitivo impessoal			
ser	estar	ter	haver

infinitivo pessoal			
ser	estar	ter	haver
seres	estares	teres	haveres
ser	estar	ter	haver
sermos	estarmos	termos	havermos
serdes	estardes	terdes	haverdes
serem	estarem	terem	haverem

gerúndio			
sendo	estando	tendo	havendo

particípio			
sido	estado	tido	havido

ALTERAÇÃO DE UM VERBO SEGUIDO DE PRONOME OBLÍQUO

O verbo, quando seguido de um pronome oblíquo átono, pode sofrer algumas alterações de ordem fonética:

a) Quando a forma verbal termina em **-r, -s** ou **-z** e é seguida dos pronomes oblíquos **o, a, os, as**, ela perde a última letra (**-r, -s, -z**) e os pronomes assumem as formas **lo**(**s**), **la**(**s**):

comprar + **os** = comprá-**los**	temo**s** + **a** = temo-**la**
vender + **as** = vendê-**las**	fe**z** + **o** = fê-**lo**
qui**s** + **o** = qui-**lo**	fi**z** + **o** = fi-**lo**

> **OBSERVAÇÃO**
>
> Tal alteração ocorre também quando o pronome oblíquo estiver mesoclítico:
> entregar + **o** + íamos = entregá-**lo**-íamos
> temer + **a** + ás = temê-**la**-ás

b) Na primeira pessoa do plural, quando seguida do pronome oblíquo **nos**, a forma verbal perde o **-s** final:

queixamo**s** + **nos** = queixamo-nos
referimo**s** + **nos** = referimo-nos

c) Quando a forma verbal termina em **-ns** e vem seguida de **o, a, os, as**, os pronomes assumem as formas **no**(**s**), **na**(**s**) e o **-ns** transforma-se em **m**:

te**ns** + **o** = tem-no
deté**ns** + **as** = detém-nas

LISTA DE VERBOS NOTÁVEIS

Segue uma lista, em ordem alfabética, de verbos cuja conjugação possa causar dúvidas. Eles são apresentados apenas nas formas primitivas: infinitivo não flexionado, presente do indicativo e pretérito perfeito do indicativo. As demais formas, como mostramos neste capítulo, são todas derivadas. Para obter as demais formas, basta aplicar as regras apresentadas no tópico "Formação dos tempos verbais".

Abolir (defectivo)
presente do indicativo: aboles, abole, abolimos, abolis, abolem
pretérito perfeito do indicativo: aboli, aboliste, aboliu, abolimos, abolistes, aboliram
Esse verbo não possui a primeira pessoa do singular do presente do indicativo; consequentemente, não se conjuga nem no presente do subjuntivo nem no imperativo negativo.
Conjugam-se da mesma forma: banir, carpir, colorir, demolir, descomedir-se, emergir, exaurir, explodir, fremir, fulgir, haurir, retorquir, urgir.

Acudir (irregular com alternância vocálica gráfica)
presente do indicativo: acudo, acodes, acode, acudimos, acudis, acodem
pretérito perfeito do indicativo: acudi, acudiste, acudiu, acudimos, acudistes, acudiram
Conjugam-se da mesma forma: bulir, consumir, cuspir, engolir, fugir.

Adequar (regular)
presente do indicativo: adequo, adequas, adequa, adequamos, adequais, adequam
pretérito perfeito do indicativo: adequei, adequaste, adequou, adequamos, adequastes, adequaram

Aderir (irregular com alternância vocálica gráfica: o **e** do radical muda para **i** na primeira pessoa do presente do indicativo e nas formas daí derivadas)
presente do indicativo: adiro, aderes, adere, aderimos, aderis, aderem
pretérito perfeito do indicativo: aderi, aderiste, aderiu, aderimos, aderistes, aderiram
Conjugam-se da mesma forma: advertir, cerzir, compelir, competir, consentir, despir, digerir, discernir, divertir, ferir, inserir, investir, preferir, repetir, sugerir, transferir, vestir.

Agir (regular com acomodação gráfica: o **g** do radical muda para **j** na primeira pessoa do singular do presente do indicativo)
presente do indicativo: ajo, ages, age, agimos, agis, agem
pretérito perfeito do indicativo: agi, agiste, agiu, agimos, agistes, agiram
Conjugam-se da mesma forma: adstringir, afligir, coagir, erigir, espargir, fingir, refulgir, restringir, transigir.

Agredir (irregular com alternância vocálica gráfica)
presente do indicativo: agrido, agrides, agride, agredimos, agredis, agridem
pretérito perfeito do indicativo: agredi, agrediste, agrediu, agredimos, agredistes, agrediram
Conjugam-se da mesma forma: prevenir, progredir, regredir, transgredir.

Aguar (regular)
presente do indicativo: águo, águas, água, aguamos, aguais, águam
pretérito perfeito do indicativo: aguei, aguaste, aguou, aguamos, aguastes, aguaram
Esse verbo admite também as pronúncias aguo, aguas, agua, aguamos, aguais, aguam (com acento tônico no **u** das formas rizotônicas, mas sem acento gráfico).
Conjugam-se da mesma forma: desaguar, enxaguar, minguar.

Almoçar (regular com acomodação gráfica: o **ç** do radical muda para **c** antes de **e**)
presente do indicativo: almoço, almoças, almoça, almoçamos, almoçais, almoçam
pretérito perfeito do indicativo: almocei, almoçaste, almoçou, almoçamos, almoçastes, almoçaram

Apiedar-se (pronominal)
presente do indicativo: apiedo-me, apiedas-te, apieda-se, apiedamo-nos, apiedais-vos, apiedam-se
pretérito perfeito do indicativo: apiedei-me, apiedaste-te, apiedou-se, apiedamo-nos, apiedastes-vos, apiedaram-se
Esse verbo admite também no presente do indicativo uma conjugação mista. Nas formas rizotônicas, conjuga-se como o verbo **apiadar-se**, hoje em desuso. Nas demais formas, segue a conjugação de **apiedar-se**: apiado-me, apiadas-te, apiada-se, apiedamo-nos, apiedais-vos, apiadam-se.

Aprazer (irregular)
presente do indicativo: aprazo, aprazes, apraz, aprazemos, aprazeis, aprazem
pretérito perfeito do indicativo: aprouve, aprouveste, aprouve, aprouvemos, aprouvestes, aprouveram

Arguir (regular)
presente do indicativo: arguo, arguis, argui, arguimos, arguis, arguem
pretérito perfeito do indicativo: argui, arguiste, arguiu, arguimos, arguistes, arguiram
O **u** das formas rizotônicas do presente do indicativo pronuncia-se tonicamente, mas não recebe acento gráfico: arguo (**ú**), arguis (**u**), argui (**ú**) arguem (**ú**).
Conjuga-se da mesma forma: redarguir.

Atrair (irregular)
presente do indicativo: atraio, atrais, atrai, atraímos, atraís, atraem
pretérito perfeito do indicativo: atraí, atraíste, atraiu, atraímos, atraístes, atraíram
Conjugam-se da mesma forma: abstrair, cair, distrair, subtrair, sair, trair.

PARTE 2 // MORFOLOGIA

Atribuir (regular)
presente do indicativo: atribuo, atribuis, atribui, atribuímos, atribuís, atribuem
pretérito perfeito do indicativo: atribuí, atribuíste, atribuiu, atribuímos, atribuístes, atribuíram
Conjugam-se da mesma forma: afluir, concluir, destituir, excluir, possuir, instruir, restituir, usufruir.
Os verbos terminados em **-uir** não sofrem alteração no radical, exceto **construir** e **destruir**.

Averiguar (regular)
presente do indicativo: averiguo (ú), averiguas (ú), averigua (ú), averiguamos, averiguais, averiguam (ú)
pretérito perfeito do indicativo: averiguei, averiguaste, averiguou, averiguamos, averiguastes, averiguaram
Admite-se também a conjugação, no presente do indicativo, com acento agudo no **i** nas formas rizotônicas: averíguo, averíguas, averígua, averiguamos, averiguais, averíguam.
Conjuga-se da mesma forma: apaziguar.

Caber (irregular)
presente do indicativo: caibo, cabes, cabe, cabemos, cabeis, cabem
pretérito perfeito do indicativo: coube, coubeste, coube, coubemos, coubestes, couberam
Não é usado no imperativo. Seu derivado **descaber** praticamente só é utilizado no particípio e nas terceiras pessoas.

Cear (irregular)
presente do indicativo: ceio, ceias, ceia, ceamos, ceais, ceiam
pretérito perfeito do indicativo: ceei, ceaste, ceou, ceamos, ceastes, cearam
O **e** do radical transforma-se em **ei** nas formas rizotônicas.
Assim se conjugam os verbos terminados em **-ear**: atear, bobear, cabecear, falsear, golpear, passear, pentear, recear, etc.
Há dois verbos terminados em **-ear** que seguem este modelo, mas têm pronúncia aberta em formas rizotônicas: **estrear** e **idear**:
estrear: estreio, estreias, estreia, estreamos, estreais, estreiam
idear: ideio, ideias, ideia, ideamos, ideais, ideiam

Coar (regular)
presente do indicativo: coo, coas, coa, coamos, coais, coam
pretérito perfeito do indicativo: coei, coaste, coou, coamos, coastes, coaram
Conjugam-se da mesma forma: abençoar, perdoar, magoar.

Comerciar (regular)
presente do indicativo: comercio, comercias, comercia, comerciamos, comerciais, comerciam
pretérito perfeito do indicativo: comerciei, comerciaste, comerciou, comerciamos, comerciastes, comerciaram
Assim se conjugam os demais verbos terminados em **-iar**: anunciar, evidenciar, licenciar, etc.
Há cinco verbos terminados em **-iar** que não seguem o modelo acima, pois nas formas rizotônicas conjugam-se como os verbos terminados em **-ear**. São os seguintes: **m**ediar, **a**nsiar, **r**emediar, **i**ncendiar, **o**diar (fórmula mnemônica "M.A.R.I.O") e seus derivados: desremediar e intermediar. Para a conjugação desses verbos, apresentamos como modelo o verbo **odiar**, cuja conjugação nos tempos primitivos é apresentada nesta lista de verbos notáveis.

Conduzir (irregular)
presente do indicativo: conduzo, conduzes, conduz, conduzimos, conduzis, conduzem
pretérito perfeito do indicativo: conduzi, conduziste, conduziu, conduzimos, conduzistes, conduziram
Perde o **e** na terceira pessoa do singular do presente do indicativo. Apresenta duas formas na segunda pessoa do singular do imperativo afirmativo: **conduze** e **conduz**.
Conjugam-se da mesma forma: abduzir, aduzir, deduzir, induzir, introduzir, produzir, reduzir, reproduzir, seduzir, traduzir.

Construir (irregular e abundante)
presente do indicativo: construo, constróis (ou construis), constrói (ou construi), construímos, construís, constroem (ou construem)
pretérito perfeito do indicativo: construí, construíste, construiu, construímos, construístes, construíram
Conjuga-se da mesma forma: destruir.

Crer (irregular)
presente do indicativo: creio, crês, crê, cremos, credes, creem
pretérito perfeito do indicativo: cri, creste, creu, cremos, crestes, creram
O pretérito imperfeito do indicativo assim se conjuga: cria, crias, cria, críamos, críeis, criam.
Conjugam-se da mesma forma: descrer, ler e reler.

Dar (irregular)
presente do indicativo: dou, dás, dá, damos, dais, dão
pretérito perfeito do indicativo: dei, deste, deu, demos, destes, deram

Dignar-se (regular)
presente do indicativo: digno-me, dignas-te, digna-se, dignamo-nos, dignais-vos, dignam-se
pretérito perfeito do indicativo: dignei-me, dignaste-te, dignou-se, dignamo-nos, dignastes-vos, dignaram-se
Conjuga-se da mesma forma: persignar-se.

Distinguir (regular)
presente do indicativo: distingo, distingues, distingue, distinguimos, distinguis, distinguem
pretérito perfeito do indicativo: distingui, distinguiste, distinguiu, distinguimos, distinguistes, distinguiram
Perde o **u** antes de **o** e de **a**.
Conjuga-se da mesma forma: extinguir.

Dizer (irregular)
presente do indicativo: digo, dizes, diz, dizemos, dizeis, dizem
pretérito perfeito do indicativo: disse, disseste, disse, dissemos, dissestes, disseram
Na segunda pessoa do singular do imperativo afirmativo, apresenta duas formas: **dize** e **diz**.

Doer (defectivo)
presente do indicativo: dói, doem
pretérito perfeito do indicativo: doía, doíam
Apresenta apenas as terceiras pessoas (singular e plural). Não possui modo imperativo. Quando usado como pronominal, conjuga-se integralmente (segue o modelo de **moer**): eu me doo, tu te dóis, etc.
Conjuga-se da mesma forma: condoer.

Dormir (irregular)
presente do indicativo: durmo, dormes, dorme, dormimos, dormis, dormem
pretérito perfeito do indicativo: dormi, dormiste, dormiu, dormimos, dormistes, dormiram
Conjugam-se da mesma forma: cobrir, descobrir, desencobrir, encobrir, recobrir, tossir. Cobrir e seus derivados apresentam o particípio irregular: coberto, descoberto, encoberto.

Expugnar (regular)
presente do indicativo: expugno, expugnas, expugna, expugnamos, expugnais, expugnam
pretérito perfeito do indicativo: expugnei, expugnaste, expugnou, expugnamos, expugnastes, expugnaram
Conjugam-se da mesma forma: estagnar, designar, impugnar, pugnar, repugnar, resignar.

Falir (defectivo)
presente do indicativo: nós falimos, vós falis
pretérito perfeito do indicativo: fali, faliste, faliu, falimos, falistes, faliram
Como lhe falta a primeira pessoa do singular do presente do indicativo, este verbo não possui nem o presente do subjuntivo nem o imperativo negativo.
Conjugam-se da mesma forma: aguerrir, combalir, remir, renhir.

Fazer (irregular)
presente do indicativo: faço, fazes, faz, fazemos, fazeis, fazem
pretérito perfeito do indicativo: fiz, fizeste, fez, fizemos, fizestes, fizeram
Na segunda pessoa do singular do imperativo afirmativo, apresenta duas formas: **faze** e **faz**.

Ficar (regular com acomodação gráfica: o **c** muda para **qu** antes de **e**)
presente do indicativo: fico, ficas, fica, ficamos, ficais, ficam
pretérito perfeito do indicativo: fiquei, ficaste, ficou, ficamos, ficastes, ficaram

Ir (irregular)
presente do indicativo: vou, vais, vai, vamos, ides, vão
pretérito perfeito do indicativo: fui, foste, foi, fomos, fostes, foram
O presente do subjuntivo assim se conjuga: vá, vás, vá, vamos, vades, vão
Alguns gramáticos classificam esse verbo como anômalo porque ele apresenta profundas irregularidades. No pretérito perfeito do indicativo, pretérito mais-que-perfeito do indicativo, pretérito imperfeito do subjuntivo e futuro do subjuntivo, apresenta identidade de conjugação com o verbo **ser**.

Jazer (irregular)
presente do indicativo: jazo, jazes, jaz, jazemos, jazeis, jazem
pretérito perfeito do indicativo: jazi, jazeste, jazeu, jazemos, jazestes, jazeram

Mobiliar (regular)
presente do indicativo: mobílio, mobílias, mobília, mobiliamos, mobiliais, mobíliam
pretérito perfeito do indicativo: mobiliei, mobiliaste, mobiliou, mobiliamos, mobiliastes, mobiliaram

Moer (regular)
presente do indicativo: moo, móis, mói, moemos, moeis, moem
pretérito perfeito do indicativo: moí, moeste, moeu, moemos, moestes, moeram
Conjugam-se da mesma forma: corroer, remoer.

Obstar (regular)
presente do indicativo: obsto, obstas, obsta, obstamos, obstais, obstam
pretérito perfeito do indicativo: obstei, obstaste, obstou, obstamos, obstastes, obstaram

Odiar (irregular)
presente do indicativo: odeio, odeias, odeia, odiamos, odiais, odeiam
pretérito perfeito do indicativo: odiei, odiaste, odiou, odiamos, odiastes, odiaram
Conforme assinalamos ao apresentar a conjungação do verbo **comerciar**, os verbos terminados em **-iar** são regulares. Há, no entanto, cinco verbos com essa terminação que são irregulares e seguem o mesmo modelo. São eles: **m**ediar, **a**nsiar, **r**emediar, **i**ncendiar e **o**diar (fórmula mnemônica "M.A.R.I.O").

Optar (regular)
presente do indicativo: opto, optas, opta, optamos, optais, optam
pretérito perfeito do indicativo: optei, optaste, optou, optamos, optastes, optaram
Atenção para a pronúncia: não existe **i** entre **p** e **t**.

Ouvir (irregular)
presente do indicativo: ouço, ouves, ouve, ouvimos, ouvis, ouvem
pretérito perfeito do indicativo: ouvi, ouviste, ouviu, ouvimos, ouvistes, ouviram

Pedir (irregular)
presente do indicativo: peço, pedes, pede, pedimos, pedis, pedem
pretérito perfeito do indicativo: pedi, pediste, pediu, pedimos, pedistes, pediram
Conjugam-se da mesma forma: despedir, expedir, medir.

Perder (irregular)
presente do indicativo: perco, perdes, perde, perdemos, perdeis, perdem
pretérito perfeito do indicativo: perdi, perdeste, perdeu, perdemos, perdestes, perderam

Poder (irregular)
presente do indicativo: posso, podes, pode, podemos, podeis, podem
pretérito perfeito do indicativo: pude, pudeste, pôde, pudemos, pudestes, puderam
Não é usado no modo imperativo.

Polir (irregular com alternância vocálica gráfica: nas formas rizotônicas, o **o** do radical muda para **u**)
presente do indicativo: pulo, pules, pule, polimos, polis, pulem
pretérito perfeito do indicativo: poli, poliste, poliu, polimos, polistes, poliram

Pôr (irregular)
presente do indicativo: ponho, pões, põe, pomos, pondes, põem
pretérito perfeito do indicativo: pus, puseste, pôs, pusemos, pusestes, puseram
Alguns gramáticos classificam esse verbo como anômalo porque ele apresenta profundas irregularidades. É o único verbo da língua portuguesa (além de seus derivados, é claro) que não apresenta vogal temática no infinitivo. Pertence à segunda conjugação porque sua forma antiga era **poer**.

Precaver-se (defectivo e pronominal)
presente do indicativo: precavemo-nos, precaveis-vos
pretérito perfeito do indicativo: precavi-me, precaveste-te, precaveu-se, precavemo-nos, precavestes-vos, precaveram-se
Como lhe falta a primeira pessoa do singular do presente do indicativo, esse verbo não possui nem o presente do subjuntivo nem o imperativo negativo.

Prover (irregular)
presente do indicativo: provejo, provês, provê, provemos, provedes, proveem
pretérito perfeito do indicativo: provi, proveste, proveu, provemos, provestes, proveram
Note que no pretérito perfeito (e nas formas daí derivadas) não se conjuga como o verbo **ver**.

Querer (irregular)
presente do indicativo: quero, queres, quer, queremos, quereis, querem
pretérito perfeito do indicativo: quis, quiseste, quis, quisemos, quisestes, quiseram
Normalmente não é conjugado no modo imperativo, salvo quando seguido de infinitivo: queira entregar, queiram entregar.

Reaver (defectivo)
presente do indicativo: reavemos, reaveis
pretérito perfeito do indicativo: reouve, reouveste, reouve, reouvemos, reouvestes, reouveram
Reaver é derivado de **haver**, mas só é conjugado nas formas em que **haver** possui a letra **v**.

Requerer (irregular)
presente do indicativo: requeiro, requeres, requer, requeremos, requereis, requerem
pretérito perfeito do indicativo: requeri, requereste, requereu, requeremos, requerestes, requereram
Requerer é conjugado como o verbo **querer**, do qual é derivado, exceto na primeira pessoa do singular do presente do indicativo e no pretérito perfeito do indicativo. Nesse último caso, é regular.

Rir (irregular)
presente do indicativo: rio, ris, ri, rimos, rides, riem
pretérito perfeito do indicativo: ri, riste, riu, rimos, ristes, riram
Conjuga-se da mesma forma: sorrir.

PARTE 2 // MORFOLOGIA

Roubar (regular)
presente do indicativo: roubo, roubas, rouba, roubamos, roubais, roubam
pretérito perfeito do indicativo: roubei, roubaste, roubou, roubamos, roubastes, roubaram
Atenção para a pronúncia: o **o** tem timbre fechado (r**ô**ubo, r**ô**ubas, r**ô**uba).

Saber (irregular)
presente do indicativo: sei, sabes, sabe, sabemos, sabeis, sabem
pretérito perfeito do indicativo: soube, soubeste, soube, soubemos, soubestes, souberam

Saudar (regular)
presente do indicativo: saúdo, saúdas, saúda, saudamos, saudais, saúdam
pretérito perfeito do indicativo: saudei, saudaste, saudou, saudamos, saudastes, saudaram
Atenção para a pronúncia do **u** tônico, que forma hiato (por isso é acentuado graficamente): eu sa-**ú**-do, tu sa-**ú**-das, ele sa-**ú**-da, eles sa-**ú**-dam. Quando é átono, forma ditongo com o **a** (nesse caso, não é semivogal e, por isso, não recebe acento gráfico).

Seguir (irregular)
presente do indicativo: sigo, segues, segue, seguimos, seguis, seguem
pretérito perfeito do indicativo: segui, seguiste, seguiu, seguimos, seguistes, seguiram
Assim se conjugam: conseguir, perseguir, prosseguir.

Suar (regular)
presente do indicativo: suo, suas, sua, suamos, suais, suam
pretérito perfeito do indicativo: suei, suaste, suou, suamos, suastes, suaram
Conjugam-se da mesma forma: acentuar, atuar, continuar, habituar, individuar, recuar, situar.

Trazer (irregular)
presente do indicativo: trago, trazes, traz, trazemos, trazeis, trazem
pretérito perfeito do indicativo: trouxe, trouxeste, trouxe, trouxemos, trouxestes, trouxeram
Na segunda pessoa do singular do imperativo afirmativo, apresenta duas formas: **traze** e **traz**.

Urgir (defectivo)
presente do indicativo: urge, urgem
pretérito perfeito do indicativo: urgiu, urgiram

Valer (irregular)
presente do indicativo: valho, vales, vale, valemos, valeis, valem
pretérito perfeito do indicativo: vali, valeste, valeu, valemos, valestes, valeram

Ver (irregular)
presente do indicativo: vejo, vês, vê, vemos, vedes, veem
pretérito perfeito do indicativo: vi, viste, viu, vimos, vistes, viram
Conjugam-se da mesma forma seus derivados: antever, prever, rever, etc.

Viajar (regular)
presente do indicativo: viajo, viajas, viaja, viajamos, viajais, viajam
pretérito perfeito do indicativo: viajei, viajaste, viajou, viajamos, viajastes, viajaram
Os verbos terminados em **-jar** mantêm o **j** em todas as formas.
Conjugam-se da mesma forma: almejar, alojar, arranjar, avantajar, beijar, cortejar, enferrujar, farejar, trajar, ultrajar, etc.

Viger (defectivo)
presente do indicativo: viges, vige, vigemos, vigeis, vigem
pretérito perfeito do indicativo: vigi, vigeste, vigeu, vigemos, vigestes, vigeram
Como lhe falta a primeira pessoa do singular do presente do indicativo, esse verbo não possui nem o presente do subjuntivo nem o imperativo negativo. Na prática, esse verbo só é usado nas terceiras pessoas.

Vir (irregular)
presente do indicativo: venho, vens, vem, vimos, vindes, vêm
pretérito perfeito do indicativo: vim, vieste, veio, viemos, viestes, vieram
Conjugam-se da mesma forma seus derivados: advir, convir, intervir, provir, sobrevir, etc.

MORFOSSINTAXE DO VERBO

Sintaticamente, o verbo sempre integra o predicado; além disso, é a palavra em torno da qual se estrutura a oração. Sabemos quantas orações possui um período contando o número de verbos e locuções verbais.

A maioria dos verbos são **lexicais** (ou nocionais), isto é, são verbos com conteúdo semântico, que nos remetem a noções presentes em nosso universo, informando algo a respeito do sujeito a que se referem. Há, no entanto, alguns verbos cuja função é estabelecer um elo entre o sujeito e um atributo dele (o predicativo do sujeito): são os chamados **verbos de ligação**.

Os verbos lexicais (que indicam ação, fenômeno da natureza, existência, desejo, conveniência) formam o núcleo do predicado verbal ou um dos núcleos do predicado verbo-nominal. Observe:

Marcos **recebeu** os presentes. (o verbo funciona como núcleo do predicado verbal)

Marcos **recebeu** os presentes alegre. (o verbo funciona como um dos núcleos do predicado verbo-nominal; o outro núcleo é o adjetivo **alegre**)

Os verbos de ligação não funcionam como núcleo do predicado. Dessa forma, nos predicados em que aparecem, o núcleo será sempre um nome. Daí poder-se afirmar que, quando há verbo de ligação, o predicado é, sem dúvida, **predicado nominal**. Veja:

Os convidados **ficaram** insatisfeitos. (o núcleo do predicado é o adjetivo **insatisfeitos**)

Aquelas pessoas **eram** engraçadas. (o núcleo do predicado é o adjetivo **engraçadas**)

Tu e *vós*: caindo em desuso

Em relação às pessoas do verbo, embora a norma-padrão, nos paradigmas dos verbos, faça referência a três formas no singular (**eu**, **tu** e **ele**) e a três formas no plural (**nós**, **vós** e **eles**), o que se observa, mesmo em variedades mais prestigiadas, é uma simplificação desse paradigma. Veja a seguir:

eu	compro
você	compra
ele	compra
a gente	compra
nós	compramos
vocês	compram
eles	compram

Nas variedades mais estigmatizadas, essa simplificação é ainda maior, como se pode observar a seguir:

eu	compro
tu	compra
você	compra
ele	compra
nós	compra
a gente	compra
eles	compra

Tempos verbais pouco utilizados

Na linguagem do dia a dia, certos tempos verbais são muito pouco utilizados. É o que ocorre, por exemplo, no modo indicativo, com:

a) o futuro do presente simples (**cantarei, baterei, partirei**), que, na fala do cotidiano, é substituído por uma locução verbal formada pelo verbo **ir** no presente do indicativo seguido do infinitivo do verbo principal:

> "**Vou voltar**
> Sei que ainda **vou voltar**
> Para o meu lugar." (Chico Buarque e Tom Jobim)
> (**vou voltar** no lugar de **voltarei**)

> Amanhã **vou viajar** para a Europa.
> (**vou viajar** no lugar de **viajarei**)

> **Vou sair** à noite para me encontrar com meus amigos.
> (**vou sair** no lugar de **sairei**)

Nesse tipo de construção, observa-se frequentemente o emprego do verbo **ir** como auxiliar dele próprio, principalmente na linguagem das crianças:

> Amanhã, **vou ir** para o interior.
> (**vou ir** no lugar de **irei**)

b) o pretérito mais-que-perfeito simples (**cantara, batera, partira**), que tem sido substituído, na fala do dia a dia, pelo pretérito mais-que-perfeito composto (**tinha cantado, tinha batido, tinha partido**):

> Quando você resolveu telefonar, ela já **tinha telefonado**. (telefonara)
> Antes mesmo de você chegar, nós já **tínhamos chegado**. (chegáramos)
> Eu já **tinha falado** com ela quando você chegou. (falara)

Criação de novos verbos

Como vimos, há três conjugações verbais (cant**ar**, vend**er**, part**ir**). Dessas três, a primeira conjugação é a que se pode chamar de conjugação produtiva, pois é a que permite, no dia a dia, a criação de novos verbos (neologismos), tais como **clicar, dedurar, deletar, desbaratinar, escanear, picaretar, plugar, remasterizar, terceirizar**, etc.

Verbos-suporte

Na linguagem do dia a dia é comum a utilização de verbos-suporte, aqueles cujo significado foi esvaziado e que formam com o seu complemento um significado global correspondente a um outro verbo. Exemplos típicos de verbos-suporte são **dar** e **fazer**:

> Ele **deu** uma olhada. (Ele olhou.)
> Vou **dar** um telefonema. (Vou telefonar.)
> O pai **fez** um aceno. (O pai acenou.)
> Ele **faz** uso de expressões técnicas. (Ele usa expressões técnicas.)

ATIVIDADES

Texto para a questão 1.

Enquanto tomo minha sopa, imagino que esta análise poderia levar-me mais longe ainda, caso tivesse liberdade para dedicar-me a ela. Mas o ambiente em que o jantar decorre não parece fácil, e noto, sem surpresa, que os arranjos feitos em sua intenção são mais cuidados do que habitualmente. Há uma verdadeira exuberância de pratos, e entre os copos e talheres circulam terrinas com fumegante molho pardo, que é a especialidade da velha Anastácia; e numa travessa cercada de alface, um lombo mineiro, certamente preparado com o carinho que a iguaria requer; e chouriços negros, feitos à moda da casa, que meu tio Demétrio aprecia acima de tudo. Observo, e em minhas retinas, momentaneamente turbadas, a luz cintila no facetado dos cristais.

CARDOSO, Lúcio. *Crônica da casa assassinada*. 13. ed. Rio de Janeiro: Civilização Brasileira, 2013. p. 405.

1. Trata-se de um texto narrado em primeira pessoa em que a personagem narra o que ocorre num jantar em família.

    a) Quanto ao tempo verbal, qual predomina?

    b) Quanto ao tempo dos acontecimentos (o jantar) e o tempo da narração, isto é, o momento em que os fatos são narrados, ocorre concomitância ou não?

    c) Justifique o emprego do tempo verbal que predomina no texto.

    d) Considerando que o aspecto diz respeito ao ponto de vista de um observador sobre o processo expresso pelos verbos, mostrando esse processo como concluído ou não concluído, em seu início, em seu desenvolvimento ou no seu término, comente o processo verbal do texto quanto ao aspecto.

Texto para a questão 2.

Diolina veio encontrar comigo, era costume dela toda vez que eu chegava. Vinha toda risonha e correndo feito criança, o que eu viesse carregando ela tomava, e daquela vez notei que a sua alegria era diferente, tinha um quê de sobressalto. Ela dava uma leve demonstração de que tinha levado um susto e ainda estava ressabiada, e eu fiquei sem coragem de passar a saber qual era a novidade. Entramos pra dentro, ela foi guardar minha espingarda no prego, perguntando sobre nossa caçada, deixei para contar das maçadas que cabo Altino tinha dado depois. Mais tarde eu contava. Ela foi catar os carrapatos, eu deitado de atravessado no seu colo. Isso era costume seu; sentia prazer em passear as pontas dos dedos revistando meu corpo inteiro, gostava de matar os carrapatos e cheirar as unhas, apreciando o cheirinho acre de iodofórmio.

BERNARDES, Carmo. *Santa Rita*. Goiânia: Ed. da UFG, 1995. p. 71.

2. O texto é uma narrativa em primeira pessoa de um fato ocorrido, como se pode observar pelos verbos no pretérito. Há no texto, no entanto, um verbo no pretérito que indica um fato futuro. Que verbo é esse? Que expressão do texto deixa claro que a forma verbal no pretérito refere-se a um fato futuro?

3. Dê uma nova redação às frases a seguir, atendendo ao que se pede.

    a) A comissão já tinha preparado os convites de formatura. (voz passiva analítica com ênfase em **convites de formatura**)

    b) As testemunhas foram interrogadas pelo delegado de plantão. (voz passiva sintética com ênfase na **ação de interrogar**)

    c) Os sócios foram convocados para uma reunião. (voz ativa com ênfase na **ação de convocar**)

    d) O carro ia ser pilotado por um brasileiro. (voz ativa com ênfase em **um brasileiro**).

    e) A plateia aplaudiu com entusiasmo a apresentação do cantor. (voz passiva sintética com ênfase na **ação de aplaudir**)

4. Indique os elementos componentes dos verbos seguindo o modelo.

    Modelo: **cantássemos**
    radical → cant-
    vogal temática → -a
    tema → canta-
    desinência modo-temporal → -sse
    desinência número-pessoal → -mos

    a) venderíeis   e) sofras
    b) partiras   f) escuto
    c) amemos   g) estudaste
    d) distribuam   h) andaremos

PARTE 2 // MORFOLOGIA

5. Destaque os verbos das frases a seguir e indique se expressam ação, existência, estado ou fenômeno da natureza. Depois, classifique-os quanto à conjugação.

a) Ontem choveu o dia inteirinho!

b) Depois da chuva, garoou até a noite.

c) O vento forte derrubou árvores e destelhou casas.

d) Os moradores da região estão desabrigados.

e) Até os bombeiros ficaram desolados com a situação.

f) Houve deslizamento de terra em morros da periferia.

g) O prefeito decretou estado de calamidade pública na cidade.

h) As estradas estão intransitáveis; o tráfego urbano também ficou interrompido.

i) A chuva fortíssima causou enormes estragos na cidade.

j) O Corpo de Bombeiros transferiu as famílias desabrigadas para as escolas públicas mais próximas.

6. Indique em que voz verbal estão os verbos a seguir.

a) A prova será adiada.

b) Crianças brincavam na neve.

c) Reformam-se roupas.

d) As aulas deverão ser ministradas pelo professor Eduardo Pontes.

e) Os deuses castigam os fracos.

f) Os jornais são impressos em máquinas estrangeiras.

g) Nos chalés da Praia Dourada, confeccionam-se bijuterias artesanalmente.

h) Este tipo de roupa não se usa mais.

7. Passe para a voz passiva.

a) Contei uma história linda para as crianças dormirem.

b) Toda manhã Joana recolhe as roupas do varal.

c) A empresa concedeu um aumento salarial aos funcionários.

d) Pedro lê muitos livros todos os anos.

e) Queimaram toda a safra de soja deste ano.

f) "A luz circular do refletor envolve o pianista e o piano." (Erico Verissimo)

8. Passe as frases a seguir para a voz ativa.

a) As moças foram enganadas pelo impostor.

b) O navio foi abandonado no cais pelo comandante.

c) O florete foi comprado pelo esgrimista.

d) Uma nova peça será encenada por aquele grupo.

e) Um novo atleta será incorporado ao time pelo técnico.

9. As frases a seguir estão na voz passiva sintética. Passe-as para a passiva analítica.

a) Não se conhecem os responsáveis.

b) Efetuar-se-á a compra do imóvel.

c) Não se corrigirão as provas.

d) Entregou-se um requerimento ao diretor.

e) Efetivar-se-á a contratação dos aprovados.

10. As frases a seguir estão na voz passiva analítica. Passe-as para a passiva sintética.

a) As mercadorias serão entregues.

b) A roupa será consertada.

c) As plantas serão regadas todos os dias.

d) As providências foram tomadas.

e) Os trabalhos serão analisados amanhã.

11. Classifique, quanto à flexão, os verbos destacados nas frases a seguir.

a) Aquela empresa de tecidos **faliu**.

b) Eu **ouço** música todos os dias.

c) Nós **reavemos** o dinheiro perdido.

d) O jogador foi **expulso** de campo pelo juiz.

e) Nós **estudamos** para a prova.

12. Preencha as lacunas usando o particípio adequado do verbo entre parênteses.

a) Haviam * toda a louça. (enxugar)

b) A louça estava * . (enxugar)

c) Tinham * o ladrão em flagrante. (prender)

d) O ladrão foi * em flagrante. (prender)

e) Eles tinham * o fogo. (acender)

f) O fogo estava * . (acender)

g) Eu havia * o material. (entregar)

h) O material estava * . (entregar)

i) Haviam * o aluno. (expulsar)

j) O aluno foi * do colégio. (expulsar)

k) Haviam * o livro. (imprimir)

l) O livro foi * . (imprimir)

CAPÍTULO 10 // Verbo

13. Complete as lacunas, colocando o verbo no tempo e modo pedidos.

a) "Que me conste, ainda ninguém * o seu próprio delírio [...]." (Machado de Assis)
(**relatar** – pretérito perfeito do indicativo)

b) "Antes de iniciar este livro, * construí-lo pela divisão do trabalho." (Graciliano Ramos)
(**imaginar** – pretérito perfeito do indicativo, primeira pessoa do singular)

c) "Nesse tempo eu não * mais nela [...]." (Graciliano Ramos)
(**pensar** – pretérito imperfeito do indicativo)

DOS TEXTOS À GRAMÁTICA DA GRAMÁTICA AOS TEXTOS

Caldo verde

[...]

Ingredientes:

200 g de couve-manteiga sem os talos; 600 g de batatas descascadas; 1 cebola; 1 1/2 litro de água; 150 mililitros de bom azeite de oliva; 5 rodelas de chouriço; sal e pimenta-do-reino a gosto.

Preparo:

Primeiro lavar a couve e cortar bem fininho. Lavar bem, secar e reservar.

Cozinhar as batatas e a cebola em um litro e meio de água com a metade do azeite (setenta e cinco mililitros).

Depois de uns vinte minutos, com as batatas já cozidas, retirar do fogo e passar tudo pelo liquidificador.

Voltar o caldo ao fogo e deixar engrossar por cinco minutos. Juntar a couve e tampar a panela. Cinco minutos depois, acrescentar as rodelas de chouriço e o restante do azeite. Salgar e apimentar a gosto.

A sopa deverá estar pronta depois de uns dez minutos da couve ter sido colocada.

[...]

GALVÃO, Saul. *Os prazeres da mesa.* 2. ed. São Paulo: Ática, 1988. p. 132-133.

1. Qual é a finalidade desse texto?

2. O texto apresenta duas partes. Qual é a finalidade de cada uma delas?

3. Na primeira parte há orações? E na segunda? Justifique.

4. Que tipo de verbos predominam na segunda parte do texto? Justifique o emprego desse tipo de verbo.

5. Normalmente, os verbos fazem referência a um sujeito com o qual concordam. Na segunda parte do texto, a que sujeito se referem os verbos?

6. Na norma culta, não se deve contrair a preposição com o artigo que encabeça o sujeito de um verbo. Levando isso em conta, reescreva a última frase do texto para adequá-la à norma culta.

7. Na oração "A sopa deverá estar pronta depois de uns dez minutos [...]", temos uma locução verbal. Como ficaria essa oração com um único verbo? Comente a diferença de sentido entre as duas construções.

8. Na frase "Cozinhar as batatas e a cebola em um litro e meio de água com a metade do azeite (setenta e cinco mililitros).", a informação entre parênteses é necessária? Justifique.

9. No texto há predominância de verbos no infinitivo impessoal. Tais formas verbais poderiam ser substituídas por outras sem que o sentido do texto sofresse alterações significativas. Que formas verbais poderiam ter sido usadas no lugar do infinitivo?

10. No texto, o autor preferiu usar frases curtas em ordem direta. Não há subordinação de ideias; as orações estão coordenadas entre si. Por que razão ele teria optado por esse tipo de frases?

CATEGORIAS GRAMATICAIS INVARIÁVEIS

São categorias gramaticais invariáveis:

- o **advérbio**;
- a **preposição**;
- a **conjunção**;
- a **interjeição**.

Passaremos agora a examinar cada uma delas.

ADVÉRBIO

Definição

> **Advérbio** é a palavra invariável que, fundamentalmente, modifica o verbo, exprimindo determinada circunstância (tempo, lugar, modo, causa, dúvida, etc.).

Observe:

Cheguei (verbo) **cedo** (advérbio).   Eles agiram (verbo) **mal** (advérbio).

A palavra **advérbio** provém do latim *adverbium*. Nela, temos o prefixo **ad-**, o mesmo que aparece em adjetivo, que significa "ao lado de", "junto de". O adjetivo junta-se ao substantivo para caracterizá-lo; o advérbio junta-se a um verbo, caracterizando-o.

O advérbio também pode modificar:

a) um **adjetivo**:

Eram alunas **muito** (advérbio) estudiosas (adjetivo).

b) outro **advérbio**:

Eles chegaram **bastante** (advérbio) **cedo** (advérbio).

c) uma **frase**:

Francamente (advérbio), não concordo com isso (oração).

O sistema nervoso central não foi atingido (oração), **felizmente** (advérbio).

Note que, quando os advérbios incidem sobre toda uma oração, revelam atitude subjetiva do enunciador em relação àquilo que se enuncia. Tais advérbios são denominados **advérbios de enunciação** e ocorrem no início ou no final das orações, sempre separados por vírgula.

Locução adverbial

Frequentemente, o advérbio não é representado por uma única palavra, mas por um conjunto de palavras, que se denomina **locução adverbial**.

As locuções adverbiais são, geralmente, formadas por preposição + substantivo, preposição + adjetivo ou preposição + advérbio.

Observe:

Ele chegou **de repente**.
verbo locução adverbial

Veja mais alguns exemplos de locução adverbial:

à direita	às cegas	de improviso	de raspão
à esquerda	às escondidas	de longe	de súbito
à frente	às pressas	de maneira alguma	de viva voz
a prazo	às vezes	de manhã	em breve
à toa	com efeito	de novo	em vão
à vontade	de afogadilho	de perto	por acaso
ao léu	de cor	de propósito	sem dúvida

Em locuções adverbiais como **à milanesa** e **à capixaba**, temos a palavra **moda** subentendida:
O restaurante servia bife à milanesa e moqueca à capixaba.
(bife à moda milanesa; moqueca à moda capixaba)

Há, no entanto, locuções adverbiais não introduzidas por preposição:
gota a gota, passo a passo, dia a dia, muitas vezes, algumas vezes, etc.

Classificação dos advérbios

Conforme a circunstância que expressam, os advérbios e as locuções adverbiais classificam-se em:

a) **de afirmação:** sim, certamente, efetivamente, realmente, deveras, com certeza, de fato, etc.;

b) **de dúvida:** talvez, quiçá, acaso, porventura, possivelmente, provavelmente, etc.;

c) **de intensidade:** muito, pouco, bastante, meio, todo, mais, menos, demais, assaz, tão, mui, de todo, completamente, demasiadamente, excessivamente, etc.;

d) **de lugar:** aqui, ali, aí, cá, lá, atrás, longe, perto, abaixo, acima, dentro, fora, detrás, além, aquém, adiante, defronte, acolá, diante, junto, em cima, ao lado, à direita, à esquerda, algures (em algum lugar), alhures (em outro lugar), nenhures (em nenhum lugar), etc.;

e) **de tempo:** agora, já, ainda, hoje, amanhã, ontem, anteontem, cedo, tarde, sempre, nunca, jamais, depois, outrora, entrementes, amiúde, doravante, imediatamente, eventualmente, anteriormente, diariamente, atualmente, brevemente, raramente, simultaneamente, concomitantemente, de repente, de manhã, de vez em quando, etc.;

f) **de modo:** assim, bem, mal, depressa, devagar, adrede, debalde, à vontade, às escondidas, de cor, à toa e grande parte dos advérbios terminados em **-mente** (calmamente, afobadamente, alegremente, etc.);

g) **de negação:** não, tampouco, absolutamente, de modo algum, de forma alguma.

Advérbios interrogativos

As palavras **onde**, **como**, **quanto** e **quando**, usadas em frases interrogativas (diretas ou indiretas), são chamadas **advérbios interrogativos**:

Onde você mora?

Perguntei **como** ele fez isso.

Quando você volta?

Quanto custou a mercadoria?

> **OBSERVAÇÃO**
>
> A palavra **quanto** também pode ser pronome interrogativo. É advérbio quando se refere a verbo:
> **Quanto** vale o carro?
> É pronome interrogativo quando se refere a substantivo:
> **Quanto** tempo é necessário?

Flexão de grau

Embora o advérbio seja classificado como palavra invariável, certos advérbios admitem variação de grau. Convém observar, no entanto, que os advérbios não variam em gênero e número.

À semelhança dos adjetivos, são dois os graus do advérbio: comparativo e superlativo.

Grau comparativo

O comparativo pode ser: de igualdade; de superioridade; de inferioridade.

Forma-se o **comparativo de igualdade** antepondo-se **tão** ao advérbio e pospondo **como** ou **quanto**:

Ele chegou **tão cedo quanto** o colega.   Falava **tão bem como** o pai.

Forma-se o **comparativo de superioridade** antepondo-se **mais** ao advérbio e pospondo **que** ou **do que**:

Ele chegou **mais cedo que (do que)** o colega.

Os advérbios **bem** e **mal** admitem também o grau comparativo de superioridade irregular: **melhor** e **pior**.

Forma-se o **comparativo de inferioridade** antepondo-se **menos** ao advérbio e pospondo **que** ou **do que**:

Ele caminhava **menos apressadamente que (do que)** o colega.

Grau superlativo

O superlativo pode ser sintético ou analítico.

No **superlativo sintético**, a alteração de grau é feita pelo acréscimo de um sufixo ao advérbio:

Cheguei **cedíssimo**.

No **superlativo analítico**, a alteração de grau é feita com o auxílio de outro advérbio, no caso, de intensidade:

Cheguei **muito cedo**.

Emprego dos advérbios

1 Quando se coordenam vários advérbios terminados em **-mente**, pode-se usar esse sufixo apenas no último advérbio:

Estava dormindo calma, tranquila e sossegada**mente**.

2 Antes de particípios não se devem usar as formas irregulares do comparativo de superioridade **melhor** e **pior**, e sim as formas analíticas **mais bem** e **mais mal**:

Aquelas alunas estavam **mais bem preparadas** que as outras.

Esta roupa parece **mais mal acabada** que aquela.

CAPÍTULO 11 // Categorias gramaticais invariáveis

3 A palavra **só** é advérbio quando equivale a **somente**, **apenas**. Quando equivaler a **sozinho(a)**, deve ser classificada como adjetivo:

"Você **só** dança com ele e diz que é sem compromisso." (Geraldo Pereira e Nelson Trigueiro)
(Você **somente** dança com ele [...]. = advérbio)

Não me deixem **só**.
(Não me deixem **sozinho(a)**. = adjetivo)

4 Certos advérbios e locuções adverbiais têm a função de limitar o que se enuncia em determinado campo do conhecimento ou ponto de vista. São denominados **advérbios de enquadramento nocional**:

Sintaticamente, os advérbios desempenham a função de adjunto adverbial.

Classifique **morfologicamente** as palavras destacadas no texto.

Do ponto de vista estritamente jurídico, esse contrato é nulo de pleno direito.

5 Os advérbios (e locuções adverbiais) também são empregados como modalizadores, isto é, evidenciam o grau de comprometimento do enunciador com aquilo que enuncia.
A candidatura de um político à reeleição, por exemplo, pode não apenas ser afirmada ("O governador é candidato à reeleição"), ou negada ("O governador não é candidato à reeleição"), mas também comportar vários graus de comprometimento do falante com o que diz; seja esse comprometimento mais ou menos categórico:

O governador **provavelmente** será candidato à reeleição.

O governador **com certeza** será candidato à reeleição.

6 Assim como os verbos, os advérbios podem apresentar:

- aspecto pontual: subitamente, repentinamente;
- aspecto durativo: gradualmente, gradativamente, paulatinamente;
- aspecto iterativo: habitualmente, constantemente.

[!] Palavras denotativas

Certas palavras que se assemelham a advérbios não possuem, segundo a NGB, classificação especial. São simplesmente chamadas **palavras denotativas** e podem indicar, entre outras coisas:

a) **inclusão:** até, inclusive, também, etc.:
Ele **também** foi.

b) **exclusão:** apenas, salvo, menos, exceto, etc.:
Todos, **exceto** eu, foram à festa.

c) **explicação:** isto é, por exemplo, a saber, ou seja, etc.:
Ele, **por exemplo**, não pôde comparecer.

d) **retificação:** aliás, ou melhor, etc.:
Amanhã, **aliás**, depois de amanhã iremos à festa.

e) **realce:** cá, lá, é que, etc.:
Sei **lá** o que ele está fazendo agora!

f) **situação:** afinal, agora, então, etc.:
Afinal, quem está falando?

g) **designação:** eis:
Eis o verdadeiro culpado de tudo.

Morfossintaxe do advérbio

De modo geral, os advérbios e as locuções adverbiais desempenham, sintaticamente, a função de adjuntos adverbiais.

A exemplo dos advérbios, os adjuntos adverbiais também são classificados com base na circunstância que exprimem.

Observe:

"**Hoje** eu quero a rosa **mais** linda que houver." (Dolores Duran)

No exemplo acima, o advérbio **hoje** exerce a função sintática de **adjunto adverbial de tempo**; o advérbio **mais**, a de **adjunto adverbial de intensidade**.

Na frase a seguir, a locução adverbial **à vontade** desempenha a função sintática de **adjunto adverbial de modo**:

Entre e fique **à vontade**.

Os advérbios podem aparecer exercendo outras funções sintáticas:

Lá é um lugar tranquilo. (advérbio como sujeito)

Duas horas de espera é **demais**. (advérbio como predicativo do sujeito)

O que você vai fazer com um carro **assim**? (advérbio como adjunto adnominal)

PREPOSIÇÃO

Definição

Preposição é a palavra invariável que liga dois termos da oração, subordinando um ao outro.

O termo que exige a preposição é denominado **regente**; o termo introduzido por ela é denominado **regido**. Observe:

Seus primos	moravam	**em**	Paris.
É um filme	impróprio	**para**	menores.
	regente	preposição	regido

A preposição pode também ligar duas orações de um período, subordinando uma a outra. Nesse caso, funciona como conjunção.

Veja:

Fiz de tudo **para** te esquecer.

Foi advertido **por** estar se comportando mal.

Algumas preposições têm conteúdo semântico (sob, sobre, contra, entre), outras, não (a, de, em); nesse caso a significação é dada pelo contexto.

Como se pôde observar, o termo regente, aquele que pede a preposição, pode ser um verbo ou um nome, daí falarmos em **regência verbal** e **regência nominal**, assunto que estudaremos no capítulo 19, **Regência**.

Locução prepositiva

Damos o nome de **locução prepositiva** ao conjunto de duas ou mais palavras com valor de preposição.

Eis alguns exemplos:

abaixo de	ao encontro de	de encontro a	para com
acerca de	ao lado de	embaixo de	perto de
a despeito de	apesar de	em frente a	por entre
a fim de	através de	em vez de	por meio de
antes de	de acordo com	junto de	sob pena de

Eram	afáveis	**para com**	os amigos.
A proposta	estava	**de acordo com**	o pedido.
	regente	locução prepositiva	regido

Se a preposição aparece **antes** de um advérbio, este não perde o seu caráter adverbial, e a expressão formada por preposição + advérbio será classificada como **locução adverbial**:

locução adverbial

Usava óculos porque não enxergava **de** **perto**.

preposição   advérbio

Caso a preposição venha **depois** do advérbio, o conjunto advérbio + preposição formará uma **locução prepositiva**:

locução prepositiva

Ela mora **perto** **de** casa.

advérbio   preposição

Classificação das preposições

As preposições classificam-se em:

a) **essenciais:** são aquelas que sempre funcionam como preposição:

a	até	de	entre	perante	sob
ante	com	desde	para	por	sobre
após	contra	em	per	sem	trás

b) **acidentais:** são palavras que, não sendo efetivamente preposições, podem funcionar como tal. Podemos destacar, dentre elas:

afora	conforme	consoante	durante	exceto	salvo	malgrado

Emprego das preposições

1 As preposições **a**, **de**, **em** e **per** podem aparecer unidas com outras palavras. Quando na junção da preposição com outra palavra não houver alteração fonética, teremos **combinação**. Caso ocorra alguma alteração fonética na junção da preposição com outra palavra, teremos **contração**.

Combinação:

ao (**a** + o)

aos (**a** + os)

aonde (**a** + onde)

Contração:

do (**de** + o)	**n**o (**em** + o)
dum (**de** + um)	**n**um (**em** + um)
desta (**de** + esta)	**n**este (**em** + este)
pelo (**per** + o)	**pel**as (**per** + as)
dalguma (**de** + alguma)	**d**outro (**de** + outro)

2 A preposição **a** pode se fundir com outro **a** (ou **as**). Essa fusão de dois **aa** é indicada pelo acento grave (`) e recebe o nome de **crase**:

Vou	**a** + a	escola.		Fizeram referência	**a** + as	colegas.
Vou	**à**	escola.		Fizeram referência	**às**	colegas.

O estudo da crase será feito no capítulo 19.

3 Na norma culta, não se contrai a preposição **de** com o artigo que inicia o sujeito de um verbo no infinitivo:
   Não consegui dormir antes **de o** dia clarear. (E não: Não consegui dormir antes do dia clarear.)

   Essa regra vale também para este tipo de construção:
   Chegou a hora **de ele** sair. (E não: Chegou a hora dele sair.)

4 As preposições podem assumir inúmeros valores semânticos:
- lugar: Ver **de** perto.
- origem: Ele vem **de** Brasília.
- causa: Morreu **de** fome.
- assunto: Falava **de** futebol. / Discutiam **sobre** política.
- meio: Veio **de** trem.
- posse: A casa **de** Paulo está sendo reformada.
- matéria: Usava um chapéu **de** palha.
- companhia: Saiu **com** os amigos.
- falta ou ausência: Vivia **sem** dinheiro.
- finalidade: Discursava **para** convencer.
- modo: Sentia-se **à** vontade.
- tempo: Ano **após** ano, ele repete as mesmas coisas.
- instrumento: Cortou o fio **com** uma faca.
- especialidade: Formou-se **em** Direito.
- oposição: Puseram-se **contra** nós.
- valor: Mensalidade **de** cem reais.
- conteúdo: Tomou uma xícara **de** café.
- quantidade: Era uma sala **de** dois ambientes.

5 A preposição **a** (na combinação **ao** ou na contração **à**) também é usada para indicar proximidade:
   sentar-se à mesa, à sombra, ao piano

Morfossintaxe da preposição

A preposição não desempenha função sintática na oração; ela apenas une termos, palavras. É um conectivo e, como tal, é importante para a coesão de um texto.

CONJUNÇÃO

Definição

> **Conjunção** é a palavra invariável que liga palavras, grupos de palavras, orações, frases, exprimindo relações de sentido entre as unidades ligadas.

Observe:

No primeiro caso, a conjunção **e** liga duas orações coordenadas; no segundo, liga dois termos da oração que exercem a mesma função sintática (núcleo do sujeito).

Locução conjuntiva

> Dá-se o nome de **locução conjuntiva** ao conjunto de duas ou mais palavras com valor de conjunção.

Geralmente as locuções conjuntivas terminam com a conjunção **que**. Veja algumas delas:

a fim de que	à medida que	contanto que	já que	uma vez que
ainda que	à proporção que	desde que	se bem que	visto que

Classificação das conjunções

As conjunções (e locuções conjuntivas) classificam-se em coordenativas e subordinativas.

Conjunções coordenativas

Ligam termos que exercem a mesma função sintática, ou orações independentes (coordenadas). As conjunções coordenativas subdividem-se em:

a) **aditivas** (indicam soma, adição): e, nem, mas também, mas ainda.

b) **adversativas** (indicam oposição, contraste): mas, porém, todavia, contudo, entretanto, no entanto.

c) **alternativas** (indicam alternância, escolha): ou, ou... ou, ora... ora, quer... quer, seja... seja.
A conjunção **ou** também é usada para indicar equivalências. Nesse caso, tem valor explicativo:
O hífen **ou** traço de união é usado para ligar pronomes enclíticos ao verbo.

d) **conclusivas** (indicam conclusão): pois (quando posposta ao verbo), logo, portanto, então, etc.

e) **explicativas** (indicam explicação): pois (quando anteposta ao verbo), porque, que, etc.

Conjunções subordinativas

Ligam duas orações sintaticamente dependentes, ou seja, uma oração subordinada a outra, denominada principal. As conjunções subordinativas subdividem-se em:

a) **causais** (exprimem causa, motivo): porque, visto que, já que, uma vez que, como, etc.

b) **condicionais** (exprimem condição): se, caso, contanto que, etc.

c) **consecutivas** (exprimem resultado, consequência): que (precedida de **tão**, **tal**, **tanto**), de modo que, de maneira que, etc.

d) **comparativas** (exprimem comparação): como, que (precedida de **mais** ou **menos**), etc.

e) **conformativas** (exprimem conformidade): como, conforme, segundo, etc.

f) **concessivas** (exprimem concessão): embora, se bem que, ainda que, mesmo que, conquanto, etc.

g) **temporais** (exprimem tempo): quando, enquanto, logo que, desde que, assim que, etc.

h) **finais** (exprimem finalidade): a fim de que, para que, que, etc.

i) **proporcionais** (exprimem proporção): à proporção que, à medida que, etc.

j) **integrantes**: que, se (quando iniciam oração subordinada substantiva).

As conjunções e o contexto frasal

Uma mesma conjunção (ou locução conjuntiva) pode estabelecer relações diferentes entre orações. Observe:

Você irá bem na prova **desde que** estude.
(A locução conjuntiva **desde que** está estabelecendo relação de condição.)

Não para de falar **desde que** o filme começou.
(A locução conjuntiva **desde que** está estabelecendo relação de tempo.)

Gritou tanto **que** ficou rouco.

(A conjunção **que** está estabelecendo relação de consequência.)

Ele gritou mais **que** eu.

(A conjunção **que** está estabelecendo relação de comparação.)

Por isso, no caso das conjunções, assim como no das preposições, o contexto é fundamental para classificar a relação que a conjunção (ou a locução conjuntiva) estabelece entre as orações.

Morfossintaxe da conjunção

As conjunções, assim como as preposições, **não** desempenham função sintática na oração. Como já vimos, as conjunções apenas ligam termos de mesma função sintática ou orações de um período composto. São, por isso, consideradas **conectivos**.

No caso de um período composto, são as conjunções que marcam as relações de coordenação e subordinação entre as orações. Para uma melhor e correta compreensão das conjunções, portanto, é necessário conhecer análise sintática.

Retomaremos o estudo das conjunções quando tratarmos do período composto nos capítulos 15 e 16.

Os operadores argumentativos

O termo **operadores argumentativos** foi cunhado pelo linguista francês Oswald Ducrot para designar os morfemas da gramática de uma língua cuja função é indicar a força argumentativa dos enunciados. Introduzem variados tipos de argumentos que apontam para determinadas conclusões.

Do ponto de vista gramatical, as palavras que funcionam como operadores argumentativos são os conectivos (notadamente as conjunções), os advérbios e outras palavras que, dependendo do contexto, não se enquadram em nenhuma das dez categorias gramaticais (são classificadas como **palavras denotativas**: até, inclusive, também, afinal, então, é que, aliás, etc.).

Observe, por meio de exemplos, como funcionam esses operadores:

No Brasil, **ainda** há crianças fora da escola.

Nesse enunciado, o advérbio **ainda** orienta o interlocutor para inferir algo que está pressuposto: que antes do momento da enunciação já havia crianças fora da escola.

Embora muitos adolescentes que trabalham frequentem a escola, poucos conseguem concluir os oito anos de escolaridade básica.

Nesse, a conjunção **embora** introduz argumento que se contrapõe ao exposto na oração seguinte.

Tipos de operadores argumentativos

Os operadores argumentativos são utilizados para introduzir variados tipos de argumentos. Veja os mais comuns:

- operadores que introduzem argumentos que se somam a outro tendo em vista uma mesma conclusão: e, nem, também, não só... mas também, não só... mas ainda, além disso, etc.

    Os efeitos danosos do trabalho infantil sobre a escolarização são sentidos **não só** nas crianças menores **mas também** nos adolescentes.

- operadores que introduzem enunciados que exprimem conclusão em relação ao que foi expresso anteriormente: logo, portanto, então, em decorrência, consequentemente, etc.

    O trabalho infantil prejudica o desenvolvimento físico, emocional e intelectual da criança, **portanto** deve ser combatido.

- operadores que introduzem argumento que se contrapõe a outro visando a uma conclusão contrária: mas, porém, todavia, embora, ainda que, mesmo que, apesar de, etc.

    Muitas pessoas são contra a exploração de crianças e adolescentes, **mas** poucas fazem alguma coisa para evitar que isso aconteça.

Esses operadores são geralmente representados pelas conjunções adversativas e concessivas. A opção por determinado tipo de conjunção tem implicações na estratégia argumentativa.

Por meio das adversativas (mas, porém, todavia, contudo, etc.), introduz-se um argumento que leva o interlocutor a uma conclusão contrária a que chegaria se prevalecesse o argumento usado no enunciado anterior. Com as concessivas (embora, se bem que, ainda que, etc.), o locutor dá a conhecer previamente o argumento que será invalidado.

Observe:

Milhões de crianças e adolescentes trabalham no Brasil, **mas isso é proibido pela Constituição. Embora a Constituição proíba**, milhões de crianças e adolescentes trabalham no Brasil.

- operadores que introduzem argumentos alternativos: ou, ou... ou, quer... quer, seja... seja, etc.

   Ou sensibilizamos a sociedade sobre os efeitos danosos do trabalho infantil, **ou** o problema persistirá.

- operadores que estabelecem relações de comparação: mais que, menos que, tão... quanto, tão... como, etc.

   O problema do trabalho infantil é **tão** grave **quanto** o do desemprego.

- operadores que estabelecem relação de justificativa, explicação em relação a enunciado anterior: pois, porque, que, etc.

   Devemos tomar uma decisão urgente, **pois** o problema tende a se agravar.

- operadores cuja função é introduzir enunciados pressupostos: agora, ainda, já, até, etc.

   Até o papa manifestou sua indignação.

Nesse enunciado, pressupõe-se que outras pessoas, além do papa, tenham manifestado indignação. Compare a força argumentativa do enunciado contrapondo-o a outros:

O padre manifestou sua indignação.
O bispo manifestou sua indignação.
Até o papa manifestou sua indignação.

Nesse caso, temos uma escala argumentativa ascendente (orientada do argumento mais fraco para o mais forte: o papa). Numa escala argumentativa negativa, os termos estariam em ordem descendente e o argumento mais forte viria introduzido por **nem mesmo**.

O acontecimento não teve nenhuma repercussão: o papa não se manifestou, o bispo também não, **nem mesmo** o padre da paróquia fez qualquer referência ao assunto.

A função de introduzir o argumento mais forte de uma escala argumentativa também pode ser exercida pelos operadores **inclusive**, **até mesmo**, **ao menos**, **no mínimo**, etc.

- operadores cuja função é introduzir enunciados que visem a ratificar, esclarecer um enunciado anterior: isto é, em outras palavras, vale dizer, ou seja, etc.

   Duas de cada 10 crianças trabalhadoras, **ou seja**, 20%, não frequentam a escola.

- operadores cuja função é orientar a conclusão para uma afirmação ou negação: quase, apenas, só, somente, etc.

   Dentre os adolescentes que trabalham, poucos conseguiram concluir os oito anos de escolaridade básica: **apenas** 25,5%.
   O número de crianças e adolescentes que trabalham é muito grande: **quase** quatro milhões.

O operador argumentativo **quase** aponta para a afirmação da totalidade e, geralmente, encadeia-se com **muitos** e **a maioria**.

Apenas (e seus equivalentes **só** e **somente**) aponta para a negação da totalidade e, geralmente, encadeia-se com **poucos** e **a minoria**.

INTERJEIÇÃO

Definição

> **Interjeição** é a palavra invariável com a qual exprimimos sentimentos e emoções súbitos.

As interjeições podem ser expressas por:

a) simples sons vocálicos:
ô!, oi!, ah!

b) por palavras ou grupo de palavras:
calma!, cruzes!, viva!, ora bolas!, cruz-credo!

Locução interjetiva

> Quando a interjeição é expressa por um grupo de palavras, recebe o nome de **locução interjetiva**.

Veja:
ai de mim!, puxa vida!, valha-me Deus!, se Deus quiser!, mais um!

Classificação das interjeições

As interjeições podem expressar sentimentos e emoções variados:

- **alegria:** ah!, oh!, oba!, aleluia!, eba!, uau!
- **advertência:** cuidado!, atenção!, epa!
- **alívio:** ufa!, arre!
- **animação:** coragem!, avante!, eia!, vamos!, sus!
- **afugentamento:** passa!, fora!, xô!
- **aplauso:** bis!, bravo!
- **chamamento:** ó!, ô!, olá!, psit!, tchê!, evoé!
- **concordância:** claro!, tá!, pudera!
- **desagrado:** eca! xi!
- **desejo:** oxalá!, tomara!
- **dor:** ai!, ui!
- **espanto, surpresa:** oh!, xi!, ué!, puxa!, barbaridade!, uai!, caramba!, nossa!, oxente!
- **impaciência:** hum!, hem!
- **saudação:** salve!, ave!, olá!, oi!, hosana!
- **silêncio:** psiu!, silêncio!

A lista anterior deve ser encarada apenas como referência. Ademais, qualquer palavra, dependendo do contexto e da entoação, pode tornar-se uma interjeição. A expressividade da linguagem coloquial é fértil na criação de interjeições e locuções interjetivas. Palavras como **joia**, **valeu**, **droga**, **massa** e **nossa** são usadas como interjeições. Por essas razões, devemos estar sempre atentos ao significado global da frase em que a interjeição se insere.

Graças à variedade do português brasileiro, o uso de determinadas interjeições permite identificar a região do Brasil daquele que fala, uma vez que determinadas interjeições são características de certas regiões, por exemplo:

uai!: Minas Gerais

eita: região Nordeste

tchê!, bah!, barbaridade!: Rio Grande do Sul

meu!: São Paulo

égua: Pará

já é!: Rio de Janeiro

CAPÍTULO 11 // Categorias gramaticais invariáveis

Morfossintaxe da interjeição

A interjeição é considerada **palavra-frase** que não desempenha função sintática. Caracteriza-se como uma estrutura à parte, tanto que alguns gramáticos não a consideram uma classe gramatical, mas um tipo especial de frase.

A **gramática** no dia a dia

1 Podemos observar outros usos das categorias gramaticais invariáveis, tais como:

- advérbio recebendo sufixo diminutivo. Cumpre observar que, nesses casos, o sufixo não possui propriamente valor diminutivo, e sim valor superlativo:

  "Eu queria ser o seu caderninho
  Pra poder ficar **juntinho** de você." (Erasmo Carlos) (bem junto)

  Ele chegou **cedinho**. (muito cedo)

- repetição do advérbio a fim de intensificá-lo:
  Devo chegar **cedo, cedo**. (bastante cedo)

- utilização dos advérbios **aqui** e **aí** como advérbios de tempo, equivalendo a "nesse/neste momento":

  Aí ele chegou e me convidou para sair.
  Depois de ouvir a argumentação do defensor, o juiz declarou:
  — **Aqui** se encerram os trabalhos de hoje.

- na linguagem falada, é frequente a repetição de advérbio de negação:

  Não vem, **não**.

- utilização da conjunção **mas** para indicar desapontamento ou aprovação:

  Mas que papelão você fez ontem!
  Mas que comida deliciosa!

2 É comum o emprego de adjetivos na função de advérbio. É o que ocorre, por exemplo, em:
  O conferencista falava **baixo**.
  É um excelente refresco: desce **macio** e reanima.

Nos exemplos acima, as palavras **baixo** e **macio** funcionam como advérbios, pois modificam os verbos **falar** e **descer**, indicando circunstâncias de intensidade (baixo) e modo (macio).
Observe que, nesses contextos, por funcionarem como advérbios, as palavras **baixo** e **macio**, por exemplo, ao contrário do que ocorre quando funcionam como adjetivos, não devem ser flexionadas:

  Os conferencistas falavam **baixo**.
  As conferencistas falavam **baixo**.
  É uma excelente bebida: desce **macio** e reanima.
  São excelentes refrescos: descem **macio** e reanimam.

3 É frequente a ocorrência de junção de duas preposições com efeito expressivo:
  Andei **por sobre** as montanhas.
  Olhe **por entre** as janelas.

4 Embora se defina advérbio como modificador do verbo, é comum o uso de advérbios modificando substantivos, numerais e pronomes:
  O **então** ministro do trabalho era contra o aumento.
  Compareceram à manifestação **quase** quinhentas pessoas.

ATIVIDADES

Texto para as questões **1** a **5**.

A mulher que vendeu o marido por R$ 1,99

Hoje em dia, meus amigos
os direitos são iguais
tudo o que faz o marmanjo
hoje a mulher também faz
se o homem se abestalhar
a mulher bota pra trás!

Acabou-se aquele tempo
em que a mulher com presteza
se fazia para o homem
artigo de cama e mesa
a mulher se faz mais forte
mantendo a delicadeza.

Não é mais "mulher de Atenas"
nem "Amélia" de ninguém
eu mesmo sempre entendi
que a mulher direito tem
de sempre só ser tratada
por "meu amor" e "meu bem".

Hoje o trabalho de casa
meio a meio é dividido
para ajudar a mulher
homem não faz alarido
quando a mulher lava a louça
quem enxuga é o marido!

DANTAS, Janduhi. Disponível em: <http://docvirt.com/docreader.net/DocReader.aspx?bib=cordel&pagfis=81731&pesq=>. Acesso em: 27 mar. 2016.

1. Os textos podem se manifestar de diversas formas dependendo do seu propósito comunicativo: carta, receita, piada, crônica, conto, *e-mail*, etc. Essas formas de texto, mais ou menos padronizadas, recebem o nome de gêneros textuais. A que gênero pertence o texto "A mulher que vendeu o marido por R$ 1,99"?

2. O texto, de forma bem-humorada, faz uma crítica. O que ele critica?

3. Quando estudamos os pronomes, você viu que a palavra **se** pode ser pronome pessoal. Neste capítulo, vimos que a palavra **se** também pode ser conjunção. Nos versos a seguir, classifique as duas ocorrências da palavra **se**: "se o homem se abestalhar / a mulher bota pra trás!"

4. No trecho "quando a mulher lava a louça / quem enxuga é o marido!", **quando** é conjunção subordinativa. O que essa conjunção indica?

5. O texto fala em "Amélia", numa referência à canção "Ai que saudade da Amélia", de Mário Lago e Ataulfo Alves. A letra dessa canção fala de uma mulher, chamada Amélia, extremamente submissa ao homem. Observe este trecho:

Ai, meu deus, que saudade da Amélia
Aquilo sim é que era mulher
Às vezes passava fome ao meu lado
E achava bonito não ter o que comer

Você viu que os demonstrativos neutros **isto**, **isso** e **aquilo** não devem ser empregados em relação a seres animados.

Na canção, no entanto, **aquilo** se refere a uma pessoa. Ao usar o pronome **aquilo** referindo-se a uma mulher, os autores tornam explícita a visão que têm da mulher. Que visão é essa? Você considera que a visão que eles têm da mulher é correta?

6. A palavra **quanto** pode funcionar como pronome ou advérbio interrogativo, dependendo do termo a que se refere na oração. Levando em conta os critérios sintáticos para a definição de advérbio e de pronome, classifique a palavra **quanto** nas frases a seguir. Justifique suas respostas.

   a) Quanto dinheiro você vai levar?
   b) Quantos alunos faltaram?
   c) Quanto pesa esse livro?
   d) Quanto custa a entrada?

7. As conjunções relacionam frases ou segmentos de frases estabelecendo entre as partes que relacionam um caráter lógico, daí serem importantes elementos gramaticais para conferir coesão e coerência aos textos.

Na frase a seguir, a conjunção **porque** não foi bem empregada, resultando numa frase que não é correta do ponto de vista lógico. Justifique esse mau emprego da conjunção.

Não tenho tido tempo para ler porque o preço dos livros está caro.

CAPÍTULO 11 // Categorias gramaticais invariáveis

8. Leia o texto e, a seguir, responda ao que se pede.

> O drama do treinador, a meu ver, é que todo mundo, em todo o mundo, diz que o Brasil tem hoje o melhor elenco de craques do planeta. Com esse material nas mãos, se a seleção for campeã, todos vão dizer: "Também, com um time desses, até eu".
>
> COUTO, José Geraldo. *Folha de S.Paulo*, 5 set. 2005. p. D9.

a) Há uma oração no texto que exprime condição. Indique que oração é essa e qual palavra é responsável por essa ideia de condição.

b) Na última frase do texto, explique o valor argumentativo da preposição **até**.

9. Preencha corretamente as lacunas com uma preposição que estabeleça a relação de sentido indicada entre parênteses.

a) Ivan mora * São Paulo. (lugar)
b) Ivan veio * Brasília. (origem)
c) Discutiam * política. (assunto)
d) A casa * Paulo está sendo reformada. (posse)
e) Usava um chapéu * palha. (matéria)
f) Saiu * os amigos. (companhia)
g) Vivia * dinheiro. (falta ou ausência)
h) Discursava * convencer. (finalidade)
i) Sentia-se * vontade. (modo)
j) Cortou o fio * uma faca. (instrumento)
k) Formou-se * Direito. (especialidade)
l) Puseram-se * nós. (oposição)

Texto para as questões 10 a 12.

Aula de Filosofia

> Eu só te poderia dar uma noção do nada se não tivéssemos nascido. Agora é tarde, é muito tarde, minha filha... Ah, deliciosamente tarde!
>
> QUINTANA, Mário. *Caderno H.* Porto Alegre: Globo, 1983. p. 68.

10. Destaque os advérbios do texto.

11. Aponte no texto uma **palavra denotativa** e o que ela indica.

12. Aponte advérbios que estão modificando outros advérbios e as circunstâncias que eles indicam.

13. Observe o par de frases a seguir e explique que efeito de sentido o advérbio acrescenta à frase.

a) Karina será nomeada gerente.
b) Provavelmente, Karina será nomeada gerente.

14. As frases a seguir foram afixadas em forma de faixa em um estabelecimento comercial. Observando os advérbios, responda: qual das duas faixas foi afixada antes, tomando-se como referência o Natal? Quais são os interlocutores das mensagens? Justifique suas respostas.

a) Já estamos aceitando encomendas para o Natal.
b) Ainda estamos aceitando encomendas para o Natal.

15. A frase a seguir apresenta um desvio em relação à norma culta. Reescreva-a, adequando-a a essa modalidade de linguagem.

> "Quanto melhor é a queima do combustível, ou melhor dizendo, quanto melhor regulado estiver seu veículo, menor será a poluição." (Cartilha Direção Defensiva – Ministério das Cidades)

16. Nos versos a seguir, indique a relação estabelecida pela preposição **de** em suas duas ocorrências.

> "De muito gorda a porca já não anda
>
> De muito usada a faca já não corta" (Gilberto Gil e Chico Buarque)

17. No verso "E até disseram que o sol ia nascer antes da madrugada" (Assis Valente), qual é a função do operador argumentativo **até**?

18. Nas frases a seguir, temos a ocorrência de uma mesma conjunção, que estabelece relação de oposição. No entanto, a ordem em que as orações são apresentadas orientam o leitor para conclusões diferentes. Comente, do ponto de vista da argumentação, a diferença entre elas. Num julgamento, por quem seria proferida cada uma dessas frases?

a) Luciano matou, mas foi em legítima defesa.
b) Foi em legítima defesa, mas Luciano matou.

19. Uma mesma preposição pode estabelecer relações de sentido diferentes. Indique o sentido estabelecido pela preposição destacada nas frases a seguir.

a) O livro estava **sobre** a mesa.
b) Leu um livro **sobre** a origem das histórias em quadrinhos.
c) Voltou para casa **de** bicicleta.
d) Voltou **de** Pernambuco na semana passada.
e) Colocou o casaco porque tremia **de** frio.
f) Fez dieta **para** emagrecer.
g) Olhou **para** o céu.
h) Resolvi ficar **em** casa.
i) Volto **em** trinta minutos.

DOS TEXTOS À GRAMÁTICA DA GRAMÁTICA AOS TEXTOS

Feitiço da Vila

Quem nasce lá na Vila
Nem sequer vacila
Ao abraçar o samba
Que faz dançar os galhos
Do arvoredo
E faz a lua nascer mais cedo.
Lá em Vila Isabel
Quem é bacharel
Não tem medo de bamba.
São Paulo dá café
Minas dá leite
E a Vila Isabel dá samba.
A Vila tem
Um feitiço sem farofa
Sem vela e sem vintém
Que nos faz bem.

Tendo nome de princesa
Transformou o samba
Num feitiço decente
Que prende a gente.
O sol na Vila é triste
Samba não assiste
Porque a gente implora:
Sol, pelo amor de Deus,
Não venha agora
Que as morenas vão logo embora.
Eu sei tudo que faço,
Sei por onde passo,
Paixão não me aniquila.
Mas tenho que dizer:
Modéstia à parte,
Meus senhores, eu sou da Vila!

ROSA, Noel; GOGLIANO, Oswaldo (Vadico). In: MÁXIMO, João;
DIDIER, Carlos. *Noel Rosa:* uma biografia. Brasília: Ed. da UnB, 1990. p. 329-330.

1. Uma das funções dos pronomes relativos é retomar um termo anteriormente expresso. No verso "Que faz dançar os galhos", qual termo é retomado pelo pronome relativo?

2. Ainda com relação ao verso "Que faz dançar os galhos", qual é o agente de dançar?

3. Releia: "São Paulo dá café / Minas dá leite / E a Vila Isabel dá samba". Em que sentido o verbo **dar** é empregado nesses versos?

4. As preposições, ao relacionar palavras, podem estabelecer diversas relações de sentido entre elas.
   a) No título da canção, qual é a relação de sentido expressa pela preposição?
   b) Transcreva um verso do texto que comprove essa relação de sentido.

5. Leia novamente estes versos: "Um feitiço sem farofa / Sem vela e sem vintém". Qual é a relação de sentido estabelecida pela preposição?

6. O substantivo **feitiço** é normalmente empregado com o sentido de "malefício de feiticeiros", "bruxaria", "uso de forças mágicas com intenção malfazeja". Explique como é o "feitiço da Vila".

7. Nos versos "Sol, pelo amor de Deus, / Não venha agora / Que as morenas vão logo embora", a conjunção **que** estabele qual relação de sentido?

8. Dá-se o nome de **prosopopeia** ou **personificação** à figura de linguagem que consiste em atribuir a seres inanimados predicados que são próprios de seres animados. Transcreva um trecho do texto em que ocorre essa figura.

9. Noel Rosa é conhecido como "o poeta da Vila" por ter nascido e vivido no bairro carioca de Vila Isabel. Ao escrever os versos dessa música, que exalta o bairro onde nasceu e viveu, o compositor estava em Vila Isabel? Justifique sua resposta.

10. Indique uma expressão do texto que deixa claro o orgulho que o compositor sente por "ser da Vila".

SINTAXE

PARTE 3

CAP. 12	Termos essenciais da oração	206
CAP. 13	Termos integrantes da oração	226
CAP. 14	Termos acessórios da oração e vocativo	235
CAP. 15	Orações coordenadas	244
CAP. 16	Orações subordinadas	251
CAP. 17	Concordância verbal	271
CAP. 18	Concordância nominal	286
CAP. 19	Regência	295

TERMOS ESSENCIAIS DA ORAÇÃO

OS TERMOS DA ORAÇÃO

A partir deste capítulo, iniciaremos o estudo dos termos da oração. A Nomenclatura Gramatical Brasileira (NGB) classifica os termos da oração em **essenciais**, **integrantes** e **acessórios**. Há também o vocativo, que é um termo isolado.

O estudo dos termos da oração pertence à sintaxe e o procedimento usual para verificar a função que um termo exerce na oração é denominado **análise sintática**.

A ANÁLISE SINTÁTICA

A palavra **análise** provém do grego (*análysis*) e significa "decompor um todo em suas partes constituintes". A **sintaxe** (do grego *syntáxis*) trata da relação lógica entre as palavras da frase.

Uma língua é formada por palavras que compõem o que denominamos léxico. No entanto, as palavras de uma língua, para formarem frases, não podem ser combinadas de qualquer maneira. Existem regras que determinam como devem ser relacionadas. A sintaxe trata especialmente disso.

Analisar sintaticamente uma frase significa, pois, decompô-la em seus elementos constituintes, verificando a relação lógica existente entre esses elementos, a fim de determinar o papel que eles exercem dentro da frase.

A análise sintática não deve representar um fim em si mesma nem limitar-se a simplesmente atribuir nomes aos termos que formam uma oração (sujeito, objeto, adjunto, etc.); ao contrário, a análise sintática deve ser encarada como importante ferramenta para a formação de competentes leitores e produtores de texto, na medida em que permite perceber como palavras se relacionam com outras por meio de mecanismos como a concordância e a regência, construindo enunciados portadores de sentido. Antes, porém, de iniciarmos o estudo da estrutura sintática da frase, vamos conceituar **frase**, **oração** e **período**.

Frase

Frase é todo enunciado linguístico de sentido completo, capaz de estabelecer comunicação, de acordo com a situação em que se acham os interlocutores.

O número de frases numa língua é praticamente infinito. No entanto, as frases só podem ser criadas em conformidade com as regras da língua. Quando ocorrem em textos, falados ou escritos, as frases fazem parte de eventos comunicativos concretos em situações de interlocução e são denominadas **enunciados**.

Para que haja frase, a presença de um verbo não é obrigatória, ou seja, desde que o enunciado possua sentido completo, ele constituirá uma frase.

Observe:

Silêncio.	Independência ou morte!	A comitiva deve desembarcar no novo aeroporto.
Fogo!	Choveu muito em São Paulo.	Espero que o time conquiste o campeonato.

As frases que não apresentam verbo são chamadas de **frases nominais**. As frases nominais, por serem curtas e diretas, são muito usadas em anúncios publicitários, manchetes de jornais e revistas e títulos (de livros, filmes, programas de TV, etc.).

Observe os nomes de filmes a seguir:

Muito barulho por nada

De volta para o futuro

Para que seja considerada frase, também não é necessário que a informação veiculada seja verdadeira, pois a língua tem uma coerência especial que não se confunde com o que comumente chamamos de lógica:

"Tudo certo como dois e dois são cinco." (Caetano Veloso)

A capital do Brasil é Buenos Aires.

Os exemplos anteriores constituem frases, porque possuem sentido completo e são capazes de estabelecer comunicação. Em situações concretas de uso, palavras, ou conjunto de palavras que, isoladamente, não tenham sentido completo, podem constituir frases. Observe o diálogo a seguir:

— Você costuma ir ao cinema?

— Costumo.

— Que tipo de filme você prefere?

— De ação.

Os enunciados "Costumo." e "De ação." são considerados frases, pois no contexto são capazes de estabelecer comunicação. O que ocorre é que, em frases como essas, o falante "economiza" referências em função daquilo que foi anteriormente dito, ou seja, em vez de dizer "Sim, eu costumo ir ao cinema." e "Prefiro filmes de ação.", diz simplesmente "Costumo." e "De ação.".

As frases são sempre marcadas pela entoação. Na escrita, a entoação é representada pelos sinais de pontuação. A palavra **fogo**, quando emitida sem nenhuma expressividade, evidentemente não constituirá uma frase – será um simples vocábulo.

Frases como "Fogo!", "Silêncio." e "Muito barulho por nada." não comportam análise sintática, já que não se estruturam em torno de um verbo.

Tipos de frase

As frases podem ser utilizadas com diversas finalidades: perguntar, informar, relatar, definir, ordenar, exprimir surpresa, etc. Dependendo da intenção de quem as emite, as frases se classificam em:

a) **declarativas:** são utilizadas para afirmar ou negar algo de forma objetiva. O enunciador dá como certo o que declara.

O telejornal começou mais cedo.

Não é necessário apresentar todos os documentos.

b) **interrogativas:** o enunciador desconhece algo e pergunta ao interlocutor sobre isso. Ao empregá-la, o enunciador espera obter por parte do interlocutor uma resposta.

O que aconteceu?

Quando você chegou?

c) **imperativas:** são utilizadas para exprimir ordem, conselho ou solicitação. Nesse tipo de frase normalmente o sujeito não vem expresso e a forma verbal não exprime tempo.

Devolva os livros à biblioteca.

Não deixe de fazer os exercícios.

d) **exclamativas:** são utilizadas para exprimir espanto, admiração, surpresa.

Que maravilha!

Não acredito no que aconteceu!

e) **optativas:** são utilizadas para exprimir desejo.

Deus te proteja!

Bons ventos o levem!

Oração

Oração é a frase ou membro de frase que se organiza ao redor de um verbo (ou de uma locução verbal).

Uma oração pode ou não ter sentido completo. Observe:

Choveu muito em Santa Catarina.

Enchentes **costumam causar** transtornos.

[Quando **chove** muito,] [as enchentes **causam** transtornos.]

Nos dois primeiros exemplos, as orações possuem sentido completo. No terceiro, temos duas orações: "Quando chove muito" é uma oração que não tem sentido completo; já "as enchentes causam transtornos" é uma oração que tem sentido completo.

Período

Período é a frase constituída por uma ou mais orações.

Dependendo do número de orações que o formam, o período pode ser:

a) **simples:** formado por uma única oração, que recebe o nome de **oração absoluta**.

O preço dos combustíveis continua alto.

Capitu está dormindo no sofá.

b) **composto:** formado por mais de uma oração.

"[Um homem subiu na mesa do bar] [e fez discurso pra vereador.]" (João Bosco e Aldir Blanc)

[Espero] [que ela me telefone ainda hoje.]

[É necessário] [que ela volte] [e assuma o cargo] [que abandonou.]

Resumindo

O que caracteriza a oração é a presença de um verbo (ou locução verbal). A frase é um enunciado de sentido completo, capaz de estabelecer comunicação. Portanto:

- nem toda frase é uma oração (há frases sem verbo);
- nem toda oração é uma frase (há orações sem sentido completo);
- há frases formadas por uma ou mais orações (período simples ou período composto);
- todo período é uma frase porque tem sentido completo;
- as frases sem verbo não comportam análise sintática.

TERMOS ESSENCIAIS DA ORAÇÃO

Na oração, as palavras se relacionam. Observe:

Artista desfila em escola de samba.

Se em vez do substantivo **artista** tivéssemos o substantivo **artistas** (no plural), o verbo alteraria sua terminação para se relacionar com a nova palavra. A isso damos o nome de **concordância**. Veja:

Artistas desfilam em escola de samba.

Os elementos que se relacionam dentro de uma oração exercendo uma função recebem o nome de **termos da oração**, que podem ser representados por uma única palavra ou por um conjunto de palavras.

Veja:

termo da oração	termo da oração
Ele	viajou.
Os alunos do 3º ano	viajaram para Ouro Preto nas férias.

Em geral, as orações são estruturadas com base numa relação entre dois termos básicos: o sujeito e o predicado. Por essa razão, esses dois termos são considerados **essenciais**.

Sujeito e predicado

Num enunciado completo, sempre nos é dada uma informação a respeito de alguém ou de alguma coisa.

> **Sujeito** é o elemento a respeito do qual se informa algo. O sujeito normalmente pode ser substituído por um pronome pessoal.

> **Predicado** é a informação propriamente dita.

Observe:

sujeito (o ser de quem se informa algo) predicado (a informação propriamente dita)
"As meninas do Leblon não **olham** mais pra mim." (Herbert Vianna)
                                    verbo

Na articulação entre sujeito e predicado, o sujeito costuma representar a informação conhecida dos interlocutores e o predicado a informação nova.

No exemplo acima, "As meninas do Leblon" expressa uma informação que os interlocutores conhecem. A informação nova é dada por "não olham mais pra mim".

SUJEITO

Ordem direta e ordem inversa

A posição mais comum do sujeito é no início da oração. Quando isso ocorre, dizemos que a oração está em **ordem direta**.

Veja:

sujeito	predicado
Uma comitiva de empresários	chegou ontem a São Paulo.
O presidente	encerrou o encontro de ministros na semana passada.

Nada impede, porém, que o sujeito venha depois do predicado ou nele intercalado. Quando isso ocorre, dizemos que a frase está na **ordem inversa** (ou **indireta**):

predicado | sujeito
Chegou ontem a São Paulo | uma comitiva de empresários.

predicado | sujeito | predicado
Na semana passada, encerrou | o presidente | o encontro de ministros.

Com certos verbos, como **acontecer**, **suceder**, **ocorrer** e **surgir**, é comum o sujeito vir posposto ao verbo:

[predicado] Aconteceram [sujeito] fatos inexplicáveis.

[predicado] Sucederam, naquele ano, [sujeito] acontecimentos terríveis.

[predicado] Ocorreram, naquela casa, [sujeito] desavenças sérias.

[predicado] Surgiram [sujeito] três novas testemunhas.

Com os verbos de elocução, aqueles que servem para introduzir falas de personagens, como **dizer**, **falar**, **perguntar**, **responder**, etc., o sujeito virá antes do verbo de elocução se este anteceder a fala do personagem. Se, no entanto, a fala do personagem estiver antes do verbo de elocução, o sujeito deste deverá vir posposto. Observe:

João [suj.] disse: [verbo de elocução] "Vou sair". [fala do personagem]

"Vou sair", [fala do personagem] disse [verbo de elocução] João [suj.]

Concordância entre verbo e sujeito

Sempre haverá concordância em número e pessoa entre verbo e sujeito, tanto na ordem direta como na ordem inversa:

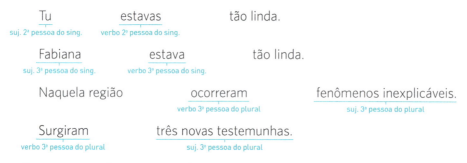

Como se percebe nos exemplos apresentados, o sujeito e o predicado não se separam por vírgula, mesmo que o predicado venha antes do sujeito.

A relação de concordância entre verbo e sujeito será estudada com detalhes no capítulo 17, **Concordância verbal**, desta gramática.

Núcleo

Vimos que os termos da oração podem ser representados por uma única palavra ou por um conjunto de palavras.

> **Núcleo** é a palavra que funciona como base do significado de um termo da oração.

Assim como nos demais termos da oração, quando o sujeito for formado por mais de uma palavra, apresentará sempre uma que funciona como núcleo, em torno do qual giram outras subordinadas a ele. Evidentemente, se o sujeito for expresso por uma única palavra, ela será o núcleo. Veja a seguir, em **Morfossintaxe do sujeito**, quais classes de palavras podem funcionar como núcleo do sujeito.

A identificação do núcleo do sujeito é fundamental porque será com ele que se estabelecerá a concordância entre sujeito e verbo. Observe:

Morfossintaxe do sujeito

O sujeito é normalmente representado por um substantivo (ou vários substantivos coordenados). Veja:

Quando o sujeito não for representado por um substantivo, será representado por termos equivalentes a ele que também podem funcionar como sujeito. Veja:

a) um pronome substantivo:

sujeito	predicado	sujeito	predicado
Eles	não compareceram à reunião.	Vossa Excelência	me permite um aparte?
Você	só dança com ele.	Aquilo	nos preocupava.

b) um numeral substantivo:

sujeito	predicado	sujeito	predicado
Um	é pouco.	Dois	é número primo.

c) qualquer palavra substantivada:

sujeito	predicado	sujeito	predicado
"Sambar	é chorar de alegria." (Noel Rosa)	Um olá	foi murmurado com voz trêmula.

d) uma frase com valor de substantivo:

e) uma oração subordinada substantiva:

predicado	sujeito	predicado	sujeito
É urgente	que você venha.	É preciso	estudar a lição.

A oração que desempenha a função sintática de sujeito recebe o nome de **oração subordinada substantiva subjetiva**. As orações subjetivas normalmente vêm depois da oração principal e não se separam dela por vírgula. O estudo desse tipo de oração será feito no capítulo 16.

Tipos de sujeito

O sujeito pode ser **determinado** ou **indeterminado**, dependendo da possibilidade ou não de identificá-lo. No caso do sujeito determinado, ele poderá ser **simples** ou **composto**, dependendo do número de núcleos que possua.

Quanto ao número de núcleos, o sujeito se classificará como:

a) **sujeito simples:** possui um só núcleo:

Muitos **atletas** brasileiros | atuam na Europa.

b) **sujeito composto:** possui mais de um núcleo:

Bois, **vacas**, **bezerros** | andavam misturados.

Quando o sujeito é representado por uma frase com valor de substantivo, temos sujeito simples, por isso deve-se empregar o verbo no singular:

Um por todos, todos por um | era o lema dos mosqueteiros.

Em alguns casos, por elegância ou concisão, o sujeito simples não aparece expresso na oração, mas pode ser facilmente identificado por estar implícito na desinência verbal:

(eu) Acreditei nessa conversa mole.   (nós) Viajamos para a Itália.

Esse tipo de sujeito é chamado de **oculto, desinencial, implícito na desinência verbal** ou **elíptico**.

Quando há omissão de termo facilmente subentendido na frase, temos uma figura de linguagem denominada **elipse**. Se o termo omitido já tiver sido expresso anteriormente, a figura receberá o nome de **zeugma**. Esses casos serão estudados no capítulo 21, **Figuras e vícios de linguagem**.

Quanto à possibilidade de identificar ou não o sujeito, podemos ter:

a) **sujeito determinado:** é aquele que pode ser reconhecido gramaticalmente; ocorre com o sujeito simples e com o sujeito composto já analisados. Mesmo o sujeito implícito na desinência verbal é um sujeito determinado;

b) **sujeito indeterminado:** é aquele que ocorre quando a informação contida no predicado se refere a um elemento que não se pode (ou não se quer) identificar. Veja:

(?) Falaram muito mal de você na reunião.

(?) Acredita-se na existência de discos voadores.

Há, em português, duas formas de indeterminar o sujeito:

- com o verbo na terceira pessoa do plural sem fazer referência a um sujeito expresso no contexto:

(?) "**Anunciaram e garantiram** que o mundo ia se acabar." (Assis Valente)

- com o verbo na terceira pessoa do singular, seguido do índice de indeterminação do sujeito **se**:

(?) **Precisa-se** de digitadoras.

A palavra se

A palavra **se** pode desempenhar várias funções na oração. Quando ocorre o pronome apassivador **se**, não há sujeito indeterminado, mas sujeito determinado, expresso na oração, com verbo na voz passiva sintética. Para reconhecer quando **se** é pronome apassivador, basta verificar se ocorrem estas duas condições:

- verbo transitivo direto flexionado na terceira pessoa (singular ou plural);
- possibilidade de transformação da oração para a voz passiva analítica. Observe:

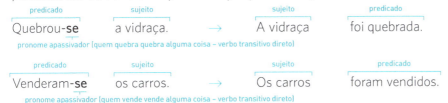

Como vimos, quando **se** é índice de indeterminação do sujeito, temos sujeito indeterminado. Nesse caso, a palavra **se NÃO** se prende a verbo transitivo direto, mas a verbos intransitivos, transitivos indiretos ou verbos de ligação. Exemplos:

Vive-se bem aqui.
(viver: verbo intransitivo; se: índice de indeterminação do sujeito; sujeito indeterminado)
Tratava-se de um problema sem solução.
(tratar: verbo transitivo indireto; se: índice de indeterminação do sujeito; sujeito indeterminado)
Era-se feliz naquela época.
(era: verbo de ligação; se: índice de indeterminação do sujeito; sujeito indeterminado)

> [!] **Sujeito com pronome indefinido não é indeterminado**
>
> Do ponto de vista semântico, nos casos em que o sujeito é representado por um pronome substantivo indefinido (alguém, algo, ninguém, nada, tudo, etc.), ele não pode ser identificado. Lembre-se, no entanto, de que estamos fazendo análise sintática e não semântica, portanto, do ponto de vista sintático, temos sujeito determinado simples, na medida em que há na oração uma palavra expressa que funciona como sujeito.
>
> | sujeito | predicado | sujeito | predicado |
> |---|---|---|---|
> | **Alguém** | roubou minha caneta. | **Algo** | preocupa os candidatos. |

O sujeito é sempre termo regente

O sujeito é termo regente, por isso não deve vir introduzido por preposição. Observe:

Chegou o momento de <u>o filme</u> começar.   Está na hora de <u>o avião</u> partir.
                         sujeito   sujeito

Em frases como essas, a preposição não está regendo o sujeito, mas o verbo no infinitivo pessoal. Quando isso ocorre, não se deve contrair a preposição **de** com o artigo, uma vez que a preposição rege o verbo no infinitivo e o artigo compõe o sujeito.

Isso fica mais claro quando se pospõe o sujeito ao infinitivo:

Chegou o momento de começar o filme. (regente: momento; regido: começar)
Está na hora de partir o avião. (regente: hora; regido: partir)

Há casos em que o sujeito pode vir introduzido por preposição:

Naquela loja, vende-se **de tudo**.   Encontram-se **destes erros** até mesmo em bons autores.
                sujeito   sujeito

Até o papa manifestou sua indignação.
  sujeito

ORAÇÃO SEM SUJEITO

Quando a informação veiculada pelo predicado não se refere a um sujeito gramatical, temos uma oração sem sujeito. Nesses casos, a oração se constituirá apenas de um predicado:

predicado
Nevou nas serras gaúchas.

Quando a oração não possuir sujeito, o verbo deve permanecer na terceira pessoa do singular. As orações sem sujeito ocorrem com os verbos impessoais. Observe os casos a seguir.

- verbos que exprimem fenômenos naturais (chover, ventar, anoitecer, amanhecer, relampejar, trovejar, nevar, etc.):

predicado
Choveu muito no último verão.

predicado
Anoiteceu rapidamente.

predicado
Venta muito forte naquela região.

> **OBSERVAÇÃO**
>
> Se o verbo que exprime fenômeno natural for empregado em sentido figurado, haverá sujeito:
>
> predicado — sujeito — predicado
> **Choveram** reclamações de consumidores contra aquela empresa.
>
> predicado — sujeito — predicado
> "Sobre a triste Ouro Preto, o ouro dos astros chove." (Olavo Bilac)
>
> sujeito — predicado
> [eu] "Amanheci um dia pensando em casar." (Graciliano Ramos)

- verbos **ser** e **estar** na indicação de tempo ou clima:

predicado
Agora **é** tarde.

predicado
Está frio.

- verbos **haver**, **fazer** e **ir** quando indicam tempo transcorrido:

predicado
Há dois meses que não vejo Reinaldo.

predicado
Faz dois anos que ele saiu.

predicado
Vai para uns dez meses que ela não me escreve.

- verbo **haver** no sentido de "existir", "acontecer", "ocorrer":

predicado
Havia cinco alunos na biblioteca.

predicado
Não **houve** a reunião por falta de quórum.

predicado
Havia várias ideias novas em sua cabeça.

- qualquer verbo no infinitivo impessoal:

predicado
É preciso **dar** atenção aos problemas ambientais.

No estudo sobre verbos (capítulo 10), aprendemos que em português existem dois infinitivos: o pessoal (flexionado) e o impessoal (não flexionado). Uma forma verbal impessoal é aquela que não se refere a um sujeito. No exemplo acima, **dar** é infinitivo impessoal, ou seja, é o núcleo do predicado de uma oração sem sujeito.

Já no exemplo a seguir, a forma verbal **dar** é um infinitivo pessoal, que apresenta o termo **o cidadão** como sujeito e com ele concorda. Veja:

É importante o cidadão **dar** atenção aos problemas ambientais.

- certos tipos de frase, como:

<u>**Basta** de férias!</u> <u>**Chega** de saudade.</u> <u>**Passava** das cinco.</u>
    predicado   predicado   predicado

Verbos impessoais

Os verbos impessoais (exceção feita ao verbo **ser**, que apresenta uma concordância particular; ver capítulo 17) devem ficar sempre na terceira pessoa do singular:

Havia muitas leis. (E não: Haviam muitas leis.)
Pode haver muitas leis. (E não: Podem haver muitas leis.)
Faz dois meses. (E não: Fazem dois meses.)
Vai fazer dois meses. (E não: Vão fazer dois meses.)
Pessoas como ele **deve haver** muitas. (E não: Pessoas como ele devem haver muitas.)

Observe que, quando um verbo auxiliar se junta a um impessoal, ele também fica no singular.

[!] Atenção para o verbo *existir*

O verbo **existir** não é impessoal. Assim, ele possuirá sujeito expresso na oração:

Havia quatro pessoas interessadas na vaga. (oração sem sujeito)

Existiam <u>quatro pessoas interessadas na vaga</u>.
                    sujeito

Observe que o verbo **existir**, por ter sujeito expresso na oração, concorda normalmente com ele.

ATIVIDADES

Texto para as questões 1 a 3.

Mas era primavera. Até o leão lambeu a testa glabra da leoa. Os dois animais louros. A mulher desviou os olhos da jaula, onde só o cheiro quente lembrava a carnificina que ela viera buscar no Jardim Zoológico. Depois o leão passeou enjubado e tranquilo, e a leoa lentamente reconstituiu sobre as patas estendidas a cabeça de uma esfinge.

LISPECTOR, Clarice. O búfalo. In: *Todos os contos*. Rio de Janeiro: Rocco, 2016. p. 248.

1. Indique e classifique os sujeitos das seguintes formas verbais:
   a) desviou
   b) lembrava
   c) viera
   d) passeou
   e) reconstituiu

2. Quanto à frase "Mas era primavera", responda:
   a) Que tipo de frase é?
   b) Qual é o sujeito?

3. No segundo período do texto, o leão executa a ação de lamber a testa da leoa. Nessa oração, o sujeito de **lambeu** é **o leão**.

   O sujeito não é um termo que, normalmente, venha introduzido por preposição. Com base nisso, responda:
   a) Seria possível a redação "O leão lambeu a testa glabra da leoa"? O sentido seria o mesmo?
   b) A preposição **até**, que antecede **o leão**, é um operador argumentativo, isto é, orienta o leitor a determinada conclusão e não a outra. Qual a função do operador argumentativo **até**?

PARTE 3 // SINTAXE

Texto para as questões **4** a **8**.

Congresso internacional do medo

Provisoriamente não cantaremos o amor,
que se refugiou mais abaixo dos subterrâneos.
Cantaremos o medo, que esteriliza os abraços,
não cantaremos o ódio porque esse não existe,
existe apenas o medo, nosso pai e nosso companheiro,
o medo grande dos sertões, dos mares, dos desertos,
o medo dos soldados, o medo das mães, o medo das igrejas,
cantaremos o medo dos ditadores, o medo dos democratas,
cantaremos o medo da morte e o medo de depois da morte,
depois morreremos de medo
e sobre nossos túmulos nascerão flores amarelas e medrosas.

ANDRADE, Carlos Drummond de. Sentimento do mundo. In: *Poesia completa e prosa*. Rio de Janeiro: Nova Aguilar, 1973. p. 105.

4. O poeta utiliza diversas vezes a forma verbal **cantaremos**. Qual o sujeito dessa forma verbal?

5. No verso "não cantaremos o ódio porque esse não existe" (verso 4), há duas orações. Qual o sujeito da segunda oração? A que classe de palavra pertence esse sujeito? A que outra palavra do texto ele está se referindo?

6. Em: "existe apenas o medo" (verso 5), qual é o sujeito?

7. Qual o sujeito de "depois morreremos de medo" (verso 10)?

8. Coloque a seguinte oração em ordem direta: "e sobre nossos túmulos nascerão flores amarelas e medrosas" (verso 11). Aponte o sujeito, destacando o núcleo.

9. Observe as frases a seguir e explique por que em **a** o verbo está no plural, mas, em **b**, está no singular.
   a) A motorista e a dona do carro compareceram à delegacia para registrar queixa.
   b) A motorista e dona do carro compareceu à delegacia para prestar queixa.

10. Amplie os sujeitos das orações a seguir acrescentando ao núcleo palavras da classe gramatical indicada entre parênteses.
    a) Livros faziam parte da biblioteca. (pronome adjetivo e locução adjetiva)
    b) Carros estavam em exposição. (numeral e adjetivo)
    c) Apito era ouvido ao longe. (artigo e locução adjetiva)
    d) Jogadores participaram do evento. (numeral, adjetivo e locução adjetiva)
    e) Naquele mês, chegaram navios ao porto. (pronome adjetivo e locução adjetiva)
    f) Gerente foi o responsável pelo bom desempenho da loja. (artigo, adjetivo e locução adjetiva)

11. Identifique os núcleos dos sujeitos. Em seguida, substitua esses núcleos por pronomes ou numerais.
    a) Os telefones públicos eram escassos naquele bairro.
    b) Gabriela, Camila e Raquel chegaram atrasadas.
    c) Sua atitude não me agrada nem um pouco.
    d) Certa pessoa fez alusão ao acontecimento.
    e) Atos, Portos e Aramis eram os mosqueteiros.

12. "[...] Ele fez anos no mês passado, amorzinho. Até contei a você que oferecemos a ele uma batedeira. Soubemos que a mulher dele precisava de batedeira, fizemos uma vaquinha, pronto. Mas por que você diz que para mim só existem dois signos?" (Carlos Drummond de Andrade)

Aponte e classifique os sujeitos das seguintes formas verbais:
    a) fez
    b) contei
    c) oferecemos
    d) soubemos
    e) precisava
    f) fizemos
    g) diz
    h) existem

13. As frases a seguir estão em ordem inversa. Sua tarefa consistirá em:

1º) colocá-las na ordem direta;

2º) apontar o sujeito;

3º) destacar o núcleo.

a) "No beco escuro explode a violência." (Herbert Vianna)

b) Apareceu no jardim da casa de Ana Maria um ramalhete de flores.

c) Chegou ontem a São Paulo o presidente da Fifa.

d) Aconteceram, naquela cidade, muitos fenômenos inexplicáveis.

14. Nas frases a seguir, aponte o sujeito e classifique morfologicamente a palavra que funciona como núcleo.

a) Aqueles famosos atores da novela visitaram o presidente.

b) Aquilo nos preocupava intensamente.

c) Viver é muito perigoso.

15. Identifique os núcleos dos sujeitos. Em seguida, substitua esses núcleos por pronomes ou numerais.

a) Os robôs domésticos nunca se cansam.

b) Ana, Cláudia e Patrícia já foram almoçar.

c) Sua atitude não me surpreendeu nem um pouco.

PREDICADO

Predicação verbal

A predicação verbal trata da relação existente entre o verbo e o seu sujeito.

Quanto à predicação, os verbos podem ser:

- **lexicais** (ou nocionais), isto é, verbos dotados de conteúdo semântico, que nos remetem a noções presentes em nosso universo;
- **de ligação** (ou gramaticais), que são aqueles que exprimem estado ou mudança de estado (não indicam, portanto, ações).

Os verbos lexicais sempre funcionam como núcleo do predicado; já os de ligação nunca exercem essa função.

Os verbos lexicais (dependendo de constituírem ou não, sozinhos, o predicado) podem ser intransitivos ou transitivos.

Verbos intransitivos

São verbos de predicação completa. Por possuírem sentido completo numa frase, não reclamam um complemento; podem, portanto, constituir o predicado sozinhos. Veja:

Observe que os verbos dos exemplos acima:

- possuem conteúdo semântico, isto é, indicam ações praticadas ou sofridas pelo sujeito;
- não reclamam um complemento, pois já possuem sentido completo, isto é, são capazes de dar uma informação completa a respeito do sujeito;
- são capazes de, sozinhos, constituir o predicado.

Outra característica dos verbos intransitivos é que eles não podem ser apassivados. Além disso, os verbos intransitivos podem vir acompanhados de um termo que expressa uma circunstância de tempo, modo, lugar, etc. (adjunto adverbial) ou que exprime um atributo do sujeito (predicativo). Isso, no entanto, não altera seu caráter de verbo intransitivo. Observe:

PARTE 3 // SINTAXE

> **[!] Uma categoria especial de verbos intransitivos**
>
> Há verbos intransitivos que exigem adjuntos adverbiais para constituir o predicado. Veja:
>
> Moro (v. i.) em Fortaleza (adj. adv.).   Vou (v. i.) para João Pessoa (adj. adv.).
>
> Na NGB, tais verbos são chamados intransitivos por não exigirem complementos verbais (objeto direto ou indireto). Melhor seria chamá-los **transitivos circunstanciais**, como faz Rocha Lima na *Gramática normativa da língua portuguesa* (Rio de Janeiro: José Olympio, 2010).

Verbos transitivos

São verbos de predicação incompleta. Por não possuírem sentido completo numa frase, reclamam um complemento; portanto, não são capazes de constituir o predicado sozinhos.

Os verbos transitivos subdividem-se em:

a) **transitivos diretos:** exigem um complemento sem preposição obrigatória (objeto direto):

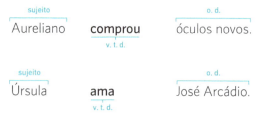

b) **transitivos indiretos:** exigem complemento com preposição obrigatória (objeto indireto):

c) **transitivos diretos e indiretos:** exigem dois complementos, um sem e outro com preposição obrigatória (objetos direto e indireto):

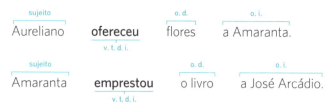

Verbos de ligação

São verbos que exprimem estado ou mudança de estado (não indicam, portanto, ações). Nas orações com verbos de ligação, o sujeito não pratica nem sofre a ação (não há ação); o sujeito é apenas o ser a quem se atribui alguma característica. Tais verbos funcionam como elemento de ligação entre um sujeito e seu atributo. A esse atributo damos o nome de **predicativo do sujeito**:

Observe que, nos predicados formados com verbos de ligação, a principal informação a respeito do sujeito está contida no predicativo. Os verbos de ligação expressam:

a) estado permanente:
   Rebeca **é** magra.

b) estado transitório:
   O aluno **esteve** quieto durante a palestra.

c) mudança de estado:
   O aluno **tornou-se** comportado.

d) continuidade de estado:
   O aluno **permaneceu** quieto.

e) estado aparente:
   Ela **parece** triste.

Os principais verbos que costumam funcionar como verbos de ligação são: **ser**, **estar**, **parecer**, **permanecer**, **ficar**, **andar**, **continuar**.

É importante perceber que a classificação de um verbo quanto à predicação depende do contexto e do sentido que ele adquire na oração (ver capítulo 19, **Regência**). Observe:

Úrsula **está** doente. (verbo de ligação)
Úrsula **está** na sala. (verbo intransitivo)
O cônsul **visou** meu passaporte. (verbo transitivo direto)
Todos **visam** a uma vida tranquila. (verbo transitivo indireto)

Predicativo

Predicativo é o termo da oração que funciona como núcleo nominal do predicado.

A função do predicativo é atribuir uma característica ao sujeito (predicativo do sujeito) ou ao objeto (predicativo do objeto).

Predicativo do sujeito

Predicativo do sujeito é o elemento do predicado que se refere ao sujeito mediante um verbo (de ligação ou não).

Tem como função informar algo a respeito do sujeito. Veja:

O predicativo do sujeito pode estar se referindo a um sujeito em forma de oração. Veja:

Parece impossível que ele consiga.

O predicativo do sujeito pode vir acompanhado de preposição:

predicativo do sujeito

O relógio é **de ouro**.

As orações que apresentam predicativo do sujeito costumam se dispor na seguinte ordem:

sujeito – verbo – predicativo do sujeito

No entanto, há casos em que o predicativo do sujeito pode aparecer antes do sujeito e até mesmo antes do verbo. Veja:

predicativo do sujeito   predicativo do sujeito   predicativo do sujeito   predicativo do sujeito

"**Altos** são os montes da Transmantiqueira, **belos** os seus rios, **calmos** os seus vales e **boa** é a sua gente." (Guimarães Rosa)

Morfossintaxe do predicativo do sujeito

O predicativo do sujeito pode ser representado por:

a) adjetivos ou locuções adjetivas:
A Terra é **azul**.
A colher é **de prata**.

b) substantivos:
Todo dia é **dia**; toda hora é **hora**.

c) pronomes substantivos:
Para Estela, a beleza era **tudo**.

d) numerais substantivos:
Os responsáveis eram **cinco**.

e) qualquer palavra substantivada:
A vida é **um querer sem fim**.

f) uma oração subordinada substantiva:
A verdade é **que ele desistiu da compra do imóvel**.

Predicativo do objeto

Predicativo do objeto é o termo da oração que se relaciona ao objeto, atribuindo-lhe uma característica.

Observe:

                o. d.   predicativo do objeto   o. d.   predicativo do objeto

O juiz julgou   o réu   **culpado**.   Mantenha   a cidade   **limpa**.

                                      o. d.   predicativo do objeto

"Um capricho da sorte tornou, contudo,   o impossível   **possível**." (Leon Tolstoi)

O predicativo do objeto pode vir antes do objeto:

predicativo do objeto   o. d.

"**Covarde**   sei que   me   podem chamar." (Ataulfo Alves e Mário Lago)

O predicativo do objeto pode aparecer com preposição:

predicativo do objeto

Sempre o tiveram   **por ingrato**.

Normalmente o predicativo do objeto se refere ao objeto direto, como ocorre nos exemplos anteriores. São raros os casos em que o predicativo do objeto se refere ao objeto indireto. Veja dois exemplos:

           o. i.   predicativo do objeto   o. i.   predicativo do objeto

Chamei-   lhe   **de covarde**.   Gosto   dela   **alegre**.

O predicativo do objeto também pode referir-se a um objeto em forma de oração:

                 predicativo do objeto   o. d. oracional

Consideraram   **estranho**   **eu ter falado daquela maneira**.

Morfossintaxe do predicativo do objeto

O predicativo do objeto pode ser representado por:

a) um adjetivo:

Os consumidores consideraram o aumento **abusivo**.

b) um substantivo:

Os moradores do prédio nomearam Valmir **síndico**.

Tipos de predicado

Como vimos, predicado é tudo aquilo que se informa a respeito do sujeito. Dependendo de em que se concentra a informação, temos os seguintes tipos de predicado: verbal, nominal e verbo-nominal.

Predicado verbal

O núcleo da informação veiculada pelo predicado está contido num verbo lexical (transitivo ou intransitivo):

sujeito | predicado verbal
Aureliano | **partiu**.

sujeito | predicado verbal
Eles | **saíram** de casa.

sujeito | predicado verbal
O viajante | **caminhava** pela estrada.

Observe que a informação dada a respeito dos sujeitos está contida basicamente nos verbos.

Predicado nominal

O núcleo da informação veiculada pelo predicado está contido num nome (predicativo do sujeito). O verbo, nesse caso, funciona simplesmente como elemento de ligação entre o sujeito e o predicativo:

sujeito | predicado nominal
A prova | era **difícil**.

sujeito | predicado nominal
O menino | estava **machucado**.

Predicado verbo-nominal

É um predicado misto, em que a informação se concentra em dois elementos: no verbo lexical (transitivo ou intransitivo) e no predicativo (do sujeito ou do objeto). Dessa forma, o predicado verbo-nominal apresenta dois núcleos: o verbo e o predicativo:

sujeito | predicado verbo-nominal
O menino | **chegou** ao colégio **machucado**.

sujeito | predicado verbo-nominal
Os proprietários | **consideraram** a proposta **razoável**.

No predicado verbo-nominal, ocorre o cruzamento de duas estruturas sintáticas: um predicado verbal e um predicado nominal:

O menino chegou ao colégio (e estava) machucado.

Os proprietários consideraram a proposta (como sendo) razoável.

▫ **Quadro-resumo**

	verbo lexical	verbo de ligação	predicativo
predicado verbal	sim	não	não
predicado nominal	não	sim	sim
predicado verbo-nominal	sim	não	sim

A gramática no dia a dia

Verbo *ter* substituindo *haver*

Quando tratamos das orações sem sujeito, vimos que elas ocorrem com os chamados verbos impessoais. Embora a gramática normativa não considere o verbo **ter** impessoal, é comum na linguagem do dia a dia, e até mesmo em textos de autores consagrados, o emprego desse verbo como impessoal, substituindo o verbo **haver**.

Observe:

> No meio do caminho **tinha** uma pedra
> **tinha** uma pedra no meio do caminho
> **tinha** uma pedra
> no meio do caminho **tinha** uma pedra.
>
> ANDRADE, Carlos Drummond de. No meio do caminho. In: *Poesia completa e prosa*. Rio de Janeiro: Nova Aguilar, 2002. p. 16.

> "**Tem** dias que a gente se sente
> Como quem partiu ou morreu" (Chico Buarque)

> **Tem** quatro crianças brincando no jardim.
> Na biblioteca, **tinha** inúmeros livros de arte.
> **Tem** mais de uma semana que ele não aparece.

Sujeito lógico e sujeito pleonástico

Embora tenhamos afirmado que o sujeito é o termo a respeito do qual se fala, é possível encontrar exemplos em que o termo de que se fala não exerce a função sintática de sujeito. Nesse caso, dizemos que se trata de um **sujeito lógico**.

Observe:

> "As chaves ele tirou no mesmo instante daquele bolso; como da vez anterior, tudo estava em um molho, em um aro de aço." (Dostoievski)

Nesse enunciado, o elemento a respeito do qual se fala é **as chaves**; no entanto, do ponto de vista gramatical, a palavra que funciona como sujeito é **ele**, que está concordando com o verbo ("ele tirou"). Nesse exemplo, **as chaves** é complemento do verbo **tirar** e não sujeito ("Ele tirou as chaves").

Também é comum a repetição do sujeito por meio de um pronome. Nesse caso, temos um **sujeito pleonástico**.

Observe:

> O Paulo, ele vai sair mais cedo.
> As chaves, elas estão na gaveta.

Ressalte-se que esse recurso não é exclusivo da linguagem informal, podendo ser observado também em textos literários, como nos exemplos a seguir:

> "A onça, o povo dizia que ela tinha vindo de longe." (Guimarães Rosa)

> Mas as coisas findas,
> muito mais que lindas,
> essas ficarão.
>
> ANDRADE, Carlos Drummond de. Memória. In: *Poesia completa e prosa*. Rio de Janeiro: Nova Aguilar, 2002. p. 253.

ATIVIDADES

1. Preencha as lacunas formando predicados nominais.
   a) O banco * aberto.
   b) O saldo * negativo.
   c) Os alunos * ansiosos.
   d) Os jogadores * afoitos.
   e) As mães * preocupadas.
   f) Os jornalistas * desconfiados.
   g) Os meninos * ofegantes.
   h) Paulo * cliente do banco.

2. Complete as lacunas formando predicados verbais.
   a) Você * ao banco hoje?
   b) Paulo * todas as contas.
   c) O banco * o cheque.
   d) Não * o dia do vencimento.
   e) Eu * controle total das despesas.
   f) Marcela * um empréstimo.

3. Agora preencha as lacunas, formando predicados verbo-nominais.
   a) Os alunos * ansiosos.
   b) Os jogadores * afoitos.
   c) As mães * preocupadas.
   d) Os jornalistas * desconfiados.
   e) Os meninos * ofegantes.
   f) Os clientes * satisfeitos.

4. Nas orações a seguir, temos predicados verbais. Reescreva-as substituindo o termo destacado de modo a formar predicados verbo-nominais.
   a) Eles saíram de casa **com esperança**.
   b) **Com tranquilidade**, eles esperavam o acontecimento.
   c) Todos caminhavam **com pressa** para o local do espetáculo.
   d) **Com indignação**, eles observavam os acontecimentos.
   e) As pessoas dirigiam-se à saída do teatro **com serenidade**.

Texto para as questões 5 a 8.

A velha contrabandista

Diz que era uma velhinha que sabia andar de lambreta. Todo dia ela passava pela fronteira montada na lambreta, com um bruto saco atrás da lambreta. O pessoal da Alfândega – tudo malandro velho – começou a desconfiar da velhinha.

[...]

PONTE PRETA, Stanislaw. A velhinha contrabandista. In: *Contos brasileiros 1*. 16. ed. São Paulo: Ática, 2003. v. 8. p. 16. (Para gostar de ler).

5. Aponte expressões do texto que caracterizam a linguagem coloquial.

6. Reescreva a frase "O pessoal da Alfândega – tudo malandro velho – começou a desconfiar da velhinha" substituindo "tudo malandro velho" por uma expressão da norma culta que tenha sentido equivalente.

7. Na frase do exercício anterior:
   a) aponte o núcleo do sujeito;
   b) indique o tipo de predicado;
   c) classifique, quanto à predicação, o verbo **desconfiar**.

8. Aponte um exemplo de verbo intransitivo presente no texto.

9. Classifique os verbos destacados, utilizando os seguintes códigos:
   (A) intransitivo;
   (B) transitivo direto;
   (C) transitivo indireto;
   (D) transitivo direto e indireto;
   (E) de ligação.
   a) O gerente **visou** o cheque.
   b) O atirador **visou** o alvo.
   c) **Visamos** a um cargo elevado.
   d) Isto não **procede**.
   e) **Procederemos** a um inquérito.
   f) **Informamos** o desastre ao prefeito.
   g) O prefeito **anda** pelas ruas da cidade.
   h) O prefeito **anda** preocupado.
   i) **Quero** o lápis.
   j) **Quero** a meus amigos.
   k) Juvenal **atualizava** seus conhecimentos.
   l) O cão **desapareceu** na planície vazia.
   m) Os meninos **estavam** nervosos.
   n) **Ofereceram** o cargo ao deputado.
   o) Aqueles soldados não **confiam** em seus superiores.
   p) A noite **chegou** inesperadamente.
   q) Fatos estranhos **sucederam** naquela noite.

10. Identifique o sujeito e o predicado de cada frase; em seguida, destaque seus núcleos.

a) Os dinossauros também viveram nos polos.
b) Têm aumentado ultimamente as denúncias contra cientistas.
c) Existem mais de cem espécies de frutas venenosas.
d) Nos galhos da pitangueira, brincavam livremente os pássaros.
e) Nos últimos dez anos, muitos abandonaram seus sonhos.
f) Nestes livros, muitos autores contam suas experiências pessoais.
g) Naquele momento, foram saindo disfarçadamente os culpados.
h) São inadmissíveis os crimes de guerra da Bósnia.

11. Nas frases a seguir, destaque o termo que funciona como predicativo e diga se ele é predicativo do sujeito ou do objeto.

a) Custa muito caro para a sociedade manter limpos os espaços públicos e recuperar a natureza afetada.
b) Justiça mantém preso acusado de desvio de verbas.
c) O herói achou desprezível o motivo.
d) Muitas pessoas deixaram o local insatisfeitas.
e) Cansados, os viajantes chegaram ao destino.
f) Os náufragos, desesperados, esperavam por socorro.
g) São inadmissíveis atitudes como estas.
h) A notícia deixou triste a aluna.
i) A escolta levava preso o homem.
j) "[...] não queria ver murchos os talos verdes." (Milton Hatoum)
k) Acho sua atitude imperdoável.
l) O ministro considerou incerta a sua presença no seminário.
m) A falta de notícias deixou preocupados os pais do menino.
n) Todos consideravam arriscada aquela travessia.
o) Os turistas acharam confortável o hotel.
p) Chamaram o técnico de incompetente.
q) Desesperados, eles gritavam por socorro.
r) Encontraram abertas as janelas da casa.
s) Solícito, o médico nos atendeu em seu consultório.

t) Para quem usa caixa eletrônico, a vida fica mais fácil.
u) Aquiles parecia inflexível o tempo todo.
v) Agamenon julgava Aquiles inflexível.

12. Comente a diferença de sentido nas frases a seguir.

"O ex-promotor tinha cerrados os olhos." (Erico Verissimo)

O ex-promotor tinha cerrado os olhos.

13. Substitua os asteriscos e construa frases que apresentem predicado nominal. Use os verbos **estar, ser, permanecer, ficar, andar, tornar-se**.

a) Os programas daquela emissora * educativos.
b) A Copa do Mundo * impossível para os países pobres.
c) Meu primeiro texto * brilhante.
d) Nós * gripados.
e) As mochilas * mais caras que os livros.
f) O velho * doente.
g) À minha direita, os prédios * intactos depois do terremoto.

14. Transforme, como no modelo, o predicado verbal em verbo-nominal:

Os jovens **trabalhavam** no laboratório. → Os jovens **trabalhavam entusiasmados** no laboratório.

a) As crianças corriam pelo gramado.
b) Ele deixou-se ficar no sofá da sala.
c) "De repente, você surgiu na minha frente [...]" (Tunai)
d) A família almoçou na varanda naquele domingo.

15. Atribua um predicativo para os sujeitos das frases seguintes.

a) A torcida ficava cada vez mais *.
b) Hoje os computadores são *.
c) Há momentos em que a realidade parece *.
d) O mundo não é *.

16. Substitua as expressões em destaque por um predicativo.

a) A multidão assistia, **em delírio**, ao espetáculo.
b) A mãe relatava, **com desespero**, o desaparecimento da criança.
c) **Com paciência**, o médico ouvia as reclamações dos doentes.

CAPÍTULO 12 // Termos essenciais da oração **225**

17. Nas orações a seguir, classifique o predicado.

a) "Um dia ele chegou tão diferente [...]" (Chico Buarque e Vinicius de Moraes)

b) "Já conheço os passos dessa estrada." (Antônio Carlos Jobim e Chico Buarque)

c) "Cada um de nós mentiu estupidamente." (Graciliano Ramos)

d) "Este líquido é água." (Antônio Gedeão)

e) O professor deixou o aluno constrangido.

18. Nas frases a seguir, classifique os verbos quanto à predicação e, depois, diga que tipo de predicado ocorre.

a) Pedro está adoentado.

b) Os jogadores deixaram o estádio.

c) Os jogadores deixaram o estádio aborrecidos.

d) "O poeta é um fingidor." (Fernando Pessoa)

e) A população considera aquela atitude inexplicável.

f) Aqueles soldados não confiam em seus superiores.

19. Das orações a seguir, destaque o predicativo do sujeito.

a) Lucrécia morreu infeliz.

b) Otelo estava furioso.

c) O time sagrou-se campeão.

d) O jogador correu para a bola afoito.

e) Ele andava preocupado.

f) As noites chegaram frias.

g) Saiu de casa atrasada.

h) É inevitável esse acontecimento.

DOS TEXTOS À GRAMÁTICA DA GRAMÁTICA AOS TEXTOS

CENA VII
Harpagon

HARPAGON (*gritando por socorro, antes de entrar; e entrando em desalinho, alucinado*) — Ladrão!... Ladrão!... Assassino!... Assassino!... Onde está Justiça, meu Deus?... Estou perdido!... Assassinaram-me, degolaram-me, roubaram meu dinheiro... Quem poderia ter sido?... Que fizeram dele?... Onde está ele?... Que farei para encontrá-lo?... Estará lá?...Ou aqui?!... Quem fez isso?!... Ah!... Para, miserável!... devolva o meu dinheiro!... (*agarra o próprio braço, arquejante*) Ah! sou eu mesmo!... Sou eu mesmo!... Meu espírito está perturbado!... Ignoro onde estou, quem sou e o que faço!... ai de mim! meu pobre dinheiro, meu querido dinheiro, meu grande, meu adorado amigo!... Privaram-me de ti!... E visto que me foste arrebatado, perdi minha razão de ser, meu consolo, minha alegria!... Tudo acabou para mim!... Nada mais tenho a fazer no mundo! Longe de ti é impossível continuar a viver! Não posso mais!... Eu sufoco!... Eu morro!... Eu estou morto!... Eu estou enterrado!...

MOLIÈRE, Jean-Baptiste. *O avarento*. 2. ed. Rio de Janeiro: Ediouro, 1996. p. 100-101.

1. O texto que você acabou de ler é uma fala de Harpagon, o personagem central da peça *O avarento*, de Molière. Que é um avarento?

2. No texto aparecem duas informações entre parênteses e grafadas com letra diferente (itálico) que não representam a fala do personagem. Que função desempenham essas informações no texto?

3. Você já viu que, com os verbos que exprimem ação, o sujeito pode ser o elemento da oração que pratica, recebe ou pratica e recebe a ação ao mesmo tempo. No texto, é possível identificar o elemento que praticou a ação de roubar o dinheiro de Harpagon? Justifique sua resposta com frases do texto.

4. Numa passagem do texto, Harpagon declara: "E visto que me foste arrebatado, perdi minha razão de ser [...]". Qual é o sujeito de **foste arrebatado**? Esse sujeito pratica ou recebe a ação?

5. Para caracterizar Harpagon como uma pessoa extremamente avarenta, o autor faz uso da hipérbole, ou seja, da exageração. Transcreva algumas falas do personagem que sejam exemplos de exageração.

TERMOS INTEGRANTES DA ORAÇÃO

CONCEITOS INICIAIS

Um termo da oração é chamado de integrante, como o próprio nome indica, por integrar o sentido de outro. Há determinadas palavras que, dependendo do contexto, não têm sentido por si mesmas, requerendo, portanto, um termo que lhes complemente o sentido. Segundo a Nomenclatura Gramatical Brasileira (NGB), são termos integrantes da oração:

- os complementos verbais (o objeto direto e o objeto indireto);
- o complemento nominal;
- o agente da passiva.

Por integrarem o sentido do termo a que se referem, formando com ele uma unidade de sentido, os termos integrantes não se separam por sinal de pontuação do termo de que completam o sentido.

COMPLEMENTOS VERBAIS

Objeto direto

Objeto direto é o termo da oração que completa a significação de um verbo transitivo direto.

Em geral, o objeto direto não vem introduzido por preposição. Do ponto de vista semântico, ele indica o ser sobre o qual recai a ação expressa por um verbo na voz ativa. Observe:

O objeto direto torna-se sujeito da oração se o verbo estiver na voz passiva. Veja:

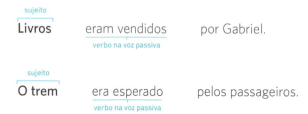

Objeto indireto

> **Objeto indireto** é o termo da oração que completa a significação de um verbo transitivo indireto.

O objeto indireto geralmente vem introduzido por uma preposição exigida pelo verbo. Do ponto de vista semântico, o objeto indireto indica o ser a que se destina ou se refere a ação expressa pelo verbo. Observe:

As preposições que introduzem o objeto indireto são vazias de conteúdo significativo, funcionando meramente como conectivos. São elas: **a**, **de**, **em**, **para**, **com**, **por**.

Assistir **a** filmes.   Gostar **de** frutas.   Confiar **em** amigos.
Escrever **para** o jornal. Brincar **com** as crianças Lutar **por** um ideal.

Há situações em que o verbo pode ter como complemento dois objetos indiretos. Nesses casos, os objetos indiretos serão regidos por preposições diferentes. Veja:

Objeto constituído por um pronome oblíquo átono

Os pronomes oblíquos átonos são os seguintes: **o**, **a**, **os**, **as**; **lhe**, **lhes**; **me**, **te**, **se**, **nos**, **vos**. Quando funcionam como complementos verbais, aparecem antes do verbo (próclise), depois do verbo (ênclise) ou no meio do verbo (mesóclise), e exercem as funções sintáticas de objeto direto e objeto indireto.

Os pronomes oblíquos átonos **o**, **a**, **os**, **as** funcionam como **objeto direto**. Os pronomes **lhe**, **lhes** funcionam como **objeto indireto**.

Os pronomes **me**, **te**, **se**, **nos**, **vos** podem assumir a função de **objeto direto** ou **objeto indireto**. Para analisá-los corretamente, basta atentar à predicação verbal, isto é, verificar se tais pronomes completam verbo transitivo direto ou verbo transitivo indireto:

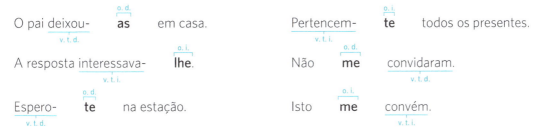

Quando o objeto indireto for representado por um pronome oblíquo átono, ele não virá precedido de preposição.

Objeto direto preposicionado

O objeto direto é o termo da oração que completa a significação de um verbo transitivo direto sem ser introduzido por preposição obrigatória. Há casos, no entanto, em que o objeto direto **pode ou deve vir introduzido por preposição**. É importante notar que, no caso de o objeto direto vir introduzido por preposição, esta não é exigida pela regência do verbo. Lembre-se de que o objeto direto completa sempre o sentido de um verbo transitivo direto, enquanto o objeto indireto completa o sentido de um verbo transitivo indireto.

O objeto direto deverá ser preposicionado nos seguintes casos:

a) quando for o pronome relativo **quem** com antecedente explícito:

    Era a mulher   **a quem** [o. d. prep.]   ele   **amava** [v. t. d.].

b) quando for representado por um pronome oblíquo tônico:

    Nunca   **enganaram** [v. t. d.]   **a ti** [o. d. prep.].

c) para evitar ambiguidade:

    Ao dono [o. d. prep.]   o cão nunca   **abandona** [v. t. d.].

Em certas construções enfáticas, o objeto direto **pode** aparecer preposicionado:

    "A costureira   **pegou** [v. t. d.]   **do pano** [o. d. prep.]." (Machado de Assis)

    Eles   **amam** [v. t. d.]   **a Deus** [o. d. prep.].

    "Como   **beber** [v. t. d.]   **dessa bebida amarga** [o. d. prep.]." (Gilberto Gil e Chico Buarque)

Objeto direto interno (ou cognato)

Vimos que verbos intransitivos são aqueles que, por terem sentido completo, não reclamam um complemento (objeto). É comum, no entanto, o emprego desses verbos com um objeto, representado por um substantivo da mesma área semântica do verbo:

    Dormi o **sono** dos justos.
    Vivia uma **vida** de rei.
    Combati o bom **combate**.

    "Sonhar
    Mais um **sonho** impossível [...]" (J. Darion, M. Leigh e Chico Buarque)

    "Os **sonhos** mais lindos **sonhei** [...]" (F. D. Marchetti, M. de Feraudy e Armando Louzada)

    "[...] E **rir** meu **riso** e derramar meu pranto
    Ao seu pesar ou seu contentamento." (Vinicius de Moraes)

Objeto pleonástico

Muitas vezes, por uma questão de ênfase, antecipamos o objeto, colocando-o no início da frase, e depois o repetimos por meio de um pronome oblíquo átono. A esse objeto repetido damos o nome de **objeto pleonástico** ou **enfático**:

"**Esses versos**, foi o Nicolau que **os** escreveu de próprio punho." (Leon Tolstoi)

"**Às suas violetas, na janela**, não **lhes** poupei água e elas murcham." (Dalton Trevisan)

Muitas vezes, o objeto pleonástico está repetindo a forma tônica do pronome oblíquo:

A mim, ninguém **me** engana.

Morfossintaxe dos objetos

Os objetos podem ser representados por:

a) um substantivo:

Pilar Ternera comprou **flores**.   Pilar Ternera gosta **de flores**. (núcleo: **flores**)

b) um pronome substantivo:

Nunca vi **aquilo**.   Eles confiam **em mim**. (núcleo: **mim**)

Convidei-**o** para viajar.   Este assunto não **lhe** interessa.

c) um numeral substantivo:

– Quantos filhos você tem?   Isto interessa **a ambos**. (núcleo: **ambos**)

– Tenho **dois**.

d) uma palavra substantivada:

Como resposta, ele recebeu **um sonoro "não"**. (núcleo: **não**)

Precisava **de um simples "defiro"** para poder tirar férias. (núcleo: **defiro**)

e) uma oração subordinada:

Espero **que você me auxilie**.   Necessito **de que você me auxilie**.

AGENTE DA PASSIVA

> **Agente da passiva** é o termo da oração que se refere a um verbo na voz passiva, sempre introduzido por preposição.

Do ponto de vista semântico, indica o ser que executa a ação verbal sofrida pelo sujeito. Observe:

Se transpusermos para a voz ativa a oração em que aparece o agente da passiva, este assumirá a função sintática de sujeito. Veja:

O agente da passiva ocorre geralmente na voz passiva analítica (verbo auxiliar + particípio). Embora seja menos frequente, poderá também ocorrer na voz passiva sintética (verbo transitivo direto + pronome apassivador):

Morfossintaxe do agente da passiva

O agente da passiva é um termo que mantém íntima relação com o sujeito de uma voz ativa. Por essa razão, o agente da passiva é representado por um substantivo ou por uma palavra ou oração com valor de substantivo:

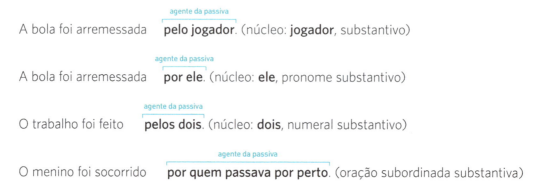

COMPLEMENTO NOMINAL

> **Complemento nominal** é o termo da oração que se liga a um nome (substantivo, adjetivo ou advérbio), sempre por meio de preposição, com a função de completar o sentido desse nome.

Do ponto de vista semântico, o complemento nominal representa o destinatário da ação expressa por um nome. Veja:

Os nomes que exigem complemento nominal, em geral, correspondem a verbos transitivos que possuem mesmo radical. Observe alguns exemplos:

nome	complemento nominal	verbo	objeto
amor	aos filhos	amar	os filhos
respeito	aos pais	respeitar	os pais
combate	às chamas	combater	as chamas
recordação	da cena	recordar	a cena
confiança	na justiça	confiar	na justiça
queima	de estoque	queimar	o estoque
leitura	do texto	ler	o texto

Sugerimos uma consulta ao capítulo 19, página 305, no qual apresentamos, sob o título "Regência de alguns nomes", uma relação de palavras que exigem complemento nominal.

Morfossintaxe do complemento nominal

O complemento nominal tem função substantiva, ou seja, será representado por um substantivo ou palavra ou oração com valor de substantivo:

A obediência **ao regulamento** é necessária. (núcleo: **regulamento**, substantivo)

A necessidade **dela** era a mesma dos outros. (núcleo: **ela**, pronome substantivo)

A confiança **nos três** é fundamental para o sucesso. (núcleo: **três**, numeral substantivo)

Tinha necessidade **de que o ajudassem**. (oração subordinada substantiva)

O complemento nominal também pode ser representado por um pronome oblíquo átono. Nesse caso, não virá precedido de preposição:

Caminhar a pé **lhe** era saudável. (saudável **a ele**)
(compl. nominal: lhe)

Aquele remédio **nos** era prejudicial. (prejudicial **a nós**)
(compl. nominal: nos)

A sorte **lhe** foi favorável. (favorável **a ele**)
(compl. nominal: lhe)

A gramática no dia a dia

Agente da passiva: termo integrante de fato?

Embora a NGB classifique o agente da passiva como termo integrante da oração, entendemos que, de fato, ele não o é, pois não complementa o sentido do verbo. Basta observar que muitas orações na voz passiva (sobretudo na voz passiva sintética) não expressam o agente da passiva. Veja:

> Vendem-se casas.
> Alugam-se apartamentos.
> Plastificam-se documentos.
> As urnas da eleição já foram lacradas.
> Mais uma vez, a Seleção brasileira foi elogiada.

Nos exemplos anteriores não se explicita **quem vende** as casas, **quem aluga** os apartamentos, **quem plastifica** os documentos, **quem lacrou** as urnas e **quem elogiou** a Seleção brasileira, ou seja, não se informa quem é o agente da passiva.

Voz passiva e voz ativa: ênfase sobre elementos diferentes

Vimos que, dependendo da relação estabelecida entre o sujeito e o verbo, a oração poderá estar na voz ativa ou na voz passiva.

A opção por uma construção passiva ou ativa está relacionada ao destaque que se queira dar a um destes elementos da frase: o agente, o paciente ou a própria ação verbal. Observe:

> Os torcedores comemoraram a conquista do título.
> A conquista do título foi comemorada pelos torcedores.

No primeiro exemplo, a construção de voz ativa dá maior relevância aos agentes da comemoração (os torcedores, aqueles que comemoraram), que na frase funcionam como sujeito.

Já no segundo exemplo, optando-se pela construção passiva, a relevância é dada ao objeto da comemoração (a conquista do título, aquilo que foi comemorado), que na frase funciona como sujeito.

Quando se opta pela voz passiva sintética (verbo transitivo + pronome apassivador **se**), a relevância recai sobre a própria ação verbal, como nos exemplos abaixo:

> Procura-se cachorro desaparecido.
> Afinam-se pianos.
> Premiaram-se os vencedores.

ATIVIDADES

Texto para as questões 1 a 3.

Nós temos muitos tios e ainda chamamos de tios os primos velhos. Hoje meu pai disse à mamãe: "Precisamos visitar o Henrique e o Julião que há muito tempo não vemos". São dois velhos que moram muito longe da nossa casa. Gostei da ideia, pois há muito tempo que não saio em companhia de meu pai. Ele disse: "Vamos primeiro ao Julião, depois ao Henrique". Estes dois tiveram dinheiro, acabaram com tudo e hoje vivem pobremente.

MORLEY, Helena. *Minha vida de menina*. São Paulo: Companhia das Letras, 2015. p. 35.

1. Você viu que os termos da oração podem ser representados também por orações. No trecho, aparece duas vezes o verbo **dizer**, que pede complemento. Destaque e classifique os complementos de **dizer** nas duas ocorrências.

2. Na frase "'Precisamos visitar o Henrique e o Julião que há muito tempo não vemos'":
   a) Que termo(s) funciona(m) como complemento(s) do verbo **visitar**?
   b) O verbo **ver** é normalmente transitivo direto (quem vê vê algo ou alguém). Qual o complemento de **vemos** nessa frase?

3. Em "Estes dois tiveram dinheiro, acabaram com tudo e hoje vivem pobremente":
   a) Qual o sujeito de **tiveram**?
   b) Que palavra funciona como núcleo do sujeito? A que classe pertence?
   c) O termo "Estes dois" faz referência a um termo já citado no texto. Qual?

Texto para as questões 4 a 7.

Não é para nós que o leite da vaca brota, mas nós o bebemos. A flor não foi feita para ser olhada por nós nem para que sintamos seu cheiro, e nós a olhamos e cheiramos.

LISPECTOR, Clarice. *A paixão segundo G.H.* Rio de Janeiro: Rocco, 1998. p. 150.

4. Indique o sujeito das seguintes formas verbais:
   a) brota
   b) bebemos
   c) foi feita
   d) sintamos

5. Diga que nome é substituído pelos pronomes oblíquos destacados nas frases a seguir e que função sintática eles desempenham na oração de que fazem parte.
   a) "[...] mas nós **o** bebemos."
   b) "[...] e nós **a** olhamos [...]"

6. Qual é o termo que exerce a função sintática de agente da passiva?

7. Em outro trecho do mesmo livro, Clarice Lispector diz:

   O leite da vaca, nós o bebemos. E se a vaca não deixa, usamos de violência.

   a) O verbo **beber** é transitivo direto (quem bebe, bebe algo). No trecho, qual é o complemento de **beber**?
   b) O verbo **deixar** geralmente é empregado com complemento. No texto, esse complemento não vem expresso, mas é possível identificá-lo. Levando em conta o contexto, qual é o complemento do verbo **deixar**?
   c) Em que sentido foi empregado o verbo **usar** no texto? Classifique esse verbo quanto à predicação.

8. "Você já mostrou muita nota vermelha para seu pai. Para variar, mostre uma nota preta." (Anúncio publicitário)
   a) Da primeira oração, aponte e classifique o sujeito, o predicado e os complementos verbais.
   b) Qual o sentido das expressões "nota vermelha" e "nota preta"?

9. Dê a função sintática das palavras em destaque.

   Este cartão de crédito é **importante** para você, pois **lhe** dá **acesso às coisas** de que você gosta. Com ele, **você** vive e usufrui os prazeres da vida.

10. Transforme os verbos transitivos em nomes regidos de complemento nominal. Veja o exemplo:

    criticar os colegas → crítica aos colegas

    a) necessitar de carinho
    b) sequestrar o empresário
    c) confiar no colega
    d) obedecer ao regulamento
    e) combater a fome

PARTE 3 // SINTAXE

11. Complete o sentido dos nomes destacados por meio de um complemento nominal.

a) A pressa é **inimiga** *.

b) **Depois** * vem a bonança.

c) Gato escaldado tem **medo** *.

d) Esse lugar está **cheio** *.

e) O atraso causou a **perda** *.

f) A **consulta** * permite saber o sentido das palavras.

g) A **descoberta** * trouxe riqueza àquela cidade.

h) Como estava chovendo, eles ficaram **dentro** *.

i) Eles procederam à **limpeza** *.

j) O **acesso** * foi interditado.

k) Ele vivia **descontente** *.

l) Era um filme **impróprio** *.

m) Ele tinha **horror** *.

DOS TEXTOS À GRAMÁTICA   DA GRAMÁTICA AOS TEXTOS

O assassino era o escriba

Meu professor de análise sintática era o tipo do sujeito inexistente.

Um pleonasmo, o principal predicado de sua vida,

regular como um paradigma da 1ª conjugação.

Entre uma oração subordinada e um adjunto adverbial,

ele não tinha dúvidas: sempre achava um jeito

assindético de nos torturar com um aposto.

Casou com uma regência.

Foi infeliz.

Era possessivo como um pronome.

E ela era bitransitiva.

Tentou ir para os EUA.

Não deu.

Acharam um artigo indefinido em sua bagagem.

A interjeição do bigode declinava partículas expletivas,

conectivos e agentes da passiva, o tempo todo.

Um dia, matei-o com um objeto direto na cabeça.

LEMINSKI, Paulo. *Caprichos e relaxos*. São Paulo: Brasiliense, 1983. p. 24.

1. Qual é o sentido da palavra **predicado** no verso "Um pleonasmo, o principal predicado da sua vida"?

2. No verso em que aparece a expressão "sujeito inexistente" qual é o sujeito?

3. O autor afirma que o professor "era o tipo do sujeito inexistente". Qual característica do personagem está sendo revelada?

4. No verso "E ela era bitransitiva", qual característica da mulher do professor está sendo revelada?

5. Na frase "Acharam um artigo indefinido em sua bagagem":

a) Qual é o sujeito?

b) Qual é a função sintática de "um artigo indefinido"?

c) Que tipo de predicado ocorre?

d) Em que voz verbal está essa oração?

6. Na frase "Foi infeliz":

a) Qual é o sujeito?

b) Que tipo de predicado ocorre?

c) Qual é a função sintática do termo **infeliz**?

TERMOS ACESSÓRIOS DA ORAÇÃO E VOCATIVO

CONCEITOS INICIAIS

Um termo da oração é chamado de acessório quando é considerado dispensável para o sentido da oração. Na realidade, isso não é uma regra absoluta.

A nomenclatura **termos essenciais, integrantes e acessórios** não se aplica a todos os casos. Conforme foi visto no capítulo 12, sujeito e predicado são chamados termos essenciais; no entanto, pode haver orações sem sujeito. No capítulo 10 (**Verbo**), ao se tratar da flexão de voz, viu-se que o agente da passiva, embora seja um termo integrante, pode não estar presente em determinadas frases.

Os termos acessórios não podem ser retirados da frase sem que isso interfira no sentido. Segundo a Nomenclatura Gramatical Brasileira (NGB), são termos acessórios da oração:

- o adjunto adnominal;
- o adjunto adverbial;
- o aposto.

ADJUNTO ADNOMINAL

Adjunto adnominal é o termo da oração que sempre se refere a um substantivo (que funciona como núcleo de um termo), a fim de determiná-lo, indeterminá-lo ou caracterizá-lo.

Veja:

Os [adj. adn.] dois [adj. adn.] primeiros [adj. adn.] colocados [subst. (núcleo do sujeito)] disputarão a [adj. adn.] medalha [subst. (núcleo do objeto direto)] de ouro [adj. adn.].

Entre o adjunto adnominal e o substantivo a que ele se refere não ocorre outro termo da oração, exceto outro(s) adjunto(s) adnominal(is). Compare:

Os alunos **inquietos** saíram. Os alunos saíram **inquietos**.

Na primeira frase, **inquietos** é adjunto adnominal, pois caracteriza o substantivo **alunos** sem mediação de outro termo. Na segunda, **inquietos** é predicativo do sujeito, pois caracteriza o substantivo **alunos** (núcleo do sujeito) por meio de um verbo.

Diferença entre adjunto adnominal e complemento nominal

Em alguns casos, quando o adjunto adnominal vem introduzido por preposição, pode ser confundido com o complemento nominal. Para que não haja equívocos, observe o seguinte:

1. Se o termo introduzido por preposição estiver ligado a adjetivo ou advérbio, será – sem dúvida nenhuma – complemento nominal, pois, como vimos, o adjunto adnominal refere-se sempre a um substantivo:

Era favorável [adjetivo] **ao divórcio** [compl. nominal].   Depôs favoravelmente [advérbio] **ao réu** [compl. nominal].

PARTE 3 // SINTAXE

2 Se o termo introduzido por preposição estiver ligado a substantivo, será:

a) adjunto adnominal, se tiver sentido ativo:

A resposta **do aluno** (adj. adn.) foi satisfatória.

(O aluno deu a resposta: sentido ativo.)

b) complemento nominal, se tiver sentido passivo:

A resposta **ao aluno** (compl. nominal) foi satisfatória.

(O aluno recebeu a resposta: sentido passivo.)

As reclamações **do técnico** (adj. adn.) **aos jogadores** (compl. nominal) tinham fundamento.

(O técnico fez as reclamações: sentido ativo; os jogadores receberam as reclamações: sentido passivo.)

Diferença entre adjunto adnominal e predicativo

O adjunto adnominal refere-se a um nome sem mediação de verbo; o predicativo sempre está relacionado a um nome por meio de verbo (de ligação ou não). O adjunto adnominal, ao contrário do predicativo, não é um termo autônomo, isto é, o adjunto adnominal não existe por si só, ele é sempre parte de outro termo. Observe:

O elegante Pedro compareceu ao casamento.

Nessa oração, o adjetivo **elegante** exerce a função sintática de adjunto adnominal, pois se liga ao nome (**Pedro**) sem mediação de verbo, e faz parte do sujeito: Ele [o elegante Pedro] compareceu ao casamento.

Pedro compareceu ao casamento elegante.

Nessa oração, o adjetivo **elegante** exerce a função sintática de predicativo do sujeito, pois se liga ao nome **Pedro**, que funciona como sujeito, por meio de verbo.

Todos cumprimentaram o elegante Pedro.

Nessa oração, o adjetivo **elegante** funciona como adjunto adnominal, já que se liga ao nome Pedro, sem mediação de verbo, e faz parte do objeto direto **o elegante Pedro**.

Todos consideram Pedro elegante.

Nessa oração, **elegante** é predicativo do objeto, pois se liga ao nome por meio de verbo (**consideram**), e não faz parte do objeto: Todos o consideram elegante.

Veja outros exemplos:

A aluna inquieta saiu da sala. (adjunto adnominal: Ela saiu da sala)
A aluna saiu da sala inquieta. (predicativo do sujeito: Ela saiu da sala inquieta)
O barulho deixou a aluna inquieta. (predicativo do objeto: O barulho deixou-a inquieta)

Morfossintaxe do adjunto adnominal

O adjunto adnominal pode ser representado por:

a) artigo:

O menino chegou.

b) numeral adjetivo:

Dois meninos chegaram.

c) pronome adjetivo:

Aqueles meninos chegaram.

d) **pronome pessoal oblíquo** (equivalendo a pronome possessivo):

   Roubaram- *me* (adj. adn.) os documentos. (Roubaram os **meus** documentos.)

   Nem *te* (adj. adn.) reconheci a voz. (Nem reconheci a **tua** voz.)

e) **adjetivo:**

   Meninos **tristes** chegaram.

f) **locução adjetiva:**

   Meninos **do interior** chegaram.

g) **oração subordinada:**

   O homem **que trabalha** progride.

   Nesse exemplo, a oração "que trabalha" equivale ao adjetivo "trabalhador". A oração que exerce a função de adjunto adnominal recebe o nome de **oração subordinada adjetiva**. O estudo desse tipo de oração será feito no capítulo 16.

ADJUNTO ADVERBIAL

> **Adjunto adverbial** é o termo da oração que se liga a um verbo, com ou sem preposição, a fim de indicar uma circunstância qualquer.

Observe:

O adjunto adverbial pode também estar ligado a adjetivos ou advérbios, para intensificar-lhes o sentido:

Flávia é **muito** (adj. adv.) estudiosa (adjetivo).   Aristides fala **muito** (adj. adv.) bem (advérbio).

Classificação dos adjuntos adverbiais

Embora a NGB não apresente uma classificação dos adjuntos adverbiais, é comum classificá-los de acordo com as inúmeras circunstâncias que expressam. Vejamos as mais comuns:

a) **lugar:** Moro **em São Paulo**.
b) **tempo:** Cheguei **cedo**.
c) **modo:** Falava **bem**.
d) **instrumento:** Cortou-se **com a faca**.
e) **intensidade:** Falavam **muito**.
f) **meio:** Ele veio **de ônibus**.

g) **assunto:** Falavam **sobre política**.

h) **causa:** Melhorou **com o remédio**.

i) **finalidade:** Estudou **para a prova**.

j) **condição:** Nada se consegue **sem muito trabalho**.

k) **concessão:** Nada conseguiu **apesar de tanto esforço**.

l) **companhia:** Saiu **com os amigos**.

m) **negação:** Ele **nunca** viaja nas férias.

n) **afirmação:** O juiz **certamente** condenará o réu.

o) **dúvida: Talvez** ele se candidate ao cargo de governador.

p) **conformidade:** Dança **conforme a música**.

q) **exclusão:** Todos saíram, **menos ele**.

Ao contrário do que ocorre com o objeto indireto, a preposição que introduz os adjuntos adverbiais tem sempre valor significativo.

Morfossintaxe do adjunto adverbial

O adjunto adverbial será representado por um advérbio ou por uma locução ou expressão adverbial. Também pode ser expresso por uma oração, que receberá o nome de **oração subordinada adverbial**. Veja:

or. sub. adverbial

Cheguei **quando eram 10 horas**.

O adjunto adverbial pode ser representado por:

a) um advérbio:

Os alunos chegaram **cedo**.

b) uma locução ou expressão adverbial:

Os alunos estudam **à noite**.
Mantenha a calma **em quaisquer circunstâncias**.

c) adjetivo usado com valor de advérbio:

O professor falava **baixo**.

d) oração subordinada adverbial:

Embora fizesse calor, levamos agasalhos.

APOSTO

Aposto é o termo da oração colocado junto a um nome (ou pronome), com a função de explicar, especificar, enumerar ou resumir esse nome.

Entre o aposto e o nome a que ele se refere normalmente há uma pausa, marcada na escrita por sinal de pontuação.

No exemplo a seguir, a função do aposto é explicar (**aposto explicativo**):

aposto

Lúcia, **aluna do nono ano**, foi bem na prova.

nome

No próximo caso, a função do aposto é enumerar (**aposto enumerativo**):

Na despensa havia os seguintes produtos: açúcar, café, sal, macarrão e óleo.

Com a função de resumir (**aposto resumitivo** ou **recapitulativo**), temos o seguinte exemplo de aposto:

Eletrodomésticos, joias, dinheiro, documentos, tudo foi roubado.

Quando a função do aposto é especificar, normalmente não há pausa e, consequentemente, não há sinal de pontuação entre ele e o nome especificado. A esse tipo de aposto dá-se o nome de **aposto especificativo**:

A cidade de São Paulo apresenta altos índices de poluição ambiental.

Compraram os presentes na rua Direita.

O escritor Machado de Assis escrevia no jornal *Diário do Rio de Janeiro*.

No mês de julho viajarão para a Europa.

Observe que o aposto especificativo é representado por um nome próprio que determina um nome comum.

O aposto estabelece com o nome a que se refere uma relação de equivalência. É possível ocorrer até mesmo um aposto de outro aposto. Veja:

"Eu, por exemplo, o capitão do mato **Vinicius de Moraes, poeta e diplomata, o branco mais preto do Brasil**..." (Vinicius de Moraes)

Geralmente, o aposto vem posposto ao nome a que se refere. Nada impede, no entanto, que ele o anteceda. Observe:

Um dos países mais populosos do mundo, a Índia apresenta uma grande diversidade étnica.
Destino procurado por milhões de turistas, a Grécia oferece atrações para os gostos mais variados.
Estado preferido pelos turistas argentinos, Santa Catarina possui praias para todos os gostos.

Há casos em que o aposto se refere a uma oração inteira:

As chuvas foram intensas durante todo o dia, **razão de vários pontos de alagamento**.

Morfossintaxe do aposto

O aposto tem função substantiva na oração, o que significa que seu núcleo será representado por um **substantivo** ou por uma **palavra com valor de substantivo**:

O Brasil, maior país da América do Sul, apresenta inúmeros contrastes.

Algumas pessoas, idosos e gestantes, têm atendimento prioritário.

O aposto pode também ser representado por uma oração subordinada, que receberá o nome de **oração subordinada substantiva apositiva**:

Desejamos apenas isto: que o novo milênio traga a paz. *(or. sub. subs. apositiva)*

Queremos somente uma coisa: encerrar o ano com saúde. *(or. sub. subs. apositiva)*

A oração apositiva é a única oração substantiva que se separa da oração principal por sinal de pontuação.

VOCATIVO

Vocativo é o termo da oração cuja função é chamar ou interpelar um interlocutor, real ou imaginário.

O vocativo é um termo independente dentro da oração. Não faz parte nem do sujeito, nem do predicado; por isso, não pertence a nenhum dos grandes grupos de termos da oração (termos essenciais, termos integrantes e termos acessórios). Na escrita, deve vir sempre separado por sinal de pontuação (vírgula ou ponto de exclamação) e, quando se quer enfatizá-lo, costuma-se precedê-lo por interjeição de chamamento. Quanto à posição, o vocativo pode vir no início, no meio ou no final da frase:

"**Xará**, um rio pode ser o riso líquido das crianças ou as lágrimas secas dos velhos." (Lourenço Diaféria) *(vocativo)*

"— Muito bom dia, **senhora**, que nesta janela está [...]" (João Cabral de Melo Neto) *(vocativo)*

"Gosto muito de você, **leãozinho**." (Caetano Veloso) *(vocativo)*

Morfossintaxe do vocativo

Como se refere a um ser, o vocativo é representado por um substantivo ou pronome substantivo. Veja:
Gabriela, feche todas as janelas que está começando a chover.
"Como é agradável e espantosa a sua história, **maninha**." (*Livro das mil e uma noites*)
Você, não fique aí parado, volte imediatamente para o seu lugar.
Meninos, eu vi.

A gramática no dia a dia

Como vimos, as preposições que introduzem os adjuntos adverbiais, ao contrário das que introduzem os complementos verbais, têm valor significativo. Dessa forma, uma mesma circunstância pode assumir diferentes matizes, dependendo da preposição que se utilize para introduzir o adjunto adverbial. Observe:

Chegamos cedo **a** Aracaju. (O adjunto adverbial exprime lugar: aonde.)

Chegamos cedo **de** Aracaju. (O adjunto adverbial exprime lugar: donde.)

Estive **em** Aracaju. (O adjunto adverbial exprime lugar: onde.)

Levaram os filhos **para** Aracaju. (O adjunto adverbial exprime lugar: para onde.)

No verão, ele andou **por** Aracaju. (O adjunto adverbial exprime lugar: por onde.)

Indo para Salvador, o avião passou **sobre** Aracaju. (O adjunto adverbial exprime lugar: sobre onde.)

CAPÍTULO 14 // Termos acessórios da oração e vocativo

ATIVIDADES

1. Leia o texto abaixo para responder às questões que o seguem.

    Polícia encontra livro roubado de Borges

    A Polícia Federal da Argentina encontrou um exemplar da primeira edição de um livro de poemas de Jorge Luis Borges publicado em 1925 e que havia sido roubado. A obra está avaliada em US$ 10 mil, e estava em uma barraca numa feira de livros de Buenos Aires, segundo informações do jornal *Clarín*. O exemplar de *Luna de Enfrente* pertencia ao colecionador Horacio Porcel e foi roubada [sic] dele há menos de um ano. O livro traz uma dedicatória de Borges ao escritor argentino Ricardo Güiraldes.

    Folha de S.Paulo, 20 set. 2004. p. E8.

    a) Da forma como está redigido, o título da matéria é ambíguo. Explique quais são as duas leituras possíveis.

    b) Reescreva o título a fim de que ele expresse sem ambiguidades a informação constante na notícia.

Texto para a questão 2.

    Do céu ao inferno

    Uma das funções do documentário é trazer à tona assuntos enevoados ou personagens esquecidos pela história – e nisso o Brasil vem se firmando muito bem no cenário cinematográfico mundial. *Simonal – ninguém sabe o duro que dei*, de Cláudio Manoel, Micael Langer e Calvito Leal, honra o talento musical assombroso de Wilson Simonal (1939-2000) para depois comentar o incidente pelo qual o cantor *soul* ficou conhecido como delator do regime militar, nos anos 1970, levando-o ao ostracismo.

    Superguia Net. Rio de Janeiro: Globo, n. 85, mar. 2010. p. 12.

2. O texto afirma que Wilson Simonal "ficou conhecido como delator do regime militar". A expressão "delator do regime militar" pode ser lida de duas maneiras diferentes. Quais?

3. Observe as frases a seguir:
    I. A compra do livro foi feita **pela internet**.
    II. A compra do livro foi feita **pela própria aluna**.
    Agora responda: qual é a função que exercem os termos em destaque?

4. Sobre o período a seguir, indique qual das alternativas não é verdadeira.

    Lúcia e Paloma, minhas amigas, estudam Psicologia.

    a) "minhas amigas" pode estar exercendo a função de vocativo.
    b) "minhas amigas" pode estar exercendo a função de aposto.
    c) Se tirarmos a segunda vírgula, "minhas amigas" exerce a função de sujeito.
    d) Se tirarmos a segunda vírgula, "Lúcia e Paloma" exerce a função de vocativo.
    e) Se tirarmos a segunda vírgula, "minhas amigas" exerce a função de vocativo.

5. Na frase a seguir, a posição do adjunto adverbial possibilita duas leituras. Quais são elas? Explique a razão dessas duas possibilidades.

    O livro é entregue gratuitamente aos professores cadastrados no início do ano letivo.

6. Leia: "A indicação do diretor agradou a todos os acionistas". Fora de contexto, essa frase comporta duas interpretações. Quais?

7. Explique a diferença de sentido entre as frases a seguir:
    a) O professor disse à noite que não gosta de dirigir.
    b) O professor disse que à noite não gosta de dirigir.

8. Amplie as orações a seguir substituindo o asterisco por adjuntos adnominais do nome em destaque. Observe que os adjuntos adnominais devem ser da classe gramatical indicada entre parênteses.

    a) O menino aceitou * **desafio**. (pronome adjetivo)
    b) A corrida aconteceu numa **tarde** *. (locução adjetiva)
    c) Eles caminhavam por uma **estrada** *. (adjetivo)
    d) Na corrida entre os animais, o sapo foi o * **colocado**. (numeral)
    e) O sapo foi desafiado por * **coelho** para disputar * **corrida**. (artigo indefinido; artigo indefinido)

f) Ao escovar os dentes, costumava fazer uso de **cremes** *. (adjetivo)

g) Consulte * **dentista** regularmente. (pronome adjetivo)

h) Escovar os dentes ajuda a eliminar * **placa** *. (artigo; adjetivo)

i) Na floresta havia **animais** *. (adjetivo)

j) Nas fábulas há **animais** *. (oração)

k) Os **gritos** * assustaram o menino. (locução adjetiva)

l) O consulado visou o **passaporte** *. (adjetivo)

m) Eles entraram em uma **rua** *. (locução adjetiva)

n) O trabalho foi feito por * **operários** *. (numeral; adjetivo)

9. Certa vez um jornal de grande circulação trazia a seguinte notícia: "A filha de um engenheiro de 17 anos foi libertada do cativeiro". Da forma como está redigida, a frase pode admitir dupla leitura. No entanto, nosso conhecimento de mundo nos leva a dar apenas um sentido ao enunciado. Quais são os dois sentidos? Qual deles, no entanto, deve ser processado como coerente? Justifique.

10. Certa vez, o jornal *Folha de S.Paulo* publicou a seguinte manchete: "NY vê as primeiras fotos de Marilyn Monroe". Sobre essa frase, pergunta-se:

    a) É ambígua? Por quê?

    b) Qual a função sintática de "de Marilyn Monroe"?

11. O humor da tira a seguir está centrado na ambiguidade da expressão "cão de guarda". Em que sentido Hagar emprega essa expressão? Que sentido seu interlocutor atribui a ela?

BROWNE, Dik. Hagar. In: *Folha de S.Paulo*, Ilustrada. 31 jan. 2005. p. E7.

DOS TEXTOS À GRAMÁTICA DA GRAMÁTICA AOS TEXTOS

Fragmentos

Antes, não existia nada. Nada além daquela fina poeira cinza que caía lentamente sobre seus fios brancos e lisos. Seus ouvidos zuniam como se um inseto houvesse se apoderado de seu corpo e nunca mais pretendesse deixar sua hospedeira. Era o único som além do ranger da madeira a cada nova investida de uma labareda jovem e indomável.

Ali parada, anestesiada, com seus tênis verdes e roídos, tentou lembrar se havia tirado as poucas peças de roupa do varal e a ideia de ficarem com aquele odor mórbido a deixou perturbada. Pensava em como se livrar desse odor enquanto seus olhos vidrados observavam como estrangeiros aquele cenário de natureza morta que exercia nela um fascínio fulminante.

CAPÍTULO 14 // Termos acessórios da oração e vocativo

As chamas aos poucos consumiam a cor e a forma de cada objeto; a cama simples de madeira mofada, os poucos quadros de fotografia que pendiam espalhados pela casa; os discos de vinil empoeirados que ninguém ouvia se contorciam em câmera lenta com o calor que se aproximava dos pratos de porcelana que jamais foram usados, do berço da criança esquecida em uma única imagem embotada, dos livros que não conseguiu salvar. Todos os pequenos resquícios de uma solidão compartilhada transformados em cinzas que cintilavam na luz do poste na rua agora tomada pelo calor e pelas pessoas que se acumulavam.

As aglomerações desencantam. Toda a individualidade e o prazer da solidão desaparecem. Nunca gostou de aglomerações – pessoas grudadas umas nas outras com aquela mórbida curiosidade de quem tem tédio da vida – e logo que iniciaram o ritual ao redor da fogueira que se fez do que um dia foi a casa de sua juventude, ela vagarosamente se retirou esquecendo a roupa no varal, sai lentamente de cena, deixando pra trás a fétida silhueta que a cativou em uma tarde quente e fastidiosa de domingo.

PACHECO, Jessyca. *Matéria derradeira*. São Paulo: Córrego, 2015. p. 43-44.

1. "Fragmentos" é um texto narrativo, isto é, conta uma história. Há, portanto, um narrador, que não pode ser identificado. Como se trata de texto ficcional, o narrador não deve ser confundido com o autor. Esse narrador, que é uma criação do autor, está representado no texto por um observador que tudo vê e tudo sabe. A isso damos o nome de onisciência narrativa. As narrativas de narrador onisciente são, em geral, feitas na 3ª pessoa. Indique passagens do texto que comprovem que o narrador é onisciente.

2. Quando se afirma que um texto é narrativo, na realidade significa que ele é predominantemente narrativo. Em "Fragmentos" também há descrições. O que se descreve?

3. Nas descrições os adjetivos exercem papel muito importante, pois esse tipo de palavra caracteriza os seres. Nos trechos a seguir, indique que palavra o adjetivo caracteriza e diga qual função sintática ele exerce.

   a) "Nada além daquela **fina** poeira **cinza** que caía lentamente sobre seus fios **brancos** e **lisos**".

   b) "[...] tentou lembrar se havia tirado as poucas peças de roupa do varal e a ideia de ficarem com aquele odor **mórbido** a deixou **perturbada**."

c) "[...] os poucos quadros de fotografia que pendiam **espalhados** pela casa; os discos de vinil **empoeirados** que ninguém ouvia se contorciam em câmera **lenta** com o calor [...]"

4. Os acontecimentos narrados em um texto sempre são situados no tempo. Esse tempo pode ser concomitante ao momento em que se narra (o agora, o presente), ou não concomitante ao momento em que se narra (o passado ou o futuro). Com relação ao texto, os fatos narrados são presentes, passados ou futuros? Justifique.

5. Você já viu que os tempos do pretérito se dividem para expressar uma ação totalmente acabada (perfeito e mais-que-perfeito) ou um processo em sua duração (imperfeito). Observe as formas verbais usadas no texto e verifique que há predominância de verbos no pretérito imperfeito. Que efeito de sentido isso traz para o texto?

6. Não são apenas os verbos que permitem situar os acontecimentos no tempo. Adjuntos adverbiais também podem cumprir essa função. Podem ainda expressar outras circunstâncias referentes ao processo verbal.

   Nos trechos a seguir, indique as circunstâncias expressas pelos adjuntos adverbiais destacados.

   a) "Nada além daquela fina poeira cinza que caía **lentamente sobre seus fios brancos e lisos**."

   b) "As chamas **aos poucos** consumiam a cor e a forma de cada objeto [...]."

   c) "[...] os discos de vinil empoeirados que ninguém ouvia se contorciam **em câmera lenta com o calor** que se aproximava dos pratos de porcelana que jamais foram usados [...]."

7. O texto trata de um incêndio que destrói tudo. Assim, uma palavra concreta, **incêndio**, recobre a ideia de destruição. Dizemos que **incêndio** é uma figura e que **destruição** é um tema. Destaque, no nível da expressão do texto, outras palavras relacionadas pelo sentido a **incêndio**.

8. O título do texto é "Fragmentos". Essa palavra é usada para designar pedaços de algo que se quebrou, cortou, rasgou, etc. Portanto, **fragmento** se opõe a **todo**, **inteiro**. De que fragmentos trata o texto?

9. O narrador observa a personagem em sua solidão, em seu eu interior e profundo. De acordo com o texto, a personagem se sente confortável em sua solidão? Justifique.

CAPÍTULO 15 — ORAÇÕES COORDENADAS

INTRODUÇÃO

Como vimos, **período** é a frase constituída por uma ou mais orações. Dependendo do número de orações que o compõem, o período pode ser simples ou composto.

O **período simples** é formado por uma única oração, que recebe o nome de **oração absoluta**. Veja:
"Minha vida **era** um palco iluminado." (Sílvio Caldas e Orestes Barbosa)

A análise sintática do período simples foi feita nos capítulos anteriores. Neste capítulo e no próximo, trataremos da análise do período composto.

O **período composto** é formado por mais de uma oração. Observe:
[Não **gostava** de futebol], [mas **acompanhou** os amigos ao estádio.]

As orações que formam o período composto podem ou não estar ligadas umas às outras por meio de conectivos, que são palavras que servem para fazer a conexão, isto é, a ligação entre palavras ou orações. Os conectivos usados para fazer a ligação de orações são: as **conjunções** (e, nem, mas, portanto, porque, se, embora, quando, que, etc.) e os **pronomes relativos** (que, o qual, cujo, etc.).

O uso adequado de conectivos contribui para a coesão do texto, pois é por meio deles que as relações entre as orações ficam claras.

Do ponto de vista sintático, podem se organizar de forma independente, ou seja, uma oração não exerce função sintática em relação a outra. Também podem se organizar por meio de dependência sintática, ou seja, uma oração exerce função sintática em relação a outra, denominada principal e à qual se subordina.

Dessa forma, dependendo do tipo de relação existente entre as orações, podemos ter:
- período composto por coordenação;
- período composto por subordinação;
- período composto por coordenação e subordinação.

Período composto por coordenação

Vimos, quando estudamos os termos da oração, que duas ou mais palavras podem estar coordenadas entre si, exercendo a mesma função sintática. É o caso, por exemplo, do sujeito composto em que os núcleos estão coordenados entre si; não há relação hierárquica entre eles, pois são sintaticamente equivalentes.

É importante assinalar que o processo da coordenação não ocorre somente com termos de uma oração: orações também podem estar coordenadas entre si.

or. coord.	or. coord.	or. coord.
"No outro dia tomei o trem, (Graciliano Ramos)	ferrei no sono	e acordei às dez horas na estação central."

or. coord.	or. coord.
Cheguei cedo ao estádio,	mas não arranjei um bom lugar.

O período formado exclusivamente por orações coordenadas recebe o nome de **período composto por coordenação**.

Período composto por subordinação

Quando estudamos a análise sintática do período simples, vimos que os termos da oração podem exercer função sintática em relação a outro termo. Veja:

Aguardamos **sua resposta.**

No exemplo acima o substantivo **resposta** exerce a função sintática de núcleo do objeto direto de **aguardamos**. Ocorre que, muitas vezes, a função sintática (sujeito, objeto, adjunto adnominal, adjunto adverbial, predicativo, etc.) não é exercida por uma palavra (substantivo, pronome, adjetivo, advérbio, etc.), mas por uma oração:

Aguardamos **que você responda.**

Em síntese: as orações também podem exercer função sintática em relação a outra oração, denominada principal. Às orações que exercem uma função sintática, damos o nome de **oração subordinada**:

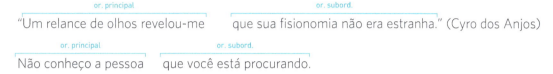

| or. principal | or. subord. |
"Um relance de olhos revelou-me que sua fisionomia não era estranha." (Cyro dos Anjos)

Não conheço a pessoa que você está procurando.

O período formado por oração principal + subordinada(s) recebe o nome de **período composto por subordinação**.

Período composto por coordenação e subordinação

Podem ocorrer num mesmo período a coordenação e a subordinação de ideias. Nesse caso, temos um **período composto por coordenação e subordinação**. Observe:

Encontrei o diretor, cumprimentei-o e entreguei a encomenda que me solicitara.

Esse período composto é formado por quatro orações. Veja que há quatro verbos: **encontrei, cumprimentei, entreguei, solicitara**.

As três primeiras orações estão coordenadas entre si, mas a última oração (**que me solicitara**) é dependente da terceira oração (**entreguei a encomenda**), ou seja, a quarta oração é subordinada à terceira.

Passaremos a estudar as orações que constituem o período composto por coordenação. No próximo capítulo, analisaremos o período composto por subordinação.

ORAÇÕES COORDENADAS

> **Orações coordenadas** são aquelas que, no período, não exercem função sintática umas em relação às outras. São, portanto, orações sintaticamente independentes, embora ligadas pelo sentido ou por elementos gramaticais que explicitam as relações semânticas entre elas (as conjunções), formando um todo coeso e coerente.

No exemplo seguinte, temos três orações sintaticamente independentes; cada oração é, do ponto de vista sintático, uma unidade autônoma:

"Pôs a cuia no chão, escorou-a com pedras, matou a sede da família." (Graciliano Ramos)

As orações coordenadas podem ou não estar relacionadas pelas conjunções coordenativas. Quando não são introduzidas por conjunção, isto é, quando estiverem simplesmente justapostas, recebem o nome de **coordenadas assindéticas**. Quando são introduzidas por conjunção, recebem o nome de **coordenadas sindéticas**.

Entre as orações coordenadas assindéticas de um período haverá sempre uma pausa, marcada na escrita por sinal de pontuação.

> **Qual é a origem das palavras *sindética* e *assindética*?**
>
> **Sindética** e **assindética** são palavras provenientes de *sundetikós,* termo grego que significa "união", "laço", "conjunção". Daí dar-se o nome de **sindética** à oração coordenada que apresenta conjunção e de **assindética** à que não apresenta conjunção.

Classificação das orações coordenadas sindéticas

As orações coordenadas sindéticas classificam-se, de acordo com a conjunção que as introduz, em:

a) **aditivas:** exprimem soma, adição.

   _{or. coord. assind.}   _{or. coord. sind. aditiva}
   Gabriel estuda   **e trabalha**.

   As principais conjunções aditivas são: e, nem, mas também, mas ainda.
   As aditivas iniciadas por **mas também** e **mas ainda** são chamadas de **aditivas correlativas**.
   Pedro não só estuda, **mas também trabalha**.
   Não apenas identificou o problema, **mas ainda apresentou a solução**.

b) **adversativas:** exprimem adversidade, oposição, contraste.

   _{or. coord. assind.}   _{or. coord. sind. adversativa}
   Pedro estuda,   **mas não aprende**.

   As principais conjunções adversativas são: mas, porém, todavia, contudo, entretanto, no entanto.

c) **alternativas:** exprimem alternância, escolha. Haverá alternância quando a ocorrência de um fato implicar a não ocorrência de outro.

   _{or. coord. assind.}   _{or. coord. sind. alternativa}
   Saia mais cedo de casa,   **ou espere o trânsito melhorar**.

   As principais conjunções alternativas são: ou, ou... ou, ora... ora, quer... quer, já... já, seja... seja.
   As alternativas com conjunção repetida são chamadas **alternativas correlativas**.
   Ora estuda, **ora** trabalha.

d) **conclusivas:** exprimem conclusão.

   _{or. coord. assind.}   _{or. coord. sind. conclusiva}
   Não saiu cedo,   **logo chegou atrasado**.

   As principais conjunções conclusivas são: logo, portanto, então, pois (quando posposta ao verbo).

e) **explicativas:** exprimem explicação, justificação, confirmação.

   _{or. coord. assind.}   _{or. coord. sind. explicativa}
   Venha imediatamente,   **pois sua presença é indispensável**.

   As principais conjunções explicativas são: pois (quando anteposta ao verbo), porque, que.

> **OBSERVAÇÃO**
>
> A conjunção **que** pode introduzir diversos tipos de oração. Funcionará como conjunção coordenativa explicativa quando o verbo da oração anterior estiver no modo imperativo:
>
> _{or. coord. assind.}   _{or. coord. sind. explicativa}   _{or. coord. assind.}   _{or. coord. sind. explicativa}
> Aguarda mais alguns minutos,   **que ele te atenderá**.   Não saia daí,   **que eu volto logo**.
>
> Observe que, nos casos citados, a conjunção **que** equivale a **pois**.

Posição das conjunções coordenativas

Dissemos que as orações coordenadas sindéticas são introduzidas pelas conjunções coordenativas. Por questão de estilo, algumas conjunções coordenativas podem aparecer não no início, mas no meio ou até mesmo no fim da oração coordenada. Veja:

O orador falava com entusiasmo; a plateia, **porém**, não lhe dava a mínima atenção.
O orador falava com entusiasmo; a plateia não lhe dava a mínima atenção, **porém**.

Era o atleta mais bem preparado; ganhou a corrida, **portanto**.
Era o atleta mais bem preparado; ganhou, **portanto**, a corrida.

ORAÇÕES INTERCALADAS

As **orações intercaladas** (também conhecidas como **orações interferentes**) são orações independentes que não pertencem à sequência do período. São utilizadas para um esclarecimento, um aparte, uma citação:

"Desta vez, <u>**disse ele**</u>, vais para a Europa." (Machado de Assis)
[oração intercalada]

"Tem razão, Capitu, <u>**concordou o agregado**</u>. Você não imagina como a Bíblia é cheia de expressões cruas e grosseiras." (Machado de Assis)
[oração intercalada]

"A cunhadinha <u>(**continuava a dar esse nome a Capitu**)</u> tinha-lhe falado naquilo por ocasião de nossa última visita a Andaraí, e disse-lhe a razão do segredo." (Machado de Assis)
[oração intercalada]

As orações intercaladas são separadas por vírgula, travessões ou parênteses.

A gramática no dia a dia

Mesma conjunção expressando relações diferentes

As orações coordenadas sindéticas, como vimos, relacionam-se a outra oração coordenada por meio das conjunções coordenativas. A NGB determina que as orações coordenadas sindéticas sejam classificadas de acordo com a conjunção que as introduz.

Segundo essa orientação, toda oração iniciada pela conjunção coordenativa **e** deve ser classificada como coordenada sindética aditiva. No entanto, cumpre observar que há usos em que as conjunções assumem matizes diferentes, de sorte que uma mesma conjunção pode estabelecer diferentes relações semânticas entre orações.

A conjunção **e**, por exemplo, que é classificada como aditiva, pode às vezes indicar adversidade. Veja:

"Os jovens querem ser fiéis, **e** não o são. Os velhos querem ser infiéis, **e** não conseguem." (Oscar Wilde)

Nas duas ocorrências do exemplo acima, a conjunção **e** exprime adversidade, equivalendo a **mas**.

Coordenação de ideias entre parágrafos

A coordenação de ideias não ocorre apenas entre orações de um mesmo período. Pode ocorrer também entre parágrafos de um mesmo texto, como nos trechos a seguir.

[...] Assim como todos os caminhos levam a Roma, todas as teorias levam às obras-primas.

Tal coincidência torna-se sobremaneira instigante quando se constata que teorias que privilegiam elementos tão diferentes como a retórica, a história, a sociologia ou a psicanálise acabam por ancorar igualmente em Flaubert ou Proust, quando não em Dante e Homero.

E ninguém se dá conta de que encontrou o porto já coalhado com embarcações de outras bandeiras, mas idênticos propósitos: tão idênticos, que acabam conferindo à aventura teórico-crítica o caráter de uma alegre confraternização de iguais...

[...] Protocolos e convenções da leitura circulam, por exemplo, na escola brasileira, através de materiais didáticos que fazem desfilar as figuras de linguagem a serem reconhecidas, funções da linguagem a serem identificadas, fatos históricos a serem justapostos a certas ocorrências formais, "interpretando-as", etc.

Mas as teorias que inspiram atividades como as acima descritas são reconhecíveis apenas por certos olhos, que identificam, na utilização de um dado léxico, a teoria diluída. Mas não obstante diluída, a teoria, pela sonoridade acadêmica dos ecos que preserva, legitima a filiação douta da leitura que patrocina.

LAJOLO, Marisa. Leitura-literatura: mais do que uma rima, menos do que uma solução. In: ZILBERMAN, Regina; SILVA, Ezequiel Theodoro da (Org.). *Leitura:* perspectivas interdisciplinares. 5. ed. São Paulo: Ática, 1999. p. 91-92.

No primeiro trecho, a conjunção coordenativa **e** estabelece uma relação de adição entre o parágrafo que ela introduz e o anterior. No segundo, a conjunção coordenativa **mas** estabelece uma relação adversativa entre o parágrafo que ela introduz e o anterior.

ATIVIDADES

Texto para as questões 1 a 5.

A barca da tartaruga

Caiu chuva tão forte, tão forte, que durou dias e noites. A água subiu, saltou dos rios, encobriu os campos, as matas e, por fim, os montes. Não se via árvore, bicho, uma ave que fosse. Todos haviam fugido ou sido levados pela enchente.

A tartaruga, não. Ela não foi boba. Não fugiu para o monte como fizeram os outros. O que fez foi estar sossegada em cima de uma árvore caída na floresta. Levou para lá as suas coisas e comida para muitos dias. A água chegou e foi levando o tronco e a tartaruga em cima do tronco. E lá iam, de um lado para outro, o tronco sobre a água e a tartaruga sobre o tronco.

[...]

DONATO, Hernâni. *Contos dos meninos índios.* São Paulo: Melhoramentos, 2005. p. 85.

1. Em relação ao primeiro período do texto, responda:
   a) Por quantas orações ele é formado?
   b) Para caracterizar a chuva, o autor usa o adjetivo **forte**. Quais recursos de linguagem ele usa para intensificar a força da chuva?
   c) O que a segunda oração do período exprime em relação à primeira (causa, condição, comparação ou consequência)?

2. Por quantas orações o segundo período do texto é formado? Quais são elas?

3. As conjunções podem estabelecer diversas relações de sentido entre as orações de um período (causa, condição, comparação, adição, explicação, tempo, etc.). Nas frases a seguir, destaque as conjunções e indique que tipo de relação elas estabelecem.
   a) "Todos haviam fugido ou sido levados pela enchente."
   b) "Não fugiu para o monte como fizeram os outros."

4. No trecho "**Caiu chuva** tão forte, tão forte, que durou dias e noites. A água subiu, saltou dos rios, encobriu os campos, as matas e, **por fim**, os montes. Não se via árvore, bicho, uma ave **que fosse**. Todos haviam fugido ou sido levados pela enchente", substitua as expressões em destaque por uma única palavra.

CAPÍTULO 15 // Orações coordenadas

5. Em relação ao período "Todos haviam fugido ou sido levados pela enchente", responda:

a) Por quantas orações ele é formado?

b) A que termo da oração se referem as formas verbais **haviam fugido** e **sido levados**?

c) Dependendo da relação que estabelecem com o sujeito, os verbos podem estar na voz ativa, na voz passiva ou na voz reflexiva. Em que voz estão as formas verbais do referido período?

Texto para a questão 6.

O metrô está vazio. Já passa das onze. Júnior carrega a expressão de desejo e uma pequena mala. Respira com dificuldade pela boca. Seu rosto parece uma máscara. A máscara do desengano. Ou do engano? O maquinista ou uma gravação anuncia a próxima estação. Júnior nunca conseguiu descobrir quem anuncia as estações. Levanta com dificuldade e salta.

MUTARELLI, Lourenço. *A arte de produzir efeito sem causa.* São Paulo: Companhia das Letras, 2008. p. 11.

6. A respeito desse trecho, responda:

a) Que tipo de período predomina?

b) Em "A máscara do desengano. Ou do engano?", há períodos? Justifique.

c) Aponte no trecho dois exemplos de período composto. De que tipo eles são?

7. O período a seguir foi extraído do livro *Santa Rita*, de Carmo Bernardes.

Desgostei com aquela casa, vendi ela, fiz esta, passei pra dentro, e daqui não tenho tenção de sair; só se eu achar muito bom negócio.

BERNARDES, Carmo. *Santa Rita.* Goiânia: Ed. da UFG, 1997. p. 27.

a) Que tipo de oração é predominante nesse período?

b) O autor se vale de uma variedade da língua portuguesa que se afasta da norma culta. Aponte trechos que indicam isso.

8. Apresentamos, a seguir, pequenos textos cujos elementos de conexão entre as orações coordenadas foram suprimidos. Sua tarefa será reorganizá-los, restabelecendo as relações de coordenação.

a) O trânsito estava caótico. Ninguém chegou atrasado à reunião.

b) Por favor, devolva-me o livro. Estou precisando dele.

c) Há muitos tipos de colírios destinados ao tratamento de diferentes doenças dos olhos. Os olhos são órgãos de muita sensibilidade. O uso de qualquer tipo de colírio, sem orientação e controle do médico, poderá causar mais problemas do que resultados positivos.

d) Nunca me esqueço de um consórcio de moto que fiz quando tinha 17 anos. Estava começando a ganhar dinheiro. Acabei gastando mais do que podia. A cada mês o valor aumentava. Fui sorteada. Tirei a moto. As parcelas nunca mais acabavam. Hoje os consórcios podem ter mudado. Eu nunca mais fiz um.

9. Forme períodos compostos por coordenação juntando orações das duas colunas a seguir de modo que o todo faça sentido.

Ou vocês conseguem uma autorização...	... que ainda dá tempo de pagar as contas.
Aquela empresa triplicou suas exportações para o exterior...	... no entanto é capaz de descrever com precisão lugares que nunca viu.
Vá diretamente à bilheteria do teatro...	... por isso ninguém mais acredita nela.
Era formado em Odontologia...	... pois está ameaçando chover.
Vivia dizendo mentiras...	... ou não poderão viajar sozinhos.
Nunca saiu de sua cidade...	... que lá você ainda encontrará ingressos.
O banco fecha às quatro horas, corra...	... todavia nunca exerceu a profissão.
Leve o guarda-chuva...	... não é verdade, portanto, que esteja em crise.

10. Complete os períodos a seguir com uma oração que apresente uma conclusão coerente.

a) Ele morava bem distante do local de trabalho, *

b) Gabriela nasceu em 1991 e seu irmão em 1992, *

c) Fumar é prejudicial à saúde *

d) Sabiam que a prova seria difícil *

e) O preço da geladeira na loja A estava mais baixo que na loja B *

250 **PARTE 3 //** SINTAXE

11. A ideia de alternância normalmente é expressa pela conjunção **ou**: "**Ou** você vai, **ou** você fica", "Estamos aqui para brincar **ou** para trabalhar?". Em qual das frases a seguir, porém, essa conjunção expressa uma ideia diferente? Reescreva a frase a fim de explicitar essa noção.

a) Os acidentes perfurantes oculares em adultos ocorrem basicamente no trabalho ou no trânsito.

b) A criança, por sua própria natureza, fica mais exposta a acidentes que atingem os olhos. A maioria deles ocorre dentro ou nas proximidades de sua casa.

c) Não deixe ao alcance de crianças objetos cortantes ou pontiagudos, tais como facas, tesouras, garfos, chaves de fenda, lápis, canetas, varetas e arames.

d) Não esfregue os olhos ou pisque depois de pingar o colírio.

DOS TEXTOS À GRAMÁTICA DA GRAMÁTICA AOS TEXTOS

Lembrança do mundo antigo

1 Clara passeava no jardim com as crianças.
2 O céu era verde sobre o gramado,
3 a água era dourada sob as pontes,
4 outros elementos eram azuis, róseos, alaranjados,
5 o guarda-civil sorria, passavam bicicletas,
6 a menina pisou a relva para pegar um pássaro,
7 o mundo inteiro, a Alemanha, a China, tudo era tranquilo em redor de Clara.

8 As crianças olhavam para o céu: não era proibido.
9 A boca, o nariz, os olhos estavam abertos. Não havia perigo.
10 Os perigos que Clara temia eram a gripe, o calor, os insetos.
11 Clara tinha medo de perder o bonde das 11 horas,
12 esperava cartas que custavam a chegar,
13 nem sempre podia usar vestido novo. Mas passeava no jardim, pela manhã!!!

14 Havia jardins, havia manhãs naquele tempo!!!!

ANDRADE, Carlos Drummond de. In: *Sentimento do mundo.* São Paulo: Companhia das Letras, 2012. p. 43.

1. No poema predomina a coordenação ou a subordinação?

2. O primeiro verso do poema refere-se a uma ação.
a) Que ação é essa?
b) Que tipo de período ocorre?
c) Trata-se de uma ação adequada à situação apresentada em seguida (versos 2 a 4)? Explique.

3. O que os três versos seguintes (5 a 7) apresentam?

4. Comente os versos "O céu era verde sobre o gramado, / a água era dourada sob as pontes".

5. Retire do poema um exemplo de período composto formado exclusivamente por orações coordenadas assindéticas que não possuam sujeito.

6. Nos versos: "**A boca, o nariz, os olhos** estavam abertos. Não havia perigo. / Os perigos que Clara temia eram **a gripe, o calor, os insetos**.", qual é a função sintática exercida pelos termos em destaque?

7. Dois personagens, no quinto e no sexto versos, comportam-se de forma inesperada.
a) Quais são esses personagens e seus comportamentos?
b) Por que esses comportamentos podem nos surpreender?
c) No mundo apresentado pelo poeta, esses comportamentos causam estranheza?

8. "[...] Mas passeava no jardim, pela manhã!!!" Essa frase representa uma oposição a que ideia?

9. Observe os verbos utilizados no poema.
a) Em geral, em que tempo e modo estão?
b) O que indicam o tempo e o modo usados pelo poeta?

10. Comente a seguinte afirmação: "Apesar do título, esse poema fala mais do presente do que do passado".

ORAÇÕES SUBORDINADAS

INTRODUÇÃO

No período composto, as orações se relacionam de tal modo que umas podem exercer funções sintáticas em relação a outras.

Toda oração que exerce uma função sintática em relação a outra denomina-se **oração subordinada**. A oração que tem um de seus termos representado por outra denomina-se **principal**.

Geralmente, a relação de subordinação entre orações é estabelecida pelas conjunções e locuções conjuntivas subordinativas (**quando**, **embora**, **como**, **porque**, **se**, **ainda que**, **contanto que**, etc.), pelos pronomes relativos (**que**, **o qual**, **cujo**, etc.), ou pelas formas nominais do verbo (**infinitivo**, **gerúndio** e **particípio**). Quando a subordinação se dá por meio de conectivos (conjunções subordinativas e pronomes relativos), dizemos que a oração subordinada está na forma de **oração desenvolvida**. Caso a subordinação se dê pelas formas nominais do verbo, dizemos que se trata de **oração reduzida**.

As orações subordinadas, conforme a função sintática que exerçam, classificam-se em substantivas, adjetivas ou adverbiais:

a) **substantivas:** exercem as funções próprias de um substantivo (sujeito, objeto direto, objeto indireto, predicativo, complemento nominal, aposto). As subordinadas substantivas, quando não aparecem sob a forma de orações reduzidas, são introduzidas, em geral, pelas conjunções integrantes **que** e **se**, as quais não desempenham nenhuma função sintática.

b) **adjetivas:** exercem a função sintática de adjunto adnominal, comumente exercida pelo adjetivo. As subordinadas adjetivas, quando não aparecem sob a forma de orações reduzidas, são introduzidas por pronomes relativos – **que**, **quem**, **quanto**, **como**, **onde**, **cujo** (e flexões), **o qual** (e flexões). Os pronomes relativos desempenham diferentes funções sintáticas na oração por eles introduzida.

c) **adverbiais:** exercem a função sintática de adjunto adverbial, característica do advérbio. As subordinadas adverbiais, quando não aparecem sob a forma de orações reduzidas, são introduzidas pelas conjunções subordinativas (exceto as integrantes) e exprimem circunstâncias de tempo, consequência, causa, comparação, concessão, proporção, condição, conformidade, finalidade. Tais conjunções não desempenham função sintática.

ORAÇÕES SUBORDINADAS SUBSTANTIVAS

As orações subordinadas substantivas, conforme a função sintática que desempenham, classificam-se em: subjetivas, objetivas diretas, objetivas indiretas, predicativas, completivas nominais e apositivas.

Subjetivas

Exercem a função sintática de sujeito do verbo da oração principal. Observe:

I. **Sua presença** [sujeito] é conveniente.

II. **Que você esteja presente** [or. sub. subst. subjetiva] é conveniente.

No exemplo I, o núcleo do sujeito é representado por um substantivo: **presença**. No exemplo II, o sujeito é representado por uma oração – "que você esteja presente" – que exerce a mesma função sintática do substantivo **presença**.

À oração que exerce a função sintática de sujeito de outra oração, dá-se o nome de **oração subordinada substantiva subjetiva**:

subordinada	substantiva	subjetiva
porque exerce uma função sintática.	porque exerce uma função própria de um substantivo.	porque exerce a função sintática de sujeito do verbo da oração principal.

Note as ocorrências mais frequentes de orações subordinadas substantivas subjetivas:

or. principal	or. sub. subst. subjetiva
É provável	que ele chegue ainda hoje.
Parece	que ele chegará ainda hoje.
Conta-se	que ele chegará ainda hoje.
Convém	que ele chegue ainda hoje.

Observe que, quando há oração subordinada substantiva, a oração principal apresenta o verbo na terceira pessoa do singular e não possui sujeito expresso nela mesma. Construções como "é provável que", "é possível que", "parece que" têm aspecto modalizador, já que revelam baixo comprometimento do enunciador com aquilo que enuncia.

Objetivas diretas

Exercem a função sintática de objeto direto do verbo da oração principal:

or. principal	or. sub. subst. objetiva direta
"A Sra. Dalloway disse	que ela própria iria comprar as flores." (Virginia Woolf)
Não sei	se viajarei amanhã.

Objetivas indiretas

Exercem a função sintática de objeto indireto do verbo da oração principal:

or. principal	or. sub. subst. objetiva indireta
Necessitávamos	de que nos ajudassem.

or. principal	or. sub. subst. objetiva indireta
Gostaria	de que todos me apoiassem.

Observe que as orações subordinadas objetivas indiretas, assim como o objeto indireto no período simples, completam a significação de um verbo transitivo indireto, sempre com auxílio de uma preposição obrigatória.

Predicativas

Exercem a função sintática de predicativo do sujeito da oração principal:

or. principal	or. sub. subst. predicativa	or. principal	or. sub. subst. predicativa
Meu maior desejo era	que todos voltassem.	Minha esperança é	que sejas feliz.

Completivas nominais

Exercem a função sintática de complemento nominal de um nome da oração principal:

or. principal	or. sub. subst. completiva nominal	or. principal	or. sub. subst. completiva nominal
Tenho medo	de que me traias.	Sou favorável	a que o condenem.

Observe que as orações subordinadas substantivas completivas nominais se ligam a um nome (nos exemplos acima, **medo** e **favorável**) sempre por meio de preposição.

Apositivas

Exercem a função sintática de aposto de um nome da oração principal:

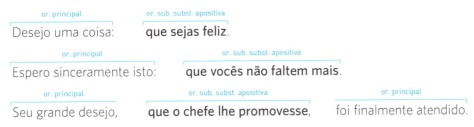

As orações subordinadas substantivas, quando se apresentam na forma desenvolvida, geralmente são introduzidas pelas conjunções subordinativas integrantes (**que** e **se**). Normalmente a conjunção integrante **que** introduz uma oração substantiva que exprime fato certo, e a conjunção integrante **se**, uma subordinada substantiva que exprime um fato incerto ou duvidoso:

Quero **que** ele me ajude.   Não sei **se** quero a sua ajuda.

Além das conjunções subordinativas integrantes, outras palavras (pronomes ou advérbios interrogativos) podem introduzir orações subordinadas substantivas:

or. principal	or. sub. substantiva
Eles não sabem	**como** você resolveu o problema.
Perguntei	**quando** era o exame.
Não sei	**por que** és tão vaidosa.
Indagamos	**quanto** custou o produto.
Não sei	**quem** disse tal coisa.
Perguntei ao guarda	**onde** ficava o mercado.

As orações introduzidas pela conjunção integrante **se** e pelos pronomes ou advérbios interrogativos formarão com a oração principal uma interrogativa indireta.

É importante observar que duas ou mais orações subordinadas podem estar coordenadas entre si:

Por questão de elegância, costuma-se usar o conectivo apenas na primeira oração subordinada, omitindo-o nas demais:

Espero **que** ele venha a São Paulo e me faça uma visita.
É importante **que** ele compareça e explique sua decisão.

Como identificar a função sintática das orações substantivas

Existe um recurso muito difundido para reconhecer a função sintática exercida pela oração subordinada substantiva: basta substituí-la pela palavra **isso**. A função sintática da palavra **isso** será a mesma que a oração subordinada exerce. Observe:

Desejo   que todos voltem.
          ↓
Desejo   isso.

Como **isso** exerce a função sintática de objeto direto na oração "Desejo isso", a oração subordinada "que todos voltem" também exerce essa função, sendo, pois, classificada como **oração subordinada substantiva objetiva direta**.

Veja mais exemplos:

Era conveniente   **que todos voltassem.** (sujeito)

Era conveniente   **isso.**

(**Isso** era conveniente; "que todos voltassem": oração subordinada substantiva subjetiva.)

Necessito   **de que me tragam o material.** (objeto indireto)

Necessito   **disso.**

("De que me tragam o material": oração subordinada substantiva objetiva indireta.)

Meu desejo é   **que sejas feliz.** (predicativo do sujeito)

Meu desejo é   **isso.**

("Que sejas feliz": oração subordinada substantiva predicativa.)

Tenho certeza   **de que você virá.** (complemento nominal)

Tenho certeza   **disso.**

("De que você virá": oração subordinada substantiva completiva nominal.)

ORAÇÕES SUBSTANTIVAS REDUZIDAS

A relação de subordinação entre orações é, normalmente, estabelecida pelas conjunções subordinativas, pelos pronomes relativos ou pelas formas nominais do verbo (infinitivo, gerúndio e particípio). No caso de a subordinação ser feita por meio de uma forma nominal do verbo, a oração subordinada não será introduzida por conjunção subordinativa ou por pronome relativo. Esse tipo de oração subordinada receberá o nome de **reduzida**.

De acordo com a forma verbal que apresentam, assim podem-se classificar as orações subordinadas reduzidas:

- de infinitivo;
- de gerúndio;
- de particípio.

Os três tipos de orações subordinadas (substantivas, adjetivas e adverbiais) podem aparecer sob a forma de orações reduzidas. As orações substantivas sempre aparecerão sob a forma de **reduzidas de infinitivo**. Veja:

É necessário (or. principal)   **pesquisar a origem do produto.** (or. subord.)

Observe que a segunda oração ("pesquisar a origem do produto") pode ser substituída pelo pronome **isso** e funciona como sujeito de **é necessário**: É necessário **isso**. Em ordem direta: **Isso** é necessário. Temos, então, uma **oração subordinada substantiva subjetiva reduzida de infinitivo**.

Veja mais alguns exemplos:

Estava habituado (or. principal)   **a caminhar todas as manhãs.** (or. subord.)

A oração subordinada funciona como complemento nominal do adjetivo **habituado**. Temos, então, uma **oração subordinada substantiva completiva nominal reduzida de infinitivo**.

A solução era (or. principal)   **ficar em casa.** (or. subord.)

A oração subordinada funciona como predicativo do sujeito. Temos, então, uma **oração subordinada substantiva predicativa reduzida de infinitivo**.

ATIVIDADES

1. Siga o modelo:

   Espero **seu telefonema**. → Espero **que você me telefone**.

   a) Desejo a sua vinda.
   b) Necessitamos da compreensão dos amigos.
   c) Minha esperança é a tua felicidade.
   d) Tínhamos necessidade de ajuda.
   e) Sua ida é urgente.
   f) A tua vinda é necessária.
   g) Espero a tua resposta.
   h) Era esperada a sua chegada.
   i) Alfredinho aguardava a tua partida.
   j) Percebeu a aproximação dos homens.
   k) Observou a agonia da lenha verde.

2. Complete o sentido dos trechos a seguir com uma oração subordinada substantiva. A seguir, classifique as orações substantivas formadas.

   a) Perguntei...
   b) Tinha receio...
   c) Nossa ideia era...
   d) É fundamental...
   e) Pedro lembrou-se...
   f) Havia um grande interesse...
   g) Era aguardado ansiosamente...
   h) Percebe-se...
   i) Muita gente pediu...
   j) Ele sugeriu ao colega...
   k) Ele se esqueceu...

3. Classifique as orações subordinadas substantivas de acordo com o seguinte código:

   (A) subjetiva;   (B) objetiva direta

   a) O rei berrou que estava cheio dos sermões da rainha.
   b) Convém que você fuja imediatamente.
   c) Conta-se que naquela torre habita uma bruxa.
   d) Contam que naquela torre habita uma bruxa.
   e) É provável que ele chegue ainda hoje.
   f) Dizem que ele se aposentará.
   g) Acontece que ainda te amo.
   h) Parece que eles chegaram à cidade.
   i) Ele afirmou categoricamente que o fato não era verdadeiro.
   j) Comenta-se que poucos foram reprovados.
   k) Urge que você retorne ao país.
   l) Fala-se que ele abandonará o cargo.
   m) Falam que ele abandonará o cargo.

4. Reescreva a oração de acordo com o modelo:
   A colaboração dele nos surpreende. → Surpreende-nos que ele colabore.

   - A intervenção dele nos convém.

5. Classifique as orações em destaque.

   a) A virtude das mulheres é **que elas nunca mentem**.
   b) A verdade é **que ele não gosta do emprego**.
   c) Ele fez questão **de que nos retirássemos**.
   d) Ele ficou com medo **de que eu revelasse seu segredo**.
   e) O time precisava **de que toda a torcida esperasse**.
   f) Ele sempre quer a mesma coisa: **que a sua presença seja notada**.
   g) Os homens sempre se esquecem **de que não são o sexo frágil**.
   h) Sou favorável **a que o absolvam**.
   i) Havia dúvida **de que o fato fosse verdadeiro**.
   j) Ninguém duvidava **de que o fato fosse verdadeiro**.
   k) O único consolo é **que não há esperança**.
   l) Perguntei **se ele queria voltar**.
   m) Sempre alegava a mesma coisa: **que não era o único culpado**.
   n) É conveniente **que todos compareçam**.
   o) É preciso **que você seja mais responsável**.
   p) Foi necessário **que os bombeiros interviessem**.
   q) Não sei **se vou voltar**.
   r) Meu desejo é **que eles retornem rápido**.
   s) Os homens sempre se esquecem **de que somos todos mortais**.

6. Classifique as orações subordinadas substantivas de acordo com o seguinte código:
   (A) objetiva indireta;   (B) completiva nominal.

   a) Ele tinha medo de que revelassem seus segredos.
   b) Não duvide de que ela seja capaz de denunciá-lo.
   c) Não se esqueçam de que os convidados deverão chegar ao meio-dia.
   d) Nestor tinha certeza de que havia cometido um engano.

256 PARTE 3 // SINTAXE

7. Siga o modelo:

Queria **que me ajudasses.** → Queria **a tua ajuda.**

a) Era urgente **que o diretor chegasse.**

b) Ninguém temia **que o professor saísse.**

c) A torcida esperava **que o time reagisse.**

d) "O importante é **que a nossa emoção sobreviva.**" (Paulo César Pinheiro e Eduardo Gudim)

e) Percebeu **que os homens oprimiam.**

f) Necessitávamos **de que os amigos nos auxiliassem.**

g) Exigiram do aluno **que comparecesse às aulas.**

h) O professor notou **que o aluno estava inseguro.**

i) Não convinha **que o assunto fosse divulgado.**

j) Exigiu **que o diretor intercedesse.**

8. Classifique as orações destacadas.

a) Esperava-se **que todos comparecessem à reunião.**

b) Os professores esperavam **que todos comparecessem à reunião.**

c) A minha esperança era **que ele voltasse ainda hoje.**

d) Era esperado **que ela voltasse ainda hoje.**

e) "Se eu tivesse uma prova **de que Madalena era inocente,** dar-lhe-ia uma vida como ela nem imaginava." (Graciliano Ramos)

f) "O senhor sabe **que não me dou com ninguém aqui.**" (Lima Barreto)

g) "Parecia **que os mortos pediam vingança.**" (Lima Barreto)

h) "Tinha plena certeza **de que o retrato não esclarecia coisa alguma a ninguém.**" (Oscar Wilde)

i) "Não desperto mais com a sensação **de que meus dias estão contados.**" (Milton Hatoum)

j) Não entendi **por que ele não compareceu.**

k) Ignoramos **quando serão distribuídos os ingressos.**

l) "Vejo agora **quanto estava preso a ela.**" (Cyro dos Anjos)

m) "[...] tenho a impressão **de que estou vivendo não em Belo Horizonte...**" (Cyro dos Anjos)

n) Não sabemos **como ele se comportou.**

o) Ignoro **onde ele se encontra.**

p) Desconheço **quem fez tal coisa.**

ORAÇÕES SUBORDINADAS ADJETIVAS

Orações subordinadas adjetivas são, como já definimos, aquelas que exercem a função sintática de **adjunto adnominal**, própria do **adjetivo**. Estão relacionadas a um nome ou pronome da oração principal e vêm introduzidas por um pronome relativo:

I. Admiramos os alunos <u>estudiosos</u>.
adjetivo

II. Admiramos os alunos <u>que estudam</u>.
or. sub. adjetiva

No exemplo I, o adjetivo **estudiosos** exerce a função sintática de adjunto adnominal. No exemplo II, a função sintática de adjunto adnominal não é mais exercida por um adjetivo, mas por uma oração equivalente – "que estudam". A essa oração, que exerce a função sintática de adjunto adnominal, dá-se o nome de **oração subordinada adjetiva**:

subordinada	adjetiva
porque exerce uma função sintática.	porque exerce uma função sintática de adjunto adnominal, própria do adjetivo.

É fácil reconhecer uma oração subordinada adjetiva, pois, na forma desenvolvida, sempre vem introduzida por um pronome relativo. A oração adjetiva pode estar depois da oração principal, ou nela intercalada:

or. principal / or. sub. adjetiva

Serão premiados os alunos **que conseguirem melhor nota**.

or. principal / or. sub. adjetiva / or. principal

Os alunos **que conseguirem melhor nota** serão premiados.

As orações subordinadas adjetivas classificam-se em restritivas e explicativas.

Restritivas

Restringem, isto é, limitam a significação do nome a que se referem:

or. principal / or. sub. adj. restritiva / or. principal

O homem **que fuma** vive menos.

Verifique que a qualidade expressa pela oração adjetiva "que fuma" não se aplica a todos os elementos da espécie **homem**. Dizemos que ela restringe a significação do nome a que se refere, na medida em que não se aplica a todos os homens, mas apenas aos que fumam.

Outros exemplos:

Os jogadores [**que foram convocados**] apresentaram-se ontem.

O homem [**que trabalha**] vence na vida.

Resolveram os exercícios [**que faltavam**].

Explicativas

Não restringem a significação do nome; ao contrário, atribuem-lhe uma característica que é própria dele:

or. principal / or. sub. adj. explicativa / or. principal

O homem, **que é um ser racional**, diferencia-se dos animais pela linguagem.

A oração "que é um ser racional" não restringe a significação do nome a que se refere, uma vez que se aplica a todos os elementos da espécie, atribuindo-lhe tão somente uma característica que lhe é própria, inerente. Dizemos então que ela explica o significado do nome a que se refere.

Funções sintáticas do pronome relativo

Como já mencionamos, os pronomes relativos desempenham função sintática na oração adjetiva. Para analisá-los, o melhor procedimento é montar a oração adjetiva substituindo o pronome relativo pelo seu antecedente. O passo seguinte é verificar a função sintática que o antecedente do pronome relativo exerce na oração adjetiva. A função sintática que ele exercer na oração adjetiva será a mesma exercida pelo pronome relativo:

O homem, [**que** é um ser racional], aprende com os erros.
antecedente / pron. relativo

Oração principal: O homem aprende com os erros.

Oração adjetiva: que é um ser racional

que = o homem → **O homem** é um ser racional.

O homem: sujeito; **que:** sujeito.

No exemplo acima, o pronome relativo **que** desempenha a função sintática de sujeito da oração subordinada adjetiva.

As principais funções sintáticas desempenhadas pelos pronomes relativos são:

a) **sujeito:**

Fortaleza, [**que** é a capital do Ceará], é uma linda cidade.

(**que** substitui **Fortaleza** → **Fortaleza** é a capital do Ceará → **Fortaleza:** sujeito)

b) objeto direto:

Os trabalhos [**que** faço] me dão prazer.

(**que** substitui **os trabalhos** → faço **os trabalhos** → **os trabalhos:** objeto direto)

Se o objeto direto for representado pelo pronome relativo **quem**, ele virá obrigatoriamente preposicionado. Veja:

[Encontrei ontem um velho amigo] [**a quem** estimo]

(**quem** substitui **um velho amigo** → estimo **um velho amigo** → **um velho amigo:** objeto direto)

c) objeto indireto:

As pessoas [**de quem** gostamos] compareceram à festa.

(**quem** substitui **as pessoas** → gostamos **das pessoas** → **das pessoas:** objeto indireto)

d) predicativo do sujeito:

O atleta saudável, [**que** ele sempre foi], hoje está fora das pistas por causa de um acidente.

(**que** substitui **o atleta saudável** → ele sempre foi **o atleta saudável** → **o atleta saudável:** predicativo do sujeito)

e) predicativo do objeto:

Ele não é mais o jogador ágil [**que** todos o julgavam até o ano passado].

(**que** substitui **o jogador ágil** → todos o julgavam **o jogador ágil** → **o jogador ágil:** predicativo do objeto)

f) complemento nominal:

O filme [**a que** fizeram referência] foi premiado.

(**que** substitui **o filme** → fizeram referência **ao filme** → **ao filme:** complemento nominal)

g) adjunto adnominal:

O menino [**cujo** pai é médico] deverá seguir a carreira do pai.

(**cujo** substitui **o menino** → o pai **do menino** é médico → **do menino:** adjunto adnominal)

h) agente da passiva:

O jornalista [**por quem** fui entrevistado] deixou-me bem à vontade.

(**quem** substitui **o jornalista** → fui entrevistado **pelo jornalista** → **pelo jornalista:** agente da passiva)

i) adjunto adverbial:

A cidade [**em que** moro] é bastante tranquila.

(**que** substitui **a cidade** → moro **na cidade** → **na cidade:** adjunto adverbial)

ORAÇÕES ADJETIVAS REDUZIDAS

As orações subordinadas adjetivas podem aparecer sob a forma de orações reduzidas. Nesse caso, não virão introduzidas por pronomes relativos e apresentarão o verbo em uma forma nominal (infinitivo, gerúndio ou particípio).

Para classificar uma oração subordinada reduzida, sugerimos o seguinte:

a) desenvolvê-la, isto é, tirá-la da forma reduzida, fazendo aparecer o conectivo (no caso das adjetivas, o pronome relativo);

b) analisar a oração desenvolvida;

c) aplicar a análise da oração desenvolvida à reduzida, acrescentando as expressões **reduzida de gerúndio, reduzida de particípio** ou **reduzida de infinitivo**, conforme o caso.

Observe:

Havia muitas pessoas **trabalhando no campo.**

Desenvolvendo:

or. principal	or. sub. adj. restritiva
Havia muitas pessoas	que trabalham no campo.
	conectivo (pron. relativo)

Aplicando a análise à oração reduzida, temos: **oração subordinada adjetiva restritiva reduzida de gerúndio**.

Veja outro exemplo:

Pedro foi o primeiro **a falar**.

Desenvolvendo:

or. principal	or. sub. adj. restritiva
Pedro foi o primeiro	que falou.

conectivo (pron. relativo)

Aplicando a análise à oração reduzida, temos: **oração subordinada adjetiva restritiva reduzida de infinitivo**.

ATIVIDADES

Texto para as questões 1 e 2.

70% dos táxis circulam sem passageiros, diz pesquisa

A cada dez táxis que passam por quatro vias movimentadas da cidade, apenas três levam passageiros, segundo uma pesquisa feita pelo consultor em tráfego Horácio Figueira. Ele atribui a falta de passageiros à tarifa alta praticada pelos taxistas.

O levantamento foi feito a partir de observação visual nas avenidas Paulista, Brigadeiro Luís Antônio, Faria Lima e Berrini.

No total, cerca de 4 mil táxis foram observados no último mês de julho.

Projeto em estudo pela prefeitura prevê a adoção de desconto de 30% nas tarifas de táxis na sexta-feira à noite e no sábado. Os taxistas, que defendem aumento da tarifa, são contrários à proposta.

Jornal *Destak*, 17 nov. 2009. p. 2.

1. Que informação do texto comprova a informação do título que afirma que 70% dos táxis circulam sem passageiros?

2. Segundo o texto, todos os taxistas defendem aumento de tarifa? Justifique.

3. Observe os períodos a seguir:
   a) Consultei o processo de Pedro, que corre na 2ª Vara Cível.
   b) Consultei o processo de Pedro que corre na 2ª Vara Cível.

   Em qual dos dois períodos podemos afirmar com certeza que Pedro tem mais de um processo?

4. Explique a diferença de sentido entre os períodos a seguir:
   I. Meu avô, que mora no Rio de Janeiro, virá passar o Natal conosco.
   II. Meu avô que mora no Rio de Janeiro virá passar o Natal conosco.

5. Observe este trecho:

   O pai de Arturzinho, um médico que trabalhava muito e preservava o seu descanso, proibira qualquer tipo de zoeira na casa.

   SCLIAR, Moacyr. *O mistério da casa verde*.
   São Paulo: Ática, 2006. p. 14.

   Em relação a ele, responda:
   a) A sequência "um médico que trabalhava muito e preservava o seu descanso" refere-se a que termo? Que função exerce no período?
   b) Nesse período, há duas orações coordenadas entre si. Identifique essas orações e classifique-as, indicando o termo do período a que elas se referem.

6. "As duas únicas formas para se fabricar álcool que pode ser bebido são a destilação e a fermentação."

   Com relação ao texto acima, podemos afirmar que todo álcool pode ser bebido? Justifique sua resposta.

7. Apresentamos a seguir dois períodos compostos por subordinação. Destaque e classifique as orações subordinadas.
   a) Há provas que não podem ser refutadas.
   b) Há provas de que ele era o culpado.

8. Normalmente, referindo-se a nomes próprios, as orações adjetivas são explicativas, pois nomes próprios designam um ser único e, portanto, não passível de restrição.

No período a seguir, embora se refira a um nome próprio (Rio de Janeiro), temos uma oração adjetiva restritiva. Levando isso em conta, explique o sentido do período.

Visitou o Rio de Janeiro que não conhecia.

9. Faça de acordo com o modelo:

O aluno **estudioso** aprende. → O aluno **que estuda** aprende.

a) O homem trabalhador vence na vida.

b) O aluno preocupado sente-se inseguro.

c) O homem sorridente revela despreocupação.

d) O aluno interessado aprende.

10. Reescreva as frases a seguir, substituindo as expressões destacadas por um adjetivo, conforme o modelo:

Formavam-se gotículas **que não se podiam perceber**. → Formavam-se gotículas **imperceptíveis**.

a) O saber é um bem **que não se pode destruir**.

b) A caneta solta tinta **que não se pode apagar**.

c) Tem uma letra **que não se consegue ler**.

d) Foi uma cena **que não se podia imaginar**.

e) É uma grandeza **que não pode ser medida**.

f) É uma atitude **que não pode ser compreendida**.

11. Explique a diferença de sentido nas frases a seguir:

a) Seu primeiro livro, lançado em 2006, também foi publicado na França.

b) Seu primeiro livro lançado em 2006 também foi publicado na França.

12. Apresentamos a seguir três períodos simples. Reúna-os num único período composto por subordinação utilizando orações adjetivas. Faça as modificações que julgar necessárias.

a) O atacante Nilmar foi negociado com o Barcelona. O contrato do jogador com o Corinthians foi encerrado. O Barcelona já havia contratado outros jogadores brasileiros.

b) O voo 3216 pousará no Aeroporto de Congonhas. O voo 3216 partiu de Maceió. O Aeroporto de Congonhas foi reformado recentemente.

Texto para as questões 13 a 16.

O carteiro, **cujo velho sonho era a formatura do filho**, viu logo ali meios de consegui-la. Castrioto, o escrivão do juiz de paz, que o ano passado conseguiu comprar uma casa, **mas ainda não pudera cercar**, pensou no muro, que lhe devia proteger a horta e a criação. Pelos olhos do sitiante Marques, **que andava desde anos atrapalhado para arranjar um pasto**, passou logo o prado verde do Costa, onde seus bois engordariam e ganhariam forças [...]

> BARRETO, Lima. A nova Califórnia. In: MORICONI, Italo (Org.). *Os cem melhores contos brasileiros do século.* Rio de Janeiro: Objetiva, 2001. p. 40.

13. Classifique as orações destacadas no texto.

14. No segundo período destacado, qual é a oração prinicipal?

15. No texto há duas orações subordinadas adjetivas coordenadas entre si. Aponte-as.

16. Nos trechos seguintes, dê a função sintática do pronome relativo.

a) "O carteiro, cujo velho sonho era a formatura do filho, viu logo ali meios de consegui-la."

b) "[...] pensou no muro, que lhe devia proteger a horta e a criação."

c) "Castrioto, o escrivão do juiz de paz, que o ano passado conseguiu comprar uma casa, [...]"

d) "[...] passou logo o prado verde do Costa, onde seus bois engordariam e ganhariam forças [...]"

17. Em qual alternativa temos uma oração adjetiva, sem que ocorra oração principal?

a) Depositava todas as economias num banco no qual confiava.

b) Nunca usou o sabão em pó que a propaganda recomendava.

c) Neve, o sabão que lava mais branco.

d) Todas as roupas que foram lavadas foram postas para secar.

e) Menina, que jeito estranho de falar!

18. Com relação aos períodos a seguir, aponte a diferença de significado existente entre eles.

a) Os homens, que têm seu preço, são fáceis de corromper.

b) Os homens que têm seu preço são fáceis de corromper.

CAPÍTULO 16 // Orações subordinadas

ORAÇÕES SUBORDINADAS ADVERBIAIS

Orações subordinadas adverbiais são, conforme definimos anteriormente, aquelas que exercem a função sintática de adjunto adverbial, própria do advérbio.

Observe:

I. Saímos **tarde**.
advérbio

II. Saímos **quando era tarde**.
or. principal — or. sub. adverbial

No exemplo I, o advérbio **tarde** exerce a função sintática de adjunto adverbial. No exemplo II, a função sintática de adjunto adverbial não é mais exercida por um advérbio, mas por uma oração equivalente – "quando era tarde". A essa oração, que exerce a função sintática de adjunto adverbial, dá-se o nome de **oração subordinada adverbial**:

subordinada	adverbial
porque exerce uma função sintática.	porque exerce uma função sintática de adjunto adverbial, própria do advérbio.

As orações subordinadas adverbiais, na forma desenvolvida, iniciam-se pelas conjunções subordinativas, exceto as integrantes, que, como vimos, introduzem as orações subordinadas substantivas.

As orações subordinadas adverbiais podem exprimir várias circunstâncias. A Nomenclatura Gramatical Brasileira (NGB) faz referência a nove tipos: causal, comparativa, concessiva, condicional, conformativa, consecutiva, final, proporcional, temporal.

Causal

Exprime causa, aqui entendida como motivo, isto é, a razão que determina ou provoca um acontecimento:

or. principal — or. sub. adv. causal

Não viajamos **porque estava chovendo**.

As principais conjunções e locuções conjuntivas causais são: **porque**, **visto que**, **já que**, **uma vez que**, **como** (quando equivale a **porque**).

Em geral, a ênfase recai sobre a oração que inicia o período; por isso, se a oração causal antecede a principal, enfatiza-se a causa; quando ocorre o inverso, enfatiza-se a consequência:

Como chovia, ficamos em casa. (ênfase na causa: a chuva)

Ficamos em casa, porque chovia. (ênfase na consequência: ficar em casa)

> **[!]** **Diferença entre adverbiais causais e coordenadas explicativas**
>
> As **orações subordinadas adverbiais causais** não devem ser confundidas com **as orações coordenadas sindéticas explicativas**. Como dissemos, causa é o motivo, aquilo que gera ou provoca um fato qualquer. Portanto, a causa é sempre anterior a um fato dela resultante (a consequência). Veja:
>
> Choveu porque o vapor se condensou.
>
> No exemplo acima, a segunda oração exprime causa (o vapor ter se condensado é causa da chuva, pois a provocou). Note-se ainda que o fato de o vapor se condensar é anterior a "choveu".
>
> Observe agora:
>
> Choveu porque as ruas estão molhadas.
>
> O fato de "as ruas estarem molhadas" não provocou a chuva, portanto não é causa de "choveu", mas tão somente a confirmação de que choveu. Observe que o fato de estarem molhadas não é anterior a "choveu", mas posterior a ele. Nesse caso, temos uma explicação, e não uma causa.

Comparativa

Exprime comparação, que é o ato de confrontar dois elementos a fim de se conhecerem as semelhanças ou diferenças existentes entre eles:

or. principal	or. sub. adv. comparativa
Choveu aqui	**como chove em Belém**.

Na oração comparativa é comum que o verbo seja o mesmo tanto na oração principal quanto na subordinada; por isso, na oração comparativa geralmente ocorre a elipse do verbo:

Choveu aqui **como em Belém**.
Falava **mais que papagaio**.

As principais conjunções comparativas são: **como**, **que** (precedido de **mais** ou de **menos**).

Há casos em que na comparativa se impõe uma condição; temos então uma comparativa hipotética, como nestes versos de Chico Buarque na música "Construção":

Amou daquela vez como se fosse o último

Beijou sua mulher como se fosse a única

E cada filho seu como se fosse o pródigo

BUARQUE, Chico. Construção. In: *Chico Buarque letra e música I*. 2. ed. São Paulo: Companhia das Letras, 1994. p. 95.

Há também orações comparativas correlativas. Nesse caso, a oração subordinada não se prende ao verbo da principal:

Lê mais **que estuda**.
Escreve menos **do que fala**.

Consecutiva

Exprime consequência (resultado ou efeito de uma ação):

or. principal	or. sub. adv. consecutiva
Choveu tanto	**que o jogo foi suspenso**.

A principal conjunção consecutiva é o **que** (precedido de um termo intensivo: **tão**, **tal**, **tanto**).

As orações consecutivas são normalmente do tipo correlativo: **tão... que**, **tanto... que**, **tal... que**.

Concessiva

Exprime concessão. Concessão é o ato de conceder, de permitir, de não negar, de admitir uma ideia contrária. As concessivas apresentam um suposto obstáculo que não impede a realização do fato expresso na oração principal:

or. principal	or. sub. adv. concessiva
Choveu	**embora a meteorologia previsse bom tempo**.

As principais conjunções e locuções conjuntivas concessivas são: **embora**, **se bem que**, **ainda que**, **mesmo que**, **conquanto**.

É fácil reconhecer uma oração concessiva, uma vez que ela sempre traz em si a ideia de **apesar de**:

Tirou boa nota **se bem que não tivesse estudado**. (Tirou boa nota **apesar de não ter estudado**.)

As orações concessivas podem aparecer sob a forma de concessivas intensivas. Nesse caso, costumam vir introduzidas pelas locuções conjuntivas **por mais que**, **por menos que**, **por muito que**:

or. sub. adv. concessiva	or. principal
Por mais que se esforçasse,	não conseguiria. (Embora se esforçasse muito, não conseguiria.)

Condicional

Exprime condição, entendida como uma obrigação que se impõe ou se aceita para que determinado fato se realize:

Viajaremos | se não chover amanhã.
(or. principal) (or. sub. adv. condicional)

As principais conjunções e locuções conjuntivas condicionais são: **se**, **caso**, **contanto que**, **desde que**.

A função das conjunções condicionais é solicitar ao leitor/ouvinte que ele levante alguma hipótese, que se coloque diante de um fato eventual.

A oração condicional traz sempre a ideia de **na hipótese de**:

Terminarei o trabalho amanhã **se tudo der certo**. (Terminarei o trabalho amanhã **na hipótese de tudo dar certo**.)

A oração subordinada condicional pode aparecer justaposta à principal, isto é, sem conectivo:

Tivesse eu dinheiro, viajaria para a Europa.
(or. sub. adv. condicional) (or. principal)

Soubesse ele a verdade, teria agido de outra forma.
(or. sub. adv. condicional) (or. principal)

Conformativa

Exprime conformidade, isto é, acordo, adequação, não contradição:

Choveu conforme era previsto.
(or. principal) (or. sub. adv. conformativa)

As principais conjunções conformativas são: **conforme**, **segundo**, **consoante**, **como**.

Final

Exprime finalidade. Entende-se por finalidade o objetivo, o propósito de um fato:

Os lavradores utilizaram fertilizantes especiais a fim de que a colheita fosse mais abundante.
(or. principal) (or. sub. adv. final)

As principais conjunções e locuções conjuntivas finais são: **a fim de que**, **para que**, **que**.

Proporcional

Exprime proporção. Entenda-se por proporção a relação existente entre duas coisas, de modo que qualquer alteração em uma delas implique alteração na outra:

À medida que a ciência progride, o romantismo se extingue.
(or. sub. adv. proporcional) (or. principal)

As principais locuções conjuntivas proporcionais são: **à proporção que**, **à medida que**.

A ideia de proporção também pode ser expressa por meio de expressões correlativas, como **quanto mais... mais**, **quanto mais... menos**, **quanto menos... mais**, **quanto menos... menos**, etc. Observe:

Quanto mais chove, **mais** o trânsito fica caótico.   **Quanto menos** trabalha, **mais** quer descansar.

Temporal

Exprime tempo, ou seja, o momento ou o período de ocorrência de um fato.

O jogo terminou quando eram dez horas.
(or. principal) (or. sub. adv. temporal)

As principais conjunções e locuções conjuntivas temporais são: **quando, enquanto, logo que, desde que, assim que, agora que**.

As orações subordinadas temporais podem aparecer justapostas, isto é, sem conectivo:

<u>Esse cantor faz sucesso</u> <u>há muito tempo</u>.
　or. principal　　　　　or. sub. adv. temporal

Mesma conjunção com valores semânticos diferentes

Saber classificar as orações subordinadas adverbiais é, antes de mais nada, saber interpretar o que se está lendo ou ouvindo. Evite decorar a relação das conjunções para classificar as orações, já que, como você percebeu, uma mesma conjunção (ou locução conjuntiva) pode iniciar vários tipos de orações subordinadas adverbiais. Observe:

Irás bem na prova **desde que** estudes. (condição)
Ele não para de falar **desde que** chegou. (tempo)
Agiu **como** um herói. (comparação)
Como era um herói, teve coragem de salvar os náufragos. (causa)
Faça os exercícios **como** foi solicitado. (conformidade)
Ela era mais alta **que** eu. (comparação)
Não mexia uma palha **que** não obtivesse lucro com isso. (condição)
Jovem **que** era, deixou-se levar pela emoção. (causa)
Esforçou-se tanto **que** conseguiu o resultado desejado. (consequência)

Orações subordinadas adverbiais justapostas

Alguns tipos de orações subordinadas adverbiais podem aparecer justapostos à oração principal. Uma oração está justaposta à outra quando não se relaciona por meio de conectivo.

Para classificar uma oração subordinada adverbial justaposta, basta atentar para o sentido que ela expressa. Veja alguns exemplos:

<u>Fizesse um tempo bom,</u> <u>iríamos à praia</u>.
or. sub. adv. condicional　　or. principal

<u>Os trabalhos de escavação começaram</u> <u>há muito tempo</u>.
　　or. principal　　　　　　　　　or. sub. adv. temporal

Posição das orações subordinadas adverbiais

As orações subordinadas adverbiais podem ocupar três posições no período: depois da principal, antes da principal ou intercalada na principal. Observe:

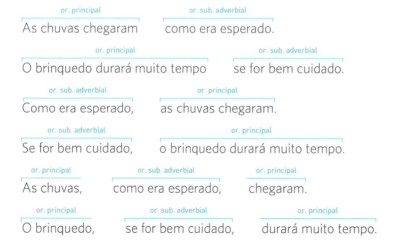

Não são todos os tipos de orações subordinadas adverbiais cuja posição no período pode variar. As consecutivas e as comparativas, por exemplo, têm posição fixa: estarão sempre depois da principal.

or. principal	or. sub. adv. comparativa	or. principal	or. sub. adv. comparativa
Falava	como as crianças falam.	Gastou mais	do que pretendia.

or. principal	or. sub. adv. consecutiva
Atrasaram-se tanto	que perderam o espetáculo.

or. principal	or. sub. adv. consecutiva
Era uma pessoa tão sensível	que chorava por qualquer coisa.

Observe que, nessas orações, há correlação entre a subordinada e a principal, na medida em que uma implica a outra. A conjunção que inicia a subordinada relaciona-se a uma palavra presente na oração principal: o **que** da comparativa relaciona-se com **mais** ou **menos** e o da consecutiva com **tão, tal, tanto**.

ORAÇÕES ADVERBIAIS REDUZIDAS

Para analisar uma oração subordinada adverbial reduzida, proceda da seguinte forma:

a) desenvolva a oração reduzida, ou seja, tire-a da forma reduzida, fazendo aparecer o conectivo;

b) analise a oração desenvolvida;

c) aplique a análise da oração desenvolvida à reduzida, acrescentando as palavras **reduzida de** (infinitivo, gerúndio ou particípio), conforme o caso. Veja:

Terminado o baile, todos saíram.

Desenvolvendo:

or. sub. adv. temporal	or. principal
Quando terminou o baile,	todos saíram.
conjunção	

Aplicando a análise da oração desenvolvida à reduzida, temos: **oração subordinada adverbial temporal reduzida de particípio**.

Temendo represálias, decidiu não contestar o patrão.

Desenvolvendo:

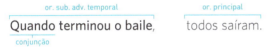

Aplicando a análise da oração desenvolvida à reduzida, temos: **oração subordinada adverbial causal reduzida de gerúndio**.

Fiz todos os esforços **para ele ficar**.

Desenvolvendo:

Aplicando a análise da oração desenvolvida à reduzida, temos: **oração subordinada adverbial final reduzida de infinitivo**.

> **OBSERVAÇÃO**
>
> As orações coordenadas aditivas podem aparecer sob a forma de orações reduzidas. Isso ocorre com o verbo no gerúndio exprimindo fato imediato. Nesse caso, equivale a uma coordenada iniciada pela conjunção **e**:
>
> Chamou o garçom, **pedindo a conta**. (Chamou o garçom **e pediu a conta**.)

ATIVIDADES

1. Nos períodos a seguir, a relação que se estabelece entre a oração subordinada e a principal apresenta um problema de natureza lógica, comprometendo o valor argumentativo da afirmação. Explique em que consiste esse defeito argumentativo.

   a) *Dom Casmurro* é uma das obras-primas da literatura brasileira, porque foi publicada depois de *Iracema*.
   b) A população brasileira não para de crescer porque a maioria das mulheres é fértil.
   c) Ele é o melhor candidato a prefeito porque fala várias línguas.
   d) A palavra máquina é acentuada porque recebe acento gráfico.

2. As orações subordinadas adverbiais costumam ser confundidas com as orações coordenadas sindéticas explicativas, sobretudo quando vêm introduzidas pela conjunção **porque**, que tanto pode exprimir causa quanto explicação.

   Nos períodos a seguir, as orações iniciadas pela conjunção **porque** são causais ou explicativas? Justifique sua resposta.

   a) Está chovendo porque Ivan levou junto o guarda-chuva.
   b) "A mulherice só lhe nasceria tarde porque até no capim vagabundo há desejo de sol." (Clarice Lispector)

3. Nestes versos de Chico Buarque, a oração iniciada pela conjunção é causal ou explicativa? Justifique.

   Deixa em paz meu coração
   Que ele é um pote até aqui de mágoa
   E qualquer desatenção, faça não
   Pode ser a gota d'água.

   BUARQUE, Chico. Gota d'água. Disponível em: <www.chicobuarque.com.br/construcao/mestre.asp?pg=gotadagu_75.htm>. Acesso em: 21 nov. 2016.

4. Nos itens a seguir apresentamos duas frases isoladas. Reúna-as num período composto por subordinação estabelecendo entre elas a relação indicada entre parênteses.

   a) Ele não havia estudado. Ele foi mal na prova. (causa)
   b) Caminhar depressa. Chegará a tempo. (condição)
   c) Não viajamos. Estava chovendo. (causa)
   d) Choveu muito neste ano. No ano passado choveu mais. (comparação)
   e) Fomos à praia. Estava chovendo. (concessão)

5. Classifique as orações em destaque.

   a) "Nada é mais próximo da patologia **do que o culto da normalidade levada ao extremo**." (Roudinesco)
   b) Com pouco me contento, **embora deseje muito**.
   c) "Há rios tão grandes **que as pessoas devaneiam o outro lado do horizonte líquido**." (Lourenço Diaféria)
   d) "A verdade era que, **embora fascinasse a muitos**, não eram poucos os que dele desconfiavam." (Oscar Wilde)
   e) "**Se um homem encara a vida de um ponto de vista artístico**, seu cérebro passa a ser seu coração." (Oscar Wilde)
   f) "**Por mais longe que o espírito vá**, nunca irá mais longe **que o coração**." (Confúcio)
   g) "Chego a mudar de calçada / **Quando aparece uma flor**." (Chico Buarque)
   h) "Meu pranto rolou / **Mais do que água na cachoeira** / **Depois que ela me abandonou**." (Raul Sampaio e Benil Santos)
   i) "**Se um pinguinho de tinta cai num pedacinho azul do papel** / Num instante imagino uma linda gaivota a voar no céu." (Toquinho, Vinicius de Moraes, G. Morra e M. Fabrízio)
   j) "**Quanto mais engrossam a casca**, mais se torturam com o peso da carapaça." (Raduan Nassar)
   k) **À medida que o tempo passa** você fica mais gordo.

6. Em relação ao período "Como eu sou feliz, eu quero ver feliz quem andar comigo", escrito por Guilherme Arantes, responda:

   a) Classifique as orações "Como eu sou feliz" e "quem andar comigo".
   b) O adjetivo **feliz** aparece duas vezes no período. A que termo ele se refere em cada uma das ocorrências? Qual é a sua função sintática em cada caso?

CAPÍTULO 16 // Orações subordinadas — 267

7. Delimite e classifique as orações do período a seguir:

"O coelho corre mais rápido que a raposa porque corre pela sua vida, enquanto a raposa corre apenas pelo seu jantar." (Esopo)

8. "Os infelizes tinham caminhado o dia inteiro, estavam cansados e famintos." Empregando a conjunção adequada, reescreva o período, estabelecendo entre essas orações:

a) uma relação causal;

b) uma relação de conclusão.

9. Destaque e classifique as orações subordinadas adverbiais.

a) À medida que caminhávamos, mais longe ficávamos da base.

b) Falou mais alto a fim de que todos o ouvissem melhor.

c) Como não tivesse estudado, foi mal na prova.

d) Conforme era previsto, ele não compareceu.

e) Embora fosse rico, vivia na mais extrema penúria.

f) Saí, conquanto estivesse doente.

g) Estava falando alto desde que chegou.

h) Falou tanto que ficou rouco.

i) "Quando serenei, pareceu-me que houvera barulho sem motivo." (Graciliano Ramos)

j) "Quando ela morresse, eu lhe perdoaria os defeitos." (Graciliano Ramos)

k) "À medida, porém, que as horas se passavam, sentia-me cair num estado de perplexidade e covardia." (Graciliano Ramos)

l) "Guiou-me ao canto nono, como a uma rua suspeita." (Raul Pompeia)

m) "Era cedo demais para que eu pudesse pesar filosoficamente a revelação [...]" (Raul Pompeia)

n) "Emília foi mais forte do que eu." (Cyro dos Anjos)

o) "Desde que houve a reunião em casa de Jandira, eu não pensava mais em Arabela [...]" (Cyro dos Anjos)

p) "Recolheu sua mala para que o intruso se acomodasse." (Fernando Sabino)

q) A prova, como se esperava, foi muito difícil.

r) A chuva foi de tal modo intensa que inundou quase todas as casas.

10. Analise as orações destacadas e marque:

(A) se for adverbial causal;

(B) se for adverbial consecutiva.

a) Correram tanto, **que ficaram cansados**.

b) Ficaram cansados **porque correram muito**.

c) Foram punidos **porque se comportaram muito mal**.

d) Comportaram-se tão mal, **que foram punidos**.

A **gramática** no dia a dia

Acréscimo de preposição em orações substantivas

Vimos que as orações subordinadas substantivas objetivas diretas completam o sentido de um verbo transitivo direto da oração principal sem auxílio de preposição. No entanto, na linguagem do dia a dia, é comum encontrarmos orações subordinadas substantivas objetivas diretas introduzidas por preposição, como ocorre nos exemplos a seguir:

Não sei **para** onde vou.

Diga-me **com** quem andas.

Observe que, apesar de virem introduzidas por preposição, essas orações funcionam como objeto direto, uma vez que completam o sentido de verbos transitivos diretos (quem sabe, sabe alguma coisa; quem diz, diz alguma coisa).

A preposição, nesses casos, não é exigida pela regência do verbo da oração principal, que é transitivo direto, mas por um termo da oração subordinada: "vou para", "andas com".

Omissão de preposição em orações substantivas

É também bastante comum, na linguagem do dia a dia, omitir-se a preposição em orações que deveriam vir por ela introduzidas, como as objetivas indiretas e as completivas nominais:

Gostaria **que ela pudesse sair comigo hoje**.
Tenho absoluta certeza **que ele deverá estar presente na reunião**.

Outras circunstâncias expressas pelas orações adverbiais

Vimos que a NGB faz referência a nove tipos de oração subordinada adverbial: causal, comparativa, concessiva, condicional, conformativa, consecutiva, final, proporcional, temporal. No entanto, podemos encontrar orações adverbiais que expressam outras circunstâncias. É o que ocorre, por exemplo, em:

Onde moro, falta água todos os dias.
Saiu **sem que fosse notado**.

Observe que as orações "onde moro" e "sem que fosse notado" referem-se aos verbos das orações principais (**falta** e **saiu**), acrescentando a esses verbos circunstâncias de **lugar** e **modo**, respectivamente.

Orações reduzidas como recurso de concisão

O emprego de orações reduzidas no lugar de orações desenvolvidas é um importante recurso para dar concisão a um texto, pois, recorrendo às reduzidas, evitamos o excesso de conectivos (conjunções e pronomes relativos). Observe duas versões de um mesmo texto:

Quando terminou a palestra, o orador comentou **que** respondera com clareza a todas as perguntas **que** os ouvintes fizeram, **porque** se preparara muito bem para o evento **que** todos aguardavam.

Terminada a palestra, o orador comentou ter respondido com clareza a todas as perguntas feitas pelos ouvintes, **porque** se preparara muito bem para o evento aguardado por todos.

Percebeu? Dos cinco conectivos da primeira versão, restou apenas um na segunda.

ATIVIDADES

1. O texto a seguir é encontrado em agências bancárias:

   Prezado cliente
   Se desejar, solicite aqui a sua senha de controle para atendimento e dirija-se à fila.

   a) Por quantas orações é formado?
   b) Que tipo de período ocorre?
   c) Qual a circunstância expressa pela primeira oração?

2. Nas propagandas de remédios aparece a seguinte mensagem: "A persistirem os sintomas, o médico deverá ser consultado".

   a) Que ideia exprime a primeira oração?
   b) Sem alterar o sentido, reescreva esse período iniciando-o por uma conjunção subordinativa.

3. Leia: "Custa muito caro para a sociedade manter limpos os espaços públicos e recuperar a natureza afetada". (Denatran – Departamento Nacional de Trânsito. Direção defensiva.)

   a) Nesse período há duas orações coordenadas entre si. Identifique-as e classifique-as.
   b) A que termo se referem os adjetivos **limpos** e **afetada**? Que função sintática exercem?
   c) A que palavra refere-se **caro**? A que classe de palavras pertence? Qual é sua função sintática?

CAPÍTULO 16 // Orações subordinadas **269**

4. Observe as frases a seguir e indique a função sintática dos trechos destacados.

   a) Limitou-se **a sorrir, a agradecer ao chefe**.

   b) Mas desejo **requerer minha aposentadoria**.

5. Observe os períodos a seguir:

   Não havia necessidade de muita roupa.

   Não havia necessidade de usar muita roupa.

   Indique quantas orações formam esses períodos e a função sintática de "de muita roupa" e "de usar muita roupa".

6. Desenvolva as seguintes orações reduzidas e, depois, classifique-as.

   a) Há sombras vagueando na noite.

   b) Temendo consequências mais drásticas, suspenderam a obra.

   c) Não comparecendo à reunião, sairás prejudicado.

   d) Não dizendo a verdade, nada conseguirás.

   e) Terminada a festa, retiraram-se todos os convidados.

   f) Precisando, disponha.

   g) Foram repreendidas por se queixarem.

7. Explique por que há ambiguidade no período "O guarda encontrou os criminosos correndo em direção à estação".

8. Nos períodos a seguir, destaque as orações reduzidas e, depois, classifique-as.

   a) Fiz um atalho, para diminuir o caminho.

   b) É necessário fazermos mudanças radicais.

   c) Voltou para casa com um único pensamento: rever os filhos.

   d) O remédio era ficarmos em casa.

   e) É necessário chegares a tempo.

   f) "O mal do Brasil é termos advogados demais e médicos de menos." (Erico Verissimo)

   g) "Minha intenção é prestar-te um serviço." (Sófocles)

   h) "O que eu desejava era ter uma certeza e acabar depressa com aquilo." (Graciliano Ramos)

   i) "Os requerimentos, pedindo a modificação de sua reforma, choviam sobre os Ministros da Marinha." (Lima Barreto)

   j) "Sabendo que o pretendente à Ismênia era um dentista, não gostou muito." (Lima Barreto)

9. Nos períodos a seguir, indique a circunstância expressa pela oração destacada.

   a) **Sabendo que seria preso**, ainda assim saiu à rua.

   b) **Não vendo o poste**, colidiu com ele.

   c) **Estando em boa fase**, não fez grande partida.

   d) Não veio **por estar muito ocupado**.

   e) **Apesar de só dizer a verdade**, não lhe deram crédito.

   f) **Sem estudar**, você não será aprovado.

   g) **Entrando na faculdade**, procurarei emprego.

10. Classifique as orações destacadas.

    a) **Embora não fosse culpado**, foi condenado.

    b) Iriam viajar no sábado, **desde que fizesse bom tempo**.

    c) Não paravam de conversar **desde que a aula começou**.

    d) Comeram tanto, **que passaram mal**.

    e) Passaram mal **porque comeram muito**.

11. Indique a circunstância estabelecida pela palavra **que** nas orações que seguem.

    a) Jovem que era, atirou-se ao trabalho com grande ímpeto.

    b) Não mexia uma palha que não obtivesse algum lucro com isso.

    c) Fiz-lhe um sinal que se calasse.

    d) Falava mais que os outros.

    e) Riu, que se esbugalhou.

12. Classifique as orações em destaque.

    a) Ele chegará **quando for necessário**.

    b) Perguntei a ele **quando chegariam as encomendas**.

    c) Explicarei novamente, **se me derem atenção**.

    d) Perguntaram **se ele iria à festa**.

13. Sabendo que uma mesma conjunção pode assumir diferentes significados na oração, classifique a conjunção **como** nos dois casos a seguir de acordo com o tipo de oração subordinada que ela introduz. Destaque a oração subordinada introduzida por essa conjunção.

    I. "As terras não eram ferazes e ela não era fácil **como** diziam os livros." (Lima Barreto)

    II. "No dia em que o jornal amanheceu morto, respirei **como** um homem que vem de longo caminho." (Machado de Assis)

DOS TEXTOS À GRAMÁTICA | DA GRAMÁTICA AOS TEXTOS

O açúcar

O branco açúcar que adoçará meu café
nesta manhã de Ipanema
não foi produzido por mim
nem surgiu dentro do açucareiro por milagre.

Vejo-o puro
e afável ao paladar
como beijo de moça, água
na pele, flor
que se dissolve na boca. Mas este açúcar
não foi feito por mim.

Este açúcar veio
da mercearia da esquina e tampouco o fez o Oliveira,
dono da mercearia.
Este açúcar veio
de uma usina de açúcar em Pernambuco
ou no Estado do Rio
e tampouco o fez o dono da usina.

Este açúcar era cana
e veio dos canaviais extensos
que não nascem por acaso
no regaço do vale.

Em lugares distantes, onde não há hospital
nem escola,
homens que não sabem ler e morrem de fome
aos 27 anos
plantaram e colheram a cana
que viraria açúcar.

Em usinas escuras,
homens de vida amarga
e dura
produziram este açúcar
branco e puro
com que adoço meu café esta manhã em Ipanema.

GULLAR, Ferreira. Toda poesia. 5. ed. rev. e aum.
Rio de Janeiro: José Olympio, 1991. p. 160-161.

1. Na primeira estrofe do poema, temos um período composto. Identifique e classifique as orações que o formam.

2. O primeiro verbo do poema é **adoçar**, que se repete no último verso. Indique o agente desse verbo nas duas ocorrências.

3. Na primeira estrofe, o poeta utiliza uma construção passiva: "O branco açúcar [...] não foi produzido por mim".

   a) Como seria essa frase na voz ativa?

   b) Por que o poeta teria preferido a construção passiva à construção na voz ativa?

4. Observe: "Vejo-o puro / e afável ao paladar".

   a) O pronome pessoal oblíquo retoma um termo mencionado anteriormente. Indique-o.

   b) **Puro** e **afável** são adjetivos. A que eles se referem? Que função sintática desempenham nessa oração?

   c) Qual a função sintática de **ao paladar**?

5. O poeta compara o açúcar a "beijo de moça", "água na pele", "flor que se dissolve na boca". Qual característica do açúcar é ressaltada por meio dessas comparações?

6. O produto do trabalho – o açúcar – é apresentado como algo branco, doce e puro, agradável como um beijo de moça, como uma flor que se dissolve na boca.

   a) Quais imagens o poeta apresenta em oposição à doçura do açúcar?

   b) A quem elas se referem?

7. Como o poeta caracteriza os homens que plantaram e colheram a cana e produziram o açúcar?

8. Observe este trecho: "Este açúcar era cana / e veio dos canaviais extensos / que não nascem por acaso / no regaço do vale".

   a) Que tipo de período ocorre?

   b) Classifique as orações que o compõem.

9. Reescreva a última estrofe do poema, eliminando os termos que indicam circunstâncias de lugar e de tempo.

10. O pronome relativo, ao contrário das conjunções, exerce função sintática na oração que inicia. Indique a função sintática do pronome relativo na:

    a) 1ª estrofe.

    b) 5ª estrofe.

    c) 6ª estrofe.

11. No poema observa-se uma relação de aproximação e distanciamento entre o lugar da enunciação do eu poético e o da temática enunciada. Aponte palavras e expressões do texto que indicam essa relação.

CONCORDÂNCIA VERBAL

INTRODUÇÃO

A sintaxe, como vimos, trata das relações das palavras na oração, portanto o estudo da sintaxe não se restringe a determinar as funções sintáticas dos termos da oração e a classificar as orações de um período.

A rigor, quando falamos em sintaxe, referimo-nos à sintaxe de concordância, à sintaxe de regência e à sintaxe de colocação, esta última estudada quando tratamos da colocação dos pronomes oblíquos átonos. Neste e no próximo capítulo, trataremos da sintaxe de concordância. Em seguida, estudaremos a sintaxe de regência e a crase, uma vez que esta relaciona-se diretamente à regência de verbos e de nomes.

> **Concordância** é o mecanismo pelo qual as palavras alteram suas terminações para se adequarem harmonicamente na frase.

Há dois tipos de concordância:

a) **concordância verbal:** o verbo altera suas desinências para ajustar-se em pessoa e número ao seu sujeito:

    O ipê floresce em agosto.
    As acácias florescem em novembro.
    Eu rego as plantas todos os dias.
    Nós regamos as plantas todos os dias.

b) **concordância nominal:** os nomes (adjetivos, artigos, numerais e pronomes adjetivos) alteram suas desinências para se ajustarem em número e gênero ao substantivo (ou pronome substantivo) a que se referem:

    Aquela flor amarela floresce em agosto.
    Aquelas flores brancas florescem em novembro.
    Ele mesmo regou as plantas.
    Elas próprias cuidavam dos jardins.

A concordância verbal assim como a nominal podem ser feitas tanto de palavra para palavra quanto de uma palavra para uma ideia que se subentende. No primeiro caso, temos o que se denomina concordância gramatical; no segundo, temos a concordância ideológica.

CONCORDÂNCIA VERBAL

Regra

O verbo e seu sujeito deverão concordar em número e pessoa:

sujeito	verbo
Eu	**cheguei**.
Tu	**chegaste**.
O aluno	**chegou**.
Os alunos	**chegaram**.

PARTE 3 // SINTAXE

Verbo e sujeito deverão concordar mesmo que a frase esteja na ordem inversa (verbo anteposto ao sujeito):

Faltaram, naquele dia, **cinco pessoas.**
verbo sujeito

Sucederam, naquela época, **acontecimentos trágicos**.
verbo sujeito

> **OBSERVAÇÃO**
>
> Quando o sujeito é representado pela expressão **a gente**, que na linguagem informal é usada como substituto de **nós**, o verbo deve concordar na terceira pessoa do singular.
>
> A gente **fez** o trabalho. A gente **sabe** votar.

Essa regra geral não oferece grandes dificuldades. Os problemas surgem nos inúmeros casos em que a concordância não é feita de acordo com a regra e em outros para os quais ainda não há uma norma definida, já que, mesmo em bons autores, encontram-se concordâncias diferentes para a mesma ocorrência.

Casos particulares

Substantivos coletivos

Quando o sujeito é um coletivo, o verbo acompanha o número do substantivo coletivo:

O bando **perturbou** a pacata cidade.
sujeito (coletivo no singular) verbo (3ª pessoa do singular)

Os bandos **perturbaram** a pacata cidade.
sujeito (coletivo no plural) verbo (3ª pessoa do plural)

Se o coletivo vier especificado por um adjunto adnominal, o verbo pode concordar com o substantivo coletivo (conforme a regra), ou com o núcleo do adjunto adnominal:

A **multidão** de fanáticos **torcedores** **aplaudiu** (ou **aplaudiram**) a linda jogada.
sujeito verbo verbo

Um **bando** de **aves** **partiu** (ou **partiram**) em revoada.
sujeito verbo verbo

Expressões *a maior parte de / grande parte de*

Quando o sujeito for uma expressão partitiva (como **a maioria de**, **a maior parte de**, **grande parte de**, **metade de**, etc.) anteposta ao verbo, este pode ficar no singular (o que é mais frequente) ou no plural:

Grande **parte** dos torcedores **compareceu** (ou **compareceram**) ao estádio.
sujeito verbo verbo

A maior **parte** dos presentes **aplaudiu** (ou **aplaudiram**) a jogada.
sujeito verbo verbo

Se a expressão partitiva vier posposta ao verbo, ele fica no singular concordando com o substantivo que funciona como núcleo da expressão partitiva:

É de São Paulo que **chega** **a maioria dos voos.**
verbo sujeito

Viajou para o Nordeste **grande parte dos turistas.**
verbo sujeito

Nomes que só se usam no plural

Quando o sujeito é um nome que só se usa no plural e não vem precedido de artigo, o verbo fica no singular. Caso esse nome venha precedido de artigo, o verbo deverá estar no mesmo número em que estiver o artigo:

Minas Gerais **produz** muito leite.
As Minas Gerais **produzem** muito leite.
Férias **faz** bem.
As férias **fazem** bem.

Pêsames não **traz** conforto.
Os pêsames não **trazem** conforto.
Os Estados Unidos **enviaram** poderoso reforço.
O Amazonas **fica** longe.

Pronomes de tratamento

Quando o sujeito é representado por um pronome de tratamento, o verbo fica sempre na terceira pessoa (singular ou plural, dependendo do número do pronome de tratamento):

Vossa Alteza sabe o lugar.
Vossas Altezas sabem o lugar.

Vossa Excelência pediu calma.
Vossas Excelências pediram calma.

Pronome relativo *que*

Quando o sujeito é representado pelo pronome relativo **que**, o verbo concorda com o antecedente do pronome relativo:

	antecedente	sujeito	verbo	
Paulo foi	**a pessoa**	que	**despachou**	a mercadoria.
Estas foram	**as pessoas**	que	**distribuíram**	a mercadoria.
Todos sabiam que foste	**tu**	que	**entregaste**	a mercadoria.
Ninguém sabia que fomos	**nós**	que	**autorizamos**	a importação.

> **[!] Um dos que**
>
> Com a expressão **um dos que**, seguida ou não de um nome no plural, o verbo poderá ir para o singular ou para o plural.
>
> O verbo irá para o plural caso o processo verbal se refira ao nome plural antecedente do pronome **que**:
>
> O Chile é um dos países da América do Sul que não **fazem** fronteira com o Brasil.
> (Dois países da América do Sul não **fazem** fronteira com o Brasil: Equador e Chile. O Chile é um deles.)
>
> No exemplo acima, **fazem** refere-se ao substantivo **países**, que funciona como antecedente do pronome **que**.
>
> A atual prefeita foi eleita com mais de um milhão de votos; Camila foi uma das que **votaram** nela.
> (Várias pessoas votaram na prefeita e Camila foi uma dentre elas.)
>
> Nesse outro exemplo, **votaram** refere-se ao substantivo **pessoas**, subentendido antes do pronome **que**: Camila foi uma das [pessoas] que votaram nela.
>
> O verbo ficará no singular caso o processo verbal seja atribuído a um dos indivíduos apenas, representado, portanto, por um nome no singular, que funcionará como antecedente do pronome relativo **que**.
>
> É o que nos ensina Carlos Góis. Segundo esse autor, para que se verifique o singular com a expressão **um dos que**
>
> [...] é indispensável:
>
> a) que haja uma vírgula separando o **que** da palavra que lhe vier antes – a fim de prevenir ao leitor que essa palavra que está antes **não é o antecedente do "que"**;

b) que o nome plural **não seja precedido de demonstrativo** (este, esse, aquele), caso em que é de rigor o plural.

GÓIS, Carlos. *Sintaxe de concordância*. 9. ed. Edição e propriedade do autor. Rio de Janeiro/São Paulo/Belo Horizonte. Depositários: Paulo de Azevedo & Cia. Ltda., 1945. p. 77.

Vejamos alguns exemplos que esclarecem a questão:

Francisco é um dos veteranos da Guerra de Canudos, que ainda **sobrevive**.
(Francisco é um dos veteranos da Guerra de Canudos, que, dentre os demais veteranos, ainda sobrevive.)

Nesse exemplo, **sobrevive** refere-se ao substantivo **Francisco**, que funciona como antecedente do pronome **que**.

O Sena é um dos rios europeus, que **atravessa** Paris.
(O Sena é um dos rios europeus, que, dentre os demais rios, é o que atravessa Paris.)

Na frase acima, **atravessa** refere-se ao substantivo **Sena**, que é o antecedente do pronome relativo **que**.

Convém ainda observar que, nas orações com o verbo no singular, temos uma oração subordinada adjetiva explicativa, daí a obrigatoriedade da vírgula antes do pronome relativo **que**. Nos exemplos apresentados, se alterarmos a ordem das frases, teremos:

Francisco, que ainda **sobrevive**, é um dos veteranos da Guerra de Canudos.
O Sena, que **atravessa** Paris, é um dos rios europeus.

Já nas frases a seguir, o verbo vai para o plural porque o nome no plural está precedido de pronomes demonstrativos (aquelas e esses):

Sandra é uma daquelas pessoas que **recusaram** o convite.
O vermelho e o negro é um desses romances que nos **emocionam**.

Nessas frases, a oração iniciada pelo pronome relativo **que** é classificada como adjetiva restritiva.

Pronome relativo *quem*

Quando o sujeito é representado pelo pronome relativo **quem**, o verbo deve ficar na terceira pessoa do singular, concordando com esse pronome:

Desta vez sou eu **quem** (sujeito) **paga** (verbo) a conta.
Na festa foste tu **quem** (sujeito) **cantou** (verbo).
Entre os diversos interessados fomos nós **quem** (sujeito) **apresentou** (verbo) a melhor proposta.
A lei são eles **quem** (sujeito) **dita** (verbo).

É fácil verificar que essa concordância é correta, bastando, para tanto, iniciar o período com a oração introduzida pelo pronome **quem**:

Quem paga a conta desta vez sou eu.
Quem cantou na festa foste tu.
Quem apresentou a melhor proposta entre os diversos interessados fomos nós.
Quem dita a lei são eles.

Por analogia ao pronome relativo **que**, cuja concordância, como vimos, deve ser feita com seu antecedente, é frequente a concordância do verbo com o antecedente do pronome **quem**:

Desta vez sou eu **quem pago** a conta.
Na festa foste tu **quem cantaste**.
Entre os diversos interessados fomos nós **quem apresentamos** a melhor proposta.
São eles **quem ditam** a lei.

Expressões *mais de um / mais de dois / mais de...*

Quando o sujeito é formado pelas expressões **mais de um**, **mais de dois**, **mais de...**, o verbo deverá ficar no mesmo número em que estiver o numeral dessas expressões:

Mais de **um** aluno **faltou**.

Mais de **dois** alunos **faltaram**.

"Mais de **oitenta** cidades do país **foram percorridas** para a gravação da fantástica diversidade da música brasileira." (*Os caminhos da Terra*, maio 2000. p. 13.)

Há, porém, dois casos em que, com a expressão **mais de um**, o verbo vai para o plural:

a) quando a expressão **mais de um** vier repetida:

Mais de **um** aluno, **mais de um** professor **faltaram**.

b) quando o verbo indicar reciprocidade:

Mais de **um** atleta **agrediram-se**.

> **OBSERVAÇÃO**
>
> Com a expressão **cada um** seguida de substantivo ou pronome plural, o verbo fica no singular:
> **Cada um dos alunos depositou** seu voto na urna.
> **Cada um de nós sabe** o que fazer nessas horas.

Expressões *cerca de / perto de*

Quando o sujeito é formado pelas expressões **cerca de** ou **perto de**, que indicam quantidade aproximada, o verbo vai para o plural:

Cerca de cinco alunos **faltaram**.

Perto de vinte pessoas **chegaram**.

Expressões *alguns de nós / poucos de nós*

Quando o sujeito é formado por um pronome indefinido ou interrogativo plural – **alguns**, **poucos**, **muitos**, **quantos**, **quais**, etc. – seguido dos pronomes pessoais **nós** ou **vós**, o verbo concordará com o indefinido plural ou com o pronome pessoal:

Alguns de	nós consideram	(ou **consideramos**) a situação arriscada.
Quais de	vós receberam	(ou **recebestes**) o prêmio?
Muitos dentre	nós saíram	(ou **saímos**) antes da hora.

A opção de uma escolha ou outra estará relacionada à intenção do falante. Ao optar pela construção "Alguns de nós consideramos a situação arriscada", o falante deixa claro para o interlocutor que se inclui no grupo dos que consideram a situação arriscada, o que não ficaria claro se optasse pela construção "Alguns de nós consideram a situação arriscada". Nesse caso, o falante não pertence necessariamente ao grupo daqueles que consideram a situação arriscada.

Como você vê, nos casos de concordância em que se admitem duas opções, a escolha por uma ou outra sempre deverá levar em conta a intenção do falante.

A opção pela concordância com um pronome ou outro só existe quando ambos estão no plural. Se o pronome indefinido ou interrogativo estiver no singular, o verbo só poderá ficar no singular, concordando com ele.

Algum de nós **sabe** onde encontrar o livro.

Quem de nós **entregará** o prêmio?

Verbo com índice de indeterminação do sujeito

Quando o verbo estiver acompanhado pelo índice de indeterminação do sujeito **se**, ficará obrigatoriamente na terceira pessoa do singular:

Precisa-se de datilógrafas.

Trabalha-se em lugares poluídos.

Acredita-se em marcianos.

Vive-se bem aqui.

Observe que nesses casos temos sujeito indeterminado e a palavra **se** ligada a um verbo que não é transitivo direto.

Verbo com pronome apassivador

Quando vier acompanhado pelo pronome apassivador **se**, o verbo concordará com o sujeito, que estará expresso na oração:

Vende -se uma casa de veraneio.

Vendem -se casas de veraneio.

Consertam -se sapatos.

Por que se queimam livros?

Observe que o pronome apassivador **se** está ligado a um verbo transitivo direto, numa frase na voz passiva sintética.

[!]   Por que é tão comum encontrarmos "Aluga-se casas" em vez de "Alugam-se casas"?

Construções como "Aluga-se casas", "Conserta-se sapatos", que – reiteramos – não são aceitas na norma culta de linguagem, ocorrem por contaminação com construções em que o **se** é índice de indeterminação do sujeito: "Precisa-se de pedreiros", por exemplo. O falante não identifica os termos **casas** e **sapatos** como sujeitos dos verbos **alugar** e **consertar**, mas **aluga-se** e **conserta-se** como formas de indeterminar o sujeito. Para o falante, em construções como essas o sentido é "alguém aluga casas", "alguém conserta sapatos" e não "casas são alugadas", "sapatos são consertados".

Expressões que representam porcentagem

Quando o sujeito é uma expressão que representa porcentagem, o verbo acompanhará o numeral cardinal que abre essas expressões:

Vinte por cento se **ausentaram**.

Um por cento **faltou**.

Caso a expressão que indica porcentagem venha acompanhada de partitivo (**de** + substantivo), a concordância se faz em geral com esse substantivo (singular ou plural):

Seis por cento dos **eleitores anularam** o voto.

Vinte por cento dos **habitantes votaram** contra o projeto.

Seis por cento do **eleitorado anulou** o voto.

Vinte por cento da **população votou** contra o projeto.

Se a expressão partitiva vier antes do numeral que indica porcentagem, a concordância deve ser feita obrigatoriamente com esse numeral:

Da população da cidade, **vinte** por cento **votaram** contra o projeto.

Numerais fracionários

Quando o sujeito é representado por um numeral fracionário, a concordância deve ser feita com o numerador:

Um terço da herança **coube** ao filho mais velho.
Dois terços do eleitorado já **votaram**.
Três quintos da população **estavam** a favor.

Há uma tendência em fazer a concordância por atração com o substantivo especificador do numeral fracionário, sobretudo quando este tem por numerador o numeral **um**:

Um terço dos **habitantes** daquela cidade **utilizam** o metrô.
Um quinto dos **alunos concordaram** com a proposta do professor.

Sujeito oracional

Quando o sujeito é representado por uma oração subordinada, o verbo da oração principal deve ficar na terceira pessoa do singular:

Ainda **falta** saírem cinco alunos.

Expressão *haja vista*

A expressão **haja vista** não varia, mesmo seguida de expressão no plural:

Vai ser difícil convencer a opinião pública de que não há corrupção, **haja vista** os diversos pedidos de CPI apresentados.
O filme não devia ser muito bom, **haja vista** o pouco interesse do público.
O ator deverá receber vários prêmios, **haja vista** suas excelentes atuações.

Observe que o substantivo **vista** fica sempre no feminino, como nas expressões **ponto de vista**, **tenham em vista**.

Sujeito composto

Regra

Quando o sujeito é composto, o verbo deve ir para o plural:

O técnico e os jogadores **chegaram** ao estádio.

Chegaram ao estádio o técnico e os jogadores.

Se o sujeito composto vier posposto, o verbo poderá concordar com o núcleo mais próximo (concordância atrativa):

Ao estádio **chegou** o técnico e os jogadores.

"Depois **veio** a claridade, os grandes céus, a paz dos campos..." (Vinicius de Moraes)

Casos especiais

Há casos em que o sujeito composto, mesmo anteposto, admite o verbo no singular. Observe a seguir:

a) quando os núcleos são sinônimos ou quase sinônimos:

O rancor e o ódio **deixou**-o perplexo.

b) quando os núcleos vierem dispostos em gradação:
   Uma indignação, uma raiva profunda, um ódio mortal **dominava**-o.

c) quando o sujeito é formado de dois infinitivos:
   Trabalhar e estudar **fazia** dele um homem feliz.

> **OBSERVAÇÃO**
>
> Caso os infinitivos exprimam ideias opostas, ocorrerá o plural:
>   Rir e chorar se **alternam**.

Sujeito composto resumido por um indefinido

Quando o sujeito composto vier resumido por palavras como **tudo**, **nada**, **ninguém**, etc., o verbo concordará obrigatoriamente com a palavra resumitiva:

Alunos, mestres, diretores, **ninguém faltou**.

"O calado, o escuro, a casa, a noite – **tudo caminhava** devagar para o outro dia." (Guimarães Rosa)

"Um ribeiro, um regato, um riacho, um ribeirão, um córrego, **todos eles fazem** o mar." (Lourenço Diaféria)

Sujeito composto formado de pessoas gramaticais diferentes

Quando o sujeito composto é formado de pessoas gramaticais diferentes e entre elas houver primeira pessoa, o verbo vai obrigatoriamente para a primeira pessoa do plural:

No caso de o sujeito composto ser formado de segunda e terceira pessoa, o verbo poderá ir para a segunda ou para a terceira pessoa do plural:

Núcleos do sujeito composto ligados por *ou*

Quando os núcleos do sujeito composto vierem ligados pela conjunção **ou** vamos distinguir dois casos:

a) se a conjunção **ou** tiver valor excludente (um ou outro, nem um nem outro), o verbo ficará no singular:

   sujeito composto
   Roma ou Viena   **será**   a sede das próximas Olimpíadas.
                   verbo

   (Valor excludente = só uma delas **será** a sede.)

b) se a conjunção não tiver valor excludente, o verbo vai para o plural:

   sujeito composto
   Roma ou Viena   **são**   excelentes locais para as próximas Olimpíadas.
                   verbo

   (Valor não excludente = ambas **são**.)

Núcleos do sujeito composto ligados por *com*

Quando os núcleos do sujeito composto estiverem ligados por **com**, o verbo vai para o plural:

Marco Antônio **com** outros amigos **consertaram** a cerca.

Pode-se deixar o verbo no singular, caso se queira dar destaque ao primeiro núcleo:

O presidente **com** seus ministros **desembarcou** em Brasília.

O rei **com** sua comitiva **presenciou** a cerimônia.

A concordância com o verbo no singular pode deixar a frase ambígua, pois o núcleo introduzido por **com** pode ser interpretado como adjunto adverbial de companhia. Para deixar claro que o termo introduzido por **com** é adjunto adverbial, costuma-se isolá-lo por vírgulas ou colocá-lo após o verbo:

Minha filha, **com suas colegas,** foi ao cinema.   Minha filha foi ao cinema **com suas colegas**.

Sujeito formado por expressões correlativas

Quando o sujeito é formado por expressões correlativas como **não só... mas também, tanto... quanto, nem... nem**, etc., o verbo concorda no plural, pois se trata de uma adição:

Não só sua atitude **mas também** seu passado **pesaram** na decisão.

Tanto a grafia **quanto** a concordância **estão** corretas.

Nem o rádio **nem** a TV **noticiaram** o fato.

Concordância de alguns verbos que merecem destaque

Verbos *haver* e *fazer* impessoais

O verbo **haver** (no sentido de existir, acontecer, ocorrer, ou indicando tempo transcorrido) e o verbo **fazer** (indicando tempo transcorrido) são impessoais, isto é, não possuem sujeito; devem, portanto, ficar na terceira pessoa do singular:

Havia sérios obstáculos.   **Deve haver** sérios obstáculos.

Fazia dez anos que ele não vinha a São Paulo.   **Vai fazer** dez anos que ele não vem a São Paulo.

Observe que, quando um verbo auxiliar se junta a um verbo impessoal, ele também fica no singular.

O verbo **existir** não é impessoal; portanto, possui sujeito e com ele deverá concordar normalmente:

<u>Existem</u> [sujeito] sérios obstáculos.   Devem <u>existir</u> [sujeito] sérios obstáculos.

Verbos *dar, bater, soar* indicando horas

Na indicação do número de horas, os verbos **dar**, **bater**, **soar** concordam normalmente com o seu sujeito:

[sujeito] O relógio [verbo] deu duas horas.   [sujeito] O sino da igreja [verbo] bateu três horas.

Quando não está expresso na frase "quem" deu as horas (o relógio ou equivalente), o sujeito da oração será o número de horas, com o qual o verbo deverá concordar:

[verbo] Deu [sujeito] uma hora no relógio da igreja.   [verbo] Deram [sujeito] duas horas no relógio da igreja.

É importante observar que, nos exemplos apresentados, a expressão "no relógio da igreja" não é o sujeito (veja que ela vem introduzida por preposição), mas adjunto adverbial de lugar.

Verbo *parecer* seguido de infinitivo

Com o verbo **parecer** seguido de infinitivo, flexiona-se um ou outro:

Os alunos **pareciam** chegar.   Os alunos parecia **chegarem**.

No primeiro exemplo, temos uma única oração: **pareciam chegar** é uma locução verbal, cujo verbo auxiliar está concordando com o sujeito **os alunos**. Lembre-se de que, nas locuções verbais, o verbo auxiliar é o que se flexiona para concordar com o sujeito.

No segundo exemplo, temos duas orações: **parecia** (oração principal) e **os alunos chegarem** (oração subordinada substantiva subjetiva reduzida de infinitivo). O sujeito de **parecia** é a oração subordinada **os alunos chegarem** (por isso, o verbo **parecer** deve ficar na terceira pessoa do singular) e o sujeito de **chegarem** é **os alunos**, com o qual está concordando.

Verbos *dever* e *poder* seguidos de infinitivo

Com os verbos **dever** e **poder** seguidos de infinitivo, há duas opções de concordância:

I. **Devem-se procurar** os culpados. **Podem-se encontrar** soluções.

Nesses casos, entende-se que **dever** e **poder** são verbos auxiliares e formam locuções verbais com o infinitivo e concordam com o sujeito plural.

II. **Deve-se procurar** os culpados. **Pode-se encontrar** soluções.

Nesses exemplos, entende-se que ocorre sujeito oracional ("procurar os culpados" e "encontrar soluções"), por isso os verbos **dever** e **poder** permanecem na terceira pessoa do singular: isso (procurar os culpados) se deve; isso (encontrar soluções) se pode.

Verbo *ser*

Não é fácil sistematizar a concordância do verbo **ser**, já que, muitas vezes, ele deixa de concordar com o sujeito para concordar com o seu predicativo. Vejamos, pois, os casos mais comuns:

1 O verbo **ser** concordará obrigatoriamente com o predicativo quando o sujeito for representado por um dos pronomes interrogativos **quem** ou **que**:

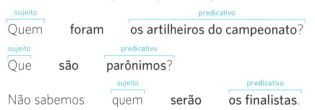

2 O verbo **ser** concordará obrigatoriamente com o predicativo quando indicar hora ou distância:

É uma hora.   São duas horas.   São dez para a uma.
É um quilômetro.   São dois quilômetros.   Era perto de nove horas.

3 Na indicação de data, o verbo **ser** poderá concordar com o primeiro numeral que aparecer ou com a palavra **dia**, que se considera subentendida:

São quinze de dezembro.
É quinze de dezembro. (Subentende-se: É dia quinze de dezembro.)

4 Havendo pronome pessoal, o verbo **ser** concordará obrigatoriamente com ele, independentemente de o pronome pessoal atuar como sujeito ou como predicativo:

Os culpados **somos nós**.   O gestor **sou eu**.
Nós somos os responsáveis.   **Eu sou** o gestor.

5 Quando houver nome de pessoa, o verbo **ser** concordará obrigatoriamente com ele, independentemente de o nome de pessoa atuar como sujeito ou como predicativo:

Amaranta era as esperanças do time.   As esperanças do time **era Amaranta**.

6 Havendo dois substantivos comuns de números diferentes, o verbo **ser** concordará, de preferência, com aquele que estiver no plural:

"Um rio **são os olhos insones dos peixes irrequietos**." (Lourenço Diaféria)

Quando se quer dar destaque ao sujeito, faz-se a concordância com ele:

"**O rebanho é** meus pensamentos." (Fernando Pessoa)

7 Quando o sujeito do verbo **ser** for o pronome indefinido **tudo**, ou os demonstrativos **isto**, **isso**, **aquilo**, **o**, a concordância se fará, de preferência, com o predicativo:

Tudo **são flores**. Aquilo **eram lembranças** de um triste passado.

Isto **são sintomas** menos graves. O que nos preocupava **eram as atitudes** daquele rapaz.

Neste caso, embora menos frequente, é admissível a concordância com o sujeito:

Tudo é flores. **Aquilo era** lembranças de um triste passado.

8 O verbo **ser** que aparece nas expressões **é muito**, **é pouco**, **é suficiente**, **é bastante** (que denotam quantidade, distância, peso, etc.) fica sempre no singular:

Cem metros **é** muito. Dois reais **é** pouco. Dez quilos **é** suficiente.

A gramática no dia a dia

Expressão de realce *é que*

Na linguagem do dia a dia, é bastante comum enfatizar um termo da oração com a expressão denotativa de realce **é que**:

Paulo **é que** propôs um acordo para acabar com o problema.

No exemplo, a expressão **é que** não exerce função sintática alguma, foi somente empregada para dar realce ao sujeito **Paulo**, tanto que pode ser eliminada da frase sem prejuízo algum ao sentido:

Paulo propôs um acordo para acabar com o problema.

Mesmo se tratando de uma expressão de realce, o emprego de **é que** deve obedecer às regras de concordância. Acompanhe a seguir como se processa a concordância do verbo **ser** dessa expressão.

1 Quando a expressão **é que** enfatiza o **sujeito** ou o **objeto direto**, o verbo **ser** deve concordar com esses termos:

São esses alunos que resolveram aqueles exercícios na última semana. (O termo enfatizado é o sujeito "esses alunos".)

São aqueles exercícios que os alunos resolveram na última semana. (O termo enfatizado é o objeto direto "aqueles exercícios".)

2 Quando a expressão **é que** enfatiza qualquer outra função sintática, o verbo **ser** deverá ficar invariável:

É em momentos difíceis **que** se conhecem os verdadeiros amigos. (A expressão **é que** enfatiza o adjunto adverbial "em momentos difíceis".)

É de jogadores talentosos **que** o time precisa para ser campeão. (A expressão **é que** enfatiza o objeto indireto "de jogadores talentosos".)

3 Quando empregamos a expressão **é que**, normalmente não utilizamos a vírgula que separa a circunstância colocada no início da frase:

Com muito trabalho, conseguiremos bons resultados.

É com muito trabalho **que** conseguiremos bons resultados.

4 A expressão **é que** pode aparecer não só no plural (**são que**), mas também em vários tempos, de acordo com outro(s) verbo(s) da frase:

Era naquele lugar **que** ele passava as férias de verão.

Será em Berlim **que** se realizarão os Jogos Olímpicos.

ATIVIDADES

1. Nas frases a seguir não se observou a concordância prescrita pela gramática normativa. Reescreva as frases de modo a adequá-las à norma culta.

   a) Com certeza, nosso problema estão nas cotas.
   b) A distribuição das atividades no final de um subtítulo e/ou no final do capítulo ficam a critério do autor.
   c) O argentino prêmio Nobel da Paz acha que a chancelaria dos dois países decidirão o problema.
   d) Sebo é o lugar onde se vende livros usados.
   e) Toda essa situação gera muitos conflitos dentro da sala de aula, o que não ocorria anos atrás, quando o ritmo de vida e a estrutura familiar era diferente.
   f) Ao final da sessão, restava apenas cinco deputados no plenário.
   g) A revelação dos acontecimentos ocorridos naquela sessão plenária chocaram muitas pessoas.
   h) Faltava apenas alguns milhares de veículos para que a indústria automobilística atingisse a meta de vendas prevista para aquele ano.
   i) Num único dia passou boiando três corpos.
   j) Em diversos órgãos de imprensa surge especulações a respeito da separação da atriz.
   k) Ainda subsiste indícios de que ela foi a autora do crime.

2. Efetue a concordância escolhendo a forma adequada entre parênteses.

   a) "Tristeza, indiferença, lágrimas, sorrisos, tudo nela * ter um significado oculto." (Joseph Conrad) (parecia / pareciam)
   b) "Folhas secas e sementes, pedaços de madeira, caixas de lápis e tubos de tinta, tudo * desaparecido." (Milton Hatoum) (havia / haviam)
   c) "O interior do quarto, os livros, os móveis, o casaco desabotoado do professor, sua atitude diante da mesa, a chama vacilante do fogo, tudo * a história de um trabalho profundo." (Thomas Hardy) (testemunhava / testemunhavam)
   d) "No Brasil as coisas acontecem, mas depois, com um simples desmentido, * de acontecer." (Stanilaw Ponte Preta) (deixa / deixam)

3. Leia o texto a seguir:

   Você será submetido à verificação de pressão arterial, pulso e temperatura. Será também realizada uma entrevista para que seja avaliado se realmente você pode ser doador. O resultado dos testes realizados será enviado por correspondência.

   O texto anterior foi adaptado de um prospecto do Hemocentro Doe Sangue, produzido pela Universidade Federal Paulista (Unifesp), de São Paulo. Reescreva esse texto, substituindo:

   a) **você** por **tu**.
   b) **você** por **você e eu**.
   c) **uma entrevista** por **algumas entrevistas**.
   d) **o resultado** por **os resultados**.

4. Modifique o verbo de acordo com as alterações propostas para o sujeito.

   I. O senador vai se filiar a outro partido.
      a) O senador e o deputado * a outro partido.
      b) Os parlamentares * a outro partido.

   II. Os jovens de periferia têm valores próprios.
      a) A geração *shopping center* * valores próprios.
      b) Você e eu * valores próprios.
      c) Os adolescentes * valores próprios.

   III. O turista argentino prefere o litoral de Santa Catarina.
      a) O turista argentino e o uruguaio * o litoral de Santa Catarina.
      b) Os turistas paraguaios * o litoral de Santa Catarina.
      c) Tu e eu * o litoral de Santa Catarina.

5. Leia o texto a seguir:

   Acabavam de soar as 9 e três quartos no relógio do castelo e ele a nada se atrevera ainda. Indignado com a própria covardia, Julien pensou: "Precisamente no momento em que o relógio bater 10 horas, hei de executar o que durante todo o dia me comprometi a fazer, ou então subo ao meu quarto e rebento os miolos."

   STENDHAL. *O vermelho e o negro*. São Paulo: Abril, 1979. p. 60.

   Com relação a ele:

   a) justifique a concordância de "acabavam de soar".
   b) qual a função sintática de "no relógio do castelo"?

CAPÍTULO 17 // Concordância verbal

c) justifique a concordância de **bater**.

d) reescreva o fragmento "Precisamente no momento em que o relógio bater 10 horas [...]", omitindo o termo **o relógio**.

6. Reescreva as frases a seguir, substituindo os termos destacados pelo que está entre parênteses. Faça as modificações necessárias para que a frase reescrita fique de acordo com a norma culta de linguagem.

a) Espera-se **solução** para o caso. (soluções)

b) **Tu e ele** devem retornar logo. (Eu e ele)

c) Havia **alguma coisa estranha** naquela casa. (muitas coisas estranhas)

d) Existe **um candidato** com chances de ganhar. (dois candidatos)

e) **O México** aderiu ao acordo. (Os Estados Unidos)

f) Faz **um mês** que ele não aparece. (três meses)

g) **Mais de dois alunos** fazem o estágio obrigatório. (Mais de um aluno)

h) Deu **uma hora** da tarde no relógio do mosteiro. (duas horas)

i) Precisa-se de **padeiro** com prática. (padeiro e confeiteiro)

j) Até o ano passado, naquela cidade não havia **agência bancária**. (agências bancárias)

Nos exercícios 7 a 43, efetue a concordância escolhendo a forma verbal adequada.

7. Naquele dia * dez alunos. (faltou / faltaram)

8. * naquela época fatos terríveis. (aconteceu / aconteceram)

9. Ainda * quarenta blocos. (resta / restam)

10. Ainda não * os documentos. (chegou / chegaram)

11. * cinco minutos para começar a aula. (falta / faltam)

12. * quatro pessoas para fazer o trabalho. (basta / bastam)

13. Um bando * . (chegou / chegaram)

14. Um bando de alunos * . (chegou / chegaram)

15. A maior parte da população * a decisão. (apoiou / apoiaram)

16. A maioria dos alunos * à aula. (faltou / faltaram)

17. Minas Gerais * grandes escritores. (revelou / revelaram)

18. As Minas Gerais * grandes escritores. (revelou / revelaram)

19. Os Estados Unidos * milho. (exporta / exportam)

20. Campinas * muito. (prosperou / prosperaram)

21. O Amazonas * longe do Rio Grande do Sul. (fica / ficam)

22. Doze por cento * em branco. (votou / votaram)

23. Doze por cento dos eleitores * o voto. (anulou / anularam)

24. Vossa Majestade * à reunião? (compareceu / comparecestes)

25. Vossas Excelências * a decisão. (apoiaram / apoiastes)

26. Vossa Alteza * os problemas. (conhece / conheceis)

27. Fui eu que * o problema. (resolvi / resolveu)

28. Fomos nós que * a dívida. (pagamos / pagou)

29. Fui eu quem * o exercício. (resolvi / resolveu)

30. Fomos nós quem * a conta. (pagou / pagamos)

31. Mais de um clube * o campeonato. (ganhou / ganharam)

32. Mais de duas pessoas * à reunião. (faltou / faltaram)

33. Mais de um veículo * . (chocou-se / chocaram-se)

34. Cerca de vinte pessoas * . (compareceu / compareceram)

35. Perto de trinta soldados * . (morreu / morreram)

36. Alguns de nós * o exercício. (resolveremos / resolverão)

37. Quais de vós * o candidato? (apoiastes / apoiaram)

38. Poucos de nós * . (viajamos / viajaram)

39. Qual de nós * a decisão? (aceitará / aceitaremos)

40. Algum de nós * o prêmio. (entregará / entregaremos)

41. A torre da igreja * quatro horas. (bateu / bateram)

42. * quatro horas na torre da igreja. (bateu / bateram)

43. *-se de assuntos importantes. (tratava / tratavam)

PARTE 3 // SINTAXE

Para os exercícios 44 a 50, adote o seguinte código:

(A) se apenas a sentença I estiver correta;

(B) se apenas a sentença II estiver correta;

(C) se apenas a sentença III estiver correta;

(D) se todas estiverem corretas;

(E) se nenhuma estiver correta.

44. I. Passará o céu e a terra, mas minhas palavras não passarão.

II. Tu e ele sereis convencidos de que andais em erro.

III. Esta foi uma das cidades que mais sofreram com as inundações.

45. I. Sucedeu, naquela época, acontecimentos inevitáveis.

II. Faltou, naquele dia, cinco alunos.

III. Ocorreu, naquela noite, fatos estranhos.

46. I. Chegaram o mapa e os dicionários.

II. Chegou o mapa e os dicionários.

III. O mapa e os dicionários chegaram.

47. I. Eu, tu e vossos amigos chegamos ao local.

II. Eu, tu e nosso colega saímos de casa.

III. Tu e teus amigos resolvestes o problema.

48. I. Existe casos sem solução.

II. Deve existir muitos casos sem solução.

III. Devem haver muitos casos sem solução.

49. I. Na sala de aula, havia vinte alunos.

II. Na sala de aula, existia vinte alunos.

III. Na sala de aula, tinha vinte alunos.

50. I. Faz dez anos que ele saiu.

II. Devem fazer uns dez anos que ele saiu.

III. Vão fazer uns dez anos que ele saiu.

DOS TEXTOS À GRAMÁTICA   DA GRAMÁTICA AOS TEXTOS

Eloquência singular

Mal iniciara seu discurso, o deputado embatucou:

— Senhor Presidente: eu não sou daqueles que...

O verbo ia para o singular ou para o plural? Tudo indicava o plural. No entanto, podia perfeitamente ser o singular:

— Não sou daqueles que...

Não sou daqueles que recusam... No plural soava melhor. Mas era preciso precaver-se contra essas armadilhas da linguagem – que recusa? – ele que tão facilmente caía nelas, e era logo massacrado com um aparte. Não sou daqueles que... Resolveu ganhar tempo:

— ... embora perfeitamente cônscio das minhas altas responsabilidades como representante do povo nesta Casa, não sou...

Daqueles que recusa, evidentemente. Como é que podia ter pensado em plural? Era um desses casos que os gramáticos registram nas suas questiúnculas de português: ia para o singular, não tinha dúvida. Idiotismo de linguagem, devia ser.

— ... daqueles que, em momentos de extrema gravidade, como este que o Brasil atravessa...

Safara-se porque nem se lembrava do verbo que pretendia usar:

— Não sou daqueles que...

Daqueles que o quê? Qualquer coisa, contanto que atravessasse de uma vez essa traiçoeira pinguela gramatical em que sua oratória lamentavelmente se

havia metido de saída. Mas a concordância? Qualquer verbo servia, desde que conjugado corretamente, no singular. Ou no plural:

— Não sou daqueles que, dizia eu – e é bom que se repita sempre, senhor Presidente, para que possamos ser dignos da confiança em nós depositada...

Intercalava orações e mais orações, voltando sempre ao ponto de partida, incapaz de se definir por esta ou aquela concordância. Ambas com aparência castiça. Ambas legítimas. Ambas gramaticalmente lídimas, segundo o vernáculo:

— Neste momento tão grave para os destinos da nossa nacionalidade.

Ambas legítimas? Não, não podia ser. Sabia bem que a expressão "daqueles que" era coisa já estudada e decidida por tudo quanto é gramaticoide por aí, qualquer um sabia que levava sempre o verbo ao plural:

— ... não sou daqueles que, conforme afirmava...

Ou ao singular? Há exceções, e aquela bem podia ser uma delas. Daqueles que. Não sou UM daqueles que. Um que recusa, daqueles que recusam. Ah! o verbo era recusar:

— Senhor Presidente. Meus nobres colegas.

A concordância que fosse para o diabo. Intercalou mais uma oração e foi em frente com bravura, disposto a tudo, afirmando não ser daqueles que...

— Como?

Acolheu a interrupção com um suspiro de alívio:

— Não ouvi bem o aparte do nobre deputado.

Silêncio. Ninguém dera aparte nenhum.

— Vossa Excelência, por obséquio, queira falar mais alto, que não ouvi bem – e apontava, agoniado, um dos deputados mais próximos.

— Eu? Mas eu não disse nada...

— Terei o maior prazer em responder ao aparte do nobre colega. Qualquer aparte.

O silêncio continuava. Interessados, os demais deputados se agrupavam em torno do orador, aguardando o desfecho daquela agonia, que agora já era, como no verso de Bilac, a agonia do herói e a agonia da tarde.

— Que é que você acha? – cochichou um.

— Acho que vai para o singular.

— Pois eu não: para o plural, é lógico.

O orador seguia na sua luta:

— Como afirmava no começo de meu discurso, senhor Presidente...

Tirou o lenço do bolso e enxugou o suor da testa. Vontade de aproveitar-se do gesto e pedir ajuda ao próprio Presidente da mesa: por favor, apura aí pra mim, como é que é, me tira desta...

— Quero comunicar ao nobre orador que o seu tempo se acha esgotado.

— Apenas algumas palavras, senhor Presidente, para terminar o meu discurso: e antes de terminar, quero deixar bem claro que, a esta altura de minha existência, depois de mais de vinte anos de vida pública...

E entrava por novos desvios:

— Muito embora... sabendo perfeitamente... os imperativos de minha consciência cívica... senhor Presidente... e o declaro peremptoriamente... não sou daqueles que...

O Presidente voltou a adverti-lo que seu tempo se esgotara. Não havia mais por que fugir:

— Senhor Presidente, meus nobres colegas!

Resolveu arrematar de qualquer maneira. Encheu o peito e desfechou:

— Em suma: não sou daqueles. Tenho dito.

Houve um suspiro de alívio em todo o plenário, as palmas romperam. Muito bem! Muito bem! O orador foi vivamente cumprimentado.

SABINO, Fernando. A companheira de viagem.
Rio de Janeiro: Ed. do Autor, 1965. p. 139.

1. O verbo estará no plural ou no singular para se adequar a um outro termo da oração, o sujeito. A esse tipo de relação damos o nome de **concordância verbal**. A dúvida do deputado consistia em saber com que palavra o verbo deveria concordar.

Se optasse pelo singular, o deputado concordaria o verbo com que palavra? E se optasse pelo plural?

2. A dúvida do deputado tinha razão de ser? Você já teve alguma dúvida semelhante à dele?

3. Que estratégia o deputado utilizou para ganhar tempo e não cometer um erro de concordância?

4. Reescreva os enunciados a seguir, substituindo os termos em destaque por aqueles indicados entre parênteses. Faça as alterações que julgar necessárias.

   a) "**Eu**? Mas **eu** não disse nada..." (tu / nós / Vossa Excelência)

   b) "Interessados, os demais **deputados** se agrupavam em torno do orador [...]." (senadoras)

5. A regra básica de concordância verbal determina que o verbo e o sujeito deverão concordar em número e pessoa. No entanto, existem exceções. O próprio deputado reconhece esse fato quando afirma "Há exceções, e aquela bem podia ser uma delas".

   Numa frase em que o sujeito é o pronome relativo **que**, o verbo não concorda com o pronome relativo, mas com o termo que ele retoma. Com base nessa explicação, responda: com a expressão "daqueles que", o deputado deveria empregar o verbo no singular ou no plural?

6. Como verbo e sujeito devem concordar, é possível identificar o sujeito pela desinência do verbo, mesmo que o sujeito não venha expresso na oração. Com base nessa informação, aponte o sujeito dos verbos **tirar** e **enxugar** no trecho seguinte.

   "Tirou o lenço do bolso e enxugou o suor da testa. Vontade de aproveitar-se do gesto e pedir ajuda ao próprio Presidente da mesa: por favor, apura aí pra mim, como é que é, me tira desta..."

7. Em determinada passagem do texto, afirma-se que saber se com a expressão "daqueles que" o verbo vai para o plural ou fica no singular é uma questiúncula de português. Em outra, afirma-se que saber se, com a expressão "daqueles que", o verbo fica no singular ou vai para o plural é "coisa já estudada e decidida por tudo quanto é gramaticoide por aí".

   A seleção de palavras com que elaboramos nossos textos revela a intenção do autor. Levando em conta isso e o sentido do texto como um todo, comente os efeitos de sentido obtidos com o emprego das palavras **questiúncula** e **gramaticoides**.

CAPÍTULO 18
CONCORDÂNCIA NOMINAL

REGRA

O artigo, o adjetivo, o pronome adjetivo, o numeral e o particípio passivo concordam em gênero e número com o substantivo ou pronome a que se referem:

Aqueles dois meninos estudiosos leram os livros antigos.

CASOS ESPECIAIS

Um único adjetivo referindo-se a mais de um substantivo

Quando temos um só adjetivo qualificando mais de um substantivo, podemos distinguir dois casos:

a) **o adjetivo vem antes dos substantivos a que se refere**: o adjetivo deverá concordar com o substantivo mais próximo. Veja:

Tiveste **má** ideia e pensamento.

Tiveste **mau** pensamento e ideia.

Quando funciona como predicativo (do sujeito ou do objeto), o adjetivo anteposto poderá concordar com o substantivo mais próximo (conforme a regra acima), ou ir para o plural:

Estava **calmo** o aluno e a aluna.

Estavam **calmos** o aluno e a aluna.

"Casualmente encontrou **desertos** o ponto de parada e seus arredores." (Thomas Mann)

Se o adjetivo anteposto referir-se a nomes próprios, o plural será obrigatório:

As **simpáticas** Flávia e Luciana são irmãs.

Estavam **calmos** André e Fábio.

b) **o adjetivo vem depois dos substantivos**: quando o adjetivo vem posposto aos substantivos a que se refere, haverá duas opções de concordância. Observe:

- o adjetivo concorda com o substantivo mais próximo:
Encontramos um **jovem** e um **homem preocupado**.

- o adjetivo vai para o plural, concordando com todos os substantivos:
Encontramos um **jovem** e um **homem preocupados**.

Quando se opta pela concordância no plural, é preciso levar em conta que, se pelo menos um dos substantivos for masculino, o adjetivo vai para o masculino plural:

Encontrei uma **mulher** e um **homem preocupados**.

Comprou um **computador** e uma **impressora usados**.

Ter **água** e **esgoto tratados** é um direito de todo cidadão.

Evidentemente, o adjetivo concordará apenas com o último substantivo se apenas ele estiver sendo qualificado:

Comeu peixe e **laranja madura**. (**madura** refere-se apenas a **laranja**)

Da janela avistava sol e **mar azul**. (**azul** refere-se apenas a **mar**)

No mercado comprou carne e feijão **preto**. (**preto** refere-se apenas a **feijão**)

Se o adjetivo posposto aos substantivos funcionar como predicativo, o plural será obrigatório:

O aluno e a aluna estão <u>predicativo</u> **aprovados**.

Consideraram a aluna e o aluno <u>predicativo</u> **aptos**.

Um único substantivo determinado por mais de um adjetivo

Quando vários adjetivos determinam um único substantivo, há duas construções possíveis:

Estudava **os idiomas** francês, inglês e italiano.   Estudava **o idioma** francês, **o** inglês e **o** italiano.

As reformas atingiram **os campos** social, político e econômico.

As reformas atingiram **o campo** social, **o** político e **o** econômico.

Note que, quando se coloca o substantivo no plural, não se usa artigo antes dos adjetivos. Se, no entanto, o substantivo estiver no singular, será obrigatório o uso do artigo do segundo adjetivo em diante.

As expressões *é bom / é necessário / é proibido*

As expressões formadas de verbo **ser** mais um adjetivo (**é bom**, **é necessário**, **é proibido**, etc.) não variam:

Aspirina **é bom** para dor de cabeça.

Bebida alcoólica **é proibido** para menores de 18 anos.

Paciência **é necessário**.

Entretanto, se o sujeito vier antecedido de artigo (ou outro determinante), a concordância será obrigatória:

A aspirina **é boa** para dor de cabeça.

A bebida alcoólica **é proibida** para menores de 18 anos.

Muita paciência **é necessária**.

Verifique este exemplo clássico:

É proibido entrada de estranhos.

É proibida a entrada de estranhos.

As palavras *anexo / incluso*

Anexo e **incluso** são palavras que funcionam como adjetivo; devem, portanto, concordar com o substantivo (ou pronome substantivo) a que se referem:

Segue **anexo** o **livro**.

Seguem **anexos** os **livros**.

Segue **anexa** a **fotografia**.

Seguem **anexas** as **fotografias**.

Vai **incluso** o **documento**.

Vão **inclusos** os **documentos**.

Vai **inclusa** a **procuração**.

Vão **inclusas** as **procurações**.

PARTE 3 // SINTAXE

Essa regra se aplica também às palavras **mesmo, próprio, obrigado, agradecido, grato, apenso, leso, quite**:

"Eu **mesmo** conto tudo", disse **Guilherme**.

"Eu **mesma** conto tudo", disse **Camila**.

Ele próprio disse: "agradecido".

Elas próprias disseram: "agradecidas".

Ajudei o **menino** e ele me disse: "**obrigado**".

Ajudei a **menina** e ela me disse: "**obrigada**".

O **menino** ficou **grato**.

A **menina** ficou **grata**.

Os **meninos** ficaram **gratos**.

As **meninas** ficaram **gratas**.

O **documento** está **apenso** aos autos.

A **duplicata** está **apensa** aos autos.

Cometeram crime de **leso-patriotismo**.

Cometeram crime de **lesa-soberania**.

O **contribuinte** estava **quite** com a Receita Federal.

Os **alunos** estão **quites** com o serviço militar.

"Somadas umas coisas e outras, qualquer pessoa imaginará que não houve míngua nem sobra, e, conseguintemente que saí **quite** com a vida." (Machado de Assis)

> **OBSERVAÇÕES**
>
> - **Anexo** também é usado como substantivo masculino. Nesse caso, as palavras que estiverem se referindo a esse substantivo devem concordar com ele em gênero e número:
>
>   O *e-mail* continha **um anexo infectado** com vírus.
>
> - **Leso** significa "o que sofreu lesão, foi ferido, prejudicado, ofendido"; também varia em número:
>
>   Eram crimes de **lesas-pátrias**.

A palavra *menos* e o elemento de composição *pseudo*

A palavra **menos** e o elemento de composição **pseudo** não variam:

Havia **menos** alunos na sala.

Havia **menos** alunas na sala.

Era um **pseudo**artista.

Aquele quadro podia ser chamado de **pseudo**arte.

A palavra *bastante*

A palavra **bastante** pode funcionar como adjetivo ou advérbio.

Como adjetivo, estará se referindo a um substantivo, com o qual concorda normalmente:

Bastantes pessoas compareceram à reunião.

Havia **bastantes razões** para ele comparecer.

As **provisões** foram **bastantes** para as férias.

Não há **provas bastantes** para condenar o réu.

Como advérbio (estará ligada a um verbo, adjetivo ou advérbio), nunca varia:

Elas falam **bastante**.

Elas são **bastante** simpáticas.

Elas chegaram **bastante** cedo.

> **OBSERVAÇÃO**
>
> É muito fácil verificar se a palavra **bastante** deve ou não ser flexionada: basta substituí-la na frase por **muito**. Quando a palavra **muito** se flexiona, **bastante** também deve ser flexionada:
>
> Encontraram **bastantes** motivos para justificar a falta. (**muitos**)
>
> Na prova havia **bastantes** questões de concordância. (**muitas**)

Nesta regra, podemos incluir ainda as palavras **meio, muito, pouco, caro, barato, longe**.

Quando se referem a substantivo, concordam com ele:

Tomou **meio litro** de leite.

Tomou **meia garrafa** de suco.

É **meio-dia** e **meia** (hora).

Muitos alunos compareceram à formatura.

Poucas pessoas assistiram ao jogo.

Os **sapatos** eram **caros**.

A **mercadoria** é **barata**.

Andei **longes caminhos** e **longes terras**.

Quando se referem a adjetivo ou a verbo, tais palavras não variam por serem advérbios:

Ela é **meio** louca.	Elas gastaram **pouco**.
A porta estava **meio** aberta.	Aqueles sapatos custaram **caro**.
Ela anda **meio** aborrecida.	Aquelas mercadorias custaram **barato**.
Os alunos estudaram **muito**.	Eles moram **longe**.

A palavra *só*

A palavra **só**, quando é um adjetivo (equivalendo a **sozinho**), concorda com o nome a que se refere:

Ela ficou **só**.   **Elas** ficaram **sós**.

Quando é um advérbio, não varia. O advérbio **só**, em geral, pode ser substituído por **apenas**:

Depois da batalha **só** restaram cinzas.

Os artistas **só** esperam ter seu talento reconhecido.

Na expressão **por si só**, **só** é adjetivo, portanto flexiona-se concordando com o nome a que se refere:

A sentença **por si só** não deixava a menor dúvida sobre a culpabilidade do réu.

Não há como negar: os fatos falam **por si sós**.

A locução adverbial **a sós** é invariável:

Eu gostaria de ficar **a sós** com você.

Eles precisam conversar **a sós**.

Adjetivos empregados como advérbios

Adjetivos empregados como advérbios não variam:

Délia quase não comete erros de ortografia, pois sempre escreve **certo** todas as palavras.

Para não incomodar os outros, as meninas falavam **baixo**.

Nossas atletas fizeram **bonito** na competição.

Observe que nos exemplos acima as palavras **certo**, **baixo** e **bonito** referem-se a verbos e não a substantivos, exercendo, pois, a função de advérbios.

A palavra *possível*

A palavra **possível** fica invariável nas expressões **o mais** e **o menos possível**, casos em que "o mais" e "o menos" incidem sobre um adjetivo; não importando a posição do adjetivo ou até mesmo se ele se encontra no plural:

Quero um carro **o mais** econômico **possível**.

Quero um carro econômico **o mais possível**.

Quero um carro **o mais possível** econômico.

Vestia roupas **o menos** coloridas **possível**.

Vestia roupas coloridas **o menos possível**.

Vestia roupas **o menos possível** coloridas.

"A mobília dos Terras era **o mais** resumida **possível**." (Erico Verissimo)

A mobília dos Terras era resumida **o mais possível**.

A mobília dos Terras era **o mais possível** resumida.

Nos exemplos anteriores, as expressões **o mais** e **o menos possível** modificam adjetivos; funcionam, portanto, como locuções adverbiais, por isso não devem ser flexionadas.

Vários autores, entretanto, admitem que tanto o artigo quanto a palavra **possível** podem se flexionar. Trata-se de uma construção mais fácil e mais eufônica, bastante usada na fala dos brasileiros. Nessas construções, o adjetivo **possível**, segundo tais autores, deve concordar com o artigo que encabeça as expressões superlativas:

Escolheu uma praia **a** mais deserta **possível**.   Usava roupas **as** mais modernas **possíveis**.

Comia alimentos **os** mais saudáveis **possíveis**.

A expressão **quanto possível**, que aparece como complemento de comparações, é invariável:

Vocês devem ser tão pontuais **quanto possível**.

Obteve informações tão novas **quanto possível**.

As expressões *alguma coisa boa* / *alguma coisa nova* / *alguma coisa de bom* / *alguma coisa de novo*

Em expressões como **alguma coisa boa** e **alguma coisa nova**, o adjetivo concorda com o substantivo **coisa**:

Alguma coisa boa deve ter acontecido para ele ficar assim tão alegre.

Todos esperavam **alguma coisa nova** para o início do ano.

Em expressões como **alguma coisa de bom** e **alguma coisa de novo**, o adjetivo não concorda com o substantivo **coisa**, devendo permanecer no masculino singular:

Alguma coisa de bom deve ter acontecido a eles.

Há **alguma coisa de novo** naquele bairro.

Substantivo empregado como adjetivo

Um substantivo empregado como adjetivo (derivação imprópria) não varia:

blusa **vinho**   blusas **vinho**   terno **cinza**   ternos **cinza**

Pronomes de tratamento

A concordância (verbal e nominal) dos pronomes de tratamento deve sempre ser feita em terceira pessoa:

Vossa Excelência não **precisa** incomodar-**se** com **seus** problemas.

Vossa Alteza conhece muito bem **seus** inimigos.

Um adjetivo referente a um pronome de tratamento concordará com o sexo da pessoa representada por este pronome:

Vossa Majestade está **preocupado**. (o rei)   **Vossa Majestade** está **preocupada**. (a rainha)

Particípios

Os particípios passivos concordam com o substantivo ou pronome a que se referem:

Iniciado o **trabalho**, todos saíram.   **Iniciada** a **aula**, o professor fez a chamada.

Iniciados os **trabalhos**, todos saíram.   **Iniciadas** as **aulas**, os professores fizeram a chamada.

O **material** foi **comprado** pelo pedreiro.   A **aula** foi **iniciada** pelo professor.

Os **materiais** foram **comprados** pelo pedreiro.   As **aulas** foram **iniciadas** pelo professor.

Quando o particípio integra um tempo composto conjugado na voz ativa, permanece invariável:

O professor tinha **iniciado** a aula.   A professora tinha **iniciado** a aula.

Os professores tinham **iniciado** a aula.   As professoras tinham **iniciado** a aula.

A gramática no dia a dia

Concordância ideológica (silepse)

Neste capítulo e no anterior, apresentamos as regras de concordância estabelecidas pela gramática normativa.

Você deve ter notado que, em todos os casos apresentados, a concordância se estabelece entre palavras ou expressões presentes na frase. Trata-se, pois, de casos de **concordância gramatical**.

No entanto, é bastante comum encontrarmos, não só na linguagem do dia a dia, mas também em textos de autores consagrados, casos em que a concordância não é feita com a forma gramatical de uma palavra ou de uma expressão presente no texto, mas com a ideia ou com o sentido que está subentendido nelas. A esse tipo de concordância dá-se o nome de **concordância ideológica** ou **silepse**. Veja:

A **dinâmica** e **populosa** São Paulo continua sofrendo com as enchentes.

Nesse exemplo, os adjetivos **dinâmica** e **populosa**, no feminino, não estão concordando com o termo **São Paulo**, que é masculino, mas com a ideia implícita neste termo – **cidade**. Temos, pois, uma concordância ideológica; nesse caso, **silepse de gênero**.

Os **brasileiros lamentamos** a derrota do esquadrão canarinho.

Aqui, o verbo **lamentar** não está concordando com a forma gramatical do sujeito **os brasileiros**, que é de terceira pessoa; ocorre que o falante se inclui no universo representado, estabelecendo a concordância em primeira pessoa do plural: **nós**, os brasileiros. Temos aí outro exemplo de concordância ideológica; nesse caso, **silepse de pessoa**.

Os sertões **conta** a Guerra de Canudos.

Observe que o verbo **contar** não está concordando em número com a forma gramatical do sujeito *Os sertões*, que é plural, mas com a ideia que se subentende: a **obra** (ou o **livro**) *Os sertões* **conta** a Guerra de Canudos. Temos aí mais um exemplo de concordância ideológica; nesse caso, **silepse de número**.

ATIVIDADES

1. Os adjetivos concordam com os substantivos a que se referem. Se o substantivo nomeia o ser, o adjetivo o caracteriza. Adjetivos, por caracterizarem os seres, são largamente empregados em textos descritivos.

    No texto a seguir, destaque os adjetivos e indique o substantivo a que se referem.

    O cabelo é ruivo, bem ruivo, com cachos pequenos, e o rosto é pálido, alongado, com feições regulares, atraentes, e umas suíças pequenas, um tanto estranhas, tão ruivas quanto o cabelo. As sobrancelhas são, de algum modo, mais escuras; são bem arqueadas e parecem capazes de se mexer bastante. Os olhos são penetrantes, estranhos – terríveis; mas só sei dizer que são um tanto pequenos e muito fixos. A boca é larga, os lábios são finos e tirando as suíças pequenas o rosto é bem escanhoado. De certo modo, ele me dá a impressão de ser um ator.

    JAMES, Henry. *A outra volta do parafuso*. São Paulo: Companhia das Letras, 2011. p. 45.

2. Numa loja havia um cartaz em que estava escrito:

    "Temos capa para chuva feminina."

    Responda:

    a) A forma como foi redigida a frase leva a uma interpretação "estranha". Comente-a.
    b) Reescreva a frase de forma que impossibilite a interpretação errônea.

PARTE 3 // SINTAXE

Texto para as questões 3 e 4.

O homem era alto e tão magro que parecia sempre de perfil. Sua pele era escura, seus ossos proeminentes e seus olhos ardiam como fogo perpétuo. Calçava sandálias de pastor e a túnica azulão que lhe caía sobre o corpo lembrava o hábito desses missionários que, de quando em quando, visitavam os povoados do sertão batizando multidões de crianças e casando os amancebados. Era impossível saber sua idade, sua procedência, sua história, mas algo havia em seu aspecto tranquilo, em seus costumes frugais, em sua imperturbável seriedade que, mesmo antes de dar conselhos, atraía pessoas.

VARGAS LLOSA, Mario. *A guerra do fim do mundo*. 8. ed.
São Paulo: Francisco Alves, 1982. p. 15.

3. O texto informa que o personagem visitava os povoados do sertão casando os amancebados.

   a) Classifique a expressão **do sertão** e a palavra **amancebados**.

   b) Escreva uma frase utilizando **amancebados** em outra classe de palavra.

4. Reescreva as frases, substituindo as palavras em destaque por aquelas indicadas entre parênteses, observando a concordância.

   a) "**O homem** era alto e tão magro que parecia sempre de perfil." (mulher / homem e mulher)

   b) "Sua **pele** era escura, seus ossos proeminentes e seus **olhos** ardiam como fogo perpétuo." (rosto; olhar)

5. Numa padaria estava afixado o seguinte cartaz:

   "Proibido a venda de bebidas alcoolica à menores de 18 anos."

   A frase do cartaz apresenta desvios em relação à modalidade culta de linguagem. Reescreva-a para adequá-la à linguagem culta.

6. Reescreva as frases, substituindo as palavras em destaque por aquelas indicadas entre parênteses, fazendo a concordância adequada.

   a) A **tarde** chuvosa e fria impedia qualquer atividade agitada. (tardes / dias / mês)

   b) **Lenço** fino e sedoso foi comprado pelo gentil e educado **rapaz**. (blusas; rapazes / lenço e blusa; garotas / blusa; senhora)

   c) Minha **prima** usava **roupa** caríssima. (primas; perfumes / tio; calças e camisas)

7. Complete as lacunas com as palavras indicadas entre parênteses, fazendo a concordância adequada.

   a) Naquele lugar não havia água e esgoto * . (tratado)

   b) No local e hora * , as pessoas receberam as senhas. (marcado)

   c) O diretor deu por * as tarefas. (encerrado)

   d) Ele tornou * as ameaças. (público)

   e) Os alunos pagam * mensalidades para fazer o curso. (caro)

   f) Quando chegamos ao clube, estavam * portas e portões. (fechado)

   g) As gêmeas vestiam calças e agasalhos * . (igual)

   h) Tanto o leão como o tigre são animais * . (feroz)

   i) O presidente depositou no ministro esperança e crédito * . (ilimitado)

   j) Encontramos * e * a sala e os quartos. (desarrumado / sujo)

   k) Conseguiu a liberdade porque tinha residência e emprego * . (fixo)

   l) Tomaram guaraná e soda * . (gelado)

   m) Tinha o coração e a mente * . (aberto)

   n) Depois daquela decisão ficou de corpo e alma * . (lavado)

Nos exercícios 8 a 24, faça a concordância com a palavra entre parênteses.

8. Aqueles fatos eram * para a resolução. (importante)

9. Escolheu * hora e momento para falar. (péssimo)

10. Escolheu * momento e hora para falar. (péssimo)

11. Escolheu o momento e a hora * . (adequado)

12. Aguardava ocasião e momento * . (oportuno)

13. Manteiga é * . (bom)

14. A manteiga é * . (bom)

15. A receita segue * . (anexo)

16. As receitas seguem * . (anexo)

17. O contrato vai * . (incluso)

18. Os contratos vão * . (incluso)

19. Ela * entregou o requerimento. (mesmo)

20. Nós * fizemos o pedido. (próprio)

21. Muito * , respondeu a menina. (obrigado)

22. Muito * , responderam as meninas. (obrigado)

CAPÍTULO 18 // Concordância nominal

23. Eles estavam * com a tesouraria. (quite)

24. Havia * pessoas na reunião. (menos)

25. Explique a diferença de sentido nos pares de frases a seguir.
    a) Só os irmãos viajaram. / Os irmãos viajaram sós.
    b) O príncipe André era noivo de Natasha Rostov. Ele ia todos os dias à casa dela, mas não a tratava como um noivo. / O príncipe André era noivo de Natasha Rostov. Ele ia todos os dias à casa dela, mas não a tratava como uma noiva.

26. Leia esta frase: "São proibidas a venda e a entrega de bebidas alcoólicas a menores de 18 anos." (Artigo 81, inciso II, do Estatuto da Criança e do Adolescente).

    Reescreva a frase acima, substituindo **venda** e **entrega** por verbos correspondentes a esses substantivos. Faça as modificações que julgar necessárias.

Para os exercícios 27 a 36, adote o seguinte código:

(A) apenas a sentença I está correta;

(B) apenas a sentença II está correta;

(C) apenas a sentença III está correta;

(D) todas as sentenças estão corretas;

(E) nenhuma sentença está correta.

27. I. Estudava o estilo barroco e clássico.
    II. Estudava os estilos barroco e o clássico.
    III. É proibido a passagem de pedestres.

28. I. Vossa Eminência conhece vossos problemas.
    II. Vossa Excelência conhece vossos amigos.
    III. Vossas Excelências pareceis preocupados com vossos ministros.

29. I. A atitude prejudicou o comércio francês e italiano.
    II. A atitude prejudicou os comércios francês e italiano.
    III. A atitude prejudicou os comércios francês e o italiano.

30. I. O livreto segue anexo à carta.
    II. Seguem anexo os livretos.
    III. Vai incluso à carta a minha procuração.

31. I. Ela mesmo disse: "obrigado".
    II. Ela próprio falou: "obrigado".
    III. "Muito obrigado", respondeu a baronesa.

32. I. Bastantes pessoas faltaram à reunião.
    II. Eles faltaram bastantes vezes.
    III. Não tinham bastantes motivos para faltar.

33. I. Ainda meio preocupada, ela ausentou-se.
    II. Quando ela chegou, a porta estava meia aberta.
    III. Ela anda meia aborrecida com o resultado.

34. I. Aquelas mercadorias eram baratas.
    II. Aquelas mercadorias custaram caras.
    III. Eles pagaram caros aqueles sapatos.

35. I. Feita a apresentação, todos começaram a falar.
    II. Adiada a entrega, muitos puderam cumprir o prometido.
    III. Dadas as circunstâncias, todos se retiraram.

36. I. Esperavam uma boa oportunidade e momento.
    II. Esperavam uma oportuna ocasião e momento.
    III. Esperavam uma ocasião e momento oportunos.

DOS TEXTOS À GRAMÁTICA DA GRAMÁTICA AOS TEXTOS

Bodas de prata

Nunca prometi amar minha mulher até que a morte nos separe. Mesmo não tendo jurado ou feito promessas, eu amo essa mulher cada vez mais. Fui aprendendo a gostar dela no dia a dia. É uma pessoa inquieta, capaz de sacudir a rotina com novidades. E entre as pequenas surpresas do cotidiano, fui descobrindo virtudes escondidas que ela guardava com carinho para alguém especial. Quando percebi que aquilo tudo estava reservado para mim, me deu uma sensação estranha, que só aos poucos fui identificando com aquele sentimento que chamam de felicidade.

Logo que nos conhecemos, fomos fazer uma viagem. Saímos de férias por um mês e voltamos mais apaixonados do que antes. Viajar com outra pessoa é um ótimo *test drive*. Se a viagem for agradável, pode apostar, tudo vai dar certo.

Nunca formalizamos o casamento. Foi um gesto simbólico, uma maneira de dizer que a porta estava sempre aberta. Fui ficando, ficando, e nunca mais saí. Quando me dei conta já haviam passado 25 anos. Hoje, confesso que não sei viver sem ela. Quero ficar assim, até que a morte nos separe.

No início, quando começou o jogo de ocupação de espaço, percebi que ela era meio metida. Aproveitei e abri mão da autoridade em vários assuntos nos quais não faço nenhuma questão de ter a palavra final. Roupas, por exemplo. Eu não sei me vestir. Cada vez que íamos sair, ela me olhava de cima a baixo e me fazia voltar ao guarda-roupa só porque a camisa listrada não combinava com o terno xadrez. Detalhe sem importância, mas, pra ela, fundamental. Agora, antes de me vestir, sempre me pergunto, como Noel Rosa: "Com que roupa eu vou?". Assim ela fica feliz e eu não perco meu tempo com análise de estamparias de tecidos.

Certa vez, teve um ataque, pois não levei a sério a recomendação de "não esquecer de molhar as plantas". Quase murchou ali o casamento, junto com as plantinhas. Mas o sacrifício de meia dúzia de bromélias e violetas serviu para alguma coisa: ela nunca mais me passou tarefas descomplicadas.

A vida em comum é assim, você cede aqui, ela cede ali e, entre avanços e recuos, tudo vai se encaixando. Como num quebra-cabeça.

Certo dia, pra meu espanto, saiu de dentro dela uma igualzinha, só que pequena. Tipo assim, uma *babuska*. Como se aquela mulher extraordinária já não fosse o suficiente, ainda ganhei um brinde. Um tempo depois, acredite se quiser, mais um prêmio. Dessa vez um menino.

Hoje, olho minha mulher e meus filhos, e me dá uma sensação que já não é estranha. Aprendi muito bem o que quer dizer felicidade.

RAMIL, Kledir. Crônicas para ler na escola. Sel. Regina Zilberman.
Rio de Janeiro: Objetiva, 2014. p. 77-78.

1. "Bodas de prata" é um texto narrativo. Há nele diversas marcas linguísticas que nos permitem identificar o narrador. Que tipo de narrador temos? Aponte marcas linguísticas do texto que o identifiquem.

2. A opção por narrar um fato em primeira ou terceira pessoa tem implicações no sentido. Uma narração em terceira pessoa passa um sentido de objetividade, ao passo que a narrativa em primeira pessoa tem um sentido mais subjetivo. Explique em que consiste a subjetividade do texto "Bodas de prata".

3. Vimos que os textos podem ser temáticos ou figurativos. Em "Bodas de prata", há um predomínio de palavras concretas, portanto trata-se de um texto figurativo. As figuras recobrem um tema. Qual é o tema do texto? Aponte expressões do texto que se referem a esse tema.

4. Os textos têm um caráter dialógico, isto é, um eu que fala sempre está se dirigindo a outrem, um tu ou você, mesmo que aquele a quem se dirige o texto não venha explicitado. Nesse caso, considera-se que o texto é dirigido a um leitor virtual.

   Em "Bodas de prata" há duas passagens em que o narrador dirige-se diretamente ao leitor, deixando em seu texto as marcas linguísticas desse ato. Aponte-as.

5. Você viu neste capítulo que certas palavras ora funcionam como palavras adjetivas, ora como advérbios. Isso tem implicação na concordância nominal, já que as palavras adjetivas devem concordar com o nome a que se referem, enquanto advérbios não se flexionam.

   Nos trechos a seguir, diga se a palavra destacada é palavra adjetiva ou advérbio.

   a) "[...] me deu uma sensação estranha, que **só** aos poucos fui identificando [...]"
   b) "Mas o sacrifício de **meia** dúzia de bromélias e violetas serviu para alguma coisa [...]"

6. Os adjetivos flexionam-se a fim de concordar com o nome (ou pronome) a que se referem. Nos itens a seguir, indique os termos a que os adjetivos destacados se referem.

   a) "Saímos de férias por um mês e voltamos mais **apaixonados** do que antes."
   b) "Detalhe sem importância, mas, pra ela, **fundamental**."

7. Sobre o trecho a seguir, responda ao que se pede.

   "Certo dia, pra meu espanto, saiu de dentro dela uma igualzinha, só que pequena. Tipo assim, uma *babuska*."

   a) Com que finalidade empregou-se a expressão **certo dia**?
   b) Qual é o sujeito da forma verbal **saiu**?
   c) A que classe de palavras pertence **igualzinha**? Nessa palavra o sufixo tem valor diminutivo?
   d) *Babuska* é um tipo de boneca russa, também chamada de *matrioska*. Esse tipo de boneca constitui-se de uma série de bonecas de tamanhos variados que se colocam umas dentro das outras. A palavra *babuska* está no sentido figurado. O que ela designa no texto?

REGÊNCIA

DEFINIÇÃO

Regência é a parte da gramática que trata das relações entre os termos da frase, verificando como se estabelece a dependência entre eles.

Observe:

    I. Nós amamos Maria.   II. Nós gostamos de Maria.

No exemplo I, notamos que o verbo **amar** exige complemento sem preposição (objeto direto); no exemplo II, verificamos que o verbo **gostar** exige complemento introduzido pela preposição **de** (objeto indireto).

Damos o nome de **regente** ao termo que pede o complemento e de **regido** ao complemento.

Quando o termo regente é um nome, dizemos que se trata de **regência nominal**:

    Os amigos tinham   necessidade   de apoio.
                              regente (nome)   regido

Quando o termo regente é um verbo, dizemos que se trata de **regência verbal**:

    Os amigos   necessitavam   de apoio.
                    regente (verbo)   regido

Como você notou, a regência está relacionada à avaliação da necessidade do emprego ou não de preposição entre o termo regente e o termo regido. Interessa de perto a regência de nomes e de verbos que exigem a preposição **a**, uma vez que essa preposição pode se fundir com a inicial do termo regido, ocorrendo um fenômeno denominado **crase**, que será estudado em detalhes neste capítulo.

Cumpre observar que as regências aqui apresentadas são aquelas prescritas pelas gramáticas normativas. Em diversas variedades da língua portuguesa, mesmo em variedades prestigiadas socialmente, há usos que não estão em conformidade com a norma culta.

REGÊNCIA DE ALGUNS VERBOS

Certos verbos apresentam, em determinadas variedades do português brasileiro, uma regência diferente daquela preconizada pela norma culta. É importante que você conheça a regência de alguns desses verbos, a fim de que possa utilizá-los quando for necessário expressar-se usando a norma culta.

A seguir estão alguns verbos que, na linguagem coloquial, costumam apresentar regência em desacordo com a norma culta.

Agradecer

Geralmente constrói-se com dois complementos: um sem preposição (referente a coisa); outro com preposição **a** (referente a pessoa):

                o. i. (pessoa)   o. d. (coisa)
    Agradeceu   ao colega   o favor recebido.
      v. t. d. i

Evidentemente, pode ser usado com apenas um dos complementos: apenas o objeto direto (sempre referente a coisa) ou apenas o objeto indireto (sempre referente a pessoa).

Agradeceu o presente.   Agradeceu ao pai.

Custar

No sentido de "ser custoso", "ser difícil", o verbo **custar** pede complemento com a preposição **a**, e oração infinitiva, que funciona como sujeito de **custar**:

Custou ao aluno aceitar o fato.   Custa a mim saber que ela vai voltar.

É comum, no entanto, mesmo nas variedades mais prestigiadas, o emprego de **custar**, no sentido de "ser custoso", com sujeito representado por pessoa:

"Sei que nesse mundo sucede tanta coisa esquisita que **a gente** custa a acreditar." (Carmo Bernardes)

Namorar

O verbo **namorar** exige complemento sem preposição:

João namora Maria.   Ele namora uma aluna do segundo ano.

É cada vez mais aceito por linguistas e gramáticos o verbo **namorar**, no sentido de "manter relação de namoro", como transitivo indireto regendo a preposição **com**. Tal uso pode ser explicado pela analogia que os falantes fazem com os verbos **casar** e **noivar**, que pedem essa preposição.

Jéssica namora **com** aquele rapaz.

A analogia com **casar** e **noivar** fica ainda mais clara ao se observar que, quando o complemento de **namorar** é coisa e não pessoa, os falantes empregam esse verbo sem a preposição.

Nelmara namora aquele casaco.

Em síntese:

Obedecer / desobedecer

Esses verbos exigem complemento com a preposição **a**:

> Embora transitivos indiretos, tais verbos admitem voz passiva:
> As leis antigas **eram obedecidas** por ele.
> A ordem recebida sempre **era desobedecida**.

Pedir

O verbo **pedir** pode ser usado como transitivo direto ou como transitivo direto e indireto. Neste caso, o objeto direto é representado por uma coisa e o indireto, por uma pessoa:

Rebeca pediu [o.d. licença] e saiu.   Marcos pediu [o.d. que todos saíssem].
        v. t. d.

Rebeca pediu [o.d. (coisa) dinheiro] [o.i. (pessoa) ao pai].
        v. t. d. i.

Rebeca pediu [o.i. (pessoa) ao pai] [o.d. (coisa) que lhe emprestasse o dinheiro].
        v. t. d. i.

Só se deve utilizar o verbo **pedir** seguido da preposição **para** quando fica subentendida a palavra **licença** ou **permissão** depois dele, uma vez que esse verbo sempre pede objeto direto (no caso, a palavra **licença** ou **permissão**, que fica subentendida):

Pediu [o.d. (licença)] para sair.   Pediu [o.d. (permissão)] para ficar.
v. t. d.   v. t. d.

Preferir

Quando empregado com dois complementos (verbo transitivo direto e indireto), o objeto indireto deverá vir regido pela preposição **a** (*quem prefere, prefere alguma coisa – objeto direto – a outra – objeto indireto*).

[v. t. d. i. Prefiro] [o.d. cinema] [o.i. a teatro].   [v. t. d. i. Prefiro] [o.d. estudar] [o.i. a trabalhar].

Na norma culta, o verbo **preferir** não deve ser empregado com termo intensivo (**mais**, **muito mais**, **mil vezes**, etc.). Assim, nesse padrão de linguagem, não se deve dizer:

Prefiro mais praia do que campo.

Prefiro mil vezes mais estudar que trabalhar.

Em diversas variedades do português brasileiro, há uma tendência em usar esse verbo com a preposição **de** no lugar da preposição **a**. Tal uso se explica por analogia com o verbo **gostar** em comparações:

Gosto mais de cinema do que teatro. → Prefiro mais cinema do que teatro.

"Eu prefiro ser essa metamorfose ambulante do que ter aquela velha opinião formada sobre tudo". (Raul Seixas)

Responder

É transitivo direto quando tem por complemento a declaração dada como resposta. É transitivo indireto com a preposição **a** quando se quer nomear a coisa ou a pessoa a quem se dá resposta:

Luana respondeu [o.d. que não tinha assistido àquele filme].
        v. t. d.

Perguntado se gostava de peixe, Paulo *respondeu* [v. t. d.] *que sim.* [o. d.]

O entrevistado *respondeu* [v. t. i.] **a** todas as perguntas que lhe foram feitas. [o. i.]

Embora o amigo lhe mandasse várias cartas, nunca *respondeu* [v. t. i.] **a** ele. [o. i.]

Evidentemente, o verbo **responder** pode aparecer com os dois complementos. Nesse caso, classifica-se como transitivo direto e indireto, sendo as funções de objeto direto e indireto preenchidas conforme as regras já citadas:

Respondeu [v. t. d. i.] **a**o professor [o. i.] que tinha lido o livro. [o. d.]

Respondeu [v. t. d. i.] sim [o. d.] **a** todos os itens da pesquisa. [o. i.]

> **OBSERVAÇÃO**
>
> O verbo **responder** também é empregado no sentido de "responsabilizar-se", "ser ou ficar responsável". Nesse caso, exige complemento regido pela preposição **por**:
> Todo cidadão responde **por** seus atos.

Simpatizar

O verbo **simpatizar** exige complemento com a preposição **com**:

Simpatizei [v. t. i.] **com** aquela pessoa. [o. i.]

A diretoria não *simpatizou* [v. t. i.] **com** o novo funcionário. [o. i.]

O verbo **simpatizar** não é pronominal. Assim, na norma culta não são aceitas construções como:

Simpatizei-**me** com aquela pessoa.
A diretoria não **se** simpatizou com o novo funcionário.

VERBOS QUE APRESENTAM MAIS DE UMA REGÊNCIA

Agradar

a) No sentido de "acariciar", "fazer carinho", "afagar", exige complemento sem preposição:

Deitou-se na rede e pôs-se a *agradar* [v. t. d.] o gato. [o. d.]

b) No sentido de "contentar", "satisfazer", é mais usado com complemento regido da preposição **a**:

O desempenho do artista *agradou* [v. t. i.] **a** todos. [o. i.]

Aspirar

a) No sentido de "inspirar", "sorver", exige complemento sem preposição:

Ela aspirou [o. d.] o aroma das flores. [v. t. d.] Naquele lugar, todos aspiravam [v. t. d.] [o. d.] ar poluído.

b) No sentido de "almejar", "pretender", exige complemento com a preposição **a**:

A funcionária aspirava [v. t. i.] [o. i.] **a**o cargo de chefia.

O candidato aspirava [v. t. i.] [o. i.] **a** uma posição de destaque.

Nesse sentido, o verbo **aspirar** não admite a forma oblíqua **lhe**. Assim, não se diz:

Esse cargo? Aspiro-**lhe**. (E sim: Esse cargo? Aspiro **a ele**.)

Assistir

a) No sentido de "dar assistência", "dar ajuda", é utilizado de preferência com complemento sem preposição:

Uma junta médica assistiu [v. t. d.] [o. d.] o paciente.

A nova política agrária procurará assistir [v. t. d.] [o. d.] o trabalhador rural.

Nesse sentido, admitem-se também as construções "assistir ao paciente", "assistir ao trabalhador".

b) No sentido de "ver", exige complemento com a preposição **a**:

Assistimos [v. t. i.] [o. i.] **a** um filme. Assisti [v. t. i.] [o. i.] **a** uma partida de tênis.

Nesse sentido, o verbo assistir não admite a forma oblíqua **lhe**. Assim, não se diz:

Esse filme? Assisti-**lhe**. (E sim: Esse filme? Assisti **a ele**.)

> **OBSERVAÇÃO**
>
> Em diversas variedades do português brasileiro, há uma grande tendência em usar o verbo **assistir**, no sentido de "ver", como transitivo direto:
> Uma multidão assistiu o *show* daquela banda.
> Heloísa não assiste novelas.

c) No sentido de "caber", "pertencer", exige complemento com a preposição **a**:

É um direito que assiste [v. t. i.] [o. i.] **a**o trabalhador. Tal direito assiste [v. t. i.] [o. i.] **a**o aluno.

Nesse sentido, o verbo **assistir** admite a forma oblíqua **lhe**. Assim, é correto dizer:

É um direito que **lhe** assiste.

d) No sentido de "morar", "residir", é usado com adjunto adverbial de lugar introduzido pela preposição **em**:

O Presidente assiste **em** Brasília.

"Ah, esse Hermôgenes – eu padecia que ele assistisse neste mundo..." (Guimarães Rosa)

> **OBSERVAÇÃO**
>
> Atualmente, o verbo **assistir** é pouco usado nessa última acepção. Nesse sentido, é um verbo intransitivo que necessita de adjunto adverbial de lugar para constituir o predicado. Alguns autores preferem denominá-lo **verbo transitivo circunstancial** (ver capítulo 12, na página 218).

Na linguagem atual, o verbo **assistir** assumiu outros significados:
- presenciar: assisti uma briga.
- observar: assisti a mudança.
- frequentar: assisti um curso.

Nessas acepções, geralmente é empregado um complemento sem preposição.

Atender

a) No sentido de "acolher", "dar atenção a", é empregado com complemento sem preposição:

O vendedor atendeu o cliente.

b) No sentido de "responder", "tomar em consideração", deve ser empregado, preferencialmente, com complemento regido pela preposição **a**:

O artista atendeu **a**o pedido do público.

O médico atendeu **a** um chamado urgente.

Chamar

a) No sentido de "convocar", "mandar vir", exige complemento sem preposição:

O técnico chamou os jogadores.   Chame os trabalhadores.

Nesse caso, admite-se também a construção preposicionada:
O técnico chamou **pelos** jogadores.
Chamou **por** seus protetores.

b) No sentido de "cognominar", "dar nome", exige indiferentemente complemento com ou sem a preposição **a** e predicativo com ou sem a preposição **de**. Daí admitir quatro construções diferentes:

Chamei Pedro **de** tolo.   Chamei Pedro tolo.

Chamei **a** Pedro **de** tolo.   Chamei **a** Pedro tolo.

Ou ainda, substituindo-se o substantivo pelo pronome pessoal oblíquo:
Chamei-**o de** tolo.   Chamei-**o** tolo.
Chamei-**lhe de** tolo.   Chamei-**lhe** tolo.

Esquecer / lembrar

a) Quando não são pronominais, os verbos **esquecer** e **lembrar** exigem complemento sem preposição:

Ele | esqueceu [v. t. d.] | o caderno. [o. d.]   Nós | lembramos [v. t. d.] | tudo o que aconteceu. [o. d.]

b) Quando são pronominais, tais verbos exigem complemento com a preposição **de**:

Ele | se esqueceu [v. t. i.] | **d**o caderno. [o. i.]   Nós | nos lembramos [v. t. i.] | **de** tudo o que aconteceu. [o. i.]

Há uma construção com esses verbos em que a coisa esquecida ou lembrada passa a funcionar como sujeito de esquecer ou lembrar, sofrendo os verbos leve alteração no sentido:

Esqueceu-me | o ocorrido. [sujeito] (O ocorrido me caiu no esquecimento.)

"Eia, comecemos a evocação por uma célebre tarde de novembro, que nunca me esqueceu." [sujeito] (Machado de Assis) (Uma célebre tarde de novembro nunca me caiu no esquecimento.)

Implicar

a) No sentido de "acarretar", exige complemento sem preposição:

Sua atitude | implicará [v. t. d.] | demissão. [o. d.]

Tal procedimento | implicará [v. t. d.] | anulação da prova. [o. d.]

b) No sentido de "impacientar-se", "demonstrar antipatia", exige complemento com a preposição **com**:

Vivia | implicando [v. t. i.] | **com** o irmão mais novo. [o. i.]

Informar

O verbo **informar** pede dois complementos, um sem preposição e outro com. Admite duas construções:

Informei [v. t. d. i.] | a nota [o. d. (coisa)] | ao aluno [o. i. (pessoa)]   Informei [v. t. d. i.] | o aluno [o. d. (pessoa)] | **da** nota. [o. i. (coisa)]

Pelos exemplos acima, observamos que, quando o objeto direto se referir a coisas, a pessoa será objeto indireto regido pela preposição **a**; quando o objeto direto se referir a pessoas, a coisa será objeto indireto regido da preposição **de**.

> **OBSERVAÇÕES**
>
> - Por analogia ao verbo **falar** ("falar sobre, acerca de, a respeito de"), admite-se uma construção como:
>
>   Informei o aluno **sobre** (**acerca de**, **a respeito de**) a nota.
> - Em construções como essa, o termo introduzido pela preposição **sobre** ou pelas locuções prepositivas **acerca de**, **a respeito de** é adjunto adverbial de assunto e não objeto indireto.

A regência do verbo **informar** se aplica também aos verbos **avisar**, **certificar**, **cientificar**, **notificar**, **prevenir**.

Pagar

O verbo **pagar** pede objeto direto (aquilo que é pago), e objeto indireto com a preposição **a**, que representa a pessoa ou a instituição a quem se faz o pagamento:

O verbo **pagar** pode ser usado com apenas um dos complementos: apenas o objeto direto (sempre referente a coisa) ou apenas o objeto indireto (sempre referente a pessoa ou instituição):

	o. d. (coisa)		o. i. (pessoa)
Paguei v. t. d.	o livro.	Paguei v. t. i.	ao vendedor.
Paguei v. t. d.	o empréstimo.	Paguei v. t. i.	ao banco.

A regência do verbo **pagar** aplica-se também ao verbo **perdoar**.

Proceder

a) No sentido de "ter fundamento", não exige complemento algum. Trata-se, pois, de um verbo intransitivo:

> Aqueles boatos não **procediam**.
> Se sua reclamação **proceder**, farei a revisão da prova.

b) No sentido de "executar", "fazer", exige complemento com a preposição **a**:

c) No sentido de "originar-se", "vir", pede complemento com a preposição **de**:

> Várias palavras da língua portuguesa procedem do árabe.

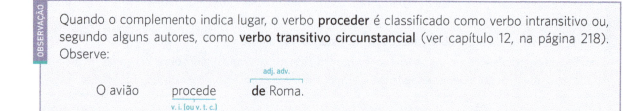

Querer

a) No sentido de "desejar", "ter vontade de", exige complemento sem preposição:

"Eu quero uma casa no campo." (Tavito e Zé Rodrix)

"A gente não quer só dinheiro,

A gente quer dinheiro e felicidade." (Arnaldo Antunes, Marcelo Fromer e Sérgio Britto)

b) No sentido de "estimar", "ter afeto", exige complemento com a preposição **a**:

Quero a meus pais.   Quero a meus colegas.

Visar

a) No sentido de "mirar", exige complemento sem preposição:

Ele visou o alvo.

O caçador visou a presa, disparou e errou.

b) No sentido de "dar visto", exige complemento sem preposição:

O gerente visou o cheque.

O próprio cônsul visou meu passaporte.

c) No sentido de "ter em vista", exige complemento com a preposição **a**:

Visamos a uma posição de destaque.

Ele agia sem visar a lucros.

Nesse sentido, **visar** não admite a forma oblíqua **lhe**. Assim, não se diz:
Esse cargo? Viso-**lhe**. (E sim: Esse cargo? Viso **a ele**.)

> **OBSERVAÇÃO**
> É comum o uso de **visar** no sentido de "ter em vista" com objeto direto, principalmente quando o complemento é representado por uma oração.
> Visaram melhores condições de trabalho.
> Visaram melhorar as condições de trabalho.

OBSERVAÇÕES GERAIS

1 Os verbos transitivos indiretos (exceção feita ao verbo **obedecer** e seu antônimo **desobedecer**) não admitem voz passiva.

Assim, não são aceitas pela norma culta construções como:

O cargo de secretário-geral **era aspirado** por um sueco.

O cargo **era visado** pelos funcionários.

Corrija-se para:

Um sueco aspirava **a**o cargo de secretário-geral.

Os funcionários visavam **a**o cargo.

> **OBSERVAÇÃO**
> São cada vez mais aceitas construções com o verbo **assistir** na voz passiva. Isso se justifica porque tem sido mais frequente o uso do verbo **assistir** com sentido de "ver", "presenciar" como transitivo direto:
> Muitos torcedores assistiram o jogo. (O jogo foi assistido por muitos torcedores.)

2 As formas oblíquas **o, a, os, as** funcionam como complemento de verbos transitivos diretos, enquanto as formas **lhe, lhes** funcionam como complemento de verbos transitivos indiretos:

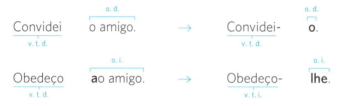

3 Havendo pronome relativo ou interrogativo, a preposição exigida pelo verbo desloca-se para antes do pronome:

Esta é a faculdade **a** que aspiro.
Estes são os filmes **a** que assisti.
Este é o autor **a** cuja obra me refiro.
Este é o autor **de** cuja obra gosto.

Este é o autor **por** cuja obra tenho simpatia.
Com quem você simpatiza?
A que cargo aspiras?

4 Alguns verbos transitivos indiretos não admitem como complemento as formas oblíquas átonas **lhe, lhes**. Com tais verbos deve-se empregar o pronome **ele** (e suas flexões) regido de preposição. Os principais verbos que não aceitam **lhe** como complemento são: **aludir, aspirar, assistir, carecer, concordar, depender, desconfiar, duvidar, gostar, incorrer, insistir, pensar, recorrer, reparar**.

5 Não se deve dar um único complemento para palavras que regem preposições diferentes.

Assim, não são aceitas pela norma culta construções como:

Li e **gostei d**o livro. (Quem lê, lê **algo** e quem gosta, gosta **de algo**.)

Você é **contra** ou a **favor d**a pena de morte? (Quem é contra, é contra **algo** ou **alguém** e quem é a favor, é a favor **de algo** ou **de alguém**.)

Na linguagem formal, deve-se dizer:

Li **o livro** e gostei **dele**.

Você é contra **a pena de morte** ou a favor **dela**?

REGÊNCIA DE ALGUNS NOMES

acessível **a**	dúvida **em**, **sobre**, **acerca de**	natural **de**
acostumado **a**, **com**	entendido **em**	necessário **a**
admiração **a**, **por**	equivalente **a**	negligente **em**
afável **com**, **para com**	erudito **em**	nocivo **a**
agradável **a**	escasso **de**	obediência **a**
alheio **a**	essencial **para**	ojeriza **a**, **por**
amante **de**	estranho **a**	paralelo **a**
análogo **a**	fácil **de**	parco **em**, **de**
ansioso **de**, **para**, **por**	fanático **por**	passível **de**
apto **a**, **para**	favorável **a**	perito **em**
atentado **a**, **contra**	fiel **a**	permissivo **a**
avesso **a**	firme **em**	perpendicular **a**
ávido **de**	generoso **com**	pertinaz **em**
benéfico **a**	grato **a**	possível **de**
capacidade **de**, **para**	hábil **em**	possuído **de**
capaz **de, para**	habituado **a**	posterior **a**
certo **de**	horror **a**	preferível **a**
compatível **com**	hostil **a**	prejudicial **a**
compreensível **a**	idêntico **a**	prestes **a**, **para**
comum **a**, **de**	impossível **de**	propício **a**
constante **em**	impróprio **para**	próximo **a**, **de**
contemporâneo **a**, **de**	incompatível **com**	relacionado **com**
contíguo **a**	inconsequente **com**	respeito **a**, **com**, **para com**
contrário **a**	indeciso **em**	responsável **por**
cuidadoso **com**	independente **de**, **em**	rico **de**, **em**
curioso **de**, **por**	indiferente **a**	satisfeito **com**, **de**, **em**, **por**
desatento **a**	indigno **de**	seguro **de**, **em**
descontente **com**	inerente **a**	semelhante **a**
desejoso **de**	inexorável **a**	sensível **a**
desfavorável **a**	insensível **a**	sito **em**
devoção **a**, **por**, **para com**	leal **a**	suspeito **de**
diferente **de**	lento **em**	útil **a**, **para**
difícil **de**	liberal **com**	vazio **de**
digno **de**	medo **a**, **de**	versado **em**

Os advérbios terminados em **-mente** seguem a regência dos adjetivos de que se originaram:

agradavelmente **a**	essencialmente **para**	indiferentemente **a**
analogamente **a**	facilmente **de**	necessariamente **a**
compativelmente **com**	favoravelmente **a**	paralelamente **a**
constantemente **em**	identicamente **a**	perpendicularmente **a**
contrariamente **a**	impropriamente **para**	possivelmente **de**
diferentemente **de**	independentemente **de**, **em**	posteriormente **a**

ATIVIDADES

Texto para as questões **1** a **7**.

Capítulo I

Dos Direitos e Deveres Individuais e Coletivos

Art. 5º Todos são iguais perante a lei, sem distinção de qualquer natureza, garantindo-se aos brasileiros e aos estrangeiros residentes no País a inviolabilidade do direito à vida, à igualdade, à segurança e à propriedade nos termos seguintes:

I – homens e mulheres são iguais em direitos e obrigações, nos termos desta Constituição;

II – ninguém será obrigado a fazer ou deixar de fazer alguma coisa senão em virtude de lei;

III – ninguém será submetido a tortura nem a tratamento desumano ou degradante;

IV – é livre a manifestação do pensamento, sendo vedado o anonimato;

V – é assegurado o direito de resposta, proporcional ao agravo, além da indenização por dano material, moral ou à imagem;

VI – é inviolável a liberdade de consciência e de crença, sendo assegurado o livre exercício dos cultos religiosos e garantida, na forma da lei, a proteção aos locais de culto e a suas liturgias;

[...]

IX – é livre a expressão da atividade intelectual, artística, científica e de comunicação, independentemente de censura ou licença;

X – são invioláveis a intimidade, a vida privada, a honra e a imagem das pessoas, assegurado o direito a indenização pelo dano material ou moral decorrente de sua violação;

XI – a casa é asilo inviolável do indivíduo, ninguém nela podendo penetrar sem consentimento do morador, salvo em caso de flagrante delito ou desastre, ou para prestar socorro, ou, durante o dia, por determinação judicial;

[...]

XXVII – aos autores pertence o direito exclusivo de utilização, publicação ou reprodução de suas obras, transmissível aos herdeiros pelo tempo que a lei fixar;

[...]

BRASIL. *Constituição da República Federativa do Brasil de 1988.* Disponível em: <www.planalto.gov.br/ccivil_03/constituicao/constituicao.htm>. Acesso em: 13 nov. 2016.

1. O texto que você acabou de ler é um trecho do artigo 5º da Constituição da República Federativa do Brasil. Os números escritos em algarismos romanos indicam os incisos (subdivisões) desse artigo. Quais são os incisos correspondentes aos direitos a seguir? (Se necessário, volte ao capítulo 8, **Numeral**, na seção "Emprego dos numerais", e veja como deve ser feita a leitura de numerais em textos de lei.)

   a) homens e mulheres são iguais.
   b) é livre a manifestação do pensamento.
   c) é inviolável a liberdade de consciência e de crença.
   d) é livre a expressão da atividade intelectual, artística, científica e de comunicação.
   e) são invioláveis a intimidade, a vida privada, a honra e a imagem das pessoas.
   f) a casa é asilo inviolável do indivíduo.
   g) aos autores pertence o direito exclusivo de utilização, publicação ou reprodução de suas obras.

2. Você aprendeu que a função das preposições é relacionar dois termos subordinando um ao outro. No título do texto, emprega-se a preposição **de**, sem que ela esteja relacionando termos da oração.

   a) Que sentido ela assume no título?
   b) Que outra preposição indicaria o mesmo sentido?

3. No início do texto, o adjetivo **iguais** aparece com complemento regido pela preposição **perante**: "Todos são iguais **perante** a lei [...]". Sem alterar o sentido, reescreva o trecho substituindo a preposição **perante** por outra palavra.

4. O inciso XI afirma que a casa é asilo inviolável do indivíduo. Em que sentido foram empregadas as palavras **asilo** e **inviolável**?

5. O inciso XXVII afirma que "aos autores pertence o direito exclusivo de utilização, publicação ou reprodução de suas obras [...]".

   a) Qual é a função sintática de **aos autores** e de **de suas obras**?
   b) Sem alterar o sentido e, mantendo a regência, reescreva a frase substituindo o verbo **pertencer** por outro.

CAPÍTULO 19 // Regência

6. O inciso VI começa por "é inviolável [...]"; o X por "são invioláveis [...]". Explique por que no inciso VI empregou-se o singular e, no X, o plural.

7. No trecho a seguir, a preposição **salvo** introduz uma oração que acrescenta uma informação ao que foi expresso anteriormente. Explique que tipo de informação é essa. Sem alterar o sentido, que outra preposição poderia ser usada no lugar de **salvo**?

"[...] a casa é asilo inviolável do indivíduo, ninguém nela podendo penetrar sem consentimento do morador, salvo [...] para prestar socorro, ou durante o dia, por determinação judicial"

8. Vimos que, quando o termo regente é um verbo, temos um caso de regência verbal. Se o termo regente é um nome, temos regência nominal. Nos casos de regência nominal, o termo regente é um substantivo, um adjetivo ou um advérbio. Levando em conta o termo regente, adote o seguinte código:

(A) o regente é um substantivo;

(B) o regente é um adjetivo;

(C) o regente é um advérbio.

a) residentes no país.

b) manifestação do pensamento.

c) direito à vida, à igualdade, à segurança e à propriedade.

d) liberdade de consciência e de crença.

e) proporcional ao agravo.

f) independentemente de censura ou licença.

g) consentimento do morador.

h) transmissível aos herdeiros.

Texto para a questão 9.

— Filha minha não casa com filho de carcamano!

A esposa do conselheiro José Bonifácio de Matos e Arruda disse isso e foi brigar com o italiano das batatas. Teresa Rita misturou lágrimas com gemidos e entrou no seu quarto batendo a porta. O conselheiro José Bonifácio limpou as unhas com o palito, suspirou e saiu de casa abotoando o fraque.

MACHADO, Antônio de Alcântara. *Brás, Bexiga e Barra Funda.* Belo Horizonte: Itatiaia, 2001. p. 48-50.

9. Classifique quanto à predicação o verbo **casar** nas frases a seguir:

a) "Filha minha não casa com filho de carcamano!"

b) O padre casou os noivos numa cerimônia simples.

c) Teresa Rita ainda não casou.

d) É preciso saber casar paciência com perseverança.

10. Leia estes versos do poeta piauiense Cineas Santos.

O amor bate à porta
e tudo é festa.
O amor bate a porta
e nada resta.

SANTOS, Cineas. *Pétalas*: uma antologia de bolso. Teresina: Oficina da Palavra, 2010. p. 103.

Neles há uma oposição de sentido marcada pelo verbo **bater**. Comente-a, explicando a regência do verbo **bater** nas duas ocorrências.

Texto para as questões 11 a 13.

Duas versões para a origem do nome gandula, o menino que busca a bola que sai de campo nos jogos de futebol. Ambas incluem Bernardo José Gandulla, o atacante argentino que chegou ao Brasil em 1939, para jogar no Vasco.

1. Gandulla buscava toda bola que saía do jogo, não importando se a reposição pertencia à sua equipe ou ao adversário.

2. Enquanto esperava a legalização dos papéis de transferência, Gandulla só podia assistir aos jogos ao lado do campo. Depois, fez uma temporada fraca e os adversários não perdoaram: Gandulla só servia mesmo para buscar a bola.

GOULART, Mário (Org.). *O livro dos erros.* Rio de Janeiro: Record, 2001. p. 65.

11. No texto a palavra **ambas** substitui um termo anteriormente expresso. Qual?

12. Indique o sentido que estabelecem as preposições na frase a seguir.

"Ambas incluem Bernardo José Gandulla, o atacante argentino que chegou ao Brasil em 1939, para jogar no Vasco."

13. Os verbos a seguir, extraídos do texto, são transitivos. Indique o termo que funciona como complemento desses verbos.

a) busca

b) incluem

c) pertencia

d) esperava

e) assistir

f) fez

CRASE

Introdução

Na fala é comum que um **a** átono se contraia com outro **a** átono. Observe:

Compareceu a uma assembleia.   Dirigiu-se a uma aldeia.

Na escrita, porém, esses **aa** não se fundem.
Veja agora estes exemplos:

Vou a a escola.   Referiu-se a a professora.

Na escrita, porém, esses **aa** se fundem e a fusão deve ser indicada pelo acento grave (`).

Vou **à** escola.   Referiu-se **à** professora.

Podemos afirmar que na fala é frequente a fusão de dois **aa**, mas na escrita apenas em alguns casos os dois **aa** se juntam numa letra só. Quando isso ocorre, empregamos o acento grave para indicar a fusão.

É importante notar que a pronúncia do **a** com acento grave (**à**) não difere em nada da pronúncia do **a** sem o acento grave (**a**), ou seja, com ou sem acento grave, o **a** se pronuncia da mesma maneira. Veja:

"Vamos pegar o primeiro avião com destino **à** felicidade. **A** felicidade pra mim é você." (Leandro e Leonardo)

Em "destino à felicidade", dois **aa** se fundem e a fusão é indicada pelo acento grave. Em "a felicidade" há apenas um **a**, o artigo definido. As expressões "à felicidade" e "a felicidade", embora sejam grafadas de forma diferente nas duas ocorrências, devem ser pronunciadas exatamente da mesma maneira.

CRASE DA PREPOSIÇÃO A COM O ARTIGO A OU AS

Regra

Haverá crase sempre que o termo regente exigir a preposição **a** e o termo regido admitir o artigo **a** ou **as**:

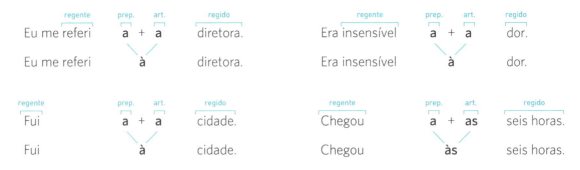

Nesses casos, é fácil constatar que ocorreu a crase: basta trocar o termo regido por um masculino correlato. Se obtivermos a combinação **ao(s)** (preposição **a** + artigo **o(s)**), fica demonstrado que ocorreu a fusão da preposição com o artigo.

Se, nos exemplos citados, trocarmos os termos regidos **diretora**, **cidade**, **dor** e **seis horas** pelos masculinos **diretor**, **bairro**, **sofrimento** e **meio-dia**, teremos:

Eu me referi **ao** diretor.   Era insensível **ao** sofrimento.
Fui **ao** bairro.   Chegou **ao** meio-dia.

Observe que, para ocorrer a crase, é necessário que o termo regente exija a preposição **a** e o termo regido admita a anteposição do artigo **a** ou **as**. Se um desses fatores não ocorrer, não haverá crase:

No primeiro exemplo, não ocorre a crase porque o termo regente (**conheço**) não exige preposição **a** ("quem conhece, conhece alguém ou alguma coisa": **verbo transitivo direto**); portanto, ali está presente apenas um **a** (o artigo que determina o termo regido **diretora**).

No segundo exemplo, também não ocorre crase porque temos tão somente a preposição **a**, exigida pelo termo regente **me refiro** ("quem se refere, se refere **a** alguém ou **a** alguma coisa"). Diante do termo regido (**ela**) não ocorre o artigo.

Adotando o procedimento de trocar o termo regido por um masculino correlato, não obteremos a combinação **ao**:

    Eu conheço **o** diretor.
    Eu me refiro **a** ele.

Não ocorre crase

Vimos que uma das condições para que ocorra a crase é o termo regido admitir a anteposição do artigo **a** ou **as**. Quando não houver o artigo, evidentemente não haverá a crase, por isso nunca ocorre crase:

a) diante de palavras masculinas:
    As vendas **a** crédito cresceram no último ano.   Gostava de andar **a** pé.

b) diante de verbos:
    Ainda há muita coisa **a** fazer.
    Estava determinado **a** disputar uma vaga.

c) diante da maioria dos pronomes:
    Entregaram o prêmio **a** ela.
    Peço licença **a** Vossa Excelência.
    Fizeram referência **a** esta carta.
    Não fizeram alusão **a** alguma possibilidade de devolução da mercadoria.

Alguns pronomes admitem a anteposição do artigo. É possível, então, ocorrer a crase diante desses pronomes, se o termo regente exigir a preposição **a**. Veja:

    Peço desculpas **à** própria pessoa.
    Fizeram referência **à** mesma pessoa.

d) nas expressões formadas por palavras repetidas (gota **a** gota, frente **a** frente, ponta **a** ponta, boca **a** boca, etc.). Nesses casos, temos simplesmente a preposição **a**. Observe as expressões masculinas correlatas: lado **a** lado, passo **a** passo (e não "lado **ao** lado", "passo **ao** passo").

    Ficou cara **a** cara com o inimigo.
    Contava as moedas uma **a** uma.

e) diante de substantivos empregados em sentido genérico:
    Proibido jogar lixo: sujeito **a** multa.
    Falava **a** pessoas desinteressadas.   Não se referiu **a** criatura alguma.
    Fez alusão **a** cidades litorâneas.   Crianças têm direito **a** recreação.

Casos especiais

Locuções formadas por palavras femininas

O(s) a(a) das locuções formadas com palavras femininas – **à tarde**, **à noite**, **à vista**, **à vontade**, **à procura**, **às pressas**, **às escondidas**, **à moda de** (mesmo que a palavra **moda** fique subentendida), **à medida que**, **à proporção que**, **à exceção de**, **à beira de**, etc. – deve(m) receber o acento grave:

Saímos **à meia-noite**.

Vendi **à vista** o relógio que ganhei numa rifa.

Ando **à procura** de um amigo.

Andava **às pressas**.

Agia **às escondidas**.

No almoço, optou por comer virado **à paulista**. (à moda paulista)

No restaurante pediu uma moqueca **à capixaba**. (à moda capixaba)

À medida que caminhavam, todos iam ficando cansados, **à exceção de** Paulo, que parecia ter um fôlego de gato.

Mulheres **à beira de** um ataque de nervos

É importante notar que nessas expressões ocorre o acento grave (`), mesmo que não haja a crase, isto é, a fusão de duas vogais idênticas. Veja:

Saímos **à meia-noite**.

Nesse caso, o acento grave indica a fusão de dois **aa**. Verifique que, se substituirmos o termo regido (meia-noite) por um correlato (meio-dia), obteremos a combinação **ao**:

Saímos **ao** meio-dia.

Observe outro caso:

Vendi **à** vista o relógio que ganhei numa rifa.

Nesse caso, o acento grave não está indicando a fusão de dois **aa**. Se substituirmos o termo regido (vista) por um masculino correlato (prazo), não obteremos a combinação **ao**:

Vendi **a** prazo o relógio que ganhei numa rifa.

Claro está que, se a expressão adverbial for formada por palavra masculina ou se a preposição que introduz a expressão adverbial for outra, diferente de **a**, não ocorrerá a crase e, consequentemente, o(s) a(a) de tais expressões **não receberá(ão)** acento grave:

Trazia a bolsa **a** tiracolo.

Atravessou o rio **a** nado.

Escreveu a resposta **a** lápis.

Fez tudo **a** toque de caixa.

A cor fica **a** critério do cliente

Chegou **após as** dez horas.

Ele não vê o irmão **desde a** semana passada.

A reunião ficou marcada **para as** cinco da tarde.

> **OBSERVAÇÃO**
>
> Não há consenso sobre o emprego do acento grave no **a** que encabeça as expressões adverbiais de instrumento. Alguns autores o utilizam; outros não. Nessas expressões, o uso do acento grave é facultativo:
>
> Escreveu uma carta **a** (ou **à**) máquina.
>
> Feriu-se **a** (ou **à**) faca.
>
> Viajaram num barco **a** (ou **à**) vela.

Pode ou não ocorrer crase

Há três casos em que pode ou não ocorrer a crase. São os seguintes:

a) diante de nomes próprios de pessoas do sexo feminino:

Ele fez referência **a** Sandra. / Ele fez referência **à** Sandra.

b) diante de pronomes possessivos femininos:

Obedeço **a** minha irmã. / Obedeço **à** minha irmã.

Esses dois casos se justificam pelo fato de que diante de tais palavras a presença do artigo é facultativa. Podemos dizer:

Sandra chegou. / **A** Sandra chegou.
Minha irmã saiu. / **A** minha irmã saiu.

c) depois da preposição **até**:

Fomos até **a** feira. / Fomos até **à** feira.

Nesse caso, pode ou não ocorrer a crase, pois podemos indiferentemente usar a preposição **até** ou a locução prepositiva **até a**.

No próximo exemplo, temos a preposição **até** seguida do artigo **a**; portanto, ocorre um **a** apenas:

Fomos até **a** feira.

Já no caso a seguir, há a locução prepositiva **até a**, cujo **a** vai se fundir com o artigo **a** que antecede a palavra **feira**:

Fomos até **à** feira.

Diante de nomes de lugar

Como visto no capítulo 6, em que estudamos o artigo, alguns nomes de lugar admitem a anteposição do artigo, outros não.

Haverá crase diante de nomes de lugar se o termo regente exigir a preposição **a** e o termo regido (o nome do lugar) admitir a anteposição do artigo **a**. Para verificar se um nome de lugar admite ou não a anteposição do artigo **a**, pode-se utilizar o artifício a seguir:

- Se, ao formularmos uma frase com um nome de lugar regido pelo verbo **vir**, obtivermos a contração **da**, fica claro que diante dele cabe o artigo, pois **da** é contração da preposição **de** com o artigo **a**:

Vou	à	Itália.		Vou	à	Argentina.
regente	prep. + art.	regido		regente	prep. + art.	regido

Venho	da	Itália.		Venho	da	Argentina.
regente	prep. + art.	regido		regente	prep. + art.	regido

- Se, porém, obtivermos simplesmente a preposição **de**, fica claro que diante de tal nome não ocorre o artigo **a**:

Vou	a	Roma.		Vou	a	Cuba.
regente	prep.	regido		regente	prep.	regido

Venho	de	Roma.		Venho	de	Cuba.
regente	prep.	regido		regente	prep.	regido

PARTE 3 // SINTAXE

- Se o nome de lugar que não admite artigo vier especificado, passará a aceitá-lo e, consequentemente, haverá crase, desde que o termo regente exija a preposição **a**:

$$\underset{\text{regente}}{\underline{\text{Vou}}} \quad \underset{\text{prep. + art.}}{\underline{\text{à}}} \quad \underset{\text{regido}}{\underline{\text{bela Roma.}}} \qquad \underset{\text{regente}}{\underline{\text{Vou}}} \quad \underset{\text{prep. + art.}}{\underline{\text{à}}} \quad \underset{\text{regido}}{\underline{\text{Curitiba de então.}}}$$

É evidente que em construções como:

Conheço **a** Bahia.   Visitamos **a** Itália.

não ocorre a crase, uma vez que os termos regentes (**conheço** e **visitamos**) não exigem a preposição **a**, pois são verbos transitivos diretos. Nesses exemplos, o **a** é simplesmente artigo.

Diante das palavras *casa* e *terra*

Não ocorre crase diante das palavras **casa** (no sentido de "lar", "moradia") e **terra** (no sentido de "chão firme"), uma vez que tais palavras não admitem a anteposição do artigo **a**:

$$\underset{\text{regente}}{\underline{\text{Voltamos}}} \quad \underset{\text{prep.}}{\underline{\text{a}}} \quad \underset{\text{regido}}{\underline{\text{casa.}}} \qquad \text{Os marinheiros} \quad \underset{\text{regente}}{\underline{\text{desceram}}} \quad \underset{\text{prep.}}{\underline{\text{a}}} \quad \underset{\text{regido}}{\underline{\text{terra.}}}$$

Se, no entanto, tais palavras vierem especificadas, passam a admitir a anteposição do artigo e, consequentemente, poderá ocorrer a crase, desde que o termo regente exija a preposição **a**:

$$\underset{\text{regente}}{\underline{\text{Voltamos}}} \quad \underset{\text{prep. + art.}}{\underline{\text{à}}} \quad \underset{\text{regido}}{\underline{\text{casa dos amigos.}}}$$

$$\text{Os marinheiros} \quad \underset{\text{regente}}{\underline{\text{desceram}}} \quad \underset{\text{prep. + art.}}{\underline{\text{à}}} \quad \underset{\text{regido}}{\underline{\text{terra dos anões.}}}$$

CRASE COM OS PRONOMES DEMONSTRATIVOS *AQUELE(S)*, *AQUELA(S)* E *AQUILO*

Haverá crase com os pronomes demonstrativos **aquele(s)**, **aquela(s)**, **aquilo** sempre que o termo regente exigir a preposição **a**:

Assisti **à**quele filme.

Aspiro **à**quela vaga.

Prefiro isto **à**quilo.

> **OBSERVAÇÃO**
>
> Se o pronome demonstrativo estiver se referindo a alguma entidade superior e, portanto, for grafado com inicial maiúscula, não ocorre a crase:
>
> Agradecemos todos os dias **a A**quele que nos protege.

CRASE DIANTE DE PRONOMES RELATIVOS

A qual e *as quais*

Ocorrerá crase com os pronomes relativos **a qual** e **as quais** quando esses pronomes vierem antecedidos pela preposição **a**, exigida por um termo da oração que tais pronomes introduzem:

A cidade **à qual** iremos possui praias **às quais** chegaremos.

Observe que, nesse exemplo, os termos **iremos** e **chegaremos** regem a preposição **a**, que migra para antes dos pronomes relativos e com eles se funde.

Também nesses casos, a ocorrência da crase pode ser demonstrada pelo artifício de substituir os termos regidos femininos por masculinos correlatos:

O país **ao** qual iremos possui recantos **aos** quais chegaremos.

Quem e cuja

Os pronomes **quem** e **cuja** não admitem a anteposição do artigo; portanto, diante deles não ocorre crase:

Esta é a mulher **a** quem obedeço.
Este é o autor **a** cuja obra me refiro.

Nesses casos, o **a** é simplesmente preposição.

Que

Diante do pronome relativo **que** normalmente não há crase, pois esse pronome não admite a anteposição do artigo:

Esta é a faculdade **a que** aspiro.
Esta é a cidade **a que** iremos.

Nesses casos, o **a** é simplesmente preposição.

Poderá, no entanto, ocorrer a crase da preposição **a** com os pronomes demonstrativos **a** e **as** (aquela, aquelas) que aparecem antes do pronome relativo **que**:

Sua caneta era igual **à** que comprei.

Em caso de dúvida, é possível verificar a ocorrência ou não de crase pelo recurso da substituição dos termos regidos por masculinos correlatos:

Este é o curso **a que** aspiro.
Este é o bairro **a que** iremos.
Seu lápis era igual **ao que** comprei.

A **gramática** no dia a dia

Verbos *ir* e *chegar*

Neste capítulo, vimos que a regência trata da relação de dependência entre verbos e nomes e os termos que funcionam como complementos dessas palavras.

Quando estudamos predicação verbal, vimos que existem verbos que não exigem complemento: os verbos intransitivos.

Ocorre que alguns verbos intransitivos, sozinhos, não possuem sentido completo, exigindo um adjunto adverbial, chamado por alguns gramáticos de complemento circunstancial, uma vez que tais adjuntos têm caráter obrigatório.

Na variedade popular, é comum observarmos construções com tais verbos não aceitas pela norma culta, pois se emprega uma preposição no lugar de outra.

Embora frequentes nessa variedade, não são aceitas na linguagem formal construções como:

Amanhã vou **no** cinema.
Cheguei **na** escola atrasado.

Aos domingos, costumamos ir **na** missa.
Finalmente chegamos **na** praia que procurávamos.

Em tais construções, a norma culta determina que o adjunto adverbial seja introduzido pela preposição **a** e não pela preposição **em**. Assim, nesse padrão de linguagem, deve-se dizer:

Amanhã vou **a**o cinema.

Aos domingos, costumamos ir **à** missa.

Cheguei **à** escola atrasado.

Finalmente chegamos **à** praia que procurávamos.

Na norma culta, o verbo **ir** deve ser empregado com a preposição **para** quando o sentido é de "dirigir-se com intenção de permanecer":

"Eu não vou **para** o Brasil, Amparo: vou ao Brasil, o que é uma coisa diferente. Não vou mudar de terra nem de vida, vou numa viagem de negócios, que é uma coisa que acontece às vezes na vida das pessoas." (Miguel de Sousa Tavares)

No sentido de "começar", "iniciar", o verbo **ir** é transitivo indireto com o objeto indireto regido pela preposição **a**:

Vamos **a**o que interessa.

"Puxou ao pai"

Na variedade popular é bastante comum as pessoas dizerem que "o filho puxou o pai" ou "puxou a mãe".

Na norma culta, quando queremos dizer que alguém herdou qualidades de um ascendente (ou parente) ou saiu-se semelhante a ele, deve-se empregar o verbo **puxar** com complemento regido pela preposição **a**:

O menino puxou **a**o pai, pois é tão introvertido quanto ele.

Puxar o pai significa literalmente "arrastar o pai".

"Morador na", "residente na"

É frequente encontrarmos em cartas, petições e requerimentos construções como:

Nestor Nestório, morador **à** rua Itacema, vem, por intermédio desta, requerer...

Eutanásio Boamorte, residente **à** rua das Flores, Quadra 5, vem solicitar a Vossa Senhoria...

Porém, na norma culta, o correto é:

Nestor Nestório, morador **na** rua Itacema, vem, por intermédio desta, requerer...

Eutanásio Boamorte, residente **na** rua das Flores, Quadra 5, vem solicitar a Vossa Senhoria...

Isso porque esse padrão de linguagem estabelece que os substantivos **morador** e **residente** exigem a preposição **em** e não a preposição **a**.

"Somos trinta"

Embora frequentes na variedade popular, não são aceitas na norma culta construções como:

Somos **em** trinta nesta classe.

Éramos **em** quatro em casa.

Nesse padrão de linguagem, deve-se dizer:

Somos trinta nesta classe.

Éramos quatro em casa.

ATIVIDADES

1. Na norma culta, o verbo **ir** deve ser construído com as preposições **a** ou **para**. Alguns gramáticos sustentam que o uso de uma preposição ou outra altera o sentido da frase.

   Leia o texto a seguir responda ao que se pede.

   — E para onde vai a senhora? – inquiriu de novo o Comendador, desta vez, porém, com aspereza e autoridade.

   Josefina encarou-o de frente para significar-lhe que, embora grosseiro, não a intimidava o tratamento, e satisfez-lhe a pergunta com a maior naturalidade:

   — Vou para a casa de meu pai.

   — Para a casa ou à casa de seu pai? – insistiu ele, olhando-a fixamente.

   — Isso é conforme. Talvez volte e talvez fique.

   VILELA, Carneiro. *A emparedada da rua Nova*. 5. ed. Recife: Cepe, 2013. p. 72.

   a) Ao formular a pergunta "Para a casa ou à casa de seu pai?", o que o Comendador queria saber de Josefina?
   b) Nessa mesma pergunta, explique por que não há acento indicativo de crase em "para a casa", mas há em "à casa de seu pai"?

2. Indique a alternativa em que ocorre erro no emprego do acento grave.

   a) O bom filho a casa torna.
   b) Acompanhou o curso aula a aula.
   c) Estou esperando Luana desde às cinco horas.
   d) Ele chegou pontualmente à uma e meia.
   e) Peço que o senhor se dirija à secretaria.

3. Explique a diferença de sentido das frases a seguir.

   I. Dirija-se a outra fila, por favor!
   II. Dirija-se à outra fila, por favor!

4. Daniel Filho dirigiu uma peça de teatro, estrelada por Antonio Fagundes, chamada *As mulheres da minha vida*.

   Se o **as** estivesse com acento grave, o sentido seria o mesmo? Justifique.

Nos exercícios **5** a **21**, omitiu-se propositalmente o acento indicativo da crase. Reescreva as frases, corrigindo a acentuação quando necessário.

5. "Não era talhado para obedecer a ordens ou deixar de dizer o que pensava por respeito a hierarquia." (Bernardo Carvalho)

6. "Sentado, a princípio, a minha frente, fizera, aos poucos, girar a cadeira, de forma a ficar sentado com o rosto voltado para a porta do aposento." (Edgar Allan Poe)

7. "Só que nenhum dos dois pode ser tão emocionante, nem jamais foi tão disputado tão palmo a palmo ou pé a pé, topada a topada, canelada a canelada, as vezes tapa a tapa." (Rubem Braga)

8. "Tanto o cura quanto o barbeiro fizeram muitas e detalhadas recomendações a ama e a sobrinha, no sentido de recuperar o alquebrado corpo de nosso conhecido herói." (Miguel de Cervantes)

9. "Quando ouviu a voz assim chamá-lo, ele estava de pé a porta de sua guarita, com uma bandeira na mão, enrolada a volta do curto mastro." (Charles Dickens)

10. "Acreditava ter obedecido fielmente as instruções do Conselho. Se fracassara, a culpa deveria ser atribuída a omissão de algum detalhe desconhecido da profecia." (Murilo Rubião)

11. "Devo dizer que o resultado não se fez esperar: pressentindo a tarde que a dor não chegaria ao anoitecer, vasculhei a casa a procura de um instrumento adequado de defesa." (Modesto Carone)

12. "A luz intermitente das lojas refletindo no rosto da moça, a medida que eles iam passando por elas, ajudava a dos lampiões da rua, e mostrava a emoção daquela promessa." (Machado de Assis)

13. "A medida que me afastava, a alegria de ter resistido a tentação tornara-se mais intensa e acabei por entregar-me a ela completamente." (Knut Hamsun)

14. "A noitinha a mãe chegou, viu a caixa, mostrou-se satisfeita, dando a impressão de que já esperava a entrega do volume." (Lourenço Diaféria)

15. "Levantava cedo, tomava seu café com leite e saía as pressas para a rua. Voltava, as vezes, meia hora depois. No jantar era o primeiro a chegar a mesa." (Marcos Rey)

16. "Perguntei por que não tinha ido a escola, respondeu que não ia mais, nunca mais, e me contou a história do cavalo. Disse que não adiantava ir a escola porque estava resolvido a fugir." (J. J. Veiga)

17. "A moça me disse ontem que a Lua estava linda. A noite me telefonou e me animou a chegar a janela." (Otto Lara Resende)

18. "O homem já estava solto, graças a intervenção do cônsul holandês, a quem ele se fez compreender com meia dúzia de palavras holandesas." (Lima Barreto)

19. "Outro dia fui a São Paulo e resolvi voltar a noite, uma noite de vento sul e chuva, tanto lá como aqui." (Rubem Braga)

20. Caminhava passo a passo a procura de um lugar onde pudesse estar a vontade.

21. Perguntou a ela, a meia voz, se estava disposta a contar as novidades as colegas.

22. O aviso a seguir, afixado na porta de uma padaria de uma cidade do interior de São Paulo, apresenta alguns desvios em relação à norma culta. Reescreva-o de forma a adequá-lo à essa norma.

> Proibido à entrada de funciónarios pela porta de saida.
>
> À direção.

23. Substitua *, usando corretamente **a**, **à**, **as**, **às**.

a) "Perdi o fôlego. Respirei e ofereci trinta contos. Ele baixou para setenta e mudamos de conversa. Quando tornamos * barganha, subi * trinta e dois. Padilha fez o abate para sessenta e cinco e jurou por Deus do céu que era * última palavra." (Graciliano Ramos)

b) "Por volta de 1914, Galib inaugurou o restaurante Biblos no térreo da casa. O almoço era servido * onze, comida simples, mas com sabor raro. Ele mesmo, o viúvo Galib, cozinhava, ajudava * servir e cultivava * horta, cobrindo-a com um véu de tule para evitar o sol abrasador." (Milton Hatoum)

c) "Que rostos mais coalhados, nossos rostos adolescentes em volta daquela mesa: o pai * cabeceira, o relógio de parede * suas costas, cada palavra sua ponderada pelo pêndulo, e nada naqueles tempos nos distraindo tanto como os sinos graves marcando * horas." (Raduan Nassar)

d) "Talvez * nordestina já tivesse chegado * conclusão de que vida incomoda bastante, alma que não cabe bem no corpo, mesmo rala como * sua." (Clarice Lispector)

e) "Escrevo * meia-noite, depois de ter andado muito pela cidade, e ainda me acho um pouco transtornado pelo que me ocorreu * tarde." (Cyro dos Anjos)

f) "De noite, * hora dos gatunos e dos barulhos suspeitos, o pai abria * janela do lado sul e disparava um tiro contra * escuridão. Corria depois para o lado oposto, abria * janela e disparava outro tiro." (Aníbal Machado)

g) "Abandonou-me, deu um impulso * rede. Tombando * cabeça, * sombra de um galho de acácias projetou-se em seu rosto." (Lúcio Cardoso)

h) "* vezes vinha * esses serões * mãe de minha avó, Dona Maria de Barros Palácio. O pouco que sei * seu respeito vem de minhas tias * custa de tanto falarem da sua doçura, da sua bondade e das suas lágrimas." (Pedro Nava)

i) "* sete da manhã, cada vez menos bocas bocejavam. Cada vez menos vozes reclamavam da vida * dez e meia e menos sestas balançavam * redes depois do almoço." (Adriana Falcão)

j) "Dirigi-me ao hotel indiferente * chuva que continuava * cair. Ia profundamente vexado e firmemente decidido * abandoná-lo quanto antes. Pressentindo que o hoteleiro tinha insinuado ao delegado que eu bem podia ser o autor do furto, refletia sobre uma decisão * tomar." (Lima Barreto)

24. Retirado de um folheto distribuído em um hotel do Pantanal Mato-Grossense, o texto a seguir apresenta erros no emprego do acento indicativo da crase. Reescreva o trecho, corrigindo-o, e justifique as correções feitas.

Os hóspedes do hotel, por estarem alojados dentro do Pantanal, terão sempre ao seu redor como companhia a fauna e a flora pantaneira. Os programas são pescas a piranhas, focagem de jacarés, caminhadas ecológicas, passeios à cavalo e barco à motor acompanhados de guias com prática do Pantanal.

25. Explique a diferença de sentido entre:

I. Minha mãe decidiu juntar-se às pessoas de bem.

II. Minha mãe decidiu juntar-se a pessoas de bem.

26. Complete as frases, usando **aquele**, **aquela**, **àquele**, **àquela**.

I. Entreguei o bilhete * homem.

II. O livro de que preciso está sobre * mesa.

III. Deram emprego * senhora.

IV. Não pertenço * grupo.

V. Assistimos * novela.

Nos testes 27 a 41, assinale a alternativa em que não ocorre erro.

27. a) Chegou a uma hora em ponto.
b) O professor se referia às alunas interessadas.
c) Tu costumas andar à pé?
d) Agradeci a própria pessoa.
e) Naquela cidade não se obedece a lei.

28. a) Sempre que visitava o museu dirigia-se à mesma pessoa.
b) Dirigiu-se à ela sem pensar.
c) Chegamos a noite e saímos às pressas.
d) Não estávamos dispostos à estudar.
e) Toda noite assisto à novelas.

29. a) Ele escreve à Machado de Assis.
b) Não disse nada à seu pai e saiu.
c) Teve de sair do recinto as pressas.
d) É proibido fazer a prova à lápis.
e) Usamos sapatos a moda de Luís XV.

30. a) Dei um presente a Eugênia.
b) O jovem à quem deram o prêmio é parente do homem à quem o negaram.
c) A nação a qual te referes é o Brasil.
d) Infelizmente não escreveram à ninguém.
e) Ele pagou a dívida a devedora.

31. a) O advogado se mostrou disposto à rever o processo.
b) Eram duas moças; falei a que estava mais perto.
c) Falávamos à pessoas desinteressadas.
d) Saímos às duas horas e retornamos às três.
e) n.d.a.

32. a) Agradeço à Vossa Senhoria.
b) Nunca vou à festas.
c) Tudo estava as claras.
d) Admirei os quadros à óleo.
e) Esta questão é análoga à que caiu na prova.

33. a) Isto cheira à vinho.
b) Minhas ideias são semelhantes as suas.
c) Fizemos alusão às pessoas presentes na reunião.
d) Era ainda muito cedo quando cheguei à casa.
e) Ele conhece à lei.

34. a) Ele sempre falava as claras, nunca as escondidas.
b) O navio já regressou à terra.
c) Vendas à vista e a prazo.
d) Era ainda muito cedo quando cheguei a casa dos amigos.
e) Nunca desobedeceu a lei.

35. a) A cidade a que iremos fica pertinho da ilha a que eles vão.
b) Quero agradecer aquele rapaz.
c) Não assisto à filmes de guerra.
d) Fomos a Inglaterra, voltamos à Copacabana.
e) A amiga, à quem devia tantas atenções, não chegou à ouvir os agradecimentos.

36. a) Passo à passo, a tarefa era cumprida.
b) Esta questão é análoga àquela.
c) A medida que andava, ficava mais disposto a continuar.
d) Ele pagou à dívida.
e) Disse à ela que a esperaria.

37. a) Esta sala é contígua aquela.
    b) Ele procedeu à um inquérito.
    c) Estamos dispostos a trabalhar.
    d) Encontram-se face à face.
    e) Refiro-me aquilo que falaste.

38. a) Sua prova está curiosamente igual a do vizinho.
    b) Começou à chover.
    c) Ele perdoou à mulher.
    d) Obedeça as regras de trânsito.
    e) Dei tudo à esta velhinha.

39. a) Entreguei a senhorita todos os documentos.
    b) Ele matou o animal à tiro.
    c) Estou aqui desde às sete horas.
    d) Ele tem um estilo a Eça de Queirós.
    e) Revelou toda a verdade à inimiga.

40. a) O almoço será as duas horas.
    b) Daqui a pouco, estaremos frente à frente.
    c) Ele dirigiu-se à Vossa Senhoria.
    d) Obedeçamos à esta senhora.
    e) Ele dirigiu-se à mesma senhora.

41. a) Ele almejava à posição principal.
    b) Ele procedeu à investigação.
    c) Esta estrada liga Espírito Santo à Minas.
    d) Estas são as crianças à cujos pais me referi.
    e) A tarde iremos a cidade.

DOS TEXTOS À GRAMÁTICA — DA GRAMÁTICA AOS TEXTOS

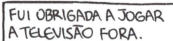

ITURRUSGARAI, Adão. Trupe. *Folha de S.Paulo*. São Paulo, 15 maio 2004. Folhinha. p. F8.

1. Leia atentamente o primeiro quadrinho.
   a) Em que sentido foi utilizado o verbo **assistir**?
   b) Escreva uma frase usando esse verbo em sentido diferente do empregado no quadrinho.

2. Classifique as duas ocorrências do verbo **assistir** quanto à transitividade verbal.

3. Observe as duas ocorrências do **a** no segundo quadrinho.
   a) Classifique-as.
   b) Por que não recebem acento grave?

4. Reescreva a frase do segundo quadrinho, substituindo o complemento do verbo **jogar** por um pronome pessoal oblíquo.

NORMA E ESTILO

PARTE 4

CAP. 20	Pontuação	320
CAP. 21	Figuras e vícios de linguagem	331
CAP. 22	Emprego de algumas palavras e expressões	345

CAPÍTULO

20

PONTUAÇÃO

INTRODUÇÃO

Para reproduzirmos, na linguagem escrita, os inumeráveis recursos da fala, contamos com uma série de sinais gráficos denominados **sinais de pontuação**. São eles:

- o ponto (**.**)
- o ponto de interrogação (**?**)
- o ponto de exclamação (**!**)
- a vírgula (**,**)
- o ponto e vírgula (**;**)

- os dois-pontos (**:**)
- as aspas (**" "**)
- o travessão (**—**)
- as reticências (**...**)
- os parênteses (**( )**)

Alguns sinais de pontuação servem, fundamentalmente, para marcar pausas (o ponto, a vírgula, o ponto e vírgula); outros têm a função de marcar a melodia, a entoação da fala (ponto de exclamação, ponto de interrogação, etc.).

Não é simples fixar regras para o emprego correto dos sinais de pontuação. Além dos casos em que o uso dos sinais é obrigatório (determinado pela sintaxe), existem também razões de ordem subjetiva envolvidas em sua utilização (a busca da melhor expressão, que se transforma numa questão de estilística).

A seguir, passaremos a expor algumas orientações sobre o assunto.

O PONTO

É utilizado para marcar o fim das frases declarativas e é o sinal que indica maior pausa. Quando encerra um texto escrito, é também chamado **ponto final**:

Anoitecia**.**

Eu sou estudante**.**

Refiz as contas e não descobri onde errei**.**

O PONTO DE INTERROGAÇÃO

É usado para marcar o fim de frases interrogativas diretas:

Entendeu**?**

Será que vai chover**?**

Se eu terminar os exercícios, posso ir com você**?**

Nunca é colocado no fim de uma oração interrogativa indireta:

Gostaria de saber por que todos foram embora.

Diga-me quem gritou.

O PONTO DE EXCLAMAÇÃO

É colocado após determinadas palavras, como as interjeições, e no fim de frases enunciadas com entoação exclamativa. Denota, entre outras coisas, entusiasmo, alegria, dor, surpresa, espanto, ordem:

Olá!   Ah!
Que susto! Entendi!
Mãos ao alto! Não toque em nada!
Ótimo!   Ufa!

A VÍRGULA

A vírgula é o sinal de pontuação que indica uma pausa de curta duração, sem marcar o fim do enunciado.

A vírgula no interior da oração

Em português, a ordem normal dos termos na oração é a seguinte: o sujeito costuma vir antes do verbo, e os complementos, o predicativo do sujeito e os adjuntos adverbiais formados por mais de uma palavra costumam vir depois do verbo. Quando os termos da oração se dispõem nessa ordem, dizemos que ocorre a **ordem direta**:

Quando ocorre qualquer alteração na sequência lógica dos termos, temos a **ordem indireta**:

Com afinco, muitos alunos estudaram a matéria da prova.

Quando a oração se dispõe em ordem direta, não se separam por vírgulas seus termos imediatos. Assim, não se usa vírgula entre o sujeito e o predicado, entre o verbo e seu complemento e entre o nome e seu complemento ou adjunto, mesmo que na fala haja pausa entre esses termos:

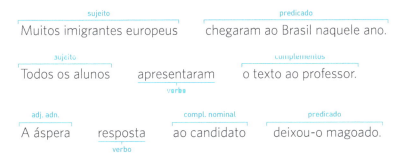

No interior da oração, utiliza-se a vírgula nos casos descritos a seguir.

Termos intercalados

Os termos que se intercalam na ordem direta, quebrando a sequência natural da frase, devem vir isolados por vírgulas. Assim, separam-se:

a) o predicativo do sujeito intercalado:

Os espectadores, **inquietos**, aguardavam o início do espetáculo.

b) as expressões de caráter explicativo ou corretivo, como **isto é**, **a saber**, **por exemplo**, **ou seja**, **ou melhor**, etc.:

expr. explicativa

A sua atitude,   **isto é**,   o seu comportamento na aula merece elogios.

expr. corretiva

Não haverá aula amanhã,   **ou melhor**,   depois de amanhã.

c) as conjunções coordenativas intercaladas:

conj. intercalada

A sua atitude,   **no entanto**,   causou sérios desentendimentos.

conj. intercalada

Havia,   **porém**,   um inconveniente sério.

d) os adjuntos adverbiais intercalados:

adj. adv. intercalado

Os candidatos,   **naquele dia**,   receberam a imprensa.

Se o adjunto adverbial intercalado for de pequena extensão (um simples advérbio, por exemplo), não se usa a vírgula, uma vez que, nesse caso, não ocorre quebra na sequência lógica do enunciado:

advérbio

Os candidatos   **sempre**   receberam a imprensa.

Termos deslocados

Geralmente, quando um termo é deslocado de seu lugar original na frase, deve vir separado por vírgula. Assim, separam-se:

a) o adjunto adverbial anteposto:

adj. adv. anteposto

Naquele dia,   os candidatos receberam a imprensa.

Se o adjunto adverbial anteposto for um simples advérbio, a vírgula é dispensável:

advérbio

Hoje   os candidatos deverão receber os jornalistas credenciados.

b) o complemento pleonástico antecipado:

compl. pleonástico antecipado

"**A onça**,   o povo dizia que ela tinha vindo de longe." (Guimarães Rosa)

c) o predicativo do sujeito antecipado:

predicativo

Inquietos,   os espectadores aguardavam o início do espetáculo.

Termos coordenados assindéticos

Os termos coordenados assindéticos, isto é, termos que exercem a mesma função sintática na oração, se não estiverem ligados por conjunção, devem ser separados por vírgulas:

Algumas espécies de psitacídeos comem **brotos, flores, folhas tenras**. Outras procuram **milharais, bananais, cafezais, cacauais, arrozais, capinzais**.

"Quaresma convalesce **longamente, demoradamente, melancolicamente**." (Lima Barreto)

Termos coordenados ligados por *e, ou, nem*

Quando os termos coordenados estiverem ligados pelas conjunções **e**, **ou**, **nem**, não se usa a vírgula:

Aquela paisagem nos despertava confiança, tranquilidade **e** calma.

Pedro **ou** Paulo casará com Heloísa.

Não necessitavam de dinheiro **nem** de auxílio.

Se essas conjunções vierem repetidas para dar ideia de ênfase, usa-se a vírgula:

E os pais, **e** os amigos, **e** os vizinhos magoaram-no.

Não caminhava por montanhas, **ou** florestas, **ou** cavernas, **ou** desertos.

Não estudava Física, **nem** Química, **nem** Matemática, **nem** História.

A repetição de uma mesma conjunção coordenativa constitui uma figura de linguagem denominada **polissíndeto**.

Outros casos

Usa-se também a vírgula no interior da oração para:

a) separar o nome do lugar na indicação de datas.

São Paulo, 10 de março de 2019.

Anápolis, 14 de junho de 2018.

b) marcar a omissão do verbo.

"O meu pai era paulista / Meu avô**,** pernambucano
O meu bisavô**,** mineiro / Meu tataravô**,** baiano." (Chico Buarque)

Se você puder vir**,** ótimo.

c) isolar o vocativo, esteja ele no começo, no meio ou no fim da frase:

vocativo

"A ordem, **meus amigos**, é a base do governo." (Machado de Assis)

Pode-se, em vez de vírgula, marcar o vocativo com um ponto de exclamação a fim de dar ênfase.

vocativo

"**Deus! ó Deus!** onde estás que não respondes?" (Castro Alves)

d) isolar o aposto:

aposto

Jericoacoara, **uma das mais belas praias do Brasil**, fica no Ceará.

aposto

Estive em Natal, **capital do Rio Grande do Norte**.

Como vimos no capítulo 14, entre o aposto especificativo e o nome a que se refere não se emprega a vírgula.

aposto

Navegaram pelo rio **Amazonas**.

A vírgula entre orações

As orações que compõem um período podem ser separadas por vírgulas ou não, dependendo do tipo de cada oração. Vejamos como isso se dá em cada caso.

Orações subordinadas adjetivas explicativas

As orações subordinadas adjetivas explicativas sempre são separadas por vírgula:

"O carteiro, cujo velho sonho era a formatura do filho, viu ali meios de consegui-la." (Lima Barreto)

Orações subordinadas adjetivas restritivas

As orações adjetivas restritivas em geral não se separam da principal por vírgula. Podem terminar por vírgula (mas nunca começar por ela) quando tiverem certa extensão, sobretudo se terminarem por um verbo seguido pelo verbo da oração principal:

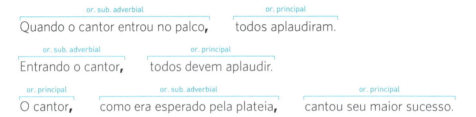
Os empregados que por causa de diversos problemas de saúde decorrentes de trabalho insalubre se aposentaram, serão indenizados.

Orações subordinadas adverbiais

Orações dessa modalidade, sobretudo quando estiverem antepostas à oração principal ou nela intercaladas, separam-se por vírgula:

Quando o cantor entrou no palco, todos aplaudiram.

Entrando o cantor, todos devem aplaudir.

O cantor, como era esperado pela plateia, cantou seu maior sucesso.

Orações subordinadas substantivas

Orações desta categoria (com exceção das apositivas) não se separam da principal por vírgula:

Espero que você me telefone. O remédio era ficar em casa.

Orações coordenadas

As orações coordenadas (exceto as iniciadas pela conjunção aditiva **e**) separam-se por vírgula:

Cheguei, pedi silêncio, aguardei alguns minutos **e** comecei a palestra.

Eles se esforçaram muito, porém não obtiveram o resultado desejado.

Pode-se usar vírgula antes da conjunção **e** quando:

a) as orações coordenadas tiverem sujeitos diferentes:

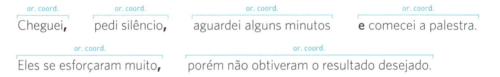
"**Os adjetivos** passam, e **os substantivos** ficam." (Machado de Assis)

b) quando a conjunção **e** vier repetida enfaticamente (polissíndeto):

E volta, **e** recomeça, **e** se esforça, **e** consegue.

c) quando a conjunção **e** assumir outros valores (adversidade, consequência, etc.):

"Os jovens querem ser fiéis, **e** não o são. Os velhos querem ser infiéis, **e** não conseguem." (Oscar Wilde)
(mas não o são; mas não conseguem)

Esforçou-se muito, **e** conseguiu a aprovação.
(em consequência conseguiu aprovação)

Orações intercaladas

As orações intercaladas são sempre separadas por vírgulas, duplo travessão ou parênteses:

or. intercalada
Eu,   disse o orador,   não concordo.

or. intercalada
O problema das enchentes   — disse o candidato —   será prioritário.

or. intercalada
"A cunhadinha (continuava a dar este nome a Capitu) tinha lhe falado naquilo por ocasião de nossa última visita a Andaraí, e disse-lhe a razão do segredo." (Machado de Assis)

O PONTO E VÍRGULA

O ponto e vírgula marca uma pausa mais longa que a vírgula, no entanto menor que a do ponto.
Por ser um sinal intermediário entre a vírgula e o ponto, não é tarefa simples sistematizar seu emprego. Entretanto, há algumas normas para sua utilização.
Emprega-se o ponto e vírgula para:

a) separar orações coordenadas que já venham "quebradas" no seu interior por vírgula:

or. coord.   or. coord.   or. coord.
"Os burgueses admiravam-lhe a economia;   os clientes, a polidez;   os pobres, a caridade."
(Gustave Flaubert)

or. coord.   or. coord.
"Os espelhos são usados para ver o rosto;   a arte, para ver a alma." (Bernard Shaw)

b) separar orações coordenadas que se contrabalançam em força expressiva (formando antítese, por exemplo):

or. coord.   or. coord.   or. coord.   or. coord.
Muitos se esforçam;   poucos conseguem.   Uns trabalham;   outros descansam.

c) separar orações coordenadas que tenham certa extensão:

or. coord.
Os excelentes jogadores de futebol olímpico reclamaram com razão das constantes críticas do técnico;

or. coord.
porém o teimoso treinador ficou completamente indiferente às queixas dos jogadores.

d) separar os diversos itens de enunciados enumerativos em leis, decretos, portarias, etc.

Considerando:
    a) a alta taxa de desemprego no país;
    b) a elevação da taxa de juros;
    c) a recessão econômica;
solicitamos especial atenção ao nosso pedido.

"Art. 111. São órgãos da Justiça do Trabalho:
    I – o Tribunal Superior do Trabalho;
    II – os Tribunais Regionais do Trabalho;
    III – Juízes do Trabalho." (Constituição da República Federativa do Brasil)

OS DOIS-PONTOS

Os dois-pontos marcam uma sensível suspensão da melodia de uma frase para introduzir algo bastante importante. Utilizam-se os dois-pontos para:

a) dar início a fala ou citação textual de outrem:

"Ela lançou-me um olhar onde brilhava ainda um pouco de sua velha cólera:
— Mãe! Você nunca me chamou de mãe... por que isso agora?" (Lúcio Cardoso)

b) dar início a uma sequência que explica, esclarece, identifica, desenvolve ou discrimina uma ideia anterior:

"A saudade é uma tatuagem na alma: só nos livramos dela perdendo um pedaço de nós." (Mia Couto)

Descobri a grande razão da minha vida: você.

Já lhe dei tudo: amor, carinho, compreensão, apoio.

Tivemos uma ótima ideia: abandonar a sala.

O resultado não se fez esperar: fomos chamados à diretoria.

AS ASPAS

Empregam-se as aspas para:

a) isolar citação textual de terceiros:

Como afirma Caio Prado Jr., em *História econômica do Brasil*: "A questão da imigração europeia do século XIX está intimamente ligada à da escravidão".

Diz Thomas Mann em *A montanha mágica*: "Todo caminho que trilhamos pela primeira vez é muito mais longo e difícil do que o mesmo caminho quando já o conhecemos".

As aspas só aparecem depois da pontuação quando abrangem todo o período:

"Não tenhas ciúmes de tua mulher para que ela não se meta a enganar-te com a malícia que aprender de ti." (Machado de Assis)

b) isolar palavras ou expressões estranhas à língua culta, como gírias e expressões populares, estrangeirismos, etc.:

Não deixe de fazer "download" do programa. (estrangeirismo)

Ele ficou "grilado" com sua atitude de "mão de vaca". (expressões populares)

No caso dos estrangeirismos, essa regra se aplica a textos manuscritos; nos textos impressos, as aspas são substituídas pelo uso do *itálico*.

c) mostrar que uma palavra está em sentido diverso do usual (geralmente, em sentido irônico):

Sua ideia foi mesmo "brilhante".   Fizeste "excelente" serviço.

d) dar destaque a uma palavra ou expressão:

Já entendi o "porquê" do seu projeto; só não percebo "como" executá-lo.

O TRAVESSÃO

O travessão simples (—) serve para indicar que alguém está falando de viva voz (discurso direto). Emprega-se, pois, o travessão para marcar a mudança de interlocutor nos diálogos:

"— De quem são as pernas?
— Da Madalena, respondeu Gondim.
— Quem?
— Uma professora. Não conhece? Bonita.
— Educada, atalhou João Nogueira.
— Bonita, disse outra vez Gondim. Uma lourinha aí, de uns trinta anos.

— Quantos?, perguntou João Nogueira.

— Uns trinta, pouco mais ou menos." (Graciliano Ramos)

Alguns autores costumam, em vez do travessão, utilizar as aspas para indicar falas de personagens:

"Você tem dinheiro?"

"Tenho."

"Então compra."

"Eu fico pensando na moça."

"Que moça? Que moça?" (Rubem Fonseca)

Pode-se usar o duplo travessão (— —) para substituir a dupla vírgula, sobretudo quando se quer dar ênfase ou destaque ao termo intercalado:

O ministro — profundo conhecedor do mercado internacional — está consciente das dificuldades.

Machado de Assis — grande romancista brasileiro — também escreveu contos.

AS RETICÊNCIAS

As reticências marcam uma interrupção da sequência lógica da frase. Podem ser usadas:

a) com valor estilístico, isto é, com a intenção deliberada de permitir ao leitor completar o pensamento que foi suspenso:

Eu não vou dizer mais nada. Você já deve ter percebido que...

b) para marcar fala quebrada e desconexa, própria de quem está nervoso ou inseguro:

"Depois de um instante, Carlos lançou lá, entre um rumor de água que caía:

— Não sei... Talvez... Logo te digo..." (Eça de Queirós)

— Bem... Sabe... Pois é... Quer dizer... Não era bem assim... Sei lá...

c) para indicar que parte de uma citação foi omitida. Nesse caso, as reticências vêm entre parênteses ( ) ou colchetes [ ].

"(...) nenhuma tinha os olhos de ressaca, nem os de cigana oblíqua e dissimulada." (Machado de Assis)

"Não alcancei a celebridade do emplasto, não fui califa (...)" (Machado de Assis)

"Art. 39. É vedado ao fornecedor de produtos ou serviços:

[...]

III – enviar ou entregar ao consumidor, sem solicitação prévia, qualquer produto, ou fornecer qualquer serviço;

[...]

XII – deixar de estipular prazo para o cumprimento de sua obrigação [...]" (Código de Defesa do Consumidor)

OS PARÊNTESES

Os parênteses servem para isolar explicações, indicações ou comentários acessórios:

"Aborrecido, aporrinhado, recorri a um bacharel (trezentos mil-réis, fora despesas miúdas com automóveis, gorjetas, etc.) e embarquei vinte e quatro horas depois [...]" (Graciliano Ramos)

"Fui hoje cedo à casa deste último, apresentar desculpas (deve ter ficado aborrecido com a minha ausência no local determinado para o encontro) e repetir o convite para a pretendida visita." (Cyro dos Anjos)

"Ela (a rainha) é a representação viva da mágoa [...]" (Lima Barreto)

A gramática no dia a dia

A vírgula e o sentido da frase

Como vimos, o emprego da vírgula está condicionado a razões de ordem sintática. Dessa forma, a presença ou não desse sinal de pontuação, além de ser fundamental para determinar a função sintática exercida por um termo, interferirá no sentido da frase. Observe:

O advogado do jornalista, Mário Duarte, requereu ontem ao Superior Tribunal de Justiça a revogação da prisão temporária de seu cliente.

O advogado do jornalista Mário Duarte requereu ontem ao Superior Tribunal de Justiça a revogação da prisão temporária de seu cliente.

No primeiro exemplo, a presença das vírgulas indica que **Mário Duarte** é o nome do advogado do jornalista. Nessa frase, o nome do jornalista não vem expresso. No segundo exemplo, a ausência das vírgulas indica que **Mário Duarte** é o nome do jornalista. Nessa frase, o que não vem expresso é o nome do advogado.

Veja agora mais um exemplo:

Eleitor quer justificar seu voto.   Eleitor, quer justificar seu voto?

Ambas as frases são formadas por exatamente as mesmas palavras, no entanto a pontuação que se dá a cada uma delas altera significativamente o sentido. No primeiro exemplo, temos uma frase afirmativa, marcada pelo ponto final, em que o termo **eleitor** funciona como sujeito. No segundo exemplo, temos uma interrogativa direta, em que a vírgula, após o termo **eleitor**, indica que ele funciona como vocativo.

A pontuação e as razões estilísticas

Por razões estilísticas, o autor de um texto pode optar por um sinal em lugar de outro. Em vez de utilizar uma vírgula ou dois-pontos para separar duas (ou mais) orações de um período, ele pode, por exemplo, usar o ponto e transformar as duas (ou mais) orações em dois (ou mais) períodos. Observe o texto a seguir:

Em forma gasosa, o hidrogênio é o combustível perfeito. Ele pode ser extraído facilmente de uma fonte inesgotável (os oceanos), libera muita energia ao reagir com o oxigênio e não polui, pois o único resíduo da reação é a própria água. **Seria perfeito se não fosse um detalhe. Não dá para usar em carros porque é difícil de armazenar com segurança: ao menor contato com o ar ele explode.**

Superinteressante, fev. 2000. p. 46.

Observe que, depois da palavra **detalhe**, tem-se uma sequência que a explica. Como vimos, nesse caso, o normal seria a utilização dos dois-pontos. No entanto, o autor preferiu utilizar o ponto, reservando o uso dos dois-pontos para introduzir, com bastante destaque, outra sequência explicativa que aparece depois: "[...]: ao menor contato com o ar ele explode.". Convém ainda observar que o autor, em vez de usar os dois-pontos, poderia explicitar o nexo lógico, utilizando uma conjunção.

Veja a seguir outras possíveis formas de pontuar o mesmo texto:

Em forma gasosa, o hidrogênio é o combustível perfeito. Ele pode ser extraído facilmente de uma fonte inesgotável (os oceanos), libera muita energia ao reagir com o oxigênio e não polui, pois o único resíduo da reação é a própria água. **Seria perfeito se não fosse um detalhe: não dá para usar em carros porque é difícil de armazenar com segurança. Ao menor contato com o ar ele explode**.

Em forma gasosa, o hidrogênio é o combustível perfeito. Ele pode ser extraído facilmente de uma fonte inesgotável (os oceanos), libera muita energia ao reagir com o oxigênio e não polui, pois o único resíduo da reação é a própria água. **Seria perfeito se não fosse um detalhe: não dá para usar em carros porque é difícil de armazenar com segurança, uma vez que, ao menor contato com o ar, ele explode**.

Observe que, alterando a pontuação, desloca-se o foco para aquilo que o falante quer realçar.

ATIVIDADES

1. Explique a diferença de sentido entre as frases a seguir:

   I. O técnico disse que, depois do jogo, não gosta de dar entrevistas.

   II. O técnico disse, depois do jogo, que não gosta de dar entrevistas.

2. Com relação aos períodos a seguir, aponte a diferença de significado existente entre eles.

   I. As seguradoras, que se baseiam em estatísticas, afirmam que as batidas de carro causadas por homens são mais fortes do que as causadas por mulheres.

   II. As seguradoras que se baseiam em estatísticas afirmam que as batidas de carro causadas por homens são mais fortes do que as causadas por mulheres.

3. Usando apenas uma vírgula, pontue a frase a seguir de duas maneiras distintas, de modo que tenham sentidos diferentes.

   Se o homem soubesse o valor que tem a mulher andaria de rastos à sua procura.

Nos textos 4 a 13, omitiram-se os sinais de pontuação. Reescreva-os, pontuando-os adequadamente.

4. "Quando me apertava em gravatas quando me vestia como os outros homens meu pensamento se achava cheio de vestidos suntuosos de joias de leques." (Lúcio Cardoso)

5. "Eram quatro apenas um velho dois homens feitos e uma criança na frente dos quais rugiam raivosamente cinco mil soldados." (Euclides da Cunha)

6. "Falar hoje sobre a mãe de João e o meu avô é apelar para as referências que incorporei ao longo dos anos os filmes as fotografias os documentos a primeira vez que li É isto um homem? e tive a impressão de que não havia mais nada a dizer a respeito." (Michel Laub)

7. "Apertavam a mão do ditador e um deles mais jovial mais familiar ao despedir-se apertou-lhe com força a mão mole bateu-lhe no ombro com intimidade e disse alto e com ênfase

   Energia marechal!" (Lima Barreto)

8. "No momento em que Ema depositava o refresco na mesa ouviu-se um estalo." (Edla van Steen)

9. "A caolha era uma mulher magra alta macilenta peito fundo busto arqueado braços compridos delgados largos nos cotovelos grossos nos pulsos mãos grandes ossudas estragadas pelo reumatismo e pelo trabalho unhas grossas chatas e cinzentas cabelo crespo de uma cor indecisa entre o branco sujo e o louro grisalho desse cabelo cujo contato parece dever ser áspero e espinhento boca descaída numa expressão de desprezo pescoço longo engelhado como o pescoço dos urubus dentes falhos e cariados." (Júlia Lopes de Almeida)

10. "Demais Senhores Congressistas o tupi-guarani língua originalíssima aglutinante é verdade mas a que o polissintetismo dá múltiplas feições de riqueza é a única capaz de traduzir as nossas belezas de pôr-nos em relação com a nossa natureza e adaptar-se perfeitamente aos nossos órgãos vocais e cerebrais, ..." (Lima Barreto)

11. "Algum tempo hesitei se devia abrir estas memórias pelo princípio ou pelo fim isto é se poria em primeiro lugar o meu nascimento ou a minha morte. Suposto o uso vulgar seja começar pelo nascimento duas considerações me levaram a adotar diferente método a primeira é que eu não sou propriamente um autor defunto mas um defunto autor para quem a campa foi outro berço a segunda é que o escrito ficaria assim mais galante e mais novo." (Machado de Assis)

12. "A partir de 6 de outubro do ano cadente sumiu-me uma besta vermelho-escura com os seguintes característicos calçada e ferrada de todos os membros locomotores um pequeno quisto na base da orelha direita e crina dividida em duas seções em consequência de um golpe cuja extensão pode alcançar de 4 a 6 centímetros, produzido por jumento." (Carlos Drummond de Andrade)

13. "Cheguei em casa carregando a pasta cheia de papéis relatórios estudos pesquisas propostas contratos. Minha mulher jogando paciência na cama um copo de uísque na mesa de cabeceira disse sem tirar os olhos das cartas você está com um ar cansado." (Rubem Fonseca)

DOS TEXTOS À GRAMÁTICA / DA GRAMÁTICA AOS TEXTOS

Tão antiga quanto a escrita

A pontuação é um sistema de sinais visíveis, criado nos primórdios da escrita para ajudar na leitura.

Antigamente, escrevia-se sem separar as palavras – e era difícil distinguir os conjuntos que formavam uma ideia. A leitura em voz alta era essencial para se perceber o sentido do que estava sendo escrito.

Nos séculos 4 e 3 a.C., alguns pergaminhos traziam pontos separando palavras, mas isso logo desapareceu. No século 2 a.C., Aristófanes de Bizâncio consolidou o alfabeto grego e introduziu o que se considera o primeiro sistema de pontuação: um ponto no alto indicava o fim de um grupo de palavras com significado completo; um ponto no meio da altura da letra mostrava que seria feito um acréscimo ao significado corrente; por fim, um ponto na base representava uma frase que se completaria adiante. Ler era difícil, poucos dominavam a técnica. A primeira revolução foi feita pelos sacerdotes da Igreja Católica com o *codex*, precursor do livro atual. Nos seminários, cada padre tinha um exemplar manuscrito da Bíblia. A récita em conjunto exigia sinais comuns que ajudavam a localizar a passagem estudada. Para diminuir o risco de erros, os copistas inventaram as marcas. A mais comum era a maiúscula vermelha, de onde se originou o termo rubrica – de *ruber*, vermelho em latim. No século 8 d.C., quando a separação de palavras passou a ser feita com espaço em branco, a pontuação adquiriu função de separar unidades sintáticas, semânticas, discursivas e prosódicas maiores. Com o surgimento da imprensa, os editores impuseram uma padronização, mas a maioria dos autores não se preocupava com esses "sinais pequenos que parecem vermes", como teria dito o filósofo Voltaire no século 17. Em contrapartida, Victor Hugo, no século 19, travou brigas ferrenhas com seu editor belga, que teimava em acrescentar vírgulas a suas poesias. O francês Hervé Bazin, em meados do século passado, afirmou que os símbolos usados até então eram muito pobres para expressar os sentimentos e inventou uma série de sinais para cumprir essa função. Além do ensaio em que os lançou, ninguém jamais publicou um texto com tais marcações.

NOVA ESCOLA. São Paulo: Abril, n. 152, maio 2002. p. 27.
(Consultoria de Luiz Carlos Cagliari e Veronique Dahlet.)

1. Em sua opinião, o uso de sinais de pontuação facilita a leitura de um texto? Justifique sua resposta.

2. Em certa passagem do texto, afirma-se que, antes de Cristo (a.C.), já se usava um sinal para marcar o final de uma frase. Qual era esse sinal?

3. Ao falar de pontuação, devemos relembrar que ela traz as marcas da oralidade para o texto escrito. No entanto, as marcas gráficas das pausas e do ritmo do texto não seguem as normas da fala, mas da escrita.

   Pensando nisso, observe os sinais de pontuação destacados e justifique o seu uso:

   a) "Ler era difícil**,** poucos dominavam a técnica**.**"

   b) "Nos seminários**,** cada padre tinha um exemplar manuscrito da Bíblia**.**"

   c) "A primeira revolução foi feita pelos sacerdotes da Igreja Católica com o *codex***,** precursor do livro atual**.**"

   d) "Com o surgimento da imprensa**,** os editores impuseram uma padronização**,** mas a maioria dos autores não se preocupava com esses 'sinais pequenos que parecem vermes', como teria dito o filósofo Voltaire no século 17**.**"

   e) "Para diminuir o risco de erros**,** os copistas inventaram as marcas**.**"

4. Se a pontuação traz marcações como pausa, ritmo e entoação para o texto, ela é um recurso que pode ser utilizado para potencializar a expressividade de um texto, dando ênfase ou destaque. Justifique o emprego do travessão na frase:
   "Antigamente, escrevia-se sem separar as palavras – e era difícil distinguir os conjuntos que formavam uma ideia".

5. O ponto e vírgula marca uma pausa mais longa que a vírgula e menor que a do ponto. Assim como a vírgula, ele não marca o fim da frase.
   Os dois-pontos assinalam uma suspensão na melodia da frase, sem marcar o seu fim. Levando isso em conta, justifique o emprego dos pontos e vírgulas e dos dois-pontos no trecho abaixo.

   No século 2 a.C., Aristófanes de Bizâncio consolidou o alfabeto grego e introduziu o que se considera o primeiro sistema de pontuação: um ponto no alto indicava o fim de um grupo de palavras com significado completo; um ponto no meio da altura da letra mostrava que seria feito um acréscimo ao significado corrente; por fim, um ponto na base representava uma frase que se completaria adiante.

6. Dissemos que o ponto é utilizado para marcar o fim de uma frase. No entanto, no texto, ocorre o uso de ponto com outra finalidade. Aponte esse uso e comente-o.

FIGURAS E VÍCIOS DE LINGUAGEM

INTRODUÇÃO

Damos o nome genérico de **figura de linguagem** aos elementos frasais que:

- exploram o sentido conotativo de uma palavra ou de uma expressão;
- realçam a sonoridade das palavras;
- organizam a frase fazendo-a até mesmo desviar-se da norma culta.

As figuras de linguagem, também chamadas figuras de retórica, não devem ser vistas como ornamentos do discurso, isto é, como uma forma de embelezamento daquilo que se quer expressar. Na verdade, tais figuras são usadas com valor argumentativo, ou seja, são empregadas para chamar a atenção do leitor ou do ouvinte a fim de persuadi-lo a aceitar aquilo que se diz, por isso não são exclusivas do discurso literário, mas de todo tipo de discurso. Você poderá encontrar exemplos de figuras de linguagem nos discursos publicitário, jornalístico, jurídico, na linguagem informal, etc.; enfim, em qualquer discurso em que se pretenda persuadir o destinatário.

Vimos no início deste livro que se costuma dividir a gramática em fonologia, morfologia e sintaxe. As figuras de linguagem podem aparecer nesses três componentes, daí falarmos em figuras de som, figuras de construção e figuras de palavras (ou tropos). Há ainda as figuras de pensamento. A relação das figuras de linguagem é extensa. Muitas vezes, uma diferença mínima resultou em nomes diferentes para um mesmo procedimento figurativo.

FIGURAS DE LINGUAGEM

Figuras de som

a) Aliteração: consiste na repetição ordenada de mesmos sons consonantais:

> "**B**oi **b**em **b**ravo, **b**ate **b**aixo, **b**ota **b**aba, **b**oi **b**errando... **D**ansa **d**oido, **d**á de **d**uro, **d**á de **d**entro, **d**á **d**ireito... **V**ai, **v**em, **v**olta, **v**em na **v**ara, **v**ai não **v**olta, **v**ai **v**arando..." (Guimarães Rosa)

> "**E**sperando, **p**arada, **p**rega**d**a na **p**e**d**ra do **p**orto." (Dalla, Palotino e Chico Buarque)

b) Assonância: consiste na repetição ordenada de sons vocálicos idênticos:

> "[...] **o** qu**e o** vag**o e** incógnit**o** desej**o**
> de s**e**r **eu** m**e**sm**o** de m**eu** s**e**r m**e** d**eu**." (Fernando Pessoa)

> "S**ou** um mul**a**t**o** n**a**t**o** n**o** sentid**o** l**a**t**o**." (Caetano Veloso)

c) Paronomásia: consiste na aproximação de palavras de sons parecidos, mas de significados distintos:

> "Conhecer as **manhas** e as **manhãs**
> O sabor das **massas** e das **maçãs**." (Almir Sater e Renato Teixeira)

> "**Violência, viola, violeiro**." (Edu Lobo e Capinam)

> "Eu que **passo, penso** e **peço**." (Sidney Miller)

PARTE 4 // NORMA E ESTILO

d) **Onomatopeia:** consiste na criação de uma palavra para imitar um som:

"**Plunct, Plact, Zummm**
Não vai a lugar nenhum." (Raul Seixas)

"**A língua do nhem**
Havia uma velhinha que andava aborrecida
pois dava a sua vida
para falar com alguém.
E estava sempre em casa
a boa da velhinha,
resmungando sozinha:
nhem-nhem-nhem-nhem-nhem-nhem... [...]." (Cecília Meireles)

> ■ É importante ressaltar que a ocorrência de uma dessas figuras num texto não exclui a possibilidade de outras, ou seja, você poderá encontrar textos em que foram trabalhadas, ao mesmo tempo, aliteração, assonância e paronomásia. Observe que nos exemplos de aliteração também ocorre assonância, e nos de assonância também ocorre aliteração. Nos exemplos apresentados de paronomásia, também ocorrem aliterações e assonâncias.
>
> ■ Repare que a aliteração sugere um som, explorando a sonoridade de palavras existentes na língua; a onomatopeia, por sua vez, imita um som, criando uma palavra que só tem significação sonora.

Figuras de construção

a) **Elipse:** consiste na omissão intencional de um termo facilmente identificável pelo contexto:

"Na sala, apenas quatro ou cinco convidados." (Machado de Assis)
(omissão de **havia**)

b) **Zeugma:** consiste na omissão de um termo que já apareceu antes:

"Um galo sozinho não tece uma manhã:
ele precisará sempre de outros galos,
De um que apanhe esse grito que ele [...]." (João Cabral de Melo Neto)
(omissão de **galo**)

"Nem ele entende a nós, nem nós a ele." (Camões)
(omissão de **entendemos**)

c) **Polissíndeto:** consiste na repetição de conectivos na ligação entre elementos da frase ou do período:

"[...]
e sob as ondas ritmadas
e sob as nuvens **e** os ventos
e sob as pontes **e** sob os túneis
e sob as labaredas **e** sob o sarcasmo
e sob a gosma **e** sob o vômito [...]" (Carlos Drummond de Andrade)

"Dia virá em que ficarão com sede, muita sede, **e** não terão água para beber: os rios **e** lagoas **e** valos **e** regatos **e** até a água da chuva estarão sujos **e** pobres. **E** chorarão. **E** continuarão com sede porque a água do choro é salgada **e** amarga." (Werner Zotz)

A ausência de conectivos na ligação dos elementos da frase ou do período chama-se **assíndeto**:

"Soltei a pena, Moisés dobrou o jornal, Pimentel roeu as unhas." (Graciliano Ramos)

CAPÍTULO 21 // Figuras e vícios de linguagem

d) Inversão: consiste na mudança da ordem natural dos termos na frase:

"Garruchas há que sozinhas disparam." (Guimarães Rosa)

"Ouviram do Ipiranga as margens plácidas
De um povo heroico o brado retumbante." (Hino Nacional Brasileiro)

Se colocássemos o último exemplo na ordem direta, teríamos: "As margens plácidas do Ipiranga ouviram o brado retumbante de um povo heroico".

Inversão é o nome genérico atribuído à figura de linguagem que consiste na alteração da ordem dos termos na frase. Conforme o grau de alteração, numa escala crescente de dificuldade, a inversão receberá o nome de **hipérbato**, **anástrofe** ou **sínquise**.

e) Silepse: consiste na concordância não com os elementos expressos na frase, mas com aqueles subentendidos, implícitos. A silepse pode ser:

- de gênero:

  Vossa Majestade está **preocupado** com estes acontecimentos.

  Vossa Excelência é pouco **conhecido** nesta cidade.

  Os adjetivos **preocupado** e **conhecido** estão concordando em gênero com o sexo da pessoa representada pelos pronomes de tratamento, e não com o gênero feminino desses pronomes.

- de número:

  Os sertões **conta** a Guerra dos Canudos.

  "O senhor não duvide – tem gente, neste mundo, que **matam** só para ver alguém fazendo careta." (Guimarães Rosa)

  As formas verbais **conta** e **matam** concordam não com os sujeitos expressos nas frases, mas com as ideias subentendidas: **obra** e **pessoas**, respectivamente.

- de pessoa:

  "O que me parece inexplicável é que os brasileiros **persistamos** em comer essa coisinha verde e mole que se derrete na boca [...]." (Manuel Bandeira)

  A forma verbal **persistamos** está concordando em pessoa com a palavra **nós**, primeira pessoa do plural, que está subentendida, e não com o sujeito expresso, **brasileiros**, que levaria o verbo para a terceira pessoa do plural.

f) Anacoluto: consiste em deixar um termo solto na frase. Muitas vezes, inicia-se determinada construção sintática e depois se opta por outra:

"Olha, **eu**, até de longe, com os olhos fechados, o senhor não me engana." (Guimarães Rosa)

"**O homem**, chamar-lhe mito não passa de anacoluto." (Carlos Drummond de Andrade)

OBSERVAÇÃO

Evidentemente, se o termo que se deixar solto na frase não tiver valor expressivo e prejudicar o sentido do enunciado, não poderemos dizer que se trata de uma figura de linguagem, mas de um defeito de construção sintática da frase:

As pessoas que compareceram ao encontro amplamente divulgado pela imprensa, se tivessem sido avisadas a tempo.

Nesse caso, iniciou-se uma oração que deveria ser a oração principal, "As pessoas [...]", mas ela não foi concluída, deixando o período sem sentido.

PARTE 4 // NORMA E ESTILO

g) **Pleonasmo:** consiste numa redundância cuja finalidade é reforçar a mensagem:

"A **ti** trocou-**te** a máquina mercante." (Gregório de Matos)

"A **mim me** parece que o senhor se engana." (Miguel de Cervantes)

"E **rir meu riso** e derramar meu pranto
Ao seu pesar ou seu contentamento." (Vinicius de Moraes)

h) **Anáfora:** consiste na repetição de uma mesma palavra no início de versos ou frases:

"**Olha** a voz que me resta
Olha a veia que salta
Olha a gota que falta." (Chico Buarque)

i) **Quiasmo:** consiste em dispor palavras ou expressões simetricamente em forma cruzada (como um "x"):

"No meio do caminho tinha uma pedra
Tinha uma pedra no meio do caminho." (Carlos Drummond de Andrade)

"É uma casa portuguesa, com certeza
É, com certeza, uma casa portuguesa! " (Reinaldo Ferreira, V. M. Sequeira, Artur Fonseca)

j) **Hipálage:** consiste em atribuir a uma palavra o que pertence logicamente a outra palavra da mesma frase:

"[...] ao som do mar e à luz do **céu profundo**." (Hino Nacional Brasileiro)

O adjetivo **profundo** logicamente refere-se a mar e não a céu. O adjetivo **profundo**, que deveria estar determinando **mar**, determina **céu**.

Figuras de pensamento

a) **Antítese:** consiste na aproximação de termos contrários, de palavras que se opõem pelo sentido:

"Se no desejo você fosse o amor
Durante o **frio**, fosse o **calor**." (Dominguinhos e Nando Cordel)

"Neste momento todos os bares estão **repletos** de homens **vazios**." (Vinicius de Moraes)

> **OBSERVAÇÃO**
>
> Damos o nome de **paradoxo** (ou **oximoro**) à expressão antitética em que os termos opostos pelo sentido se fundem numa expressão pelo menos aparentemente contraditória. Note que o paradoxo é uma antítese radical, pois os termos não são apenas opostos, mas contraditórios:
>
> "Minha alegria é triste." (Roberto Carlos)   "O mito é o nada que é tudo." (Fernando Pessoa)

b) **Ironia:** consiste em utilizar um termo em sentido oposto ao usual, obtendo-se, com isso, efeito crítico e/ou humorístico. A ironia combina dois planos: o que se disse e o que se quis dizer, o primeiro orientado positivamente e o segundo negativamente.

Seu aproveitamento na escola não podia ter sido **melhor**: reprovado em **apenas** seis matérias.

Muitos autores têm feito uso da ironia como recurso estilístico. Às vezes ela é bastante sutil e exige uma análise atenta do texto como um todo para que se possa percebê-la. Veja, a propósito, os trechos a seguir:

"A Rosa garante que é sempre minha
Quietinha, saiu pra comprar cigarro
Que sarro, trouxe umas coisas do Norte
Que sorte
Que sorte, voltou toda sorridente." (Chico Buarque)

"Confesso que Marianinha foi para mim um daqueles amores únicos, dos quais não temos mais que cinco ou seis em toda a vida." (José Roberto Torero)

CAPÍTULO 21 // Figuras e vícios de linguagem

c) **Eufemismo:** consiste em substituir uma expressão por outra menos brusca; em síntese, consiste em "suavizar" alguma asserção desagradável:

Vossa Excelência está **faltando com a verdade**, uma vez que ficou comprovado que na sua gestão houve **desvio de dinheiro público**.
(**Faltando com a verdade** no lugar de **mentindo**; **desvio de dinheiro público** no lugar de **roubo**.)

Você **não foi feliz nos exames**.
(No lugar de **foi reprovado**.)

O contrário do eufemismo é o **disfemismo**, que consiste no emprego de uma palavra ou expressão grosseira ou chula no lugar de uma mais neutra. Atualmente, há uma forte tendência em condenar o uso de tais expressões por serem consideradas politicamente incorretas. O disfemismo não deve ser considerado uma figura de linguagem, e seu uso deve ser evitado.

d) **Hipérbole:** consiste em exagerar uma ideia com finalidade enfática:

Não vejo você **há séculos**. (No lugar de **há bastante tempo**.)

Estou **morrendo de sede**. (No lugar de **com muita sede**.)

Chorou **rios de lágrimas**. (No lugar de **chorou muito**.)

Observe como Caetano Veloso faz uso da hipérbole nos versos a seguir:

"Queria gritar **setecentas mil vezes**
Como são lindos, como são lindos os burgueses."

e) **Prosopopeia** ou **personificação:** consiste em atribuir a seres inanimados predicados que são próprios de seres animados:

"**O vento beija** meus cabelos
as ondas lambem minhas pernas." (Lulu Santos)

"**A Lua**,
tal qual a dona do bordel,
pedia a cada estrela fria
um brilho de aluguel." (João Bosco e Aldir Blanc)

f) **Gradação** ou **clímax:** consiste na apresentação de ideias em progressão ascendente (**clímax**) ou descendente (**anticlímax**):

"Um coração chagado de desejos
Latejando, batendo, restrugindo [...]" (Vicente de Carvalho)
(progressão ascendente)

"Ó não guardes, que a madura idade
te converta essa flor, essa beleza,
em terra, em cinza, em pó, em sombra, em nada." (Gregório de Matos)
(progressão descendente)

g) **Apóstrofe:** consiste na invocação de alguém (ou alguma coisa personificada) com função emotiva:

"**Minha Senhora Dona**, um menino nasceu: o mundo tornou a começar." (Guimarães Rosa)

"**Senhor Deus dos desgraçados**!
Dizei-me vós, **Senhor Deus**!" (Castro Alves)

h) **Lítotes:** consiste em dizer uma coisa por meio da negação de seu contrário. O uso dessa figura quase sempre vem associado à ironia:

Ele não é nada bobo. (esperto)

Ela não é nada feia. (bonita)

Figuras de palavras (ou tropos)

a) **Metáfora:** consiste numa alteração de significado baseada em traços de similaridade entre dois conceitos. Geralmente, uma palavra que designa uma coisa passa a designar outra, por haver entre elas traços de semelhança. A metáfora é, pois, uma comparação implícita, isto é, sem o conectivo comparativo:

> "Meu sorriso é **uma fenda escavada no chão**." (Chico Buarque)

Observe que, no contexto, "uma fenda escavada no chão" passa a designar "sorriso", por haver entre esses dois elementos alguma semelhança. A metáfora vem, pois, evidenciar tal semelhança. Se a frase fosse "Meu sorriso é **como** uma fenda escavada no chão", não teríamos metáfora, e sim **comparação**. É comum metáforas em que se suprime o primeiro termo da comparação, aparecendo apenas o termo metafórico, como em:

> "Eu semeio o vento / Na minha cidade / Vou pra rua e bebo a tempestade." (Chico Buarque)

Outros exemplos de metáfora:

> "O tempo é **o maior tesouro de que um homem pode dispor**; embora inconsumível, o tempo é o **nosso melhor alimento** [...]." (Raduan Nassar)

> "Que a saudade é **o revés de um parto**
> A saudade é **arrumar o quarto**
> **Do filho que já morreu**." (Chico Buarque)

Certas metáforas, pelo uso repetitivo, esteriotipam-se, vulgarizam-se, tornando-se banais. Em decorrência disso, perdem sua força expressiva. A esse tipo de metáfora, que deve ser evitada, dá-se o nome de **clichê**:

> O futebol é uma caixinha de surpresas.

> Você é um colírio para meus olhos.

> Encerrei meu trabalho com chave de ouro.

b) **Metonímia:** como a metáfora, consiste numa transposição de significado, isto é, uma palavra que usualmente designa uma coisa passa a designar outra. Todavia, a transposição de significados não mais é feita com base em traços de semelhança, e sim por uma relação lógica de proximidade entre os termos (a parte pelo todo, o autor pela obra, o efeito pela causa, o continente pelo conteúdo, o instrumento pela pessoa que o utiliza, o concreto pelo abstrato, o lugar pelo produto, o gênero pela espécie, o singular pelo plural, o particular pelo geral, etc.). Observe:

> Não tinha **teto** em que se abrigasse. (**Teto** em lugar de **casa** = parte pelo todo.)

> Procurou no **Aurélio** o significado daquela palavra. (**Aurélio** em lugar de **dicionário** = autor pela obra.)

> "Verdade é que, ao lado dessas faltas, coube-me a boa fortuna de não comprar o **pão** com o **suor do meu rosto**." (Machado de Assis)
> (**Pão** no lugar de **alimento** = o particular pelo geral; **suor do meu rosto** no lugar de **trabalho** = o efeito pela causa.)

Alguns autores distinguem metonímia de sinédoque. Consideram a figura **sinédoque** quando a relação entre os termos é quantitativa, ou seja, pelo aumento ou diminuição da significação de uma palavra. As relações entre os termos são basicamente as seguintes: parte pelo todo, singular pelo plural, gênero pela espécie, o particular pelo geral (ou vice-versa).

Consideram a figura **metonímia** quando a relação entre os termos é qualitativa. Na metonímia, há uma implicação entre os conceitos que decorre de uma relação de contiguidade entre eles. As relações entre os termos são: a causa pelo efeito, o continente pelo conteúdo, o autor pela obra, o lugar pelo produto, o instrumento pela pessoa que o utiliza, etc. Há um caso de metonímia que ocorre em nomes próprios. É o caso de artistas que incorporam ao seu nome o nome do instrumento que utilizam: Paulinho da Viola, Jacó do Bandolim, Nélson Cavaquinho, Jackson do Pandeiro.

Como se pode notar, a diferença entre metonímia e sinédoque é bastante sutil e a distinção que se faz entre elas não é de todo relevante. Como o conceito de metonímia abarca o de sinédoque, a maioria dos autores, ao contrário do que acontecia antigamente, não faz mais a distinção entre essas duas figuras, preferindo usar o nome **metonímia** para designar a figura de linguagem em que a transposição de significado decorre de uma relação de contiguidade material ou conceitual existente entre os termos. É essa a posição que adotamos nesta obra.

c) **Catacrese:** é o emprego de palavras fora do seu significado real; entretanto, devido ao uso contínuo, não mais se percebe que estão sendo empregadas em sentido figurado:

O **pé da mesa** estava quebrado.

Não deixe de colocar dois **dentes de alho** na comida.

Quando **embarquei** no avião, fui dominado pelo medo.

A catacrese ocorre quando, por falta de um termo específico para designar um conceito, toma-se outro por empréstimo. Note que, por falta de uma palavra específica para designar o objeto que sustenta o tampo da mesa, tomamos por empréstimo a palavra **pé** e a usamos fora do seu sentido habitual. Verifique ainda que essa transposição tem por fundamento a vaga semelhança entre um conceito e outro. No caso de "**dentes** de alho", trata-se de uma semelhança de forma. O verbo **embarcar**, por outro lado, que originalmente designava o ingresso em barco, atualmente é empregado com referência a toda espécie de meio de transporte: metrô, avião, ônibus, etc.

d) **Antonomásia** ou **perífrase:** consiste em substituir um nome de pessoa ou de personagem por uma expressão que o identifique com facilidade:

O cavaleiro da triste figura (No lugar de **Dom Quixote**.)

O bruxo do Cosme Velho (No lugar de **Machado de Assis**.)

A rainha dos baixinhos (No lugar de **Xuxa**.)

O homem do baú (No lugar de **Sílvio Santos**.)

A cidade eterna (No lugar de **Roma**.)

O poeta da Vila (No lugar de **Noel Rosa**.)

Quando o nome substituído não for de pessoa ou de personagem, a figura é denominada **perífrase**. Assim: a "cidade eterna" e "a princesinha do mar" são perífrases, respectivamente, de Roma e Copacabana.

e) **Sinestesia:** consiste em mesclar numa expressão sensações percebidas por diferentes órgãos do sentido:

"E longe, na porteira, ainda espalmava a mão para a fazenda, num **gesto mudo** [...]." (Monteiro Lobato)
(**Gesto:** sensação visual; **mudo:** sensação auditiva.)

"Ouviu-se o som **agudo** e **claro** de uma trombeta." (Miguel de Cervantes)
(**Agudo:** auditivo; **claro:** visual.)

"O jasmim-verde e o jasmim-azul abrigavam tudo com seu **perfume** – que dava para **adoçar** uma xícara de café." (Guimarães Rosa)
(**Perfume:** sensação olfativa; **adoçar:** sensação gustativa.)

VÍCIOS DE LINGUAGEM

A gramática normativa é um conjunto de regras que estabelecem determinado uso da língua, denominado **norma culta** ou **língua-padrão**. Ocorre que as normas estabelecidas pela gramática normativa nem sempre são obedecidas pelo falante.

Quando o falante desvia do padrão para alcançar maior expressividade, temos as figuras de linguagem, como acabamos de ver. Quando o desvio se dá pelo desconhecimento da norma culta por parte do falante, temos os chamados **vícios de linguagem**.

PARTE 4 // NORMA E ESTILO

Apresentamos, a seguir, os principais vícios de linguagem:

a) Barbarismo: consiste em grafar ou pronunciar uma palavra em desacordo com a norma culta:

pesqui**z**a (No lugar de pesqui**s**a.)   **rú**brica (No lugar de ru**bri**ca.)

proto**ti**po (No lugar de pro**tó**tipo.)   exce**ss**ão (No lugar de exce**ç**ão.)

São também considerados barbarismos os desvios semânticos (uso incorreto de uma palavra seme-lhante à que deveria ser empregada):

O **iminente** deputado presidiu a sessão. (No lugar de **eminente**.)

É preciso combater com rigor o **tráfego** de drogas. (No lugar de **tráfico**.)

b) Solecismo: consiste em desviar-se da norma culta com relação à sintaxe:

Fazem dois meses que ele não aparece.
(Desvio na sintaxe de concordância: **fazem** no lugar de **faz**.)

Não espere-**me**, porque eu não irei.
(Desvio na sintaxe de colocação pronominal: **espere-me** no lugar de **me espere**.)

Assisti **o** filme que você recomendou.
(Desvio na sintaxe de regência: **o** no lugar de **ao**.)

c) Ambiguidade: consiste no emprego de palavra que tenha mais de um sentido.

Na semana passada, pintaram o banco.   Segure o cabo com força.

Fora de contexto, a primeira frase pode ser interpretada como:

Pintaram uma agência bancária ou pintaram um assento provido ou não de encosto.

A segunda comporta três sentidos diferentes: a) Segure a extremidade (o cabo da panela) com força; b) Segure a corda com força; c) Segure o militar com força.

Nesses exemplos, a ambiguidade decorre do fato de se empregar palavras homônimas, aquelas que tem mesma pronúncia (às vezes mesma grafia), mas sentidos diferentes.

Em outros casos, a frase apresenta mais de um sentido em decorrência de sua construção sintática. Quando isso acontece, dizemos que ocorreu **anfibologia**, como se pode observar nos exemplos que seguem.

O menino viu o incêndio do prédio.
(O menino estava no prédio e viu um incêndio, ou viu um prédio que estava pegando fogo?)

Pedro e Jéssica se casaram.
(Pedro e Jéssica casaram-se um com o outro ou Pedro e Jéssica casaram-se cada um deles com uma pessoa diferente? Houve um único casamento ou dois?)

> **OBSERVAÇÃO**
>
> A ambiguidade e a anfibologia nem sempre devem ser consideradas vícios de linguagem. Em diversos textos, tanto a ambiguidade quanto a anfibologia podem se configurar como recursos expressivos.

d) Cacófato: consiste no mau som produzido na junção de palavras:

"O acaso, tal **como o concebo** aqui, inclui os erros ocasionais de jogadores que não costumam errar." (*Folha de S.Paulo*)
(**como-o com sebo**)

"Que sentes ao ouvir o **nosso hino**? **Nosso hino**? Cacófato! Serei eu um cacófato vicioso nesse concerto patriótico." (Erico Verissimo)
(**nó suíno**)

Paguei cinco mil reais **por cada**. (**porcada**)
Você notou a bo**ca dela**? (**cadela**)

CAPÍTULO 21 // Figuras e vícios de linguagem

e) **Neologismo:** consiste na criação desnecessária de palavras novas. Também se considera que há neologismo quando se atribui uma significação nova a uma palavra já existente no léxico:

A notícia **viralizou** rapidamente.

A atriz deu uma **turbinada** no corpo.

O motorista não passou no teste do **bafômetro**.

Vou **descolar** um emprego.

O funcionário **deletou** todos os dados.

Embora muitos gramáticos, sobretudo os mais puristas, considerem os neologismos um vício de linguagem, entendemos que, na maioria dos casos, eles não devem ser considerados como tal.

A língua é viva e palavras novas surgem o tempo todo para designar conceitos novos. Em outros casos, a palavra nova é criada com efeito estilístico. Considerar o neologismo um vício de linguagem ou não dependerá, sobretudo, de observar se o termo novo é uma criação necessária ou expressiva, ou se ele é absolutamente desnecessário.

Nos exemplos a seguir, os neologismos foram criados para expressar conceitos novos; não devem, portanto, ser considerados vícios de linguagem. Deve-se observar ainda que os neologismos podem ser criados dentro da própria língua (**neologismos intrínsecos** ou **vernáculos**) ou com base em línguas estrangeiras (**neologismos extrínsecos**):

Participou de uma **teleconferência**.

Naquele estúdio, faziam a **remasterização** das gravações.

Para diminuir custo, a empresa resolveu **terceirizar** os serviços.

Para ilustrar seu trabalho, é preciso antes **escanear** estas imagens.

Não é considerado vício de linguagem, nem desnecessário, quando a nova palavra é criada para designar algo igualmente novo ou para obter efeito estilístico:

Depois do cinema, resolveram ir a um **cibercafé**.

"Foram infelizes e felizes **misturadamente**." (Guimarães Rosa)

Segundo Mario Prata, se adolescente é aquele que está entre a infância e a idade adulta, **envelhescente** é aquele que está entre a idade adulta e a velhice.

"Celebrava-a, **ufanático**, tendo-a por justa e averiguada, com convicção manifesta." (Guimarães Rosa)

Um neologismo que é incorporado à língua, com o decorrer do tempo, evidentemente, deixará de ser neologismo. Nesse sentido, é curioso notar que, na *Gramática expositiva*, de Eduardo Carlos Pereira, cuja primeira edição é de 1907, a palavra **fonógrafo** aparece classificada como um neologismo. Hoje, não teríamos dúvida em classificá-la como um **arcaísmo**.

Veja, a seguir, o verbete **fonógrafo**, extraído do *Dicionário Aurélio eletrônico*:

---

fonógrafo

[De fon(o)- + -grafo.]

Substantivo masculino

1. Antigo aparelho destinado a reproduzir sons gravados em cilindros ou discos metálicos.
2. Aparelho que reproduz os sons gravados em discos sob a forma de sulcos espiralados; gramofone.

FERREIRA, Aurélio Buarque de Holanda. Dicionário eletrônico. Versão 5.0. Ed. rev. e atual. Parte integrante do *Novo Dicionário Aurélio*. 3. ed. rev. e atual. Curitiba: Positivo/Positivo Informática, 2004.

f) Pleonasmo: consiste na repetição desnecessária de um conceito:

O **vereador municipal** disse que as contas municipais apresentaram um **superávit positivo**.

O documento segue **anexo junto** à carta.

Precisamos **encarar de frente** os problemas.

Faça sua assinatura e **ganhe grátis** um relógio.

Para tirar o carro da garagem, primeiro dê uma **ré para trás**.

O pleonasmo, assim como algumas outras construções e empregos de palavras, tanto pode ser um vício como uma figura de linguagem; isso dependerá, sobretudo, da eficácia e originalidade da mensagem.

g) Arcaísmo: consiste na utilização de palavras que já caíram em desuso:

Um **chofer de praça** levava os passageiros. (No lugar de **motorista de táxi**.)

O **boticário** não me recomendou este remédio. (No lugar de **farmacêutico**.)

Na TV vi um novo **reclame** de margarina. (No lugar de **propaganda, comercial**.)

Emocionado, o rapaz deu-lhe um **ósculo** ardente. (No lugar de **beijo**.)

Aceite um forte **amplexo** desse seu amigo. (No lugar de **abraço**.)

Os bancos não abriram devido à **parede** dos bancários. (No lugar de **greve**.)

Certas palavras se tornam arcaísmos porque o ser que ela nomeia já não mais existe ou tomou outra forma. É o caso de **vitrola** (aparelho que era usado para reproduzir sons gravados em disco) e **lornhão** (uma espécie de óculos sem hastes).

h) Eco: consiste na repetição de palavras terminadas pelo mesmo som:

Vic**ente** s**ente** que som**ente** o aluno repet**ente** m**ente** alegrem**ente**.

A decis**ão** da eleiç**ão** n**ão** causou nenhuma reaç**ão** de comoç**ão** ou indignaç**ão** na populaç**ão**.

A **gramática** no dia a dia

Figuras como manifestação de valores ideológicos

As figuras de palavras, especialmente as metáforas, dão concretude aos textos na medida em que têm um caráter sensorial. Além disso, elas exprimem as determinações ideológicas dos sujeitos. No trecho a seguir, as figuras revelam a visão machista do homem na sociedade patriarcal moçambicana.

— Rami, a minha vida era boa. Fazia tudo o que queria. Visitava as mulheres quando me apetecia. Tirava o dinheiro do meu bolso, pagava-as quando mereciam. Agora que têm esses vossos negócios julgam-se senhoras, mas não passam de rameiras. Julgam que têm espaço, mas não passam de um buraco. Julgam que têm direito e voz, mas não passam de patos mudos.

— Estamos a ganhar dinheiro para melhorar a vida, Tony.

— Por isso me afrontam, porque têm dinheiro. Por isso me abusam, porque têm negócios. Por isso me faltam ao respeito, porque se sentem senhoras. Mas eu sou um galo, tenho cabeça no alto, eu canto, eu tenho dotes para grandes cantos. Pois saibam que o vosso destino é cacarejar; desovar, chocar, olhar para a terra e esgaravatar para ganhar uma minhoca e farelo de grão. Por mais poder que venham a ter, não passarão de uma raça cacarejante mendigando eternamente o abraço supremo de um galo como eu, para se afirmarem na vida. Vocês são morcegos na noite piando tristezas, e as vossas vozes eternos gemidos.

CHIZIANE, P. *Niketche:* uma história de poligamia.
São Paulo: Companhia da Letras, 2004. p. 166-167.

Figuras em textos não verbais e sincréticos

Figuras de linguagem, como dissemos, não são exclusividade de textos poéticos. Elas estão presentes nas mais diversas manifestações de uso da linguagem, inclusive a não verbal.

Filmes, fotos, anúncios publicitários, histórias em quadrinhos, placas sinalizadoras se valem de recursos como metáfora e metonímia, principalmente, para a construção de sentido. É comum uma foto, por exemplo, usar uma parte para designar o todo, o que configura um processo metonímico.

Observe a placa ao lado, muito comum em diversos lugares.

Trata-se de texto não verbal cujo sentido é "Proibido fumar". Note que a imagem apresenta um cigarro cortado por um traço.

Evidentemente o sentido da placa não é "Proibido fumar cigarro", estando liberado, por exemplo, o fumo de cachimbos, charutos e cigarrilhas.

O destinatário dessa placa entende imediatamente que a mensagem é "Proibido fumar qualquer coisa que produza fumaça", vale dizer, o particular (o cigarro) é empregado para designar o geral (qualquer objeto que produza fumaça). Uma imagem passa a designar outras porque há entre elas uma relação de implicação.

E por que quem produziu a imagem optou por usar o cigarro e não um cachimbo, por exemplo? Simplesmente porque, entre os diversos objetos usados para fumar, o cigarro é o mais comum.

Ambiguidade como recurso discursivo

Arrolamos a ambiguidade entre os vícios de linguagem, mas é preciso atentar que nem toda ambiguidade constitui um vício, uma vez que o enunciador pode se valer dela como procedimento discursivo, ou seja, como reforço da mensagem para alcançar determinados efeitos de sentido. Por isso a ambiguidade é característica de textos poéticos, mas não só. Ela pode ser usada para obter efeitos de humor, por exemplo. Muitas vezes, um "defeito" na construção sintática do enunciado é intencional, como você poderá observar nos exemplos a seguir, que constituem os denominados "avisos paroquiais".

> Por favor, coloquem suas esmolas no envelope, junto com os defuntos que desejam que sejam lembrados.
>
> O mês finalizará com uma missa cantada por todos os defuntos.
>
> Para todos que têm filhos e não sabem, temos na paróquia uma área especial para as crianças.

Nesses três exemplos, o problema decorrente da construção sintática dos enunciados provavelmente foi intencional para criar o efeito de sentido humorístico, razão pela qual não podemos falar que se trata de um vício de linguagem.

ATIVIDADES

Texto para a questão 1.

A época

Aquele foi o melhor dos tempos, foi o pior dos tempos, foi a idade da razão, a idade da insensatez, a época da crença, a época da incredulidade, a estação da Luz, a estação das Trevas, a primavera da esperança, o inverno do desespero, tínhamos tudo diante de nós, não tínhamos nada diante de nós, todos iríamos direto ao Paraíso, todos iríamos direto ao sentido oposto – em suma, a época era tão parecida com o presente que algumas autoridades mais ruidosas insistiram que ela fosse recebida, para o bem ou para o mal, apenas no grau superlativo de comparação.

DICKENS, Charles. *Um conto de duas cidades*. 2. ed. São Paulo: Estação Liberdade, 2010. p. 11.

1. O trecho que você acabou de ler é o início do primeiro capítulo do livro *Um conto de duas cidades*, de Charles Dickens.

    a) Nessa narrativa de um fato passado, Dickens caracteriza muito bem a época em que se desenvolvem os fatos. Com base na leitura do trecho, como você caracterizaria essa época? Que figura de linguagem predomina no trecho que possibilitou a você essa conclusão?

    b) No trecho "todos iríamos direto ao Paraíso, todos iríamos direto ao sentido oposto", o narrador faz uso de uma figura de construção. Qual?

2. Observe a tirinha abaixo.

GONSALES, Fernando. Níquel Náusea. *Folha de S.Paulo*, São Paulo, 10 set. 2005. p. E13.

Quais recursos linguísticos o cartunista utilizou para conferir humor ao texto?

3. O trecho a seguir foi extraído da obra *O seminarista*, de Rubem Fonseca.

    Gamela demorou a abrir a porta. Ao seu lado um dos guarda-costas, o mesmo que estava com ele na casa de Suzane, o de gravata vermelha de bolinhas. Acho que ele só tinha aquela gravata. Os dois pareciam estar nervosos. Gamela dispensou o gravata vermelha de bolinhas com um gesto.

    FONSECA, Rubem. *O seminarista*.
    Rio de Janeiro: Agir, 2009. p. 125.

    Identifique e classifique a figura de linguagem presente na última frase do texto.

4. O trecho a seguir foi extraído da obra *Lavoura arcaica*, de Raduan Nassar.

    [...] e num domingo de repouso, depois do almoço, quando o vinho já estiver dizendo coisas mornas em nossa cabeça, e o sol lá fora já estiver tombando para o outro lado, eu e você sairemos de casa para fruir a plenitude de um passeio [...].

    NASSAR, Raduan. *Lavoura arcaica*.
    São Paulo: Companhia das Letras, 2005. p. 127-128.

    Nesse trecho, ocorre uma figura de linguagem. Identifique-a e comente seu sentido.

5. Quais figuras de linguagem predominam neste poema?

    Em horas inda louras, lindas
    Clorindas e Belindas, brandas,
    Brincam no tempo das berlindas,
    As vindas vendo das varandas,
    De onde ouvem vir a rir as vindas
    Fitam a fio as frias bandas.

    Mas em torno à tarde se entorna
    A atordoar o ar que arde
    Que a eterna tarde já não torna!
    E o tom de atoarda todo o alarde
    Do adornado ardor transtorna
    No ar de torpor da tarda tarde.

    E há nevoentos desencantos
    Dos encantos dos pensamentos
    Nos santos lentos dos recantos
    Dos bentos cantos dos conventos...
    Prantos de intentos, lentos, tantos
    Que encantam os atentos ventos.

    PESSOA, Fernando. *Obra poética em um volume*.
    Rio de Janeiro: Aguilar, 1972. p. 134.

CAPÍTULO 21 // Figuras e vícios de linguagem

6. Indique as figuras de linguagem que ocorrem nos itens que seguem.

a) "A fome quando ferra nos faz feras." (Mia Couto)

b) "O voo negro dos urubus fazia círculos altos em redor de bichos moribundos." (Graciliano Ramos)

c) "Para explicar como esse mobiliário é velho, rachado, apodrecido, bambo, corroído, estropiado, mutilado, inválido, agonizante, seria preciso fazer uma descrição que retardaria demais o interesse dessa história [...]." (Honoré de Balzac)

d) "O canapé, quer visse ou não, continuou a prestar os seus serviços às nossas mãos presas e às nossas cabeças juntas ou quase juntas." (Machado de Assis)

e) "Não sei se é fato ou se é fita,
Não sei se é fita ou se é fato,
O fato é que ela me fita,
Me fita mesmo de fato." (Anônimo. Trova cantada pelos estudantes da Faculdade de Direito da USP).

f) "Obedeço-lhe a viver, espontaneamente,
Como quem abre os olhos e vê,
E chamo-lhe luar e sol e flores e árvores e
[montes
E amo-o sem pensar nele,
E penso-o vendo e ouvindo
E ando com ele toda hora." (Fernando Pessoa)

g) "A guerra é uma cobra que usa nossos próprios dentes para nos morder. Seu veneno circulava agora em todos os rios de nossa alma. De dia já não saíamos, de noite não sonhávamos. O sonho é o olho da vida. Nós estávamos cegos." (Mia Couto)

h) "E um vaga-lume lanterneiro, que riscou um psiu de luz." (Guimarães Rosa)

i) "Quando a Indesejada das gentes chegar / (Não sei se dura ou caroável), / talvez eu tenha medo." (Manuel Bandeira)

j) "O bonde passa cheio de pernas:
pernas brancas pretas amarelas.
Para que tanta perna, meu Deus, pergunta
[meu coração.
Porém meus olhos
não perguntam nada." (Carlos Drummond de Andrade)

k) "Certo dia pela manhã, quando se queria que ele mamasse em uma de suas vacas (pois não teve jamais outra ama de leite, como diz a história), ele desatou o nó que prendia ao berço um de seus braços, e agarrou a referida vaca por debaixo das pernas e lhe comeu as duas tetas e metade do ventre, com o fígado e os rins: e a teria devorado inteiramente, se a vaca não tivesse berrado horrivelmente [...]." (François Rabelais)

l) "Camisas verdes e calções negros corriam, pulavam, chocavam-se, embaralhavam-se, caíam, contorcionavam-se, esfalfavam-se, brigavam." (Antônio de Alcântara Machado)

m) "A vigília da barata era vida vivendo, a minha própria vida vigilante se vivendo." (Clarice Lispector)

n) "Eu, que chamava de amor a minha esperança de amor." (Clarice Lispector)

o) "Tacos considerados vinham me ver, vinham de longe, namoravam a mesa, conversavam comigo, passavam horas espiando o meu jogo." (João Antônio)

p) "Umas moças, cheirosas, limpas, os claros risos bonitos, pegavam nele, o levavam para a beira duma mesa, ajudavam-no a provar, de uma xícara grande, goles de um de-beber quente, que cheirava à claridade." (Guimarães Rosa)

q) "Quando Laila deixou este mundo, ela partiu com seu nome nos lábios." (Nizami)

r) "Eu, que antes vivera das palavras de caridade ou orgulho ou de qualquer coisa." (Clarice Lispector)

s) "Tateio sons que
Reverberam em uníssono
No seio das primeiras horas." (Jessyca Pacheco)

7. Alterando o sentido original da palavra, construa uma expressão pelo processo da catacrese.

a) asa   f) folha
b) barriga   g) menina
c) bico   h) olho
d) boca   i) orelha
e) braço   j) cabeça

8. Leia:

"Há palavras que ninguém emprega. Apenas se encontram nos dicionários como velhas caducas num asilo. Às vezes uma que outra se escapa e vem luzir-se desdentadamente, em público, nalguma oração de paraninfo. Pobres velhinhas... Pobre velhinho!" (Mário Quintana)

a) A que tipo de palavras Mário Quintana se refere?
b) Mário Quintana se vale de metáforas para designar esse tipo de palavras. Aponte-as.

9. Na tirinha abaixo, um dos personagens faz uso de uma figura de linguagem. Identifique-a e comente-a.

HAGAR - Dik Browne

BROWNE, Dik. Hagar. *Folha de S.Paulo*, São Paulo, 7 maio 2002. p. E5.

DOS TEXTOS À GRAMÁTICA / DA GRAMÁTICA AOS TEXTOS

Amor é um fogo que arde sem se ver;
é ferida que dói, e não se sente;
é um contentamento descontente;
é dor que desatina sem doer.

É um não querer mais que bem querer;
é um andar solitário entre a gente;
é nunca contentar-se de contente;
é um cuidar que ganha em se perder.

É querer estar preso por vontade;
e servir a quem vence, o vencedor;
é ter com quem nos mata, lealdade.

Mas como causar pode seu favor
nos corações humanos amizade,
se tão contrário a si é o mesmo Amor?

CAMÕES, Luís de. *Lírica*. Belo Horizonte: Itatiaia, 1982. p. 155.

1. Esse poema de Camões apresenta catorze versos, agrupados em dois quartetos (estrofes de quatro versos) e dois tercetos (estrofes de três versos). Que nome recebe esse tipo de composição poética?

2. Os versos desse poema se dividem em sílabas poéticas (ou métricas) que correspondem ao ritmo do poema. No capítulo 3 dissemos que as sílabas métricas nem sempre coincidem com as sílabas gramaticais.

a) Quantas sílabas métricas há em cada verso do poema?
b) Que nome recebe esse tipo de verso?

3. O poeta procura nos apresentar uma definição de amor. Que verbo ele usa para isso?

4. A definição de amor que o poeta nos apresenta é dada por termos que exercem a função de predicativo do sujeito. Os termos que funcionam como predicativo constituem uma figura de linguagem. Qual?

5. Uma das características do poema é a repetição de uma mesma palavra no início dos versos. Que nome recebe essa figura de linguagem?

6. Nas expressões utilizadas para definir amor, percebe-se que elas são formadas por dois elementos.

a) O que você nota em relação a esses elementos?
b) Que tipo de figura esses elementos formam?

EMPREGO DE ALGUMAS PALAVRAS E EXPRESSÕES

Nos capítulos anteriores deste livro, apresentamos uma seção denominada "A gramática no dia a dia", em que procuramos mostrar que os conceitos gramaticais estudados podem ser observados na linguagem cotidiana – oral ou escrita – e não somente em textos formais ou literários. Neste capítulo, abordaremos o emprego de algumas palavras e expressões bastante utilizadas, que costumam ser fonte de dificuldades para o estudante.

PALAVRAS E EXPRESSÕES QUE CAUSAM DÚVIDAS

A fim de / afim

A fim de é uma locução prepositiva que indica finalidade; equivale a "para":
  Ele saiu cedo **a fim de** chegar a tempo.

Afim é adjetivo e significa "semelhante", "que apresenta afinidade", "que tem parentesco não sanguíneo":
  O genro é um parente **afim**.   Tratava-se de ideias **afins**.

A par / ao par

A par significa "ciente de", "informado de":
  Fez pesquisa em várias fontes e estava **a par** do que ocorria.

Ao par é usado para indicar que a cotação de algo se iguala ao valor nominal ou oficial:
  Houve uma forte desvolarização do dólar, o que o deixou **ao par** do real.

Acerca de / cerca de / há cerca de / a cerca de

Acerca de é uma locução prepositiva, equivale a "a respeito de", "relativamente a", "quanto a":
  Discutimos **acerca de** uma melhor saída para o caso.

Cerca de é uma expressão que significa "aproximadamente":
  Cerca de setenta mil veículos deixaram a capital no feriado prolongado.

Há cerca de é uma expressão formada por **cerca de**, que indica quantidade aproximada, precedida do verbo **haver**, que indica tempo transcorrido:
  Há cerca de uns quinze dias, discutíamos uma saída para o caso.

A cerca de é a expressão **cerca de** (aproximadamente) precedida da preposição **a**:
  Falaram **a cerca de** setenta pessoas.

Ao encontro / de encontro

Ao encontro (rege a preposição **de**) significa "a favor de", "na direção de":
  Essas atitudes vão **ao encontro do** que eles pregam.
  Ao desembarcar, Filomena foi **ao encontro do** noivo.

De encontro (rege a preposição **a**) significa "contra", "em choque com":

Sua atitude veio **de encontro ao** que eu esperava.

As ideias dela vêm **de encontro às** minhas.

Ao invés de / em vez de

Ao invés de significa "ao contrário de":

Ao invés do que previu a meteorologia, choveu muito ontem.

Em vez de significa "no lugar de":

Em vez de jogar tênis, preferimos ir ao cinema.

Cessão / sessão / seção

Cessão provém do latim *cessio, onis*, do verbo *cedere* (**ceder** em português); portanto, cessão é o ato de ceder, de dar:

Ele fez a **cessão** dos seus direitos autorais.

A **cessão** do terreno para a construção da creche agradou a todos os moradores.

Sessão provém do latim *sessio*, forma do verbo *sedere* (**sentar-se**, **assentar-se**). Em português, designa o intervalo de tempo que dura uma reunião, uma assembleia, uma programação, um trabalho:

Assistimos a uma **sessão** de cinema.

Saiu mais aliviado depois da **sessão** de psicanálise.

Os deputados reuniram-se em **sessão** extraordinária.

Assistimos a uma **sessão** espírita.

Seção provém do latim *sectio, onis*, que tem por radical *sectus*, particípio do verbo *secare*, que significa **cortar**. Em português, é um substantivo que designa o resultado de um corte, uma subdivisão, uma fatia, uma parte de um todo:

Lemos a notícia na **seção** de esportes.

Vimos as bolas na **seção** de brinquedos.

Demais / de mais

Demais:

a) é advérbio de intensidade; equivale a "muito", "em excesso":

Elas falam **demais**.

b) também pode ser usado como substantivo (virá precedido de artigo, ou outro determinante), significando "os restantes":

Escalaram onze atletas para jogar, os **demais** ficaram no banco.

De mais é locução prepositiva; possui sentido oposto a "de menos":

Não haviam feito nada **de mais**.

Há / a

Na indicação de tempo, emprega-se:

a) há: para indicar tempo transcorrido (equivale a "faz"):

Há dois meses que ele não aparece.

Ele estuda essa matéria **há** dois anos.

CAPÍTULO 22 // Emprego de algumas palavras e expressões

b) **a:** para indicar tempo futuro:

Daqui **a** dois meses ele aparecerá.

Ela deverá voltar daqui **a** três meses.

Na linguagem formal, exige-se a correlação temporal do **há**.

Há vários meses que ele **repete** a mesma coisa.

Havia vários meses que ele **repetia** a mesma coisa.

Mas / mais

Mas é conjunção coordenativa adversativa; equivale a "contudo", "todavia", "entretanto":

Ela estudou muito, **mas** não conseguiu boa nota.

O time terminou o campeonato sem derrota, **mas** não foi o campeão.

Mais é pronome ou advérbio de intensidade. Tem por antônimo "menos":

Ele leu **mais** livros este ano que no ano anterior. (pronome indefinido)

Ela era a aluna **mais** simpática da classe. (advérbio de intensidade)

Existe também a forma **más**. Trata-se do plural do adjetivo "má":

Eram pessoas extremamente **más**.

Mau / mal

Mau é sempre adjetivo (seu antônimo é "bom"); refere-se, pois, a um substantivo:

Escolheu um **mau** momento para sair.   Era um **mau** aluno.

Mal pode ser:

a) advérbio de modo (antônimo de "bem"):

Ele se comportou **mal**.   Seu argumento está **mal** estruturado.

b) conjunção temporal (equivale a "assim que"):

Mal chegou, saiu.

c) substantivo (quando precedido de artigo ou de outro determinante):

"Se o bem e o **mal** existem
Você pode escolher
É preciso saber viver." (Roberto Carlos e Erasmo Carlos)

O bem e o **mal** são nitidamente personificados nas histórias infantis.

Nenhum / nem um

Nenhum é pronome indefinido; opõe-se a "algum". Geralmente antecede um substantivo:

Nenhum cantor canta como ele.

Nem um equivale a "nem um só", "nem um sequer". Nessa expressão o **um** é numeral, opõe-se a dois, três, etc.:

Nem um dia inteiro foi suficiente para acabar a obra.

Onde / aonde / donde

Emprega-se **aonde** com os verbos que dão ideia de movimento. Equivale sempre a "para onde":

"Todo artista tem de ir **aonde** o povo está." (Milton Nascimento e Fernando Brant)

Aonde você vai?   **Aonde** nos leva com tal rapidez?

Naturalmente, com os verbos que não dão ideia de movimento emprega-se **onde**:

Onde estão os livros?   Não sei **onde** te encontrar.

Donde é a contração da preposição **de** com **onde**. Significa "lugar de que":

Donde você vem?   **Donde** provêm essas mercadorias?

Não é obrigatória a contração da preposição **de** com a palavra **onde**, ou seja, você também pode dizer:

De onde você vem? / **De onde** provêm essas mercadorias?

Na linguagem formal, **onde** só deve ser empregado com ideia de lugar. Nesse padrão de linguagem, uma construção como "nos dias de hoje, onde as pessoas se preocupam muito com segurança, a venda de alarmes aumentou" é condenada, uma vez que **onde** não se refere a espaço físico, mas a tempo.

Por ora / por hora

Por ora é usado com o sentido de "por enquanto"; **por hora** significa "em cada hora".

Por ora não trataremos desse assunto, deixando-o para uma próxima oportunidade.

O prefeito determinou que a velocidade máxima nas avenidas será de 50 quilômetros **por hora**.

Por que / por quê / porque / porquê

Lembre-se, inicialmente, de que em final de frase a palavra **que** deve ser sempre acentuada, por se tratar de um monossílabo tônico terminado em **e**:

Você vive de **quê**?   Ela pensa em **quê**?   Eu não entendo **por quê**.

1 Escreve-se **por que** (separado e sem acento):

a) quando equivale a "pelo qual" e flexões:

Este é o caminho **por que** passo todos os dias.   Aquele é o livro **por que** Paulo se interessou.

Nesse caso, trata-se do pronome relativo **que** precedido da preposição **por**.

b) quando depois dele vier escrita ou subentendida a palavra "razão". Se ocorrer no final da frase, deverá ser acentuado:

Por que ele faltou à reunião?   Eu não sei **por quê**, mas ainda vou descobrir.

Você não compareceu **por quê**?   **Por que** razão você não compareceu?

Não sabemos **por que** ele faltou.   "**Por que** parou, parou **por quê**?" (Moraes Moreira)

Nesse caso, trata-se do pronome interrogativo **que** precedido da preposição **por**.

c) quando equivaler a **para que**:

Estamos ansiosos **por que** comecem as aulas.

Nesse caso, temos a preposição **por** seguida da conjunção integrante **que**.

2 Escreve-se **porque** (junto e sem acento) quando se trata de uma conjunção explicativa ou causal. Geralmente equivale a "pois":

Tirou boa nota **porque** estudou bastante.

Não compareceu **porque** estava doente.

Não saia agora **porque** está chovendo muito.

3 Escreve-se **porquê** (junto e com acento) quando se tratar de um substantivo. Nesse caso, virá precedido de artigo ou outra palavra determinante:

Nem o governo sabe o **porquê** daquela medida.

Não compreendemos o **porquê** da briga.

Senão / se não

Senão é conjunção alternativa (equivalendo a "do contrário", "de outro modo") ou adversativa (equivalendo a "mas", "mas sim", "porém"). Também funciona como preposição, equivalendo a "exceto", "a não ser":

Devemos entregar o trabalho no prazo, **senão** o contrato será cancelado.

"Era a flor, e não já da escola, **senão** de toda a cidade." (Machado de Assis)

A quem, **senão** a ele, devo fazer referência?

Senão também pode ser classificado como substantivo, significando "mácula", "defeito". Nesse caso, virá precedido de artigo ou outro determinante:

Marina só tem um **senão**.

Se não é a conjunção condicional ou integrante **se** seguida de **não**, advérbio de negação:

Se não chover, iremos acampar.
(conjunção condicional **se** + **não**)

Perguntei **se não** estavam atrasadas.
(conjunção integrante **se** + **não**)

Sob / sobre

Sob é utilizado com sentido de "debaixo de". **Sobre**, com sentido de "acima de".

Ainda escondia o dinheiro **sob** o colchão.

O lençol deve ficar **sobre** o colchão.

Sobretudo / sobre tudo

Sobretudo pode ser advérbio, significando "especialmente", "principalmente", ou substantivo (casaco grande e pesado):

Fiz a tarefa da maneira que recomendaram, **sobretudo** porque era o jeito mais simples.

Como estava muito frio, para sair à rua vestiu um **sobretudo**.

Sobre tudo significa "a respeito de tudo".

Na reunião falaram **sobre tudo**.

Tampouco / tão pouco

Tampouco é advérbio; significa "também não", "muito menos":

Ele não tinha interesse no assunto, **tampouco** eu.

Tão pouco é expressão formada pelo advérbio de intensidade **tão** que modifica o advérbio ou o pronome indefinido **pouco**:

Ele ganha **tão pouco** que mal consegue sustentar a família.

> **OBSERVAÇÃO**
>
> Quando **pouco** é pronome indefinido (está determinando um substantivo), ele pode variar em gênero e número:
>
> Havia **tão poucas** pessoas que resolveram suspender a reunião.

ATIVIDADES

1. O mau emprego de uma expressão altera o sentido do texto de tal forma que o enunciador diz o contrário do que pretendia dizer. Identifique no texto a seguir a expressão equivocada e comente qual o sentido pretendido e qual o construído no texto.

   O Cesar Sampaio vem de encontro a minha personalidade como pessoa, meu estilo de vida. É um homem honesto, bem intencionado, e que gosta do Palmeiras. Ele veio de encontro com [o] que nós estávamos precisando. Foi uma tacada muito boa nossa.

   Disponível em: <http://esporte.uol.com.br/futebol/ultimas-noticias/2011/12/06/presidente-do-palmeiras-ironiza-fama-de-banana-e-chama-criticos-de-bolhas-e-amebas.htm>. Acesso em: 12 out. 2016.

2. Leia a notícia a seguir.

   O presidente do Corinthians, Alberto Dualib, disse ontem, em depoimento à Polícia Federal, que o magnata russo Boris Berezovski, o georgiano Badri Patarkatsishivili e o israelense Pini Zahavi são investidores da MSI, a parceira do clube. [...]

   O russo e o georgiano, parceiros em muitos negócios, são acusados de vários crimes na Rússia, entre eles lavagem de dinheiro. O depoimento de Dualib vai de encontro à conclusão de relatório do Ministério Público Estadual, que aponta Berezovski e Badri como investidores da MSI. O órgão diz haver indícios de que a parceria é usada para lavar dinheiro.

   ARRUDA, Eduardo. À polícia, Dualib "entrega" investidor. Folha de S.Paulo, 18 out. 2006. p. D1.

   O trecho "O depoimento de Dualib vai de encontro à conclusão de relatório do Ministério Público Estadual" apresenta uma informação incoerente. Comente-a.

3. No trecho a seguir, Erico Verissimo intencionalmente usa palavras que se afastam do padrão formal de linguagem, caracterizando o personagem como alguém que não tem o domínio desse padrão de linguagem. Destaque e comente algumas dessas palavras, indicando que forma seria usada por um falante que se expressasse formalmente.

   — Não vou acusar ninguém. Só quero pedir ao meretrício juiz e ao reverendíssimo promotor que não condenem a minha mulher. Se ela envenenou (o que ainda não acredito) foi porque sou mesmo um porcaria, não valo nada. Passava o dia sem trabalhar, de noite saía em bebedeiras e serenatas (não é mesmo, Alambique?) e quando voltava pra casa de madrugada ainda batia na pobre da Natalina. Povo de Antares, ajudem a absorver a minha mulher! Era só o que eu tinha a dizer.

   VERISSIMO, Erico. Incidente em Antares. São Paulo: Companhia de Bolso, 2009. p. 372.

4. O texto a seguir, que estava afixado em um estabelecimento comercial, apresenta alguns desvios em relação à linguagem padrão. Reescreva-o de modo a adequá-lo à modalidade culta da língua.

   Atenção

   Servir bebidas alcoólicas à menores de 18 anos, constitue Contravenção Penal, ficando o infrator sujeito a prisão em fragrante e Processo Criminal. (Artigo 63, n. 1, da Lei das Contravenções Penais)

5. Reescreva o diálogo a seguir, corrigindo-o, se necessário.

   — Porque me julgas tão mal?
   — Por que tenho minhas razões.
   — E não declaras porque?
   — Nem eu sei o porque.

6. Preencha as lacunas com **há** ou **a**.

   a) Daqui * três anos atingirei a maioridade.
   b) De São Paulo * Belo Horizonte * uma distância de 600 km.
   c) * seis meses que não vejo Juliano.
   d) Estou te esperando * horas!
   e) O sino soará daqui * cinco minutos.

7. Utilize **mal** ou **mau** para preencher **corretamente** as lacunas das frases a seguir.

   a) Ela foi atacada por um * incurável.
   b) Você agiu muito * por não repreender aquele * elemento.
   c) Tenha a certeza absoluta de que não te quero * .
   d) Agora é um * momento para comprar dólares.
   e) Trata-se de uma questão muito * resolvida.
   f) Aquele povoado foi atacado por um * terrível.
   g) Para o *, não há limites para o *.

CAPÍTULO 22 // Emprego de algumas palavras e expressões **351**

8. Complete usando **cessão**, **seção** ou **sessão**.

   a) Na * plenária, estudou-se a * de direitos territoriais a estrangeiros.

   b) Lemos a respeito do falecimento do autor na * de necrologia.

   c) Após assistir a uma * de cinema, comparecemos à * de auxílio aos desabrigados para efetuar a * de bens.

9. Complete usando **porque**, **porquê**, **por que** ou **por quê**.

   a) Ele faltou *?

   b) Não sabemos * você não compareceu.

   c) Como frutas e legumes * fazem bem à saúde.

   d) Pense naquelas coisas * lutamos há tanto tempo.

   e) Eles não vieram à reunião *?

   f) Não sei * faltaram, mas sei o * da minha raiva.

   g) Ainda vou descobrir o * dessa polêmica.

10. Copie o diálogo a seguir, corrigindo-o se for necessário.

    — Porque não veio?

    — Não vim porque não quis; esta é a razão porque não vim.

    — Afinal nunca se sabe bem o porque das coisas.

DOS TEXTOS À GRAMÁTICA | DA GRAMÁTICA AOS TEXTOS

A questão ortográfica

Neste "Almanhaque" nós não adotámos uma ortografia unificada. A mesma palavra aparece escrita de maneira diferente, por vezes, na mesma pagina. Isto póde parecer ignorancia da nossa parte, o que, aliás, não é mal pensado. Para justificar essas falhas poderiamos usar do classico recurso de explicar que são cochilos da revisão. Mas isso seria uma sujeira. Preferimos dar um sôco na mesa, arregaçar as mangas e assumir corajosamente a responsabilidade dos nossos atos.

A verdade é que ainda existem muitas ortografias no Brasil: – a antiga, a moderna, a fonética, a simplificada, a da Academia Brasileira, a da Academia de Ciências de Lisbôa, a do acôrdo ortográfico luso-brasileiro [...]. Nós temos leitores em todas as camadas e, portanto, a boa politica, que e filha natural da moral e da razão, manda que contentemos a todos.

Como consequencia, às vezes, escrevemos *xadrês*, outras vezes *xadrez*. Às vêses, às *vêzes*. E às vezes, às *vêses*.

Outras vezes (e agora já por nossa conta) no mesmo conto, escrevemos *logar* e *lugar*.

Neste caso, a diferença de grafia foi intencional, para mostrar que se tratava de dois lugares diferentes.

Em outra ocasião, registámos o vocabulo *sandwiche* ora como *sandwish* ora como *sandwische*. É evidente que não se trata de sanduiches da mesma qualidade. A ortografia adotada entretanto, não é arbitrária. Quando escrevemos *sandwiche*, queremos dizer que se subentende de um prato de emergência, no qual entram apenas produtos nacionais: – ou queijo de Minas ou pernil de porco ou língua do Rio Grande. Quando escrevemos *sandwich*, trata-se do mesmo prato, mas agora preparado com salame italiano ou queijo suiço ou paté francês. E, finalmente, quando escrevemos *sandwische*, já se vê que estamos deante de um autêntico sanduiche americano, daqueles que levam queijo, presunto, ovo frito, alface e beterraba, respeitando a grafia dos norte-americanos, que escrevem horrivelmente mal inglês.

Fazemos tambem uma sevéra distinção na maneira de escrever a palavra *coléga*. Para nós, *coléga* é todo sujeito que, embora bêbado e salafrário, escreve sobre qualquer assunto que não entende. Quando, porém, se trata de um cronista hípico ou de qualquer carreirista do jornalismo, então, o tratamos respeitosamente de *colégua*.

Outra dualidade ortográfica mantemos em relação à palavra *reumatismo*. Quando esta doença das dobradiças ataca uma pessoa moça, sempre escrevemos reumatismo, pela moderna. Quando, porém, enfrentamos um velho reumatismo, alfinetando as articulações de um cidadão de idade avançada, não relaxamos o "H" e escrevemos *rheumatismo chronico*, pela antiga.

Pistola tambem costumamos grafar com um ou com dois "éles", conforme se tratar de uma arma de um ou de dois canos.

[...]

Parece que estas explicações já são suficientes para que se compreenda que nós escrevemos, afinal, como nos vem à cabeça. E, assim é que deve ser. E é por isso que, quando a cabeça não está funcionando muito bem, sai tudo errado.

TORELLY, Aparício (o Barão de Itararé). *Almanhaque para 1949*. 3. ed. São Paulo: Imprensa Oficial de São Paulo/Edusp/Studioma, 2003. p. 26.

1. Tendo em vista o sistema ortográfico vigente, encontramos nesse texto palavras que não deveriam receber acento gráfico e, por outro lado, há outras que deveriam recebê-lo.

   a) Aponte cinco palavras do texto que deveriam ser acentuadas.

   b) Selecione cinco que receberam acento gráfico, mas não deveriam recebê-lo.

2. O que vem a ser uma "ortografia unificada"?

3. No português do Brasil, algumas palavras podem ser grafadas de duas maneiras diferentes, sendo ambas consideradas ortograficamente corretas. Dê exemplos de palavras que admitem dupla grafia.

4. O autor afirma que "[...] às vezes, escrevemos *xadrês*, outras vezes *xadrez*. Às *vêses*, às *vêzes*. E às vezes, às *vêses*.". Que justificativa o autor apresenta para, em seu "Almanhaque", escrever uma mesma palavra com grafias diferentes?

5. Segundo o texto, algumas pessoas usam um recurso para justificar erros de ortografia em seus textos.

   a) Que recurso é esse?

   b) O autor faz uso desse recurso?

6. Explique a diferença de sentido entre:

   a) Respeitando a grafia dos norte-americanos, que escrevem horrivelmente mal inglês.

   b) Respeitando a grafia dos norte-americanos que escrevem horrivelmente mal inglês.

7. Sem alterar o sentido, reescreva as frases a seguir, substituindo adequadamente o termo destacado por uma das formas colocadas entre parênteses. Faça as modificações que julgar necessárias.

   a) "**Para** justificar essas falhas poderíamos usar do clássico recurso de explicar que são cochilos da revisão." (a fim de / afim de).

   b) "Parece que estas explicações já são **suficientes** para que se compreenda que nós escrevemos, afinal, como nos vem à cabeça." (bastante / bastantes)

c) "[...] quando a cabeça não está funcionando **muito bem**, sai tudo errado." (mal / mau)

d) "Para nós, colega é todo sujeito que escreve **sobre** qualquer assunto." (há cerca de / acerca de)

e) "Algumas vezes escrevemos xadrês **no lugar de** xadrez." (ao invés de / em vez de)

8. Para um texto estar adequado à norma culta, não basta que ele esteja escrito de acordo com o sistema ortográfico vigente. É preciso também que se observem as normas de construção de frases (concordância, regência e colocação pronominal), a pontuação e o emprego adequado de palavras e expressões.

   I. No período a seguir, há um desvio da norma culta quanto à sintaxe. Indique e comente essa ocorrência:

   "Quando escrevemos *sandwiche*, queremos dizer que se subentende de um prato de emergência [...]."

   II. Nos casos a seguir, a pontuação não está de acordo com as regras relativas ao assunto. Reescreva esses itens pontuando-os adequadamente. Justifique sua resposta.

   a) "A ortografia adotada entretanto, não é arbitrária."

   b) "Trata-se de um prato de emergência, no qual entram apenas produtos nacionais: ou queijo de Minas ou pernil de porco ou língua do Rio Grande. Quando escrevemos *sandwich*, trata-se do mesmo prato, mas agora preparado com salame italiano ou queijo suiço ou paté francês."

9. Em certa passagem, o autor usa a expressão "doença das dobradiças" para designar uma doença chamada reumatismo. Trata-se de uma figura de linguagem. Responda:

   a) A expressão "doença das dobradiças" representa qual figura de linguagem?

   b) Como é possível explicar essa figura de linguagem nesse caso?

10. No último período do texto, o autor empregou um pronome demonstrativo em desacordo com o que estabelece o padrão culto de linguagem. Reescreva esse período, adequando-o ao que a gramática normativa estabelece, e justifique sua correção.

11. A palavra **que** pode ser partícula expletiva ou partícula de realce. Reescreva o último parágrafo do texto, eliminando as partículas expletivas.

QUESTÕES DE VESTIBULARES E ENEM

PARTE 1	Capítulo 1	354
	Capítulo 2	358
	Capítulo 3	362

PARTE 2	Capítulo 4	366
	Capítulo 5	375
	Capítulo 6	380
	Capítulo 7	381
	Capítulo 8	387
	Capítulo 9	388
	Capítulo 10	400
	Capítulo 11	413

PARTE 3	Capítulo 12	424
	Capítulo 13	431
	Capítulo 14	436
	Capítulo 15	441
	Capítulo 16	445
	Capítulo 17	458
	Capítulo 18	466
	Capítulo 19	472

PARTE 4	Capítulo 20	487
	Capítulo 21	498
	Capítulo 22	510

PARTE 1 — FONOLOGIA E ORTOGRAFIA

CAPÍTULO 1 – Fonologia

1. (PUC-PR)

Qual o jeito correto de pronunciar Roraima?

"Roráima" ou "Rorâima", como você preferir. É que, segundo os linguistas, as regras fônicas de uma palavra são regidas pela língua falada. Portanto, não há certo ou errado. Há apenas a maneira como as pessoas falam.

O que se observa na língua portuguesa falada no Brasil é que sílabas tônicas que vêm antes de consoantes nasalizadas (como "m" ou "n") também se nasalizam (aperte o seu nariz e repita a palavra cama. Sentiu os ossinhos vibrarem? É a tal nasalização). Por isso, a gente diz "cãma" – o "ca" é a sílaba tônica e o "m" é nasalizado. Se a sílaba que vier antes dessa mesma consoante não for uma sílaba tônica, a pronúncia passa a ser opcional: você escolhe – "bánana" ou "bãnana".

No caso de Roraima, a sílaba problemática ("ra") é tônica e vem antes do "m". Mas aí entra em cena o "i", que acaba com qualquer regra. A mesma coisa acontece com o nome próprio Jaime: tem gente que nasaliza, tem gente que não. Então, fique tranquilo: se você sempre falou "Rorâima", siga em frente – ninguém pode corrigi-lo por isso. No máximo, você vai pagar de turista se resolver dar umas voltas por lá – os moradores do estado, não adianta, são unânimes em falar "Roráima".

BESSA, Marina. Disponível em: <super.abril.com.br/cultura/qual-jeito-corretopronunciar-roraima-447648.shtml>.

Indique a alternativa **FALSA** em relação ao texto.

a) As palavras **andaime** e **Elaine** são exemplos que comprovam que a presença do "i" acaba com a regra para explicar o fenômeno, conforme mencionado no segundo parágrafo.

b) Nas entrelinhas, o texto mostra que a variação na pronúncia dos sons que compõem as palavras do vocabulário é um fenômeno próprio das línguas.

c) O título do texto induz o leitor a esperar uma resposta que exclua uma das possibilidades de pronúncia, mas essa expectativa acaba sendo contrariada.

d) A pronúncia da primeira sílaba da palavra **camareira** pode ou não ser nasalizada, pelo mesmo motivo que justifica o fato com a palavra **banana**.

e) Pela regra apresentada no segundo parágrafo, pode-se deduzir que as palavras **Ana**, **pano** e **cano** são sempre pronunciadas com a primeira vogal nasalizada.

Texto para a próxima questão.

Verbos

A professora pergunta para a Mariazinha:

— Mariazinha, me dê um exemplo de verbo.

— Bicicreta! – respondeu a menina.

— Não se diz "bicicreta", e sim "bicicleta". Além disso, bicicleta não é verbo. Pedro, me diga você um verbo.

— Prástico! – disse o garoto.

— É "plástico", não "prástico". E também não é verbo. Laura, é sua vez: me dê um exemplo correto de verbo – pediu a professora.

— Hospedar! – respondeu Laura.

— Muito bem! – disse a professora. — Agora, forme uma frase com este verbo.

— Os pedar da bicicreta é de prástico!

ABAURRE, Maria Luiza; PONTARA, Marcela. *Gramática – Texto*: análise e construção de sentido. Volume único. São Paulo: Moderna, 2006. p. 76.

2. (UPE) A compreensão do texto leva o leitor a concluir que:

a) a professora logrou êxito no seu intuito de ensinar a classe de palavras "verbo".

b) embora os alunos soubessem o assunto, optaram por responder incorretamente.

c) os alunos e a professora demonstram domínio da mesma variedade linguística.

d) a resposta que foi considerada correta pela professora era, na verdade, incorreta.

e) somente Laura respondeu corretamente, o que demonstra seu domínio do assunto.

3. (Enem)

Assum preto

Tudo em vorta é só beleza
Sol de abril e a mata em frô
Mas assum preto, cego dos óio
Num vendo a luz, ai, canta de dor

Tarvez por ignorança
Ou mardade das pió
Furaro os óio do assum preto
Pra ele assim, ai, cantá mio

Assum preto veve sorto
Mas num pode avuá
Mil veiz a sina de uma gaiola
Desde que o céu, ai, pudesse oiá

GONZAGA, L.; TEIXEIRA, H. Disponível em: <www.luizgonzaga.mus.br>. Acesso em: 30 jul. 2012. (Fragmento.)

As marcas da variedade regional registradas pelos compositores de "Assum preto" resultam da aplicação de um conjunto de princípios ou regras gerais que alteram a pronúncia, a morfologia, a sintaxe ou o léxico. No texto, é resultado de uma mesma regra a:

a) pronúncia das palavras "vorta" e "veve".

b) pronúncia das palavras "tarvez" e "sorto".

c) flexão verbal encontrada em "furaro" e "cantá".

d) redundância nas expressões "cego dos óio" e "mata em frô".

e) pronúncia das palavras "ignorança" e "avuá".

4. (Enem)

Quando vou a São Paulo, ando na rua ou vou ao mercado, apuro o ouvido; não espero só o sotaque geral dos nordestinos, onipresentes, mas para conferir a pronúncia de cada um; os paulistas pensam que todo nordestino fala igual; contudo as variações são mais numerosas que as notas de uma escala musical. Pernambuco, Paraíba, Rio Grande do Norte, Ceará, Piauí têm no falar de seus nativos muito mais variantes do que se imagina. E a gente se goza uns dos outros, imita o vizinho, e todo mundo ri, porque parece impossível que um praiano de beira-mar não chegue sequer perto de um sertanejo de Quixeramobim.

O pessoal do Cariri, então, até se orgulha do falar deles. Têm uns **tês** doces, quase um **the**; já nós, ásperos sertanejos, fazemos um duro **au** ou **eu** de todos os terminais em **al** ou **el** – carnavau, Raqueu... Já os paraibanos trocam o **l** pelo **r**. José Américo só me chamava, afetuosamente, de Raquer.

Queiroz, R. *O Estado de São Paulo*. 9 maio 1998.
(Fragmento adaptado.)

Raquel de Queiroz comenta, em seu texto, um tipo de variação linguística que se percebe no falar de pessoas de diferentes regiões. As características regionais exploradas no texto manifestam-se:

a) na fonologia.

b) no uso do léxico.

c) no grau de formalidade.

d) na organização sintática.

e) na estruturação morfológica.

5. (FGV-SP) Leia o texto.

Cuidado com as palavras

Uma moça se preparou toda para ir ao ensaio de uma escola de samba.

Chegando lá, um rapaz suado pede para dançar e, para não arrumar confusão, ela aceita.

Mas o rapaz suava tanto que ela já não estava suportando mais. Assim, ela foi se afastando e disse:

— Você sua, hein!!!

Ele puxou-a, lascou um beijo e respondeu:

— Também vô sê seu, princesa!!!

Disponível em: <www.mundodaspiadas.com/arquivo/2006-2-1.html>. (Adaptado.)

a) Tendo como base a frase da moça, explique o que ela quis dizer e o que o rapaz entendeu.

b) Explique, do ponto de vista fonológico, o que gerou a interpretação do rapaz.

6. (FGV-SP)

Redundâncias

Ter medo da morte
é coisa dos vivos
o morto está livre
de tudo o que é vida

Ter apego ao mundo
é coisa dos vivos
para o morto não há
(não houve)
raios rios risos

E ninguém vive a morte
quer morto quer vivo
mera noção que existe
só enquanto existo

GULLAR, Ferreira. Muitas vozes.

Dentre outros fatores, o ritmo do poema é garantido com o emprego recorrente de palavras:

a) monossílabas tônicas, sendo flagrante, em muitos pares, a relação de passado e presente.

b) oxítonas e dissílabas, sendo flagrante, em muitos pares, a relação de causa e consequência.

c) paroxítonas e dissílabas, sendo flagrante, em muitos pares, a relação de oposição de sentido.

d) oxítonas trissílabas, sendo flagrante, em muitos pares, a relação de negação e afirmação.

e) paroxítonas trissílabas, sendo flagrante, em muitos pares, a relação de afirmação e inclusão.

7. (UFSM-RS) A palavra SANGUESSUGA possui 11 letras, 8 fonemas e 3 dígrafos; DEMOCRACIA tem 10 letras, 1 encontro consonantal e 1 hiato. Relacione as duas colunas a seguir e depois assinale a alternativa com a sequência correta.

1. república   **3.** reeleição   **5.** corrupção
2. hábito   **4.** candidatos   **6.** excessivo

(   ) 9 fonemas, 1 dígrafo

(   ) 7 fonemas, 2 dígrafos

(   ) 8 fonemas, 1 dígrafo, 1 encontro consonantal

(   ) 9 fonemas, 1 encontro consonantal

(   ) 9 fonemas, 2 ditongos, 1 hiato

(   ) 5 fonemas

a) 6 - 4 - 1 - 5 - 3 - 2   d) 4 - 6 - 5 - 1 - 3 - 2

b) 2 - 4 - 5 - 6 - 3 - 1   e) 3 - 5 - 2 - 6 - 4 - 1

c) 5 - 1 - 6 - 4 - 2 - 3

Leia o poema de Carlos Drummond de Andrade.

Lagoa

Eu não vi o mar.
Não sei se o mar é bonito,
não sei se ele é bravo.
O mar não me importa.
Eu vi a lagoa.
A lagoa, sim.
A lagoa é grande
e calma também.
Na chuva de cores
da tarde que explode
a lagoa brilha
a lagoa se pinta
de todas as cores.
Eu não vi o mar.
Eu vi a lagoa...

8. (FGV-SP) Observe as frases:

"Eu não vi o mar"
"Eu não vi Omar"

Evidentemente, a segunda frase não caberia no poema pela construção semântica "mar × lagoa". No entanto, tomado o verso fora do contexto do poema, o seu entendimento poderia ser prejudicado. Isso decorre do fato de:

a) a construção frasal ser semelhante, apesar de haver diferenciação na pronúncia das palavras.

b) haver uma coincidência na seleção de fonemas entre as duas frases, o que leva à idêntica pronúncia.

c) não haver equivalência entre os fonemas de ambas as frases, o que as torna bastante ambíguas.

d) haver duas unidades linguísticas (o mar) sendo retomadas por uma (Omar) de pronúncia diferente.

e) haver diferença na quantidade de letras nas duas frases, mas equivalência de fonemas entre elas.

9. (Unicamp-SP) É sabido que as histórias de Chico Bento são situadas no universo rural brasileiro.

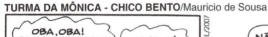

a) Explique o recurso utilizado para caracterizar o modo de falar das personagens na tira.
b) É possível afirmar que esse modo de falar caracterizado na tira é exclusivo do universo rural brasileiro? Justifique.

10. (UFRJ)

Flagra
(Rita Lee & Roberto de Carvalho)

No escurinho do cinema
Chupando drops de anis
Longe de qualquer problema
Perto de um final feliz

Se a Deborah Kerr que o Gregory Peck
Não vou bancar o santinho
Minha garota é Mae West
Eu sou o Sheik Valentino

Mas de repente o filme pifou
E a turma toda logo vaiou
Acenderam as luzes, cruzes!

Que flagra!
Que flagra!
Que flagra!

No texto, a pronúncia dos nomes de atores célebres do cinema americano no 5º verso leva a um criativo efeito cômico.
Explique esse efeito, valendo-se de elementos fônicos e morfossintáticos.

11. (Cesgranrio-RJ) Atualmente a produção de petroquímicos é feita através do processamento de nafta.
Na frase acima, quantas palavras são classificadas como polissílabas?
   a) 1   b) 2   c) 3   d) 4   e) 5

12. (Cesgranrio-RJ) A separação das sílabas está correta na palavra
   a) ha-bi-tu-an-do.
   b) in-fe-cto-lo-gis-ta.
   c) be-ne-fi-cia-das.
   d) res-fria-do.
   e) gue-rra.

13. (Cesgranrio-RJ) A relação que apresenta as sílabas corretamente separadas é
   a) di-gni-da-de, pa-péis, a-não.
   b) dis-cus-são, im-pac-to, nu-vem.
   c) co-pe-i-ro, pre-ssão, fi-el.
   d) na-sci-men-to, res-pei-to, pa-ssei-o.
   e) a-ssa-do, co-chi-cho, pa-jé.

14. (UnB-DF) Marque a opção em que todas as palavras apresentam dígrafo:
   a) fixo, auxílio, tóxico, enxame.
   b) enxergar, luxo, bucho, olho.
   c) bicho, passo, carro, banho.
   d) choque, sintaxe, unha, coxa.
   e) exceto, carroça, quase, assado.

15. (PUC-PR) Observe as palavras que seguem:
   1. choque.   4. desce.
   2. hotel.   5. passa.
   3. varre.   6. molha.

   Das palavras acima, são pronunciadas com 4 fonemas:
   a) todas elas.
   b) todas, menos a primeira.
   c) todas, menos a segunda.
   d) a segunda, a quarta e a quinta.
   e) somente a quarta e a quinta.

16. (PUC-SP) Indique a alternativa em que todas as palavras têm, **em sua sílaba tônica**, uma vogal nasal.
   a) cartomante, diferença, rindo, algum.
   b) consulta, andado, continuou, interrompeu.
   c) criança, andar, andado, antes.
   d) mesma, moço, como, medo.
   e) tinha, motivo, rindo, acreditam.

17. (Unifesp) Na língua portuguesa escrita, quando duas letras são empregadas para representar um único fonema (ou som, na fala), tem-se um **dígrafo**. O dígrafo só está presente em todos os vocábulos de:
   a) pai, minha, tua, esse, tragar.
   b) afasta, vinho, dessa, dor, seria.
   c) queres, vinho, sangue, dessa, filho.
   d) esse, amarga, silêncio, escuta, filho.
   e) queres, feita, tinto, melhor, bruta.

18. (UFSM-RS) Assinale a alternativa em que apenas uma das palavras apresenta dígrafo.

a) Alexandra – lhe
b) esquecia – mesinha
c) guardava – enterro
d) assistir – que
e) senhora – então

19. (PUC-PR)

Considerando os encontros vocálicos que aparecem nos vocábulos, numere a segunda coluna pela primeira:

(1) ditongo crescente
(2) ditongo decrescente
(3) tritongo
(4) hiato

( ) Uruguai
( ) depois
( ) rainha
( ) frequente
( ) caótico
( ) sermões
( ) saguão
( ) país
( ) pais
( ) cruel

A sequência correta é:

a) 1, 2, 4, 2, 4, 1, 2, 4, 3, 4;
b) 3, 4, 2, 1, 4, 2, 2, 4, 3, 1;
c) 4, 1, 3, 4, 1, 3, 1, 3, 4, 2;
d) 3, 2, 4, 1, 4, 2, 3, 4, 2, 4;
e) 1, 2, 4, 2, 4, 1, 3, 4, 2, 1.

20. (UEPG-PR) É correta a divisão silábica de todos os vocábulos apenas em:

a) pas-sos, ho-u-ves-se, gar-dê-nia;
b) la-drões, a-zu-la-da; ve-í-cu-los;
c) gu-ar-da, es-tão, cos-en-do;
d) a-fli-çõ-es, des-cans-ar, as-sus-tar;
e) amá-veis, de-li-ca-dez-a, va-zi-os.

21. (Ufal) As palavras **bloco**, **vidro** e **refrão** têm em comum a presença de um:

a) ditongo crescente;
b) encontro consonantal;
c) ditongo decrescente;
d) dígrafo;
e) hiato.

22. (UFG-GO)

O guarda

O guarda veste
a farda
parda
e perde
na guarda
a vida
parca
se guarda
(a sério)
a posse
farta.

No poema supratranscrito, Nequito (Manoel Bueno de Brito) usa certos procedimentos de construção para obter efeitos sonoros e semânticos. Comente os efeitos.

23. (PUC-PR)

Sobre o vocábulo **chuvinha**, afirmamos:

1. Possui oito letras.
2. Possui seis fonemas.
3. Possui dois dígrafos.
4. É proparoxítono.

a) Está correta apenas a primeira afirmativa.
b) Estão corretas as três primeiras afirmativas.
c) Estão corretas só as duas primeiras afirmativas.
d) As quatro afirmativas estão corretas.
e) Nenhuma das afirmativas está correta.

24. (Acafe-SC) Assinale a alternativa em que há palavras somente com ditongos orais.

a) acordou, estações, distraído
b) coordenar, Camboriú, cidadão
c) falei, família, capitães
d) jamais, atribui, defendeis
e) comprimiu, vieram, averigúem

25. (UFMA) Foneticamente, o vocábulo **passo** contém:

a) um dígrafo;
b) um ditongo;
c) uma vogal e uma semivogal;
d) um encontro consonantal;
e) um hiato.

26. (Cefet-PR) **Ambivalência** possui:

a) 11 fonemas e 12 letras;
b) 12 fonemas e 12 letras;
c) 9 fonemas e 11 letras;
d) 10 fonemas e 12 letras;
e) 10 fonemas e 10 letras.

27. (PUC-SP) Indique a alternativa em que constatamos, em todas as palavras, a semivogal **i**.

a) cativos, minada, livros, tirarem
b) oiro, queimar, capoeiras, cheiroso
c) virgens, decidir, brilharem, servir
d) esmeril, fértil, cinza, inda
e) livros, brilharem, oiro, capoeiras

28. (UEPG-PR) Assinale a opção em que a letra **x** apresenta, para todas as palavras, o mesmo valor fonético.

a) eixo – léxico – paroxítono – prolixo – excitação
b) hexágono – sintaxe – vexame – tóxico – fluxo
c) máximo – trouxe – próximo – texto – exclamar
d) fixo – auxílio – coxinha – ortodoxo – exoneração
e) peixe – praxe – axila – exíguo – exímio

29. (UFSC) A única alternativa que apresenta palavra com encontro consonantal e dígrafo é:

a) graciosa;
b) prognosticava;
c) carrinhos;
d) cadeirinha;
e) trabalhava.

30. (ESPM-SP) Qual é o nome do som capaz de estabelecer distinção de significado entre duas palavras de uma língua?

CAPÍTULO 2 – Ortografia

1. (IFSP) Considerando a norma-padrão da Língua Portuguesa e a correta ortografia das palavras, assinale alternativa INCORRETA.

a) A adolescência é um período de grande transição.

b) O asservo da biblioteca não possuía obras do Trovadorismo.

c) Os estudantes foram convidados para participar de um importante concerto no teatro municipal.

d) O jogador de xadrez avisou: xeque-mate em três jogadas.

e) O pesquisador procurava a ascendência de Einstein.

2. (Unicamp-SP)

Reportagem da *Folha de São Paulo* informa que o presidente do Brasil assinou decreto estabelecendo prazos para o país colocar em prática o Novo Acordo Ortográfico da Língua Portuguesa, que unifica a ortografia nos países de língua portuguesa. Na matéria, o seguinte quadro comparativo mostra alterações na ortografia estabelecidas em diferentes datas:

Após as reformas de 1931 e 1943:	Êles estão tranqüilos, porque provàvelmente não crêem em fantasmas.
Após as alterações de 1971:	Eles estão tranqüilos, porque provavelmente não crêem em fantasmas.
Após o novo acordo, a vigorar a partir de janeiro de 2009:	Eles estão tranquilos, porque provavelmente não creem em fantasmas.

Sobre o acordo, a reportagem ainda informa:

As regras do Novo Acordo Ortográfico da Língua Portuguesa, que entram em vigor no Brasil a partir de janeiro de 2009, vão afetar principalmente o uso dos acentos agudo e circunflexo, do trema e do hífen. Cuidado: segundo elas, você não poderá mais dizer que foi mordido por uma jibóia, e sim por uma jiboia. [...]

SIMÕES, E. Que língua é essa?. *Folha de S.Paulo*, Ilustrada, 28 set. 2008. p. 1. (Adaptado.)

a) O excerto acima supõe que alterações ortográficas modifiquem o modo de falar uma língua. Mostre a palavra utilizada que permite essa interpretação. Levando-se em consideração o quadro comparativo das mudanças ortográficas e a suposição expressa no excerto, explique o equívoco dessa suposição.

Ainda sobre a reforma ortográfica, Diogo Mainardi escreveu o seguinte:

Eu sou um ardoroso defensor da reforma ortográfica. A perspectiva de ser lido em Bafatá, no interior da Guiné-Bissau, da mesma maneira que sou lido em Carinhanha, no interior da Bahia, me enche de entusiasmo. Eu sempre soube que a maior barreira para o meu sucesso em Bafatá era o C mudo [como em facto na ortografia de Portugal] [...]

MAINARDI, D. Uma reforma mais radical. Revista *Veja*, 8 out. 2008. p. 129.

b) O excerto acima apresenta uma ironia. Em que consiste essa ironia? Justifique.

3. (CPACN-RJ) Assinale a opção na qual a palavra em destaque está de acordo com a ortografia oficial.

a) Diante dos <u>impecilhos</u>, o importante é lutar para superá-los diariamente.

b) A <u>imerção</u> no trabalho levou-o, temporariamente, a esquecer os problemas pessoais.

c) Muitas foram as <u>exceções</u> apresentadas ao projeto inicial dos novos empreendedores.

d) A <u>pretenção</u> dos candidatos impressionou, negativamente, os jurados.

e) Somente os <u>mazoquistas</u> aceitam que viver é sofrer constantemente.

(UFSC)

Instrução: O texto seguinte refere-se às questões de números **4** a **7**.

A unidade ortográfica

Velhíssima questão a da unidade ortográfica do português usado no Brasil e em Portugal. Que a prosódia seja diferente, é natural. Num país imenso como o nosso, há diversas formas de pronunciar as palavras, e o próprio vocabulário admite expressões regionais – o mesmo acontecendo com todas as línguas do mundo.

O diabo é a grafia, sobre a qual os portugueses não abrem mão de escrever "director", por exemplo. Não é o mesmo caso de "facto" e "fato", que têm significações diferentes e, com boa vontade, podemos compreender a insistência dos portugueses em se referir à roupa e ao acontecimento.

Arnaldo Niskier, quando presidente da Academia Brasileira de Letras, conseguiu acordo com a Academia de Ciências de Lisboa, assinaram-se tratados com a aprovação dos governos do Brasil e de Portugal. O acordo previa o consenso de todos os países lusófonos. Na época, somente os dois principais interessados estavam em condições de obter um projeto comum – mais tarde, Cabo Verde também toparia.

Numa das últimas sessões da ABL, Sérgio Paulo Rouanet, Alberto da Costa e Silva e Evanildo Bechara trouxeram o problema ao plenário – um dos temas recorrentes da instituição é a feitura definitiva do vocabulário a ser adotado por todos os países de expressão portuguesa. [...]

Cristão-novo nesta questão, acredito que não será para os meus dias a solução para a nossa unidade ortográfica.

CONY, Carlos Heitor. A unidade ortográfica. *Folha de S.Paulo*, 10 ago. 2004.

4. Segundo o texto, pode-se concluir que:

a) a grafia e a prosódia são fatores que impossibilitam a unificação ortográfica;

b) a ABL estuda um vocabulário ortográfico comum aos países lusófonos;

c) a discussão sobre a unificação ortográfica tem origem recente;

d) a unificação ortográfica entre Portugal e Brasil é uma questão de honra;

e) tratados ortográficos já foram assinados por todos os países de expressão portuguesa.

5. A palavra **recorrentes**, no penúltimo parágrafo do texto, tem o sentido de:
   a) requerer;
   b) socorrer;
   c) desentender-se;
   d) retornar;
   e) vencer.

6. Sobre as palavras **director**, **facto** e **fato**, pode-se dizer que:
   a) **director** poderia ser escrito de modo diferente e as outras duas têm o mesmo sentido;
   b) **director** deve permanecer com **c**, diferentemente de **facto**, que poderia perder essa letra;
   c) **facto** e **fato** significam coisas diferentes e **director** poderia ser escrito sem **c**;
   d) as três palavras apresentam diferenças de prosódia e não de grafia;
   e) apenas **director** e **fato** constam no vocabulário ortográfico brasileiro.

7. Assinale a alternativa que, no texto, apresenta a palavra ou expressão em itálico em uso figurado:
   a) Não é o mesmo caso de "facto" e "*fato*", que têm significações diferentes [...]
   b) [...] com *boa vontade*, podemos compreender a insistência dos portugueses [...]
   c) [...] um dos temas recorrentes da instituição é a feitura definitiva do *vocabulário* [...]
   d) *Cristão-novo* nesta questão [...]
   e) Num *país* imenso como o nosso [...]

8. (EsPCEx-SP) Assinale a alternativa em que a grafia de todas as palavras está correta.
   a) Mulçumano é todo indivíduo que adere ao islamismo.
   b) Gostaria de saber como se entitula esse poema em francês.
   c) Esses irmãos vivem se degladiando, mas no fundo se amam.
   d) Não entendi o porquê da inclusão desses asteríscos.
   e) Essa prova não será empecilho para mim.

9. (UFMS) Assinale a(s) proposição(ões) em que cada lacuna é corretamente preenchida pela palavra colocada entre parênteses.
   01. Você pode confiar nela; é uma pessoa ... . (discreta)
   02. Quatro são os pontos ... : Norte, Sul, Leste e Oeste. (cardeais)
   04. ... a porta porque está ventando muito. (Serre)
   08. Nos jogos olímpicos, um dos atletas vai ... a tocha (ascender)
   16. Ele foi ... de impostor. (taxado)
   32. Pediu o lenço emprestado para ... o nariz. (assoar)

10. (Unicamp-SP – Adaptada) O texto a seguir representa um tipo de anúncio comum nos jornais do século XIX.

Escravo fugido

Fugio no dia 30 de Junho pp o escravo de nome Anacleto; creoulo, representando idade de 30 a 35 annos, com os seguintes signaes: altura mediana, côr fula, corpo delgado, rosto comprido e um pouco entortado, boca regular e falta 2 ou 3 dentes da parte de cima, um signal de cada lado das maçans do rosto, cabello cortado rente; a entrada da testa do lado esquerdo é maior do que a do lado direito, falla manso mostrando humildade. Sabe lêr e escrever e costuma inculcar-se forro e voluntário da pátria. Levou vestido, paletot e calça casimira preta com pouco uso e uma troxa de roupas com calças e paletots brancos. Usa também de bigode e barba rapada

Quem o prender e trouxer em Campinas e pozer na Cadêa receberá gratificação 100$000 do sr Joaquim Candido Thevenar

Gazeta de Campinas, 17 jul. 1870.
(Trecho extraído de: GUEDES, M.; Berlink, R. de A.
E os preços eram commodos. São Paulo: Humanitas, 2000.)

   a) O texto foi escrito segundo a ortografia vigente na época em que foi publicado. Reescreva-o de modo a adequá-lo à grafia vigente nos dias de hoje.
   b) Sem considerar as diferenças de ortografia, identifique no anúncio duas expressões que hoje não seriam correntes e, portanto, para ser adequadamente compreendidas, exigiriam algum tipo de pesquisa histórica ou linguística.

11. (FGV-SP) Assinale a alternativa em que a grafia das palavras está correta.
    a) beneficiente, asterístico, Ciclano, sombrancelha, excessão
    b) estorno, beneficente, pretensão, Sicrano, assessor
    c) auto-falante, eletrecista, asterístico, exceção, losângulo
    d) estorno, previlégio, prazeiroso, sombrancelha, pretenção
    e) estorno, privilégio, beneficente, acessor, celebral

12. (UFPE) Assinale a alternativa em que todas as palavras devem ser completadas pela letra indicada entre parênteses.
    a) *ave, *ale, *ícara, *arope, *enofobia (x)
    b) pr*vilégio, requ*sito, *ntitular, *mpedimento (i)
    c) ma*ã, exce*ão, exce*o, ro*a (ç)
    d) *iboia, *unco, *íria, *eito, *ente (j)
    e) pure*a, portugue*a, corte*, anali*ar (z)

13. (Unifenas-MG) Apenas uma das frases abaixo está totalmente **correta** quanto à ortografia. Assinale-a.
    a) Espalhei as migalhas da torrada por todo o trageto.
    b) Meu trabalho árduo não obteve hesito algum.
    c) Quiz fazer coisas que não sabia.
    d) Ao puxar os detritos, eles voaram no tapete persa.
    e) Acrecentei algumas palavras ao texto que corrigi.

14. (Fuvest-SP) A frase em que a grafia está inteiramente correta é:
    a) A rescessão asiática, o colapso russo e a perda de vultuosas quantias roubaram a expontaneidade do mercado de investidores.
    b) Nessas inserções, todas as disfunções familiares, sem exceção, vêm à tona, sempre acompanhadas de forte descarga emocional.
    c) Sua Magestade não admitiu a indiscreção do ministro, expulsando-o imediatamente da Corte.
    d) As medidas tomadas pelo Governo contra a inflação não atendem às espectativas da população e, certamente, não sortirão os resultados esperados.
    e) Estudiosos mostram-se apreensivos diante da eminência do recrudecimento das superstições nas sociedades capitalistas.

15. (FGV-SP)

O artista Juan Diego Miguel apresenta a exposição "Arte e Sensibilidade", no Museu Brasileiro da Escultura (MUBE), de suas obras que acabam de chegar no país.

Seu sentido de inovação tanto em temas como em materiais que elege é sempre de uma sensação extraordinária para o espectador.

Juan Diego sensibiliza-se com os materiais que nos rodeiam e lhes dá vida com uma naturalidade impressionante, encontrando liberdade para buscar elementos no fauvismo de Henri Matisse, no cubismo de Pablo Picasso e do contemporâneo de Juan Gris. Uma arte que está reservada para poucos.

Exposição: de 03 de agosto a 02 de setembro, das 10 às 19h.

Nossa língua registra as palavras **espectador** e **expectador**. Explique a diferença de sentido dessas palavras.

16. (PUCC-SP) Barbarismos ortográficos acontecem quando as palavras estão grafadas em desobediência à lei ortográfica vigente. Indique a única alternativa que está de acordo com essa lei e, portanto, correta.

a) exceção, desinteria, pretensão, secenta
b) ascensão, intercessão, enxuto, esplêndido
c) rejeição, berinjela, xuxu, atrazado
d) jeito, mecher, consenso, setim
e) discernir, quizer, herbívoro, fixário

17. (UFV-MG) "Tratava-se de opinião sempre relevantíssima, que nos engrandecia no concerto das nações."

É frequente, na língua escrita, a confusão entre homônimos. **Concerto**, na frase acima, tem sentido distinto de seu homônimo **conserto**, usado em **conserto do automóvel**, por exemplo. Das sentenças abaixo, aquela em que se usou **erradamente** um dos homônimos entre parênteses é:

a) Após o **censo** de 2000, o IBGE publicou *Brasil em números*, que contém informações muito úteis aos pesquisadores. (censo / senso)
b) O complexo de inferioridade não diz respeito apenas ao **estrato** mais pobre da população brasileira. (estrato / extrato)
c) Foi necessária a **interseção** do embaixador para que o palestrante parasse de falar asneiras sobre o Brasil. (interseção / intercessão)
d) O embaixador **tachou** o comentarista internacional de ignorante. (tachar / taxar)
e) Ninguém gosta de ver o nome de seu país **inserto** no rol das nações subdesenvolvidas. (inserto / incerto)

18. (FGV-SP) Assinale a alternativa em que a grafia de todas as palavras seja prestigiada pela norma culta.

a) auto-falante, bandeija, degladiar, eletrecista
b) advogado, frustado, estrupo, desinteria
c) embigo, mendingo, meretíssimo, salchicha
d) estouro, cataclismo, prazeiroso, privilégio
e) aterrissagem, babadouro, lagarto, manteigueira

19. (Uerj) Diga por que **lisonjeado** é escrito com **j** e **margeado** é escrito com **g**.

20. (UFV-MG) Observando a grafia das palavras destacadas nas frases abaixo, assinale a alternativa que apresenta erro.

a) Aquele **hereje** sempre põe **empecilho** porque é muito **pretencioso**.
b) Uma falsa meiguice encobria-lhe a **rigidez** e a falta de **compreensão**.
c) A **obsessão** é prejudicial ao **discernimento**.
d) A **hombridade** de caráter eleva o homem.
e) Eles **quiseram** fazer **concessão** para não **ridicularizar** o **estrangeiro**.

21. (UFPI) Assim como a palavra **fiscalizar**, grafam-se:

a) ridicularizar, conscientizar, racionalizar, desuzar, escandalizar;
b) catequizar, suavizar, revizar, batizar, realizar;
c) entronizar, exorcizar, pressurizar, vulgarizar, lambuzar;
d) estabilizar, paralizar, aclimatizar, amenizar, matizar;
e) avizar, utilizar, radicalizar, universalizar, organizar.

22. (Uema) Indique o conjunto de palavras escritas incorretamente.

a) acento – acesso – excepcional – extenso
b) extender – concessão – acensorista – misto
c) abscesso – exceção – extensão – procissão
d) análise – ênfase – prótese – dose (subst.)
e) estender – defesa – misto – deslizar

23. (UFF-RJ) Assinale nas séries abaixo aquela em que pelo menos uma palavra contém erro de grafia.

a) capixaba, através, granjear
b) enxergar, primazia, cansaço, majestade
c) flexa, topázio, pagé, desumano
d) chuchu, Inês, dossel, gíria
e) piche, Teresinha, classicismo, jeito

24. (UFS) Indique a alternativa que completa corretamente as lacunas da frase: "... de criticada, a atitude do aluno agradou a muitos, pela ... e ... .".

a) Apezar – espontaneidade – discreção
b) Apesar – expontaniedade – discrição
c) Apezar – esponteniedade – discreção
d) Apesar – espontaneidade – discrição
e) Apezar – expontaneidade – discrição

25. (FGV-SP)

Assinale a alternativa correta quanto à relação grafia / significado.

a) Para sonhar, basta serrar os olhos.
b) Receba meus comprimentos por seu aniversário.
c) A secretária agiu com muita discrição.
d) Seus gastos foram vultuosos.
e) Tinha ainda conhecimentos insipientes de Matemática.

26. (Ufam) Assinale a alternativa correta quanto à grafia das palavras.

a) estrupo – paralização – exceção – sargeta
b) assunção – ascensão – majestoso – jiló
c) acessor – berinjela – tijela – jeito
d) gorgeta – Hortência – pesquiza – proficional
e) exarcebação – magestade – enchada – enxente

QUESTÕES DE VESTIBULARES E ENEM

27. (Ufpel-RS) A palavra **discriminação** é parônima de **descriminação**. Como você sabe, parônimas são palavras parecidas na escrita e na pronúncia, causadoras, por isso, de frequentes impropriedades na escrita e na fala.

Considere as frases a seguir e, depois, aponte a alternativa que as completa adequadamente.

I. Preveem-se gastos ... para sustentar a próxima campanha à eleição presidencial.

II. Diante da ... de um colapso geral no fornecimento de energia, o governo decidiu postergar outros planos, para investir no setor energético.

III. No contexto da atual ... econômica e social, perder o emprego representa uma verdadeira tragédia para o trabalhador.

a) vultuosíssimos – eminência – conjetura
b) vultosíssimos – eminência – conjuntura
c) vultuosíssimos – eminência – conjuntura
d) vultosíssimos – iminência – conjuntura
e) vultosíssimos – iminência – conjetura

28. (UEL-PR) Assinale a alternativa que preenche corretamente as lacunas da frase.

Gestos ... eram uma das expressões de sua ... .

a) majestáticos – extroverção
b) majestáticos – extroversão
c) magestáticos – extroversão
d) magestáticos – extroverção
e) magestáticos – estroverção

29. (UFSM-RS) Um dos conjuntos abaixo apresenta todas as palavras de acordo com as regras ortográficas da língua portuguesa padrão. Assinale-o.

a) nasceu – cresceu – falesceu – ascendeu
b) pensar – dansar – cansar – alcançar
c) marginal – agente – lojista – garagista
d) mochila – xingamento – chifres – mecher
e) freguês – prezado – atrazo – pesquisa

30. (Ufscar-SP)

Em casa, brincava de missa, – um tanto às escondidas, porque minha mãe dizia que missa não era cousa de brincadeira. Arranjávamos um altar, Capitu e eu. Ela servia de sacristão, e alterávamos o ritual, no sentido de dividirmos a hóstia entre nós; a hóstia era sempre um doce. No tempo em que brincávamos assim, era muito comum ouvir à minha vizinha: "Hoje há missa?" Eu já sabia o que isto queria dizer, respondia afirmativamente, e ia pedir hóstia por outro nome. Voltava com ela, arranjávamos o altar, engrolávamos o latim e precipitávamos as cerimônias. Dominus non sum dignus* Isto, que eu devia dizer três vezes, penso que só dizia uma, tal era a gulodice do padre e do sacristão. Não bebíamos vinho nem água; não tínhamos o primeiro, e a segunda viria tirar-nos o gosto do sacrifício.

(MACHADO DE ASSIS. *Dom Casmurro*, obra completa.)

*Trecho da fala do sacerdote, no momento da comunhão, que era proferida em latim, antes do Concílio Vaticano II. A fala inteira, que deve ser repetida três vezes, é: *Dominus non sum dignus ut intres sub tectum meum, sed tantum dic verbum e sanabitur anima mea*, cuja tradução é: Senhor, não sou digno de que entreis em minha morada, mas dizei uma só palavra e minha alma será salva.

A palavra **cousa** é uma variante da palavra **coisa**, assim como **loura** de **loira**. Assinale a alternativa em que as duas palavras são, também, variantes uma da outra.

a) discrição e descrição
b) vultoso e vultuoso
c) catorze e quatorze
d) dispensa e despensa
e) discriminar e descriminar

31. (Ueba) Indique a alternativa que preenche corretamente as lacunas.

A ... resultante da ... de chuvas ... quase todo o rebanho.

a) estiagem – escassês – disimou
b) estiagem – escassês – dizimou
c) estiagem – escassez – dizimou
d) estiajem – escassez – disimou
e) estiajem – escassês – dizimou

32. (UFPR) Assinale a alternativa que corresponde à grafia correta dos vocábulos: desli*e, vi*inho, atravé*, empre*a

a) z, z, s, s
b) z, s, z, s
c) s, z, s, s
d) s, s, z, s
e) z, z, s, z

33. (Ufam) Assinale o item em que todos os vocábulos estão grafados corretamente.

a) berinjela, canjica, jenipapo, jerimum, gengibre
b) muxoxo, cochicho, xicória, xifópagos, xilófago
c) exceção, expansionismo, suscinto, ascenção
d) digladiar, requesito, cardial, substitue, previnir
e) chovisco, usofruto, bússula, óbolo, curtume

34. (UPF-RS) Considere estes períodos:

I. Sabia que, se ... as normas da escola, poderia sofrer consequências desagradáveis.

II. Na campanha política fez ... oposição aos candidatos de direita.

III. Economistas e políticos aguardam com interesse a divulgação dos resultados do último ... .

Assinale a alternativa que preenche corretamente as lacunas.

a) infringisse – flagrante – senso
b) infringisse – flagrante – censo
c) infringisse – fragrante – censo
d) infligisse – flagrante – senso
e) infligisse – flagrante – censo

35. (Unifenas-MG) Em que alternativa as palavras completam corretamente as lacunas da frase abaixo?

Organizamos um ... musical ... e tivemos o ... de contar com um público educado que teve o bom ... de permanecer em silêncio durante o espetáculo.

a) conserto, beneficiente, privilégio, senso
b) concerto, beneficente, privilégio, censo
c) concerto, beneficente, privilégio, senso
d) conserto, beneficente, previlégio, senso
e) concerto, beneficiente, previlégio, censo

CAPÍTULO 3 – Acentuação gráfica

1. (Ifal) Assinale a alternativa em que as palavras, que completam a frase abaixo, estão de acordo com as novas regras de ortografia.

   Não _____ mais essa sua _____ de esquentar tudo no _____.

   a) agüento – idéia – microondas.
   b) aguento – idéia – micro ondas.
   c) aguento – ideia – micro-ondas.
   d) agüento – ideia – micro-ondas.
   e) aguento – idéia – microondas.

2. (Ifsul-RS) A partir da entrada em vigor do Acordo Ortográfico, a palavra assembleia passou a ser grafada sem acento agudo. Qual é a alternativa em que um ou mais vocábulos, segundo as regras do Acordo Ortográfico, foi(ram) acentuado(s) INDEVIDAMENTE?

   a) estóico – proíbe – vôo
   b) hotéis – usuário – volátil
   c) troféus – retórico – hífen
   d) herói – alcoólico – têm

3. (IFSP) De acordo com a norma-padrão da Língua Portuguesa, assinale a alternativa em que todas as palavras devam ser acentuadas de acordo com a mesma regra de acentuação do vocábulo sublinhado na placa abaixo.

   a) facil / animo (substantivo) / apendice
   b) ingenuo / varzea / magoa (substantivo)
   c) virus / alcoolatra / unico
   d) alibi / antibiótico / monossilabica
   e) album / maníaco / amidala

4. (CPACN-RJ) Em que opção a acentuação do termo destacado está correta?

   a) A prática da leitura constrói cidadãos capazes de entender criticamente a realidade.
   b) De acordo com o texto, pessoas que lêem desenvolvem o raciocínio e falam melhor.
   c) Quando o conferencista enfatizou a importância da leitura, foi ovacionado pela platéia.
   d) A ignorância prepotente deforma por estagnação, pois o indivíduo pára de questionar.
   e) Se os livros são fundamentais na formação das pessoas, é bom que se averigúem as causas da diminuição da leitura.

Texto para a próxima questão.

Uma revisão de dados recentes sobre a morte de línguas

Linguistas preveem que metade das mais de mil línguas faladas no mundo desaparecerá em um século – uma taxa de extinção que supera as estimativas mais pessimistas quanto à extinção de espécies biológicas. [...]

Segundo a Unesco, 96% da população mundial falam só 4% das línguas existentes. E apenas 4% da humanidade partilha o restante dos idiomas, metade dos quais se encontra em perigo de extinção. Entre 20 e 30 idiomas desaparecem por ano – uma média de uma língua a cada duas semanas. [...]

A perda de línguas raras é lamentável por várias razões. Em primeiro lugar, pelo interesse científico que despertam: algumas questões básicas da linguística estão longe de estar inteiramente resolvidas. E essas línguas ajudam a saber quais elementos da gramática e do vocabulário são realmente universais, isto é, resultantes das características do próprio cérebro humano.

A ciência também tenta reconstruir o percurso de antigas migrações, fazendo um levantamento de palavras emprestadas, que ocorrem em línguas sem qualquer parentesco. Afinal, se línguas não aparentadas partilham palavras, então seus povos estiveram em contato em algum momento.

Um comunicado do Programa das Nações Unidas para o Meio Ambiente (Pnuma) diz que "o desaparecimento de uma língua e de seu contexto cultural equivale a queimar um livro único sobre a natureza". Afinal, cada povo tem um modo único de ver a vida. Por exemplo, a palavra russa *mir* significa igualmente "aldeia", "mundo" e "paz". É que, como os aldeões russos da Idade Média tinham de fugir para a floresta em tempos de guerra, a aldeia era para eles o próprio mundo, ao menos enquanto houvesse paz.

Disponível em: <http://revistalingua.com.br/textos/116/a-morte-anunciada-355517-1.asp>. Acesso em: 28 set. 2015.

5. (IFPE) No início do texto, aparece a forma verbal "preveem", que perdeu o acento circunflexo após o último acordo ortográfico.

   Assinale a única alternativa em que todas as palavras seguem o padrão de acentuação determinado pelo referido acordo.

   a) Eu fui à feira e comprei cinco pêras e três maçãs.
   b) A sonda espacial acabou de descobrir um novo asteróide.
   c) Joana d'Arc é uma mártir da Guerra dos Cem Anos.
   d) Ele, estranhamente, saiu sem cumprimentar a platéia.
   e) O Brasil acabou de enviar uma equipe de pesquisa ao pólo Sul.

6. (Ufal) Assinale a alternativa que completa corretamente as lacunas da frase a seguir:

   Ainda que o curso seja ..., Luís ... com as despesas que surgirão num ... em cidade distante.

   a) gratuíto – arcará – estágio
   b) gratuito – arcara – estagio
   c) gratuito – arcara – estagio
   d) gratuíto – arcará – estágio
   e) gratuíto – arcará – estagio

7. (UPM-SP)
Breve história do tique

A palavra parece nascida da linguagem dos desenhos animados. Segundo alguns, sua clara origem onomatopaica derivaria do alemão *ticken*, que significa "tocar ligeiramente", ou de um termo da medicina veterinária que, já no século XVII, associava *ticq* e *ticquet* a um fenômeno no qual os cavalos sofrem uma súbita suspensão da respiração, seguido por um ruído: uma espécie de soluço que produz no animal comportamentos estranhos e sofrimento. Daí a extensão a várias manifestações que têm em comum a rapidez, o caráter repetitivo e pouco controlável e a piora em situação de *stress*.

Rosella Castelnuovo

A alternativa que associa corretamente a palavra à regra que justifica sua acentuação gráfica é:

a) veterinária: paroxítona terminada em "a".
b) século: paroxítona terminada em "o".
c) fenômeno: proparoxítona.
d) ruído: ditongo "uí".
e) têm: forma da 3ª pessoa do singular de um verbo.

8. (UFSC) Assinale a(s) proposição(ões) **CORRETA(S)**.

01. Os acentos gráficos em **corrupião**, **lá** e **baldeação** são justificados pela mesma regra.
02. São classificadas como oxítonas: **corrupião**, **poder** e **conduzi-lo**.
04. As palavras **beira**, **aérea** e **tédio** possuem a mesma classificação quanto à posição da sílaba tônica.
08. Os acentos gráficos dos vocábulos **você**, **protegê-los** e **contém** seguem as regras de acentuação das oxítonas.
16. Em **idade**, **ainda** e **fluido** temos três palavras com o mesmo número de sílabas.
32. As palavras **gratuito**, **debaixo** e **implicou** são trissílabas.

9. (UCS-RS) Considerando as regras de acentuação vigentes, assinale a única alternativa **INCORRETA**.

a) Os vocábulos **já** e **nós** recebem acento devido à mesma regra de acentuação.
b) O acento em **cenário** e em **história** é motivado pela regra de acentuação das paroxítonas terminadas em ditongo.
c) Acentua-se a palavra **períodos** devido à presença de um hiato, ou seja, o **o** aparece sozinho na sílaba.
d) O acento em **ideológicas** e em **máquina** é motivado pela mesma regra de acentuação.
e) O acento em **céu** e em **constrói** é motivado pela regra de acentuação dos ditongos tônicos abertos.

10. (UFSC) Assinale as alternativas corretas e some os valores correspondentes.

01. Não analisei o programa de governo do Presidente eleito; porisso não tenho opinião formada a respeito.
02. Na palavra **borracha**, existem 6 fonemas e 8 letras. A mesma situação se verifica na palavra **banquinho**.
04. As palavras **abacaxi**, **bambu**, **japonês** e **você** são todas oxítonas e não apresentam erro de acentuação gráfica.
08. Não há erro de ortografia em **extravagante**, **instituísse**, **quiseram** e **honradez**.
16. As palavras **concluir**, **franqueza** e **objetos** têm o mesmo número de sílabas.

11. (Ufop-MG - Adaptada) Abaixo estão cinco grupos de palavras. Analise-as quanto à acentuação gráfica e marque, depois, a opção correta.

Grupo 1: Satanás, cortês, fé, ônus, ópio.
Grupo 2: Conhecê-lo, movê-las, ítem, além, mágna.
Grupo 3: Taínha, eles crêem, eles têm, contígua, ele contém.
Grupo 4: Boêmia, ínterim, quilômetro, ilhéu.
Grupo 5: Juízo, balaústre, papéis, silépse, asteróide.

a) Apenas o grupo 1 está totalmente correto.
b) Apenas os grupos 1 e 4 estão totalmente corretos.
c) Todos os grupos estão corretos.
d) Apenas os grupos 3 e 4 estão totalmente corretos.
e) Todos os grupos contêm palavras incorretas.

12. (UPM-SP) No começo do século XX, o escritor paranaense Emílio de Meneses era o gênio das frases. Conta-se que certa vez, no Rio de Janeiro, viajava num bonde em cujos bancos só cabiam quatro passageiros. O do escritor já estava lotado, quando ele viu, tentando com dificuldade acomodar-se a seu lado, uma conhecida cantora lírica, gorda como ele. Foi a deixa para mais um trocadilho: "Ó, atriz atroz. Atrás, há três!". (Benício Medeiros)

São palavras acentuadas de acordo com a mesma regra:

a) há e Benício;
b) atrás e gênio;
c) só e Emílio;
d) século e lírica;
e) gênio e três.

13. (Enem)

Diante da visão de um prédio com uma placa indicando **Sapataria Papalia**, um jovem deparou com a dúvida: como pronunciar a palavra **Papalia**? Levado o problema à sala de aula, a discussão girou em torno da utilidade de conhecer as regras de acentuação e, especialmente, do auxílio que elas podem dar à correta pronúncia de palavras. Após discutirem pronúncia, regras de acentuação e escrita, três alunos apresentaram as seguintes conclusões a respeito da palavra **Papalia**:

I. se a sílaba tônica for o segundo **pa**, a escrita deveria ser **Papália**, pois a palavra seria paroxítona terminada em ditongo crescente;
II. se a sílaba tônica for **li**, a escrita deveria ser **Papalía**, pois **i** e **a** estariam formando hiato;
III. se a sílaba tônica for **li**, a escrita deveria ser **Papalia**, pois não haveria razão para o uso de acento gráfico.

A conclusão está correta apenas em:

a) I;
b) II;
c) III;
d) I e II;
e) I e III.

14. (FGV-SP – Adaptada) Assinale a palavra que está graficamente acentuada pela mesma regra que determina o acento em **inadimplência**.

a) mágoa
b) há
c) sabiá
d) herói
e) baú

15. (Unisinos-RS – Adaptada) Considere as seguintes afirmações sobre acentuação gráfica:

I. **Raízes** e **países**, no singular, conservam o acento gráfico.

II. **Estratégia**, **tireóideo** e **critério** são acentuadas pelo mesmo motivo.

III. Ao retirarmos o acento de **história**, ocorrerá uma mudança de classe gramatical e de sentido.

a) apenas I está correta;
b) apenas II está correta;
c) apenas III está correta;
d) apenas I e II estão corretas;
e) apenas II e III estão corretas.

16. (PUC-RS) A frase correta quanto a acentuação e grafia é

a) Quem viaja deve mantêr-se em equilíbrio entre a temeridade e a prudência.
b) Os povos indígenas que habitavam as Américas construiram história e cultura extraordináriamente ricas.
c) O periodo das grandes navegações trouxe férteis resultados para algumas nações europeias.
d) Os gregos detêm até hoje a primazia em termos de narrativas mitológicas.
e) Resultados advíndos de pesquisas científicas desfazem frequentemente as dúvidas dos mais céticos.

17. (FGV-SP) Assinale a alternativa em que a palavra deveria ter recebido acento gráfico.

a) Paiçandu
b) Taxi
c) Gratuito
d) Rubrica
e) Entorno

18. (FGV-SP) Os dois hiatos das formas verbais devem ser acentuados apenas na alternativa:

a) refluir, intuindo;
b) construindo, destruido;
c) caida, saiste;
d) instruido, intuir;
e) refluira, destruindo.

19. (FGV-SP) Assinale a alternativa cujas palavras estejam de acordo com as regras de acentuação gráfica.

a) avaro (sovina), ibero, perito, rubrica, aríete, ínterim
b) ávaro (sovina), íbero, perito, rúbrica, ariete, ínterim
c) ávaro (sovina), íbero, périto, rubrica, aríete, ínterim
d) avaro (sovina), íbero, perito, rúbrica, ariete, ínterim
e) avaro (sovina), íbero, perito, rubrica, aríete, ínterim

20. (PUC-RS – Adaptada) A frase em que ocorre erro de acentuação é:

a) É inegável que a mulher pôde, nas últimas décadas, afirmar sua competência profissional.
b) Homens e mulheres têm, hipoteticamente, a mesma inteligência.

c) De um harmonioso relacionamento homem-mulher, advém vantagens para toda a sociedade.
d) Após inúmeras dificuldades, o homem finalmente para e redefine alguns conceitos ultrapassados.
e) Todos concluíram que as conversações tinham fluído satisfatoriamente.

21. (FGV-RJ – Adaptada) Assinale a alternativa que completa corretamente as frases.

Cada qual faz como melhor lhe ... .
O que ... estes frascos?
Neste momento os teóricos ... os conceitos.
Eles ... a casa do necessário.

a) convém, contêm, reveem, proveem
b) convém, contém, reveem, provém
c) convém, contém, revêm, provém
d) convêm, contém, reveem, proveem
e) convêm, contém, reveem, proveem

22. (Vunesp-SP) Justifique a acentuação nos seguintes vocábulos: conveniência – também – matéria – espírito.

(FGV-SP)

Instrução para as questões 23 e 24.

Verifique em cada questão qual é a alternativa correta, considerando, também, erros de ortografia e acentuação. Não há erros de pontuação.

23. a) Quedava-se prostada e exangue, mòrmente nos dias mais quentes de verão.
b) Quedava-se prostada e exangüe, mormente nos dias mais quentes de verão.
c) Quedava-se prostada e exangue, mormente nos dias mais quentes de verão.
d) Quedava-se prostrada e exangue, mormente nos dias mais quentes de verão.
e) Quedava-se prostrada e exangue, mòrmente nos dias mais quentes de verão.

24. a) As pessoas tem normalmente a vontade cerceada e vêm com maus olhos as tentativas de liberação política.
b) As pessoas tem normalmente a vontade cerceiada e vêm com maus olhos as tentativas de liberação política.
c) As pessoas tem normalmente a vontade cerceada e vêem com maus olhos as tentativas de liberação política.
d) As pessoas têm normalmente a vontade cerceada e vêm com maus olhos as tentativas de liberação política.
e) As pessoas têm normalmente a vontade cerceada e veem com maus olhos as tentativas de liberação política.

25. (UPM-SP) Assinale a alternativa em que todos os vocábulos estejam corretamente acentuados.

a) rítmo, impossível, enjôos, alcatéia
b) pôquer, sanduíche, seminú, afáveis
c) sótão, môsca, portátil, coronéis
d) carnaúba, caracóis, ítens, vintém
e) ensaísta, antevéspera, protótipo, orquídea

26. (Aman-RJ) Assinale o vocábulo acentuado graficamente por imposição de regra diferente das demais.

a) inúmeros
b) calmíssima
c) cédulas
d) cálculo
e) uísque

27. (Fuvest-SP) Assinale a alternativa em que o texto está acentuado corretamente.

a) A princípio, metia-me grandes sustos. Achava que Virgilia era a perfeição mesma, um conjunto de qualidades sólidas e finas, amorável, elegante, austera, um modêlo.

b) A princípio, metia-me grandes sustos. Achava que Virgília era a perfeição mesma, um conjunto de qualidades sólidas e finas, amorável, elegante, austera, um modelo.

c) A princípio, metia-me grandes sustos. Achava que Virgília era a perfeição mesma, um conjunto de qualidades solidas e finas, amoravel, elegante, austera, um modêlo.

d) A principio, metia-me grandes sustos. Achava que Virgilia era a perfeição mesma, um conjunto de qualidades sólidas e finas, amorável, elegante, austera, um modelo.

e) A princípio, metia-me grandes sustos. Achava que Virgília era a perfeição mesma, um conjunto de qualidades sólidas e finas, amoravel, elegante, austera, um modelo.

28. (Unesp-SP) **Ruínas** é uma palavra acentuada. Explique por quê. A seguir, responda: O vocábulo **ruim** deve ou não levar acento? Justifique.

29. (Fuvest-SP) Assinale a alternativa em que todas as palavras estão corretamente acentuadas.

a) Tietê, órgão, chapéuzinho, estrêla, advérbio

b) fluido, geleia, Tatuí, armazém, caráter

c) saúde, melância, gratuito, amendoím, fluído

d) inglês, cipó, cafèzinho, útil, Itú

e) canôa, heroismo, crêem, Sergipe, bambu

30. (ITA-SP) Dadas as palavras:

1. apoiam
2. baínha
3. abençôo

constatamos que está (estão) corretamente grafada(s):

a) apenas a palavra nº 1;

b) apenas a palavra nº 2;

c) apenas a palavra nº 3;

d) todas as palavras;

e) n.d.a.

31. (ITA-SP) Dados os vocábulos:

1. puni-los
2. instruí-los
3. fosse

constatamos que está(estão) devidamente acentuado(s):

a) apenas o vocábulo nº 1;

b) apenas o vocábulo nº 2;

c) apenas o vocábulo nº 3;

d) todos os vocábulos;

e) n.d.a.

32. (ESPM-SP) Quais das palavras abaixo levam acento?
polens, hifens, tupi, ideias, sincope, voce, raiz, item, tainha, ruim, apoio (subst.)

33. (Faap-SP)

Lá vem o acendedor de lampiões da rua!
Este mesmo que vem infatigavelmente
Parodiar o sol e associar-se à lua
Quando a sombra da noite enegrece o poente!

Com o substantivo **acendedor** no plural, escreveríamos os dois primeiros versos assim:

a) Lá veem os acendedores de lampiões da rua
Estes mesmos que veem infatigavelmente

b) Lá vêem os acendedores de lampiões da rua
Estes mesmos que vêem infatigavelmente

c) Lá vêm os acendedores de lampiões da rua
Estes mesmos que vêm infatigavelmente

d) Lá vêem os acendedores de lampiões da rua
Estes mesmos que vêm infatigavelmente

e) Lá vêm os acendedores de lampiões da rua
Estes mesmos que vêem infatigavelmente

34. (Cesgranrio-RJ) Assinale a opção em que os vocábulos obedecem à mesma regra de acentuação gráfica.

a) terás / límpida

b) necessário / verás

c) dá-lhes / necessário

d) incêndio / também

e) extraordinário / incêndio

35. (Faap-SP) Reescreva, acentuando-os corretamente, os vocábulos em que sejam necessários os sinais de acentuação.

a) No cerebro fervilhavam-lhe ideias originais que ele anotava a lapis nos papeis com que recheava os bolsos.

b) Atras daquele aspecto austero, escondia-se um observador sutil e ironico.

36. (UEPG-PR) O item em que necessariamente o vocábulo deve receber acento gráfico é:

a) historia.

b) ciume.

c) amem.

d) numero.

e) ate.

37. (Aman-RJ) Das palavras abaixo, uma admite duas formas de justificar o acento gráfico, por enquadrar-se em duas regras de acentuação:

a) combustível;

b) está;

c) três;

d) países;

e) veículos.

38. (Uepa) Sobre o acento gráfico do neologismo **baianês** é correto afirmar:

a) não se justifica por nenhuma regra de acentuação gráfica;

b) é inadequado porque essa palavra não existe em português;

c) justifica-se pelo fato de a palavra ser oxítona terminada em **e(s)**;

d) trata-se de uma palavra paroxítona terminada em **s**;

e) essa palavra é proparoxítona, portanto precisa ser acentuada graficamente.

PARTE 2 — MORFOLOGIA

CAPÍTULO 4 – Estrutura, formação e classificação das palavras

Textos para a próxima questão.

TEXTO I

Um ato de criatividade pode contudo gerar um modelo produtivo. Foi o que ocorreu com a palavra sambódromo, criativamente formada com a terminação –(ó)dromo (= corrida), que figura em hipódromo, autódromo, cartódromo, formas que designam itens culturais da alta burguesia. Não demoraram a circular, a partir de então, formas populares como rangódromo, beijódromo, camelódromo.

AZEREDO, J. C. *Gramática Houaiss da língua portuguesa*.
São Paulo: Publifolha, 2008.

TEXTO II

Existe coisa mais descabida do que chamar de sambódromo uma passarela para desfile de escolas de samba? Em grego, -dromo quer dizer "ação de correr, lugar de corrida", daí as palavras autódromo e hipódromo. É certo que, às vezes, durante o desfile, a escola se atrasa e é obrigada a correr para não perder pontos, mas não se desloca com a velocidade de um cavalo ou de um carro de Fórmula 1.

GULLAR, F. Disponível em: <www1.folha.uol.com.br>.
Acesso em: 3 ago. 2012.

1. (Enem) Há nas línguas mecanismos geradores de palavras. Embora o Texto II apresente um julgamento de valor sobre a formação da palavra **sambódromo**, o processo de formação dessa palavra reflete:

a) o dinamismo da língua na criação de novas palavras.
b) uma nova realidade limitando o aparecimento de novas palavras.
c) a apropriação inadequada de mecanismos de criação de palavras por leigos.
d) o reconhecimento da impropriedade semântica dos neologismos.
e) a restrição na produção de novas palavras com o radical grego.

Texto para a próxima questão.

Mãe

Mãe – que adormente este viver dorido.
E me vele esta noite de tal frio,
E com as mãos piedosas até o fio
Do meu pobre existir, meio partido...

Que me leve consigo, adormecido,
Ao passar pelo sítio mais sombrio...
Me banhe e lave a alma lá no rio
Da clara luz do seu olhar querido...

Eu dava o meu orgulho de homem – dava
Minha estéril ciência, sem receio,
E em débil criancinha me tornava,

Descuidada, feliz, dócil também,
Se eu pudesse dormir sobre o teu seio,
Se tu fosses, querida, a minha mãe!

QUENTAL, Antero de. *Antologia*, 1991.

2. (FGV-SP) Analisando os termos empregados no texto, explique:

a) o sentido que assumem os termos **vele** (primeira estrofe) e **débil** (terceira estrofe);
b) o processo de derivação do termo destacado em "Do meu pobre **existir**, meio partido..." (primeira estrofe) e o sentido que o sufixo confere ao termo destacado em "E em débil **criancinha** me tornava" (terceira estrofe).

3. (UEPB) Do texto abaixo, é possível concluir que o termo "chatear" foi usado:

a) de maneira ambígua, sem nenhuma pista que possa ajudar na busca dos sentidos do termo.
b) de forma figurada, exemplificando unicamente a polissemia da linguagem.
c) com o sentido literal do termo, ocasionando uma redundância.
d) com mais de um sentido, cuja alteração se faz perceber pelos recursos linguísticos e visuais que servem de pistas para o entendimento do texto.
e) de forma equivocada, pois não existe um destinatário declarado a quem se dirige a mensagem.

Texto para a próxima questão.

Consumo também é ato político

Diz o *Houaiss* que o capitão Charles C. Boycott (1832-1897), um rico proprietário irlandês, no outono de 1880, recusando-se a baixar o preço que cobrava pelo arrendamento de suas terras, foi vítima de represália, tendo os agricultores da época se articulado para não negociar com ele. Daí a palavra "boycott" e, em português, boicote.

Quase 130 anos depois, o termo em inglês ganhou uma espécie de antônimo, o "buycott". Numa livre tradução seria a compra orientada de produtos.

A partir disso, a pesquisadora Michele Micheletti, da Karlstad University, na Suécia, defende que o ato de consumo pode se transformar em ativismo político, pois, segundo ela, a falta de uma regulamentação global transferiu para os consumidores parte da responsabilidade sobre o mercado. Por meio de "boycotts" e de "buycotts", é possível aos consumidores forçar mudanças no sistema produtivo e colaborar, utilizando o seu poder de compra, a fim de atenuar problemas como a exploração da mão de obra, o desrespeito ambiental e os desvios éticos e políticos de grandes empresas.

O "buycotter" é o consumidor politizado, informado, responsável. Micheletti cita estudos que mostram que, na Suécia, o percentual de cidadãos que se envolveu em algum tipo de "consumo politizado" nos 12 meses anteriores à pesquisa era de 50%. No Brasil, não chegava a 7%. A pesquisadora concluiu que o resultado está vinculado ao nível de informação e aos recursos disponíveis dos consumidores. "É um movimento basicamente da classe média", afirma.

Disponível em: <https://br.noticias.yahoo.com/blogs/plinio-fraga/consumo-tambem-e-ato-politico-130126426.html>. Acesso em: 30 mar. 2015. (Adaptado.)

4. (UEPG-PR) Quanto aos processos de formação de palavras, assinale o que for correto e some os valores.
01) Boicote – empréstimo: palavra estrangeira aportuguesada.
02) Mão de obra – composição por justaposição.
04) Atenuar – derivação parassintética.
08) Agricultores – composição por hibridismo.

5. (Unicamp-SP) Os textos abaixo foram retirados da coluna "Caras e bocas", do Caderno Aliás, do jornal *O Estado de São Paulo*:

"A intenção é **salvar** o Brasil." Ana Paula Logulho, professora e entusiasta da segunda "Marcha da Família com Deus pela Liberdade", que pede uma intervenção militar no país e pretendeu reeditar, no sábado, a passeata de 19 de março de 1964, na capital paulista, contra o governo do Presidente João Goulart.

"Será um evento **esculhambativo** em homenagem ao outro de São Paulo." José Caldas, organizador da "Marcha com Deus e o Diabo na Terra do Sol", convocada pelo *Facebook* para o mesmo dia, no Rio de Janeiro.

O Estado de S.Paulo, 23 mar. 2014, Caderno Aliás, E4. Negritos presentes no original.

a) Descreva o processo de formação de palavras envolvido em **esculhambativo**, apontando o tipo de transformação ocorrida no vocábulo.
b) Discorra sobre a diferença entre as expressões "evento esculhambado" e "evento esculhambativo", considerando as relações de sentido existentes entre os dois textos acima.

Texto para a próxima questão.

Você conseguiria ficar 99 dias sem o *Facebook*?

Uma organização não governamental holandesa está propondo um desafio que muitos poderão considerar impossível: ficar 99 dias sem dar nem uma "olhadinha" no *Facebook*. O objetivo é medir o grau de felicidade dos usuários longe da rede social.

O projeto também é uma resposta aos experimentos psicológicos realizados pelo próprio *Facebook*. A diferença neste caso é que o teste é completamente voluntário.

Ironicamente, para poder participar, o usuário deve trocar a foto do perfil no *Facebook* e postar um contador na rede social.

Os pesquisadores irão avaliar o grau de satisfação e felicidade dos participantes no 33º dia, no 66º e no último dia da abstinência.

Os responsáveis apontam que os usuários do *Facebook* gastam em média 17 minutos por dia na rede social. Em 99 dias sem acesso, a soma média seria equivalente a mais de 28 horas, que poderiam ser utilizadas em "atividades emocionalmente mais realizadoras".

Disponível em: <http://codigofonte.uol.com.br>. Adaptado.

6. (Unifesp) Considere os enunciados a seguir:

[...] ficar 99 dias sem dar nem uma "olhadinha" no *Facebook*.

[...] que poderiam ser utilizadas em "atividades emocionalmente mais realizadoras".

Analisando-se o emprego e a estrutura das palavras "olhadinha" e "emocionalmente", é correto afirmar que os sufixos nelas presentes indicam, respectivamente, sentido de:
a) morosidade e intensidade.
b) modo e consequência.
c) rapidez e modo.
d) intensidade e causa.
e) afeto e tempo.

Texto para a próxima questão.

Ora nesse tempo Jacinto concebera uma ideia... Este Príncipe concebera a ideia de que o "homem só é superiormente feliz quando é superiormente civilizado". E por homem civilizado o meu camarada entendia aquele que, robustecendo a sua força pensante com todas as noções adquiridas desde Aristóteles, e multiplicando a potência corporal dos seus órgãos com todos os mecanismos inventados desde Teramenes, criador da roda, se torna um magnífico Adão, quase onipotente, quase onisciente, e apto portanto a recolher [...] todos os gozos e todos os proveitos que resultam de Saber e Poder... [...]

Este conceito de Jacinto impressionara os nossos camaradas de cenáculo, que [...] estavam largamente preparados a acreditar que a felicidade dos indivíduos, como a das nações, se realiza pelo ilimitado desenvolvimento da Mecânica e da erudição. Um desses moços [...] reduzira a teoria de Jacinto [...] a uma forma algébrica:

$$\left.\begin{array}{c} \text{Suma ciência} \\ \times \\ \text{Suma potência} \end{array}\right\} = \text{Suma felicidade}$$

E durante dias, do Odeon à Sorbona, foi louvada pela mocidade positiva a Equação Metafísica de Jacinto.

QUEIRÓS, Eça de. *A cidade e as serras*.

7. (Fuvest-SP) Sobre o elemento estrutural "oni", que forma as palavras do texto "onipotente" e "onisciente", só NÃO é correto afirmar:
a) Equivale, quanto ao sentido, ao pronome "todos(as)", usado de forma reiterada no texto.
b) Possui sentido contraditório em relação ao advérbio "quase", antecedente.
c) Trata-se do prefixo "oni", que tem o mesmo sentido em ambas as palavras.
d) Entra na formação de outras palavras da língua portuguesa, como "onipresente" e "onívoro".
e) Deve ser entendido em sentido próprio, em "onipotente", e, em sentido figurado, em "onisciente".

8. (Unifesp) Examine a tira.

Folha de S.Paulo, 26 dez. 2011.

O efeito de humor na situação apresentada decorre do fato de a personagem, no segundo quadrinho, considerar que **carinho** e **caro** sejam vocábulos:

a) derivados de um mesmo verbo.
b) híbridos.
c) derivados de vocábulos distintos.
d) cognatos.
e) formados por composição.

9. (FGV-SP) Assinale a palavra que apresente, em relação a afixos, a mesma estrutura que **desigualdade**.

a) distribuição
b) universidade
c) desenvolvimento
d) principalmente
e) harmoniosas

10. (ESPP-SP) Assinale a alternativa em que há uma palavra formada por derivação parassintética:

a) anoitecer.
b) infelizmente.
c) planalto.
d) guarda-chuva.

11. (Unicamp-SP) Os verbetes apresentados em (II) a seguir trazem significados possíveis para algumas palavras que ocorrem no texto intitulado *Bicho Gramático*, apresentado em (I).

I

Bicho gramático

Vicente Matheus (1908-1997) foi um dos personagens mais controversos do futebol brasileiro. Esteve à frente do paulista Corinthians em várias ocasiões entre 1959 e 1990. Voluntarioso e falastrão, o uso que fazia da língua portuguesa nem sempre era aquele reconhecido pelos livros. Uma vez, querendo deixar bem claro que o craque do Timão não seria vendido ou emprestado para outro clube, afirmou que "o Sócrates é invendável e imprestável". Em outro momento, exaltando a versatilidade dos atletas, criou uma pérola da linguística e da zoologia: "Jogador tem que ser completo como o pato, que é um bicho aquático e gramático".

Revista de História da Biblioteca Nacional, jul. 2011, p. 85. (Adaptado.)

II

Invendável: que não se pode vender ou que não se vende com facilidade.
Imprestável: que não tem serventia; inútil.
Aquático: que vive na água ou à sua superfície.
Gramático: que ou o que apresenta melhor rendimento nas corridas em pista de grama (diz-se de cavalo).

Dicionário HOUAISS (versão digital *on-line*).
Disponível em: <houaiss.uol.com.br>.

a) Descreva o processo de formação das palavras **invendável** e **imprestável** e justifique a afirmação segundo a qual o uso que Vicente Matheus fazia da língua portuguesa "nem sempre era aquele reconhecido pelos livros".

b) Explique por que o texto destaca que Vicente Matheus "criou uma pérola da linguística e da zoologia".

12. (Enem)

Agora eu era herói
E o meu cavalo só falava inglês.
A noiva do *cowboy*
Era você, além das outras três.
Eu enfrentava os batalhões,
Os alemães e seus canhões.
Guardava o meu bodoque
E ensaiava o *rock* para as matinês.

BUARQUE, Chico. João e Maria, 1977. (Fragmento.)

Nos terceiro e oitavo versos da letra da canção, constata-se que o emprego das palavras *cowboy* e *rock* expressa a influência de outra realidade cultural na língua portuguesa. Essas palavras constituem evidências de:

a) regionalismo, ao expressar a realidade sociocultural de habitantes de uma determinada região.
b) neologismo, que se caracteriza pelo aportuguesamento de uma palavra oriunda de outra língua.
c) jargão profissional, ao evocar a linguagem de uma área específica do conhecimento humano.
d) arcaísmo, ao representar termos usados em outros períodos da história da língua.
e) estrangeirismo, que significa a inserção de termos de outras comunidades linguísticas no português.

13. (Enem)

Carnavália

Repique tocou
O surdo escutou
E o meu corasamborim
Cuíca gemeu, será que era meu, quando ela passou por mim?
[...]

ANTUNES, A.; BROWN, C.; MONTE, M. Tribalistas, 2002. (Fragmento.)

No terceiro verso, o vocábulo "corasamborim", que é a junção coração + samba + tamborim, refere-se, ao mesmo tempo, a elementos que compõem uma escola de samba e à situação emocional em que se encontra o autor da mensagem, com o coração no ritmo da percussão.

Essa palavra corresponde a um(a)

a) estrangeirismo, uso de elementos linguísticos originados em outras línguas e representativos de outras culturas.
b) neologismo, criação de novos itens linguísticos, pelos mecanismos que o sistema da língua disponibiliza.
c) gíria, que compõe uma linguagem originada em determinado grupo social e que pode vir a se disseminar em uma comunidade mais ampla.
d) regionalismo, por ser palavra característica de determinada área geográfica.
e) termo técnico, dado que designa elemento de área específica de atividade.

14. (UFRRJ)

Disponível em: <www.tirashagar.blogspot.com/2006_05_01_archive.html>.

No segundo quadrinho da tirinha de "Hagar, o Horrível", há o neologismo **desreclamador**, cujo processo de formação se assemelha ao das seguintes palavras do texto:

a) enquadramentos e interrompem.
b) atentamente e impulsionada.
c) atentamente e enquadramento.
d) entrelaçamento e enquadramento.
e) atentamente e entrelaçamento.

15. (Fuvest-SP)

A questão racial parece um desafio do presente, mas trata-se de algo que existe desde há muito tempo.

Modifica-se ao acaso das situações, das formas de sociabilidade e dos jogos das forças sociais, mas reitera-se continuamente, modificada, mas persistente.

Esse é o enigma com o qual se defrontam uns e outros, intolerantes e tolerantes, discriminados e preconceituosos, segregados e arrogantes, subordinados e dominantes, em todo o mundo. Mais do que tudo isso, a questão racial revela, de forma particularmente evidente, nuançada e estridente, como funciona a fábrica da sociedade, compreendendo identidade e alteridade, diversidade e desigualdade, cooperação e hierarquização, dominação e alienação.

(IANNI, Octavio. Dialética das relações sociais. *Estudos avançados*, n. 50, 2004.)

As palavras do texto cujos prefixos traduzem, respectivamente, ideia de anterioridade e contiguidade são:

a) "persistente" e "alteridade".
b) "discriminados" e "hierarquização".
c) "preconceituosos" e "cooperação".
d) "subordinados" e "diversidade".
e) "identidade" e "segregados".

16. (Fuvest-SP)

Eu amo a rua. Esse sentimento de natureza toda íntima não vos seria revelado por mim se não julgasse, e razões não tivesse para julgar, que este amor assim absoluto e assim exagerado é partilhado por todos vós. Nós somos irmãos, nós nos sentimos parecidos e iguais; nas cidades, nas aldeias, nos povoados, não porque soframos, com a dor e os desprazeres, a lei e a polícia, mas porque nos une, nivela e agremia o amor da rua. É este mesmo o sentimento imperturbável e indissolúvel, o único que, como a própria vida, resiste às idades e às épocas. Tudo se transforma, tudo varia – o amor, o ódio, o egoísmo. Hoje é mais amargo o riso, mais dolorosa a ironia. Os séculos passam, deslizam, levando as coisas fúteis e os acontecimentos notáveis. Só persiste e fica, legado das gerações cada vez maior, o amor da rua.

João do Rio. *A alma encantadora das ruas.*

Prefixos que têm o mesmo sentido ocorrem nas seguintes palavras do texto:

a) íntima / agremia.
b) resiste / deslizam.
c) desprazeres / indissolúvel.
d) imperturbável / transforma.
e) revelado / persiste.

17. (PUC-RJ)

Considere as seguintes palavras: **indigno**, **inveja**, **infiel** e **injusta**. Todas possuem o mesmo tipo de estrutura morfológica, exceto uma. Diga qual, justificando sua resposta.

18. (Unicamp-SP) Leia os seguintes artigos do Capítulo VIII do novo Código Civil (Lei nº 10 406, de 10 de janeiro de 2002):

Art. 1 548. É nulo o casamento contraído:
I. pelo enfermo mental sem o necessário discernimento para os atos da vida civil;
II. por infringência de impedimento.
(...)

Art. 1 550. É anulável o casamento:
III. de quem não completou a idade mínima para casar;
(...)
VI. por incompetência da autoridade celebrante.

a) Os enunciados que introduzem os artigos 1548 e 1550 têm sentido diferente. Explique essa diferença, comparando, do ponto de vista morfológico, as palavras **nulo** e **anulável**.

b) Segundo o *Dicionário Houaiss da Língua Portuguesa* (2001), *infringência* vem de *infringir* (violar, transgredir, desrespeitar) + *ência*. Compare o processo de formação dessa palavra com o de *incompetência*, indicando eventuais diferenças e semelhanças.

19. (UEL-PR) Assinale a alternativa em que todas as palavras são formadas por prefixos com significação semelhante.

a) adjunto, antebraço, assobio.
b) incômodo, ilegal, impróprio.
c) ingerir, ilógico, imigrar.
d) afônico, adestrar, amável.
e) desfavorável, desabrochar, despedir.

20. (FGV-SP) Leia este trecho da letra de "Lero-Lero", composição musical de Edu Lobo e Cacaso – e responda à questão.

(..................................)
Sou brasileiro de estatura mediana
Gosto muito de fulana, mas sicrana é quem me quer
Porque no amor quem perde quase sempre ganha
Veja só que coisa estranha, saia dessa se puder
Diz um ditado natural da minha terra
Bom cabrito é o que mais berra onde canta o sabiá
Desacredito no azar da minha sina
Tico-tico de rapina ninguém leva o meu fubá

Assinale a única alternativa que menciona um vocábulo pertencente à família etimológica de **desacredito**.

a) Já se apagavam as luzes do crepúsculo.

b) O governo coopera no incremento da lavoura da cana.

c) O embaixador havia apresentado sua credencial.

d) Nada havendo a acrescentar, encerrou-se a discussão.

e) O cheiro acre do vinho desagradou ao comprador.

21. (FCC) Assinale a opção em que a consoante destacada faz parte do radical, não sendo consoante de ligação.

a) bambuzal

b) lapisinho

c) cafeteira

d) chaleira

e) paulada

22. (UFPR)

A língua do Brasil amanhã

Ouvimos com frequência opiniões alarmantes a respeito do futuro da nossa língua. Às vezes se diz que ela vai simplesmente desaparecer, em benefício de outras línguas supostamente expansionistas (em especial o inglês, atual candidato número um a língua universal); ou que vai se "misturar" com o espanhol, formando o "portunhol"; ou, simplesmente, que vai se corromper pelo uso da gíria e das formas populares de expressão (do tipo: "o casaco que cê ia sair com ele tá rasgado"). Aqui pretendo trazer uma opinião mais otimista: a nossa língua, estou convencido, não está em perigo de desaparecimento, muito menos de mistura. [...]

O que é que poderia ameaçar a integridade, ou a existência, da nossa língua? O primeiro fator, frequentemente citado, é a influência do inglês – o mundo de empréstimos que andamos fazendo para nos expressarmos sobre certos assuntos.

Não se pode negar que o fenômeno existe; o que mais se faz hoje é surfar, deletar ou tratar do *marketing*. Mas isso não significa o desaparecimento da língua portuguesa; empréstimos são um fato da vida, e sempre existiram. Hoje pouca gente sabe disso, mas **avalanche, alfaiate, tenor e pingue-pongue** são palavras de origem estrangeira; hoje já se naturalizaram, e certamente ninguém vê ameaça nelas. Afinal de contas, quando se começou a jogar aquela bolinha em cima da mesa, precisou-se de um nome; podíamos dizer **tênis de mesa**, e alguns tentaram, mas a palavra estrangeira venceu – só que virou portuguesa, hoje vive entre nós como uma imigrante já casada, com filhos brasileiros, etc. Perdeu até o sotaque.

Quero dizer que não há o menor sintoma de que os empréstimos estrangeiros estejam causando lesões na língua portuguesa; a maioria, aliás, desaparece em pouco tempo, e os que ficam se assimilam. O português, como toda língua, precisa crescer para dar conta das novidades sociais, tecnológicas, artísticas e culturais; para isso pode aceitar empréstimos – **ravióli, ioga, chucrute, balé** – e também pode (e com maior frequência) criar palavras a partir de seus próprios recursos – como **computador, ecologia, poluição** – ou então estender o uso de palavras antigas a novos significados – **executivo** ou **celular**, que significam coisas hoje que não significavam há vinte anos. Isso está acontecendo a todo tempo com todas as línguas, e nunca levou nenhuma delas à extinção. Eu, pessoalmente, desconfio que os falantes possuem um bom senso inato que os impede de utilizar termos estrangeiros além de um certo limite; por isso, a maioria das palavras de empréstimo são muito efêmeras: quem se lembra hoje do que é um *banlon*, um *goalkeeper* ou mesmo (essa eu lamento, não pela palavra, mas pela coisa) um *fox-trot*? [...]

Como primeira conclusão deste ensaio, direi que não estamos em perigo de ver nossa língua submergida pela maré de empréstimos ingleses. A língua está aí, inteira: a estrutura gramatical não mudou, a pronúncia é ainda inteiramente nossa, e o vocabulário é mais de 99% de fabricação nacional. Por enquanto, falamos português.

PERINI, Mário A. A língua do Brasil amanhã e outros mistérios.
São Paulo: Parábola Editorial, 2004. p. 11-14.

O trecho a seguir aborda o mesmo tema discutido por Perini.

Em primeiro lugar, é importante notar que, embora pareça fácil apontar, hoje, *home banking* e *coffee break* como exemplos claros de estrangeirismos, ninguém garante que daqui a alguns anos não estarão sumindo das bocas e mentes, como o *match* do futebol e o *rouge* da moça; assim como ninguém garante que não terão sido incorporados naturalmente à língua, como o garçom e o sutiã, o esporte e o clube.

GARCEZ, Pedro M.; ZILLES, Ana Maria. Estrangeirismos:
desejos e ameaças. In: FARACO, Carlos A. (Org.). Estrangeirismos:
guerras em torno da língua. São Paulo: Parábola Editorial, 2001. p. 20.

Garçom, **sutiã**, **esporte** e **clube**. Esses exemplos são usados no texto para ilustrar o mesmo fenômeno que Perini apresenta ao comentar o surgimento no português das palavras:

a) alfaiate e tenor.

b) *fox-trot* e poluição.

c) computador e ecologia.

d) executivo e celular.

e) *banlon* e *goalkeeper*.

23. (Fuvest-SP) Sobre o emprego do gerúndio em frases como "Nós vamos estar analisando os seus dados e vamos estar dando um retorno assim que possível", um jornalista escreveu uma crônica intitulada "Em 2004, gerundismo zero!", da qual extraímos o seguinte trecho:

"Quando a teleatendente diz: 'O senhor pode estar aguardando na linha, que eu vou estar transferindo a sua ligação', ela pensa que está falando bonito. Por sinal, ela não entende por que 'eu vou estar transferindo' é errado e 'ela está falando bonito' é certo."

Identifique qual de seus vários sentidos assume o sufixo empregado na formação da palavra "gerundismo".

Cite outra palavra em que se utiliza o mesmo sufixo com esse mesmo sentido.

24. (Enem) Leia com atenção o texto:

[Em Portugal], você poderá ter alguns probleminhas se entrar numa loja de roupas desconhecendo certas sutilezas da língua. Por exemplo, não adianta pedir para ver os ternos – peça para ver os fatos. Paletó é casaco. Meias são peúgas. Suéter é camisola – mas não se assuste, porque calcinhas femininas são cuecas. (Não é uma delícia?)

CASTRO, Ruy. Viaje bem, ano VIII, n. 3/78.

O texto destaca a diferença entre o português do Brasil e o de Portugal quanto:

a) ao vocabulário.

b) à derivação.

c) à pronúncia.

d) ao gênero.

e) à sintaxe.

Texto para as questões 25 e 26.

O autor do texto abaixo critica, ainda que em linguagem metafórica, a sociedade contemporânea em relação aos seus hábitos alimentares.

Vocês que têm mais de 15 anos, se lembram quando a gente comprava leite em garrafa, na leiteria da esquina? [...]

Mas vocês não se lembram de nada, pô! Vai ver nem sabem o que é vaca. Nem o que é leite. Estou falando isso porque agora mesmo peguei um pacote de leite – leite em pacote, imagina, Tereza! – na porta dos fundos e estava escrito que é pasterizado, ou pasteurizado, sei lá, tem vitamina, é garantido pela embromatologia, foi enriquecido e o escambau.

Será que isso é mesmo leite? No dicionário diz que leite é outra coisa: "Líquido branco, contendo água, proteína, açúcar e sais minerais". Um alimento pra ninguém botar defeito. O ser humano o usa há mais de 5 000 anos. É o único alimento só alimento. A carne serve pro animal andar, a fruta serve pra fazer outra fruta, o ovo serve pra fazer outra galinha. [...] O leite é só leite. Ou toma ou bota fora.

Esse aqui, examinando bem, é só pra botar fora. Tem chumbo, tem benzina, tem mais água do que leite, tem serragem, sou capaz de jurar que nem vaca tem por trás desse negócio. Depois o pessoal ainda acha estranho que os meninos não gostem de leite. Mas, como não gostam? Não gostam como? Nunca tomaram! Múúúúúúú!

FERNANDES, Millôr. O Estado de S. Paulo, 22 ago. 1999.

25. (Enem) A crítica do autor é dirigida:

a) ao desconhecimento, pelas novas gerações, da importância do gado leiteiro para a economia nacional.

b) à diminuição da produção de leite após o desenvolvimento de tecnologias que têm substituído os produtos naturais por produtos artificiais.

c) à artificialização abusiva de alimentos tradicionais, com perda de critério para julgar sua qualidade e sabor.

d) à permanência de hábitos alimentares a partir da revolução agrícola e da domesticação de animais iniciada há 5 000 anos.

e) à importância dada ao pacote de leite para a conservação de um produto perecível e que necessita de aperfeiçoamento tecnológico.

26. (Enem) A palavra **embromatologia** usada pelo autor é:

a) um termo científico que significa estudo dos bromatos.

b) uma composição do termo de gíria "embromação" (enganação) com bromatologia, que é o estudo dos alimentos.

c) uma junção do termo de gíria "embromação" (enganação) com lactologia, que é o estudo das embalagens para leite.

d) um neologismo da química orgânica que significa a técnica de retirar bromatos dos laticínios.

e) uma corruptela de termo da agropecuária que significa a ordenha mecânica.

27. (UFMS)

A vida em Oblivion

A cidadezinha onde moro lembra soldado que fraqueasse na marcha e, não podendo acompanhar o batalhão, à beira do caminho se deixasse ficar, exausto e só, com os olhos saudosos erguidos na nuvem de poeira erguida além.

Atraído pelas terras novas, de feracidade sedutora, abandonaram-na seus filhos. Só permaneceram os de vontade anemiada, débeis, faquirianos. "Mesmeiros", que todos os dias fazem as mesmas coisas, dormem o mesmo sono, sonham os mesmos sonhos, comem as mesmas comidas, comentam os mesmos assuntos, esperam o mesmo correio, gabam a passada prosperidade, lamuriam do presente e pitam – pitam longos cigarrões de palha, matadores do tempo.

LOBATO, Monteiro. Cidades Mortas.

Sobre a palavra **mesmeiro**, não é correto o que se afirma em:

a) é um neologismo criado pelo autor, para qualificar os moradores da cidadezinha.

b) tem origem na palavra **mesmo**.

c) é formada pelo processo de prefixação.

d) assim como **barbeiro** ou **pedreiro**, é um substantivo que indica ocupação.

28. (UFSC) Relacione a coluna II com a coluna I, estabelecendo a correspondência entre o significado dos prefixos gregos e latinos.

coluna I

1) **trans**porte

2) **circun**lóquio

3) **bene**fício

4) **supra**citado

5) **sub**terrâneo

6) **ad**vogado

coluna II

( ) **hiper**trofia

( ) **para**sita

( ) **hipo**crisia

( ) **peri**feria

( ) **diá**logo

( ) **eu**genia

29. (UFC-CE) No final do século XIX e princípio do século XX, muitas palavras francesas foram incorporadas ao léxico português, dada a influência cultural exercida pela França em todo o mundo civilizado da época. Assinale a alternativa que contém apenas palavras de extração francesa.

a) abajur – pôquer – gafe

b) bando – abajur – pôquer

c) gafe – abajur – cachecol

d) cachecol – chaleira – bando

e) organdi – cachecol – chaleira

30. (Uerj)

Uai, eu?

Se o assunto é meu e seu, lhe digo, lhe conto; que vale enterrar minhocas? De como aqui me vi, sutil assim, por tantas cargas d'água. No engano sem desengano: o de aprender prático o desfeito da vida.

Sorte? A gente vai – nos passos da história que vem. Quem quer viver faz mágica. Ainda mais eu, que sempre fui arrimo de pai bêbedo. Só que isso se deu, o que quando, deveras comigo, feliz e prosperado. Ah, que saudades que eu não tenha... Ah, meus bons maus--tempos! Eu trabalhava para um senhor Doutor Mimoso.

Sururjão, não; é solorgião. Inteiro na fama – olh'alegre, justo, inteligentudo – de calibre de quilate de caráter. Bom até-onde-que, bom como cobertor, lençol e colcha, bom mesmo quando com dor-de-cabeça: bom, feito mingau adoçado. Versando chefe os solertes preceitos. Ordem, por fora; paciência por dentro. Muito mediante fortes cálculos, imaginado de ladino, só se diga. A fim de comigo ligeiro poder ir ver seus chamados de seus doentes, tinha fechado um piquete no quintal: lá pernoitavam, de diário, à mão, dois animais de sela – prontos para qualquer aurora.

Vindo a gente a par, nas ocasiões, ou eu atrás, com a maleta dos remédios e petrechos, renquetrenque, estudante andante. Pois ele comigo proseava, me alentando, cabidamente, por norteação – a conversa manuscrita. Aquela conversa me dava muitos arredores. Ô homem! Inteligente como agulha e linha, feito pulga no escuro, como dinheiro não gastado. Atilado todo em sagacidades e finuras – é de fímplus! de tintínibus... – latim, o senhor sabe, aperfeiçoa... Isso, para ele, era fritada de meio ovo. O que porém bem.

ROSA, João Guimarães. *Tutameia:* terceiras estórias.
Rio de Janeiro: Nova Fronteira, 1985.

A obra de Guimarães Rosa, citado como grande renovador da expressão literária, é também reconhecida pela contribuição linguística, devido à utilização de termos regionais, palavras novas, não dicionarizadas, a que chamamos **neologismos**, especialmente para expressar situações ou opiniões de seus personagens.

a) Retire do primeiro parágrafo um exemplo de neologismo e explique, em uma frase completa, o seu sentido no texto.

b) Compare o adjetivo "inteligentudo" com **barbudo, barrigudo, sortudo**. Escreva duas formas da língua padrão – a primeira com duas palavras; a segunda com uma palavra – que equivalem semanticamente ao neologismo "inteligentudo".

31. (PUC-RJ) Suponha que você tem de explicar para um estrangeiro como se formam os advérbios terminados em **-mente** em língua portuguesa. Os exemplos do quadro a seguir obedecem a dois padrões de formação. Descreva cada um desses padrões.

falso	falsamente
longo	longamente
natural	naturalmente
perverso	perversamente
simples	simplesmente

32. (PUC-RS)

Todos temos, dentro de nós, um aventureiro em potencial. Todos ansiamos por uma aventura, pequena ou grande. É o antídoto contra a monotonia da rotina, que é necessária – sem rotina nada conseguiríamos –, mas que às vezes se torna mortalmente aborrecida.

SCLIAR, Moacyr. *Zero Hora*, 21 mar. 2004.

As palavras **antídoto** e **monotonia** têm, em sua formação, elementos sinônimos dos prefixos presentes, respectivamente, em:

a) antediluviano, onipresente.

b) preconceito, polivalente.

c) imoral, microcosmo.

d) desvendar, multifacetado.

e) contraproducente, unicelular.

33. (Ufscar-SP) Instrução: A questão refere-se ao texto seguinte.

Eram cinco horas da manhã e o cortiço acordava, abrindo, não os olhos, mas a sua infinidade de portas e janelas alinhadas.

[...]

Daí a pouco, em volta das bicas era um zun-zum crescente; uma aglomeração tumultuosa de machos e fêmeas. Uns, após outros, lavavam a cara, incomodamente, debaixo do fio de água que escorria da altura de uns cinco palmos. O chão inundava-se. As mulheres precisavam já prender as saias entre as coxas para não as molhar; via-se-lhes a tostada nudez dos braços e do pescoço, que elas despiam, suspendendo o cabelo todo para o alto do casco; os homens, esses não se preocupavam em não molhar o pelo, ao contrário metiam a cabeça bem debaixo da água e esfregavam com força as ventas e as barbas, fossando e fungando contra as palmas da mão.

AZEVEDO, Aluísio. *O cortiço.*

Há, no texto, palavras derivadas por sufixação, como **tumultuosa** e **nudez**.

a) Dê dois exemplos de palavras derivadas com o sufixo da primeira.

b) Dê mais dois exemplos de palavras derivadas com o sufixo da outra.

34. (Unifesp) **Pneumotórax**, palavra que dá título ao famoso poema de Manuel Bandeira, é vocábulo constituído de dois radicais gregos (*pneum*[o]- + *-tórax*). Significa procedimento médico que consiste na introdução de ar na cavidade pleural, como forma de tratamento de moléstias pulmonares, particularmente a tuberculose. Tal enfermidade é referida no diálogo entre médico e paciente, quando o primeiro explica a seu cliente que ele tem "uma escavação no pulmão esquerdo e o pulmão direito **infiltrado**". Esta última palavra é formada com base em um radical: **filtro**. Quanto à formação vocabular, o título do poema e o vocábulo **infiltrado** são constituídos, respectivamente, por:

a) composição, e derivação prefixal e sufixal.

b) derivação prefixal e sufixal, e composição.

c) composição por hibridismo, e composição prefixal e sufixal.

d) simples flexão, e derivação prefixal e sufixal.

e) simples derivação, e composição sufixal e prefixal.

35. (UFC-CE)

Como epígrafe ao livro *Estorvo*, o autor põe termos cognatos cujas raízes sofrem alterações fonológicas: **estorvo**, **perturbação**, **turva**, **torvelinho**, **turbulência**. Examine cada uma destas palavras para responder ao item A.

A – Destaque duas destas raízes e escreva-as no quadro abaixo, como se mostra no exemplo.

raiz	cognato
torv	estorvo

B – Agora escreva, para cada palavra abaixo, um cognato em que haja alteração fonológica da raiz, conforme exemplo apresentado no quadro.

palavra	cognato
pedra	petrificar
vida	
árvore	
touro	

36. (UFSC)

"*Ethos* – ética em grego – designa a morada humana. O ser humano separa uma parte do mundo para, moldando-a ao seu jeito, construir um abrigo protetor e permanente. A ética, como morada humana, não é algo pronto e construído de uma só vez. O ser humano está sempre tornando habitável a casa que construiu para si.

Ético significa, portanto, tudo aquilo que ajuda a tornar melhor o ambiente para que seja uma morada saudável: materialmente sustentável, psicologicamente integrada e espiritualmente fecunda.

Na ética há o permanente e o mutável. O permanente é a necessidade do ser humano de ter uma moradia: uma maloca indígena, uma casa no campo e um apartamento na cidade. Todos estão envolvidos com a ética, porque todos buscam uma morada permanente.

O mutável é o estilo com que cada grupo constrói sua morada. É sempre diferente: rústico, colonial, moderno, de palha, de pedra. Embora diferente e mutável, o estilo está a serviço do permanente: a necessidade de ter casa. A casa, nos seus mais diferentes estilos, deverá ser habitável.

BOFF, Leonardo. *A águia e a galinha*. Petrópolis: Vozes, 1997. p. 90-91.

Está presente no texto o processo de formação de palavras por derivação imprópria. Assinale a alternativa em que ocorre tal processo.

a) A ética, como morada humana, não é algo pronto e constituído de uma só vez.

b) O ser humano está sempre tornando habitável a casa que constituiu para si.

c) [...] tudo aquilo que ajuda a tornar melhor o ambiente.

d) Na ética, há o permanente e o mutável.

e) A casa, nos seus mais diferentes estilos, deverá ser habitável.

37. (UFC-CE) Assinale a alternativa em que a forma **oni-** apresenta sentido diferente da que se encontra em **onipotente**.

a) onírico
c) onicolor
e) onipresente
b) onívoro
d) onisciente

38. (Fuvest-SP)

Capitulação
Delivery
Até pra telepizza
É um exagero.
Há quem negue?
Um povo com vergonha
Da própria língua
Já está entregue.

Luis Fernando Verissimo

a) O título dado pelo autor está adequado, tendo em vista o conteúdo do poema? Justifique sua resposta.

b) O exagero que o autor vê no emprego da palavra *delivery* se aplicaria também a telepizza? Justifique sua resposta.

39. (ITA-SP) Considere as seguintes significações:

"nove ângulos", "governo de poucos", "som agradável", "dor de cabeça"

Escolha a alternativa cujas palavras traduzem os significados apresentados acima.

a) pentágono, plutocracia, eufonia, mialgia.

b) eneágono, oligarquia, eufonia, cefalalgia.

c) nonangular, democracia, cacofonia, dispneia.

d) eneágono, aristocracia, sinfonia, cefalalgia.

e) hendecágono, monarquia, sonoplastia, cefaleia.

40. (UFV-RJ) As palavras cujos prefixos traduzem, respectivamente, as noções de **acima** e **em torno** são:

a) supracitado / perímetro.

b) decapitar / circumpolar.

c) hipertensão / perpassar.

d) superposição / semicírculo.

e) subaquático / circum-navegar.

41. (UFC-CE) Marque a alternativa que preenche corretamente todas as lacunas numeradas.

palavra	classificação morfológica	processo de formação
gradil	1	derivação sufixal
enferrujar	verbo	2
outrora	3	4

a) (1) substantivo; (2) derivação sufixal; (3) adjetivo; (4) derivação sufixal

b) (1) adjetivo; (2) derivação parassintética; (3) adjetivo; (4) composição

c) (1) adjetivo; (2) derivação sufixal; (3) advérbio; (4) composição

d) (1) substantivo; (2) derivação parassintética; (3) adjetivo; (4) derivação sufixal

e) (1) substantivo; (2) derivação parassintética; (3) advérbio; (4) composição

QUESTÕES DE VESTIBULARES E ENEM

Texto para as questões **42** e **43**.

Em nossa última conversa, dizia-me o grande amigo que não esperava viver muito tempo, por ser um cardisplicente.

— O quê?

— Cardisplicente. Aquele que desdenha do próprio coração.

Entre um copo e outro de cerveja, fui ao dicionário.

— "Cardisplicente" não existe, você inventou – triunfei.

— Mas se eu inventei, como é que não existe? – espantou-se o meu amigo.

Semanas depois deixou em saudades fundas companheiros, parentes e bem-amadas. Homens de bom coração não deveriam ser cardisplicentes.

42. (Fuvest-SP) Conforme sugere o texto, "cardisplicente" é:
a) um jogo fonético curioso, mas arbitrário.
b) palavra técnica constante de dicionários especializados.
c) um neologismo desprovido de indícios de significação.
d) uma criação de palavra pelo processo de composição.
e) termo erudito empregado para criar um efeito cômico.

43. (Fuvest-SP) "— Mas se eu inventei, como é que não existe?" Segundo se deduz da fala espantada do amigo do narrador, a língua, para ele, era um código aberto...
a) ... ao qual se incorporam palavras fixadas no uso popular.
b) ... a ser enriquecido pela criação de gírias.
c) ... pronto para incorporar estrangeirismos.
d) ... que se amplia graças à tradução de termos científicos.
e) ... a ser enriquecido com contribuições pessoais.

44. (UFPE) Estabeleça a combinação dos radicais latinos das duas colunas, de forma a construir termos que signifiquem "quem vaga pela noite", "o que traz sono", "quem assassina o irmão", "o que quer o bem", "o que é relativo ao campo".

1. fratri　　　　　　　( ) vago
2. agri　　　　　　　 ( ) fero
3. bene　　　　　　　( ) cida
4. nocti　　　　　　　( ) volo
5. soni　　　　　　　 ( ) cola

a) 5, 2, 3, 4 e 1　　　d) 2, 4, 5, 1 e 3
b) 4, 5, 1, 3 e 2　　　e) 2, 5, 1, 3 e 4
c) 1, 2, 3, 4 e 5

45. (Enade) Observe a lista de "definições" abaixo, proposta para algumas palavras da língua portuguesa.

Comensal – Se alimenta com cloreto de sódio
Dogmatizar – Misturar cães ingleses
Paisagem – Progenitores atuam
Vergastar – Assistir a uma pessoa fazendo compras.

Millôr Fernandes

É correto afirmar que o autor das "definições" consegue provocar riso porque:
a) cria palavras inexistentes na língua a partir da combinação de radicais efetivamente existentes.
b) utiliza-se do processo de composição lexical denominado hibridismo, como se verifica no exemplo **dogmatizar**.
c) faz uso de consoantes de ligação ao criar novas palavras, como exemplificado por **comensal**.

d) identifica mais de um radical em palavras constituídas de apenas um, atribuindo-lhes um conteúdo semântico inesperado.
e) cria neologismos bem formados, com finalidade de obter maior expressividade.

46. (FGV-SP) Assinale a alternativa em que sejam usados radicais ou prefixos – gregos ou latinos – correspondentes, respectivamente, aos seguintes sentidos:

dentro, duplicidade, em torno de, contra, metade, movimento para dentro, flor, livro, vida.

a) Endoscópio, anfíbio, circunlóquio, antibiótico, hemiciclo, introspecção, antologia, bibliografia, biografia.
b) Intramuscular, anfibologia, circum-navegação, contraprova, semicírculo, internato, filósofo, biblioteca, biosfera.
c) Endoscópio, cosmopolita, circundar, anti-higiênico, semidespido, introspecção, antologia, bibliografia, biografia.
d) Interface, ambidestro, circundar, antônimo, semiólogo, anteparo, biblioteca, biografia.
e) Endoscópio, ambivalente, circum-navegar, antepasto, seminal, introspecção, antologia, bibliografia, biografia.

47. (Aman-RJ) Assinale a série de palavras em que todas são formadas por parassíntese.
a) acorrentar – esburacar – despedaçar – amanhecer
b) solução – passional – corrupção – visionário
c) enrijecer – deslealdade – tortura – vidente
d) biografia – macróbio – bibliografia – asteroide
e) acromatismo – hidrogênio – litografar – isiotismo

48. (UFPE) Quanto à formação de palavras:
a) **preconceito** é formação parassintética.
b) **pluralismo** e **fragilidade** são formações sufixais.
c) **incontroverso, individual** e **interna** são formadas com o prefixo latino **in-**, com sentido de negação.
d) **ampliação, repetência, preparação** e **cidadania** são substantivos formados a partir de formas verbais.
e) em **fragilizar, modernizar** e **democratizar** o sufixo **-izar** forma verbos a partir de adjetivos.

49. (FEI-SP) Assinale a alternativa em que o significado do radical esteja errado.
a) hidro: água (exemplo: hidráulico)
b) pisci: peixe (exemplo: piscicultura)
c) bio: vida (exemplo: biologia)
d) agri: campo (exemplo: agricultura)
e) antro: antigo (exemplo: antropologia)

50. (UFPI)

[...]

Esses monstros atuais, não os cativa Orfeu,
a vagar, taciturno, entre o talvez e o se.

[...]

ANDRADE, Carlos Drummond de. "Legado".

No trecho, as palavras **talvez** e **se** são formadas por:
a) derivação sufixal.
b) derivação prefixal.
c) derivação parassintética.
d) derivação imprópria.
e) composição.

CAPÍTULO 5 – Substantivo

Texto para a próxima questão.

Disponível em: <www.novidadediaria.com.br/curiosidades/tirinhas-da-mafalda>. Acesso em: 12 maio 2015.

1. (IFSC) Marque a alternativa que contém, entre parênteses, a classificação morfológica **correta** da palavra destacada em cada oração:
   a) A **cibernética** me atrai! (adjetivo)
   b) **Tem** razão, Mafalda. (advérbio)
   c) A ciência **me** chama. (preposição)
   d) Adoro **a** cibernética! (pronome)
   e) É a **geração** da tecnologia, da era espacial, da eletrônica, etc. (substantivo)

2. (IFCE) "O estilo **de** época denominado Romantismo **apresenta** características **específicas** que estão ligadas à **valorização** da individualidade, ao subjetivismo. Em nosso país, esse estilo esteve **diretamente** relacionado à busca de uma identidade literária nacional." Dentre as alternativas a seguir, assinale a que contém, na respectiva ordem, a **correta** classificação morfológica dos termos grifados.
   a) Preposição – verbo – substantivo – adjetivo – pronome.
   b) Conjunção – verbo – adjetivo – adjetivo – advérbio.
   c) Preposição – verbo – adjetivo – substantivo – advérbio.
   d) Preposição – verbo – advérbio – adjetivo – conjunção.
   e) Conjunção – verbo – substantivo – substantivo – advérbio.

3. (IFSC)

Disponível em: <www.orkugifs.com/recado.php?titulo=o+novo+imposto+sera+usado+exclusivamente+na+saude,+tim-tim+por+timtim!&gif=4356>. Acesso em: 12 set. 2015.

Com base na leitura da tirinha, assinale a alternativa **correta**.
   a) No primeiro quadrinho, as palavras **será** e **saúde** têm a mesma regra de acentuação que as palavras **já** e **saída**, respectivamente.
   b) Na expressão **o novo imposto**, se o termo sublinhado for posposto ao substantivo, o sentido será mantido, mas a classe gramatical será alterada.
   c) No primeiro quadrinho, se o termo **exclusivamente** for substituído por **urgentemente**, a classe gramatical será mantida, mas o sentido será alterado.
   d) O sentido do texto é produzido somente pela linguagem verbal; o humor, em contrapartida, é gerado exclusivamente pela linguagem não verbal.
   e) As expressões **tim-tim** (1º quadrinho) e **saúde** (2º quadrinho) são utilizadas com a mesma função: brindar o momento.

4. (IFSC) Considerando as palavras **adolescentes, derrocada, necessário** e **professora**, é **correto** afirmar:
   a) As palavras **derrocada** e **professora** têm o mesmo número de sílabas.
   b) Todas as palavras são substantivos abstratos.
   c) A divisão silábica correta de **adolescentes** é: a-do-lc-scen-tes, pois não se separam os encontros consonantais.
   d) **Adolescentes** é um substantivo sobrecomum.
   e) Todas as afirmativas estão corretas.

5. (Ifal) Assinale a alternativa cujas palavras destacadas pertencem à mesma classe gramatical.
   a) "É incrível a importância do dedo **indicador**! Esse deve ser o tal **indicador** de desemprego de que tanto se fala!" (Quino, Mafalda)
   b) Porque o **verão** está chuvoso, os agricultores **verão** prosperidade no campo.
   c) Olhou o **extrato** bancário e viu que, além dos produtos que já levava, poderia ainda comprar um **extrato** de tomate.
   d) Eu **cedo** meu lugar na fila ao primeiro que chegar **cedo** para a entrevista.
   e) **Leve** esta sacola, pois ela está mais **leve** que as outras.

6. (Cefet-SC) Analise os textos abaixo:

Texto 1

SE VOCÊ TEM SE DECEPCIONADO COM AMIGOS CACHORROS, ARRUME UM CACHORRO AMIGO.

AMARAL, Emília et al. *Novas palavras: língua portuguesa*. São Paulo: FTD, 2005. p. 225.

Texto 2

Sabor diferente

No anúncio da margarina Delícia, diz-se que colocaram **quinhentas gramas** na embalagem. Com **tantas gramas**, o sabor deve ser bem diferente.

O Estado de S. Paulo, 23/6/1991.

Assinale a alternativa correta.

a) No **texto 02**, se o fabricante de margarina, para se referir a peso, usasse a língua na sua norma culta, deveria escrever no rótulo: "quinhentos gramas".
b) No **texto 01**, na expressão **"amigos cachorros"**, a palavra **"amigos"** exerce a função de adjetivo.
c) Em **"[...] colocaram quinhentas gramas na embalagem"**, o verbo **"colocar"** está conjugado no pretérito imperfeito do modo indicativo.
d) Em **"Se você tem se decepcionado..."**, o primeiro **"Se"** e o segundo **"se"** são conjunções subordinativas condicionais.
e) Em **"com tantas gramas"**, a palavra **"gramas"** é um numeral.

7. (UFSM-RS)

Os mensaleiros, os sanguessugas, os corruptos de todas as grandezas continuam aí, expondo suas "caras-de-pau" envernizadas, afrontando os que pensam e agem honestamente. Tudo isso, entretanto, não é motivo para anular o voto ou votar em branco.

BLATTES, Sergio. *Diário de Santa Maria*, 3 ago. 2006.

Assinale a frase em que os substantivos compostos também estão flexionados corretamente.

a) As autoridades desconsideraram os abaixos-assinados dos cirurgiões-dentistas.
b) Os vice-diretores foram chamados pelos alto-falantes.
c) Trouxe-lhe um ramalhete com sempre-vivas e amor-perfeitos.
d) Alguns populares ouviram os bate-bocas entre os guardas-costas do Presidente.
e) Alguns boias-frias comiam pés-de-moleques.

8. (Unesp-SP)

Na morte dos rios

Desde que no Alto Sertão um rio seca,
a vegetação em volta, embora de unhas,
embora sabres, intratável e agressiva,
faz alto à beira daquele leito tumba.
Faz alto à agressão nata: jamais ocupa
o rio de ossos areia, de areia múmia.

João Cabral de Melo Neto

João Cabral de Melo Neto pretendeu criar uma linguagem para seus poemas que se afastasse um pouco da linguagem usual, por meio de pequenos desvios. Para isso, empregou, às vezes, palavras fora das classes morfológicas a que pertencem.

a) Transcreva os fragmentos em que isso acontece.
b) Identifique a classe original das palavras e a classe em que João Cabral as utilizou em seu poema.

9. (Vunesp-SP) Assinale a frase correta quanto ao emprego do gênero dos substantivos.

a) A perda das esperanças provocou uma profunda dó na personagem.
b) O advogado não deu o ênfase necessário às milhares de solicitações.
c) Ele vestiu o pijama e sentou-se para beber uma champanha gelada.
d) O omelete e o couve foram acompanhados por doses do melhor aguardente.
e) O beliche não coube na quitinete recém-comprada pelos estudantes.

10. (Cesgranrio-RJ) Qual vocábulo se flexiona em número pela mesma justificativa que "salva-vidas"?

a) guarda-municipal.
b) beija-flor.
c) salário-mínimo.
d) segunda-feira.
e) navio-escola.

11. (Vunesp-SP) A alternativa em que o termo em destaque exerce a função de substantivo é:

a) Respondeu à pergunta com um sorriso *amarelo*.

b) Estava pálida, e seu rosto apresentava tons *amarelos*.

c) As cortinas *amarelas* combinavam com o ambiente.

d) Marque com um traço *amarelo* as ruas do mapa.

e) Os *amarelos* de Van Gogh tornaram suas telas famosas.

12. (FGV-SP) Assinale a alternativa em que a flexão dos compostos esteja de acordo com a norma culta.

a) Leões de chácara, prontos-socorros, quartas-feiras, guardas-noturnos.

b) Leões de chácaras, pronto-socorros, quartas-feira, guarda-noturnos.

c) Leões de chácara, pronto-socorros, quartas-feiras, guardas-noturno.

d) Leões de chácaras, prontos-socorros, quartas-feiras, guardas-noturnos.

e) Leões de chácara, pronto-socorros, quarta-feiras, guardas-noturno.

13. (Fuvest-SP)

A gente via Brejeirinha: primeiro, os cabelos, compridos, lisos, louro-cobre; e, no meio deles, coisicas diminutas: a carinha não comprida, o perfilzinho agudo, um narizinho que-carícia. Aos tantos, não parava, andorinhava, espiava agora – o xixixi e o empapar-se da paisagem – as pestanas til-til. Porém, disse-se-dizia ela, pouco se vê, pelos entrefios: – Tanto chove, que me gela!.

ROSA, Guimarães. Partida do audaz navegante. In: *Primeiras estórias*.

a) Os diminutivos com que o narrador caracteriza a personagem traduzem também sua atitude em relação a ela. Identifique essa atitude, explicando-a brevemente.

b) **Andorinhava** é palavra criada por Guimarães Rosa. Explique o processo de formação dessa palavra. Indique resumidamente o sentido dessa palavra no texto.

14. (UFF-RJ) Assinale a única frase em que há erro no que diz respeito ao gênero das palavras.

a) O gerente deverá depor como testemunha única do crime.

b) A personagem principal do conto é o Seu Rodrigues.

c) Ele foi apontado como a cabeça do motim.

d) O telefonema deixou a anfitriã perplexa.

e) A parte superior da traqueia é o laringe.

15. (Faap-SP) Substitua por substantivos as orações destacadas, fazendo as adaptações necessárias.

Aguardo **que me telefones e me convides para sair**.

16. (Ufes)

Neologismo

Beijo pouco, falo menos ainda.
Mas invento palavras
Que traduzem a ternura mais funda
E mais cotidiana.
Inventei, por exemplo, o verbo teadorar.
Intransitivo:
Teadoro, Teodora.

Manuel Bandeira

Assinale a alternativa em que a forma destacada pertence à mesma categoria de palavras de que faz parte a inventada por Manuel Bandeira:

a) "Prometi acabar com [...] o **sem-vergonhismo** atrás do forte e acabei" (Dias Gomes)

b) "Este momento há de ficar para sempre nos anais e **menstruais** da história de Sucupira" (Dias Gomes)

c) "[...] Aí, nem olhei para Joca Ramiro – eu achasse, ligeiro demais, que Joca Ramiro não estava aprovando meu **saimento**." (Guimarães Rosa)

d) "[...] Um dos **principalmente** da minha plataforma política é a pacificação da família sucupirana." (Dias Gomes)

e) "[...] Ele **xurugou** – e, vai ver quem e o quê, jamais se saberia." (Guimarães Rosa)

17. (ESPM-SP) Dos diminutivos destacados abaixo, assinale a alternativa em que o uso traduza **ideia pejorativa** (ou depreciativa):

a) Procuram-se **cofrinhos**. Entregar na Caderneta de Poupança Banespa.

b) **Benzinho**, não gostaria de tocar mais nesse assunto.

c) A **folhinha** não indica o Dia do Professor.

d) Eu não quero ler esse **jornaleco**.

e) Vou passar uns **diazinhos** na praia.

18. (FSA-SP) Dentre as frases abaixo, escolha aquela em que há, de fato, flexão de grau para o substantivo.

a) O advogado deu-me seu cartão.

b) Deparei com um portão, imenso, suntuoso.

c) Moravam num casebre, à beira do rio.

d) A abelha, ao picar a vítima, perde seu ferrão.

e) A professora distribuiu as cartilhas a todos os alunos.

19. (Cefet-PR) Assinale a alternativa em que há gênero aparente na relação masculino / feminino dos pares.

a) boi – vaca

b) homem – mulher

c) cobra macho – cobra fêmea

d) o capital – a capital

e) o cônjuge (homem) – o cônjuge (mulher)

20. (UPM-SP) Assinale o período que não contém um substantivo sobrecomum.

a) Ele foi a testemunha ocular do crime ocorrido naquela polêmica reunião.

b) Aquela jovem ainda conserva a ingenuidade meiga e dócil da criança.

c) A intérprete morreu mantendo-se como um ídolo indestrutível na memória de seus admiradores.

d) As famílias desestruturam-se quando os cônjuges agem sem consciência.

e) O pianista executou com melancolia e suavidade a sinfonia preferida pela plateia.

21. (FGV-SP) Das alternativas abaixo, assinale aquela em que ao menos um plural não está correto.

a) mão, mãos; demão, demãos

b) capitão, capitães; ladrão, ladrões

c) pistão, pistões; encontrão, encontrões

d) portão, portões; cidadão, cidadães

e) capelão, capelães; escrivão, escrivães

378 QUESTÕES DE VESTIBULARES E ENEM

22. (Cesgranrio-RJ) Assinale a opção em que todos os vocábulos formam o plural em -ões, tal como em **botão – botões**.

a) balão – irmão – tubarão

b) eleição – canção – opinião

c) confissão – nação – cristão

d) limão – cidadão – pagão

e) questão – alemão – operação

23. (UFSM-RS) Passando para o plural os substantivos compostos **mesinha de cabeceira** e **quarta-feira**, a alternativa correta é a seguinte:

a) mesinhas de cabeceira, quartas-feiras.

b) mesinha de cabeceiras, quarta-feiras.

c) mesinha de cabeceira, quartas-feiras.

d) mesinhas de cabeceiras, quartas-feiras.

e) mesinha de cabeceiras, quartas-feira.

24. (PUCC-SP) Observe: o verbo **atrair** produz **atração**. Usando esse modelo, aponte substantivos para:

a) aspergir.   b) isentar.   c) mudar.

25. (Fuvest-SP)

O diminutivo é uma maneira ao mesmo tempo afetuosa e precavida de usar a linguagem. Afetuosa porque geralmente o usamos para designar o que é agradável, aquelas coisas tão afáveis que se deixam diminuir sem perder o sentido. E precavida porque também o usamos para desarmar certas palavras que, por sua forma original, são ameaçadoras demais.

VERISSIMO, Luis Fernando. *Diminutivos.*

A alternativa inteiramente de acordo com a definição do autor de diminutivo é:

a) O iogurtinho que vale por um bifinho.

b) Ser brotinho é sorrir dos homens e rir interminavelmente das mulheres.

c) Gosto muito de te ver, Leãozinho.

d) Essa menininha é terrível.

e) Vamos bater um papinho.

26. (Cefet-PR) Assinale a alternativa em que a palavra tem o gênero indicado **incorretamente**.

a) a ênfase

b) a grama

c) o alface

d) o crisma

e) o ágape

27. (ESPM-SP) Passe para o plural a frase abaixo, fazendo as devidas concordâncias.

O livre-docente, em seu abaixo-assinado, pediu demissão do cargo.

28. (USJT-SP) São substantivos usados só no masculino:

a) champanha – guaraná – estigma – apêndice.

b) capital – grama – omoplata – aluvião.

c) cal – radiovitrola – plasma – eclipse.

d) comichão – moral – cisma – personagem.

e) usucapião – lança-perfume – cal – intérprete.

29. (Ufam) Desejavam transformar os ... em ... do céu.

a) pagões – cidadões

b) pagãos – cidadões

c) pagões – cidadãos

d) pagãos – cidadãos

30. (FEI-SP) Assinale a alternativa em que nem todas as palavras apresentem sufixo de grau diminutivo.

a) poemeto – maleta

b) rapazola – bandeirola

c) viela – ruela

d) lugarejo – vilarejo

e) menininho – carinho

31. (FEI-SP) Siga o modelo:

difícil → dificuldade

a) magro   b) semelhante   c) autêntico

32. (Faap-SP) "Subirei no pau de sebo / Mando chamar a mãe-d'água"

Ambos os substantivos compostos no plural:

a) paus de sebo / mães-d'água.

b) pau de sebos / mãe-d'águas.

c) paus de sebos / mães-d'águas.

d) os pau de sebo / as mãe-d'água.

e) os pau de sebos / as mãe-d'águas.

33. (Fuvest-SP) Assinale a alternativa em que está **correta** a forma plural.

a) júnior – júniors

b) gavião – gaviães

c) fuzil – fuzíveis

d) mal – maus

e) atlas – atlas

34. (Unifai-SP) Observe as frases abaixo:

1) Que papelão você fez ontem no baile!

2) Vestia uma roupinha muito mixuruca.

3) Gostaria de lhe oferecer uns presentinhos bem mimosos.

4) Não precisa fazer dramalhão mexicano.

5) Eta rapazinho difícil!

Aponte a sequência que apresenta substantivos com mudança de grau usada em sentido pejorativo.

a) 1, 2, 3 e 4   d) 1, 2, 3, 4 e 5

b) 1, 2 e 4   e) 3, 4 e 5

c) 1, 2, 4 e 5

35. (UPM-SP) Assinale a alternativa **correta** quanto ao gênero das palavras:

a) A lança-perfume foi proibida no carnaval.

b) Os observadores terrestres esperavam atentos a eclipse da Lua.

c) A gengibre é uma erva de grande utilidade medicinal.

d) A dinamite é um explosivo à base de nitroglicerina.

e) n.d.a.

36. (Unip-SP) Assinale a alternativa em que todas as palavras são do gênero feminino.

a) omoplata, apendicite, cal, ferrugem

b) cal, faringe, dó, alface, telefonema

c) criança, cônjuge, champanha, dó, afã

d) cólera, agente, pianista, guaraná, vitrina

e) jacaré, ordenança, sofisma, análise, nauta

QUESTÕES DE VESTIBULARES E ENEM   379

37. (UPM-SP) Indique o período que não contém um substantivo no grau diminutivo.

a) Todas as moléculas foram conservadas com as propriedades articulares, independentemente da atuação do cientista.

b) O ar senhoril daquele homúnculo transformou-o no centro de atenções na tumultuada assembleia.

c) Através da vitrine da loja, a pequena observava curiosamente os objetos decorativos expostos à venda, por preços baratinhos.

d) De momento a momento, surgiram curiosas sombras e vultos na silenciosa viela.

e) Enquanto distraía as crianças, a professora tocava flautim, improvisando cantigas alegres e suaves.

38. (Uepa) Ficou com ... quando soube que ... caixa do banco entregara aos ladrões todo o dinheiro ... clã.

a) o moral abalado – o – do

b) a moral abalada – o – da

c) o moral abalado – a – da

d) a moral abalado – a – do

e) a moral abalada – a – da

39. (UEL-PR) Viam-se ... junto aos ... do jardim.

a) papelsinhos – meios-fio

b) papeizinhos – meios-fios

c) papeisinhos – meio-fios

d) papelsinhos – meios-fios

e) papeizinhos – meio-fios

40. (UPM-SP) Numere a segunda coluna de acordo com o significado das expressões da primeira coluna e assinale a alternativa que contém os algarismos na sequência **correta**.

(1) óleo santo   ( ) a moral

(2) a relva   ( ) a crisma

(3) um sacramento   ( ) o moral

(4) a ética   ( ) o crisma

(5) a unidade de massa ( ) a grama

(6) o ânimo   ( ) o grama

a) 6, 1, 4, 3, 5, 2   d) 4, 3, 6, 1, 2, 5

b) 6, 3, 4, 1, 2, 5   e) 6, 1, 4, 3, 2, 5

c) 4, 1, 6, 3, 5, 2

41. (Unirio RJ) Nas palavras abaixo, há uma com **erro** de flexão. Assinale-a.

a) irmãozinhos   d) heroizinhos

b) papelzinhos   e) lençoizinhos

c) exortaçõezinhas

42. (ESPM-SP) Quais os coletivos mais utilizados em português para designar:

a) cães.   d) atores.

b) anjos.   e) porcos.

c) peixes.

43. (UPM-SP) Assinale o par em que a flexão de gênero está **errada**.

a) patrão – patroa.   d) hortelão – hortelã.

b) senhor – senhora.   e) jogral – jogralesa.

c) lebrão – lebre.

44. (UEPG-PR) A série de palavras que, no plural, mudam o timbre do **o** tônico:

a) acordo, transtorno, sogro, morro, repolho.

b) imposto, povo, corpo, esforço, tijolo.

c) logro, toco, soldo, gorro, fofo.

d) gafanhoto, globo, bolso, coco, bolo.

e) forro, esposo, rolo, sopro, topo.

45. (UEPG-PR) Palavras que, originalmente diminutivos ou aumentativos, perderam essa acepção e se constituem hoje em formas normais, independentes do termo derivante:

a) pratinho, papelzinho, livreco, barcaça.

b) tampinha, cigarrilha, estantezinha, elefantão.

c) cartão, flautim, lingueta, cavalete.

d) chapelão, bocarra, vidrinho, martelinho.

e) palhacinho, narigão, beiçorra, boquinha.

46. (Cesgranrio-RJ) Assinale o par de vocábulos que forma o plural como **balão** e **caneta-tinteiro**.

a) vulcão / abaixo-assinado

b) irmão / salário-família

c) questão / manga-rosa

d) bênção / papel-moeda

e) razão / guarda-chuva

47. (UPM-SP) Aponte a alternativa que contém algum **erro**.

a) No choque, quebra-se-lhe a omoplata.

b) A sentinela saiu da guarita e o enxotou sem nenhum dó.

c) Reclinado à sombra da velha árvore, tomou sossegadamente seu champanha.

d) Qual não foi a surpresa do noivo, quando, à pergunta do padre se queria casar-se, sua cônjuge respondeu solenemente que não!

e) O pedreiro, sacolejando o balde, enquanto andava, ia marcando com a cal derramada o seu caminho.

48. (Fuvest-SP) Dê o singular de **reses** e o plural de **rol**.

49. (UPM-SP) Em qual das alternativas colocaríamos o artigo definido feminino para todos os substantivos?

a) sósia – doente – lança-perfume

b) dó – telefonema – diabete

c) clã – eclipse – pijama

d) cal – elipse – dinamite

e) champanha – criança – estudante

50. (ITA-SP) Dadas as afirmações de que o plural de:

1) cirurgião pode ser cirurgiães;

2) vulcão pode ser vulcãos;

3) bem-te-vi é bem-te-vis;

constatamos que está(estão) **correta(s)**:

a) apenas a afirmação nº 1;

b) apenas a afirmação nº 2;

c) apenas a afirmação nº 3;

d) todas as afirmações;

e) n.d.a.

51. (EEM-SP) Dê o substantivo correspondente a:

a) agredir.   b) divergir.

CAPÍTULO 6 – Artigo

1. (Unicamp-SP)

Nessa tirinha da famosa Mafalda do argentino Quino, o humor é construído fundamentalmente por um produtivo jogo de referência.
a) Explicite como o termo **estrangeiro** é entendido pela personagem Mafalda e pelo personagem Manolito.
b) Identifique duas palavras que, nessa tirinha, contribuem para a construção desse jogo de referência, explicando o papel delas.

2. (EsPCEx-SP) Assinale a única opção em que a palavra **a** é artigo.
a) Hoje, ele veio a falar comigo.
b) Essa caneta não é a que te emprestei.
c) Convenci-a com poucas palavras.
d) Obrigou-me a arcar com mais despesas.
e) Marquei-te a fronte, mísero poeta.

3. (Fuvest-SP)
"Ele é o homem,
eu sou apenas
uma mulher."
Nesses versos, reforça-se a oposição entre os termos **homem** e **mulher**.
a) Identifique os recursos linguísticos utilizados para provocar esse reforço.
b) Explique por que esses recursos causam tal efeito.

4. (Fatec-SP) Identifique em qual alternativa é errado colocar, após a palavra destacada, o artigo definido.
a) Afundou na lama **ambos** pés.
b) **Todos** dias passava por lá, sem vê-la.
c) **Toda** noite gotejou a torneira, não pude dormir.
d) A **todo** passante perguntei, nenhum me informou.
e) n.d.a.

5. (Esan-SP) Assinale a alternativa correta.
a) Mostraram-me cinco livros. Comprei todos cinco.
b) Mostraram-me cinco livros. Comprei todos cinco livros.
c) Mostraram-me cinco livros. Comprei todos os cinco.
d) Mostraram-me cinco livros. Comprei a todos cinco livros.
e) n.d.a.

6. (UPM-SP) Assinale a alternativa em que há erro.
a) Li a notícia no *Estado de S. Paulo*.
b) Li a notícia em *O Estado de S. Paulo*.
c) Essa notícia, eu a vi em *A Gazeta*.
d) Vi essa notícia em *A Gazeta*.
e) É em *O Estado de S. Paulo* que li a notícia.

Texto para a próxima questão.

Gazeta de Alagoas. Caderno B, 17 nov. 2015.

7. (Ifal) Considerando o anúncio, assinale a alternativa falsa quanto às análises sintática, semântica e morfológica dos elementos textuais.
a) Ainda que nomeie uma "rede de solidariedade", a palavra **Fortalece**, em "O Fortalece Aí", é masculina, pois a ela antepõe-se o artigo **o**.
b) Por ser tomada materialmente, a palavra **Fortalece**, em "O Fortalece Aí", mudou a sua classificação de verbo para substantivo.
c) A voz a que o texto faz menção é apenas a que compõe o balão de fala no alto do anúncio, ou seja, a voz dos idosos, cujo abrigo precisa de doações.
d) O termo **dessas pessoas** faz referência a todos os integrantes das instituições de diversos segmentos sociais, apoiadas pela rede de solidariedade Fortalece Aí.
e) No alto-falante, há um período simples formado por um verbo no imperativo e um advérbio de lugar, que alude ao receptor da mensagem, indicando que este deve, de onde estiver, colaborar com o grupo Fortalece Aí.

8. (Uema) Leia o poema a seguir extraído da obra *Alguma poesia*, de Carlos Drummond de Andrade, em que o autor descreve o cotidiano familiar.

Família

Três meninos e duas meninas,
sendo uma ainda de colo.
A cozinheira preta, a copeira mulata,
o papagaio, o gato, o cachorro,
as galinhas gordas no palmo de horta
e a mulher que trata de tudo.

A espreguiçadeira, a cama, a gangorra,
o cigarro, o trabalho, a reza,
a goiabada na sobremesa de domingo,
o palito nos dentes contentes,
o gramofone rouco toda noite
e a mulher que trata de tudo.

O agiota, o leiteiro, o turco,
o médico uma vez por mês,
o bilhete todas as semanas
branco! mas a esperança sempre verde.
A mulher que trata de tudo
e a felicidade.

ANDRADE, Carlos Drummond de. *Alguma poesia*.
São Paulo: Companhia das Letras, 2013.

Considerando os aspectos linguísticos no referido texto, verifica-se que:

a) em "o médico **uma** vez por mês", o vocábulo destacado classifica-se como artigo por acrescentar uma noção particular ao substantivo a que está associado.

b) no verso "e a mulher que trata de tudo", há uma oração que pode ser substituída pelo adjetivo *tratante*, sem provocar alteração no sentido do texto.

c) no segundo verso, "sendo uma ainda de colo", a forma verbal introduz uma explicação que caracteriza o cotidiano familiar.

d) do ponto de vista semântico, utilizou-se um processo de enumeração, ao longo do poema, no qual predomina uma classe de palavras cuja função primordial é designar.

e) no verso "o bilhete todas as semanas", "todas" está adverbializado pela presença do artigo.

9. (USU-RJ) Assinale a alternativa em que a palavra **a** tem valor gramatical diferente de todas as outras.

a) Eu sou **a** indiferença.

b) Sou eu quem te sepulta **a** ideia imensa

c) Marquei-te **a** fronte, mísero profeta!

d) Hoje veio **a** falar comigo.

e) Beijara **a** fronte sonhadora do poeta.

10. (UFU-MG) Em uma das frases, o artigo definido está empregado erradamente. Em qual?

a) A velha Roma está sendo modernizada.

b) A "Paraíba" é uma bela fragata.

c) Não reconheço agora a Lisboa do meu tempo.

d) O gato escaldado tem medo de água fria.

e) O Havre é um porto de muito movimento.

11. (FMU-SP) Procure e assinale a única alternativa em que há erro no emprego do artigo.

a) Nem todas opiniões são valiosas.

b) Disse-me que conhece todo o Brasil.

c) Leu todos os dez romances do escritor.

d) Andou por todo Portugal.

e) Todas cinco, menos uma, estão corretas.

12. (ITA-SP) Determine o caso em que o artigo tem valor de qualificativo.

a) Estes são os candidatos de que lhe falei.

b) Procure-o, ele é o médico! Ninguém o supera.

c) Certeza e exatidão, estas qualidades não as tenho.

d) Os problemas que o afligem não me deixam descuidado.

e) Muita é a procura; pouca, a oferta.

CAPÍTULO 7 – Adjetivo

1. (Unicamp-SP)

Há notícias que são de interesse público e há notícias que são de interesse do público. Se a celebridade "x" está saindo com o ator "y", isso não tem nenhum interesse público. Mas, dependendo de quem sejam "x" e "y", é de enorme interesse do público, ou de um certo público (numeroso), pelo menos.

As decisões do Banco Central para conter a inflação têm óbvio interesse público. Mas quase não despertam interesse, a não ser dos entendidos.

O jornalismo transita entre essas duas exigências, desafiado a atender às demandas de uma sociedade ao mesmo tempo massificada e segmentada, de um leitor que gravita cada vez mais apenas em torno de seus interesses particulares.

SILVA, Fernando Barros e. O jornalista e o assassino.
Folha de S.Paulo (versão *on-line*), 18 abr. 2011.
Acesso em: 20 dez. 2011.

a) A palavra **público** é empregada no texto ora como substantivo, ora como adjetivo. Exemplifique cada um desses empregos com passagens do próprio texto e apresente o critério que você utilizou para fazer a distinção.

b) Qual é, no texto, a diferença entre o que é chamado de interesse público e o que é chamado de interesse do público?

2. (Insper-SP)

[...]

O segundo exemplo é de conhecimento de muitos: uma peça publicitária que, para enaltecer as qualidades de um carro, compara dois atores, um considerado um grande ator e o outro, um ator grande. Nesse comercial, é um brasileiro que se presta a ocupar o lugar de ator grande (com atuação considerada muito ruim em sua profissão). Foi dessa maneira que ele saiu do ostracismo e voltou a ser "famoso". Muitos jovens enalteceram a coragem do moço, sua beleza e o dinheiro que ele ganhou para fazer parte dessa campanha. [...]

SAYÃO, Rosely. *Folha de S.Paulo*, 13 set. 2011.

No excerto acima, ao fazer um jogo de palavras com "ator grande" e "grande ator", a autora produz diferentes efeitos de sentido. A alteração da ordem das palavras só não produz mudanças de sentido em:

a) pobre homem.

b) estrela esportista.

c) poesia simples.

d) novo modelo.

e) homem algum.

3. (Enem)

MORUMBI PRÓXIMA AO COL. PIO XII

Linda residência rodeada por maravilhoso jardim com piscina e amplo espaço gourmet. 1 000 m² construídos em 2 000 m² de terreno, 6 suítes. R$ 3 200 000. Rua tranquila: David Pimentel. Cód. 480067 Morumbi Palácio Tel.: 3740-5000

Folha de S.Paulo. Classificados, 27 fev. 2012. (Adaptado.)

Os gêneros textuais nascem emparelhados a necessidades e atividades da vida sociocultural. Por isso, caracterizam-se por uma função social específica, um contexto de uso, um objetivo comunicativo e por peculiaridades linguísticas e estruturais que lhes conferem determinado formato. Esse classificado procura convencer o leitor a comprar um imóvel e, para isso, utiliza-se:

a) da predominância das formas imperativas dos verbos e de abundância de substantivos.

b) de uma riqueza de adjetivos que modificam os substantivos, revelando as qualidades do produto.

c) de uma enumeração de vocábulos, que visam conferir ao texto um efeito de certeza.

d) do emprego de numerais, quantificando as características e aspectos positivos do produto.

e) da exposição de opiniões de corretores de imóveis no que se refere à qualidade do produto.

Leia a charge abaixo para responder à questão 4.

Disponível em: <http://prgjean.blogspot.com/2011/03/vantagens-e-desvantagens-da-internet-o.html>. Acesso em: 26 mar. 2014.

4. (IFSC) Sobre a classe gramatical das palavras do texto, assinale a alternativa CORRETA.

a) Como as personagens estão descrevendo a si mesmas, são abundantes os adjetivos, entre os quais se incluem *azuis*, *atlético*, *magra* e *sensual*.

b) Como a principal função do texto é descrever, nele não ocorrem verbos, que são próprios de textos narrativos.

c) No texto, curiosamente, não ocorrem pronomes pessoais ou de tratamento, que são bastante comuns em diálogos.

d) O único substantivo que aparece no texto é a palavra *olhos*, como seria de esperar em um diálogo em que as pessoas falam sobre si mesmas.

e) Na fala da mulher, a palavra *super*, originalmente um prefixo, está sendo usada como um substantivo que caracteriza boca.

Texto para a próxima questão.

Ricos e ricos

Os ricos, como ensinou Scott Fitzgerald, são seres humanos diferentes de você e, provavelmente, de todas as pessoas que você conhece mais de perto – eis aí, dizia ele, a primeira coisa realmente importante, talvez a única que é preciso aprender com eles. Não pense, nem por um instante, que você possa estar na mesma turma. É possível, sim, conviver com gente rica, falar de assuntos comuns, frequentar lugares parecidos. Dá para torcer pelo mesmo time de futebol, ter gostos semelhantes ou partilhar desta e daquela ideia. Mas inevitavelmente, mais cedo ou mais tarde, vai ficar claro que a aproximação chega só até um certo ponto; a partir daí entra em ação um freio automático, e os ricos deslizam de volta para o seu mundo psicológico particular. Fitzgerald sabia do que estava falando. Andou cercado de gente rica durante a maior parte de sua vida tumultuada e curta, sobretudo depois que espetaculares sucessos como *O Grande Gatsby* ou *Suave é a Noite* o transformaram num fenômeno na literatura americana e mundial.

GUZZO, J. R. Revista *Veja*. 2254 ed.ª, 1º fev. 2012. p. 106. (Adaptado.)

5. (UEPG-PR) Assinale o que for correto quanto à classificação das palavras em destaque nos excertos do texto e some os valores.

01) ... a partir daí entra em ação um freio *automático*, e os ricos deslizam de volta para o seu mundo psicológico particular. (adjetivo)

02) É possível... falar de assuntos *comuns*... (adjetivo)

04) ... os ricos deslizam de volta para seu mundo psicológico *particular*. (adjetivo)

08) ... os ricos deslizam de volta para seu mundo *psicológico* particular. (substantivo).

Texto para a próxima questão.

Leia o seguinte trecho de uma entrevista concedida pelo ministro do Supremo Tribunal Federal, Joaquim Barbosa:

Entrevistador: O protagonismo do STF dos últimos tempos tem usurpado as funções do Congresso?

Entrevistado: Temos uma Constituição muito boa, mas excessivamente detalhista, com um número imenso de dispositivos e, por isso, suscetível a fomentar interpretações e toda sorte de litígios. Também temos um sistema de jurisdição constitucional, talvez único no mundo, com um rol enorme de agentes e instituições dotadas da prerrogativa ou de competência para trazer questões ao Supremo. É um leque considerável de interesses, de visões, que acaba causando a intervenção do STF nas mais diversas questões, nas mais diferentes áreas, inclusive dando margem a esse tipo de acusação. Nossas decisões não deveriam passar de duzentas, trezentas por ano. Hoje, são analisados cinquenta mil, sessenta mil processos. É uma insanidade.

Veja, 15 jun. 2011.

6. (Fuvest-SP) No trecho "dotadas da prerrogativa ou de competência", a presença de artigo antes do primeiro substantivo e a sua ausência antes do segundo fazem que o sentido de cada um desses substantivos seja, respectivamente:

a) figurado e próprio.   d) técnico e comum.

b) abstrato e concreto.   e) lato e estrito.

c) específico e genérico.

7. (FGV-SP) Assinale a alternativa em que a palavra **pior** assume significado diferente do dos demais casos.

a) Ela agiu da **pior** forma possível.

b) Quem fica com a **pior** parte é sempre quem carrega o piano; quem leva as coisas na flauta acaba sendo beneficiado.

c) Ele se comportou **pior** do que seu filho, que já não era lá muito das gentilezas.

d) O **pior** livro do autor é, sem dúvida, o editado em 2003.

e) O rapaz tinha sempre o **pior** desempenho entre os alunos da terceira série.

Texto para a próxima questão.

Portão

O portão fica bocejando, aberto
para os alunos retardatários.
Não há pressa em viver
nem nas ladeiras duras de subir,
quanto mais para estudar a insípida cartilha.
Mas se o pai do menino é da oposição
à ilustríssima autoridade municipal,
prima por sua vez da sacratíssima
autoridade nacional,
ah, isso não: o vagabundo
ficará mofando lá fora
e leva no boletim uma galáxia de zeros.
A gente aprende muito no portão
fechado.

ANDRADE, Carlos Drummond de. In: *Carlos Drummond de Andrade*:
Poesia e Prosa. Rio de Janeiro: Nova Aguilar, 1988. p. 506-507.

8. (Uece – Adaptada) Os dois superlativos (ilustríssima e sacratíssima) emprestam ao poema um tom de:

a) ironia.

b) seriedade.

c) respeito.

d) espiritualidade.

Texto para a próxima questão.

Arte suprema

Tal como Pigmalião, a minha ideia
Visto na pedra: talho-a, domo-a, bato-a;
E ante os meus olhos e a vaidade fátua
Surge, formosa e nua, Galateia.

Mais um retoque, uns golpes... e remato-a;
Digo-lhe: "Fala!", ao ver em cada veia
Sangue rubro, que a cora e aformoseia...
E a estátua não falou, porque era estátua.

Bem haja o verso, em cuja enorme escala
Falam todas as vozes do universo,
E ao qual também arte nenhuma iguala:

Quer mesquinho e sem cor, quer amplo e terso,
Em vão não é que eu digo ao verso: "Fala!"
E ele fala-me sempre, porque é verso.

SILVA, Júlio César da. *Arte de amar*. São Paulo:
Companhia Editora Nacional, 1961.

9. (Unesp-SP) Aponte a alternativa que indica o número do verso em que aparecem dois adjetivos ligados por um conectivo aditivo:

a) Verso 3.

b) Verso 4.

c) Verso 5.

d) Verso 7.

e) Verso 11.

Texto para a próxima questão.

Nova lei torna airbag frontal obrigatório

O projeto de lei que torna o airbag *frontal* para motorista e passageiro *item* de segurança obrigatório em carros, camionetes e picapes, aprovado pela Câmara no mês *passado*, foi sancionado pelo presidente da República e publicado *ontem* no "Diário *Oficial*" da União.

A estimativa é que hoje de 15% a 25% dos veículos vendidos no país tenham o airbag, *índice* que é menor entre os populares (5%).

Folha de S.Paulo, 20 mar. 2009.

10. (Vunesp-SP) Entre os termos em destaque no texto, os que exercem a função de adjetivo são:

a) frontal, passado e Oficial.

b) frontal, item e passado.

c) Oficial, ontem e índice.

d) Oficial, item e passado.

e) item, ontem e índice.

11. (UFRJ)

Os diferentes

Descobriu-se na Oceania, mais precisamente na ilha de Ossevaolep, um povo primitivo, que anda de cabeça para baixo e tem vida organizada.

É aparentemente um povo feliz, de cabeça muito sólida e mãos reforçadas. Vendo tudo ao contrário, não perde tempo, entretanto, em refutar a visão normal do mundo. E o que eles dizem com os pés dá a impressão de serem coisas aladas, cheias de sabedoria.

Uma comissão de cientistas europeus e americanos estuda a linguagem desses homens e mulheres, não tendo chegado ainda a conclusões publicáveis. Alguns professores tentaram imitar esses nativos e foram recolhidos ao hospital da ilha. Os cabecences-para-baixo, como foram denominados à falta de melhor classificação, têm vida longa e desconhecem a gripe e a depressão.

(ANDRADE, Carlos Drummond de. *Prosa Seleta*.
Rio de Janeiro: Nova Aguilar, 2003. p. 150.)

No texto, há diversos sintagmas nominais – construções com núcleo substantivo acompanhado ou não de termos com função adjetiva – que caracterizam o "povo primitivo". Retire do texto dois desses sintagmas.

12. (Vunesp-SP) Em – ... um remédio aparentemente capaz de mascarar os efeitos *do álcool*... – os termos em destaque constituem uma locução adjetiva. Indique a alternativa cuja frase também apresenta uma locução desse tipo.

a) A família viajou *de avião* à Argentina.

b) A energia produzida pela força *dos ventos* é chamada de eólica.

c) Ele resolveu *de imediato* todas as questões pendentes.

d) A secretária gosta *de chantili* em seu café.

e) No fórum, as salas estavam cheias *de gente*.

13. (ESPM-SP) Dê os adjetivos equivalentes às expressões em destaque.

a) programa **da tarde**

b) ciclo **da vida**

c) representante **dos alunos**

14. (FGV-SP)

Que faniquito é esse? Respeite a patente e deixe de ficar sestrosa. Foi quando, sem mais nem menos, deu entrada no meu ouvido aquele assobio fininho, vindo não atinei de onde.

CARVALHO, José Cândido de. *O coronel e o lobisomem*.

No texto, **fininho** apresenta:

a) sufixo aplicado ao adjetivo e tem sentido intensificador.

b) sufixo aplicado ao substantivo e tem sentido emotivo.

c) sufixo aplicado ao advérbio e tem sentido diminutivo.

d) sufixo aplicado ao adjetivo e tem sentido pejorativo.

e) sufixo aplicado ao substantivo e tem sentido aumentativo.

15. (ITA-SP) Durante uma Copa do Mundo, foi veiculada, em programa esportivo de uma emissora de TV, a notícia de que um apostador inglês acertou o resultado de uma partida porque seguiu os prognósticos de seu burro de estimação. Um dos comentaristas fez, então, a seguinte observação:

"Já vi muito comentarista burro, mas burro comentarista é a primeira vez".

Percebe-se que a classe gramatical das palavras se altera em função da ordem que elas assumem na expressão. Assinale a alternativa em que isso **não** ocorre.

a) obra grandiosa   d) velho chinês

b) jovem estudante   e) fanático religioso

c) brasileiro trabalhador

16. (ESPM-SP) Observe a construção do texto a seguir:

nuvens brancas
passam
em brancas nuvens

LEMINSKI, Paulo. *Caprichos & relaxos*.
São Paulo: Brasiliense, 1983.

Analisando-se o texto acima, a afirmação descabida é:

a) "Nuvens brancas" significam nuvens da cor do leite, da neve.

b) "Brancas nuvens" significam momentos cercados de facilidade, de conforto, de alegria; sem sofrimento.

c) Sempre que se muda o adjetivo de lugar, muda-se o sentido do substantivo.

d) A mudança de posição do adjetivo **brancas** foi o recurso que o poeta utilizou para provocar a alteração de sentido.

e) O autor faz um jogo de palavras utilizando o mesmo adjetivo e substantivo.

17. (PUC-PR) Assinale a alternativa em que a palavra colocada entre parênteses não substitui adequadamente o termo destacado da frase.

a) A **criação de coelhos** é uma das novas alternativas que se apresentam aos que têm pequenas propriedades. (cunicultura)

b) Sabíamos que o valor **de venda** dos imóveis leiloados era muito superior ao que tinha proposto inicialmente. (venal)

c) Embora não tivesse chegado aos cinquenta anos, apresentava feições **de velho**. (senis)

d) No verão, normalmente chove muito, e as águas **das chuvas** entopem os bueiros das estradas. (fluviais)

e) As inflamações **da pele**, mesmo que pequenas, devem ser tratadas. (cutâneas)

18. (FGV-SP) Assinale a alternativa em que a palavra destacada **não** tem valor de adjetivo.

a) A malha **azul** estava molhada.

b) O sol desbotou o **verde** da bandeira.

c) Tinha os cabelos **branco-amarelados**.

d) As nuvens tornavam-se **cinzentas**.

e) O mendigo carregava um fardo **amarelado**.

19. (Fuvest-SP) Leia:

Segundo a ONU, os subsídios dos **ricos** prejudicam o Terceiro Mundo de várias formas: 1. mantêm baixos os preços internacionais, desvalorizando as exportações dos países **pobres**; 2. excluem os **pobres** de vender para os mercados **ricos**; 3. expõem os produtores pobres à concorrência de produtos mais baratos em seus próprios países.

Folha de S.Paulo, 2 nov. 1997.

Nesse texto, as palavras destacadas, **rico** e **pobre**, pertencem a diferentes classes de palavras, conforme o grupo sintático em que estão inseridas.

a) Obedecendo à ordem em que aparecem no texto, identifique a que classe pertencem, em cada ocorrência destacada, as palavras **rico** e **pobre**.

b) Escreva duas frases com a palavra **brasileiro**, empregando-a cada vez em uma dessas classes.

20. (Unimep-SP) Em algumas gramáticas, o adjetivo vem definido como "a palavra que modifica o substantivo". Assinale a alternativa em que o adjetivo destacado contraria a definição.

a) Li um livro **lindo**.

b) Beber água é **saudável**.

c) Cerveja **gelada** faz mal.

d) Gente **fina** é outra coisa!

e) Ele parece uma pessoa **simpática**.

21. (UFJF-MG) Marque:

a) se I e II forem verdadeiras;

b) se I e III forem verdadeiras;

c) se II e III forem verdadeiras;

d) se todas forem verdadeiras;

e) se todas forem falsas.

"[...] eu não sou propriamente um autor defunto, mas um defunto autor [...]" (Machado de Assis)

I. No primeiro caso, **autor** é substantivo; **defunto** é adjetivo.

II. No segundo caso, **defunto** é substantivo; **autor**, adjetivo.

III. Em ambos os casos, tem-se um substantivo composto.

22. (UFPR) Em qual dos casos o primeiro elemento do adjetivo composto **não** corresponde ao substantivo entre parênteses?

a) indo-europeu (Índia)

b) ítalo-brasileiro (Itália)

c) luso-brasileiro (Portugal)

d) sino-árabe (Sião)

e) anglo-americano (Inglaterra)

23. (Fatec-SP) Assinale a alternativa **incorreta**.

a) Na oração "eu [a agulha] é que vou entre os dedos dela, unidinha a eles, furando abaixo e acima", embora apresentando um sufixo próprio do grau do substantivo, o adjetivo **unida** possui valor superlativo.

b) A frase "Toda linguagem muito inteligível é mentirosa" poderia apresentar a forma **inteligibilíssima** em lugar de **muito inteligível**, sem alteração alguma no grau do adjetivo.

c) O uso popular estabelece várias formas "não gramaticais" para intensificar a qualidade expressa pelo adjetivo, como na expressão "podre de rico"; não se pode dizer o mesmo de "magro como um espeto" que é simplesmente uma comparação sem força expressiva.

d) Muitos aumentativos e diminutivos perderam a função, própria do grau do substantivo, de indicar a variação do tamanho do ser, passando a exprimir, conforme o contexto, desprezo ou afetividade, como em "essa gentalha não vê o seu lugar".

e) Cartão e caldeirão são falsos aumentativos ou aumentativos fictícios, pois não possuem sentido de aumento, embora apresentem forma aumentativa.

24. (PUC-SP) "O **desagradável** da questão era vê-lo de **mau** humor depois da **troca** de turno."

Na frase acima, as palavras destacadas comportam-se, respectivamente, como:

a) substantivo, adjetivo, substantivo.

b) adjetivo, advérbio, verbo.

c) substantivo, adjetivo, verbo.

d) substantivo, advérbio, substantivo.

e) adjetivo, adjetivo, verbo.

25. (UFSC) Observe as proposições a seguir:

01. Poucos autores escrevem poemas heroi-cômicos.

02. Os cabelos castanhos-escuros emolduravam-lhe o semblante juvenil.

04. Vestidos vermelhos e amarelo-laranja foram os mais vendidos na exposição.

08. As crianças surdo-mudas foram encaminhadas à clínica pra tratamento.

16. Discutiu-se muito a respeito de ciências político-sociais na última assembleia de professores.

32. As sociedades luso-brasileira adquiriram novos livros de autores portugueses.

Marque as frases corretas e some os valores que lhes são atribuídos.

26. (FGV-SP) Aponte a alternativa em que corretamente se faz a concordância dos termos destacados.

a) disputas **sino-soviética**, informações **econômicas-financeiras**, camisas **azuis-piscinas**, camisas **pastéis**

b) disputas **sino-soviéticas**, informações **econômicas-financeiras**, camisas **azuis-piscinas**, camisas **pastéis**

c) disputas **sinas-soviéticas**, informações **econômicas-financeiras**, camisas **azul-piscina**, camisas **pastéis**

d) disputas **sino-soviéticas**, informações **econômicas-financeiras**, camisas **azul-piscinas**, camisas **pastéis**

e) disputas **sino-soviéticas**, informações **econômico-financeiras**, camisas **azul-piscina**, camisas **pastel**

27. (Cefet-PR) Siga o exemplo:

Não chame a torre de alta, mas de altíssima.

Não considero sua atitute nobre, mas * .

28. (UFU-MG) "Talvez seja bom que o proprietário do **imóvel** possa desconfiar de que ele não é tão **imóvel** assim."

A palavra destacada é, respectivamente:

a) substantivo e substantivo.

b) substantivo e adjetivo.

c) adjetivo e verbo.

d) advérbio e adjetivo.

e) adjetivo e advérbio.

29. (Fuvest-SP) Em: "Consequentemente (os homens que trabalham com a máquina) devem estar muito mais contentes que os bisavós", indique o grau da palavra que é um adjetivo.

30. (USJT-SP) Leia as orações a seguir:

I. Ele é grande e inteligente: mais grande do que inteligente.

II. Ele é bom e trabalhador: mais bom do que trabalhador.

III. As minhas lembranças são mais boas do que as suas.

Quanto ao grau dos adjetivos, percebe-se que:

a) nenhuma oração está correta;

b) apenas a oração I está correta;

c) apenas a oração II está correta;

d) apenas a oração III está correta;

e) as orações I e II estão corretas.

31. (Cesgranrio-RJ) Assinale a oração em que o termo **cego(s)** é um adjetivo.

a) "Os cegos, habitantes de um mundo esquemático, sabem aonde ir [...]"

b) "O cego de Ipanema representava naquele momento todas as alegorias da noite escura da alma [...]"

c) "Todos os cálculos do cego se desfaziam na turbulência do álcool."

d) "Naquele instante era só um pobre cego."

e) "[...] da Terra que é um globo cego girando no caos."

32. (Fumec-MG) O termo em destaque é um adjetivo desempenhando a função de um nome em:

a) "O **coitado** está se queixando dela com toda a razão".

b) "É uma palavra **assustadora**."

c) "Num joguinho aceita-se até o cheque **frio**."

d) "Ele é meu braço **direito**, doutor."

e) "Entre ter um caso e um casinho, a diferença, às vezes, é a tragédia **passional**."

33. (FEI-SP) Dê o adjetivo correspondente a:

a) voz.   b) asa.   c) lago.

34. (Fatec-SP) Indique a alternativa em que **não** é atribuída ideia de superlativo ao adjetivo.

a) É uma ideia agradabilíssima.

b) Era um rapaz alto, alto, alto.

c) Saí de lá hipersatisfeito.

d) Almocei tremendamente bem.

e) É uma moça assustadoramente alta.

35. (UEPG-PR) A frase em que o adjetivo está no grau superlativo relativo de superioridade é:

a) Estes operários são capacíssimos.
b) O quarto estava escuro como a noite!
c) Não sou menos digno que meus pais.
d) Aquela mulher é podre de rica!
e) Você foi o amigo mais sincero que eu tive.

36. (Unirio-RJ) Assinale o item em que houve **erro** na flexão do nome composto.

a) As touceiras verde-amarelas enfeitavam a campina.
b) Os guarda-roupas são de boa madeira.
c) Na fazenda, havia muitos tatus-bola.
d) No jogo de contra-ataques, vence a melhor equipe.
e) Os livros iberos-americanos são de fácil importação.

37. (FEI-SP) Em qual alternativa se apresenta o superlativo absoluto sintético destoando da forma erudita?

a) doce / dulcíssimo
b) célebre / celebérrimo
c) baixo / ínfimo
d) amargo / amaríssimo
e) livre / livríssimo

38. (ITA-SP) O plural de "terno azul-claro" e "terno verde-mar" é:

a) ternos azuis-claros; ternos verdes-mares.
b) ternos azuis-claros; ternos verde-mares.
c) ternos azul-claro; ternos verde-mar.
d) ternos azul-claros; ternos verde-mar.
e) ternos azuis-claros; ternos verde-mar.

39. (FEI-SP) Há exemplo de adjetivo substantivado em:

a) "É de sonho e de pó".
b) "Minha mãe, solidão".
c) "O meu pai foi peão".
d) "Só queria mostrar".
e) "O destino de um só".

40. (ITA-SP) Os adjetivos **lígneo, gípseo, níveo, braquial** significam, respectivamente:

a) lenhoso, feito de gesso, alvo, relativo ao braço.
b) lenhoso, feito de gesso, nivelado, relativo ao crânio.
c) lenhoso, rotativo, abalizado, relativo ao crânio.
d) associado, rotativo, nivelado, relativo ao braço.
e) associado, feito de gesso, abalizado, relativo ao crânio.

41. (UPM-SP) Aponte a alternativa **incorreta** quanto à correspondência entre a locução e o adjetivo.

a) glacial (de gelo); ósseo (de osso).
b) fraternal (de irmão); argênteo (de prata).
c) farináceo (de farinha); pétreo (de pedra).
d) viperino (de vespa); ocular (de olho).
e) ebúrneo (de marfim); insípida (sem sabor).

42. (Unisinos-RS) O item em que a locução adjetiva **não** corresponde ao adjetivo dado é:

a) hibernal – de inverno.
b) filatélico – de folhas.
c) discente – de aluno.
d) docente – de professor.
e) onírico – de sonho.

43. (Efei-MG) Dê os adjetivos correspondentes a:

a) céu.
b) sorriso.
c) alegria.
d) mão.
e) rito.

44. (Fumec-MG) Dada a sentença "Nem é uma **vida**, é um **comercial** de **cigarro** com **longa metragem**", os vocábulos destacados são, respectivamente:

a) substantivo – adjetivo – substantivo – adjetivo – substantivo.
b) substantivo – substantivo – substantivo – adjetivo – substantivo.
c) substantivo – adjetivo – substantivo – adjetivo – adjetivo.
d) substantivo – adjetivo – adjetivo – adjetivo – substantivo.
e) substantivo – substantivo – adjetivo – adjetivo – substantivo.

45. (UEPG-PR) Os adjetivos que, respectivamente, melhor caracterizam a forma ou a natureza das seguintes expressões **objeto fora de uso, caminho com muitas curvas, coisa sem peso, nariz semelhante a um bico de águia** são:

a) obsoleto, sinuoso, imponderável, aquilino.
b) estagnado, cúbico, portátil, afunilado.
c) vultoso, inacessível, intangível, abaulado.
d) delgado, intransitável, inumerável, abobadado.
e) sombrio, tubular, imensurável, gretado.

46. (Fuvest-SP) Em que alternativa utiliza-se a substantivação como recurso estilístico?

a) "Perdi o bonde e a esperança."
b) "Volto pálido para casa."
c) "Vou subir a ladeira lenta."
d) "[...] com um insolúvel flautim."
e) "[...] nós gritamos: sim! ao eterno."

47. (UEPG-PR) Assinale a alternativa em que **todos** os adjetivos têm uma só forma para os dois gêneros.

a) andaluz, hindu, comum
b) europeu, cortês, feliz
c) fofo, incolor, cru
d) superior, agrícola, morador
e) exemplar, fácil, simples

48. (ESPM-SP) Substitua as palavras em destaque por um adjetivo, sem alterar o sentido da mensagem: Aquilo foi para todos nós uma desilusão, um golpe, um desgosto **que não pode ser expresso**.

49. (EEM-SP – Adaptada) Dê o superlativo absoluto sintético de:

a) feliz.
b) livre.
c) magro.
d) amargo.

50. (EEM-SP) Faça conforme o modelo:

alma **de fora** $\longrightarrow$ alma **exterior**

a) imagem **do espelho**
b) parede **de vidro**
c) imposição **da lei**
d) comprimento **da linha**

CAPÍTULO 8 – Numeral

1. (UFJF-MG) Marque o emprego incorreto do numeral:

a) século III (três).

b) página 102 (cento e dois).

c) 80º (octogésimo).

d) capítulo XI (onze).

e) X tomo (décimo).

2. (IFSC)

Pela primeira vez um filme catarinense concorreu à vaga para representar o Brasil no Oscar. *A Antropóloga*, dirigido por Zeca Pires, disputou a vaga com outros quatorze filmes, numa lista que incluiu *Tropa de Elite 2*, de José Padilha, e *Bruna Surfistinha*, de Marcus Balbini.

Zeca Pires considerava suas chances remotas, mas avaliava que, ao participar da disputa, o filme seria visto por um grupo de profissionais de reconhecida competência, que provavelmente não iriam assistir ao longa em outra situação. [...]

DIÁRIO Catarinense. Candidatura que vale ouro.
Caderno Variedades, 14 ago. 2011. p. 5. (Adaptado.)

Com relação ao texto, assinale a alternativa correta.

a) O adjetivo **remota**, no segundo parágrafo, refere-se ao substantivo **chances**; deveria, portanto, ser usado no plural.

b) Segundo o texto, os filmes *A Antropóloga*, *Tropa de Elite 2* e *Bruna Surfistinha* vão representar o Brasil na disputa do Oscar.

c) O trecho "Zeca Pires considerava suas chances remotas" indica que ele acreditava que havia pouca possibilidade de seu filme ser escolhido.

d) No primeiro parágrafo, encontram-se dois numerais ordinais: **primeira** e **quatorze**.

e) No trecho "o filme seria visto por um grupo de profissionais de reconhecida competência", ocorrem dois artigos, os quais antecedem os dois únicos substantivos do trecho.

3. (Ufes) Milhão tem como ordinal correspondente milionésimo. A relação entre cardinais se apresenta inadequada na opção:

a) cinquenta – quinquagésimo / novecentos e um – nongentésimo primeiro.

b) setenta – setuagésimo / quatrocentos e trinta – quadringentésimo trigésimo.

c) oitenta – octingentésimo / trezentos e vinte – trecentésimo vigésimo.

d) quarenta – quadragésimo / duzentos e quatro – ducentésimo quarto.

e) noventa – nonagésimo / seiscentos e sessenta – sexcentésimo sexagésimo.

4. (Unesp-SP) Assinale o caso em que **não** haja expressão numérica de sentido indefinido.

a) Ele foi o duodécimo colocado.

b) Quer que veja este filme pela milésima vez?

c) "Na guerra os meus dedos disparam mil mortes."

d) "A vida tem uma só entrada; a saída é por cem portas."

e) n.d.a.

5. (Cefet-MG) A alternativa em que o numeral está **impropriamente** empregado é:

a) O conteúdo do artigo onze não está claro.

b) Já lhe disseram, pela noningentésima vez, o que fazer.

c) Esses animais viveram, aproximadamente, na Era Terciária.

d) Consulte a Encíclica de Pio Décimo.

e) Essas afirmações encontram-se na página décima quinta.

6. (UFPR) Se a **cinco** vem corresponder **quinto**, a **onze**, **quarenta**, **cinquenta**, **sessenta** e **setenta**, respectivamente, correspondem:

a) undécimo, quadragésimo, cinquentésimo, sexagésimo, septuagésimo;

b) décimo primeiro, quaresma, quinquagésimo, sexagésimo, septuagésimo;

c) undécimo, quadragésimo, quinquagésimo, sexagenário, septuagésimo;

d) décimo primeiro, quadragésimo, quinquagésimo, sexagésimo, septuagenário;

e) undécimo, quadragésimo, quinquagésimo, sexagésimo, septuagésimo.

7. (FGV-SP) A declaração abaixo, atribuída ao presidente de certa república, apresenta erro de raciocínio. Explique, em bom português, em que o presidente está enganado. Não utilize as palavras **você** e **eu**. **Nota:** Leve em conta que esta é uma prova de Língua Portuguesa, embora aqui se possam utilizar, **também**, recursos da Matemática.

"Nossa população é hoje composta de 100 000 almas. Como a taxa líquida de crescimento populacional é de 3% ao ano, teremos, dentro de 12 anos, 136 000 habitantes."

8. (Ufam) Assinale o item em que **não** é correto ler o numeral como está indicado entre parênteses.

a) Pode-se dizer que no século IX (nono) o português já existia como língua falada.

b) Pigmalião reside na Casa 22 (vinte e duas) do antigo Beco do Saco do Alferes, em Aparecida.

c) Abram o livro, por favor, na página 201 (duzentos e um).

d) O que procuras está no artigo 10 (dez) do código que tens aí à mão.

e) O Papa Pio X (décimo), cuja morte teria sido apressada com o advento da Primeira Guerra Mundial, foi canonizado em 1954.

9. (Faap-SP) Verifique em qual alternativa há um uso **impróprio** de numerais.

a) No artigo sétimo lia-se que era proibido reclamar; já no artigo dezenove, falava-se em direito de reclamação.

b) No tomo treze da coleção há uma referência importante ao canto oitavo da *Odisseia*.

c) Uma resma equivale a quatrocentas folhas de papel.

d) Prepare-se para gerir a escola por um período de cinco anos. Não se preocupe: o lustro passa depressa.

e) n.d.a.

10. (FCL-SP) O numeral ordinal de 80 é:

a) octagésimo.

b) octogésimo.

c) octingésimo.

d) octogentésimo.

388 QUESTÕES DE VESTIBULARES E ENEM

11. (PUCC-SP) Os ordinais referentes aos números 80, 300, 700 e 90 são, respectivamente:

a) octagésimo, trecentésimo, septingentésimo, nongentésimo;

b) octogésimo, trecentésimo, septingentésimo, nonagésimo;

c) octingentésimo, tricentésimo, septuagésimo, nonagésimo;

d) octogésimo, tricentésimo, septuagésimo, nongentésimo.

12. (FMU-SP) Sabendo-se que os numerais podem ser cardinais, ordinais, multiplicativos e fracionários, podemos dar os seguintes exemplos:

a) uma (cardinal), primeiro (ordinal), Leão onze (multiplicativo) e meio (fracionário).

b) um (cardinal), milésimo (ordinal), undécuplo (multiplicativo) e meio (fracionário).

c) um (ordinal), primeiro (cardinal), Leão onze (multiplicativo) e meio (fracionário).

d) um (ordinal), primeiro (cardinal), cêntuplo (multiplicativo) e centésimo (fracionário).

e) um (cardinal), primeiro (ordinal), duplo (multiplicativo), não existindo numeral denominado fracionário.

13. (Fuvest-SP)

a) Dê os numerais correspondentes a três vezes maior e a três vezes menor.

b) A forma **primeira** é um numeral ordinal. Dê o numeral ordinal correspondente a 1075.

14. (Ufop-MG) Indicou-se corretamente o ordinal correspondente aos algarismos abaixo em:

a) 349º – trecentésimo quadragésimo nono.

b) 684º – sexcentésimo octagésimo quarto.

c) 793º – setuagésimo nonagésimo terceiro.

d) 867º – octigentésimo sexagésimo sétimo.

e) 972º – nongentésimo setingentésimo segundo.

CAPÍTULO 9 – Pronome

Texto para a questão 1.

É sabido que o fato novo assusta os indivíduos, que preferem o mal velho, testado e vivido, à experiência nova, sempre ameaçadora. Se você disser ao cidadão desprevenido que o leite, por ser essencial, deve sair das mãos dos particulares para cooperativas ou entidades estatais, se você disser que os bancos, vivendo exclusivamente das poupanças populares, não têm nenhuma razão de estar em mãos privadas, o cidadão o olhará com olhos perplexos de quem vê alguém propondo algo muito perigoso. Mas, se, ao contrário, você advogar a tese de que a água deveria ser explorada por particulares, todos se voltarão contra você pois – com toda razão – jamais poderiam admitir essa hipótese, tão acostumados estão com essa que é uma das mais antigas realizações comunitárias do homem: a água é direito e serventia de todos. Por isso o cidadão deve ficar alerta, sobretudo para com os malucos, excepcionais e marginais, pois estes, quase sempre, são os que trazem as mais espantosas propostas de renovação contra tudo o que foi estabelecido.

MILLÔR. In: *Redação em construção*. Ed. Moderna. p. 105.

1. (Ifal) A palavra **que**, como pronome relativo, desempenha o papel gramatical de referência ao seu antecedente. Assinale a alternativa em cujo trecho do texto o **que** não apresenta essa função.

a) [...] que o fato novo assusta os indivíduos [...].

b) [...] que preferem o mal velho, testado e vivido [...].

c) [...] que é uma das mais antigas realizações comunitárias do homem [...].

d) [...] que trazem as mais espantosas propostas [...].

e) [...] que foi estabelecido.

Texto para a próxima questão.

O milagre das folhas

Não, nunca me acontecem milagres. Ouço falar, e às vezes isso me basta como esperança. Mas também me revolta: por que não a mim? Por que só de ouvir falar? Pois já cheguei a ouvir conversas assim, sobre milagres: "Avisou-me que, ao ser dita determinada palavra, um objeto de estimação se quebraria". Meus objetos se quebram banalmente e pelas mãos das empregadas.

Até que fui obrigada a chegar à conclusão de que sou daqueles que rolam pedras durante séculos, e não daqueles para os quais os seixos já vêm prontos, polidos e brancos. Bem que tenho visões fugitivas antes de adormecer – seria milagre? Mas já me foi tranquilamente explicado que isso até nome tem: cidetismo (sic), capacidade de projetar no alucinatório as imagens inconscientes.

Milagre, não. Mas as coincidências. Vivo de coincidências, vivo de linhas que incidem uma na outra e se cruzam e no cruzamento formam um leve e instantâneo ponto, tão leve e instantâneo que mais é feito de pudor e segredo: mal eu falasse nele, já estaria falando em nada.

Mas tenho um milagre, sim. O milagre das folhas. Estou andando pela rua e do vento me cai uma folha exatamente nos cabelos. A incidência da linha de milhões de folhas transformadas em uma única, e de milhões de pessoas a incidência de reduzi-las a mim. Isso me acontece tantas vezes que passei a me considerar modestamente a escolhida das folhas. Com gestos furtivos tiro a folha dos cabelos e guardo-a na bolsa, como o mais diminuto diamante.

Até que um dia, abrindo a bolsa, encontro entre os objetos a folha seca, engelhada, morta. Jogo-a fora: não me interessa fetiche morto como lembrança. E também porque sei que novas folhas coincidirão comigo.

Um dia uma folha me bateu nos cílios. Achei Deus de uma grande delicadeza.

LISPECTOR, Clarice. In: SANTOS, Joaquim Ferreira dos (Organização e introdução). *As cem melhores crônicas brasileiras*. Rio de Janeiro: Objetiva, 2007. p. 186-187.

2. (Uece - Adaptada) O pronome **isso**, na segunda linha, constitui uma anáfora. Sobre ele é correto afirmar que:

I. além de anafórico, o **isso** aponta para a posição que o substantivo **milagre** ocupa no plano do texto, posição de anterioridade.

II. retoma a expressão "ouço falar" (ouvir falar de milagres) e aponta para a anterioridade dessa expressão no texto.

III. tem conotações afetivas.

Estão corretas as complementações contidas em:

a) I, II e III.

b) I e III somente.

c) II e III somente.

d) I e II somente.

Texto para a próxima questão.

Guardião da brasilidade na América

Na primeira vez em que esteve no Brasil, o historiador Thomas Cohen não estava entendendo nada. Logo ao chegar, tinha um encontro com um renomado professor de história da Universidade de São Paulo. O professor chegou uma hora e meia atrasado e anunciou que precisava viajar em seguida. Convidou o jovem Cohen, então com 25 anos, para acompanhá-lo à cidade de Franca, onde passaria o fim de semana dando palestras. Cohen pensou que o professor fizera o convite apenas para compensá-lo pelo desencontro e, polidamente, recusou. "Só depois descobri que os brasileiros são assim mesmo, disponíveis, espontâneos", diz. Cohen acabou encantando-se com a informalidade dos intelectuais brasileiros, e hoje, passados trinta anos, entende muito do Brasil. Já visitou o país dezenas de vezes, é fluente em português, especialista na obra do padre Antônio Vieira (1608- -1697) e guardião de uma preciosidade: a única biblioteca dedicada exclusivamente às coisas do Brasil e de Portugal em solo americano — a The Oliveira Lima Library. [...]

PETRY, André. Revista *Veja*. São Paulo: Abril. 2317 ed., ano 46, n. 16. 17 abr. 2013. p. 93.

3. (UEPB) Em "Convidou o jovem Cohen, então com 25 anos, para acompanhá-lo à cidade de Franca, onde passaria o fim de semana dando palestras", pode-se afirmar que:

a) O uso do pronome indica uma referência ao historiador, que também vai para a cidade de Franca.
b) Em **acompanhá-lo**, o pronome utilizado faz referência ao jovem Cohen, que viajará com o palestrante.
c) O pronome oblíquo em **acompanhá-lo** substitui o termo **professor** sem alterar o sentido do texto.
d) O sentido do enunciado é construído devido ao emprego do pronome que faz referência ao convite feito pelo professor.
e) O pronome oblíquo foi usado para se referir ao convidado do intelectual brasileiro.

4. (CPACN-RJ) Em que opção utilizou-se corretamente o pronome relativo?

a) Admiro as pessoas as quais os filhos são gentis e educados a qualquer tempo.
b) A adolescência é a idade onde as pessoas apresentam conflitos existenciais.
c) César é o profissional a quem confiei a educação e o futuro dos meus filhos.
d) A prova em cujos os textos nos baseamos foi aplicada há dois anos por esta instituição.
e) Não é possível domesticar animais a quem não se ame verdadeiramente.

5. (EsPCEx-SP) Assinale a alternativa em que o pronome grifado não apresenta vício de linguagem.

a) Quando Ana entrou no consultório de Vilma, encontrou-a com seu noivo.
b) Caro investidor, cuide melhor de seu dinheiro.
c) O professor proibiu que o aluno utilizasse sua gramática.
d) Aída disse a Luís que não concordava com sua reprovação.
e) Você deve buscar seu amigo e levá-lo em seu carro até o aeroporto.

6. (Insper-SP) O pronome **ele**, no texto, refere-se:

Época, 6 jun. 2011.

a) ao autor do livro anunciado, Ernesto Paglia.
b) à expressão "um dos quadros de maior audiência do Jornal Nacional".
c) à expressão "Diário de bordo do JN no ar".
d) à expressão "Escrito por Ernesto Paglia".
e) ao segundo descobrimento do Brasil.

7. (EsPCEx-SP) Assinale a alternativa correta quanto ao emprego do pronome relativo.

a) Aquele era o homem do qual Miguel devia favores.
b) Eis um homem de quem o caráter é excepcional.
c) Refiro-me ao livro que está sobre a mesa.
d) Aquele foi um momento onde eu tive grande alegria.
e) As pessoas que falei são muito ricas.

8. (Fuvest-SP)

Uma nota diplomática* é semelhante a uma mulher da moda. Só depois de se despojar uma elegante de todas as fitas, rendas, joias, saias e corpetes, é que se encontra o exemplar não correto nem aumentado da edição da mulher, conforme saiu dos prelos da natureza. É preciso desataviar uma nota diplomática de todas as frases, circunlocuções, desvios, adjetivos e advérbios, para tocar a ideia capital e a intenção que lhe dá origem.

Machado de Assis

*Nota diplomática: comunicação escrita e oficial entre os governos de dois países, sobre assuntos do interesse de ambos.

Tendo em vista o trecho "para tocar a ideia capital e a intenção que lhe dá origem", indique um sinônimo da palavra "capital" que seja adequado ao contexto e identifique o referente do pronome "lhe".

9. (EsPCEx-SP) Assinale a alternativa em que o uso dos pronomes relativos está em acordo com a norma culta da Língua Portuguesa.

a) Busca-se uma vida por onde a tolerância seja, de fato, alcançada.

b) Precisa-se de funcionários com cujo caráter não pairem dúvidas.

c) São pessoas com quem depositamos toda a confiança.

d) Há situações de onde tiramos forças para prosseguir.

e) José é um candidato de cuja palavra não se deve duvidar.

10. (Unifesp) Leia o texto.

Dimitria cursava a oitava série no colégio e desapareceu durante as férias de julho de 2008. Segundo a polícia, a garota avisou que iria viajar em companhia do caseiro, mas nunca mais foi vista. [...] De acordo com a polícia, [o caseiro] Silva disse que matou a menina porque era apaixonado por ela, mas ela não o correspondia.

Folha de S.Paulo, 16 ago. 2010.

No texto, há um erro gramatical. O tipo de erro e a versão que o corrige estão, respectivamente, em:

a) uso de conectivo – Silva disse no depoimento o qual matou a menina [...]

b) uso de pronome – [...] porque era apaixonado por ela, mas ela não correspondia.

c) uso de conectivo – [...] iria viajar em companhia do caseiro, porém nunca mais foi vista.

d) uso de adjetivo – [...] porque era obcecado por ela, mas ela não o correspondia.

e) uso de verbo – Dimitria frequentava a oitava série no colégio [...]

11. (Fuvest-SP)

Já na segurança da calçada, e passando por um trecho em obras que atravanca nossos passos, lanço à queima-roupa:

— Você conhece alguma cidade mais feia do que São Paulo?

— Agora você me pegou, retruca, rindo. Hã, deixa eu ver... Lembro-me de La Paz, a capital da Bolívia, que me pareceu bem feia. Dizem que Bogotá é muito feiosa também, mas não a conheço. Bem, São Paulo, no geral, é feia, mas as pessoas têm uma disposição para o trabalho aqui, uma vibração empreendedora, que dá uma feição muito particular à cidade. Acordar cedo em São Paulo e ver as pessoas saindo para trabalhar é algo que me toca. Acho emocionante ver a garra dessa gente.

MORAES, R.; LINSKER, R. *Estrangeiros em casa: uma caminhada pela selva urbana de São Paulo.* National Geographic Brasil. (Adaptado.)

No terceiro parágrafo do texto, a expressão que indica, de modo mais evidente, o distanciamento social do segundo interlocutor em relação às pessoas a que se refere é:

a) "disposição para o trabalho".

b) "vibração empreendedora".

c) "feição muito particular".

d) "saindo para trabalhar".

e) "dessa gente".

12. (UEMG) Leia atentamente os versos a seguir e, depois, faça o que é pedido.

Eu sei que vou te amar

Eu sei que vou te amar
Por toda a minha vida eu vou te amar
Em cada despedida, eu vou te amar
Desesperadamente, eu sei que vou te amar

E cada verso meu será
Pra te dizer
Que eu sei que vou te amar
Por toda a minha vida

Eu sei que vou chorar
A cada ausência tua, eu vou chorar
Mas cada volta tua há de apagar
O que esta tua ausência me causou

Eu sei que vou sofrer
A eterna desventura de viver
À espera de viver ao lado teu
Por toda a minha vida

Vinicius de Moraes e Tom Jobim

No texto dessa letra de música (MPB), observa-se a presença da linguagem coloquial, quando o leitor verifica:

a) o uso da segunda pessoa do singular, em ocorrências como "a cada ausência tua", forma de tratamento empregada em situações comunicativas menos formais, sobretudo quando seu produtor utiliza no texto gírias e jargões.

b) o emprego da expressão "há de apagar", uma vez que, nesse caso específico, o verbo haver, por não ser sinônimo de existir, refere-se a uma forma típica do português falado espontaneamente.

c) a ocorrência da expressão "eu sei que vou te amar", porquanto, na linguagem coloquial, a tendência é não empregar o pronome oblíquo posposto à locução verbal; desse modo, na modalidade padrão, a forma a ser empregada seria: eu sei que vou amar-te.

d) a inversão sintática no verso "A cada ausência tua, eu vou chorar", pois, como a linguagem coloquial ocorre principalmente em situações comunicativas menos tensas e formais, é natural o uso de inversões linguísticas, como a que se observa no verso citado.

13. (CPS-SP)

Os alunos dessa sala, após os devidos esclarecimentos feitos pela professora, resolveram transformar o que estudaram em dicas ecopráticas e publicar essas dicas ecopráticas no portal da escola. Para isso, redigiram um manual explicativo e digitaram esse manual explicativo, acrescentando ilustrações dos próprios colegas.

A repetição dos termos, que estão em destaque no texto, pode ser evitada pelo emprego adequado dos pronomes.

Assinale a alternativa em que isso ocorre.

a) publicar-lhes ... o digitaram

b) publicar-lhes ... lhe digitaram

c) publicá-las ... o digitaram

d) publicar-las ... lhe digitaram

e) publicá-las ... digitaram-o

14. (ESPM-SP) Leia o trecho:

Abane a cabeça, leitor; faça todos os gestos de incredulidade. Chegue a deitar fora este livro, se o tédio já não o obrigou a isso antes; tudo é possível. Mas, se o não fez antes e só agora, fio que torne a pegar o livro e que o abra na mesma página, sem crer por isso na veracidade do autor. Todavia não há nada mais exato. Foi assim mesmo que Capitu falou, com tais palavras e maneiras.

ASSIS, Machado de. D. Casmurro.

As ocorrências do vocábulo **o** em negrito referem-se respectivamente a:

a) você (leitor); deitar fora este livro; livro.

b) deitar fora este livro; gesto; livro.

c) você (leitor); gesto; livro.

d) deitar fora este livro; gesto; você (leitor).

e) você (leitor); deitar fora este livro; você (leitor).

15. (FGV-RJ) Em cada frase abaixo, pode haver ou não um pronome relativo. Assinale a alternativa em que, respeitando a norma culta, ele está presente e vem antecedido de preposição.

a) A confiança em que Rosita pudesse tomar toda a bebida ficou abalada depois do segundo copo de cerveja.

b) Tinha necessidade de que o táxi subisse o morro, para levar a roupa do menino.

c) No momento em que o juiz ia pronunciar a sentença, a testemunha tossiu forte, como a querer chamar a atenção.

d) O conjunto de orações de que confiavam as senhoras do fundo da igreja era rezado às quartas-feiras.

e) Em seus sonhos, previra que Mané Araújo seria eleito o maior dos cantadores do gênero.

16. (Fuvest-SP)

Jornalistas não deveriam fazer previsões, mas as fazem o tempo todo. Raramente se dão ao trabalho de prestar contas quando erram. Quando o fazem não é decerto com a ênfase e o destaque conferidos às poucas previsões que acertam.

LEITE, Marcelo. Folha de S.Paulo.

a) Reescreva o trecho "Jornalistas não deveriam fazer previsoes, mas as fazem o tempo todo", iniciando-o com "Embora os jornalistas..."

b) No trecho "Quando o fazem não é decerto com a ênfase [...]", a que ideia se refere o termo grifado?

17. (FGV-SP) Além de uma melhor infraestrutura para o turista, a reforma garante também mais leitos durante a Copa do Mundo da FIFA Brasil 2014.

As palavras **melhor** e **mais**, no trecho acima, classificam-se, respectivamente, como

a) advérbio e advérbio.

b) adjetivo e advérbio.

c) adjetivo e pronome.

d) advérbio e pronome.

e) advérbio e adjetivo.

18. (Udesc) Assinale a alternativa com um exemplo de colocação pronominal que deve ser evitada na linguagem culta.

a) Nunca te falaria tal assunto, pois sei que te magoaria.

b) "Não me olhem! Não me olhem!, só para chamar a atenção." (Luis Fernando Veríssimo)

c) O vício que lhe dá origem é a gutembergomania, uma dependência patológica na palavra imprensa.

d) Digam-lhe que as mulheres continuam passando no alto de seus saltos...

e) Quando sentiu-se abandonada, enlouqueceu.

19. (UEPB)

[...] Quero ver-te de novo, contemplar-te muito, muito; quero-te bem unido a mim para, abraçados fortemente, eu te contar um segredo que só teus ouvidos podem escutar. [...]

FARIA, Paula. Correspondência amorosa de Maria Lina.
In: Calendário. São Paulo: USP, maio 2006. p. 3.

Reescrevendo o enunciado acima e substituindo a 2ª pessoa do discurso pela 3ª pessoa, considerando a pessoa com quem se fala, a alternativa correta é:

a) Quero ver você de novo, contemplar-lhe muito, muito; quero-lhe bem unido a mim para, abraçados fortemente, eu contar a você um segredo que os ouvidos dele podem escutar.

b) Quero ver-lhe de novo, contemplar-lhe muito, muito; quero ele bem unido a mim para abraçados fortemente eu contá-lo um segredo que só os seus ouvidos podem escutar.

c) Quero vê-lo de novo, contemplá-lo muito, muito; quero você bem unido a mim para, abraçados fortemente, eu lhe contar um segredo que só seus ouvidos podem escutar.

d) Quero vê-lo de novo, contemplar ele muito, muito; quero-o bem unido a mim para, abraçados fortemente, eu contar-lhe um segredo que só seus ouvidos podem escutar.

e) Quero lhe ver de novo, contemplar você muito, muito; lhe quero bem unido a mim para, abraçados fortemente, eu contar a ele um segredo que só os ouvidos dele podem escutar.

20. (PUC-PR) Quanto ao uso do pronome demonstrativo, há erro na alternativa ou nas alternativas:

I. Nesse dia, 15 de junho, estamos realizando o concurso da COPEL.

II. Aqui, nesta sala, há pessoas atentas às questões da prova.

III. Aquele fiscal, que esta no corredor, desejou-nos boa sorte.

Está **CORRETA** ou estão **CORRETAS**:

a) Apenas I.

b) Apenas II.

c) Apenas III.

d) Apenas I e III

e) I, II e III.

21. (Vunesp-SP) Indique a alternativa em que o emprego do pronome está correto em consonância com a norma culta.

a) Explique a questão do paraíso terrestre para mim entendê-la.

b) É fácil para eu o entendimento dessa questão.

c) Muitas explicações serão necessárias para mim aceitar essa resposta.

d) Para mim, a questão é facilmente explicável.

e) Entre eu e você as explicações não são necessárias.

22. (Enem) Observando as falas das personagens, analise o emprego do pronome **se** e o sentido que ele adquire no contexto.

(Quino. *Mafalda inédita*. São Paulo: Martins Fontes, 1993. p. 42.)

No contexto da narrativa, é correto afirmar que o pronome **se**:

a) em I, indica reflexividade e equivale a "a si mesmas".
b) em II, indica reciprocidade e equivale a "a si mesma".
c) em III, indica reciprocidade e equivale a "umas às outras".
d) em I e III, indica reciprocidade e equivale a "umas às outras".
e) em II e III, indica reflexividade e equivale a "a si mesma" e "a si mesmas", respectivamente.

Texto para a próxima questão.

A Carta de Pero Vaz de Caminha

De ponta a ponta é toda praia rasa, muito plana e bem formosa. Pelo sertão, pareceu-nos do mar muito grande, porque a estender a vista não podíamos ver senão terra e arvoredos, parecendo-nos terra muito longa. Nela, até agora, não pudemos saber que haja ouro nem prata, nem nenhuma coisa de metal, nem de ferro; nem as vimos. Mas, a terra em si é muito boa de ares, tão frios e temperados, como os de Entre-Douro e Minho, porque, neste tempo de agora, assim os achávamos como os de lá. Águas são muitas e infindas. De tal maneira é graciosa que, querendo aproveitá-la dar-se-á nela tudo por bem das águas que tem.

In: *Cronistas e viajantes*. São Paulo: Abril Educação, 1982. p. 12-23. Literatura Comentada. (Adaptado.)

Considere o período a seguir:
"Nela, até agora, não pudemos saber que haja ouro nem prata, nem nenhuma coisa de metal, nem de ferro; nem as vimos."

23. (FGV-SP) Sobre as estruturas linguísticas do trecho em destaque, assinale a afirmativa correta:

a) Os pronomes "nela" e "as" se referem à nova terra.
b) Uma opção correta de acordo com a norma culta seria substituir "nem as vimos" por "nem vimos elas".
c) É possível trocar a expressão "nem as vimos" por "nela" na ordem em que aparecem no período preservando a coerência do texto.
d) O pronome "nela" tem como referência a "terra".
e) Neste trecho, a palavra "nem" pode ser suprimida a partir do 2º registro sem que haja prejuízo de coesão ou coerência textual.

24. (Cesgranrio-RJ) Assinale a frase que apresenta ERRO de uso de pronome.

a) Maria conversou com nós todos.
b) Vamos se encontrar depois do trabalho.
c) Ela se machucou descendo a escada.
d) A diretora pediu para eu comprar lápis.
e) Tu te lembras dos nomes de teus colegas?

25. (Cesgranrio-RJ) Assinale a frase em que se verifica uma transgressão ao registro culto e formal da língua no que se refere ao emprego do pronome relativo.

a) O resultado a que chegaram confirmou sua intuição.
b) Os colegas de trabalho com quem não simpatizava foram excluídos do processo.
c) Recebi o relatório de um gerente de cujo nome não me recordo.
d) São várias as reivindicações por que estão lutando os trabalhadores.
e) O funcionário o qual me referi não tem nenhuma dose de carisma.

26. (ESPP-SP) Indique a classe gramatical da palavra destacada no trecho abaixo:
"Apertei-**a** com força, sabendo que ela seria maior do que a saudade."

a) pronome demonstrativo
b) pronome pessoal do caso reto
c) pronome pessoal do caso oblíquo
d) pronome indefinido

27. (UFPR) "A Universidade **em que** trabalho tem campi em cinco municípios." Em qual das alternativas abaixo a parte em destaque foi substituída de forma correta?

a) A Universidade **onde** trabalho tem campi em cinco municípios.
b) A Universidade **à qual** trabalho tem campi em cinco municípios.
c) A Universidade **que** trabalho tem campi em cinco municípios.
d) A Universidade **que** trabalho **nela** tem campi em cinco municípios.
e) A Universidade **em cuja** trabalho tem campi em cinco municípios.

28. (ESPP-SP) Assinale a alternativa que completa correta e respectivamente as lacunas:

I. Não há nenhum desentendimento entre _____ e Paulo.

II. Quero uma blusa dessas para _____.

a) eu – mim

b) eu – eu

c) mim – mim

d) mim – eu

Texto para a próxima questão.

O antibafômetro

O Conselho Regional de Farmácia autuou uma drogaria da capital gaúcha que anunciava a venda de um remédio aparentemente capaz de mascarar os efeitos do álcool e enganar o bafômetro. Cartazes no interior da farmácia faziam a propaganda do medicamento. Originalmente destinado a pacientes de alcoolismo crônico, ele não produz os efeitos anunciados. O dono da farmácia deverá responder ainda a um processo por incitar os consumidores a beber e dirigir, crime previsto no Código Penal.

Revista *Época*, 6 out. 2008. (Adaptado.)

29. (Vunesp-SP) Assinale a alternativa em que os termos em destaque, na frase a seguir, estão corretamente substituídos pelo pronome.

O dono da farmácia deverá sofrer **um processo** por incitar os **consumidores** a beber.

a) sofrê-lo ... incitá-los

b) sofrê-lo ... incitar-lhes

c) sofrer-lo ... incitar-los

d) sofrer-lhe ... incitá-los

e) sofrer-lhe ... incitar-lhes

30. (PUC-RJ) No período a seguir, a palavra **você** não está se referindo à pessoa com quem se fala. Ilustre, reescrevendo o período, como o mesmo efeito poderia ser atingido com outro recurso linguístico.

"Dificilmente você encontra um ex-aluno que não tenha conseguido uma boa colocação."

31. (UFRJ) Leia:

De manhã

O hábito de estar aqui agora
aos poucos substitui a compulsão
de ser o tempo todo alguém ou algo.

Um belo dia – por algum motivo
é sempre dia claro nesses casos –
você abre a janela, ou abre um pote

do pêssegos em calda, ou mesmo um livro
que nunca há de ser lido até o fim
e então a ideia irrompe, clara e nítida:

É necessário? Não. Será possível?
De modo algum. Ao menos dá prazer?
Será prazer essa exigência cega

a latejar na mente o tempo todo?
Então por quê?
E neste exato instante
você por fim entende, e refestela-se
a valer nessa poltrona, a mais cômoda
da casa, e pensa sem rancor:
Perdi o dia, mas ganhei o mundo.

(Mesmo que seja por trinta segundos.)

BRITTO, Paulo Henriques. As três epifanias - III. In: _____.
Macau. São Paulo: Companhia das Letras, 2003. p. 72-3.

Um pronome, para assumir valor indeterminado, não deve estar associado apenas a um interlocutor específico, mas também a outros interlocutores, depreensíveis do contexto. Considerando a afirmativa acima, explique o valor indeterminado da forma **você** no texto e justifique seu emprego para a construção do sentido do texto.

32. (UFPE) Leia o texto a seguir.

Falar português não é difícil – me diz um francês residente no Brasil – o diabo é que, mal consigo aprender, a língua portuguesa já ficou diferente. Está sempre mudando.

E como! No Brasil as palavras envelhecem e caem como folhas secas. Ainda bem a gente não conseguiu aprender uma nova expressão, já vem o pessoal com outra.

Não é somente pela gíria que a gente é apanhado. (Aliás, já não se usa mais a primeira pessoa, tanto do singular como do plural: tudo é "a gente".) A própria linguagem corrente vai-se renovando, e a cada dia uma parte do léxico cai em desuso. É preciso ficar atento, para não continuar usando palavras que já morreram, vocabulário de velho que só velho entende.

Os que falariam ainda em cinematógrafo, auto-ônibus, aeroplano, estes também já morreram e não sabem. Mas uma amiga minha, que vive preocupada com este assunto, me chama a atenção para os que falam assim:

– Assisti a uma fita de cinema com um artista que representa muito bem.

Os que acharem natural esta frase, cuidado! Não saberão dizer que viram um filme com um ator que trabalha bem. E irão ao banho de mar em vez de ir à praia, vestidos de roupa de banho em vez de calção ou biquíni, carregando guarda-sol em vez de barraca. Comprarão um automóvel em vez de comprar um carro, pegarão um defluxo em vez de um resfriado, vão andar no passeio em vez de passear na calçada e percorrer um quarteirão em vez de uma quadra. Viajarão de trem de ferro acompanhados de sua esposa ou sua senhora em vez de sua mulher.

A lista poderia ser enorme, mas vou ficando por aqui, pois entre escrever e publicar há tempo suficiente para que tudo que eu disser caia em desuso – é dito e feito.

SABINO, Fernando. *Folha de S.Paulo*, 13 abr. 1984.

O autor do texto constata que "[...] já não se usa mais a primeira pessoa, tanto do singular como do plural: tudo é 'a gente'". Sobre os usos dos pronomes pessoais, no português brasileiro, analise as afirmações a seguir.

1) A forma "a gente", que tem prevalecido em relação a "nós", é uma das marcas do uso informal da língua.

2) Uma construção como "nós estudamos" apresenta duas marcas de "pessoa", uma das quais se encontra inserida na forma verbal.

3) Podemos afirmar que a forma "vós", para designar a segunda pessoa do plural, foi, na língua corrente, substituída pela forma "vocês".

4) Nos usos do Brasil, convivem duas formas de segunda pessoa do singular: "tu" e "você".

Estão corretas:

a) 2, 3 e 4 apenas.

b) 1, 2, 3 e 4.

c) 1 e 4 apenas.

d) 1 e 3 apenas.

e) 2 e 3 apenas.

394 QUESTÕES DE VESTIBULARES E ENEM

33. (Ufam) Assinale a opção em que houve **erro** no emprego do pronome, consistente na troca de **o** e **lhe** ou de **eu** e **mim**.

a) Quantos livros você trouxe para eu ler?

b) Eu o respeito e muito o estimo, mas não lhe obedeço cegamente.

c) Essas dimensões eram sempre desgastantes para mim, que verdadeiramente o admirava.

d) Foi penoso, para mim, chegar.

e) Eu lhe convidei para a festa e não o perdoo por você ter faltado.

34. (FGV-SP) Considere o destaque nesta frase:

"Célia marcou um encontro entre **mim** e ele, pois a montagem dependia da aprovação do diretor."

a) Está correto o uso de **mim** neste trecho ou deveria ser utilizado **eu**?

b) Invertendo a ordem, como deveria ficar o trecho: "entre ele e **mim**" ou "entre ele e **eu**"? Justifique.

35. (Ufam) Assinale o item em que há **erro** no emprego do pronome pessoal.

a) Recebidas as mangas, os meninos as repartiam irmãmente entre si.

b) Sempre me presenteava livros, dizendo-me que era para eu adquirir o hábito da leitura.

c) Estas deliciosas balas de mangarataia, eu as trouxe para ti levares ao Píndaro.

d) Os altruístas pensam menos em si e mais nos outros.

e) Leve o jornal consigo, Acácio. Já o li desde cedo.

36. (Fuvest-SP) Assinale a alternativa em que o pronome destacado foi empregado **corretamente**.

a) Aguarde um instante. Quero falar **consigo**.

b) É lamentável, mas isso sempre ocorre com **nós** dois.

c) O processo está aí para **mim** examinar.

d) Vossa Senhoria preocupa-se com problemas cuja solução foge a **vossa** alçada.

e) Já se tornou impossível haver novos entendimentos entre **eu** e você.

Texto para as questões 37 e 38.

Lá vem o acendedor de lampiões da rua!
Este mesmo que vem infatigavelmente,
Parodiar o sol e associar-se à lua
Quando a sombra da noite enegrece o poente!
Um, dois, três lampiões, acende e continua
Outros mais a acender imperturbavelmente,
À medida que a noite aos poucos se acentua
E a palidez da lua apenas se pressente.

37. (Faap-SP) Com pronome no lugar da expressão destacada, escreveríamos:

a) Eles acendem.

b) Ele acende.

c) Acende-lhes.

d) Acende-os.

e) Acende-se.

38. (Faap-SP) No verso "Um, dois, três lampiões, acende e continua" **um** é:

a) artigo definido.

b) artigo indefinido.

c) numeral ordinal.

d) numeral cardinal.

e) pronome.

39. (USJT-SP) Os pronomes, de acordo com a norma culta, estão **corretamente** empregados na alternativa:

a) Não houve nada entre mim e ela.

b) Isso é para mim fazer.

c) Eles não conseguem ficar sem você e eu.

d) Entre eu e o jogador não houve nenhum acerto financeiro.

e) Sem eu e você, a reunião não terá êxito.

40. (FGV-RJ) Assinale o item em que há **erro** quanto ao emprego dos pronomes **se**, **si** e **consigo**.

a) Feriu-se, quando brincava com o revólver e o virou para si.

b) Ele só cuida de si.

c) Quando V. S.ª vier, traga consigo a informação pedida.

d) Ele se arroga o direito de vetar tais artigos.

e) Espere um momento, pois tenho de falar consigo.

41. (Cefet-MG) Identifique a alternativa em que o emprego do pronome fere a norma culta.

a) O livro? Deram-me para que o devolvesse à biblioteca.

b) Para mim, resolver este exercício é fácil.

c) Não se preocupe, querida, eu vou consigo ao aeroporto.

d) Remetemos o abaixo-assinado a Sua Excelência, o governador.

e) Ela ficou-me observando enquanto eu lia sua mão.

42. (FEI-SP) Assinale a alternativa que completa, corretamente, a frase a seguir.

"Era para ... falar ... ontem, mas não ... localizei em parte alguma."

a) mim, comigo, o

b) eu, com ele, lhe

c) mim, consigo, lhe

d) mim, contigo, te

e) eu, com ele, o

43. (FMU-SP) Suponha que você deseje dirigir-se a personalidades eminentes, cujos títulos são: papa, juiz, cardeal, reitor, coronel. Assinale a alternativa que contém a abreviatura certa da expressão de tratamento correspondente ao título enumerado.

a) Papa - V. S.ª

b) Juiz - V. Em.ª

c) Cardeal - V. M.

d) Reitor - V. Mag.ª

e) Coronel - V. A.

44. (UCDB-MS) "Tu não percebes nada e teu pensamento voa em outra direção, por isso não vou escrever-te." Se o pronome **tu** fosse substituído por **Vossa Senhoria**, teríamos:

a) Vossa Senhoria não percebe nada e seu pensamento voa em outra direção, por isso não vou escrever-lhe.

b) Vossa Senhoria não percebe nada e vosso pensamento voa em outra direção, por isso não vou escrever-te.

c) Vossa Senhoria não percebeis nada e seu pensamento voa em outra direção, por isso não vou escrever-lhe.

d) Vossa Senhoria não percebeis nada e vosso pensamento voa em outra direção, por isso não vou escrever-vos.

e) Vossa Senhoria não percebe nada e seu pensamento voa em outra direção, por isso não vou escrever-te.

45. (ESPM-SP) Escreva nos espaços **eu** ou **mim**.

"Deram-me o livro para ... ler, quando entre ... e ela tudo ia bem."

46. (UFV-MG) Das alternativas a seguir, **apenas uma** preenche de modo **correto** as lacunas das frases. Assinale-a.

Quando saíres, avisa-nos, que iremos ... .
Meu pai deu um livro para ... ler.
Não se ponha entre ... e ela.
Mandou um recado para ... e você.

a) contigo, eu, eu, eu
b) com você, mim, mim, mim
c) consigo, mim, mim, eu
d) consigo, eu, eu, mim
e) contigo, eu, mim, mim

47. (Fuvest-SP) Assinale a alternativa que preenche **corretamente** as lacunas.

"Tomo a liberdade de levar ao conhecimento de V. Ex.ª que os ... que ... foram encaminhados defendem causa justa e ficam a depender tão somente de ... decisão para que sejam atendidos."

a) abaixos-assinados – lhe – sua
b) abaixos-assinados – vos – vossa
c) abaixo-assinados – lhe – sua
d) abaixo-assinados – vos – vossa
e) abaixo-assinados – lhe – vossa

48. (UEL-PR) "Para ... poder terminar a arrumação da sala, guardem ... material em outro lugar até que eu volte a falar ... , dizendo que já podem entrar."

a) eu – seu – com vocês
b) eu – vosso – convosco
c) eu – vosso – consigo
d) mim – seu – com vocês
e) mim – vosso – consigo

49. (Cefet-PR) Use **eu** ou **mim**.

"É difícil, para ... , esquecer tantas injustiças."
"Se é para ... pagar, desista; não tenho dinheiro."

50. (UFMG) Em todas as alternativas, a expressão destacada pode ser substituída pelo pronome **lhe**, **exceto** em:

a) Tu dirás **a Cecília** que Peri partiu.
b) Cecília viu perto **a Isabel**.
c) O tiro fora destinado **a Peri** por um dos selvagens.
d) Cecília recomendou **a Peri** que estivesse quieto.
e) Peri prometeu **a D. Antônio** levar-te à irmã.

51. (FCMSC-SP) "A carta vinha endereçada para ... e para ... ; ... é que a abri." Assinale a letra correspondente à alternativa que completa corretamente as lacunas da frase apresentada.

a) mim, tu, por isso
b) mim, ti, porisso
c) mim, ti, por isso
d) eu, ti, porisso
e) eu, tu, por isso

52. (FGV-SP) Leia atentamente as seguintes frases:

I. João deu o livro para mim ler.
II. João deu o livro para eu ler.

A respeito das frases anteriores assinale a afirmação **correta**.

a) A frase I está certa, pois a preposição **para** exige o pronome oblíquo **mim**.
b) A frase II está certa, pois o sujeito de **ler** deve ser o pronome do caso reto **eu**.

c) A frase I está certa, pois **mim** é objeto direto de **deu**.
d) A frase II está certa, pois **para** exige o pronome do caso reto **eu**.
e) Ambas as frases estão corretas, pois a preposição **para** pode exigir tanto a forma **mim** quanto a forma **eu**.

53. (Fuvest-SP) "Eu bem sei que para titilar-**lhe** (1) os nervos..."

"Jamais o engenho e a arte **lhe** (2) foram tão propícios."

a) Qual dos dois **lhes** pode ser substituído por um possessivo? E o outro **lhe**, que função exerce na frase?
b) Reescreva as duas frases efetuando a substituição de cada **lhe** por expressões equivalentes.

54. (UFPA) Qual das alternativas abaixo está **correta**?

a) Sabeis Vossas Excelências das vossas responsabilidades?
b) Sabem Vossas Excelências das suas responsabilidades?
c) Sabeis Vossas Excelências das suas responsabilidades?
d) Sabeis Suas Excelências das vossas responsabilidades?
e) Sabem Suas Excelências das vossas responsabilidades?

55. (ITA-SP) Dadas as sentenças:

I. Ela comprou um livro para mim ler.
II. Nada há entre mim e ti.
III. Alvimar, gostaria de falar consigo.

verificamos que está(estão) **correta(s)**:

a) apenas a sentença I.
b) apenas a sentença II.
c) apenas a sentença III.
d) apenas as sentenças I e II.
e) todas as sentenças.

56. (Uniube-MG) "Fala com a gerência. Aposto que eles irão conseguir um lugar para ... . Aliás, ... mesmos aconteceu coisa idêntica."

a) ti – com nós
b) ti – conosco
c) si – com nós
d) si – conosco
e) você – conosco

57. (FCC) "Este é encargo para ... assumir sozinho, sem que se repartam as responsabilidades entre ... "

a) mim – eu e tu
b) mim – mim e tu
c) mim – mim e ti
d) eu – eu e ti
e) eu – mim e ti

58. (ITA-SP) O pronome de tratamento usado para cardeais é:

a) Vossa Santidade.
b) Vossa Magnificência.
c) Vossa Eminência.
d) Vossa Reverendíssima.
e) n.d.a.

59. (UCDB-MS) Assinale a alternativa que preenche **corretamente** as lacunas.

Orientaram-... corretamente.
Roubaram-... todas as joias.
Cumprimentei-... afetuosamente.
Informaram-... que a reunião será amanhã.

a) nos, nas, lhes, nos
b) nos, lhes, os, lhes
c) lhes, lhes, os, nos
d) nos, nas, lhes, lhes
e) lhes, nas, lhes, nos

60. (Unicamp-SP) Leia com atenção o diálogo a seguir e responda às questões que seguem.

VEJA – Como o senhor avalia a situação atual do Plano Cruzado?

SARNEY – **Neste momento** estamos passando de um estágio emocional para um estágio racional. Em fevereiro, a inflação – a inflação mais a correção monetária – estava nos conduzindo para uma situação na qual o Brasil seria um país absolutamente ingovernável. **Naquela ocasião**, fizemos o que achávamos que deveria ter sido feito, sem levar em consideração os custos políticos das nossas decisões, e sim o bem do povo. Convém lembrar que o ambiente político, **na época**, não era dos melhores. Falava-se em resistência, descontentamento, até em greve geral. Uma vez anunciada a reforma econômica, porém, o que se viu foi uma extraordinária adesão popular. Não podíamos antever que a reação seria tão favorável. O povo tomou consciência da cidadania. Agora, oito meses depois, não estamos mais na lista dos 'fiscais do Sarney' – os 'fiscais do Sarney', que na realidade eram fiscais de seus direitos, nasceram de **um momento de emoção**, e **esse momento** passou. Hoje o momento é de racionalidade e é assim que temos que vivê-lo. Fiscalizar, participar, defender seus direitos são prerrogativas do cidadão. Mas o "fiscal do Sarney" foi importante. Ele fez nascer uma consciência nova da cidadania.

Veja, nº 949, 12 nov. 1986.

a) A que elemento(s) do texto fazem referência os termos destacados?

b) Que termo você utilizaria para relacionar as duas últimas orações, de forma a manter o mesmo sentido decorrente da justaposição?

61. (Fuvest-SP) Suponha que, por qualquer motivo, você não queira empregar possessivos. Indique os demonstrativos a que recorreria para designar:

a) sua própria mão;

b) a mão de seu interlocutor.

62. (UPF-RS) Os pronomes muitas vezes retomam palavras enunciadas no texto, constituindo uma opção para que se evitem repetições enfadonhas ao longo dele. Considere, em relação ao uso do pronome **isso**, neste anúncio publicitário, as afirmações que o seguem:

"Motoqueiro, o capacete é sua segurança: ponha isso na cabeça".

I. O pronome **isso** retoma "capacete", admoestando, assim, o leitor a que use esse protetor de cabeça.

II. O pronome **isso** retoma toda a ideia "o capacete é sua segurança", insistindo, dessa forma, em que o leitor adira a esse princípio de ação.

III. O anúncio perde em força apelativa, na medida em que o emprego de **isso** leva o destinatário da mensagem a uma leitura ambígua.

IV. O chamariz apelativo do anúncio encontra-se, precisamente, no fato de o uso de **isso** desencadear uma leitura ambígua.

Dessas afirmativas, são verdadeiras apenas:

a) I e II.   c) I, III e IV.   e) II, III e IV.

b) III e IV.   d) I, II e IV.

63. (Unicamp-SP) Leia:

O Partido X dedica-se a essa atividade mais do que nunca. Ocorre que ainda está longe do desejado, seja por falta de vontade, de vocação ou de incapacidade do partido. Entre outras razões, é por esse motivo que o dólar sobe.

(RODRIGUES, Fernando. *Folha de S.Paulo*, 25 set. 2002. Parcialmente adaptado.)

Na primeira oração ocorre uma palavra (um pronome) que permite concluir que o trecho acima não é o início do texto de Fernando Rodrigues. Qual é a palavra e por que sua ocorrência permite tal conclusão?

64. (Unifesp)

Juventude além dos anos

Fui à exposição dos czares russos, recentemente encerrada. Em plena quinta-feira à tarde, notei dois grupos distintos: adolescentes e idosos. Ambos animadíssimos. Uma senhora à minha frente comentou, diante de uma vestimenta de veludo, toda bordada:

– Já tive um vestido parecido!

Observei-a. Deve ter ficado parecida com um tapete! Outras se encantavam com bules, saleiros, ícones. Puxei conversa:

– Está gostando? – perguntei a uma delas.

– Ah, sempre é bom conhecer coisas novas!

Surpreendi-me. Fui criado com a ideia de que as pessoas se aposentam e se lamentam por tudo que não fizeram. Diante de mim estava uma senhora cheia de vida, disposta a aprender, apesar dos cabelos grisalhos.

Lembrei-me da mãe de um amigo que, ao ficar viúva, mudou completamente. Deu todos os móveis. E também os porta-retratos, medalhas, jogos de louça, faqueiros, copos. Até presentes que guardava da época do casamento! Alugou seu apartamento de classe média. Foi para um bem menor, mais fácil de cuidar. Com a renda, passou a viajar em excursões. Encontrei-a há pouco tempo. Rejuvenescida. Cabelinhos curtos, roupas práticas e alegres.

– Agora que meus filhos estão criados, quero aproveitar!

Resultado: seus netos a adoram!

CARRASCO, Walcyr. *Veja SP*, 6 jul. 2005.

Considere os trechos:

"Observei-**a**."

"Encontrei-**a** há pouco tempo."

"— Agora que **meus** filhos estão criados (...)"

No texto de Walcyr Carrasco, os pronomes em destaque referem-se, respectivamente,

a) a uma senhora, a uma senhora cheia de vida, à mãe de um amigo.

b) à vestimenta de veludo, a uma senhora cheia de vida, ao narrador.

c) a uma senhora, à mãe de um amigo, à mãe de um amigo.

d) à vestimenta de veludo, à mãe de um amigo, ao narrador.

e) a uma senhora, à mãe de um amigo, a uma senhora cheia de vida.

65. (FCC) "O traço todo da vida é para muitos um desenho de criança esquecido pelo homem, e ao qual este terá sempre de se cingir sem o saber..."

A qual palavra do texto se refere diretamente o pronome **este**?

66. (UFU-MG) Assinale o período em que o **lhe** não tem valor de possessivo.

a) "[...] quase sentia morder-lhe a pele o frio úmido da madrugada [...]"

b) "A franja comprida ameaçava entrar-lhe pelos olhos crispados."

c) "Foi de olhos baixos que lhe acendeu o cigarro."

d) "A voz de Margô pareceu-lhe anônima."

e) "Um baque metálico decepou-lhe a palavra pelo meio."

67. (Unirio-RJ) Assinale o item que completa convenientemente as lacunas do trecho a seguir:

"A maxila e os dentes denotavam a decrepitude do burrinho; ... , porém, estavam mais gastos que ... ".

a) esses / aquela

b) estes / aquela

c) estes / essa

d) aqueles / esta

e) estes / esses

68. (UEL-PR) No início de 2000, a imprensa fez uma série de acusações ao prefeito de São Paulo. Diante da divulgação de sua provável renúncia, o prefeito Celso Pitta declarou que continuaria no governo, o que foi objeto da seguinte manchete de jornal: "Pitta promete ficar no governo municipal até seu final". Sobre essa manchete, considere as seguintes afirmações:

I. A palavra **seu** só pode referir-se à palavra **governo**, por ser a mais próxima.

II. A frase, como está estruturada, pode significar que Pitta será prefeito até o fim de sua vida.

III. A frase, como está estruturada, pode significar que Pitta cumprirá integralmente seu mandato na prefeitura.

a) Apenas I é correta.

b) Apenas II e III são corretas.

c) Apenas II é correta.

d) Apenas I e II são corretas.

e) I, II e III são corretas.

69. (Fuvest-SP) "Vi uma fotografia sua no metrô."

Explique pelo menos dois dos vários sentidos que podem ser atribuídos à frase acima.

70. (Efoa-MG) Leia: "Toda ciência contém, em seus fundamentos, uma mitologia. Para muitos, **a mitologia** é coisa da fantasia, enquanto **a ciência** se constitui em fala de gente séria". Os pronomes que substituem, pela ordem, os termos destacados, sem que haja alteração de sentido, são:

a) esta – essa.

b) aquela – esta.

c) essa – aquela.

d) esta – aquela.

e) aquela – essa.

71. (FCMSC-SP) "Por favor, passe ... caneta que está aí perto de você; ... aqui não serve para ... desenhar."

a) aquela, esta, mim

b) esta, esta, mim

c) essa, esta, eu

d) essa, essa, mim

e) aquela, essa, eu

72. (Unisinos-RS) O período em que o pronome possessivo destacado está mal empregado é:

a) Dirijo-me a ele, a fim de solicitar **seu** apoio.

b) Dirijo-me a ti, a fim de solicitar o **teu** apoio.

c) Dirijo-me a vós, a fim de solicitar o **vosso** apoio.

d) Dirijo-me a Vossa Senhoria, a fim de solicitar o **seu** apoio.

e) Dirijo-me a Vossa Senhoria, a fim de solicitar o **vosso** apoio.

73. (Cesgranrio-RJ) Assinale a opção que completa **corretamente** as lacunas da frase abaixo:

"Ciência e desenvolvimento tecnológico não se comportam como mercadorias: uma observação mais cuidadosa revela que tanto ... como ... são bens culturais".

a) este – aquela

b) essa – aquele

c) aquele – essa

d) esta – esse

e) esse – esta

74. (Enem) O uso do pronome átono no início das frases é destacado por um poeta e por um gramático nos textos a seguir.

Pronominais

Dê-me um cigarro
Diz a gramática
Do professor e do aluno
E do mulato sabido

Mas o bom negro e o bom branco
da Nação Brasileira
Dizem todos os dias
Deixa disso camarada
Me dá um cigarro.

ANDRADE, Oswald de. *Seleção de textos.*
São Paulo: Nova Cultural, 1988.

Iniciar a frase com pronome oblíquo átono só é lícito na conversação familiar, despreocupada, ou na língua escrita quando se deseja reproduzir a fala dos personagens [...].

CEGALLA, Domingos Paschoal. *Novíssima gramática da língua portuguesa.* São Paulo: Nacional, 1980.

Comparando a explicação dada pelos autores sobre essa regra pode-se afirmar que ambos:

a) condenam essa regra gramatical.

b) acreditam apenas que os esclarecidos sabem essa regra.

c) criticam a presença de regras na gramática.

d) afirmam que não há regras para uso de pronomes.

e) relativizam essa regra gramatical.

75. (Cesgranrio-RJ) Assinale a opção que completa as lacunas da seguinte frase: "Ao comparar os diversos rios do mundo com o Amazonas, defendia com azedume e paixão a proeminência ... sobre cada um ...".

a) desse – daquele

b) daquele – destes

c) deste – daqueles

d) deste – desse

e) deste – desses

76. (Cesgranrio-RJ) "Brandura e grosseria alternam-se em seu comportamento: já não o suporto, pois ... é o traço dominante; ... , o esporádico."

a) esse – este

b) essa – esta

c) aquele – esse

d) esta – aquela

e) esta – essa

77. (UFC-CE)

Canudos não se rendeu

Fechemos este livro.

Canudos não se rendeu. Exemplo único em toda a história, resistiu até o esgotamento completo. Expugnado palmo a palmo, na precisão integral do termo, caiu no dia 5, ao entardecer, quando caíram os seus últimos defensores, que todos morreram. Eram quatro apenas: um velho, dois homens feitos e uma criança, na frente dos quais rugiam raivosamente cinco mil soldados.

Forremo-nos à tarefa de descrever os seus últimos momentos. Nem poderíamos fazê-lo. Esta página, imaginamo-la sempre profundamente emocionante e trágica; mas cerramo-la vacilante e sem brilhos.

Vimos como quem vinga uma montanha altíssima. No alto, a par de uma perspectiva maior, a vertigem...

Ademais, não desafiaria a incredulidade do futuro a narrativa de pormenores em que se amostrassem mulheres precipitando-se nas fogueiras dos próprios lares, abraçadas aos filhos pequeninos?...

E de que modo comentaríamos, com a só fragilidade da palavra humana, o fato singular de não aparecerem mais, desde a manhã de 3, os prisioneiros válidos colhidos na véspera, e entre eles aquele Antônio Beatinho, que se nos entregara, confiante – e a quem devemos preciosos esclarecimentos sobre esta fase obscura da nossa história?

Caiu o arraial a 5. No dia 6 acabaram de o destruir, desmanchando-lhe as casas, 5200, cuidadosamente contadas.

CUNHA, Euclides da. A luta.
In: Os Sertões. São Paulo: Martin Claret, 2002. p. 532.

Transcreva do texto os termos aos quais se referem os elementos destacados nas frases a seguir.

a) "[...] quando caíram os **seus** últimos defensores [...]"

b) "[...] cerramo-**la** vacilante e sem brilhos."

c) "[...] desmanchando-**lhe** as casas [...]"

78. (UPM-SP)

No começo do século XX, o escritor paranaense Emílio de Meneses era o gênio das frases. Conta-se que certa vez, no Rio de Janeiro, viajava num bonde em cujos bancos só cabiam quatro passageiros. O do escritor já estava lotado, quando ele viu, tentando com dificuldade acomodar-se a seu lado, uma conhecida cantora lírica, gorda como ele. Foi a deixa para mais um trocadilho: "Ó, atriz atroz. Atrás, há três!"

Benício Medeiros

"Viajava num bonde em cujos bancos só cabiam quatro passageiros."

Um outro modo de relatar o fato acima, preservando o sentido original e respeitando a gramática normativa da língua, é:

a) Viajava num bonde que os bancos só acomodavam quatro passageiros.

b) Os bancos do bonde em que viajava só comportavam quatro passageiros.

c) Quatro passageiros cabiam só nos bancos do bonde onde ele viajava.

d) Viajava num bonde onde só cabiam bancos com quatro passageiros.

e) Os bancos do bonde que ele viajava só acomodavam quatro passageiros.

79. (UFC-CE) Assinale a alternativa que apresenta corretamente os antecedentes dos relativos destacados no fragmento a seguir.

"Horrorizado da aranha, desviei dela a minha luneta mágica e em movimento de repulsão levei-a até uma das extremidades do telhado, onde encontrei metade do corpo de um rato **que** (1) me olhava esperto, e com ar **que** (2) me pareceu de zombaria.

Senti vivo desejo de estudar o rato e fixei-o com a minha luneta; mas o tratante somente me deixou exposto durante minuto e meio, e fugiu-me, deixando-me ouvir certo ruído **que** (3) me pareceu verdadeira risada de rato."

a) um rato – ar – o rato

b) um rato – ar – certo ruído

c) um rato – ar – vivo desejo

d) uma aranha – esperto – vivo desejo

e) uma aranha – esperto – o rato

80. (Fuvest-SP)

Um homem precisa viajar. Por sua conta, não por meio de histórias, imagens, livros ou TV. Precisa viajar por si, com seus olhos e pés, para entender o que é seu. Para um dia plantar as suas próprias árvores e dar-lhes valor. Conhecer o frio para conhecer o calor. E o oposto. Sentir a distância e o desabrigo para estar bem sob o próprio teto. Um homem precisa viajar para lugares que não conhece para quebrar essa arrogância que nos faz ver o mundo como o imaginamos, e não simplesmente como é ou pode ser; que nos faz professores e doutores do que não vimos, quando deveríamos ser alunos, e simplesmente ir ver.

(KLINK, Amyr. Mar sem fim.)

Na frase "[...] **que** nos faz professores e doutores do que não vimos [...]", o pronome destacado retoma a expressão antecedente:

a) "para lugares".   d) "essa arrogância".

b) "o mundo".   e) "como o imaginamos".

c) "um homem".

81. (FGV-SP) "Com a migração dos investimentos surgem novos desafios, onde o tempo de retorno do capital investido tem que ser o menor possível." Considere o emprego de **onde** no trecho.

a) Seu emprego mostra-se adequado, no contexto? Justifique sua resposta.

b) Reescreva o trecho, empregando outra forma que possa substituir adequadamente a palavra **onde,** nesse contexto.

82. (UFS/PSS-SE) "Os projetos que ... estão em ordem; ... ainda hoje, conforme ... ."

a) enviaram-me, devolvê-los-ei, lhes prometi

b) enviaram-me, os devolverei, lhes prometi

c) enviaram-me, os devolverei, prometi-lhes

d) me enviaram, os devolverei, prometi-lhes

e) me enviaram, devolvê-los-ei, lhes prometi

QUESTÕES DE VESTIBULARES E ENEM | **399**

83. (UFU-MG) Assinale a **única** alternativa em que os elementos em destaque **não** podem ser substituídos por **onde**.

a) "[...] quando estava quase a suceder um desastre na entrada, entre o carro de bois e a sege **em que** a senhora vinha, a senhora, em vez de ficar séria e pensar em Deus, enfiou a cabeça por entre as cortinas para fora, rindo [...]" (Machado de Assis)

b) "Mascarenhas fez-me notar à esquerda da capela o lugar **em que** estava sepultado o ex-ministro." (Machado de Assis)

c) "Lalau sentou-se. A cadeira **em que** se sentou era uma velha cadeira de espaldar de couro lavrado e pés em arco." (Machado de Assis)

d) "[...] falou-me também da piedade e saudade da viúva, da veneração **em que** tinha a memória dele, das relíquias que guardava, das alusões frequentes na conversação." (Machado de Assis)

84. (Unicamp-SP) Leia atentamente os textos a seguir.

a) "Estes são alguns dos equipamentos que a reserva de mercado não permitia a entrada no país sem a autorização do Depin." (*Folha de S.Paulo*, 18 out. 1992)

b) "Fazer pesquisa insinuando que 64% dos brasileiros acham que existe corrupção no governo Itamar não é um ato inteligente de um jornal que todos gostamos e que é dever de nós brasileiros lutar pela conservação de sua isenção." (Adaptado de: Ewerton Almeida, vice-líder do PMDB da Bahia, Painel do Leitor, *Folha de S.Paulo*, 8 jun. 1993.)

Reescreva os trechos citados, introduzindo as sequências **cuja entrada** e **cuja isenção**, respectivamente. (Faça apenas as alterações necessárias, decorrentes da nova estrutura das frases.)

85. (Ufes) Frequentemente, nas redações escolares, usa-se inadequadamente **onde** em lugar de **em que**. Considere os fragmentos de redações escolares abaixo e assinale a alternativa que contém o emprego **adequado**.

a) O Brasil é um país **onde** ainda se registra a existência de milhões de pessoas na condição de iletrados.

b) Este milênio vem em boa hora, num momento **onde** todos os povos fortaleçem sentimentos de esperança por dias melhores.

c) Em nossos dias, é difícil ter um amor verdadeiro **onde** a pessoa possa apoiar-se e se dar bem na vida.

d) A preservação do emprego tornou-se a maior preocupação do trabalhador neste início de século, **onde** a baixa qualificação profissional aumenta a exclusão social.

e) A criança começa a frequentar a escola com seis ou sete anos. É uma idade maravilhosa **onde** ela ainda está descobrindo a vida e necessita de uma orientação.

86. (FGV-SP) O emprego e a colocação do pronome estão de acordo com a norma culta na alternativa:

a) Trata-se, evidentemente, de material muito simples, mas muitos dos que são alfabetizados não conseguem lê-lo, nem compreendê-lo.

b) Pensemos na desobediência, na heresia e nas seitas e em como o conhecimento lhes introduziu no mundo.

c) Lembre-se das rodas dentadas da pobreza, da ignorância, da falta de esperança e da baixa autoestima e de como usam-as para criar um tipo de máquina do fracasso perpétuo.

d) Temos dilemas que nos perseguem e inteligências brilhantes, que poderiam ajudar a solucionar eles rapidamente.

e) Existe a ideia de que a capacidade de ler, o conhecimento, os livros e os jornais são potencialmente perigosos; os tiranos e os autocratas sempre compreenderam-na.

87. (UFC-CE) No trecho "Eu não creio, não posso mais acreditar na bondade ou na virtude de homem algum; todos são mais ou menos ruins, falsos, e indignos; há porém alguns que sem dúvida com o fim de ser mais nocivos aos outros, e para produzir maior dano, têm o merecimento de dizer a verdade nua e crua, [...]":

I. **algum** e **alguns** são pronomes indefinidos;

II. **alguns** é sujeito do verbo haver;

III. **algum** equivale a nenhum.

Assinale a alternativa correta sobre as assertivas acima:

a) apenas I é verdadeira.

b) apenas II é verdadeira.

c) apenas I e II são verdadeiras.

d) apenas I e III são verdadeiras.

e) I, II e III são verdadeiras.

88. (UFF-RJ) Leia:

"Os amigos que me restam são de data recente; todos os antigos foram estudar a geologia dos campos santos. Quanto às amigas, algumas datam de quinze anos, outras de menos, e quase todas creem na mocidade. Duas ou três fariam crer **nela** aos outros, mas a língua que falam obriga muita vez a consultar os dicionários, e tal frequência é cansativa."

MACHADO DE ASSIS. *Dom Casmurro.*

O termo destacado (contração da preposição **em** com o pronome reto **ela**) retoma um outro de mesma função sintática. Identifique-o:

a) certidão.   c) mim.   e) pintura.

b) mocidade.   d) lacuna.

89. (Fuvest-SP) Empregando exatamente as mesmas palavras, reescreva a frase seguinte, alterando-a de modo que adquira sentido negativo:

"Algum amigo me ajudará."

90. (ITA-SP) Assinale a opção em que a palavra **onde** está corretamente empregada:

a) Após o comício, houve briga onde estavam envolvidos estudantes de duas escolas diferentes.

b) Os músicos criaram um clima de alegria onde o anfitrião foi responsabilizado.

c) Foi importante a reforma do estatuto da escola, de onde resultou melhoria de ensino.

d) Viver em um país onde saúde e educação são valorizadas é um direito de qualquer cidadão.

e) Na reunião de segunda-feira, várias decisões foram tomadas pelos sócios da empresa, onde também foi decidido o reajuste das tarifas.

CAPÍTULO 10 – Verbo

1. (CPS-SP) Considere as afirmações sobre a tirinha em que Hagar está no consultório de seu médico, o doutor Zook.

BROWNE, Dik. *O melhor de Hagar, o Horrível.* v. 4 Porto Alegre: L&PM, 2008. Adaptado.

I. As formas verbais **diga** e **seja**, empregadas pelo doutor Zook, pertencem ao modo subjuntivo, pois expressam uma solicitação.
II. Ao dizer para Hagar ser **breve** e **objetivo**, o médico deseja que ele seja sucinto.
III. Pelas reflexões de Hagar, conclui-se que, às quartas de manhã, o doutor Zook pratica golfe, por isso esse horário é inapropriado para consultas.

É correto o que se afirma em:

a) I, apenas.   b) III, apenas.   c) I e II, apenas.   d) II e III, apenas.   e) I, II e III.

2. (Enem)

Disponível em: <www.behance.net>.
Acesso em: 21 fev. 2013. (Adaptado.)

A rapidez é destacada como uma das qualidades do serviço anunciado, funcionando como estratégia de persuasão em relação ao consumidor do mercado gráfico. O recurso da linguagem verbal que contribui para esse destaque é o emprego:

a) do termo **fácil** no início do anúncio, com foco no processo.
b) de adjetivos que valorizam a nitidez da impressão.
c) das formas verbais no futuro e no pretérito, em sequência.
d) da expressão intensificadora "menos do que" associada à qualidade.
e) da locução "do mundo" associada a "melhor", que quantifica a ação.

3. (Fuvest-SP)
Leia o seguinte texto:

Um músico ambulante toca sua sanfoninha no viaduto do Chá, em São Paulo.
Chega o "rapa"* e o interrompe:
— Você tem licença?
— Não, senhor.
— Então me acompanhe.
— Sim, senhor. E que música o senhor vai cantar?

*****rapa:** carro de prefeitura municipal que conduz fiscais e policiais para apreender mercadorias de vendedores ambulantes não licenciados. Por extensão, o fiscal ou o policial do rapa.

Para o efeito de humor dessa anedota, contribui, de maneira decisiva, um dos verbos do texto. De que verbo se trata? Justifique sua resposta.

4. (CPS-SP) Assinale a alternativa cujos verbos completam, correta e respectivamente, o texto a seguir.

Ontem, um dos capitães dos times de basquete não _____ comparecer à reunião, por isso decidimos adiá-la para o próximo domingo.

_____ na sede do clube, às 10 horas e, quem se _____ a chegar mais cedo, poderá assistir a uma palestra sobre as regras do rúgbi.

a) pôde ... Estejem ... dispor
b) pôde ... Estejem ... dispuser
c) pôde ... Estejam .. dispuser
d) pode ... Estejam ... dispor
e) pode ... Estejem ... dispuser

QUESTÕES DE VESTIBULARES E ENEM

5. (Unicamp-SP) Calvin é personagem de uma conhecida tirinha americana traduzida para várias línguas.

Explique a diferença de sentido entre os verbos **ter** e **haver** em "Tem que haver um jeito melhor de fazer ele comer!", na segunda tirinha.

Texto para a próxima questão.

O trapiche

SOB A LUA, NUM VELHO TRAPICHE ABANDONADO, as crianças dormem.

Antigamente aqui era o mar. Nas grandes e negras pedras dos alicerces do trapiche as ondas ora se rebentavam fragorosas, ora vinham se bater mansamente. A água passava por baixo da ponte sob a qual muitas crianças repousam agora, iluminadas por uma réstia amarela de lua. Desta ponte saíram inúmeros veleiros carregados, alguns eram enormes e pintados de estranhas cores, para a aventura das travessias marítimas. Aqui vinham encher os porões e atracavam nesta ponte de tábuas, hoje comidas. Antigamente diante do trapiche se estendia o mistério do mar oceano, as noites diante dele eram de um verde escuro, quase negras, daquela cor misteriosa que é a cor do mar à noite.

Hoje a noite é alva em frente ao trapiche. É que na sua frente se estende agora o areal do cais do porto. Por baixo da ponte não há mais rumor de ondas. A areia invadiu tudo, fez o mar recuar de muitos metros. Aos poucos, lentamente, a areia foi conquistando a frente do trapiche. Não mais atracaram na sua ponte os veleiros que iam partir carregados. Não mais trabalharam ali os negros musculosos que vieram da escravatura. Não mais cantou na velha ponte uma canção um marinheiro nostálgico. A areia se estendeu muito alva em frente ao trapiche. E nunca mais encheram de fardos, de sacos, de caixões, o imenso casarão. Ficou abandonado em meio ao areal, mancha negra na brancura do cais.

AMADO, Jorge. *Capitães da Areia*.
São Paulo: Companhia das Letras, 2009. p. 25.

6. (UFRN) Leia o trecho a seguir.

Não mais atracaram na sua ponte os veleiros que iam partir carregados. Não mais trabalharam ali os negros musculosos que vieram da escravatura. Não mais cantou na velha ponte uma canção um marinheiro nostálgico.

Sobre esses períodos, é correto afirmar que:

a) o adjetivo **nostálgico** autoriza o leitor a inferir que todos os marinheiros eram nostálgicos.

b) as ações expressas pelas formas verbais **atracaram**, **trabalharam** e **cantou** nunca foram realizadas, ideia marcada linguisticamente pela palavra **não**.

c) as ações expressas pelas formas verbais **atracaram**, **trabalharam** e **cantou** já foram realizadas um dia, ideia marcada linguisticamente pela palavra **mais**.

d) a oração "que iam partir carregados" autoriza o leitor a inferir que todos os veleiros partiriam carregados.

7. (ESPM-SP)

A ex-secretária da Receita Federal Lina Vieira **reafirmou** à CCJ (Comissão de Constituição e Justiça) do Senado, nesta terça-feira (18), que teve um encontro particular com a ministra Dilma Rousseff (Casa Civil) e que a ministra pediu para que a fiscalização feita em empresas da família Sarney fosse acelerada. Questionada se a solicitação **teria sido interpretada** pela ex-secretária como uma forma de "deixar pra lá" a fiscalização, Lina negou.

Disponível em: <www.uol.com.br>. 18 ago. 2009.

As formas verbais em negrito indicam respectivamente:

a) Uma ação única e concluída no passado e outra cujo autor não quis responsabilizar-se pela informação do enunciado.

b) Uma ação durativa no passado e outra cujo autor quis situar o fato no futuro em relação a um momento passado.

c) Uma ação anterior a um outro fato no passado e outra cujo emissor não quis comprometer-se com a informação.

d) Uma ação hipotética e outra cujo emissor não assume a responsabilidade por provável falta de comprovação.

e) Uma ação única e acabada no passado e outra cujo autor quis apenas situar o fato no futuro em relação a um momento passado.

8. (ESPP-SP) Assinale a alternativa que completa correta e respectivamente as lacunas:

I. O tribunal _____ na decisão do juiz.
II. A vítima _____ seus bens.

a) interveio – reouve
b) interveio – reaveu
c) interviu – reouve
d) interviu – reaveu

9. (ESPM-SP)

Correio Popular, 9 set. 2006.

Observando a relação entre forma e conteúdo da charge, é possível depreender-se que não há comprometimento do político representado com sua plataforma eleitoral. Isso pode ser evidenciado pelo seguinte recurso linguístico:

a) A enumeração de ações sem complemento verbal denunciando sua não realização.
b) O uso das reticências sugerindo a falta de objetivo das promessas do candidato.
c) O imperativo, típico da função apelativa, apontando para uma coerção eleitoral.
d) O infinitivo impessoal ressaltando a ausência de um sujeito responsável pela ação.
e) A sugestão gradativa e crescente dos verbos, culminando na forma "roubar".

10. (ETEC-SP) Os **verbos de elocução** são aqueles que introduzem as falas das personagens, como aparece em: *Por isso eu digo: devemos amar os animais e não maltratá-los de jeito nenhum.*

Sabendo disso, assinale a alternativa em que os verbos de elocução completam, correta e respectivamente, as situações apresentadas.

• O técnico, nervoso e descontrolado, _____ para o time:
— Joguem com mais garra, seus preguiçosos!

• Para não perturbar o bebê que dormia, a mãe _____ à filha maior:
— Vamos sair do quarto sem fazer barulho...

• Desesperado pelo medo de perder o emprego, o rapaz _____ ao chefe:
— Por favor, reconsidere sua decisão.

a) vociferou – sussurrou – implorou
b) vociferou – sussurrou – interrogou
c) ponderou – explicou – interrogou
d) ponderou – respondeu – inquiriu
e) inquiriu – respondeu – implorou

11. (ESPM-SP)
Frequentemente nos deparamos com frases como "quando eu **rever** a matéria, entenderei melhor o assunto" (em vez de "revir"), "se você **decompor** essa equação, chegará ao resultado esperado" (em vez de "decompuser").

Linguisticamente ocorrências dessa natureza podem ser explicadas:

a) pelo baixo nível de ensino no país e pela dificuldade de seus falantes em relação à Língua Portuguesa.
b) pela dificuldade que estudantes brasileiros possuem para ter acesso a ensino de qualidade.
c) pela falta do devido conhecimento das regras de conjugação de verbos, principalmente do futuro do subjuntivo.
d) pela normal confusão que se faz entre o futuro do subjuntivo e o presente do indicativo.
e) pela semelhança nos verbos regulares entre o futuro do subjuntivo e o infinitivo flexionado, fato que não ocorre em muitos verbos irregulares.

12. (Unifei-MG) Assinale a alternativa em que o verbo "ir" é empregado na formação de uma locução verbal.

a) "Gastei trinta dias para ir do Rossio Grande ao coração de Marcela, não já cavalgando o corcel do cego desejo, mas o asno da paciência, a um tempo manhoso e teimoso." (*Memórias Póstumas de Brás Cubas*)
b) "Meu pai montava a cavalo, ia para o campo." (Infância)
c) "Vai, Carlos! ser *gauche* na vida." (Poema de sete faces)
d) "No entanto, você sabe, você lê os jornais, vai ao cinema." (Prece do brasileiro)

13. (FGV-SP) Assinale a alternativa em que os verbos **prever, intervir, propor** e **manter** estão corretamente conjugados.

a) Previu / interviu / propuser / mantesse.
b) Prevesse / intervisse / proposse / mantesse.
c) Previu / interveio / propusesse / mantera.
d) Preveu / intervim / propuser / mantivesse.
e) Previsse / intervier / propusesse / mantinha.

14. (Vunesp-SP) Assinale a alternativa cujos verbos preenchem, correta e respectivamente, as frases a seguir.

Se o motor do veículo _____ a temperatura alta, leve-o à oficina mecânica.

Quando você _____ o motorista, informe-lhe os novos endereços do Tribunal de Justiça.

a) manter ... ver
b) manter ... vir
c) manter ... viu
d) mantiver ... ver
e) mantiver ... vir

15. (FGV-SP) *Dai-nos a Graça Divina.*
Assinale a alternativa em que se fez corretamente a passagem do verso acima para a forma negativa.

a) Não nos deis a Graça Divina
b) Não nos dês a Graça Divina
c) Não nos dai a Graça Divina
d) Não nos dê a Graça Divina
e) Não nos dais a Graça Divina

16. (Cesgranrio-RJ) Complete a sentença com a forma verbal correta. *O governo pede que a população...*

a) economiza água todos os dias.
b) esteje atenta ao desperdício.
c) propõe modos de poupar água.
d) não despeje dejetos em rios.
e) não consome água em excesso.

17. (Cesgranrio-RJ) "Isso não quer dizer que seus funcionários **sejam** preguiçosos."

Assinale a opção em que o verbo está flexionado no mesmo tempo e modo que o destacado na passagem acima.

a) **Estejam** atentos na hora da reunião.
b) Os ventos **sopram** em direção ao mar.
c) Gostaria de que ele **fosse** mais educado.
d) Se **reouver** os documentos perdidos, ficarei aliviado.
e) Espero que você **cumpra** o horário do trabalho.

18. (Vunesp-SP) Assinale a alternativa em que a flexão verbal está corretamente empregada, de acordo com a norma culta.

a) Quando muitas entidades filantrópicas transporem a barreira da falta de doações, a ajuda chegará mais rapidamente.
b) O Governo interviu na administração daquela instituição.
c) Se as empresas socialmente responsáveis manterem seus programas de ajuda, aquelas famílias ficarão assistidas.
d) Quando você vir uma pessoa necessitada de ajuda, não lhe negue o pedido.
e) Muitas famílias carentes se precavêm em tempo: antes de a enchente chegar.

19. (Vunesp-SP) Na frase – *O Diário Oficial* **sofreu** três reformas, inclusive a que o **transformou** em *Jornal do Estado.* – passando os verbos destacados para o tempo futuro, tem-se:

a) sofre e transformaria.
b) sofrerá e transforma.
c) sofrera e transformara.
d) sofre e transformará.
e) sofrerá e transformará.

20. (Enem)

Narizinho correu os olhos pela assistência. Não podia haver nada mais curioso. Besourinhos de fraque e flores na lapela conversavam com baratinhas de mantilha e miosótis nos cabelos. Abelhas douradas, verdes e azuis falavam mal das vespas de cintura fina – achando que era exagero usarem coletes tão apertados. Sardinhas aos centos criticavam os cuidados excessivos que as borboletas de toucados de gaze tinham com o pó das suas asas. Mamangavas de fraque amarrados para não morderem. E canários cantando, e beija-flores beijando flores, e camarões camaronando, e caranguejos caranguejando, tudo que é pequenino e não morde, pequeninando e não mordendo.

LOBATO, Monteiro. *Reinações de Narizinho*.
São Paulo: Brasiliense, 1947.

No último período do trecho, há uma série de verbos no gerúndio que contribuem para caracterizar o ambiente fantástico descrito. Expressões como "camaronando", "caranguejando" e "pequeninando e não mordendo" criam, principalmente, efeitos de:

a) esvaziamento de sentido.
b) monotonia do ambiente.
c) estaticidade dos animais.
d) interrupção dos movimentos.
e) dinamicidade do cenário.

21. (UFPI)

O medo social

No Rio de Janeiro, uma senhora dirigia seu automóvel com o filho ao lado. De repente foi assaltada por um adolescente que a roubou, ameaçando cortar a garganta do garoto. Dias depois, a mesma senhora reconhece o assaltante na rua.

Veja

Na forma verbal **reconhece**:

a) a vogal temática **e** aparece em todas as pessoas gramaticais.
b) a desinência número-pessoal da primeira pessoa do singular é idêntica à terceira.
c) a desinência número-pessoal da segunda pessoa do plural é **s**.
d) a vogal temática e a desinência modo-temporal são ausentes em todas as pessoas gramaticais.
e) a desinência modo-temporal é ausente em todas as pessoas gramaticais.

22. (Ufscar-SP) Leia o texto seguinte:

Desculpe-nos pela demora em responder a sua reclamação sobre a sua TV de plasma. Precisávamos ter a certeza de que a nossa matriz aqui no Brasil estaria nos enviando a referida peça. Na próxima semana, estaremos fazendo uma revisão geral no aparelho e vamos estar enviando ele para o senhor. Atenciosamente...

Texto do *e-mail* de uma empresa, justificando o
atraso em consertar um aparelho eletrônico.

Observa-se, nesse texto, um problema de estilo comum nas correspondências comerciais e nas comunicações de telemarketing e também um desvio da norma-padrão do português do Brasil.

a) Identifique o problema de estilo e redija o trecho em que ele ocorre, corrigido.
b) Identifique o desvio e redija o trecho em que ele ocorre, corrigido.

Leia o seguinte excerto do discurso de posse de Luiz Inácio Lula da Silva, no Congresso Nacional (*Veja*, 8 jan. 2003), e responda às questões 23 e 24.

Quando olho a minha própria vida do retirante nordestino, de menino que vendia amendoim e laranja no cais de Santos, que se tornou torneiro mecânico e líder sindical, que um dia fundou o Partido dos Trabalhadores e acreditou no que estava fazendo, que agora assume o posto de supremo mandatário da nação, vejo e sei, com toda clareza e com toda convicção, que nós podemos muito mais.

23. (UFMS) Ao usar a 3ª pessoa (ele) em lugar da 1ª (eu), em grande parte do trecho citado, Lula cria um efeito de sentido de:

a) desprezo por sua origem humilde e por sua luta pela sobrevivência.
b) sintonia com os deputados e senadores presentes à posse.
c) distanciamento e objetividade na avaliação do vivido.
d) transbordamento emocional, diante de um sonho longamente acalentado.
e) subjetividade e aproximação dos anseios manifestados pela população.

24. Leia as afirmações abaixo:

I. Ao usar a 1ª pessoa do plural, no final do texto, Lula inclui seus interlocutores na capacidade de vencer os obstáculos que a vida impõe.

II. O imperativo afirmativo (**vejo** e **sei**), somado às expressões "com toda clareza" e "com toda convicção", contribui para reafirmar o tom otimista do texto.

III. O emprego do pretérito imperfeito (**vendia**) e do pretérito perfeito (**se tornou, fundou, acreditou, assumiu**) contrapõe uma ação durativa a ações pontuais.

IV. Quanto ao tipo textual, o trecho reproduzido mescla narração e argumentação.

De acordo com o texto, está correto o que se afirma:

a) nas alternativas I, II e III.

b) apenas na alternativa II.

c) nas alternativas I, III e IV.

d) nas alternativas III e IV.

e) nas alternativas II e III.

25. (UFRJ)

Texto

Na contramão dos carros ela vem pela calçada, solar e musical, para diante de um pequeno jardim, uma folhagem, na entrada de um prédio, colhe uma flor inesperada, inspira e ri, é a própria felicidade – passando a cem por hora pela janela. Ainda tento vê-la no espelho mas é tarde, o eterno relance. Sua imagem quase embriaga, chego no trabalho e hesito, por que não posso conhecer aquilo? – a plenitude, o perfume inusitado no meio do asfalto, oculto e óbvio. Sempre minha cena favorita.

Ela chegaria trazendo esquecimentos, a flor no cabelo. Eu estaria à espera, no jardim.

E haveria tempo.

> CASTRO, Jorge Viveiros de. *De todas as únicas maneiras & outras.* Rio de Janeiro: 7Letras, 2002. p. 113.

Ao longo do texto, utilizam-se dois tempos verbais. Identifique-os e justifique o emprego de cada um, considerando a experiência narrada no texto.

26. (UFC-CE)

1   Padre Anselmo olhou com tristeza as mulheres ajoelhadas à sua frente. Ia começar a missa e sentia-se extremamente cansado. Onde aquela piedade com que celebrava nos seus tempos de jovem sacerdote, preocu-
5 pado com a salvação das almas? As coisas haviam mudado. Discutiam-se os novos ritos, as novas fórmulas. [...] Sentia-se tímido, vencido, olhando para os fiéis, pronunciando palavras na língua que falava em casa, na rua. A mesma língua dos bêbados, dos vagabundos, das
10 meretrizes. De todos. Benzeu-se instintivamente:

— Em nome do Pai, do Filho, do Espírito Santo. Amém.

> BEZERRA, João Clímaco. *A vinha dos esquecidos.* Fortaleza: UFC, 2005. p. 32-3.

Considere as afirmativas sobre o emprego dos verbos do texto e, em seguida, assinale a alternativa correta.

I. **sentia-se** (linha 02) indica anterioridade em relação a **Ia começar** (linha 02).

II. **celebrava** (linha 04) indica posterioridade em relação a **sentia-se** (linha 02).

III. **haviam mudado** (linhas 05 e 06) indica simultaneidade em relação a **Ia começar** (linha 02).

a) Apenas I é verdadeira.

b) Apenas II é verdadeira.

c) Apenas III é verdadeira.

d) Apenas I e II são verdadeiras.

e) Apenas I e III são verdadeiras.

27. (Fuvest-SP) Os verbos estão corretamente empregados apenas na frase:

a) No cerne de nossas heranças culturais se encontram os idiomas que as transmitem de geração em geração e que assegurem a pluralidade das civilizações.

b) Se há episódios traumáticos em nosso passado, não poderemos avançar a não ser que os encaramos.

c) Estresse e ambiente hostil são apenas alguns dos fatores que possam desencadear uma explosão de fúria.

d) A exigência interdisciplinar impõe a cada especialista que transcenda sua própria especialidade e que tome consciência de seus próprios limites.

e) O que hoje talvez possa vir a tornar-se uma técnica para prorrogar a vida, sem dúvida amanhã possa vir a tornar-se uma ameaça.

28. (UFPR) Em que alternativa a forma passiva apresentada em 2 conserva as mesmas relações de sentido da forma ativa apresentada em 1?

a) 1 – O diretor custou a demitir o funcionário suspeito de fraude.

2 – O funcionário suspeito de fraude custou a ser demitido pelo diretor.

b) 1 – O diretor pretende demitir o funcionário suspeito de fraude.

2 – O funcionário suspeito de fraude pretende ser demitido pelo diretor.

c) 1 – O diretor gostaria de demitir o funcionário suspeito de fraude.

2 – O funcionário suspeito de fraude gostaria de ser demitido pelo diretor.

d) 1 – O diretor tentou demitir o funcionário suspeito de fraude.

2 – O funcionário suspeito de fraude tentou ser demitido pelo diretor.

e) 1 – O diretor quer demitir o funcionário suspeito de fraude.

2 – O funcionário suspeito de fraude quer ser demitido pelo diretor.

29. (UFJF-MG) "Terapia ocupacional – É curioso imaginar como seria a implantação do projeto de lei nº 1676. Primeira questão: quem elaboraria o 'índex' das palavras proibidas? Em seu projeto, Aldo Rebelo sugere que seja a Academia Brasileira de Letras. Sempre que um termo estrangeiro fosse posto em circulação, a ABL teria noventa dias para encontrar um equivalente em português. Seria uma ótima terapia ocupacional para os velhinhos, [...]"

No fragmento acima, temos o uso frequente do **futuro do pretérito**. Justifique essa escolha para o efeito de sentido desejado pelo autor.

30. (ESPM-SP) Em meio a um dos depoimentos nas Comissões Parlamentares de Inquérito em Brasília, o então ministro e deputado federal José Dirceu, ante as acusações, soltou um "eu repilo", forma verbal da 1ª pessoa do singular do presente do indicativo do verbo **repelir**. Dos verbos abaixo, pertencentes ao grupo do verbo **repelir**, um apresenta conjugação **errônea**. Assinale-a:

a) **cerzir:** eu cerzo meu paletó.

b) **aderir:** eu adiro às suas ideias.

c) **competir:** eu compito com você nessa carreira.

d) **despir:** eu dispo a roupa rapidamente.

e) **discernir:** eu discirno um fato do outro.

31. (UFF-RJ)

Tenho passado a vida a criar deuses que morrem logo, ídolos que depois derrubo – uma estrela no céu, algumas mulheres na terra..."

RAMOS, Graciliano. *Caetés*.

O emprego da forma verbal destacada acima indica, de modo particular:

a) a repetição da ação até o presente.

b) a ocorrência da ação em um passado distante.

c) a necessidade de que a ação ocorra no presente.

d) a atenuação de uma afirmativa sobre determinada ação.

e) a informação de que a ação teve início e fim no passado.

32. (ITA-SP) Leia o texto abaixo e assinale a alternativa correta:

Sonolento leitor, o jogo do Brasil já aconteceu. Como estou escrevendo ontem, não faço ideia do que ocorreu. Porém, tentei adivinhar a atuação dos jogadores. Cabe ao leitor avaliar minha avaliação e dar-me a nota final."

TORERO, José Roberto. *Folha de S.Paulo*, 13 jun. 2002. A-1.

Com o uso do advérbio em "Como estou escrevendo **ontem**...", o autor:

a) marcou que a leitura do texto acontece simultaneamente ao processo de produção do texto.

b) adequou esse elemento à forma verbal composta de auxiliar + gerúndio, para guiar a interpretação do leitor.

c) não observou a regra gramatical que impede o uso do verbo no presente com aspecto durativo juntamente com um marcador de passado.

d) sinalizou explicitamente que a produção e a leitura do texto acontecem em momentos distintos.

e) lançou mão de um recurso que, embora gramaticalmente incorreto, coloca o leitor e o produtor do texto em momentos distintos: passado e presente, respectivamente.

33. (Fuvest-SP) Entre as mensagens abaixo, a única que está de acordo com a norma escrita culta é:

a) Confira as receitas incríveis preparadas para você. Clica aqui!

b) Mostra que você tem bom coração. Contribua para a campanha do agasalho!

c) Cura-te a ti mesmo e seja feliz!

d) Não subestime o consumidor. Venda produtos de boa procedência.

e) Em caso de acidente, não siga viagem. Pede o apoio de um policial.

34. (Ufam) Assinale o item em que há **erro** na forma verbal.

a) O grande líder reouve a tempo o prestígio abalado.

b) Bem que ele se precaviu, mas o colega foi mais esperto.

c) Abstende-vos de julgar o próximo.

d) Eles se têm desavindo frequentemente.

e) São os filhos que proveem as necessidades da casa.

35. (ESPM-SP) Leia o trecho:

Toda a gente dormia com a mulher do Jaqueira. Era só empurrar a porta. Se a mulher não abria logo, Jaqueira ia abrir, bocejando e ameaçando:

— Um dia eu **mato** um peste. Matou. Escondeu-se por detrás de um pau e descarregou a lazarina bem no coração de um freguês.

RAMOS, Graciliano. *São Bernardo*.

A forma verbal grifada:

a) está no pretérito, indicando uma ação durativa ou repetitiva que começa num passado mais ou menos distante e perdura ainda no momento em que se fala.

b) está no futuro do pretérito, indicando uma ação hipotética.

c) está no presente, indicando que a ação se dará num tempo futuro.

d) está no futuro, indicando que a ação se dará num tempo presente.

e) está no presente, indicando uma ação momentânea ou pontual.

36. (FGV-SP)

Estamos comemorando a entrega de mais de mil imóveis. São mais de 1 000 sonhos realizados. Mais de oito imóveis são entregues todo dia. Quer ser o próximo? Então vem para a X Consórcios. Entre você também para o consórcio que o Brasil inteiro confia.

Texto de anúncio publicitário, editado.

Há quebra da uniformidade de tratamento no emprego das formas verbais **quer** e **vem**.

a) Em qual pessoa verbal essas formas estão conjugadas?

b) Reescreva o trecho "Quer ser o próximo? Então vem para a X Consórcios" compatibilizando o tratamento com a sequência do texto.

37. (Fuvest-SP)

Décadas atrás, vozes bem afinadas cantavam no rádio esta singela quadrinha de propaganda:

As rosas desabrocham
Com a luz do sol,
E a beleza das mulheres
Com o creme Rugol.

Os versos nunca fizeram inveja a Camões, mas eram bonitinhos. E sabe-se lá quantas senhoras não foram atrás do creme Rugol para se sentirem novinhas em folha, rosas resplandecentes.

Quintino Miranda

a) Reescreva o primeiro parágrafo do texto, substituindo "Décadas atrás" por "Ainda hoje" e transpondo a forma verbal para a voz passiva. Faça as adaptações necessárias.

b) Que expressões da quadrinha justificam o emprego de **novinhas em folha** e de **resplandecentes** no comentário feito pelo autor do texto?

38. (UFPR) Entre as afirmações a seguir, extraídas de notícia de jornal, são apresentadas como **fatos**, e não como **hipóteses** ou **opiniões**, as alternativas:

01. Cinto de segurança pode ter falhado em 25 acidentes.
02. A ação das madeireiras da Amazônia está fora de controle, segundo algumas pessoas.
04. Palestinos e israelenses não conseguiram chegar a um acordo para pôr fim à onda de violência que já provocou mais de 100 mortes nos últimos 20 dias.
08. O ex-presidente iugoslavo e seus aliados seriam criminosos que possuem mais de US$ 100 milhões em fundos de investimentos internacionais.
16. Equipes médicas chegam a Uganda para tentar conter a epidemia de febre hemorrágica ebola.
32. Seja qual for o próximo presidente americano, é provável que a população cubana saia perdedora das eleições.

39. (Aman-RJ) Há uma frase com incorreção na flexão verbal. Assinale-a.

a) É preciso que nos penteamos bem para a cerimônia.
b) Convém que vades ver vosso pai doente.
c) Ele freou o carro bem perto da criança que corria.
d) Desavieram-se os dois amigos, ante a vitória do Corinthians.
e) Todas as frases acima estão corretas.

40. (PUC-SP) Uma das alternativas abaixo está errada quanto à correspondência no emprego dos tempos verbais. Assinale qual é essa alternativa.

a) Porque arrumara carona, chegou cedo à cidade.
b) Se tivesse arrumado carona, chegaria cedo à cidade.
c) Embora arrume carona, chegará tarde.
d) Embora tenha arrumado carona, chegou tarde.
e) Se arrumar carona, chegaria cedo à cidade.

41. (ESPM-SP) Assinale o item em que o verbo no presente do indicativo expresse um processo frequentativo:

a) Ronaldinho pega a bola no meio de campo, avança, dribla o zagueiro, chuta no canto e... é gooool!
b) Ana, onde você estuda? Você trabalha?
c) Hitler toma posse no cargo de chanceler e, a partir daí, começa a ditadura nazista na Alemanha.
d) Por um ponto passam infinitas retas.
e) Deposito o dinheiro na sua conta hoje à noite.

42. (Fuvest-SP) Considerando a necessidade de correlação entre tempos e modos verbais, assinale a alternativa em que ela foge às normas da língua escrita padrão.

a) A redação de um documento **exige** que a pessoa **conheça** uma fraseologia complexa e arcaizante.
b) Para alguns professores, o ensino da Língua Portuguesa **será** sempre melhor se **houver** domínio das regras de sintaxe.
c) O ensino de português **tornou-se** mais dinâmico depois que textos de autores modernos **foram introduzidos** no currículo.
d) O ensino de português já **sofrera** profundas modificações, quando se **organizou** um Simpósio Nacional para discutir o assunto.
e) Não **fora** a coerção exercida pelos defensores do purismo linguístico, todos **teremos** liberdade de expressão.

43. (FGV-SP) Em qual das alternativas não há a necessária correlação temporal das formas verbais?

a) A festa aconteceu no mesmo edifício em que transcorrera o passamento de José Mateus, vinte anos antes.
b) Quando Estela descer da carruagem, poderia acontecer-lhe uma desgraça se o cocheiro não dispuser adequadamente o estribo.
c) Tendo visto o pasto verde, o cavalo pôs-se a correr sem que alguém pudesse controlá-lo.
d) Pelo porte, pelo garbo, todos perceberam que Antônio Sé fora militar de alta patente.
e) Se o policial não tivesse intervindo a tempo, teria ocorrido a queda do canhão.

44. (FGV-SP) "O artista Juan Diego Miguel apresenta a exposição 'Arte e Sensibilidade', no Museu Brasileiro da Escultura (Mube), de suas obras que acabam de chegar no país.

Seu sentido de inovação tanto em temas como em materiais que elege é sempre de uma sensação extraordinária para o espectador.

Juan Diego sensibiliza-se com os materiais que nos rodeam e lhes dá vida com uma naturalidade impressionante, encontrando liberdade para buscar elementos no fauvismo de Henri Matisse, no cubismo de Pablo Picasso e do contemporâneo de Juan Gris. Uma arte que está reservada para poucos.

Exposição: de 3 de agosto a 2 de setembro, das 10 às 19h."

A conjugação do verbo **rodear** está correta no texto? Justifique sua resposta.

45. (Ibmec) "E, por isso, os espectadores se tornam cada vez mais preguiçosos, mais alérgicos a um entretenimento que requeira esforço intelectual."

Sobre o verbo **requerer** é correto afirmar que:

a) segue o modelo do verbo querer; é irregular; pretérito imperfeito do subjuntivo é requisesse;
b) não segue o modelo do verbo querer; a 3ª pessoa do singular no pretérito mais-que-perfeito do indicativo é requerera;
c) segue o modelo do verbo querer; a 3ª pessoa do singular do imperativo afirmativo é requeira;
d) não segue o modelo do verbo querer; é regular em todos os tempos, a 3ª pessoa do singular do pretérito perfeito do indicativo é requereu;
e) não segue o modelo do verbo querer; mas é irregular nos tempos do subjuntivo.

46. (Ufac) Considere as oposições entre os seguintes pares:

I. brigar andando × andar brigando
II. sorrir correndo × correr sorrindo
III. trabalhar fumando × fumar trabalhando
IV. dormir roncando × roncar dormindo
V. escrever chorando × chorar escrevendo

Embora pareça pequena, a diferença de sentido entre os pares existe. Em um deles, porém, esta diferença será bem mais acentuada, se um dos verbos for considerado auxiliar do outro. Em que par existe esta possibilidade?

a) par I   c) par III   e) par V
b) par II   d) par IV

47. (ITA-SP) Considere o uso do particípio nas frases abaixo:

I. Considerado um dos principais pensadores da educação no país, o economista Cláudio de Moura Castro sintetiza a relação atual do diploma com o mercado de trabalho em uma frase [...].

II. Equilibrados demais acessórios, igualado o preço, o motor pode desempatar a escolha do consumidor.

III. Brasileiro nascido na China, Wong observa que é em países como esses [...].

Considere ainda a seguinte regra gramatical:

[...] a oração de particípio tem sujeito diferente do sujeito da oração principal e estabelece, para com esta, uma relação de anterioridade.

CUNHA, C.; CINTRA, L. *Nova gramática do português contemporâneo.* Rio de Janeiro: Nova Fronteira, 1985. p. 484.

Esta regra se aplica:

a) apenas a I.   d) apenas a II.

b) a I e II.   e) a II e III.

c) a I e III.

48. (ESPM-SP) Na frase: "Qualquer dia desses, **passo** na sua casa, Jacinto.", a forma verbal destacada:

a) está no presente, indicando uma ação momentânea ou pontual.

b) está no pretérito, indicando uma ação durativa ou repetitiva que começa num passado mais ou menos distante e perdura ainda no momento em que se fala.

c) está no presente, indicando uma verdade universal.

d) está no presente, indicando que a ação se dará num tempo futuro.

49. (PUC-RJ) Substitua cada verbo destacado no período abaixo por uma estrutura composta por um outro verbo e um substantivo derivado do verbo destacado. Utilize dois verbos diferentes.

"Com o objetivo de **esclarecer** e **informar** sobre as atuais tendências do mercado, o *Jornal da PUC* inicia, neste número, uma série de reportagens sobre o tema."

a) esclarecer   b) informar

50. (PUC-SP)

Essas meninas

As alegres meninas que passam na rua, com suas pastas escolares, às vezes com seus namorados. As alegres meninas que estão sempre rindo, comentando o besouro que entrou na classe e pousou no vestido da professora; essas meninas; essas coisas sem importância.

O uniforme as despersonaliza, mas o riso de cada uma as diferença. Riem alto, riem musical, riem desafinado, riem sem motivo; riem.

Hoje de manhã estavam sérias, era como se nunca mais voltassem a rir e falar coisas sem importância.

Faltava uma delas. O jornal dera notícia do crime. O corpo da menina encontrado naquelas condições, em lugar ermo. A selvageria de um tempo que não deixa mais rir.

As alegres meninas, agora sérias, tornaram-se adultas de uma hora para outra; essas mulheres.

ANDRADE, C. Drummond de. *Contos plausíveis.* Rio de Janeiro: José Olympio, 1985. p. 76.

Sobre o texto, podemos afirmar que o autor utiliza as formas verbais: **passam**, **estão rindo**, **despersonaliza**, **diferencia** e **riem** como recurso linguístico, denotando uma declaração que:

a) Se verifica ou se prolonga até o momento em que se fala.

b) Acontece habitualmente, em qualquer tempo (o "passado contínuo").

c) Representa uma verdade universal (o "presente eterno").

d) Repete um fato consumado.

e) Exprime incerteza ou ideia aproximada, simples possibilidade ou asseveração modesta.

51. (FGV-SP) Examine o termo destacado nos períodos abaixo.

O frasco maior **contém** mais líquido, é evidente.

O relato da testemunha não **condiz** com os fatos apontados pelos peritos.

Ele não **intervirá** na questão entre o árbitro e o atleta.

Assinale a alternativa correta a respeito desses verbos, colocados no pretérito perfeito, mas mantida a pessoa gramatical.

a) Conteve, condiria, interveio.

b) Conteu, condizia, inteveio.

c) Conteve, condisse, interveio.

d) Conteu, condisse, interviu.

e) Continha, condizeu, interviu.

Texto para as questões 52 e 53.

Senhor feudal
Se Pedro Segundo
Vier aqui
Com história
Eu boto ele na cadeia.

Oswald de Andrade

52. (Unifesp) De acordo com a norma-padrão, o último verso assumiria a seguinte forma:

a) Eu boto-lhe na cadeia.

b) Boto-no na cadeia.

c) Eu o boto na cadeia.

d) Eu lhe boto na cadeia.

e) Lhe boto na cadeia.

53. (Unifesp) A correlação entre os tempos verbais está correta em:

a) Se Pedro Segundo viesse aqui com história eu botaria ele na cadeia.

b) Se Pedro Segundo vem aqui com história eu botava ele na cadeia.

c) Se Pedro Segundo viesse aqui com história eu boto ele na cadeia.

d) Se Pedro Segundo vinha aqui com história eu botara ele na cadeia.

e) Se Pedro Segundo vier aqui com história eu terei botado ele na cadeia.

54. (PUC-RJ) Reescreva o período abaixo colocando o verbo **considerar** na voz ativa:

Cinco séculos depois, no dia 12 de outubro de 1989, em uma corte de justiça dos Estados Unidos, um índio mixteco foi considerado "retardado mental" porque não falava corretamente a língua castelhana.

408 QUESTÕES DE VESTIBULARES E ENEM

55. (UFV-MG) Quase todos os verbos derivados conjugam-se por seus primitivos. Assim, "expor" e "obter", por exemplo, conjugam-se pelos verbos "pôr" e "ter", respectivamente. Assinale a alternativa em que há **erro** na conjugação do verbo derivado em destaque:

a) Devemos agir com rigor sempre que **prevermos** a má intenção do palestrante.

b) Não aceitarei as críticas, provenham elas de onde **provierem**.

c) O diplomata brasileiro **interveio** na palestra do economista americano.

d) Creio que os brasileiros já **reouveram** o tempo perdido.

e) Se o palestrante **mantivesse** a necessária prudência, não ouviria os protestos que ouviu.

56. (UEPG-PR) Há perfeita correlação entre voz ativa e passiva em:

01) Eu poderia ter contado a história – A história poderia ter sido contada.

02) Eu poderia contar a história – A história poderia ser contada.

04) Eu contaria a história – A história teria sido contada.

08) Eu poderei ter contado a história – A história poderá ter sido contada.

16) Eu poderei contar a história – A história poderá ser contada.

57. (ITA-SP) Os versos abaixo são da letra da música "Cobra", de Rita Lee e Roberto de Carvalho.

Não me cobre ser existente
Cobra de mim que sou serpente.

Com relação ao emprego do imperativo nos versos, podemos afirmar que:

a) a oposição imperativo negativo e imperativo afirmativo justifica a mudança do verbo "cobre" / "cobra".

b) a diferença de formas ("cobre" / "cobra") não é registrada nas gramáticas normativas, porque há inadequação na flexão do segundo verbo ("cobra").

c) a diferença de forma ("cobre" / "cobra") deve-se ao deslocamento da 3ª pessoa para a 2ª pessoa do sujeito verbal.

d) o sujeito verbal (3ª pessoa) mantém-se o mesmo, portanto o emprego está adequado.

e) o primeiro verbo no imperativo negativo opõe-se ao segundo que se encontra no presente do indicativo.

58. (Unicamp-SP) O caderno Fovest do jornal *Folha de S.Paulo*, de 28 nov. 1991, fez a seguinte recomendação aos vestibulandos, para que fossem bem-sucedidos na prova de redação do vestibular da Unicamp/92.

Como escrever

Olho vivo para não maltratar o português. Preste atenção ao enunciado. Se fugir do tema, copiar o texto apresentado ou fazer uma narração (relato de uma história) onde é pedida uma dissertação (defesa de uma ideia), a redação será anulada.

Apesar de recomendar cuidado no uso do português, o jornal comete um erro gramatical no texto citado.

a) Transcreva a passagem em que há um erro gramatical.

b) Há uma explicação para a ocorrência desse tipo de erro. Qual é?

59. (UFRS) Substituir a expressão destacada por um verbo.

a) Este texto é **proveniente** de um programa teatral.

b) **Somos inclinados** a crer que ele diz a verdade.

60. (Unicamp-SP) Lendo a notícia abaixo, você poderá observar que, além de constar da manchete, o verbo **cobrar** ocorre duas vezes no texto.

Defensor cobra investigações no DSP

O defensor público E. C. K. da 9ª Vara Criminal levou ao juiz das execuções penais petição cobrando investigação sobre as denúncias de corrupção envolvendo agentes penitenciários. Um grupo de presos da Delegacia Especializada de Roubos e Furtos denunciou que agentes do Departamento do Sistema Penitenciário estariam cobrando CR$ 5 000,00 por uma vaga nos presídios da Capital. O diretor do DSP, P. Vinholi, disse que ainda não está apurando as denúncias porque considera "impossível ocorrer tal tipo de transação".

Diário da Serra, Campo Grande, 26 e 27 set. 1993.

a) Transcreva os dois trechos em que ocorre aquele verbo, na mesma ordem.

b) Reescreva as duas sentenças usando sinônimos de **cobrar**.

61. (Unicamp-SP) As gramáticas costumam definir os tempos verbais de forma simplificada. C. Cunha e L. Cintra, por exemplo, em sua *Nova gramática do português contemporâneo*, dizem que o futuro designa um fato ocorrido após o momento em que se fala. Observe como Bastos Tigre joga com essa noção de futuro para dar uma interpretação engraçada do sétimo mandamento.

Não furtarás – prega o Decálogo e cada homem deixa para amanhã a observância do sétimo mandamento.

Citado por Mendes Fradique em sua Grammatica portugueza pelo methodo confuso, 1928.

a) Qual a interpretação usual (feita, por exemplo, por um rabino, um pastor ou um padre) desse mandamento?

b) Qual a interpretação feita por Bastos Tigre?

62. (ESPM-SP) Nas frases abaixo, todas as formas verbais estão incorretas segundo o que preceitua a gramática, exceto uma. Assinale a única correta.

a) Se você decompor esta equação, chegará aos resultados previstos.

b) Eu tenho chego tarde ao trabalho.

c) O investidor ainda não reaveu o dinheiro aplicado nas Bolsas de Valores.

d) Quando você revir esse contrato, entenderá melhor seus direitos.

e) Se o funcionário obter sucesso no desempenho da função, ganhará transferência para a matriz nos EUA.

63. (Unifor-CE) Transpondo para a voz passiva a frase "O capataz havia surpreendido os escravos", a forma verbal resultante será:

a) surpreenderam-se.

b) havia sido surpreendido.

c) haveriam de ser surpreendido.

d) haviam sido surpreendidos.

e) foram surpreendidos.

64. (UFV-MG) Nos períodos de C. D. de Andrade, citados abaixo, assinale a opção em que o verbo está na voz passiva.

a) "E não soubemos, ah, não soubemos amá-las,
E todas sete foram mortas."

b) "E patati patati patatá...
Sete quedas por nós passaram."

c) "Sete fantasmas, sete crimes
Dos vivos golpeando a vida
Que nunca mais renascerá."

d) "Sete quedas por mim passaram.
E todas sete somem no ar."

e) "Aqui outrora retumbaram vozes
Da natureza imaginosa, fértil
Em teatrais encenações de sonhos."

65. (FGV-SP) Assinale a alternativa em que é incorreto o uso do particípio regular ou irregular.

a) Não haveria mais o que discutir, pois o mancebo havia entregado o livro para Íris.

b) Aquiles sentiu um puxão nas fraldas da camisa, que estavam soltas.

c) Era verdade que a fruta parecia passada, que recendia a podre. Lozardo provocou o pároco, mas percebeu que todas as luzes seriam acesas. Afastou-se da fruteira.

d) A lei tinha já extinto qualquer penalidade para aquele ato, que não mais era considerado ilícito.

e) José Américo tinha soltado o freio da motocicleta, para evitar acidente maior. Mesmo assim, as consequências da queda foram bastante sérias.

66. (Unip-SP) Dos verbos abaixo, assinale o único que não apresenta duplo particípio.

a) abrir   c) eleger   e) enxugar
b) imprimir   d) morrer

67. (UEPG-PR) O verbo que pode ser usado como auxiliar na formação de locuções verbais é:

a) eleger.   c) trabalhar.   e) cantar.
b) envolver.   d) ir.

68. (UFMG) Em qual dos períodos abaixo há incorreção no uso das formas verbais, de acordo com as regras da gramática normativa?

a) Sugira o que lhe aprouver; só nos absteremos de lutar quando virmos que todos os recursos foram esgotados.

b) Todos aqueles que veem o espetáculo voltam novamente; só não vem quem não tem dinheiro.

c) Detive-me à frente deles e intervi na discussão que já se estava tornando séria.

d) Se dispuserem de algum tempo, entretenham-se a caminhar por aqueles bosques e satisfarão toda a sua nostalgia de infância.

e) Se nos desfizéssemos de nossos poucos pertences, não teríamos como enfrentar os rigores do inverno.

69. (Fesb-SP) Transpondo para a voz ativa a frase "As testemunhas seriam ouvidas pelo juiz corregedor", obtém-se a forma verbal:

a) irão ser ouvidas.   d) deviam ser ouvidas.
b) estaria ouvindo.   e) vai ouvir.
c) ouviria.

70. (UFF-RJ) Assinale a série em que estão devidamente classificadas as formas verbais em destaque:

"Ao **chegar** da fazenda, espero que já **tenha terminado** a festa."

a) futuro do subjuntivo – pretérito perfeito do indicativo

b) infinitivo – presente do subjuntivo

c) futuro do subjuntivo – presente do subjuntivo

d) infinitivo – imperfeito do subjuntivo

e) infinitivo – pretérito perfeito do subjuntivo

71. (Unifor-CE) Transpondo para a voz passiva a frase "A comissão já tinha preparado os convites de formatura", obtém-se a forma verbal:

a) prepararam.
b) tinham preparado.
c) foram preparados.
d) tinham sido preparados.
e) fora preparada.

72. (ESPM-SP) Leia o trecho do poema "Aniversário" do heterônimo Álvaro de Campos:

Para, meu coração!
Não penses! Deixa o pensar na cabeça!
Ó meu Deus, meu Deus, meu Deus!
Hoje já não faço anos.
Duro.
Somam-se-me dias.
Serei velho quando o for.
Mais nada.
Raiva de não ter trazido o passado roubado na algibeira!...

Álvaro de Campos

Se as formas verbais **para**, **penses** e **deixa** fossem transpostas para a 2ª pessoa do plural (vós), teríamos:

a) pare, não pense, deixe.
b) parei, não penseis, deixais.
c) parai, não penseis, deixai.
d) pares, não penses, deixes.
e) parais, não pensei, deixais.

73. (UCDB-MS) Assinale a alternativa em que a oração não está na voz passiva.

a) Supervisionaram a obra com cuidado.
b) Supervisionou-se a obra com cuidado.
c) A obra foi supervisionada com cuidado.
d) Supervisionara-se a obra com cuidado.
e) A obra tinha sido supervisionada com cuidado.

74. (ESPM-SP) Passe a oração abaixo da voz passiva analítica para a sintética.

Sejam feitas as apostas, enquanto são elaborados os novos planos.

75. (Uniube-MG) Transpondo para a voz passiva a frase "Eu estava revendo, naquele momento, as provas tipográficas do livro", obtém-se a forma verbal:

a) ia revendo.
b) estava sendo revisto.
c) seriam revistas.
d) comecei a rever.
e) estavam sendo revistas.

76. (Fuvest-SP) Leia:

Folha — De todos os ditados envolvendo seu nome, qual o que mais lhe agrada?
Satã — O diabo ri por último.
Folha — Riu por último.
Satã — Se é por último, o verbo não pode vir no passado.

O inimigo cósmico, Folha de S.Paulo, 3 set. 1995.

Rejeitando a correção ao ditado, Satã mostra ter usado o presente do indicativo com o mesmo valor que tem em:

a) Romário recebe a bola e chuta. Gooool.
b) D. Pedro, indignado, ergue a espada e dá o brado de independência.
c) Todo dia ela faz tudo sempre igual.
d) O quadrado da hipotenusa é igual à soma dos quadrados dos catetos.
e) Uma manhã destas, Jacinto, apareço no 202 para almoçar contigo.

77. (Fuvest-SP) Assinale a frase que **não** tem sentido passivo.

a) O atleta foi estrondosamente aclamado.
b) Que exercício fácil de resolver!
c) Fizeram-se apenas os reparos mais urgentes.
d) Escolheu-se, infelizmente, o homem errado.
e) Entreolharam-se agressivamente os dois competidores.

78. (Unimep-SP) "Acredito **que Maria tenha feito a lição**." Passando-se a oração destacada para a voz passiva, o verbo ficará assim:

a) foi feita.
b) tenha sido feita.
c) esteja sendo feita.
d) tenha estado feita.
e) seja feita.

79. (Ufpel-RS) Transpondo para a voz ativa a oração "Os sócios foram convocados para uma reunião", obtém-se a forma verbal:

a) convocaram-se.
b) convocaram.
c) convocar-se-ia.
d) haviam sido convocados.
e) haverão de ser convocados.

80. (Fuvest-SP) Em "Queria **que me ajudasses**", o trecho destacado pode ser substituído por:

a) a sua ajuda.
b) a vossa ajuda.
c) a ajuda de você.
d) a ajuda deles.
e) a tua ajuda.

81. (FCC) Transpondo para a voz ativa a frase:"O filme ia ser dirigido por um cineasta ainda desconhecido", obtém-se a forma verbal:

a) dirigirá
b) dirigir-se-á
c) vai dirigir
d) será dirigido
e) ia dirigir

82. (Unesp-SP) Explicou **que aprendera aquilo de ouvido**. Transpondo a oração em destaque para a voz passiva, temos a seguinte forma verbal:

a) tinha sido aprendido.
b) era aprendido.
c) fora aprendido.
d) tinha aprendido.
e) aprenderia.

83. (PUCC-SP) Assinale a alternativa que contém voz passiva.

a) Tínhamos apresentado diversas opções.
b) Dorme-se bem naquele hotel.
c) Precisa-se de gerente de vendas.
d) Difundia-se o boato de que haveria racionamento.
e) n.d.a.

84. (Faap-SP) Dê nova redação à frase abaixo, passando-a para a voz ativa.

"Ela foi nomeada tutora."

85. (Uniube-MG) Transpondo para a voz ativa a oração "Os documentos estão sendo destruídos pela umidade e pelos ratos [...]", obtém-se a seguinte forma verbal:

a) destroem.
b) destruíram.
c) vão sendo destruídos.
d) iam destruindo.
e) estão destruindo.

86. (Unimep-SP) "Assim eu **quereria** a minha última crônica: que **fosse** pura como este sorriso." (Fernando Sabino)
Assinale a série em que estão devidamente classificadas as formas verbais em destaque.

a) futuro do pretérito, presente do subjuntivo
b) pretérito mais-que-perfeito, pretérito imperfeito do subjuntivo
c) pretérito mais-que-perfeito, presente do subjuntivo
d) futuro do pretérito, pretérito imperfeito do subjuntivo
e) pretérito perfeito, futuro do pretérito

87. (FEI-SP) "**Pôs**-se a correr como pôde." Fazendo as necessárias adaptações, reescreva a frase com o verbo destacado no presente do indicativo.

88. (Fuvest-SP) Em: "Gonçalves Dias roga a Deus não permitir que ele morra sem que volte para lá, isto é, pra cá", reescreva o segmento, colocando o verbo **rogar** no pretérito perfeito do indicativo.

89. (UFV-MG) Seguindo o exemplo, assinale a alternativa **correta**.
Jogar? Jogai vós.
Faça o mesmo com os verbos **trazer**, **tragar**, **ir**, **ler**.

a) trazei, tragai, ide, lede
b) tragam, traguem, vão, leiam
c) trazeis, tragais, ides, ledes
d) tragais, tragueis, vades, ledes
e) traze, traga, vão, leia

90. (UPM-SP) Em qual das alternativas todos os verbos estão em tempos do pretérito?

a) Chamei-lhe a atenção porque teria observado de perto seu progresso.
b) Concordei que assim era, mas aleguei que a velhice estava agora no domínio da compensação.
c) Lembra-me de o ver erguer-se assustado e tonto.
d) Meu pai respondia a todos os presentes que eu seria o que Deus quisesse.
e) Se advertirmos constantemente esta moça, perderemos uma excelente profissional.

QUESTÕES DE VESTIBULARES E ENEM | **411**

91. (Unicamp-SP) Nas suas aulas de gramática, você deve ter estudado a conjugação dos verbos irregulares. Esse conhecimento é necessário na escrita padrão. Nos trechos abaixo encontram-se formas verbais inadequadas.

I. [Os astecas] não só conheciam o banho de vapor, tão prezado na Europa, como mantiam o hábito de banhar-se diariamente. (*Superinteressante*, out. 1992.)

II. Um grupo de defesa dos direitos civis ameaçou intervir se o juiz Mike MacSpaden ir adiante com seu plano de aprovar o pedido de castração. (*Folha de S.Paulo*, 13 fev. 1992.)

a) Identifique as formas verbais inadequadas.
b) Que formas deveriam ter sido empregadas?
c) Como se poderia explicar a ocorrência das formas inadequadas nos trechos acima?

92. (Vunesp-SP) Observe a frase abaixo.
"A grosseria de Deus me feria e insultava-me."
Transcreva no:
a) pretérito perfeito do indicativo.
b) pretérito mais-que-perfeito do indicativo.

93. (UFV-MG) Considere:

1. Ele está a ler o livro.
2. Ele vem de ler o livro.
3. Ele vai ler o livro.
4. Ele tem lido o livro.
5. Ele acaba de ler o livro.

Assinale a alternativa cujos números correspondem às orações em que a **leitura do livro** é, necessariamente, um fato **realizado**, portanto, **passado**.

a) 2, 3
b) 4, 5
c) 2, 5
d) 4, 5
e) 1, 3

94. (Fuvest-SP) Assinale a alternativa que preenche **corretamente** as lacunas.
"Não ... cerimônia, ... que a casa é ... , e ... à vontade."
a) faças – entre – tua – fique
b) faça – entre – sua – fique
c) faças – entra – sua – fica
d) faz – entra – tua – fica
e) faça – entra – tua – fique

95. (Ufop-MG) Indique o tempo e o modo dos verbos em destaque.
"**Tornou**-se uma tarefa obrigatória dos museus de arte a luta para **desmistificar** certos conceitos que **distanciam** o trabalho artístico do homem comum."

96. (Uniube-MG) Assinale o item em que todas as formas verbais pedidas estejam certas.
Haver (presente subjuntivo, 1ª pessoa do singular)
Crer (presente indicativo, 3ª pessoa do plural)
Passear (presente subjuntivo, 2ª pessoa do plural)
a) haja, creem, passeeis
b) haje, crêm, passeieis
c) haje, creem, passeais
d) hajai, creim, passeiais
e) haja, creiem, passeies

97. (UEL-PR) Assinale a resposta correspondente à alternativa que completa **corretamente** os espaços em branco.
"É preciso que ... novidades interessantes que ... e ... ao mesmo tempo."
a) surjam – divertem – instruam
b) surjam – divirtam – instruam
c) surjam – divirtam – instruem
d) surgem – divertem – instruem
e) surgem – divirtam – instruam

98. (Fuvest-SP) "**Voltemos** à casinha." Dê o modo verbal a que pertence a forma destacada.
Dê também a forma de 2ª pessoa do plural correspondente à forma verbal destacada.

99. (Uece) Passando-se "Faze como eu" para a negativa, temos como forma **correta** a da opção:
a) não faze como eu.
b) não fazes como eu.
c) não faças como eu.
d) não faça como eu.

100. (Fesb-SP) "No desempenho de tuas funções, ... atencioso com todos, ... ser útil sempre e não ... as tuas responsabilidades."
a) sê – procure – negue
b) seja – procura – negue
c) seja – procure – negues
d) sê – procura – negues
e) seja – procura – negues

101. (Fuvest-SP) Assinale a alternativa gramaticalmente **correta**.
a) Não chores, cala, suporta a tua dor.
b) Não chore, cala, suporta a tua dor.
c) Não chora, cale, suporte a sua dor.
d) Não chores, cala, suportes a sua dor.
e) Não chores, cale, suporte a tua dor.

102. (Fuvest-SP) Em "Se **aceitas** a comparação, distinguirás [...]", se a forma **aceitas** for substituída por **aceitasses**, a forma **distinguirás** deverá ser alterada para:
a) vais distinguir.
b) distinguindo.
c) distingues.
d) distinguirias.
e) terás distinguido.

103. (Unicamp-SP) No texto abaixo, ocorre uma forma que é inadequada em certos contextos formais, especialmente na escrita.

Trombada

Lula e Meneguelli divergem sobre o pacto. Concordam em negociar, mas Lula só aprova um acordo se o governo retirar a medida provisória dos salários, suspender os vetos à lei da Previdência e repor perdas salariais.

Painel do leitor, *Folha de S.Paulo*, 21 set. 1990.

a) Identifique essa forma e reescreva o trecho em que ocorre, de modo a adequá-lo à modalidade escrita.
b) Como se poderia explicar a ocorrência de tal forma (e outras semelhantes), dado que os falantes não "inventam" formas linguísticas sem nenhuma motivação?

104. (EEM-SP) Siga o modelo:

Provo que **tenho** direito. Se **tens** direito, **prova**-o.

a) Juro que não comprei a máquina.

b) Digo que compus um poema.

105. (Fesp-SP) Assinale a alternativa em que todas as formas estejam na segunda pessoa do plural do imperativo afirmativo.

a) ouvi; vinde; ide; traze

b) ouvi; vinde; ide; trazei

c) ouvi; venhas; ide; trazei

d) ouça; vinde; vá; tragais

e) ouça; venhas; vás; tragais

106. (Unimep-SP) "Não fales! Não bebas! Não fujas!"

Passando tudo para a forma afirmativa, teremos:

a) Fala! Bebe! Foge!   d) Fale! Beba! Fuja!

b) Fala! Bebe! Fuja!   e) Fale! Bebe! Foge!

c) Fala! Beba! Fuja!

107. (ITA-SP) Assinale a correta.

a) Peça e receberá; procura e achará; bate à porta e ela lhe será aberta.

b) Pedi e recebereis; procurai e achareis; batei à porta e ela vos será aberta.

c) Pede e receberás; procure e acharás; bate à porta e ela te será aberta.

d) Peçais e recebereis; procurai e achareis; batei à porta e ela vos será aberta.

e) Peça e receberá; procure e achará; bata à porta e ela te será aberta.

108. (Cefet-MG) Empregou-se o verbo no futuro do subjuntivo em:

a) [...] afrontava os perigos [...] para vir vê-la à cidade.

b) Se algum dia a civilização ganhar essa paragem longínqua [...]

c) Continuaram ainda a dialogar com certo azedume.

d) Tinha-me esquecido de contar-lhe que eu fizera uma promessa [...]

e) [...] e encontrei o faroleiro ocupado em polir os metais da lanterna.

109. (UPM-SP) "Quando você ... aqui, estaremos a seu dispor."

"Quando você ... nosso amigo de infância, convide-o para o evento."

Nas orações acima, as lacunas podem ser preenchidas adequadamente por:

a) vir e ver.   d) vier e ver.

b) vier e vir.   e) vir e vir.

c) ver e vir.

110. (Fuvest-SP) No trecho, "[...] eu duvido que o rei **dissesse** tal palavra nem que ela seja verdadeira", o termo **dissesse** expressa uma:

a) continuidade.   d) impossibilidade.

b) improbabilidade.   e) alternância.

c) simultaneidade.

111. (Cesesp-PE) Assinale o único item em que o emprego do infinitivo está **errado**.

a) Deixei-os sair, mas procurei orientá-los bem.

b) De hoje a três meses podes voltar aqui.

c) Disse ser falsas aquelas assinaturas.

d) Depois de alguns instantes, eles pareciam estarem mais conformados.

e) Viam-se brilhar as primeiras estrelas.

112. (Efoa-MG) Assinale a alternativa que preenche correta e respectivamente as lacunas das frases apresentadas.

"Mesmo que nós ... , não conseguiríamos que eles ... os papéis que os chefes ... em segredo."

a) interviéssemos, requeressem, mantêm

b) intervíssemos, requeressem, mantém

c) interviéssemos, requisessem, mantêm

d) intervíssemos, requisessem, mantém

e) interviéssemos, requeressem, mantem

113. (Cesesp-PE) Assinale a alternativa que estiver **incorreta** quanto à flexão dos verbos.

a) Ele teria pena de mim se aqui viesse e visse o meu estado.

b) Paulo não intervém em casos que requeiram profunda atenção.

c) O que nós propomos a ti, sinceramente, convém-te.

d) Se eles reouverem suas forças, obterão boas vitórias.

e) Não se premiam os fracos que só obteram derrotas.

114. (FMPA-MG) Complete as lacunas com os verbos **intervir** e **deter** no pretérito perfeito do indicativo.

"A polícia ... no assalto e ... os ladrões."

115. (UEL-PR) "Requeiro a dispensa da taxa concedida aos que ... , como eu, os bens que ... ."

a) reouveram – pleiteiaram

b) reaveram – pleiteiaram

c) rehouveram – pleiteiaram

d) reouveram – pleitearam

e) rehaveram – pleitearam

116. (Efoa-MG) Assinale a alternativa que contém a forma **correta** dos verbos **medir**, **valer**, **caber** e **datilografar**, na primeira pessoa do singular do presente do indicativo, pela ordem.

a) meço, valo, cabo, datilógrafo

b) meço, valho, caibo, datilografo

c) mido, valo, caibo, datilógrafo

d) mido, valho, caibo, datilografo

e) meço, valho, caibo, datilógrafo

117. (Fuvest-SP) Assinale a frase em que aparece o pretérito mais-que-perfeito do verbo ser.

a) Não seria o caso de você se acusar?

b) Quando cheguei, ele já se fora, muito zangado.

c) Se não fosse ele, tudo estaria perdido.

d) Bem depois se soube que não fora ele o culpado.

e) Embora não tenha sido divulgado, soube-se do caso.

CAPÍTULO 11 – Categorias gramaticais invariáveis

1. (Ceeteps-SP) Leia um trecho do conto "O mata-pau", de Monteiro Lobato, em que o narrador, em visita, pela primeira vez, à Serra do Palmital, pede ao capataz da fazenda que lhe explique o que é mata-pau.

— Onde? Perguntei, tonto.

— Aquele fiapinho de planta, ali no gancho daquele cedro, continuou o cicerone*, apontando uma parasita mesquinha grudada na forquilha de um galho, com dois filamentos escorridos para o solo. Começa assinzinho, bota pra baixo esse fio de barbante na tenção* de pegar a terra. E vai indo, sempre naquilo, nem pra mais nem pra menos, até que o fio alcança o chão. E vai então o fio vira raiz e pega a beber a substância da terra. A parasita cria fôlego e cresce que nem embaúba. O barbantinho engrossa todo dia, passa a cordel, passa a corda, passa a pau de caibro e acaba virando tronco de árvore e matando a mãe – como este aqui, concluiu, dando com o cabo do relho* no meu mata-pau.

Urupês. Brasiliense, 1972. (Adaptado.)

---

*cicerone: pessoa que mostra ou explica a visitantes ou a turistas os aspectos importantes ou curiosos de um determinado lugar.

*tenção: intenção.

*relho: chicote de couro torcido com cabo de madeira.

É correto afirmar que, na fala do capataz, predominam a linguagem:

a) informal e expressões adverbiais / locuções adverbiais de afirmação.

b) informal e expressões adverbiais / locuções adverbiais de lugar.

c) informal e expressões adverbiais / locuções adverbiais de causa.

d) científica / técnica e expressões adverbiais de lugar.

e) científica / técnica e expressões adverbiais de tempo.

Texto para a próxima questão.

A internet e os direitos autorais

A internet e outras tecnologias mudaram a rotina das famílias, a vida social e até a sua percepção do mundo. Distâncias parecem menores, a ideia de privacidade está em questão, e os relacionamentos amorosos ganharam nova dimensão. De forma tão avassaladora, que quem não participa das redes sociais em algum momento pode se sentir excluído ou desinformado.

A transformação trazida pela tecnologia, no entanto, não pode ser confundida com ruptura com tudo o que havia antes. Os critérios para avaliar um livro continuam os mesmos, não importa se em *e-book* ou edição de capa dura; a relação custo-benefício de uma compra ainda precisa ser pensada com critério, seja em *e-commerce* ou loja de *shopping*; e o cuidado com a publicação de uma notícia, o que inclui a sua correta apuração e a clareza do texto, deve ser o mesmo em *site* ou jornal de papel.

O mesmo raciocínio se aplica à propriedade intelectual de músicas, textos, filmes e quaisquer outras obras, que ganham novas formas de exposição com a internet, mas continuam a ter donos. Da mesma maneira que antes do aparecimento das mídias digitais. Infelizmente, não é dessa forma que parecem pensar grandes empresas internacionais da internet, que brigam na Justiça com a União Brasileira das Editoras de Música e impedem assim o pagamento aos filiados à entidade dos valores relativos à exibição de seus trabalhos nos canais de áudio e vídeo. É uma situação inadmissível, que já dura muitos meses.

O respeito aos direitos autorais na era da internet é questão vital porque o mercado de CDs só faz encolher. As novas mídias representam a perspectiva de trabalho para os criadores a longo prazo. É necessário assegurar a sua adequada remuneração e, por extensão, os recursos para que a produção musical se sustente a longo prazo. A agilidade e a onipresença da rede podem – e devem – servir para trazer mais recursos ao compositor, e não o contrário.

Empresas jornalísticas, no Brasil e no mundo, também já viram o conteúdo da imprensa profissional ser divulgado na internet sem contrapartida alguma, ignorando os altos custos de produção da notícia. No Brasil, a Associação Nacional de Jornais (ANJ) proíbe, por notificação judicial, que se reproduza a íntegra dos textos dos associados.

Se as novas tecnologias facilitam o entretenimento e aumentam a oferta de bens culturais a consumidores no mundo inteiro, elas são bem-vindas. Mas isso não pode acontecer à custa do sagrado direito autoral.

O Globo. Opinião. Rio de Janeiro, 23 abr. 2015, p. 16. (Adaptado.)

2. (FMP-RJ) A relação lógica estabelecida pela expressão em destaque, nas frases do texto, está explicitada adequadamente entre colchetes em:

a) "A transformação trazida pela tecnologia, **no entanto**, não pode ser confundida com ruptura com tudo o que havia antes." (2º parágrafo) [contraposição]

b) "O respeito aos direitos autorais na era da internet é questão vital **porque** o mercado de CDs só faz encolher." (4º parágrafo) [finalidade]

c) "O mesmo raciocínio se aplica à propriedade intelectual de músicas, textos, filmes e quaisquer outras obras, que ganham novas formas de exposição com a internet, **mas** continuam a ter donos." (3º parágrafo) [condição]

d) "A agilidade e a onipresença da rede podem – e devem – servir **para** trazer mais recursos ao compositor, e não o contrário." (4º parágrafo) [causa]

e) "**Se** as novas tecnologias facilitam o entretenimento e aumentam a oferta de bens culturais a consumidores no mundo inteiro, elas são bem-vindas." (6º parágrafo) [concessão]

3. (EsPCEx-SP) Leia a frase abaixo e assinale a alternativa que traduz, na sequência em que aparecem, as circunstâncias grifadas.

"**Num átimo**, cessou **de todo** o ruído das vozes e ele entrou a falar **à vontade**, **calma** e **decididamente**."

a) tempo - intensidade - modo - modo - modo

b) modo - inclusão - explanação - modo - modo

c) tempo - intensidade - intensidade - modo - modo

d) modo - intensidade - intensidade - modo - modo

e) realce - intensidade - modo - afetividade - modo.

QUESTÕES DE VESTIBULARES E ENEM

Texto para a próxima questão.

Ética

A palavra "ética" vem do grego *ethos*, tal como "moral" vem do latim *mores*. Sintomaticamente, tanto *ethos* como *mores* significam costumes.

De acordo com essa significação original, as normas de conduta e a definição do que era certo e do que era errado eram impostas aos indivíduos pela comunidade, e os indivíduos as aceitavam (tendiam a concordar com o castigo, quando as infringiam).

Desse modo, podemos dizer que, num tempo muito antigo, os seres humanos já conheciam valores. E podemos dizer mais: esses valores, embutidos nas normas de conduta, eram inculcados nos indivíduos pelo grupo. A comunidade precedia a individualidade.

Posteriormente, quando se desenvolveu a atividade mercantil, o comércio exigia a ampliação do espaço para a autonomia individual (o comerciante precisava de espaço para se deslocar para o lugar certo na hora exata em que podia comprar barato e vender caro, a fim de ser bem-sucedido, por sua livre iniciativa pessoal).

Os indivíduos mais autônomos passaram a se defrontar com situações nas quais não podiam se limitar a obedecer às normas pré-fixadas pela comunidade e essas normas começaram a perder o vigor. Os indivíduos passaram a enfrentar o desafio de decidir por conta própria o que era certo e o que era errado.

Por mais autônomos que se tornem, entretanto, os indivíduos não podem subsistir sozinhos, precisam da sociedade para sobreviver ao nascer, para crescer, para assimilar uma linguagem. A dimensão social nas pessoas é ineliminável.

Por isso, ao tentarem justificar suas escolhas, ao tentarem esclarecer os fundamentos de sua preferência, ao tentarem hierarquizar seus valores, os indivíduos são levados a formular princípios que devem valer tanto para eles como para os outros. Quer dizer: são levados a elaborar uma ética (uma pauta de conduta) que só pode ser proposta seriamente aos outros (à sociedade) se puder se basear naquilo que cada indivíduo tem de universal.

Toda pessoa é um indivíduo singular, com desejos e interesses particulares, mas é também – potencialmente – um representante da humanidade (Kant). Coexistem dentro de cada um de nós, segundo Kant, o representante da humanidade e o indivíduo sempre particular. Por isso, o ser humano é "social-insociável".

> KONDER, Leandro. Ética. In: YUNES, Eliana; BINGEMER, M. Clara Lucchetti. *Virtudes*. Rio de Janeiro: Ed. PUC-Rio; São Paulo: Loyola, 2001. pp. 86-87. (Adaptado.)

4. (PUC-RJ)

a) Conservando o sentido original, reescreva a frase abaixo, atendendo ao início proposto em cada item:
"Toda pessoa é um indivíduo singular, com desejos e interesses particulares, mas é também – potencialmente – um representante da humanidade".
i. Apesar de   ii. Embora

b) Comente as mudanças estruturais e semânticas decorrentes do emprego das preposições nas frases abaixo:
Consciência e responsabilidade são condições indispensáveis da vida ética.
Consciência e responsabilidade são condições indispensáveis à vida ética.

Texto para a próxima questão.

Consumo também é ato político

Diz o Houaiss que o capitão Charles C. Boycott (1832-1897), um rico proprietário irlandês, no outono de 1880, recusando-se a baixar o preço que cobrava pelo arrendamento de suas terras, foi vítima de represália, tendo os agricultores da época se articulado para não negociar com ele. Daí a palavra "boycott" e, em português, boicote.

Quase anos depois, o termo em inglês ganhou uma espécie de antônimo, o "buycott". Numa livre tradução seria a compra orientada de produtos.

A partir disso, a pesquisadora Michele Micheletti, da Karlstad University, na Suécia, defende que o ato de consumo pode se transformar em ativismo político, pois, segundo ela, a falta de uma regulamentação global transferiu para os consumidores parte da responsabilidade sobre o mercado. Por meio de "boycotts" e de "buycotts", é possível aos consumidores forçar mudanças no sistema produtivo e colaborar, utilizando o seu poder de compra, a fim de atenuar problemas como a exploração da mão de obra, o desrespeito ambiental e os desvios éticos e políticos de grandes empresas.

O "buycotter" é o consumidor politizado, informado, responsável. Micheletti cita estudos que mostram que, na Suécia, o percentual de cidadãos que se envolveu em algum tipo de "consumo politizado" nos meses anteriores à pesquisa era de 50%. No Brasil, não chegava a 7%. A pesquisadora concluiu que o resultado está vinculado ao nível de informação e aos recursos disponíveis dos consumidores. "É um movimento basicamente da classe média", afirma.

> Disponível em: <https://br.noticias.yahoo.com/blogs/plinio-fraga/consumo-tambem-e-ato-politico-130126426.html>. Acesso em: 30 mar. 2015.

5. (UEPG-PR) Sobre os recursos coesivos utilizados no terceiro parágrafo, assinale o que for correto.

01) **A partir disso**, no início do terceiro parágrafo, retoma informações dos parágrafos anteriores.

02) **Pois** no trecho: "[...] defende que o ato de consumo pode se transformar em ativismo político, pois, segundo ela, a falta de uma regulamentação global transferiu para os consumidores parte da responsabilidade sobre o mercado" introduz uma explicação.

04) **A fim de** no trecho: "[...] utilizando o seu poder de compra, a fim de atenuar problemas como a exploração da mão de obra, o desrespeito ambiental e os desvios éticos e políticos de grandes empresas" relaciona os "boycotts" e os "buycotts" a uma finalidade.

08) **Para** no trecho: "[...] a falta de uma regulamentação global transferiu para os consumidores parte da responsabilidade sobre o mercado" relaciona um fato "a falta de uma regulamentação global" a uma concessão.

6. (Vunesp-SP) Indique a alternativa que completa a frase a seguir, respectivamente, com as circunstâncias de intensidade e de modo.
Após o telefonema, o motorista partiu...

a) às 18 h com o veículo.

b) rapidamente ao meio-dia.

c) bastante alerta.

d) apressadamente com o caminhão.

e) agora calmamente.

7. (IFCE) "O estilo **de** época denominado Romantismo **apresenta** características **específicas** que estão ligadas à **valorização** da individualidade, ao subjetivismo. Em nosso país, esse estilo esteve **diretamente** relacionado à busca de uma identidade literária nacional." Dentre as alternativas a seguir, assinale a que contém, na respectiva ordem, a correta classificação morfológica dos termos grifados.

a) Preposição – verbo – substantivo – adjetivo – pronome.
b) Conjunção – verbo – adjetivo – adjetivo – advérbio.
c) Preposição – verbo – adjetivo – substantivo – advérbio.
d) Preposição – verbo – advérbio – adjetivo – conjunção.
e) Conjunção – verbo – substantivo – substantivo – advérbio.

8. (EsPCEx-SP) Leia o conjunto de frases a seguir e responda, na sequência, quais funções são assumidas pela palavra **que**.

Cinco contos que fossem, era um arranjo menor...
Que bom seria viver aqui!
Leio nos seus olhos claros um quê de profunda curiosidade.
A nós que não a eles, compete fazê-lo.
Falou de tal modo que nos empolgou.

a) conjunção subordinativa consecutiva – interjeição de admiração – pronome indefinido – conjunção subordinativa comparativa – conjunção subordinativa consecutiva
b) conjunção subordinativa concessiva – interjeição de admiração – substantivo – pronome relativo – conjunção subordinativa consecutiva
c) conjunção subordinativa consecutiva – advérbio de intensidade – substantivo – pronome relativo – conjunção subordinativa consecutiva
d) conjunção subordinativa concessiva – advérbio de intensidade – substantivo – conjunção coordenativa – conjunção subordinativa consecutiva
e) conjunção subordinativa comparativa – interjeição de admiração – pronome indefinido – palavra expletiva – conjunção subordinativa consecutiva

Texto para a próxima questão.

Onde há maior engajamento das pessoas no trabalho? Para responder essa pergunta, a consultoria Marcus Buckingham Company fez uma pesquisa em 13 países, entrevistando <u>cerca de</u> mil pessoas de várias empresas <u>em cada um</u>. Os Estados Unidos e a China estão empatados em primeiro lugar (com 19% de engajamento total cada), o que não chega a ser uma surpresa diante da potência de suas economias. Mas aí começam as novidades: em segundo lugar está a Índia, com 17%, e em terceiro, o Brasil, com 16% de engajamento, acima de países como a Inglaterra, o Canadá, a Alemanha, a Itália e a França. Solicitou-se aos entrevistados hierarquizar oito afirmações básicas, como "no trabalho, sei claramente o que esperam de mim" ou "serei reconhecido se fizer um bom trabalho". Para os autores, a diferença de engajamento em cada país seria explicada de acordo com o grau de confiança que o entrevistado teria sobre a utilização de suas capacidades pessoais no trabalho. Mas há nuances: no Brasil, assim como na França, Canadá e Argentina, a afirmação "meus colegas me apoiam" recebeu também grande destaque, <u>enquanto</u> na Inglaterra e na Índia se valoriza mais o fato de ter colegas que compartilhem os mesmos valores.

NOGUEIRA, P. E. A preguiça é mito?
Época Negócios, ago. 2015. n. 102. p. 21. (Adaptado.)

9. (UEL-PR) Acerca dos recursos linguísticos sublinhados no texto, assinale a alternativa correta.

a) A expressão "cerca de" pode ser substituída por "acerca de" sem prejuízo do sentido original.
b) A expressão "em cada um" impede ambiguidade em torno das empresas nas quais as pessoas foram entrevistadas.
c) O conectivo **Mas** serve para contrapor **surpresa** e **novidades**.
d) O termo **aí** refere-se à "potência de suas economias".
e) O conectivo **enquanto** pode ser substituído por "ao passo que" sem prejuízo do sentido original.

Texto para a próxima questão.

Humor não é *bullying*

Não existe nada mais fácil do que sacanear quem já é frequentemente sacaneado. É tiro certo, todos vão achar graça. Mas aí não estamos falando de humor. O nome disso é *bullying*.

[...] Recentemente, dei uma entrevista em que me perguntaram sobre os limites do humor. Por uma infelicidade, publicaram apenas um trecho da minha resposta, em que eu digo que "não posso mais fazer piadas com anão, negros, homossexuais".

É importante deixar claro que eu disse sim essa frase pavorosa. Mas em um contexto muito mais amplo. O que eu expliquei – ou, pelo menos, tentei explicar – é que não se pode fazer piadas envolvendo assuntos polêmicos sem correr o risco de ser tachado de preconceituoso. Mas fingir que o preconceito não existe é infinitamente pior.

Não sou a favor de fazer graça de quem já tem que lidar diariamente com a intolerância. Sou a favor de se fazer piada da intolerância em si. Em colocar na mesa os nossos podres para que a gente lembre que eles existem.

KLEIN, Natalia. Disponível em: <www.adoravelpsicose.com.br/2011/10/humor-nao-e-bullying.html>. Acesso em: 27 ago. 2015.

10. (Ceeteps-SP) Os advérbios em português servem para traduzir variadas circunstâncias, mas também, em alguns contextos, como nos textos argumentativos, são usados para expressar um ponto de vista defendido pelo produtor do texto. Esse segundo uso do advérbio aparece em:

a) "Não sou a favor de fazer graça de quem já tem que lidar <u>diariamente</u> com a intolerância [...]"
b) "<u>Recentemente</u>, dei uma entrevista em que me perguntaram sobre os limites do humor."
c) "Não existe nada mais fácil do que sacanear quem já é <u>frequentemente</u> sacaneado."
d) "Mas fingir que o preconceito não existe é <u>infinitamente</u> pior."

11. (FGV-SP) "O treinamento com armas será realizado nos estandes de tiro da Cactos, empresa vencedora da licitação."

No período acima há:

a) 1 artigo e 3 preposições.
b) 4 artigos e 3 preposições.
c) 3 artigos e 4 preposições.
d) 3 artigos e 4 preposições.
e) 4 artigos e 5 preposições.

QUESTÕES DE VESTIBULARES E ENEM

Leia o poema de Manuel Bandeira (1886-1968) para responder à questão **12.**

Poema só para Jaime Ovalle

Quando hoje acordei, ainda fazia escuro
(Embora a manhã já estivesse avançada).
Chovia.
Chovia uma triste chuva de resignação
Como contraste e consolo ao calor tempestuoso da noite.
Então me levantei,
Bebi o café que eu mesmo preparei,
Depois me deitei novamente, acendi um cigarro e fiquei pensando...
— Humildemente pensando na vida e nas mulheres que amei.

Estrela da vida inteira, 1993.

Jaime Ovalle (1894-1955): compositor e instrumentista. Aproximou-se do meio intelectual carioca e se tornou amigo íntimo de Villa-Lobos, Di Cavalcanti, Sérgio Buarque de Hollanda e Manuel Bandeira. Sua música mais famosa é "Azulão", em parceria com o poeta Manuel Bandeira (*Dicionário Cravo Albin da música popular brasileira*).

12. (Unesp-SP) Por oscilar entre duas classes de palavras, o termo **só** confere ambiguidade ao título do poema. Identifique essas duas classes de palavras e o sentido que cada uma delas confere ao título.

Texto para a próxima questão.

Tecendo a leitura

Numa sociedade como a nossa, em que a divisão de bens, de renda e de lucros é tão desigual, não se estranha que desigualdade similar [1]presida também à distribuição de bens culturais, já que a participação em boa parte destes últimos é mediada pela leitura, habilidade que não está ao alcance de todos, nem mesmo de todos aqueles que foram à escola.

Mas ler é essencial.

E não apenas para aqueles que almejam participar da produção cultural mais sofisticada, dos requintes da ciência e da técnica, da filosofia e da arte literária. A própria sociedade de consumo faz muitos de seus apelos através da linguagem escrita e chega por vezes a transformar em consumo o ato de ler, os rituais da leitura e o acesso a ela. [2]Assim, no contexto de um projeto de educação democrática vem à frente a habilidade de leitura, essencial para quem quer ou precisa ler jornais, assinar contratos de trabalho, procurar emprego através de anúncios, solicitar documentos na polícia, enfim, para todos aqueles que participam, mesmo que à revelia, dos circuitos da sociedade moderna, que fez da escrita seu código oficial.

Mas a leitura literária também é fundamental.

É à literatura, como linguagem e como instituição, que se confiam os diferentes imaginários, as diferentes sensibilidades, valores e comportamentos através dos quais uma sociedade expressa e discute, simbolicamente, seus impasses, seus desejos, suas utopias. Por isso a literatura é importante no currículo escolar: o cidadão, para exercer plenamente sua cidadania, precisa apossar-se da linguagem literária, alfabetizar-se nela, tornar-se seu usuário competente, mesmo que nunca vá escrever um livro: [3]mas porque precisa ler muitos.

Cada leitor, na individualidade de sua vida, vai entrelaçando o significado pessoal de suas leituras com os vários significados que, ao longo da história de um texto, [4]este foi acumulando. Cada leitor tem a história de suas leituras, cada texto, a história das suas. Leitor maduro é aquele que, em contato com o texto novo, faz convergir para o significado deste o significado de todos os textos que leu. E, conhecedor das interpretações que um texto já recebeu, é livre para aceitá-las ou recusá-las, e capaz de sobrepor a elas a interpretação que nasce de seu diálogo com o texto. Em resumo, o significado de um novo texto [5]afasta, afeta e redimensiona o significado de todos os outros.

LAJOLO, Marisa. Tecendo a leitura. In: _____. *Do mundo da leitura para a leitura do mundo*. São Paulo: Ática, 2002. p. 104-109. (Adaptado.)

13. (Feevale-RS – Adaptada) Marque a alternativa correta.
a) O sujeito dos verbos **afasta**, **afeta** e **redimensiona** (referência 5) é **texto**.
b) O articulador **mas** (referência 3) expressa uma relação de oposição.
c) O pronome **este** (referência 4) refere-se a "significado pessoal".
d) O verbo **presida** (referência 1) está conjugado no futuro do subjuntivo.
e) O articulador **assim** (referência 2) expressa ideia de comparação.

14. (Enem)

Em junho de 1913, embarquei para a Europa a fim de me tratar num sanatório suíço. Escolhi o de Clavadel, perto de Davos-Platz, porque a respeito dele me falara João Luso, que ali passara um inverno com a senhora. Mais tarde vim a saber que antes de existir no lugar um sanatório, lá estivera por algum tempo Antônio Nobre. "Ao cair das folhas", um de seus mais belos sonetos, talvez o meu predileto, está datado de "Clavadel, outubro, 1895". Fiquei na Suíça até outubro de 1914.

BANDEIRA, M. *Poesia completa e prosa*.
Rio de Janeiro: Nova Aguilar, 1985.

No relato de memórias do autor, entre os recursos usados para organizar a sequência dos eventos narrados, destaca-se a:
a) construção de frases curtas a fim de conferir dinamicidade ao texto.
b) presença de advérbios de lugar para indicar a progressão dos fatos.
c) alternância de tempos do pretérito para ordenar os acontecimentos.
d) inclusão de enunciados com comentários e avaliações pessoais.
e) alusão a pessoas marcantes na trajetória de vida do escritor.

15. (Ufal) Em: "Acredito ser o espírito da profissão: a busca pelo conhecimento infindável da língua, **para que** a pessoa possa se expressar de todas as formas possíveis e atingir as improváveis.", a expressão destacada tem a função de introduzir:
a) uma conclusão
b) uma consequência
c) um propósito
d) uma causa
e) uma justificativa

Texto para a próxima questão.

Disponível em: <http://profmilenacaetano.blogspot.com.br/2012/12/tiras-da-mafalda-quino-para-discussao.html>. Acesso em: 29 abr. 2013.

16. (IFSC) Com relação à classe gramatical das palavras no texto, é CORRETO afirmar:

a) O adjetivo **realmente**, no quinto quadrinho, serve para intensificar o advérbio **importantes**.
b) No terceiro quadrinho, a palavra **ótima** funciona como um substantivo, usado para caracterizar o comportamento da mãe da professora.
c) A palavra **parabéns**, no terceiro quadrinho, funciona como um advérbio, o qual indica uma circunstância de modo.
d) No quinto quadrinho, o verbo **ensinar** aparece conjugado no presente do indicativo, para indicar uma ação que ocorrerá num futuro imediato.
e) Os verbos **amar** e **mimar**, no primeiro quadrinho, estão conjugados no presente do indicativo e revelam, no contexto, uma verdade geral a respeito do comportamento materno.

Texto para a próxima questão.

Tornando da malograda espera do tigre, alcançou o capanga um casal de velhinhos, que seguiam diante dele o mesmo caminho, e conversavam acerca de seus negócios particulares. Das poucas palavras que apanhara, percebeu Jão Fera que destinavam eles uns cinquenta mil-réis, tudo quanto possuíam, à compra de mantimentos, a fim de fazer um moquirão*, com que pretendiam abrir uma boa roça.

— Mas chegará, homem? perguntou a velha.
— Há de se espichar bem, mulher!

Uma voz os interrompeu:

— Por este preço dou eu conta da roça!
— Ah! É nhô Jão!

Conheciam os velhinhos o capanga, a quem tinham por homem de palavra, e de fazer o que prometia. Aceitaram sem mais hesitação; e foram mostrar o lugar que estava destinado para o roçado.

Acompanhou-os Jão Fera; porém, mal seus olhos descobriram entre os utensílios a enxada, a qual ele esquecera um momento no afã de ganhar a soma precisa, que sem mais deu costas ao par de velhinhos e foi-se deixando-os embasbacados.

ALENCAR, José de. *Til*.

*****moquirão:** mutirão (mobilização coletiva para auxílio mútuo, de caráter gratuito).

17. (Fuvest-SP) Considerada no contexto, a palavra sublinhada no trecho "mal seus olhos descobriram entre os utensílios a enxada" expressa ideia de:

a) tempo.
b) qualidade.
c) intensidade.
d) modo.
e) negação.

18. (ESPM-SP) "A alimentação à força de detentos também foi feita no Brasil em **pelo menos** um caso polêmico – o dos sequestradores do empresário Abilio Diniz, que entraram em greve de fome em 1998." A expressão em negrito traduz ideia de:

a) inclusão.
b) exclusão.
c) restrição.
d) retificação.
e) conclusão.

Texto para a próxima questão.

A namorada

Havia um muro alto entre nossas casas.
Difícil de mandar recado para ela.
Não havia e-mail.
O pai era uma onça.
A gente amarrava o bilhete numa pedra presa por um cordão
E pinchava a pedra no quintal da casa dela
Se a namorada respondesse pela mesma pedra
Era uma glória!
Mas por vezes o bilhete enganchava nos galhos da goiabeira
E então era agonia.
No tempo do onça era assim.

BARROS, Manoel de. *Poesia completa*. São Paulo: Leya, 2010.

19. (Uerj)

Difícil de mandar recado para ela.
Não havia e-mail.
O pai era uma onça.

O primeiro verso estabelece mesma relação de sentido com cada um dos dois outros versos. Um conectivo que expressa essa relação é:

a) porém.
b) porque.
c) embora.
d) portanto.

20. (FGV-SP)

Laerte. Folha de S.Paulo, 19 out. 2010.

Na fala do professor, a palavra **como** tem valor:

a) comparativo.　　b) causal.　　c) condicional.　　d) conformativo.　　e) concessivo.

Texto para a próxima questão.

Um dos aspectos menos atraentes da personalidade humana é a tendência de muitas pessoas de só condenar os vícios que não praticam, ou pelos quais não se sentem atraídas. Um caloteiro que não fuma, não bebe e não joga, por exemplo, é frequentemente a voz que mais grita contra o cigarro, a bebida e os cassinos, mas fecha a boca, os ouvidos e os olhos, como ¹os três prudentes macaquinhos orientais, quando o assunto é honestidade no pagamento de dívidas pessoais. É a velha história: o mal está ²sempre na alma dos outros. Pode até ser verdade, ³infelizmente, quando se trata da política brasileira, em que continua valendo, mais do que nunca, a máxima popular do "pega um, pega geral".

GUZZO, J. R. Com um braço só. Revista Veja. 21 ago. 2013.

21. (Uece) Atente para as seguintes afirmações sobre alguns dos elementos do texto.

  I. Os gramáticos modernos distinguem os advérbios frásicos (aqueles advérbios que modificam um elemento da frase, como em "Ele correu muito") dos advérbios extrafrásicos (aqueles que são exteriores à frase, estão no âmbito da enunciação, como em "Ele, naturalmente, passou de primeira, não foi?"). Esse segundo grupo congrega os advérbios avaliativos, isto é, que indicam uma avaliação do enunciador acerca do conteúdo enunciado. No texto em estudo, temos um advérbio frásico (ref. 2): **sempre**; e um advérbio extrafrásico (ref. 3): **infelizmente**.

  II. Na expressão "os três prudentes macaquinhos orientais" (ref. 1), o artigo definido **os** confere a "três macaquinhos orientais" o status de informação conhecida.

  III. O texto, embora constitua apenas um excerto do parágrafo original, apresenta a estrutura paragráfica canônica: tópico frasal ou introdução, desenvolvimento e conclusão.

Está correto o que se diz em:

a) I e II apenas.　　c) I, II e III.
b) II e III apenas.　　d) II apenas.

22. (Fuvest-SP) Leia estas duas estrofes da conhecida canção "Asa-Branca", de Luís Gonzaga e Humberto Teixeira.

Quando olhei a terra ardendo
Qual fogueira de São João,
Eu perguntei a Deus do céu, ai
Por que tamanha judiação.

....

Quando o verde dos teus olhos
se espalhar na plantação,
eu te asseguro, não chores não, viu,
eu voltarei, viu, meu coração.

Indique uma palavra ou expressão que possa substituir "Qual" (primeira estrofe), sem alterar o sentido do texto.

23. (UFMS) Observe o emprego das conjunções nos períodos abaixo.

  I. Ora Maria estuda História, ora ela ouve música.
  II. Ou você estuda História, ou você ouve música.
  III. Se você for estudar História, não ouvirá música.
  IV. Se você for ouvir música, não estudará História.

Levando em consideração que a conjunção é um dos elementos linguísticos responsáveis pela orientação argumentativa do discurso, é correto afirmar:

(001) O sentido de alternância só ocorre no caso de I, pois é possível que a pessoa, no caso Maria, faça as duas coisas: estudar e ouvir música.

(002) Em II, III e IV não existe a possibilidade de as duas coisas se realizarem, porque há a ideia de uma exclusão explícita, marcada tanto pela conjunção **ou** como pela conjunção **se**.

(004) A ideia de alternância está presente em todos os períodos, uma vez que se trata de períodos compostos por orações subordinadas alternativas.

(008) A alternância é nítida em II, III e IV, que são períodos cujas orações classificam-se como "**condicionais**".

(016) A conjunção **ou** nem sempre expressa exclusão.

24. (Udesc) A palavra **só** pode ser advérbio com a acepção de **somente**, ou adjetivo, equivalendo a **sozinho**.

Observe o emprego dessa palavra, nas frases abaixo.

(I) Marcolina ficou **só**, ao pé do pinheiro carregado.

(II) **Só** Mané Juca para sofrer tanto!

(III) Mané Juca fez **só** o que a mulher lhe pediu.

(IV) Ao entardecer, o homem, **só**, escalou o pinheiro.

Assinale a alternativa que contém a classificação correta, de cima para baixo.

a) (I) adjetivo; (II) adjetivo; (III) advérbio; (IV) adjetivo

b) (I) advérbio; (II) adjetivo; (III) adjetivo; (IV) advérbio

c) (I) adjetivo; (II) advérbio; (III) advérbio; (IV) adjetivo

d) (I) advérbio; (II) adjetivo; (III) advérbio; (IV) adjetivo

e) (I) adjetivo; (II) adjetivo; (III) advérbio; (IV) advérbio

25. (Fuvest-SP)

Belo Horizonte, 28 de julho de 1942.

Meu caro Mário,

Estou te escrevendo rapidamente, se bem que haja muitíssima coisa que eu quero te falar (a respeito da Conferência, que acabei de ler agora). Vem-me uma vontade imensa de desabafar com você tudo o que ela me fez sentir. Mas é longo, não tenho o direito de tomar seu tempo e te chatear.

Fernando Sabino

No texto, o conectivo "se bem que" estabelece relação de

a) conformidade.

b) condição.

c) concessão.

d) alternância.

e) consequência.

26. (Uerj)

"No meio-dia branco de luz uma voz que aprendeu a ninar nos **longes** da senzala – e nunca se esqueceu."

"Lá **longe** meu pai campeava no mato sem fim da fazenda."

Classifique gramaticalmente as palavras em destaque e aponte a diferença de sentido entre elas.

27. (Vunesp-SP) Assinale a alternativa que apresenta erro quanto às relações de sentido, evidenciadas pelas conjunções empregadas.

a) O livro que a professora mandou comprar está esgotado, já que foi publicado há três semanas.

b) O livro é interessante embora tenha 570 páginas.

c) Mesmo morando no Rio há cinco anos, Lucas ainda não visitou o Corcovado.

d) João, o pintor, foi despedido porque se negou a pintar a casa, uma vez que estava chovendo.

e) Acordei às 7 horas apesar de ter ido deitar às 2 horas. Dormi, portanto, pouco menos de 5 horas.

28. (FGV-SP) No período: "Demorará, mas não importa o quanto demore para termos um final feliz", **mas** e **para** estabelecem relações de sentido que indicam, respectivamente:

a) Conclusão, explicação.

b) Explicação, consequência.

c) Oposição, finalidade.

d) Causa, consequência.

e) Causa, explicação.

29. (Vunesp-SP) "Mas as complicações causadas pelo estresse foram além."

Nesse trecho, a contração **pelo** estabelece entre os termos uma relação de:

a) lugar.   c) modo.   e) distância.

b) tempo.   d) causa.

30. (FEI-SP) Em "**Como** o conselheiro é idoso, pensei vê-lo atacar os costumes e o carnaval", a conjunção em destaque estabelece valor similar à conjunção:

a) embora.   d) se.

b) porque.   e) contudo.

c) conforme.

31. (Vunesp-SP) Assinale a frase em que a expressão destacada expressa intensidade.

a) Ela estava baseada **principalmente** na observação cotidiana.

b) **À noite** a maioria se dedicava a ver televisão.

c) Elas desapareciam **rapidamente** das máquinas.

d) A estimativa é ainda **mais** preocupante.

e) Os trabalhadores disseram **não** ter tempo.

32. (Vunesp-SP) "Por mais de uma década recaiu sobre o estresse a suspeita de influenciar diretamente o ganho de peso."

A preposição **por** estabelece entre os termos uma relação de:

a) causa.   c) meio.   e) modo.

b) lugar.   d) tempo.

33. (Cesgranrio-RJ) Em "Conclui-se, **então**, que o gerenciamento do estresse passa pelo desenvolvimento pessoal", o conectivo destacado **NÃO** pode ser substituído, sem alteração de sentido, por:

a) pois.   d) entretanto.

b) por conseguinte.   e) portanto.

c) assim.

34. (CPS-SP) **Operadores argumentativos** "têm por função indicar a força argumentativa dos enunciados". Podem indicar que os argumentos se **acrescentam** num mesmo sentido, sendo solidários; ou que se **contrapõem**, ou que se **alternam**, ou que introduzem uma **justificativa**.

Assinale a alternativa em que se encontra um operador cuja função é **contrapor** argumentos:

a) O modo de vida urbano pode, **portanto**, trazer benefícios para a qualidade de vida das pessoas.

b) O que um processo adequado de urbanização produz são condições coletivas de proteção ao homem, **mas** o crescimento urbano não tem sido um processo harmonioso e gradual.

c) Amplia-se a produção e consumo de mercadorias, **seja** alimento, perfumaria, material de limpeza, **seja** máquina ou utensílio doméstico.

d) Meios de transporte mais rápidos e confortáveis, **além de** inovações nos equipamentos domésticos, reduzem o desgaste das pessoas na tarefa de garantir a própria sobrevivência e a de sua família.

e) O impacto será negativo, **pois**, se essas substâncias forem tóxicas, cancerígenas, capazes de provocar alergias ou forem prejudiciais à nutrição ou metabolismo, entre outros males.

35. (Vunesp-SP) "A filantropia foi o passo inicial em direção à responsabilidade social, não sendo esta, **portanto**, sinônimo daquela."

A expressão **portanto**, em destaque, expressa o sentido de

a) concessão.

b) condição.

c) conclusão.

d) contrariedade.

e) consequência.

36. (Enem)

A crônica muitas vezes constitui um espaço para reflexão sobre aspectos da sociedade em que vivemos.

Eu, na rua, com pressa, e o menino segurou no meu braço, falou qualquer coisa que não entendi. Fui logo dizendo que não tinha, certa de que ele estava pedindo dinheiro. Não estava. Queria saber a hora.

Talvez não fosse um Menino De Família, mas também não era um Menino De Rua. É assim que a gente divide. Menino De Família é aquele bem-vestido com tênis da moda e camiseta de marca, que usa relógio e a mãe dá outro se o dele for roubado por um Menino De Rua. Menino De Rua é aquele que quando a gente passa perto segura a bolsa com força porque pensa que ele é pivete, trombadinha, ladrão. [...] Na verdade não existem meninos DE rua. Existem meninos NA rua. E toda vez que um menino está NA rua é porque alguém o botou lá. Os meninos não vão sozinhos aos lugares. Assim como são postos no mundo, durante muitos anos também são postos onde quer que estejam. Resta ver quem os põe na rua. E por quê.

COLASANTI, Marina. *Eu sei, mas não devia.*
Rio de Janeiro: Rocco, 1999.

No terceiro parágrafo em "[...] não existem meninos **DE** rua. Existem meninos **NA** rua.", a troca de **DE** pelo **NA** determina que a relação de sentido entre "menino" e "rua" seja:

a) de localização e não de qualidade.

b) de origem e não de posse.

c) de origem e não de localização.

d) de qualidade e não de origem.

e) de posse e não de localização.

37. (UFC-CE)

Padre Anselmo olhou <u>com tristeza</u> as mulheres ajoelhadas à sua frente. Ia começar a missa e sentia-se <u>extremamente</u> cansado. Onde aquela piedade com que celebrava nos seus tempos <u>de jovem sacerdote</u>, preocupado com a salvação das almas? As coisas haviam mudado. Discutiam-se os novos ritos, as novas fórmulas. [...] Sentia-se tímido, vencido, olhando para os fiéis, pronunciando palavras na língua que falava em casa, <u>na rua</u>. A mesma língua dos bêbados, dos vagabundos, das meretrizes. De todos. Benzeu-se <u>instintivamente</u>:

— Em nome do Pai, do Filho, do Espírito Santo. Amém.

BEZERRA, João Clímaco. *A vinha dos esquecidos.*
Fortaleza: UFC, 2005. p. 32-3.

No texto, o advérbio ou a locução adverbial que modifica um adjetivo é:

a) com tristeza.

b) extremamente.

c) de jovem sacerdote.

d) na rua.

e) instintivamente.

38. (Enem)

O mundo é grande
O mundo é grande e cabe
Nesta janela sobre o mar.
O mar é grande e cabe
Na cama e no colchão de amar.
O amor é grande e cabe
No breve espaço de beijar.

ANDRADE, Carlos Drummond de. *Poesia e prosa.*
Rio de Janeiro: Nova Aguilar, 1983.

Nesse poema, o poeta realizou uma opção estilística: a reiteração de determinadas construções e expressões linguísticas, como o uso da mesma conjunção para estabelecer a relação entre as frases. Essa conjunção estabelece, entre as ideias relacionadas, um sentido de:

a) oposição.

b) comparação.

c) conclusão.

d) alternância.

e) finalidade.

39. (UFV-MG) O texto abaixo apresenta um problema associado à coesão textual afetando também a coerência textual:

"O computador vem assumindo um papel cada vez mais importante na educação. Apesar de incluir enciclopédias em CD-ROM, possui jogos que educam e divertem".

a) Identifique o problema de coesão textual.

b) Reescreva o texto acima, de modo a torná-lo coerente e coeso.

40. (FGV-SP) Leia o texto para responder à questão.

A China detonou uma bomba e pouca gente percebeu o estrago que ela causou. Assim que abriu as portas para as multinacionais oferecendo mão de obra e custos muito baratos, o país enfraqueceu as relações de trabalho no mundo. Em uma recente análise, a revista inglesa *The Economist* mostra que a entrada da China, da Índia e da ex-União Soviética na economia mundial dobrou a força de trabalho. Com isso, o poder de barganha de sindicatos do mundo inteiro teria se esfacelado. Provavelmente por isso, diz a revista, salários e benefícios tenham crescido apenas 11% desde 2001 nas empresas privadas dos Estados Unidos, ante 17% nos cinco anos anteriores.

Você S/A, set. 2005.

Comente o efeito de sentido produzido pelo emprego do futuro do pretérito em "o poder de barganha [...] teria se esfacelado" e do advérbio **provavelmente** (parte final do texto).

41. (ESPM-SP) Leia as frases:

1) O presidente almoçou **com** os sindicalistas.

2) O presidente cortou o pão **com** a faca.

3) O presidente ficou irritado **com** as críticas.

4) O presidente falou junto **com** o ministro.

As preposições destacadas traduzem respectivamente ideia de:

a) companhia, instrumento, causa, simultaneidade;

b) companhia, modo, modo, simultaneidade;

c) simultaneidade, causa, companhia, modo;

d) lugar, instrumento, causa, modo;

e) companhia, instrumento, modo, modo.

42. (ITA-SP)

Do interior da floresta, no alto das montanhas, em pequenos grotões cercados de muito verde, a água cristalina brota da terra e vai buscando seu caminho por entre as pedras. Ao unir-se às águas de outras nascentes, o filete dessa água cristalina vai se transformando em riachos, córregos e rios.

Descendo a serra em busca do mar, rumo à planície litorânea, as águas vão esculpindo as rochas, formando corredeiras e se lançando pelos vales em cachoeiras que formam os mais belos cenários da Mata Atlântica com suas piscinas naturais. [...]

Folheto do Parque Estadual da Serra do Mar.
Núcleo de Santa Virgínia.

O segmento do texto em que a preposição **de** estabelece uma relação de posse é:

a) "no alto das montanhas".

b) "cercados de muito verde".

c) "a água cristalina brota da terra".

d) "águas de outras nascentes".

e) "em busca do mar".

43. (FGV-SP) Assinale a alternativa em que a palavra **pior** assume significado diferente do dos demais casos.

a) Ela agiu da pior forma possível.

b) Quem fica com a pior parte é sempre quem carrega o piano; quem leva as coisas na flauta acaba sendo beneficiado.

c) Ele se comportou pior do que seu filho, que já não era lá muito das gentilezas.

d) O pior livro do autor é, sem dúvida, o editado em 2003.

e) O rapaz tinha sempre o pior desempenho entre os alunos da terceira série.

44. (Ufes)

Cheguei numa rua mal iluminada, cheia de árvores escuras, o lugar ideal. Homem ou mulher? Realmente não fazia grande diferença, mas não aparecia ninguém em condições, comecei a ficar tenso, isso sempre acontecia, eu até gostava, o alívio era maior. Então vi a mulher, podia ser ela, ainda que mulher fosse menos emocionante, por ser mais fácil. Ela caminhava apressadamente, carregando um embrulho de papel ordinário, coisas de padaria ou de quitanda, estava de saia e blusa, andava depressa, havia árvores na calçada, de vinte em vinte metros, um interessante problema a exigir uma grande dose de perícia. Apaguei as luzes do carro e acelerei. Ela só percebeu que eu ia para cima dela quando ouviu o som da borracha dos pneus batendo no meio-fio. Peguei a mulher acima dos joelhos, bem no meio das duas pernas, um pouco mais sobre a esquerda, um golpe perfeito, ouvi o barulho do impacto partindo os dois ossões, dei uma guinada rápida para a esquerda, passei como um foguete rente a uma das árvores e deslizei com os pneus cantando, de volta para o asfalto. Motor bom, o meu, ia de zero a cem quilômetros em nove segundos. Ainda deu para ver que o corpo todo desengonçado da mulher havia ido parar, colorido de sangue, em cima de um muro, desses baixinhos de casa de subúrbio.

FONSECA, Rubem. *Feliz Ano Novo*.

As palavras **sempre**, **menos** e **depressa** estabelecem, respectivamente, relações de:

a) dúvida, intensidade e tempo.

b) intensidade, tempo e modo.

c) confirmação, modo e tempo.

d) modo, intensidade e tempo.

e) tempo, intensidade e modo.

45. (Enem)

Cidade grande
Que beleza, Montes Claros.
Como cresceu Montes Claros.
Quanta indústria em Montes Claros.
Montes Claros cresceu tanto,
ficou urbe tão notória,
prima-rica do Rio de Janeiro,
que já tem cinco favelas
por enquanto, e mais promete.

Carlos Drummond de Andrade

No trecho "Montes Claros cresceu tanto, / [...], / que já tem cinco favelas", a palavra **que** contribui para estabelecer uma relação de consequência. Dos seguintes versos, todos de Carlos Drummond de Andrade, apresentam esse mesmo tipo de relação:

a) "Meu Deus, por que me abandonaste / se sabias que eu não era Deus / se sabias que eu era fraco."

b) "No meio-dia branco de luz uma voz que aprendeu / a ninar nos longes da senzala – e nunca se esqueceu / chamava para o café."

c) "Teus ombros suportam o mundo / e ele não pesa mais que a mão de uma criança."

d) "A ausência é um estar em mim. / E sinto-a, branca, tão pegada, aconchegada nos meus braços, / que rio e danço e invento exclamações alegres."

e) "Penetra surdamente no reino das palavras. / Lá estão os poemas que esperam ser escritos."

46. (FGV-SP) Observe a palavra destacada no seguinte período: "A implicação é que esses países talvez se saíssem **melhores** economicamente se fossem mais parecidos entre si". Essa palavra está sendo usada de acordo com a norma culta? Explique.

47. (FGV-SP) Observe o fragmento: "Era no tempo que ainda os portugueses não haviam sido por uma tempestade empurrados para a terra de Santa Cruz". É possível acrescentar aí uma preposição. Transcreva o fragmento, mas inclua essa preposição.

48. (ITA-SP)

O projeto Montanha Limpa, desenvolvido desde 1992, por meio da parceria entre o Parque Nacional de Itatiaia e a DuPont, visa amenizar os problemas causados pela poluição em forma de lixo deixado por visitantes desatentos.

Folheto do Projeto Montanha Limpa do Parque Nacional de Itatiaia

A preposição que indica que o Projeto Montanha Limpa continua até a publicação do folheto é:

a) entre.

b) por (por visitantes).

c) em.

d) por (pela poluição).

e) desde.

49. (UFPE)

As frutas nordestinas têm muito mais que gostos peculiares e cores exuberantes. Estão presentes na alta gastronomia e ganham, cada vez mais, visibilidade e prestígio na culinária internacional.

Veja Recife, 5 jun. 2002. (Adaptado.)

Entre o primeiro e o segundo período do texto, aparece apenas um ponto final. Mas, pelo sentido global do enunciado, se poderia ter usado, em lugar do ponto:

a) a locução "contanto que", para expressar o valor condicional do segundo período.

b) a expressão "se bem que", para explicitar um valor de concessão do segundo período.

c) a locução "por isso", para indicar uma relação de causa / consequência entre os dois períodos.

d) a conjunção "entretanto", para sinalizar uma relação de oposição entre os dois períodos.

e) a conjunção "mas", para refutar um pressuposto do segmento anterior.

50. (UFMG) Leia o conceito e o trecho que se seguem.

Conceito

As conjunções são "vocábulos gramaticais que servem para relacionar duas orações e termos semelhantes da mesma oração".

CUNHA, C.; CINTRA, L. *Nova Gramática do Português Contemporâneo*. Rio de Janeiro: Nova Fronteira, 1985. p. 565.

Texto

A importância da participação da família no desenvolvimento da criança é indiscutível, **mas** neste século os pais deixaram de lado a educação dos filhos, **já que** esperam que tudo venha da escola. Sem a transmissão de valores, a criança tem dificuldade em processar mentalmente estímulos, de relacionar fatos e estabelecer a importância entre eles. Deixa, **portanto**, de aprender com os erros do passado. O processo de mediação pode estar presente em qualquer situação do dia a dia. Numa viagem de férias, uma mãe estará mediando o aprendizado de seu filho ao juntar ao lazer algumas histórias sobre o local, ao chamar a atenção para a arquitetura ou o comportamento das pessoas.

MORAES, Rita. *Deixe-me pensar*. ISTOÉ, 30 jun. 1998. Adaptado.

IDENTIFIQUE a relação existente entre as orações ligadas pelas conjunções e locução conjuntiva destacadas nesse trecho e **EXPLICITE** a função marcada por esses vocábulos.

51. (ESPM-SP) Leia as frases:

I. A secretária falou DO gerente.

II. A secretária falou PELO gerente.

III. A secretária falou PARA o gerente.

IV. A secretária falou JUNTO COM o gerente.

As preposições **maiúsculas** traduzem respectivamente ideias de:

a) Companhia, direção, substituição, simultaneidade.

b) Assunto, direção, substituição, companhia.

c) Assunto, substituição, direção, simultaneidade.

d) Assunto, substituição, companhia, direção.

e) Modo, causa, direção, companhia.

52. (UFC-CE) Empregando o sufixo **-mente**, substitua as expressões destacadas por uma só palavra, cujo sentido seja equivalente ao da expressão substituída.

a) **Pouco a pouco**, o poeta aprenderia a partir sem medo.

b) **Sem dúvida alguma**, a lua nova é mais alegre que a cheia.

c) Ele ganhou um novo quarto e a aurora, **ao mesmo tempo**.

d) Passou dez anos, **sem interrupção**, com a janela virada para o pátio.

e) O poeta, **por exceção**, prefere a lua nova.

53. (UFSC)

Mas, afinal, o que é língua padrão?

Já sabemos que as línguas são um conjunto bastante variado de formas linguísticas, cada uma delas com a sua gramática, a sua organização estrutural. Do ponto de vista científico, não há como dizer que uma forma linguística é melhor que outra, a não ser que a gente se esqueça da ciência e adote o preconceito ou o gosto pessoal como critério.

Entretanto, é fato que há uma diferenciação valorativa, que nasce não da diferença desta ou daquela forma em si, mas do significado social que certas formas linguísticas adquirem nas sociedades. Mesmo que nunca tenhamos pensado objetivamente a respeito, nós sabemos (ou procuramos saber o tempo todo) o que é e o que não é permitido... Nós costumamos "medir nossas palavras", entre outras razões, porque nosso ouvinte vai julgar não somente o que se diz, mas também quem diz. E a linguagem é altamente reveladora: ela não transmite só informações neutras; revela também nossa classe social, a região de onde viemos, o nosso ponto de vista, a nossa escolaridade, a nossa intenção... Nesse sentido, a linguagem também é um índice de poder.

Assim, na rede das linguagens de uma dada sociedade, a língua padrão ocupa um espaço privilegiado: ela é o conjunto de formas consideradas como o modo correto, socialmente aceitável, de falar ou escrever.

FARACO, Carlos Alberto; TEZZA, Cristóvão. *Prática de texto*: língua portuguesa para nossos estudantes. 4. ed. Petrópolis: Vozes, 1992. p. 30.

Sobre o texto, é **correto** afirmar que:

01. o trecho "a não ser que a gente se esqueça da ciência e adote o preconceito ou o gosto pessoal como critério" pode ser assim parafraseado: a não ser que a ciência seja esquecida e seja adotado o preconceito ou o gosto pessoal como critério.

02. os pronomes **a gente** e **nós** foram usados com o mesmo significado referencial. Esse recurso se caracteriza como variação linguística e pode ser observado tanto na linguagem padrão como na linguagem coloquial.

04. o conector **assim** foi usado com valor exemplificativo e complementar. O parágrafo introduzido por ele serviu para confirmar o que foi dito antes.

08. no trecho "ela **não** transmite **só** informações neutras", as palavras destacadas indicam que existem informações neutras, além de outras informações.

16. a expressão **não somente... mas também** em: "nosso ouvinte vai julgar não somente o que se diz, mas também quem diz" estabelece uma relação de retificação do argumento da primeira afirmação com o argumento da segunda e acrescenta uma nova informação.

54. (UFV-MG)

O tabaco consome dinheiro público

Bilhões de reais saem do bolso do contribuinte para tratar a dependência do tabaco e as graves doenças que ela causa. A dependência do tabaco também aumenta as desigualdades sociais porque muitos trabalhadores fumantes, além de perderem a saúde, gastam com cigarros o que poderia ser usado em alimentação e educação. Em muitos casos, com o dinheiro de um maço de cigarros pode-se comprar, por exemplo, um litro de leite e sete pães. Para romper com esse perverso círculo de pobreza, países no mundo inteiro estão se unindo através da Convenção-Quadro de Controle do Tabaco para conter a expansão do tabagismo e os graves danos que causa, sobretudo nos países em desenvolvimento. Incluir o Brasil nesse grupo interessa a todos os brasileiros.

É um passo importante para criar uma sociedade mais justa.

Propaganda do Ministério da Saúde. Brasil,
um país de todos. Governo Federal, 2004.

"A dependência do tabaco também aumenta as desigualdades sociais porque muitos trabalhadores fumantes, além de perderem a saúde [...]."

O termo **além de**, neste fragmento, estabelece relação lógico-semântica de:

a) condição.
b) concessão.
c) adição.
d) conformidade.
e) consecução.

55. (Fuvest-SP) Em "Era a flor, e não já da escola, **senão** de toda a cidade", a palavra assinalada pode ser substituída, sem que haja alteração de sentido, por:

a) mas sim.
b) de outro modo.
c) exceto.
d) portanto.
e) ou.

56. (PUC-PR) Assinale a alternativa em que o termo colocado entre parênteses não substitui com o mesmo sentido o termo destacado da frase.

a) Não merecemos nenhum castigo, **dado que** nada fizemos. (pois que)
b) Ele chegará cedo ao trabalho, **salvo se** o trânsito o impedir. (a não ser que)
c) Eu não quis ofendê-lo, **depois**, nem o conhecia direito. (ademais)
d) Resolvemos partir, **conquanto** tivesse chovido muito à noite. (embora)
e) Você participou da festa; diga-me, **pois**, o que aconteceu. (contudo)

57. (UFRJ) Leia os versos de João Cabral de Melo Neto a seguir.

Está apenas em que a terra
é por aqui mais macia;
está apenas no pavio,
ou melhor, na lamparina:

O valor semântico correto para a expressão destacada é de:

a) retificação.
b) comparação.
c) exemplificação.
d) valoração.
e) oposição.

58. (UFC-CE) Assinale a alternativa em que **francamente** só pode estar ligado imediatamente ao verbo, como em "Vendia-me, mas francamente e de boa fé".

a) Francamente, sua atitude nos decepcionou.
b) Ele se porta, nestas ocasiões, francamente.
c) Você, francamente, é merecedor do primeiro lugar.
d) Esta é, francamente, a minha opinião sobre o assunto.
e) Sua indicação para a vaga foi um equívoco, francamente.

59. (Fuvest-SP)

O filme *Cazuza – O tempo não para* me deixou numa espécie de felicidade pensativa. Tento explicar por quê.

Cazuza mordeu a vida com todos os dentes. A doença e a morte parecem ter-se vingado de sua paixão exagerada de viver. É impossível sair da sala de cinema sem se perguntar mais uma vez: o que vale mais, a preservação de nossas forças, que garantiria uma vida mais longa, ou a livre procura da máxima intensidade e variedade de experiências?

Digo que a pergunta se apresenta "mais uma vez" porque a questão é hoje trivial e, ao mesmo tempo, persecutória.

[...] Obedecemos a uma proliferação de regras que são ditadas pelos progressos da prevenção. Ninguém imagina que comer banha, fumar, tomar pinga, transar sem camisinha e combinar, sei lá, nitratos com Viagra seja uma boa ideia. De fato não é. À primeira vista, parece lógico que concordemos sem hesitação sobre o seguinte: não há ou não deveria haver prazeres que valham um risco de vida ou, simplesmente, que valham o risco de encurtar a vida. De que adiantaria um prazer que, por assim dizer, cortasse o galho sobre o qual estou sentado?

Os jovens têm uma razão básica para desconfiar de uma moral prudente e um pouco avara que sugere que escolhamos sempre os tempos suplementares. É que a morte lhes parece distante, uma coisa com a qual a gente se preocupará mais tarde, muito mais tarde. Mas sua vontade de caminhar na corda bamba e sem rede não é apenas a inconsciência de quem pode esquecer que "o tempo não para". É também (e talvez sobretudo) um questionamento que nos desafia: para disciplinar a experiência, será que temos outras razões que não sejam só a decisão de durar um pouco mais?

CALLIGARIS, Contardo. *Folha de S.Paulo.*

Entre as frases "Cazuza mordeu a vida com todos os dentes" e "A doença e a morte parecem ter-se vingado de sua paixão exagerada de viver" estabelece-se um vínculo que pode ser corretamente explicitado com o emprego de:

a) desde que.
b) tanto assim que.
c) uma vez que.
d) à medida que.
e) apesar de que.

60. (Unifesp) A alternativa em que o uso da preposição em destaque tem função mais estilística do que gramatical é:

a) [...] quando estava **com** ela [...]
b) **Do** fruto das árvores do jardim podemos comer.
c) [...] e fizeram para si coberturas **para** os lombos.
d) [...] ela começou dizer **à** mulher [...]
e) Depois deu também dele **a** seu esposo ...

PARTE 3 SINTAXE

CAPÍTULO 12 – Termos essenciais da oração

1. (Epcar-MG)

Estatuto do idoso

Art. 2 – O idoso goza de todos os direitos fundamentais inerentes à pessoa humana, sem prejuízo da proteção integral de que trata esta Lei, assegurando-se-lhe, por lei ou por outros meios, todas as oportunidades e facilidades, para preservação de sua saúde física e mental e seu aperfeiçoamento moral, intelectual, espiritual e social, em condições de liberdade e dignidade.

Art. 4 – Nenhum idoso será objeto de qualquer tipo de negligência, discriminação, violência, crueldade ou opressão, e todo atentado aos seus direitos, por ação ou por omissão, será punido na forma da lei.

Disponível em: <www.planalto.gov.br/ccvil_03/leis/ 2003/L10.741.htm>. (Fragmentos.)

Assinale a opção correta sobre as análises apresentadas.

a) Na construção "assegurando-se-lhe" a correção gramatical seria mantida substituindo-se o pronome **lhe** pela expressão **a eles**.

b) O termo "todas as oportunidades e facilidades" classifica-se como sujeito passivo do verbo **assegurar.**

c) No Art. 4, a conjunção coordenada **ou** determina exclusão de ideias.

d) Nos trechos "de que trata esta Lei" e "preservação de sua saúde", a preposição **de** é obrigatória, devido à regência verbal.

2. (EsPCEx-SP) Assinale a alternativa que classifica corretamente a sequência de predicados das orações abaixo.

- Soa um toque áspero de trompa.
- Os estudantes saem das aulas cansados.
- Toda aquela dedicação deixava-o insensível.
- Em Iporanga existem belíssimas grutas.
- Devido às chuvas, os rios estavam cheios.
- Eram sólidos e bons os móveis.

a) verbal; verbo-nominal; verbo-nominal; verbal; nominal; nominal.

b) verbal; verbal; verbo-nominal; nominal; verbo-nominal; nominal.

c) nominal; verbal; verbo-nominal; verbal; nominal; verbo-nominal.

d) verbo-nominal; verbal; nominal; verbal; verbo-nominal; nominal.

e) nominal; verbal; verbal; nominal; nominal; verbo-nominal.

3. (IFSP) Com relação à classificação do sujeito, assinale a alternativa correta.

a) A oração: "Todos cantaram durante o evento" apresenta um exemplo de sujeito indeterminado.

b) A oração: "A respeito desta informação, falo eu!" apresenta um exemplo de sujeito oculto (determinado).

c) A oração: "Andavam devagar, em fila, nove ou dez", apresenta um exemplo de oração sem sujeito.

d) A oração: "Falam por nós os desprovidos de justiça, os humildes de alma", apresenta um exemplo de sujeito composto.

e) A oração: "Não se falava dele na reunião", apresenta um exemplo de sujeito simples.

4. (IFBA) Com base no trecho da música "Silêncio de um minuto", de Noel Rosa, analise as quatro primeiras orações da estrofe a seguir e identifique o tipo de sujeito de cada uma delas.

Não te vejo, nem te escuto,
o meu samba está de luto,
eu peço o silêncio de um minuto...
Homenagem à história
De um amor cheio de glória
Que me pesa na memória.

Disponível em: <www.vagalume.com.br/maria-bethania/ silencio-de-um-minuto.html>. Acesso em: 18 set. 2015.

a) oculto, oculto, simples e simples.

b) simples, simples, oculto e inexistente.

c) inexistente, inexistente, simples e simples.

d) indeterminado, indeterminado, simples e simples.

e) indeterminado, indeterminado, oculto e inexistente.

Texto para a próxima questão.

Gramática amorosa

Piscadelas, gestos sutis com as mãos e até tosses e escarradas eram usados como forma de mostrar interesse pelo sexo oposto

Na Idade Moderna, erotismo designava "o que tivesse relação com o amor". Como essa definição se materializaria na prática? Há registros de estratégias de sedução que soariam pouco familiares e mesmo pueris aos olhos de hoje. É o caso do "namoro de bufarinheiro", descrito por Julio Dantas, corrente em Portugal e também no Brasil, ao menos nas cidades. Consistia em passarem os homens a distribuir piscadelas e a fazerem gestos sutis com as mãos e bocas para as mulheres que se postavam à janela, em dias de procissão, como se fossem eles bufarinheiros a anunciar seus produtos. É também o caso do "namoro de escarrinho", costume luso-brasileiro dos séculos 17 e 18, no qual o enamorado punha-se embaixo da janela da moça e não dizia nada, limitando-se a fungar à maneira de gente resfriada. Caso a declaração fosse correspondida, seguia-se uma cadeia de tosses, assoar de narizes e cuspidelas. Escapa-nos, sobremaneira, o apelo sedutor que os tais "escarrinhos" poderiam ter naquele tempo, mas sabe-se que, até hoje, no interior do país, o namoro à janela das moças não desapareceu de todo. [...]

PRIORE, Mary Del. *Revista Aventuras na História.* 139 ed., ano 12, nº 3, fevereiro/2015. p. 56. (Adaptado.)

5. (UEPG-PR) Quanto ao tipo de sujeito e a sua posição na sentença, assinale o que for correto.

01) "Piscadelas, gestos sutis com as mãos e até tosses e escarradas eram usados [...]" Sujeito composto anteposto ao verbo.

02) "[...] erotismo designava 'o que tivesse relação com o amor [...]'" Sujeito simples anteposto ao verbo.

04) "Há registros de estratégias [...]" Sujeito simples posposto ao verbo.

08) "Consistia em passarem os homens [...]" Sujeito elíptico.

16) "Escapa-nos, sobremaneira, o apelo sedutor que os tais 'escarrinhos' poderiam ter naquele tempo [...]" Sujeito simples posposto ao verbo.

Texto para a próxima questão.

Os dois viajantes na Macacolândia

Dois viajantes, transviados no sertão, depois de muito andar, alcançam o reino dos macacos.

Ai deles! Guardas surgem na fronteira, guardas ferozes que os prendem, que os amarram e os levam à presença de S. Majestade Simão III.

El-rei examina-os detidamente, com macacal curiosidade, e em seguida os interroga:

— Que tal acham isto por aqui?

Um dos viajantes, diplomata de profissão, responde sem vacilar:

— Acho que este reino é a oitava maravilha do mundo. Sou viajadíssimo, já andei por Seca e Meca, mas, palavra de honra! Nunca vi gente mais formosa, corte mais brilhante, nem rei de mais nobre porte do que Vossa Majestade.

Simão lambeu-se todo de contentamento e disse para os guardas:

— Soltem-no e deem-lhe um palácio para morar e a mais gentil donzela para esposa. E lavrem incontinenti o decreto de sua nomeação para cavaleiro da mui augusta Ordem da Banana de Ouro.

Assim se fez e, enquanto o faziam, El-rei Simão, risonho ainda, dirigiu a palavra ao segundo viajante:

— E você? Que acha do meu reino?

Este segundo viajante era um homem neurastênico, azedo, amigo da verdade a todo o transe.

Tão amigo da verdade que replicou sem demora:

— O que acho? É boa! Acho o que é!...

— E que é que é? – interpelou Simão, fechando o sobrecenho.

— Não é nada. Uma macacalha... Macaco praqui, macaco prali, macaco no trono, macaco no pau...

— Pau nele – berra furioso o rei, gesticulando como um possesso. Pau de rachar nesse miserável caluniador...

E o viajante neurastênico, arrastado dali por cem munhecas, entrou numa roda de lenha que o deixou moído por uma semana.

Monteiro Lobato

6. (IFCE) No fragmento "— Soltem-no e deem-lhe um palácio para morar e a mais gentil donzela para esposa", os sujeitos dos verbos sublinhados são, respectivamente:

a) vós / vós.

b) tu / vós.

c) eles ou elas / eles ou elas.

d) tu / tu.

e) nós / vós.

7. (EsPCEx-SP) Assinale o sujeito do verbo **forjar**, no período abaixo.

Chama atenção das pessoas atentas, cada vez mais, o quanto se forjam nos meios de comunicação modelos de comportamento ao sabor de modismos lançados pelas celebridades do momento.

a) meios de comunicação.

b) modelos de comportamento.

c) modismos.

d) celebridades do momento.

e) pessoas atentas.

8. (EsPCEx-SP) Assinale a alternativa correta quanto à classificação do sujeito, respectivamente, para cada uma das orações abaixo.

— Choveu pedra por no mínimo 20 minutos.

— Vende-se este imóvel.

— Fazia um frio dos diabos naquele dia.

a) indeterminado, inexistente, simples.

b) oculto, simples, inexistente.

c) inexistente, inexistente, inexistente.

d) oculto, inexistente, simples.

e) simples, simples, inexistente.

Texto para a próxima questão.

V – O samba

À direita do terreiro, adumbra-se* na escuridão um maciço de construções, ao qual às vezes recortam no azul do céu os trêmulos vislumbres das labaredas fustigadas pelo vento.

[...]

É aí o quartel ou quadrado da fazenda, nome que tem um grande pátio cercado de senzalas, às vezes com alpendrada corrida em volta, e um ou dois portões que o fecham como praça d'armas.

Em torno da fogueira, já esbarrondada pelo chão, que ela cobriu de brasido e cinzas, dançam os pretos o samba com um frenesi que toca o delírio. Não se descreve, nem se imagina esse desesperado saracoteio, no qual todo o corpo estremece, pula, sacode, gira, bamboleia, como se quisesse desgrudar-se.

Tudo salta, até os crioulinhos que esperneiam no cangote das mães, ou se enrolam nas saias das raparigas. Os mais taludos viram cambalhotas e pincham à guisa de sapos em roda do terreiro. Um desses corta jaca no espinhaço do pai, negro fornido, que não sabendo mais como desconjuntar-se, atirou consigo ao chão e começou de rabanar como um peixe em seco. [...]

ALENCAR, José de. *Til*

*adumbra-se: delineia-se, esboça-se.

9. (Fuvest-SP) Na composição do texto, foram usados, reiteradamente,

I. sujeitos pospostos;

II. termos que intensificam a ideia de movimento;

III. verbos no presente histórico.

Está correto o que se indica em:

a) I, apenas.

b) II, apenas.

c) III, apenas.

d) I e II, apenas.

e) I, II e III.

10. (IFSP) Leia o texto abaixo.

Sem vós, ninfas do Tejo e do Mondego,
Por caminho tão árduo, longo e vário!
Vosso favor invoco, que navego
Por alto-mar, com vento tão contrário
Que, se não me ajudais, hei grande medo
Que o meu fraco batel se alague cedo.

Disponível em: <www.dominiopublico.gov.br/download/
texto/bv000162.pdf>. Acesso em: 4 dez. 2012.

A estrofe acima pertence ao canto VII d'*Os lusíadas*, de Luís Vaz de Camões. Nele, observamos a figura de linguagem denominada anástrofe, que consiste na mudança da ordem direta dos termos da oração. Assinale a alternativa em que se observa essa ocorrência.

a) vós, ninfas do Tejo e do Mondego
b) Por caminho tão árduo, longo e vário!
c) Vosso favor invoco
d) que navego / Por alto-mar
e) com vento tão contrário / Que, se não me ajudais

Texto para a próxima questão.

De um jogador brasileiro a um técnico espanhol

Não é a bola alguma carta
que se leva de casa em casa:
é antes telegrama que vai
de onde o atiram ao onde cai.

Parado, o brasileiro a faz
ir onde há de, sem leva e traz;
com aritméticas de circo
ele a faz ir onde é preciso;
em telegrama, que é sem tempo
ele a faz ir ao mais extremo.

Não corre: ele sabe que a bola,
Telegrama, mais que corre voa.

MELO NETO, João Cabral de. Disponível em:
<www.revista.agulha.nom.br/futebol.html#jogador>.
Acesso em: 12 out. 2011.

11. (IFPE) Quanto aos aspectos morfossintáticos do texto, assinale a alternativa correta.

a) O sujeito das duas primeiras estrofes é indeterminado, como se verifica pelos verbos **se leva** e **atiram**.
b) O predicado em "Não é a bola alguma carta" e "é antes telegrama" é verbal, pois os verbos indicam o estado da bola.
c) O sujeito simples **brasileiro** da terceira estrofe é retomado nas demais estrofes pelo pronome **ele**.
d) O predicado da oração "Ele a faz ir", na quarta e quinta estrofes, é verbo-nominal, pois indica ação e descreve a bola.
e) O substantivo **telegrama**, no último verso do poema, é um adjunto adnominal de **bola**.

12. (UFSC) Considere os textos a seguir:

I. "Conversam o carcereiro e o assassino de alta periculosidade. Carcereiro:
— E agora, o que vai fazer?
— Matar o tempo!"

II. "Na guerra, o general estimula seus soldados antes da grande batalha:

— Não esqueçam, ao avistar o inimigo, pensem logo no lema de nossa tropa: Ou mato ou morro.

Dito e feito. Quando encontraram os inimigos, metade do batalhão correu para o mato, e o restante para o morro."

III.

> Não se deixe explorar pela concorrência!
> Compre na nossa loja.

ILARI, Rodolfo. *Introdução à semântica:* brincando com a gramática.
São Paulo: Contexto, 2001. p. 81; 104; 89.

Assinale a(s) proposição(ões) **correta(s)**.

01. O elemento responsável pelo resultado humorístico no texto I é a quebra de expectativa do interlocutor em relação ao sentido do verbo "matar" usado pelo assassino; no texto II, a graça está na confusão provocada pela mudança de classe gramatical e de sentido das palavras "mato" e "morro".

02. No texto II, a expressão "dito e feito" indica que os soldados corresponderam plenamente à expectativa do general quanto às atitudes da tropa sob seu comando.

04. Tanto o sujeito de "conversam", no texto I, como o sujeito de "deixe", no texto III, é indeterminado.

08. No texto I, "vai fazer" é uma forma alternativa de "fará" para indicar o tempo futuro do presente.

16. Os três textos apresentam verbo no modo imperativo.

13. (Uece) Sobre o período "As manchas na roupa dos passageiros ninguém via porque não havia luz", assinale com V ou F, conforme as afirmações sejam verdadeiras ou falsas.

( ) Na ordem direta, teremos "Porque não havia luz, ninguém via as manchas na roupa dos passageiros".

( ) O período é constituído de duas orações, sendo a segunda um termo sintático da primeira.

( ) O verbo ver (no período, a forma **via**) é pessoal e apresenta como sujeito as manchas.

( ) O verbo haver (no período, a forma **havia**) é impessoal e aparece acompanhado do complemento luz.

Assinale a opção que contém a sequência correta, de cima para baixo.

a) F, V, F, V
b) V, V, V, F
c) F, F, V, V
d) F, V, V, F

14. (Uerj) "Realmente as rosas de suas faces viçavam; era cintilante o brilho que desferia a sua pupila negra".

No trecho acima há um período constituído de três orações. Os termos essenciais da segunda e terceira orações estão colocados na ordem inversa.

Transcreva separadamente estas duas orações. Em seguida, forme com elas um novo período composto, de modo que o sujeito de cada uma seja colocado antes do respectivo predicado.

15. (UFPI) Assinale a alternativa que contém a informação correta quanto ao sujeito das orações 1 e 2.

1. Existem homens loucos nas ruas.
2. Há homens sadios nos hospícios.

a) oração sem sujeito – indeterminado
b) oração sem sujeito – homens sadios
c) homens loucos – homens sadios
d) homens loucos – oração sem sujeito
e) indeterminado – oração sem sujeito

16. (Ufscar-SP) A frase **desceu um enxame de almas**, tem o sujeito posposto. Assinale a alternativa em que o sujeito também aparece posposto.

a) De um atentado, um soldado consegue salvar seu companheiro.

b) Segunda-feira faltou, de novo, um pouco de tinta de impressão.

c) No salão de Paris, há um Audi com motor de 4,2 litros.

d) Ler biografia de homens célebres é bastante útil.

e) O mercado financeiro recebeu bem a inclusão das ações do Bradesco.

17. (ESPP-SP) Assinale a alternativa em que o sujeito é indeterminado:

a) Fizemos uma boa apresentação ontem.

b) Comentou-se muito aquele crime.

c) Assaltaram novamente o museu.

d) Foi divulgada a lista dos aprovados.

18. (Vunesp-SP) O termo oração, entendido como uma construção com sujeito e predicado que formam um período simples, se aplica, adequadamente, apenas a:

a) Amanhã, tempo instável, sujeito a chuvas esparsas no litoral.

b) O vigia abandonou a guarita, assim que cumpriu seu período.

c) O passeio foi adiado para julho, por não ser época de chuvas.

d) Muito riso, pouco siso – provérbio apropriado à falta de juízo.

e) Os concorrentes à vaga de carteiro submeteram-se a exames.

19. (ESPP-SP) Assinale a alternativa em que o predicado é verbo-nominal:

a) Ela está no escritório.

b) Trouxemos o relatório para você.

c) O rapaz sofreu um sério acidente.

d) Considero aquele texto um pouco cansativo.

20. (ESPP-SP) Assinale a alternativa em que o predicado é nominal:

a) Ele está em casa agora.

b) A aluna parece nervosa.

c) Achamos o filme monótono.

d) Aguardo sua resposta ansiosamente.

21. (UEL-PR) O período em que há uma oração sem sujeito é:

a) Embarcaríamos, ainda que a ventania aumentasse.

b) Caso ocorram ventos fortes, suspenderemos o embarque.

c) Se ventar, não teremos como embarcar.

d) Chegam do sul, com a chuva, os ventos que impedem o embarque.

e) A ventania ameaçava o nosso embarque, mas, enfim, moderou.

22. (PUC-PR) Assinale a alternativa que contém uma oração sem sujeito.

a) No momento, doem-me muito os dentes.

b) Para alguns, ainda havia esperança.

c) Lentamente chegava a noite.

d) Na repartição, existiam muitos documentos secretos.

e) Nada se fazia de proveitoso.

23. (ESPP-SP) Assinale a alternativa em que o predicado é verbo-nominal:

a) Considerei injusta a sua afirmação.

b) Ela parece doente.

c) Falaremos com o rapaz acidentado.

d) Trouxe a encomenda para você.

24. (UPM-SP) Leia o seguinte texto:

Destino atroz

Um poeta sofre três vezes: primeiro quando ele os sente, depois quando os escreve e, por fim, quando declamam seus versos.

Mário Quintana

No texto, o sujeito do verbo **declamam** é:

a) os (elíptico)

b) indeterminado

c) eles (oculto)

d) os seus versos (composto)

e) três vezes (simples)

25. (ESPP-SP) Assinale a alternativa em que o sujeito é indeterminado:

a) Vende-se casa.

b) Necessita-se de doação de sangue.

c) Houve briga entre as torcidas.

d) Foi divulgado o gabarito da prova.

26. (UEPG-PR) Assinale a opção cuja frase possui predicado verbo-nominal.

a) O professor entrou na sala pensativo.

b) Ele andava a passos largos.

c) Ninguém lhe era agradável.

d) Em qualquer situação, continuará sorrindo.

e) Foi sofrível sua participação.

27. (UFV-MG) Leia o texto abaixo e responda à questão.

A grande catástrofe

No princípio era o Verbo. O verbo Ser. Conjugava-se apenas no infinito. Ser, e nada mais.

Intransitivo absoluto.

Isto foi no princípio. Depois transigiu, e muito. Em vários modos, tempos e pessoas. Ah, nem queiras saber o que são as pessoas: eu, tu, ele, nós, vós, eles...

Principalmente eles!

E, ante essa dispersão lamentável, essa verdadeira explosão do SER em seres, até hoje os anjos ingenuamente se interrogam por que motivo as referidas pessoas chamam a isso de CRIAÇÃO...

QUINTANA, Mário. *Prosa e verso*. Rio de Janeiro: Globo, 1983.

"Depois transigiu, e muito."

Considerando a frase no contexto, assinale a alternativa que contém o sujeito do verbo **transigir**.

a) O verbo Ser.   d) Isto.

b) A grande catástrofe.   e) Princípio.

c) Infinito.

28. (Unimep-SP) Quando a oração não tem sujeito, o verbo fica na terceira pessoa do singular. Essa afirmação pode ser comprovada em:

a) Chegou o pacote de livros.
b) Existe muita gente amedrontada.
c) Ainda há criança sem escola.
d) Não procede a acusação contra ele.
e) É proibida a entrada.

29. (UPM-SP) O sujeito é simples e determinado em:

a) Há somente um candidato ao novo cargo, doutor?
b) Vive-se bem ao ar livre.
c) Na reunião de alunos, só havia pais.
d) Que calor, filho!
e) Viam-se eleitores indecisos durante a pesquisa.

30. (FGV-SP) Assinale a alternativa em que o pronome **você** exerça a função de sujeito do verbo destacado.

a) **Cabe** a você alcançar aquela peça do maleiro.
b) Não **enchas** o balão de ar, pois ele pode ser levado pelo vento.
c) Ao **chegar**, vi você perambulando pelo *shopping center* da Mooca.
d) Ei, você, posso **entrar** por esta rua?
e) Na Estação Trianon-Masp desceu a Angelina; na Consolação, **desceu** você.

31. (Ufam) Assinale o item em que o substantivo destacado **não** exerce a função de sujeito.

a) Não se pode derrubar esta **palmeira**.
b) Havia um **mistério** no ar.
c) Sua **salvação** foram os desvelos da mulher.
d) Será que não existia outra **solução**?
e) Na discussão, o **parlamentar** houve-se com perfeito equilíbrio.

32. (Efoa-MG) Há período composto em:

a) "Ao lado da dissertação, deveria restaurar-se também o prestígio da tabuada."
b) "[...] o mesmo não se pode dizer de outros engenhos."
c) "Temos aí, reproduzido, com a máxima fidelidade, o diálogo."
d) "Aí, então, podem contar comigo para aplaudir a máquina."
e) "A ojeriza pelo idioma nacional já estava ultrapassando os limites toleráveis."

33. (UEPG-PR) Só num caso a oração é sem sujeito. Assinale-o.

a) Faltavam três dias para o batismo.
b) Houve por improcedente a reclamação do aluno.
c) Só me resta uma esperança.
d) Havia tempo suficiente para as comemorações.
e) n.d.a.

34. (Acafe-SC) Identifique no conjunto de orações a que não tem sujeito.

a) Hei de vencer todas as dificuldades.
b) Os operários fizeram um bom trabalho.
c) Bateram à porta.
d) As ondas são preguiçosas.
e) Há muitas pessoas honestas.

35. (Uepa) Considere o conjunto de frases para responder à questão abaixo.

I. Nesta granja abatem-se mil galinhas diariamente.
II. Pedem-se mais verbas para a educação.
III. Diariamente destroem-se grandes porções da floresta amazônica.
IV. Cora-se, grita-se, esperneia-se, mas não se resolve nada!
V. No Brasil, trabalha-se muito e ganha-se pouco.
VI. Vive-se feliz quando se ama.

Uma das funções da expressão **se** é funcionar como partícula apassivadora. Em quais frases ela exerce essa função?

a) I, II, III, IV
b) II, III, IV, V
c) III, IV, V, VI
d) I, IV, V, VI
e) II, IV, V, VI

36. (PUC-RJ) Sem alterar substancialmente o sentido do período abaixo, reescreva-o de modo que a expressão "os criminosos" passe a funcionar como sujeito da oração destacada. Faça as adaptações necessárias:

"Quando você não diferencia os criminosos dos tiras, tudo pode acontecer."

37. (FGV-SP) Diga, da perspectiva da norma culta, se a frase abaixo está correta ou incorreta. Justifique sua resposta.

"Este livro trata-se da melhor forma de você se divertir sem gastar muito."

38. (CTA-SP) Assinale a alternativa cujo sujeito **não** é indeterminado.

a) Soa um toque áspero de trompa.
b) Falou-se de tudo na reunião.
c) Precisa-se de carpinteiro.
d) Batem à porta.
e) n.d.a.

39. (Ufac) Considere estas orações:

1. "E havia muitas vozes de homens e de outras mulheres..."
2. "Eleitorado mais esclarecido não poderia haver."
3. "Afinal chovia uma alegre chuva de esperança."
4. "Não havia existido ninguém com tantas qualidades."

Agora, assinale a afirmação correta:

a) todas são sem sujeito.
b) somente a 3 não tem sujeito.
c) somente a 1 e a 3 não têm sujeito.
d) somente a 2 tem sujeito.
e) somente a 3 e a 4 têm sujeito.

40. (Unirio-RJ) Em "Na mocidade, muitas coisas lhe haviam acontecido", temos oração:

a) sem sujeito.
b) com sujeito simples e claro.
c) com sujeito oculto.
d) com sujeito composto.
e) com sujeito indeterminado.

41. (UFPB) Há **oração sem sujeito** no período:

a) Numa terça-feira me chamaram.

b) Abria-se para mim, de repente, um céu.

c) Itabaiana estava a um salto do Santa Rosa.

d) Não há judiação, coronel.

42. (PUC-SP) Indique a alternativa correta no que se refere ao sujeito da oração "Da chaminé da usina subiam para o céu nuvens de fumaça".

a) Simples, tendo por núcleo chaminé.

b) Simples, tendo por núcleo nuvens.

c) Composto, tendo por núcleo nuvens de fumaça.

d) Simples, tendo por núcleo fumaça

e) Simples, tendo por núcleo usina.

43. (Omec-SP) Assinale a alternativa em que há sujeito indeterminado.

a) Amanheceu radiante o dia de hoje.

b) No inverno anoitece muito cedo.

c) Vive-se bem com Deus.

d) Conta-se que vai haver uma festa.

e) Contam-se muitas coisas de você.

44. (Unirio-RJ) Assinale a frase cujo sujeito se classifica do mesmo modo que o da frase "Faz muito calor no Rio o ano inteiro".

a) Devia haver mais interesse pela boa formação profissional.

b) Falaram muito mal dos estimuladores de conflitos.

c) Vive-se bem no clima de montanha.

d) Almejamos dias melhores.

e) Haviam chegado cedo todos os candidatos.

45. (Fuvest-SP) Leia atentamente:

"Não verás separar ao hábil negro
do pesado esmeril a grossa areia,
e já brilharem os granetes de oiro
no fundo da bateia."

No texto anterior, o agente da ação expressa pelo verbo **separar** é:

a) tu (oculto).

b) o hábil negro.

c) ela (oculto).

d) a grossa areia.

e) ele (oculto).

46. (Fuvest-SP) Assinale a alternativa que tem oração sem sujeito.

a) Existe um povo que a bandeira empresta.

b) Embora com atraso, haviam chegado.

c) Existem flores que devoram insetos.

d) Alguns de nós ainda tinham esperança de encontrá-lo.

e) Há de haver recurso desta sentença.

47. (Omec-SP) Assinale a oração sem sujeito.

a) Convidaram-me para a festa.

b) Diz-se muita coisa errada.

c) O dia está quente.

d) Alguém se enganou.

e) Vai fazer bom tempo amanhã.

48. (FEI-SP) No período "Toda a humanidade estaria condenada à morte se houvesse um tribunal para os crimes imaginários." (Paulo Bonfim)

a) qual o sujeito da primeira oração?

b) qual o sujeito da segunda oração?

49. (UFPA) Na frase "Precisa-se de operários", a partícula **se** é índice de indeterminação do sujeito **porque** o verbo está na terceira pessoa do singular.

a) **asserção**: verdadeira; **razão**: verdadeira (a razão explica corretamente a asserção)

b) **asserção**: verdadeira; **razão**: verdadeira (mas a razão não explica corretamente a asserção)

c) **asserção**: verdadeira; **razão**: falsa

d) **asserção**: falsa; **razão**: verdadeira

e) **asserção**: falsa; **razão**: falsa

50. (UFPR) Qual a oração sem sujeito?

a) Falaram mal de você.

b) Ninguém se apresentou.

c) Precisa-se de professores.

d) A noite estava agradável.

e) Vai haver um campeonato.

51. (Faenquil-SP) No período "Ser amável e ser egoísta são coisas distintas", o sujeito é:

a) indeterminado.

b) "ser amável".

c) "coisas distintas".

d) "ser amável e ser egoísta".

e) n.d.a.

52. (UFMG) Em todas as alternativas, o termo em negrito exerce a função de sujeito, exceto em:

a) **Quem** sabe de que será capaz a mulher de teu sobrinho?

b) Raramente se entrevê **o céu** nesse aglomerado de edifícios.

c) Amanheceu **um dia lindo**, e por isso todos correram à piscina.

d) Era somente **uma velha**, jogada num catre preto de solteiro.

e) É preciso **que haja muita compreensão para com os amigos**.

53. (Faap-SP) Qual é a alternativa em que há sujeito indeterminado?

a) Comecei a estudar muito tarde para o exame.

b) Em rico estojo de veludo, jazia uma flauta de prata.

c) Soube-se que o proprietário estava doente.

d) Houve muitos feridos no desastre.

e) Julgaram-no incapaz de exercer o cargo.

54. (PUC-SP) "Em 1949 reuniram-se em Perúgia, Itália, a convite da quase totalidade dos cineastas italianos, seus colegas de diversas partes do mundo." O núcleo do sujeito de **reuniram-se** é:

a) cineastas.

b) convite.

c) colegas.

d) totalidade.

e) se.

55. (Omec-SP) Assinale a frase em que há sujeito indeterminado.

a) Compram-se jornais velhos.
b) Confia-se em suas palavras.
c) Chama-se José o sacerdote.
d) Choveu muito.
e) É noite.

56. (FMPA-MG) Assinale a opção em que o sujeito está indeterminado.

a) Na placa liam-se os dizeres: cobrem-se botões.
b) Acontecem coisas estranhas por aqui.
c) Não se deve nadar em alto-mar.
d) Emprega-se auxiliar de mecânico.
e) Decorreram alguns instantes de silêncio.

57. (Ibmec) Assinale a alternativa correta considerando o período abaixo.

Saímos apressados daquela reunião.

a) Tem-se predicação verbal, já que o núcleo do predicado é **saímos** – verbo intransitivo.
b) Tem-se predicação nominal, já que o núcleo do predicado é **apressados** – predicativo do sujeito.
c) Tem-se predicação verbal, já que o núcleo é **saímos** e **apressados** é um complemento nominal.
d) Tem-se predicação verbo-nominal, já que **saímos** e **apressados** constituem núcleos do predicado.
e) Tem-se predicação verbo-nominal, já que apresenta dois núcleos: **saímos** e **reunião**.

58. (Unimep-SP)

I. Pedro está adoentado.
II. Pedro está no hospital.

a) O predicado é verbal em I e II.
b) O predicado é nominal em I e II.
c) O predicado é verbo-nominal em I e II.
d) O predicado é verbal em I e nominal em II.
e) O predicado é nominal em I e verbal em II.

59. (UPM-SP) No período "O homem andava triste porque não conseguiu que seu irmão lhe desse apoio naquela difícil empresa", os verbos **andar** (andava), **conseguir** (conseguiu) e **dar** (desse), quanto à predicação, classificam-se em:

a) intransitivo, transitivo direto, transitivo indireto.
b) de ligação, transitivo direto, transitivo direto e indireto.
c) de ligação, transitivo direto e indireto, transitivo direto e indireto.
d) intransitivo, transitivo direto, transitivo direto e indireto.
e) intransitivo, transitivo direto, transitivo direto.

60. (Cefet-PR) Assinale a alternativa que classifica corretamente, e pela ordem, os predicados das frases a seguir.

I. Os filhos consideraram falsa a atitude da mãe.
II. A atitude da mãe parecia falsa.
III. Finalmente, os filhos consideram a atitude da mãe.

a) verbal – nominal – verbo-nominal
b) verbo-nominal – nominal – verbal
c) nominal – verbo-nominal – verbal
d) verbo-nominal – verbal – nominal
e) verbal – verbo-nominal – nominal

61. (FGV-SP) Assinale a alternativa em que pelo menos um verbo esteja usado como transitivo direto.

a) Dependeu o coveiro de alguém que rezasse.
b) Oremos, irmãos!
c) Chega o primeiro raio da manhã.
d) Loureiro escolheu-nos como padrinhos.
e) Contava com o auxílio de Marina para cuidar do evento.

62. (UFPR) Leia:

1) Durante o carnaval, **fico agitadíssimo**. (predicado verbal)
2) Durante o carnaval, **fico em casa**. (predicado nominal)
3) Durante o carnaval, **fico vendo o movimento das ruas**. (predicado nominal)

Assinale a certa:

a) 1 e 2.
b) 2 e 3.
c) 1 e 3.
d) Todas as alternativas estão certas.
e) Todas as alternativas estão erradas.

63. (UFU-MG) Assinale a alternativa em que a palavra em destaque está determinando o sujeito.

a) "Sem olhar para o Félix, sentia-o **subjugado**." (Machado de Assis)
b) "[...] e foi esse livro que me meteu em brios. Achei-o seguramente **medíocre** [...]" (Machado de Assis)
c) "Pretas e moleques espiavam-me, **curiosos**, e creio que sem espanto [...]" (Machado de Assis)
d) "Aqui teve ele um gesto quase imperceptível de orgulho molestado; achou naturalmente **esquisita** a curiosidade de um estranho." (Machado de Assis)

64. (Fuvest-SP) Observe a oração: "[...] e Fabiano saiu de costas (...)".

Agora, assinale a alternativa em que a oração também tenha verbo intransitivo.

a) "[...] Fabiano ajustou o gado [...]"
b) "[...] acreditara na sua velha."
c) "[...] davam-lhe uma ninharia."
d) "Atrevimento não tinha [...]"
e) "Depois que acontecera aquela miséria [...]"

65. (UFU-MG) "O sol entra cada dia mais tarde, pálido, fraco, oblíquo."; "O sol brilhou um pouquinho pela manhã."

Pela ordem, os predicados das orações anteriores classificam-se como:

a) nominal e verbo-nominal.
b) verbal e nominal.
c) verbal e verbo-nominal.
d) verbo-nominal e nominal.
e) verbo-nominal e verbal.

66. (FEI-SP) Assinale a alternativa em que o termo destacado tenha a função de predicativo do sujeito.

a) "Eu sob a copa da mangueira **altiva**"
b) "Não sentiram meus lábios **outros lábios**"
c) "Do tamarindo a flor jaz **entreaberta**"
d) "Já solta o bogari mais **doce** aroma"
e) "**Melhor** perfume ao pé da noite exala"

CAPÍTULO 13 – Termos integrantes da oração

1. (Insper-SP)

Jornal do Brasil, 1º abr. 1990.

O que motivou o apito do juiz foi:
a) a necessidade de empregar a ênclise para seguir a norma-padrão.
b) o uso de um objeto direto no lugar de um objeto indireto.
c) a opção pelo pronome pessoal oblíquo **o** em vez de **a**.
d) a obrigatoriedade da mesóclise nessa construção linguística.
e) a transgressão às regras de concordância nominal relacionadas ao pronome.

2. (Enem)

VERISSIMO, L. F. *As cobras em*: Se Deus existe que eu seja atingido por um raio. Porto Alegre: L&PM, 1997.

O humor da tira decorre da reação de uma das cobras com relação ao uso de pronome pessoal reto, em vez de pronome oblíquo. De acordo com a norma-padrão da língua, esse uso é inadequado, pois:
a) contraria o uso previsto para o registro oral da língua.
b) contraria a marcação das funções sintáticas de sujeito e objeto.
c) gera inadequação na concordância com o verbo.
d) gera ambiguidade na leitura do texto.
e) apresenta dupla marcação de sujeito.

3. (Epcar-MG)

Estatuto do idoso

Art. 2 – O idoso goza de todos os direitos fundamentais inerentes à pessoa humana, sem prejuízo da proteção integral de que trata esta Lei, assegurando-se-lhe, por lei ou por outros meios, todas as oportunidades e facilidades, para preservação de sua saúde física e mental e seu aperfeiçoamento moral, intelectual, espiritual e social, em condições de liberdade e dignidade.

Art. 4 – Nenhum idoso será objeto de qualquer tipo de negligência, discriminação, violência, crueldade ou opressão, e todo atentado aos seus direitos, por ação ou por omissão, será punido na forma da lei.

Disponível em: <www.planalto.gov.br/ccvil_03/leis/2003/L10.741.htm>. (Fragmentos.)

Assinale a opção correta sobre as análises apresentadas.

a) Na construção "assegurando-se-lhe" a correção gramatical seria mantida substituindo-se o pronome "lhe" pela expressão "a eles".
b) O termo "todas as oportunidades e facilidades" classifica-se como sujeito passivo do verbo "assegurar".
c) No Art. 4, a conjunção coordenada **ou** determina exclusão de ideias.
d) Nos trechos "de que trata esta Lei" e "preservação de sua saúde", a preposição **de** é obrigatória, devido à regência verbal.

4. (IFCE) Na frase "Isto **lhe** será bastante útil", o termo em destaque é um:
a) adjunto adverbial.
b) complemento nominal.
c) adjunto adnominal.
d) predicativo do sujeito.
e) objeto indireto.

5. (EsPCEx-SP) Assinale a oração em que o termo ou expressão grifados exerce a função de objeto indireto.

a) Cumprimentei-<u>as</u> respeitosamente.

b) Perderam-<u>na</u> para sempre.

c) Amava mais <u>a ele</u> que aos outros.

d) Eu culpo a tudo e <u>a todos</u>.

e) Obedeceu-<u>lhe</u> prontamente.

A questão a seguir toma por base a crônica de Luis Fernando Verissimo.

A invasão

A divisão ciência / humanismo se reflete na maneira como as pessoas, hoje, encaram o computador. Resiste-se ao computador, e a toda a cultura cibernética, como uma forma de ser fiel ao livro e à palavra impressa. Mas o computador não eliminará o papel. Ao contrário do que se pensava há alguns anos, o computador não salvará as florestas. Aumentou o uso do papel em todo o mundo, e não apenas porque a cada novidade eletrônica lançada no mercado corresponde um manual de instrução, sem falar numa embalagem de papelão e num embrulho para presente. O computador estimula as pessoas a escreverem e imprimirem o que escrevem. Como hoje qualquer um pode ser seu próprio editor, paginador e ilustrador sem largar o mouse, a tentação de passar sua obra para o papel é quase irresistível.

Desconfio que o que salvará o livro será o supérfluo, o que não tem nada a ver com conteúdo ou conveniência. Até que lancem computadores com cheiro sintetizado, nada substituirá o cheiro de papel e tinta nas suas duas categorias inimitáveis, livro novo e livro velho. E nenhuma coleção de gravações ornamentará uma sala com o calor e a dignidade de uma estante de livros. A tudo que falta ao admirável mundo da informática, da cibernética, do virtual e do instantâneo acrescente-se isso: falta lombada. No fim, o livro deverá sua sobrevida à decoração de interiores.

O Estado de S.Paulo, 31 maio 2015.

6. (Unesp-SP) Os termos "o uso do papel" e "um manual de instrução" (1º parágrafo) se identificam sintaticamente por exercerem nas respectivas orações a função de:

a) objeto direto.

b) predicativo do sujeito.

c) objeto indireto.

d) complemento nominal.

e) sujeito.

7. (Ceeteps-SP) "Comida" é o nome de uma das músicas dos Titãs. Leia um fragmento dela.

A gente não quer só comida
A gente quer comida
Diversão e arte
A gente não quer só comida
A gente quer saída
Para qualquer parte [...]

ANTUNES, Arnaldo; FROMER, Marcelo; BRITTO, Sérgio. Disponível em: <http://tinyurl.com/lwl3v2c>. Acesso em: 31 jul. 2014. (Adaptado.)

Podemos afirmar que os termos "comida, diversão e arte", nesse trecho, exercem sintaticamente a função de:

a) complemento nominal.

b) sujeito composto.

c) objeto indireto.

d) objeto direto.

e) aposto.

Texto para a próxima questão.

Os humanos são uma parte importante da biosfera

As maravilhas do mundo natural atraem a nossa curiosidade sobre a vida e tudo que nos cerca. Para muitos de nós, nossa curiosidade sobre a Natureza e os desafios de seu estudo são razões suficientes. Além disso, contudo, nossa necessidade de compreender a Natureza está se tornando mais e mais urgente, à medida que o crescimento da população humana estressa a capacidade dos sistemas naturais em manter sua estrutura e funcionamento.

Os ambientes que as atividades humanas dominam ou criaram – incluindo nossas áreas de vida urbanas e suburbanas, nossas terras cultivadas, nossas áreas de recreação, plantações de árvore e pesqueiros – são também ecossistemas. O bem-estar da humanidade depende de manter o funcionamento desses sistemas, sejam eles naturais ou artificiais. Virtualmente toda a superfície da Terra é, ou em breve será, fortemente influenciada por pessoas, se não completamente sob seu controle. Os humanos já usurpam quase metade da produtividade biológica da biosfera. Não podemos assumir essa responsabilidade de forma negligente.

A população humana se aproxima da marca de 7 bilhões, e consome energia e recursos, e produz rejeitos muito além do necessário ditado pelo metabolismo biológico. Essas atividades causaram dois problemas relacionados de dimensões globais. O primeiro é o seu impacto nos sistemas naturais, incluindo a interrupção de processos ecológicos e a exterminação de espécies. O segundo é a firme e constante deterioração do próprio ambiente da espécie humana à medida que pressionamos os limites dentro dos quais os ecossistemas podem se sustentar. Compreender os princípios ecológicos é um passo necessário para lidar com esses problemas.

RICKLEFS, Robert E. *A economia da natureza*. 6. ed. Rio de Janeiro: Guanabara Koogan, 2010. p. 15. (Adaptado.)

8. (UEG-GO) Comparando-se as frases "<u>A população huma- na</u> se aproxima da marca de 7 bilhões" e "<u>Compreender os princípios ecológicos</u> é um passo necessário para lidar com esses problemas", verifica-se que os trechos sublinhados desempenham a função sintática de:

a) sujeito em ambas as orações.

b) objeto na primeira oração e sujeito na segunda.

c) objeto em ambas as orações.

d) sujeito na primeira oração e objeto na segunda.

9. (EsPCEx-SP) Assinale a alternativa em que o trecho sublinhado pode ser substituído por **lhe**, sem modificar o sentido original.

a) A governanta batia <u>no menino</u> constantemente.

b) A moça aspirou com gosto <u>o suave perfume</u>.

c) Como o auxiliar via <u>o fiscal de campo</u>, Armando agiu com calma.

d) Ainda pensou em chamar <u>o atendente</u>.

e) Faltou informar <u>o homem</u> sobre o horário de visitas.

10. (ESPP-SP) Assinale a alternativa que contém o pronome que substitui corretamente o termo grifado.

Os técnicos resolveram o <u>problema</u>.

a) o   b) no   c) lhe   d) ele

11. (EsPCEx-SP) A oração que apresenta complemento nominal é:

a) O povo necessita de alimentos.

b) Caminhar a pé lhe era saudável.

c) O cigarro prejudica o organismo.

d) O castelo estava cercado de inimigos.

e) As terras foram desapropriadas pelo governo.

12. (EsPCEx-SP) Assinale a alternativa que contém um complemento verbal pleonástico.

a) Assistimos à missa e à festa.

b) As moedas, ele as trazia no fundo do bolso.

c) Deste modo, prejudicas-te e a ela.

d) Atentou contra a própria vida e dos passageiros.

e) Técnica e habilidade sobram-lhe e aos adversários.

13. (UFMS) Leia o fragmento do poema "Canção do vento e da minha vida", de Manuel Bandeira, e responda à questão a seguir.

O vento varria as folhas,
O vento varria os frutos,
O vento varria as flores...
E a minha vida ficava
Cada vez mais cheia
De frutos, de flores, de folhas.

Tanto o verbo **varrer** quanto o adjetivo **cheia** regem complementos. Observe a presença ou a ausência de preposição nesses dois casos e responda.

01) **Varrer** é um verbo transitivo indireto, o que pressupõe uma ação indireta do eu lírico sobre as coisas que o circundam.

02) O termo **vento** é sujeito do verbo **varrer** que se liga diretamente aos seus complementos.

04) O valor semântico da preposição **de** em "cheia de..." é o de qualidade, caráter.

08) Os complementos do adjetivo **cheia** – frutos, flores, folhas – ligados a ele com o auxílio da preposição **de** exercem a função sintática de complemento nominal.

16) A função sintática dos complementos do verbo **varrer** é a de objeto indireto.

14. (Unesp-SP) O esporte é bom pra gente, fortalece o corpo e emburrece A MENTE. – Antes que o primeiro corredor indignado atire UM TÊNIS em minha direção (...) – Quando estamos correndo, não há PREVISÃO DE PAGAMENTO.

Os termos grafados com letras maiúsculas nas passagens acima identificam-se pelo fato de exercerem a mesma função sintática nas orações de que fazem parte. Indique essa função:

a) Sujeito.

b) Predicativo do sujeito.

c) Predicativo do objeto.

d) Objeto direto.

e) Complemento nominal.

15. (Cesgranrio-RJ) Reescrevendo-se a passagem "Para chegar a esta conclusão foram analisados três fatores:" na voz ativa, o correto, segundo o registro culto e formal da língua, é:

a) para chegar a esta conclusão analisou-se três fatores.

b) para chegar a esta conclusão analisaram-se três fatores.

c) para chegar a esta conclusão analisaram três fatores.

d) eram analisados três fatores para chegar a esta conclusão.

e) foram sendo analisados três fatores para chegar a esta conclusão.

16. (ESPP-SP) Considere a oração:

"Então a donzela lhe oferecera o anel."

O pronome exerce função de:

a) sujeito.

b) objeto direto.

c) objeto indireto.

d) adjunto adnominal.

17. (Vunesp-SP) Assinale a alternativa que apresenta a voz passiva da frase: "viagens e comunicações marcaram os primórdios da civilização..."

a) ... os primórdios da civilização eram marcados por viagens e comunicações...

b) ... os primórdios da civilização são marcados por viagens e comunicações...

c) ... os primórdios da civilização seriam marcados por viagens e comunicações...

d) ... os primórdios da civilização vêm sendo marcados por viagens e comunicações...

e) ... os primórdios da civilização foram marcados por viagens e comunicações...

18. (UPM-SP)

"[...] E surgia na Bahia o **anacoreta sombrio**, cabelos crescidos até aos ombros, barba inculta e longa; face escaveirada; olhar fulgurante; monstruoso, dentro de um hábito azul de brim americano; abordoado ao clássico bastão em que se apoia o passo tardo dos peregrinos. É desconhecida **a sua existência** durante tão longo período. Um velho caboclo, preso em Canudos nos últimos dias da campanha, disse-**me** algo a respeito, **mas** vagamente, sem precisar datas, sem pormenores característicos. Conhecera-o nos sertões de Pernambuco, um ou dous anos depois da partida do Crato."

Considere as afirmações.

I. O **anacoreta sombrio** e **a sua existência** desempenham função sintática de sujeito.

II. Os pronomes oblíquos assinalados desempenham funções sintáticas diferentes.

III. Depois da conjunção **mas** há elipse de um verbo.

Assinale:

a) se apenas I e II estiverem corretas;

b) se apenas II e III estiverem corretas;

c) se apenas II estiver correta;

d) se todas estiverem corretas;

e) se apenas I e III estiverem corretas.

19. (ESPM-SP)

Quando percebi que o doente expirava, recuei aterrado, e dei um grito, mas ninguém me ouviu.

Machado de Assis

A função sintática das palavras **doente**, **grito**, **ninguém** e **me** é, respectivamente:

a) sujeito, objeto direto, objeto direto, objeto indireto.

b) objeto direto, sujeito, objeto direto, sujeito.

c) sujeito, objeto indireto, sujeito, objeto direto.

d) objeto indireto, objeto direto, sujeito, objeto direto.

e) sujeito, objeto direto, sujeito, objeto direto.

20. (FGV-SP) Em cada uma das alternativas abaixo, está destacado um termo iniciado por preposição. Assinale a alternativa em que este termo **não é objeto indireto.**

a) O rapaz aludiu **às histórias passadas**, quando nossa bela Eugênia ainda era praticamente uma criança.

b) Quando voltei da Romênia, o Brasil todo assistia **à novela da Globo**, todos os dias.

c) Quem disse **a Joaquina** que as batatas deveriam cozer-se devagar?

d) Com a aterrissagem, o aviador logo transmitiu **ao público** a melhor das impressões.

e) Foi fiel **à lei** durante todos os anos que passou nos Açores.

21. (Efei-MG) Transforme segundo o modelo.

Foi socorrido por amigos. → Amigos o socorreram.

a) Foste ajudado por muitos.

b) Fomos aconselhados pelos mestres.

22. (PUC-PR) Observe a frase: "Ele não conhecia os pais da menina que tinham sofrido um acidente grave."

Em relação a ela, só não se pode afirmar que:

a) quem sofreu o acidente foram "os pais".

b) quem sofreu o acidente foi "a menina".

c) o "que" tem como antecedente a expressão "os pais da menina".

d) o sujeito de "conhecia" é "Ele".

e) "um acidente grave" é objeto direto de "tinham sofrido".

23. (UPM-SP)

Ornemos nossas testas com as flores,
e façamos de feno um brando leito;
prendamo-nos, Marília, em laço estreito,
gozemos do prazer de sãos amores [...]
[...] aproveite-se o tempo, antes que faça
o estrago de roubar ao corpo as forças
e ao semblante a graça.

Tomás Antônio Gonzaga

No poema, "roubar" exigiu objeto direto e indireto. Assinale a alternativa que contém verbo empregado do mesmo modo.

a) Ele insistiu comigo sobre a questão da assinatura da revista.

b) Emendou as peças para formar o desenho de uma casa.

c) Encontrou ao fim do dia o endereço desejado.

d) Eles alinharam aos trancos a ferragem da bicicleta.

e) Só ontem avisou-me de sua viagem.

24. (FGV-SP) Observe a frase "Os ferroviários viam seus problemas organizacionais como diferentes de todas as demais classes". Nela, para que a mensagem estivesse totalmente explícita, faltaria acrescentar uma palavra. Trata-se de:

a) no.   c) pelos.   e) do.

b) dos.   d) ao.

25. (Ufscar-SP) A oração "Vasculhou os bolsos o loiro sueco", extraída de *Gabriela, cravo e canela*, obra de Jorge Amado, com a substituição do complemento verbal por um pronome oblíquo, equivale a:

a) Vasculhou-o os bolsos.

b) Vasculhou-se o loiro sueco.

c) Vasculhou-lhe os bolsos.

d) Vasculhou-lhes o loiro sueco.

e) Vasculhou-os o loiro sueco.

26. (UFPI)

[...]
De tudo quanto foi meu passo caprichoso
na vida, restará, pois o resto se esfuma,
uma pedra que havia em meio do caminho.

ANDRADE, Carlos Drummond de. "Legado".

Marque a opção que analisa corretamente a função sintática de **uma pedra.**

a) aposto.   d) objeto indireto.

b) sujeito.   e) predicativo do sujeito.

c) objeto direto.

27. (Vunesp-SP)

Vi ontem **um bicho**
Na imundície do pátio
Catando **comida** entre os detritos.

Faça o que é pedido:

a) Reescreva a estrofe acima, substituindo os termos destacados pelo pronome pessoal correspondente e elimine as expressões adverbiais.

b) Classifique os verbos do período reescrito quanto à predicação.

28. (Covest-PE) Assinale a alternativa em que as partes destacadas desempenham a mesma função.

a) 1. "É proibido **pisar na grama**."
   2. "Precisa-se de **novos professores**."

b) 1. "É importante **pedir nota fiscal**."
   2. "Aqui se vende **picolé**."

c) 1. "Há **algo** de novo no ar. "
   2. "**Todos** hão de saber da novidade."

d) 1. "Os assaltantes foram presos **pela polícia**."
   2. "Ele entrou, de cabeça erguida, **pela porta da frente**."

e) 1. "Alugam-se **casas**."
   2. "Disseram **que ele viria**."

29. (Fatec-SP) Assinale a frase em que a palavra destacada indica o agente.

a) Por **mim** foram exarados estes documentos.

b) De **mim** conseguireis o que quiserdes.

c) Falou-se de **mim** na reunião?

d) Contra **mim** estavam todos eles.

e) n.d.a.

30. (ESPM-SP) Não **me** preocupa **o futuro**. Julgo-me **capaz** de enfrentar qualquer **dificuldade**.

Os termos destacados são, respectivamente:

a) sujeito – objeto direto – objeto direto – objeto indireto.

b) objeto indireto – objeto direto – objeto indireto – complemento nominal.

c) objeto direto – objeto direto – predicativo do objeto – adjunto adnominal.

d) objeto indireto – sujeito – sujeito – objeto direto.

e) objeto direto – sujeito – predicativo do objeto – objeto direto.

31. (PUC-PR) Observe a frase que segue: "Não posso lhe garantir **que todos estarão presentes à sua festa de formatura**".

Do enunciado acima, pode-se afirmar que a parte destacada desempenha a função de:

a) sujeito de **posso**.

b) objeto direto de **posso**.

c) objeto indireto de **posso**.

d) objeto direto de **garantir**.

e) objeto indireto de **garantir**.

32. (ESPM-SP) "Surgiram **fotógrafos** e **repórteres**." Indique a alternativa que classifica **corretamente** a função sintática e a classe gramatical dos termos destacados.

a) objeto indireto – substantivo

b) objeto direto – substantivo

c) objeto direto – adjetivo

d) sujeito – adjetivo

e) sujeito – substantivo

33. (FEI-SP) Assinalar a alternativa que indica a função sintática exercida pelas orações destacadas, nos seguintes períodos:

I. Insistiu **em que permanecesse no clube**.

II. Não há dúvida **de que disse a verdade**.

III. É preciso **que aprendas ser independente**.

IV. A verdade é **que não saberia viver sem ela**.

a) sujeito – objeto direto – complemento nominal – predicativo do sujeito

b) predicativo do sujeito – complemento nominal – objeto direto – sujeito

c) sujeito – predicativo do sujeito – objeto indireto – complemento nominal

d) objeto indireto – complemento nominal – sujeito – predicativo do sujeito

e) complemento nominal – sujeito – predicativo do sujeito – objeto indireto

34. (UEL-PR) Assinale a alternativa correspondente ao período em que há **agente da passiva**.

a) O rapaz foi preso por um investigador, compadre do Bertolão.

b) O coração não resistiu à prova.

c) Não o sabíamos doente.

d) Tão grande e forte, não era resistente a bebida.

e) Seu apartamento fora interditado poucas horas depois do crime.

35. (Faap-SP) "Pintaram os antigos ao amor menino." **Ao amor** é:

a) sujeito.

b) objeto indireto.

c) objeto direto pleonástico.

d) objeto direto preposicionado.

e) objeto direto cognato.

36. (Uece) Marque a opção que encerra um objeto indireto.

a) Que a deixe, por quê?

b) Que lhe importa o meu ar?

c) Que vale isso.

d) Toda cheia de si.

37. (EEM-SP) Transcreva do parágrafo abaixo dois substantivos com função, respectivamente, de:

a) sujeito;

b) objeto indireto.

Passou enfim o mês consagrado a matar as saudades do meu tio, e em uma tarde, em que eu me achava à janela do meu quarto saboreando um primoroso havana da Bahia, e lembrando-me da minha boa vida de Paris, entrou o velho e veio sentar-se defronte de mim.

MACEDO, Joaquim M. *A carteira do meu tio.*

38. (UFU-MG) No período "Quando enxotada por mim foi pousar na vidraça", qual a função sintática de **por mim**?

a) Objeto direto.

b) Sujeito.

c) Objeto indireto.

d) Complemento nominal.

e) Agente da passiva.

39. (ESPM-SP) Consideradas as frases:

I. Os meninos de rua que procuram trabalho são repelidos pela população.

II. Os meninos de rua, a população rechaça-os, relega-os à lata de lixo da história.

Podemos analisar alguns termos da seguinte forma:

a) Em I e II, <u>meninos de rua</u> é sujeito, <u>trabalho</u> é objeto direto e os pronomes "<u>os</u>" também o são.

b) Em I, <u>meninos de rua</u> é sujeito; em II é objeto direto.

c) Em I e II, <u>meninos de rua</u> é objeto direto; em II, os "<u>os</u>" são objetos pleonásticos.

d) Em I e II, <u>meninos de rua</u> é sujeito; em II, os vários "<u>os</u>" são objetos pleonásticos.

e) n.d.a.

40. (PUC-PR) Assinale a alternativa em que o pronome colocado entre parênteses não preenche corretamente a lacuna.

a) O mal-entendido ... aborreceu demais. (os)

b) Não fiquem preocupados: nós ... ajudaremos. (lhes)

c) Na verdade, em muito pouco ... ajudaríamos. (as)

d) Admiro ... a dedicação para com o irmão. (lhe)

e) Posso dizer que ainda não ... conheço bem. (a)

41. (FMU-SP) Observe os termos destacados:

Alugam-se **vagas**.

Precisa-se **de faxineiros**.

Paraibana expansiva machucou-se.

Eles exercem, respectivamente, a função sintática de:

a) objeto direto, objeto indireto, objeto direto.

b) sujeito, sujeito, sujeito.

c) sujeito, objeto indireto, objeto direto.

d) sujeito, objeto indireto, sujeito.

e) sujeito, sujeito, objeto direto.

42. (UEPG-PR) A oração que apresenta complemento nominal é:

a) Os pobres necessitam de ajuda.

b) Sejamos úteis à sociedade.

c) Os homens aspiram à paz.

d) Os pedidos foram feitos por nós.

e) A leitura amplia nossos conhecimentos.

CAPÍTULO 14 – Termos acessórios da oração e vocativo

Texto para a próxima questão.

Disponível em: <www.novidadediaria.com.br/curiosidades/tirinhas-da-mafalda>. Acesso em: 12 maio 2015.

1. (IFSC) Assinale a alternativa CORRETA, em relação à tirinha.
   a) Em "Tem razão, Mafalda" a palavra em destaque é o sujeito da frase.
   b) Na frase "Quando eu crescer, vou comprar uma máquina de tricô", o termo destacado indica uma hipótese.
   c) A frase "Vou comprar uma máquina de tricô" poderia ser reescrita da seguinte maneira, sem que houvesse prejuízo do sentido: "Comprarei uma máquina de tricô".
   d) Em "Portanto, não vou cair na mediocridade do corte e costura", a palavra destacada tem sentido equivalente a "contudo".
   e) Em "A cibernética me atrai" e "Adoro a cibernética", os verbos se referem a ações no futuro.

2. (EsPCEx-SP) Marque a alternativa correta quanto à função sintática do termo grifado na frase abaixo.
   "Em Mariana, a igreja, cujo sino é de ouro, foi levada pelas águas".
   a) adjunto adnominal.
   b) objeto direto.
   c) complemento nominal.
   d) objeto indireto.
   e) vocativo.

Texto para a próxima questão.

As matas ciliares são tão importantes para os rios e lagos, como são os cílios para a proteção dos nossos olhos. [...] Sem as matas ciliares, as nascentes secam, as margens dos rios e riachos solapam, o escoamento superficial aumenta e a infiltração da água no solo diminui, reduzindo as reservas de água do solo e do lençol freático. As consequências são dramáticas para o meio ambiente: a poluição alcança facilmente os mananciais e a vida aquática é prejudicada, rios e reservatórios transformam-se em grandes esgotos ou lixões.

3. (Ceeteps-SP) Na primeira frase do texto, a preposição **para**, na oração destacada, foi empregada com valor semântico de _____, como ocorre nesta oração: Todos os condôminos se empenham para custear a instalação de um sistema de captação de água pluvial no prédio.
   Para que a afirmação seja correta, a lacuna do texto deve ser preenchida por:
   a) finalidade.
   b) conclusão.
   c) explicação.
   d) concessão.
   e) proporcionalidade.

4. (IFCE) A preposição **de** pode preceder diferentes tipos de funções sintáticas, por exemplo, objeto indireto, como na frase "Eu preciso de você". O termo destacado também exerce a função de objeto indireto em:
   a) A construção **de novas casas** deve ser uma prioridade no governo atual.
   b) Necessitamos **de novas casas** para abrigar a população.
   c) A necessidade **de novas casas** não pode ser esquecida pelo governo.
   d) A banca **de madeira** quebrou completamente.
   e) A mesa **de madeira** está no outro cômodo.

5. (PUC-RJ)
   Levei vários anos até conquistar o ócio, isso é importante para o poeta, ele não pode ter a cabeça virada só para coisas a resolver. Fiquei muitos anos arrumando minha vida, saldando dívidas, atendendo papagaio. Há oito anos, cheguei aqui pra Mato Grosso, tomei pé aqui. Agora estou vagabundo, tenho direito a isso. Herdei uma fazenda, em campo aberto, terra nua, sou fazendeiro de gado, vaca, não sou "o rei do boi, do gado" mas vivo bem. Este é o meu caso: enquanto estava tomando pé da fazenda não escrevi uma linha. Mas sabemos de outros casos, como o Dostoiévski, que escreveu perseguido por dívidas, ou o Graciliano Ramos, que além das dívidas ainda tinha família pra criar.
   BARROS, Manoel de. Entrevista a André Luís Barros.
   Jornal do Brasil – Caderno Ideias, 24 ago. 1996. p. 8.

   Com relação ao enunciado "**Agora estou vagabundo, tenho direito a isso**", encontrado no texto, indique que palavra reforça a semântica do verbo **estar**, justificando sua resposta.

Texto para a próxima questão.

Armandinho. Disponível em: <www.partesdesign.com.br/ms/abril_2013/>. Acesso em: 12 set. 2015.

6. (IFSC) Tendo por base a afirmação da tirinha, "Eu não tenho amigos por interesse, minha senhora!" (3º quadrinho), assinale a alternativa CORRETA.

   a) A expressão "por interesse" exerce função sintática de objeto direto.
   b) O termo "amigos" exerce função sintática de sujeito composto.
   c) O verbo "tenho" está conjugado no presente do modo subjuntivo.
   d) A vírgula é utilizada antes de "minha senhora" para separar o vocativo.
   e) Em "Mas o cachorro...", o termo em destaque é uma preposição.

Texto para a próxima questão.

Os desafios da quarta geração

Desde abril, usuários de telefone móvel de algumas das principais cidades brasileiras têm à sua disposição a tecnologia de quarta geração (4G), que oferece maior capacidade de transmissão de dados, imagens e vídeos. A inovação, que chegou ao Brasil quase um ano depois da estreia mundial dessas redes mais avançadas, terá um marco no próximo ano, quando a cobertura do serviço deverá ser ampliada no país: a Copa do Mundo de Futebol será o primeiro grande evento de porte no planeta em que celulares poderão acessar a rede 4Gb, compartilhando fotos e imagens com mais rapidez. A chegada da novidade coincide com um momento desafiador para as empresas de telecomunicações: a demanda setorial no País, que já tem mais de um celular por habitante, deverá continuar crescendo diante da ascensão social, o que exigirá a manutenção de altos investimentos. Melhorar a qualidade dos serviços e ampliar a cobertura da rede serão palavras de ordem dos executivos, que terão de aperfeiçoar a imagem do segmento, que tem sido afetado por crescentes críticas de consumidores

ROCKMANN, Roberto. *Carta Capital*.
São Paulo: Editora Confiança,
Ano XVIII, 15 maio 2013. p. 46.

7. (UEPB) Marque a alternativa em cujo enunciado NÃO há termo com relação de circunstância temporal.

   a) "A Copa do Mundo de Futebol será o primeiro grande evento de porte no planeta."
   b) "A inovação que chegou ao Brasil quase um ano depois."
   c) "[...] quando a cobertura do serviço deverá ser ampliada no país."
   d) "Desde abril, usuários de telefone móvel de algumas [...]."
   e) "[...] terá um marco no próximo ano."

8. (UFRRJ) Leia o texto e responda à questão.

Velha roupa colorida

Você não sente e não vê
Mas eu não posso deixar de dizer, meu amigo
Que uma nova mudança, em breve, vai acontecer
O que há algum tempo era novo, jovem
Hoje é antigo
E precisamos todos rejuvenescer
Nunca mais teu pai falou: "she's leaving home"
E meteu o pé na estrada like a Rolling Stones

Nunca mais você buscou sua menina
Para correr no seu carro, loucuras, chiclete e som
Nunca mais você saiu à rua em grupo ou reunido
O dedo em V, cabelo ao vento
Amor e flor que é do cartaz

No presente a mente, o corpo é diferente
E o passado é uma roupa que não nos serve mais

Como Poe, poeta louco, americano
Eu pergunto ao passarinho blackbird o que se faz
E raven, raven, raven, raven, raven
Blackbird me responde
Tudo já ficou pra trás

BELCHIOR, Antônio Carlos. Velha roupa colorida.
In: Elis Regina. *Falso brilhante* (CD). Polygram, 1976.

Das sentenças retiradas do texto, é correto afirmar que em:

a) "Mas eu não posso deixar de dizer, **meu amigo**", o termo destacado é o sujeito da declaração.
b) "**No presente**, a mente, o corpo, é diferente", o termo destacado é adjunto adverbial de modo antecipado.
c) "O que há algum tempo era novo, **jovem**", o termo destacado é um vocativo.
d) "Como Poe, **poeta louco**, americano", o termo destacado é um aposto.
e) "E **o passado** é uma roupa que não nos serve mais", o termo destacado é um adjunto adverbial de tempo antecipado.

Texto para a próxima questão.

Dilo, o jacaré do Pantanal que ainda não virou couro. GIÓ

Disponível em: <www.fotolog.terra.com.br/tirinhasdogio>. Acesso em: 24 out. 2011.

9. (Ceeteps-SP) No segundo quadrinho do texto, a preposição **de** confere às locuções "de couro" e "de homem" sentidos diferentes, que são respectivamente de:
a) origem e posse.
b) matéria e modo.
c) origem e qualidade.
d) matéria e posse.

10. (Unicamp-SP) A experiência que comprovou a existência da partícula conhecida como bóson de Higgs teve ampla repercussão na imprensa de todo o mundo, pelo papel fundamental que tal partícula teria no funcionamento do universo. Leia o comentário abaixo, retirado de um texto jornalístico, e responda às questões propostas.

> Por alguma razão, em língua portuguesa convencionou-se traduzir o apelido do bóson como "partícula de Deus" e não "partícula Deus", que seria a forma correta.
> *Folha de S.Paulo*, São Paulo, 05 jul. 2012, Caderno Ciência. p. 10.

a) Explique a diferença sintática que se pode identificar entre as duas expressões mencionadas no trecho reproduzido: "partícula de Deus" e "partícula Deus".
b) Explique a diferença de sentido entre uma e outra expressão em português.

Texto para a próxima questão.

De tudo que é nego torto
Do mangue e do cais do porto
Ela já foi namorada
O seu corpo é dos errantes
Dos cegos, dos retirantes
É de quem não tem mais nada
Dá-se assim desde menina
Na garagem, na cantina
Atrás do tanque, no mato
É a rainha dos detentos
Das loucas, dos lazarentos
Dos moleques do internato
E também vai amiúde
Co'os velhinhos sem saúde
E as viúvas sem porvir
Ela é um poço de bondade
E é por isso que a cidade
Vive sempre a repetir
Joga pedra na Geni
Joga pedra na Geni
Ela é feita pra apanhar
Ela é boa de cuspir
Ela dá pra qualquer um
Maldita Geni

BUARQUE, Chico. Geni e o zepelim.

11. (Unifesp) Indique a alternativa que apresenta a função sintática do verso "De tudo que é nego torto".
a) Adjunto adverbial de modo.
b) Objeto indireto.
c) Predicativo do sujeito.
d) Adjunto adnominal.
e) Complemento nominal.

12. (Unicamp-SP)

Explique como o uso da expressão "bom pra burro" produz humor nessa propaganda.

13. (UFMS) Faça uma análise sintática da oração abaixo e, a seguir, assinale a(s) proposição(ões) correta(s).
"A ordem, meus amigos, é a base do governo."
(1) A **ordem** é sujeito simples; **é a base do governo** é predicado nominal.
(2) A expressão **meus amigos** é aposto.
(4) **A, meus, a, do governo** são adjuntos adnominais.
(8) **é** – verbo transitivo direto.
(16) **a base do governo** é predicativo do objeto.

14. (PUC-SP) "A colossal produção agrícola e industrial dos americanos voa **para os mercados** com a velocidade média de 100 km por hora. Os trigos e carnes argentinas afluem para os portos **em autos e locomotivas** que uns 50 km por hora, **na certa**, desenvolvem."
As circunstâncias destacadas indicam, respectivamente, a ideia de:
a) lugar, meio e finalidade.
b) finalidade, meio e afirmação.
c) finalidade, tempo e dúvida.
d) lugar, meio e afirmação.
e) lugar, instrumento e lugar.

15. (Enem) Texto para a questão.

Torno a ver-vos, ó montes; o destino
Aqui me torna a pôr nestes outeiros,
Onde um tempo os gabões deixei grosseiros
Pelo traje da Corte, rico e fino.

Aqui estou entre Almendro, entre Corino,
Os meus fiéis, meus doces companheiros,
Vendo correr os míseros vaqueiros
Atrás de seu cansado desatino.

Se o bem desta choupana pode tanto,
Que chega a ter mais preço, e mais valia
Que, da Cidade, o lisonjeiro encanto,

Aqui descanse a louca fantasia,
E o que até agora se tornava em pranto
Se converta em afetos de alegria.

> COSTA, Cláudio Manoel da. In: PROENÇA FILHO, Domício.
> *A poesia dos inconfidentes*. Rio de Janeiro: Nova Aguilar, 2002. p. 78-9.

Assinale a opção que apresenta um verso do soneto de Cláudio Manoel da Costa em que o poeta se dirige ao seu interlocutor.

a) "Torno a ver-vos, ó montes; o destino."
b) "Aqui estou entre Almendro, entre Corino."
c) "Os meus fiéis, meus doces companheiros."
d) "Vendo correr os míseros vaqueiros."
e) "Que, da Cidade, o lisonjeiro encanto."

16. (UEL-PR) A questão a seguir refere-se a uma estrofe, transcrita abaixo, de um poema de Fernando Pessoa.

Mar português

Ó mar salgado, quanto do teu sal
São lágrimas de Portugal!
Por te cruzarmos, quantas mães choraram,
Quantos filhos em vão rezaram!
Quantas noivas ficaram por casar
Para que fosses nosso, ó mar!
Valeu a pena? Tudo vale a pena
Se a alma não é pequena.
Quem quer passar além do Bojador
Tem que passar além da dor.
Deus ao mar o perigo e o abismo deu,
Mas nele é que espelhou o céu.

Em "Ó mar salgado, quanto do teu sal / São lágrimas de Portugal". A expressão **Ó mar salgado** classifica-se, sintaticamente, como:

a) Sujeito, pois expressa o ser de quem se diz algo.
b) Objeto, pois completa o sentido do verbo transitivo direto.
c) Vocativo, pois expressa o ser a quem se dirige a mensagem do narrador.
d) Complemento nominal, pois completa a ideia expressa por um nome.
e) Aposto, pois explica e identifica o termo a que se refere o narrador.

17. (PUC-RJ) O enunciado a seguir é ambíguo por apresentar mais de uma possibilidade de leitura: "A indicação do neurocientista trouxe benefícios para a pesquisa".

a) Explique quais são as leituras possíveis.
b) Desfaça a ambiguidade, deixando clara **uma** dessas leituras.

18. (ESPM-SP) Leia as seguintes mensagens e em seguida assinale a alternativa cuja interpretação não corresponde aos textos:

> 1. Aos sábados, não fazemos trocas.
>   Nesta loja, não aceitamos cheques de terceiros.

> 2. Não fazemos, aos sábados, trocas.
>   Não aceitamos, nesta loja, cheques de terceiros.

> 3. Não fazemos trocas.
>   Não aceitamos cheques de terceiros.

a) As mensagens 1 e 3 são mais claras e objetivas.
b) Por intercalar os adjuntos adverbais (de tempo e lugar respectivamente), a mensagem 2 é menos clara.
c) A mensagem 3 apresenta alteração de informação (em relação à 1 e 2) pois entende-se que a loja não troca mercadoria em dia algum e terminantemente não aceita cheques.
d) A posição do adjunto no meio da oração (mensagem 2) sugere que se aceitam cheques em outras filiais da loja, por exemplo.
e) Nas três mensagens, subentende-se que a troca de mercadorias e a aceitação de cheques são optativas, seguindo critérios da loja.

19. (Enem) No ano passado, o governo promoveu uma campanha a fim de reduzir os índices de violência. Noticiando o fato, um jornal publicou a seguinte manchete: "Campanha contra a violência do governo do Estado entra em nova fase". A manchete tem um duplo sentido, e isso dificulta o entendimento. Considerando o objetivo da notícia, esse problema poderia ter sido evitado com a seguinte redação:

a) Campanha contra o governo do Estado e a violência entram em nova fase.
b) A violência do governo do Estado entra em nova fase de campanha.
c) Campanha contra o governo do Estado entra em nova fase de violência.
d) A violência da campanha do governo do Estado entra em nova fase.
e) Campanha do governo do Estado contra a violência entra em nova fase.

20. (FGV-SP) Observe as frases abaixo. Entre elas há diferença na função sintática das palavras **Fabrício** e **pedreiro**. Explique essa diferença.

Quando Fabrício, o pedreiro, voltou de um serviço...

Quando o pedreiro Fabrício voltou de um serviço...

21. (Ufal) A infidelidade **às promessas feitas** tornou-o desacreditado perante os amigos.

Assinale a alternativa em que o termo destacado exerce a mesma função do termo destacado na frase acima.

a) Convém convidá-lo **à participação** nos festejos.
b) Os professores entregaram, **satisfeitos**, os prêmios aos alunos.
c) Todos se admiraram **da coragem** do menino.
d) Ele sentiu necessidade **de apoio** do grupo.
e) A felicidade **dos colegas** contagiava o ambiente escolar.

22. (UFRRJ)

Leia os versos abaixo da música "Asa branca" e atente para os termos destacados.

I

Entonce, eu disse: "Adeus, Rosinha,
Guarda contigo **meu coração**".

II

Eu te asseguro, num chore, não, viu!
Que eu voltarei, viu, **meu coração**.

Considerando a função sintática e o valor semântico dos termos destacados nos versos I e II, é correto afirmar que:

a) os termos, em I e II, são objeto direto, e ambos devem ser entendidos no sentido denotativo.

b) o termo em I é sujeito e em II é aposto, e ambos devem ser entendidos no sentido denotativo.

c) o termo em I é sujeito e em II é aposto, e ambos devem ser entendidos como uma metáfora.

d) o termo em I é objeto direto e em II é sujeito, e ambos devem ser entendidos como uma metáfora.

e) o termo em I é objeto direto e em II é vocativo, e ambos devem ser entendidos como uma metáfora.

23. (UFC-CE) Leia o trecho abaixo do conto "Os moradores do casarão", de Moreira Campos:

Consultando o relógio da parede, que bate as horas num gemer de ferros, ela chama uma das pretas, para que lhe traga a chaleira com água quente.

Numere a 2ª coluna, identificando a função sintática do termo, de acordo com a 1ª coluna.

(1) adjunto adnominal   ( ) com água quente
(2) adjunto adverbial   ( ) num gemer de ferros
                      ( ) da parede

A sequência correta, de cima para baixo, é:

a) 2 – 2 – 1   d) 1 – 2 – 2
b) 2 – 1 – 1   e) 1 – 2 – 1
c) 2 – 1 – 2

24. (FGV-SP)

Observe os termos destacados nas seguintes frases:

Chegou a hora <u>do público</u> se manifestar contra a publicação desse impostor.

As palmas <u>do público</u> ecoavam pelo teatro, em apoio à proposta de Nabuco.

Vista <u>do público</u>, a cantora parecia bonita; da coxia, percebia-se que era feia.

Sobre eles, é correto afirmar:

a) Para o segundo exemplo, vários gramáticos recomendam a forma **de o** em lugar de **do**, porque a preposição está regendo o sujeito.

b) Para o terceiro exemplo, vários gramáticos recomendam a forma **de o** em lugar de **do**, porque a preposição está regendo o sujeito.

c) Nos três exemplos, os termos sublinhados exercem a mesma função sintática de adjunto adverbial.

d) No primeiro e no segundo exemplos, os termos sublinhados exercem a mesma função sintática de adjunto adnominal.

e) Para o primeiro exemplo, vários gramáticos recomendam a forma **de o** em lugar de **do**, porque **o público** é sujeito, que não deve ser iniciado por preposição.

25. (Fuvest-SP) "'É preciso agir, e **rápido**!', disse ontem o ex-presidente do partido."

A frase em que a palavra destacada **não** exerce função sintática idêntica à de **rápido** é:

a) Como estava exaltado, o homem gesticulava e falava **alto**.

b) Mademoiselle ergueu **súbito** a cabeça, voltou-a pro lado, esperando, olhos baixos.

c) Estavam acostumados a falar **baixo**.

d) Conversamos por alguns minutos, mas tão **abafado** que nem as paredes ouviram.

e) Sim, havíamos de ter um oratório bonito, **alto**, de jacarandá.

26. (UPF-RS) Em "Não choremos, amigo, a mocidade!" o termo **amigo** tem a mesma função sintática que o segmento destacado na alternativa:

a) Que educação é essa, **meu filho**, que autoriza troçar assim das pessoas de idade?

b) As crianças, **um menino e uma menina**, foram resgatadas a tempo.

c) Para não ter roubado **o dinheiro**, o menino chegou a escondê-lo entre a palma do pé e as meias.

d) Dona Bibiana, **professorinha respeitada**, percorria a cavalo aqueles rincões.

e) O irmão do Nogueira, **o Zeferino**, viveu muito pouco em nossa companhia.

27. (Fuvest-SP) Na frase: "Ele chegou de mansinho", a preposição indica modo. Escreva frases em que a mesma preposição indique:

a) causa;   b) lugar.

28. (FCMSC-SP) Examine as três frases a seguir:

I. Comumente a ira se acende em sentimentos desumanos.

II. No campo reina a paz.

III. Ao sétimo dia, quando bateu, por volta da meia-noite, à porta da residência, ouviu um rebuliço extraordinário.

Assinale a alternativa **correta** quanto à existência de **adjunto adverbial**.

a) Não existe em nenhuma.
b) Existe nas três.
c) Existe apenas na I.
d) Existe na II e na III.
e) Existe apenas na III.

29. (Faap-SP)

"Sete anos de pastor Jacó servia Labão, pai de Raquel, serrana bela."

Identifique a análise **errada**.

a) sete anos – adjunto adverbial
b) de pastor – adjunto adnominal
c) Jacó – sujeito
d) pai de Raquel – aposto de Labão
e) serrana bela – aposto de Raquel

CAPÍTULO 15 – Orações coordenadas

1. (Unicamp-SP) Em ensaio publicado em 2002, Nicolau Sevcenko discorre sobre a repercussão da obra de Euclides da Cunha no pensamento político nacional.

Acima de tudo Euclides exaltava o papel crucial do agenciamento histórico da população brasileira. Sua maior aposta para o futuro do país era a educação em massa das camadas subalternas, qualificando as gentes para assumir em suas próprias mãos seu destino e o do Brasil. Por isso se viu em conflito direto com as autoridades republicanas, da mesma forma como outrora lutara contra os tiranetes da monarquia. Nunca haveria democracia digna desse nome enquanto prevalecesse o ambiente mesquinho e corrupto da "república dos medíocres" [...]. Gente incapaz e indisposta a romper com as mazelas deixadas pelo latifúndio, pela escravidão e pela exploração predatória da terra e do povo. [...] Euclides expôs a mistificação republicana de uma "ordem" excludente e um "progresso" comprometido com o legado mais abominável do passado. Sua morte precoce foi um alívio para os césares. A história, porém, orgulhosa de quem a resgatou, não deixa que sua voz se cale.

SEVCENKO, Nicolau. *O outono dos césares e a primavera da história.*
Revista da USP, São Paulo, n. 54, jun-ago 2002. p. 30-37.

a) No último período do texto, há uma ocorrência do conectivo "porém". Que argumentos do texto são articulados por esse conectivo?

b) Apresente o argumento que embasa a posição atribuída a Euclides da Cunha em relação ao lema da Bandeira Nacional.

2. (EsPCEx-SP) Assinale a alternativa em que está destacada uma oração coordenada explicativa.

a) Peço que te cales.
b) O homem é um animal que pensa.
c) Ele não esperava que a mãe o perdoasse.
d) Leve-a até o táxi, que ela precisa ir agora.
e) É necessário que estudes.

Texto para a próxima questão.

Confidência do Itabirano

Alguns anos vivi em Itabira.
Principalmente nasci em Itabira.
Por isso sou triste, orgulhoso: de ferro.
Noventa por cento de ferro nas calçadas.
Oitenta por cento de ferro nas almas.
E esse alheamento do que na vida é porosidade e comunicação.

A vontade de amar, que me paralisa o trabalho,
vem de Itabira, de suas noites brancas, sem mulheres e sem horizontes.

E o hábito de sofrer, que tanto me diverte,
é doce herança itabirana.

De Itabira trouxe prendas diversas que ora te ofereço:
este São Benedito do velho santeiro Alfredo Duval;
esta pedra de ferro, futuro aço do Brasil;
este couro de anta, estendido no sofá da sala de visitas;
este orgulho, esta cabeça baixa...

Tive ouro, tive gado, tive fazendas.
Hoje sou funcionário público.
Itabira é apenas uma fotografia na parede.
Mas como dói!

ANDRADE, Carlos Drummond de.
Sentimento do mundo.

3. (Fuvest-SP) Na última estrofe, a expressão que justifica o uso da conjunção sublinhada no verso "<u>Mas</u> como dói!" é:

a) "Hoje".
b) "funcionário público".
c) "apenas".
d) "fotografia".
e) "parede".

Texto para a próxima questão.

Os humanos são uma parte importante da biosfera

As maravilhas do mundo natural atraem a nossa curiosidade sobre a vida e tudo que nos cerca. Para muitos de nós, nossa curiosidade sobre a Natureza e os desafios de seu estudo são razões suficientes. Além disso, contudo, nossa necessidade de compreender a Natureza está se tornando mais e mais urgente, à medida que o crescimento da população humana estressa a capacidade dos sistemas naturais em manter sua estrutura e funcionamento.

Os ambientes que as atividades humanas dominam ou criaram – incluindo nossas áreas de vida urbanas e suburbanas, nossas terras cultivadas, nossas áreas de recreação, plantações de árvore e pesqueiros – são também ecossistemas. O bem-estar da humanidade depende de manter o funcionamento desses sistemas, sejam eles naturais ou artificiais. Virtualmente toda a superfície da Terra é, ou em breve será, fortemente influenciada por pessoas, se não completamente sob seu controle. Os humanos já usurpam quase metade da produtividade biológica da biosfera. Não podemos assumir essa responsabilidade de forma negligente.

A população humana se aproxima da marca de 7 bilhões, e consome energia e recursos, e produz rejeitos muito além do necessário ditado pelo metabolismo biológico. Essas atividades causaram dois problemas relacionados de dimensões globais. O primeiro é o seu impacto nos sistemas naturais, incluindo a interrupção de processos ecológicos e a exterminação de espécies. O segundo é a firme e constante deterioração do próprio ambiente da espécie humana à medida que pressionamos os limites dentro dos quais os ecossistemas podem se sustentar. Compreender os princípios ecológicos é um passo necessário para lidar com esses problemas.

RICKLEFS, Robert E. *A economia da natureza.* 6. ed.
Rio de Janeiro: Guanabara Koogan, 2010. p. 15. (Adaptado.)

4. (UEG-GO) A expressão "Além disso" tem, no texto, a função de:

a) apresentar um argumento oposto àquele que o autor defende.

b) negar parcialmente as ideias apresentadas no início do parágrafo.

c) adicionar um elemento à argumentação que o autor desenvolve.

d) introduzir uma paráfrase que explica ideias já mencionadas no texto.

5. (Unicamp-SP)

Em sua versão benigna, a valorização da malandragem corresponde ao elogio da criatividade adaptativa e da predominância da especificidade das circunstâncias e das relações pessoais sobre a frieza reducionista e generalizante da lei. Em sua versão maximalista e maligna, porém, a valorização da malandragem equivale à negação dos princípios elementares de justiça, como a igualdade perante a lei, e ao descrédito das instituições democráticas.

SOARES, Luiz Eduardo. Uma interpretação do Brasil para contextualizar a violência. In: PEREIRA, C. A. Messeder. *Linguagens da violência*. Rio de Janeiro: Rocco, 2000. p. 23-46. (Adaptado.)

Considerando as posições expressas no texto em relação à valorização da malandragem, é correto afirmar que:

a) O verbo **equivale** relaciona a valorização da malandragem à negação da justiça, da igualdade perante a lei e das instituições democráticas.

b) Entre os pares de termos "benigna / maligna" e "maximalista / reducionista" estabelece-se no texto uma relação semântica de equivalência.

c) O elogio da malandragem reside na valorização da criatividade adaptativa e da sensibilidade em contraposição à fria aplicação da lei.

d) O articulador discursivo **porém** introduz um argumento que se contrapõe à proposta de valorização da malandragem.

Texto para a próxima questão.

O sabor das favelas

Na virada do século, eles eram frequentados apenas pelos moradores locais. Há quatro anos, porém, a política de pacificação reintegrou os morros à cidade. De uma hora para outra, o Rio de Janeiro voltou a visitar suas favelas: recuperou antigos mirantes deslumbrantes, conheceu novas rodas de samba e descobriu uma série de botequins e restaurantes. Eram tantas as dicas que o cineasta e pesquisador Sérgio Bloch decidiu compilar tudo e lançar o *Guia Gastronômico das Favelas do Rio* (Editora Abbas Edições/Arte Ensaio; R$ 70,00), um compêndio de capa dura e fartamente ilustrado com 22 endereços de oito comunidades pacificadas, com textos de Inês Garçoni e fotos de Marcos Pinto.

Trecho extraído de *AZUL Magazine*, ed. 01, maio de 2013. p. 28.

6. (UTFPR) "Há quatro anos, porém, a política de pacificação reintegrou os morros à cidade". Pode-se substituir o termo **porém**, sem alterar o sentido do texto, por:

a) contudo.
b) de maneira que.
c) portanto.
d) desde que.
e) logo que.

7. (FGV-SP) Leia estas frases:

I. Mandou, chegou.
(**Slogan** publicitário de uma empresa de serviço de encomenda expressa)

II. Vim, vi, venci.
(Tradução de uma frase latina, atribuída ao general e cônsul romano Júlio César)

a) A ordem dos verbos, nas duas frases, é aleatória ou é determinada por algum fator específico? Explique.

b) Transcreva essas frases, unindo as orações que compõem cada uma delas mediante o emprego das conjunções adequadas à relação de sentido que nelas se estabelece.

8. (Enem)

Disponível em: <http://clubedamafalda.blogspot.com.br>.
Acesso em: 21 set. 2011.

Nessa charge, o recurso morfossintático que colabora para o efeito de humor está indicado pelo(a):

a) emprego de uma oração adversativa, que orienta a quebra da expectativa ao final.

b) uso de conjunção aditiva, que cria uma relação de causa e efeito entre as ações.

c) retomada do substantivo "mãe", que desfaz a ambiguidade dos sentidos a ele atribuídos.

d) utilização da forma pronominal **la**, que reflete um tratamento formal do filho em relação à "mãe".

e) repetição da forma verbal **é**, que reforça a relação de adição existente entre as orações.

9. (ITA-SP) Indique a opção em que o **MAS** tem função aditiva.

a) Atenção: na minha coluna não usei "careta" como quadrado, estreito, alienado, fiscalizador e moralista, **mas** humano, aberto, atento, cuidadoso.

b) Não apenas no sentido econômico, **mas** emocional e psíquico: os sem autoestima, sem amor, sem sentido de vida, sem esperança e sem projetos.

c) Não solto, não desorientado e desamparado, **mas** amado com verdade e sensatez.

d) [...] não me refiro a nomes importantes, **mas** a seres humanos confiáveis [...].

e) Pois, na hora da angústia, não são os amiguinhos que vão orientá-los e ampará-los, **mas** o pai e a mãe – se tiverem cacife.

10. (ESPP-SP) Considere o período e as afirmações que se seguem:

O juiz decretou a prisão preventiva do rapaz acusado de matar um morador de rua no último sábado.

I. O período é composto por coordenação.
II. Há três orações no período.

Está correto o que se afirma em:

a) somente I.
b) somente II.
c) I e II.
d) nenhuma.

11. (ESPP-SP) Considere o período e as afirmações que se seguem:

O governo decidiu que será investigado o caso.

I. O período é composto apenas por subordinação.

II. O sujeito da segunda oração é simples.

Está correto o que se afirma em:

a) somente I.

b) somente II.

c) I e II.

d) nenhuma.

12. (UPM-SP) Em relação a "Eles venceram e o sinal está fechado para nós, que somos jovens." (Belchior), é correto afirmar:

a) é um período composto só por coordenação, em que a terceira oração é sindética.

b) é um período composto só por coordenação.

c) é um período composto somente por orações coordenadas assindéticas.

d) é um período composto por coordenação e subordinação em que a terceira oração é subordinada.

e) a segunda oração é subordinada à primeira.

13. (Unimep-SP) No período: "No dia em que eu partir, eu me sentirei mais livre do que todos, **e gozarei de um infantil sentimento de superioridade** [...]", a oração destacada é:

a) coordenada sindética conclusiva.

b) coordenada sindética adversativa.

c) coordenada sindética aditiva.

d) coordenada assindética.

e) coordenada sindética explicativa.

14. (PUC-PR) Observe as frases:

I. "Eu não me preparei bem para o vestibular. Tenho muita esperança de ser aprovado."

II. "Eu não me preparei bem para o vestibular, _____ tenho muita esperança de ser aprovado."

As duas frases de I ficam coerentemente unidas, formando um único período em II, se o espaço for preenchido por:

a) pois;

b) contudo;

c) desde que;

d) uma vez que;

e) por conseguinte.

15. (UCDB-MS) "Podemos falar qualquer coisa: estou absolutamente calmo."

Os dois-pontos do período acima poderiam ser substituídos pela conjunção:

a) e.

b) portanto.

c) logo.

d) pois.

e) mas.

16. (UEPG-PR) Quanto às funções sintáticas no período "Uma mancha negra gigantesca escureceu e apavorou Nova York", estão corretas as afirmações:

01. Trata-se de um período composto por orações independentes, por isso ditas coordenadas.

02. O termo "Nova York" complementa o sentido de ambos os verbos.

04. O verbo "escureceu" é intransitivo.

08. O sujeito é simples na primeira oração ("uma mancha negra gigantesca") e indeterminado na segunda.

16. No sintagma "uma mancha negra gigantesca", observa-se um núcleo nominal, "mancha", cujo significado se modifica por força dos atributos "negra" e "gigantesca".

17. (Cesgranrio-RJ) Assinale a opção em que a conjunção **e** está empregada com valor adversativo.

a) "Deixou viúva e órfãos mudos."

b) "Para diminuir a mortalidade e aumentar a produção proibi a aguardente."

c) "Tenho visto criaturas que trabalham demais e não progridem."

d) "Iniciei a pomicultura e a avicultura."

e) "Perdi dois caboclos e levei um tiro de emboscada."

18. (PUC-RS)

Todos os dias esvaziava uma garrafa, colocava dentro sua mensagem, e a entregava ao mar. Nunca recebeu resposta. Mas tornou-se alcoólatra.

Marina Colasanti

O conectivo **mas**, que introduz a conclusão do conto – tornou-se alcoólatra –, permite a seguinte interpretação:

I. A personagem tornou-se alcoólatra porque nunca recebeu uma resposta.

II. O fato aconteceu porque a personagem escreveu muitas mensagens.

III. A solidão sem remédio tem sempre como consequência o vício.

IV. Esvaziou muitas garrafas. Enviou muitas mensagens. Não recebeu resposta. Mas, como tinha bebido todos os dias, tornou-se alcoólatra.

Analise as afirmações e, a seguir, assinale a alternativa **correta.**

a) Somente a afirmação IV está correta.

b) Somente a afirmação I está correta.

c) Somente as afirmações I e II estão corretas.

d) Somente a afirmação III está correta.

e) Somente as afirmações II e III estão corretas.

19. (Fuvest-SP) Considerando-se a relação lógica existente entre os dois segmentos dos provérbios abaixo, a lacuna **não** poderá ser corretamente preenchida pela conjunção **mas** apenas em:

a) Morre o homem, ... fica a fama.

b) Reino com novo rei, novo com nova lei.

c) Por fora bela viola, ... por dentro pão bolorento.

d) Amigos, amigos! ... negócios à parte.

e) A palavra é de prata, ... o silêncio é de ouro.

20. (PUCC-SP) A conjunção **e** tem valor adversativo na frase:

a) Cheguei, vi **e** venci.

b) Arrumou as malas **e** despediu-se.

c) Deitei exausto **e** não consegui dormir.

d) Siga meu conselho **e** não se arrependerá.

e) Choveu durante a noite **e** não pudemos sair.

21. (UEPB) Veja estas duas frases: "A diferença não é onde você navega. É com quem você navega.". O termo que as uniria em um único período, dando-lhe sentido **adversativo**, é:

a) portanto;

b) quando;

c) todavia;

d) comumente;

e) especificamente.

22. (PUC-SP)

Os infelizes tinham caminhado o dia inteiro, estavam cansados e famintos. Ordinariamente andavam pouco, mas haviam repousado bastante na areia do rio seco, a viagem progredira bem três léguas. Fazia horas que procuravam uma sombra. A folhagem dos juazeiros apareceu longe, através dos galhos pelados da caatinga rala.

(RAMOS, Graciliano. *Vidas secas.*)

É **correto** dizer que:

a) a primeira e a segunda orações são coordenadas assindéticas.

b) a primeira oração é coordenada assindética e a segunda é adversativa.

c) há sete orações coordenadas no período.

d) há seis orações coordenadas e duas subordinadas.

e) n.d.a.

23. (Fuvest-SP) Dentre os períodos abaixo transcritos, um é composto por coordenação e contém uma oração coordenada sindética adversativa. Assinale a alternativa que corresponde a esse período.

a) A frustração cresce e a desesperança não cede.

b) O que dizer sem resvalar para o pessimismo, a crítica pungente ou a autoabsolvição?

c) É também ocioso pensar que nós, da tal elite, temos riqueza suficiente para distribuir.

d) Sejamos francos.

e) Em termos mundiais somos irrelevantes como potência econômica, mas ao mesmo tempo extremamente representativos como população.

24. (UFF-RJ) Assinale a **única** alternativa em que ocorre oposição entre as ideias estabelecidas nos períodos.

a) Os contratos não vêm mais com a chancela do estado, mas com carimbos de advogados...

b) A mistura é irreversível. É uma exigência do mundo.

c) Eu, um italiano, não torci pela Itália nesta Copa, virei um seguidor apaixonado do Senegal.

d) [...] essa lógica não diz respeito só a equipes de futebol. Ela serve como condição para nossa experiência...

25. (Faap-SP) Reescreva os períodos que seguem, de modo a transformá-los em um único período composto por coordenação:

"Não só as condecorações gritavam-lhe do peito como uma couraça de gritos: Ateneu! Ateneu! Aristarco todo era um anúncio".

26. (FCMSC-SP) Por definição, oração coordenada que seja desprovida de conectivo é denominada **assindética.** Observando os períodos seguintes:

I. Não caía um galho, não balançava uma folha.

II. O filho chegou, a filha saiu, mas a mãe nem notou.

III. O fiscal deu o sinal, os candidatos entregaram a prova. Acabara o exame.

Nota-se que existe coordenação assindética em:

a) I apenas.

b) II apenas.

c) III apenas.

d) I, II e III.

27. (Fuvest-SP) Considere as frases abaixo:

1) Ao chegar a partilha, estava encalacrado, e na hora das contas davam-lhe uma ninharia.

2) Pouco a pouco o ferro do proprietário queimava os bichos de Fabiano.

3) Não se descobriu o erro, e Fabiano perdeu os estribos.

4) Passar a vida inteira assim no toco, entregando o que era dele de mão beijada!

5) O amo abrandou, e Fabiano saiu de costas, o chapéu varrendo o tijolo.

Pode-se afirmar que temos orações coordenadas sindéticas aditivas em:

a) 1, 2 e 3.

b) 1, 3 e 4.

c) 1, 3 e 5.

d) 2, 4 e 5.

e) n.d.a.

28. (FMU-SP) O conectivo **e** normalmente é usado como conjunção coordenativa aditiva. No entanto, em uma das alternativas abaixo, isso **não** ocorre:

a) Entrou, comprou ingressos e saiu logo.

b) Maria das Dores é amiga de César e Maria do Céu, de Mário.

c) Nem um nem outro conseguiu pagar a conta e, assim, ficaram devendo.

d) Não se preparou para o concurso e conseguiu passar!

e) Saia daí e não volte mais!

29. (Unimep-SP)

I. Mário estudou muito **e** foi reprovado!

II. Mário estudou muito **e** foi aprovado.

Em I e II, a conjunção **e** tem, respectivamente, valor:

a) aditivo e conclusivo.

b) adversativo e aditivo.

c) aditivo e aditivo.

d) adversativo e conclusivo.

e) concessivo e causal.

30. (FEI-SP) "Sem dúvida as árvores se despojaram e enegreceram, **o açude estancou**, as porteiras dos currais se abriram, inúteis." "Graciliano Ramos"

Classifique sintaticamente a oração destacada.

a) coordenada sindética aditiva.

b) coordenada sindética adversativa.

c) coordenada sindética conclusiva.

d) coordenada assindética.

31. (FCMSC-SP) Por definição, "oração coordenada que se prende à anterior por conectivo é denominada sindética e é classificada pelo nome da conjunção que a encabeça".

Assinale a alternativa em que aparece uma coordenada sindética explicativa, conforme a definição.

a) A casaca dele estava remendada mas estava limpa.

b) Ambos se amavam, contudo não se falavam.

c) Todo mundo trabalhando: ou varrendo o chão ou lavando as vidraças.

d) Chora, que lágrimas lavam a dor.

e) O time ora atacava, ora defendia e no placar aparecia o resultado favorável.

CAPÍTULO 16 – Orações subordinadas

1. (EsPCEx-SP) Em "A velha disse-lhe que descansasse", do conto "Noite de Almirante", de Machado de Assis, a oração grifada é uma subordinada:
   a) substantiva objetiva indireta.
   b) adverbial final.
   c) adverbial conformativa.
   d) adjetiva restritiva.
   e) substantiva objetiva direta.

2. (IFCE) "Conquanto a busca por soluções para o problema dos vícios tenha crescido, há ainda um longo caminho até que se consiga resolvê-lo de fato, pois temos a mania de querer remediar em vez de prevenir e evitar." É correto afirmar-se que a oração sublinhada se classifica como subordinada adverbial:
   a) temporal.
   b) causal.
   c) consecutiva.
   d) comparativa.
   e) concessiva.

3. (EsPCEx-SP) Assinale a alternativa que apresenta uma circunstância de tempo.
   a) Varrendo o quarto, não encontraste nada.
   b) Seguindo o hábito, passearam juntos.
   c) Sendo eu rei, não faria outra coisa.
   d) Voltando cedo, você pode sair.
   e) Sendo dos que correm, detesta o esporte.

4. (IFCE) No período "É importante que ele não falte à reunião", a oração sublinhada é:
   a) subordinada substantiva objetiva direta.
   b) subordinada substantiva objetiva indireta.
   c) subordinada substantiva subjetiva.
   d) coordenada assindética.
   e) subordinada substantiva predicativa.

5. (Fatec-SP)
   É boa a notícia para os fãs da natação, vôlei de praia, futebol, hipismo, ginástica rítmica e tiro com arco **que buscam ingressos para os Jogos Olímpicos Rio 2016**. Entradas para catorze sessões esportivas dessas modalidades, que tinham se esgotado na primeira fase de sorteio de ingressos, estão à venda.

   Disponível em: <http://tinyurl.com/qapfdjt>.
   Acesso em: 12 set. 2015. (Adaptado.)

   A oração subordinada destacada nesse fragmento é:
   a) adjetiva restritiva.
   b) adjetiva explicativa.
   c) substantiva subjetiva.
   d) substantiva apositiva.
   e) substantiva predicativa.

6. (Acafe-SC) Considerando o termo destacado na frase e a relação de sentido explicitada entre parênteses, todas as alternativas estão corretas, exceto a:
   a) **À medida que** o tempo ia passando, cada vez mais o grupo se dispersava e o ânimo da torcida baixava. (relação de proporcionalidade)
   b) Não escaparia de uma condenação com base no Código Penal por homicídio qualificado **caso** o crime tivesse ocorrido um dia depois, já aos 18 anos. (relação de condição)
   c) Dirigia em tamanha velocidade **que**, a qualquer momento, poderia envolver-se em grave acidente. (relação de consequência)
   d) Parece incrível, mas a verdade é uma só: tudo, tudo aconteceu **como** tinha sido planejado. (relação de causa e consequência)

7. (EsPCEx-SP) No período "Ninguém sabe como ela aceitará a proposta", a oração grifada é uma subordinada:
   a) adverbial comparativa.
   b) substantiva completiva nominal.
   c) substantiva objetiva direta.
   d) adverbial modal.
   e) adverbial causal.

8. (Acafe-SC) As conjunções destacadas em negrito nas frases abaixo expressam, respectivamente, relações de:
   ( ) **Assim que** receber os livros, vou deixá-los à venda na Livraria Letras Finas.
   ( ) **Embora** tenhamos boas intenções, nossos atos, às vezes, são mal compreendidos.
   ( ) **Visto que** o dinheiro não foi suficiente para concluir a obra em conformidade com o plano inicial, os sócios optaram por abandonar o projeto de construir um novo modelo de barco.
   ( ) **À medida que** novos casos de contaminação foram comprovados, o governo foi impelido a disponibilizar um maior volume de recursos financeiros e humanos para conter o avanço da doença.

   A sequência correta, de cima para baixo, é:
   a) proporcionalidade / concessão / conformidade / condição
   b) temporalidade / concessão / causalidade / proporcionalidade
   c) consequência / concessão / causalidade / condição
   d) consequência / finalidade / concessão / temporalidade

Texto para a próxima questão.

Disponível em: <www.jornaldaregiaosudeste.com.br/noticias/intensificada-campanha-dar-esmolas-nao-ajuda>. Acesso em: 29 ago. 2014.

9. (PUC-RS) De acordo com a ideia veiculada pela campanha, o nexo que estabeleceria a correta relação entre as orações do cartaz mostrado pelo morador de rua, desconsiderando-se as modificações de pontuação, é
   a) que.
   b) mesmo que.
   c) portanto.
   d) contanto que.
   e) enquanto.

QUESTÕES DE VESTIBULARES E ENEM

Leia o fragmento do romance *O Cabeleira*, abaixo, e responda à questão a seguir.

O Cabeleira entretanto atravessava matos, riachos e tabuleiros por novos caminhos que, infatigável e ousado, ia abrindo, em direitura ao lugar do seu nascimento.

Sentia-se atraído para esse lugar por uma saudade infinda, por uma confiança enganosa e fatal.

Parecia-lhe que ninguém, nem a justiça dos homens nem a de Deus, na qual desde os mais verdes anos o tinham ensinado a não acreditar, teriam poder para arrancá-lo desses sombrios e protetores esconderijos, dessas grutas insondáveis, perpetuamente abertas às onças e a ele, perpetuamente fechadas ao restante dos animais e dos homens que não se animavam a transpor-lhes o escuro limiar com receio de ficarem sepultados para sempre em tão medonhos sarcófagos.

Tendo-se afastado do pé da mata onde haviam sido vencidos e capturados em seus redutos os outros malfeitores, descreveu uma oblíqua de cerca de uma légua no rumo do ocidente e desceu depois a uma distância donde pudesse ter debaixo das vistas o Tapacurá, que lhe servia de guia através do sertão.

TÁVORA, F. *O Cabeleira*. São Paulo: Martin Claret, 2003. p. 133.

10. (UEL-PR) No trecho "com receio de ficarem sepultados para sempre em tão medonhos sarcófagos", há uma oração reduzida:
a) subordinada adverbial final.
b) subordinada adverbial temporal.
c) subordinada substantiva objetiva indireta.
d) subordinada substantiva completiva nominal.
e) subordinada substantiva predicativa.

11. (EsPCEx-SP) Assinale a alternativa correta quanto à classificação sintática das orações grifadas abaixo, respectivamente.
— Acredita-se que a banana faz bem à saúde.
— Ofereceram a viagem a quem venceu o concurso.
— Impediram o fiscal de que recebesse a propina combinada.
— Os patrocinadores tinham a convicção de que os lucros seriam compensadores.
a) subjetiva – objetiva indireta – objetiva indireta – completiva nominal
b) subjetiva – objetiva indireta – completiva nominal – completiva nominal
c) adjetiva – completiva nominal – objetiva indireta – objetiva indireta
d) objetiva direta – objetiva indireta – objetiva indireta – completiva nominal
e) subjetiva - completiva nominal - objetiva indireta - objetiva indireta

Texto para a próxima questão.

Poema encontrado por Thiago de Mello no Itinerário de Pasárgada

Vênus luzia sobre nós tão grande,
Tão intensa, tão bela, que chegava
A parecer escandalosa, e dava
Vontade de morrer.

Manuel Bandeira

12. (FGV-RJ) No poema, o conectivo **que** introduz uma oração com ideia de:
a) causa.
b) consequência.
c) concessão.
d) modo.
e) finalidade.

Texto para a próxima questão.

Quando o falante de uma língua depara um conjunto de duas palavras, intuitivamente é levado a sentir entre elas uma relação sintática, mesmo que estejam fora de um contexto mais esclarecedor.

Assim, além de captar o sentido básico das duas palavras, o receptor atribui-lhes uma gramática – formas e conexões. Isso acontece porque ele traz registrada em sua mente toda a sintaxe, todos os padrões conexionais possíveis em sua língua, o que o torna capaz de reconhecê-los e identificá-los. As duas palavras não estão, para ele, apenas dispostas em ordem linear: estão organizadas em uma ordem estrutural.

A diferença entre ordem estrutural e ordem linear torna-se clara se elas não coincidem, como nesta frase que um aluno criou em aula de redação, quando todos deviam compor um texto para *outdoor*, sobre uma fotografia da célebre cabra de Picasso: "Beba leite de cabra em pó!". Como todos rissem, o autor da frase emendou: "Beba leite em pó de cabra!".

Pior a emenda do que o soneto.

CARONE, Flávia de Barros. *Morfossintaxe*, 1986. (Adaptado.)

13. (Unifesp) Considere as seguintes passagens do texto:
[...] é levado a sentir entre elas uma relação sintática, **mesmo que** estejam fora de um contexto mais esclarecedor.
Como todos rissem, o autor da frase emendou [...].

As conjunções destacadas expressam, respectivamente, relação de:
a) alternância e conformidade.
b) conclusão e proporção.
c) concessão e causa.
d) explicação e comparação.
e) adição e consequência.

Texto para a próxima questão.

1. Misture a manteiga com a farinha peneirada e junte sal. Incorpore depois o ovo e a gema.

2. Adicione o leite, aos poucos, mexendo sempre até obter um preparado uniforme.

[...]

4. Vire a panqueca para que cozinhe de ambos os lados. Retire e recheie com uma fatia de queijo e outra de presunto. Enrole, dobre as pontas e sirva.

14. (IFSP) O trecho "Vire a panqueca para que cozinhe de ambos os lados" apresenta duas orações ligadas pela locução conjuntiva **para que**, que sinaliza a função de:
a) consequência.
b) causa.
c) proporção.
d) finalidade.
e) modo.

Texto para a próxima questão.

A Semana de Arte Moderna foi um movimento definidor da concepção contemporânea de "cultura brasileira", quando foram propostas pela primeira vez muitas das ideias ainda correntes sobre a relação do país com a tradição nacional e as influências estrangeiras. No ano de 2012, esse movimento completou 90 anos. Da Semana participaram jovens artistas como os escritores Oswald de Andrade, Anita Malfati, Mario de Andrade e Manuel Bandeira, este último autor do poema abaixo.

Vou-me embora pra Pasárgada

Vou-me embora pra Pasárgada
Lá sou amigo do rei
Lá tenho a mulher que eu quero
Na cama que escolherei
Vou-me embora pra Pasárgada
Vou-me embora pra Pasárgada
Aqui não sou feliz
[...]

BANDEIRA, Manuel. (Fragmento.)

15. (Ibmec) Qual das alternativas abaixo contém o sentido das orações do texto "Sou amigo de rei" e "Aqui eu não sou feliz" e suas substituições possíveis, sem danos ao sentido original?

a) concessão – "embora seja inimigo do rei" e "embora aqui não seja feliz"

b) finalidade – "para que eu seja inimigo do rei" e "para que eu seja feliz"

c) causa – "pois sou inimigo do rei" e "pois aqui eu não sou feliz"

d) condição – "se eu for inimigo do rei" e "se eu for feliz aqui"

e) proporção – "à proporção que eu seja inimigo do rei" e "à proporção que eu seja feliz aqui"

16. (UEPG-PR) Sobre o período "A comprovação e o aumento da idade desses artefatos são um trunfo que Niéde pretende utilizar para que cientistas do mundo todo debatam uma nova hipótese para a ocupação das Américas", assinale o que for correto.

01) Contém três orações em sua estrutura.

02) É composto por subordinação.

04) A segunda oração tem valor adjetivo.

08) A última oração expressa circunstância de fim.

16) Não contém orações coordenadas.

17. (Uerj) **Com a inacreditável capacidade humana de ter ideias, sonhar, imaginar, observar, descobrir, constatar, enfim, refletir sobre o mundo e com isso ir crescendo**, a produção textual vem se ampliando ao longo da história.

O trecho destacado anteriormente estabelece uma relação de sentido com o restante da frase.

Essa relação de sentido pode ser definida como:

a) simultaneidade   c) oposição

b) consequência   d) causa

18. (Uerj) Eles não podem ser pensados independentemente uns dos outros, **porque todos são portadores da mesma humanidade.**

Identifique a relação de sentido que a oração em destaque estabelece com a parte do período que a antecede. Reescreva todo o período, substituindo o conectivo e mantendo essa mesma relação de sentido.

19. (FCL-SP) Assinale a alternativa em que o período formado com as frases I, II, III estabeleça relação de condição entre I e II e de adição entre II e III.

I. A ginástica artística continua evoluindo.

II. As ginastas brasileiras disputam pódio com as atletas de potência do esporte.

III. As atletas brasileiras são cada vez mais respeitadas.

a) Como a ginástica artística continua evoluindo, as ginastas brasileiras disputarão pódio com as atletas de potências do esporte, sendo cada vez mais respeitadas.

b) Se a ginástica artística continuar evoluindo, as ginastas brasileiras disputarão pódio com as atletas de potências do esporte e serão cada vez mais respeitadas.

c) A ginástica artística continua evoluindo e as ginastas brasileiras disputam pódio com as atletas de potências do esporte, razão pela qual serão cada vez mais respeitadas.

d) Uma vez que a ginástica artística continua evoluindo, as ginastas brasileiras disputarão pódio com as atletas de potência do esporte, além disso serão cada vez mais respeitadas.

e) A ginástica artística continuará evoluindo, mas as ginastas brasileiras disputarão pódio com as atletas de potências do esporte e serão cada vez mais respeitadas.

20. (ESPM-SP) A frase: "A tecnologia ligou os jovens de uma forma tão intensa que os relacionamentos com adultos estão diminuindo" estabelece uma relação de:

a) ordem e explicação.

b) causa e consequência.

c) consequência e causa.

d) modo e quantidade.

e) intensidade e proporção.

21. (PUC-RJ) Reescreva as frases abaixo substituindo o termo em destaque por uma oração subordinada, conforme o exemplo:

Escrevi sobre cenas **de minhas lembranças remotas** – **Escrevi sobre cenas de que me lembrava remotamente.**

(i) Não consigo mais lembrar os motivos **de meu comportamento agressivo naquela ocasião.**

(ii) No que tange ao estudo da memória, ainda são insuficientes os recursos **à disposição dos cientistas.**

22. (Ufscar-SP) Assinale a alternativa em que o trecho – **Eu não era mais criança, porém minha alma ficava completamente feliz** – está parafraseado por meio de uma subordinação.

a) Eu não era mais criança, mas minha alma ficava completamente feliz.

b) Eu não era mais criança, todavia minha alma ficava completamente feliz.

c) Embora eu não fosse mais criança, minha alma ficava completamente feliz.

d) Eu não era mais criança; minha alma ficava, entretanto, completamente feliz.

e) Eu não era mais criança; minha alma, contudo, ficava completamente feliz.

23. (ESPM-SP) Classifique sintaticamente a oração destacada: "Pergunta-se **qual seria o destino do povo**".

24. (PUC-SP) Em uma peça publicitária recentemente veiculada em jornais impressos, pode-se ler o seguinte: "**Se a prática leva à perfeição, então imagine o sabor de pratos elaborados bilhões e bilhões de vezes**".

Acerca da primeira oração desse trecho, é linguisticamente adequado afirmar que, em relação à segunda oração, ela expressa uma circunstância de:

a) comparação.
b) condição.
c) conformidade.
d) consequência.
e) proporção.

25. (Udesc) Assinale a alternativa em que a classificação da relação de sentido entre as ideias está **correta**.

a) Talvez **porque** nenhuma tivesse os olhos de ressaca, ele permaneceu solteiro. - temporalidade.
b) Falo daquelas coisas que deixamos de fazer **porque** não temos mais condições físicas e a coragem de antigamente. - causal.
c) Você me perguntou **se** poderia fazer uma pergunta? - explicativa.
d) **Quando** ele acordava todo mundo com gritos, Halim se assustava [...] - condicional.
e) Drummond tem escrito ótimos poemas, **mas** eu larguei o Suplemento. - adição.

26. (UFMT) Eis aí em que vai consistir o máximo da minha ação parlamentar, **caso o preclaro eleitorado sufrague o meu nome nas urnas**.

A oração em destaque tem equivalente sintático e expressa igual circunstância na oração grifada em

a) Um deputado que quisesse fazer qualquer coisa dessas ver-se-ia bambo.
b) Desde que minha mulher e os meus filhos passem melhor de cama, mesa e roupas, a humanidade ganha.
c) De resto, acresce que nada sei da história social, política e intelectual do país.
d) Assim, para poder fazer alguma coisa útil, não farei coisa alguma.
e) Ganha porque [...] essa melhoria reflete sobre o todo de que fazem parte.

27. (PUC-PR) Observe as orações:

1ª - "O rei que percebia do negócio começou a rir."
2ª - "O rei, que percebia do negócio, começou a rir."

Assinale a alternativa CORRETA:

a) As duas orações possuem o mesmo sentido.
b) As duas orações só se diferenciam pelo uso da vírgula.
c) Elas não se diferenciam, porque, nesse caso, o emprego da vírgula é opcional.
d) A primeira tem sentido diferente da segunda: a primeira significa que pode haver dois reis, um que percebe do negócio e outro que não.
e) A segunda tem sentido diferente da primeira: a segunda significa que só pode haver um rei e que esse rei percebe do negócio.

28. (ESPP-SP) Assinale a alternativa em que a conjunção estabelece ideia de conformidade:

a) Ele se comporta como se estivesse em casa.
b) Como não sabia nadar, não entrou no mar.

c) Tudo deve ser feito como ele solicitou.
d) Não sabemos como a tragédia aconteceu.

29. (ESPP-SP) Considere o trecho:

"Temendo o castigo do pai, a donzela contou em casa que fora assaltada por um homem no bosque e que ele arrancara o anel de diamante do seu dedo e a deixara desfalecida sobre um canteiro de margarida".

A primeira oração do período, reduzida de gerúndio, é classificada como:

a) subordinada adverbial consecutiva.
b) subordinada adverbial concessiva.
c) subordinada adverbial condicional.
d) subordinada adverbial causal.

30. (PUC-PR) Cada uma das opções abaixo apresenta uma oração, seguida de uma justificativa sobre seus aspectos sintáticos. Assinale a alternativa em que a justificativa apresentada seja **improcedente** quanto a esses aspectos sintáticos.

a) Seria importante que os meios de transporte fossem mais eficientes. **Justificativa:** O trecho destacado atua como complemento nominal da oração principal.
b) Os políticos dizem que as promessas e propostas são para as ocasiões. **Justificativa:** O trecho destacado atua como complemento do verbo da oração principal, ou seja, funciona como objeto direto da oração principal.
c) Os congestionamentos e afins devem ser logo combatidos, porque se não forem será impossível locomover-se no futuro. **Justificativa:** A oração sublinhada funciona como condição da ação contida no verbo da oração principal.
d) O carro tornou-se um bem cultural, pois insere determinado indivíduo em uma classe social. **Justificativa:** A conjunção sublinhada relaciona-se à oração anterior, introduzindo uma justificativa, uma explicação para o fato já mencionado.
e) Os congestionamentos e afins devem ser logo combatidos, porque se não forem será impossível locomover-se no futuro. **Justificativa:** A oração sublinhada funciona como causa da ação expressa pelo verbo da oração principal.

31. (UEL-PR) Sua displicência era tanta **que não comunicou o horário de partida do trem**.

A oração destacada exprime:

a) tempo.
b) consequência.
c) causa.
d) explicação.
e) concessão.

32. (PUC-SP) "Pode-se dizer **que a tarefa crítica é puramente formal**."

No texto acima, temos uma oração destacada que é ... e um **se** que é ... :

a) substantiva objetiva direta - partícula apassivadora.
b) substantiva predicativa - índice de indeterminação do sujeito.
c) relativa - pronome reflexivo.
d) substantiva subjetiva - partícula apassivadora.
e) adverbial consecutiva - índice de indeterminação do sujeito.

33. (Unicamp-SP) Os computadores facilitam a reelaboração de textos, pois permitem, entre outras coisas, incluir e apagar trechos. A introdução dessa tecnologia na composição de jornais começou a produzir um tipo especial de erro, devido provavelmente ao fato de que o autor se esquece de eliminar partes de versões anteriores, após introduzir modificações. No trecho abaixo, por exemplo, há duas expressões de sentido equivalente, uma das quais deveria ter sido eliminada.

"Isso porque não é necessário que nesse estágio o Planalto não precisa ainda apresentar sua defesa." (*Folha de S.Paulo*)

a) Identifique as expressões de sentido equivalente que não podem, nesse trecho, ser usadas simultaneamente.

b) Reescreva o trecho de duas maneiras, utilizando a cada vez apenas uma das expressões que você identificou.

34. (UFC-CE) Identifique o período em que a oração destacada exerce a função de sujeito.

a) **É possível** que a prova seja adiada.

b) Consta **que a prova foi adiada**.

c) Não acredito **que haja adiamento da prova**.

d) **Se a prova for adiada**, ficaremos decepcionados.

e) Só irei embora **quando se confirmar o adiamento da prova.**

35. (Faap-SP)

"Ouvindo-te dizer: Eu te amo,
creio, no momento, que sou amado.
No momento anterior e no seguinte
como sabê-lo?"

O pronome **o** está no lugar da oração:

a) ouvindo-te.

b) dizer.

c) eu te amo.

d) que sou amado.

e) como saber.

36. (PUCC-SP) A alternativa em que se encontra uma oração subordinada substantiva subjetiva iniciada por conjunção é:

a) Os repórteres que o procuraram já saíram.

b) Reafirmo meu desejo: que todos fiquem à vontade.

c) Vai ser difícil que ele atenda nosso pedido.

d) Foi tão incisivo em suas declarações que convenceu a todos.

e) Pretendemos que todos tenham acesso às facilidades propostas.

37. (Cefet-MG) "Já era noite. Parecia viável **que todos entendessem** que, naquele momento, deviam-se lembrar **de que nada é eternamente assim**. Mas nada acontecia. A verdade é **que todos estavam extasiados** e certos **de que não há prazeres no mundo**."

As orações destacadas são, respectivamente, subordinadas substantivas:

a) subjetiva, subjetiva, subjetiva e completiva nominal.

b) subjetiva, objetiva direta, subjetiva e completiva nominal.

c) objetiva direta, subjetiva, predicativa e objetiva indireta.

d) subjetiva, objetiva indireta, predicativa e completiva nominal.

e) objetiva direta, objetiva indireta, predicativa e objetiva indireta.

38. (Ufac) No período "Enfim resolveu o Leão sair para fazer sua pesquisa, verificar **se ainda era o Rei dos Animais**", a oração em destaque é:

a) subordinada adverbial condicional.

b) subordinada substantiva objetiva indireta.

c) subordinada adverbial concessiva.

d) subordinada substantiva objetiva direta.

e) subordinada substantiva predicativa.

39. (UFG-GO) No período "Digo-**vos** que as lágrimas eram **verdadeiras**":

a) indique a função sintática das palavras destacadas.

b) transcreva a oração subordinada e indique a função sintática em relação à principal.

40. (FEI-SP) Assinale a alternativa em que a oração destacada é uma subordinada completiva nominal.

a) Este é o relatório **de que lhe falei ontem**.

b) Lembraram-se **de que a reunião fora adiada**.

c) Insisto **em que partas logo**.

d) Espalhou-se a notícia **de que ele chegou**.

41. (UFV-MG) As orações subordinadas substantivas que aparecem no período abaixo são todas subjetivas, **exceto**:

a) Decidiu-se que o petróleo subiria de preço.

b) É muito bom que o homem, vez por outra, reflita sobre sua vida.

c) Ignoras quanto custou meu relógio.

d) Perguntou-se ao diretor quando seríamos recebidos.

e) Convinha-nos que você estivesse presente à reunião.

42. (Ufac) Assinale a alternativa cuja oração é predicativa:

a) É claro que eles não virão.

b) Acontece que ela mentiu.

c) Sabe-se que a notícia não é verdadeira.

d) Parece que tudo mudou.

e) O certo foi que tudo morreu.

43. (PUCC-SP) A alternativa em que se encontra uma oração subordinada substantiva objetiva direta iniciada com a conjunção **se** é:

a) Só obteremos a aprovação se tivermos encaminhado corretamente os papéis.

b) Haverá racionamento de águas em todo o país, se persistir a seca.

c) Falava como se fosse especialista no assunto.

d) Se um deles entrasse, todos exigiriam entrar também.

e) Queria saber dos irmãos se alguém tinha alguma coisa contra o rapaz.

44. (UFU-MG) Na frase "Argumentei **que não é justo que o padeiro ganhe festas**", as orações destacadas, introduzidas por **que**, são, respectivamente:

a) ambas subordinadas substantivas objetivas diretas.

b) ambas subordinadas subjetivas.

c) subordinada substantiva objetiva direta e subordinada substantiva subjetiva.

d) subordinada objetiva direta e coordenada assindética.

e) subordinada substantiva objetiva direta e subordinada substantiva predicativa.

450 QUESTÕES DE VESTIBULARES E ENEM

45. (FCL-SP) "É evidente **que ele não sabe**." Qual a classificação sintática da oração destacada?

46. (FCL-SP) Classifique a oração destacada: "Não julgo **que eles saibam**".

47. (UEPG-PR) Em "É possível que comunicassem sobre política", a segunda oração é:
a) subordinada substantiva subjetiva.
b) subordinada adverbial predicativa.
c) subordinada substantiva predicativa.
d) principal.
e) subordinada substantiva objetiva direta.

48. (Fumec-MG) Classifique a oração destacada.
"No Brasil, temos a impressão **de que só existem diminutivos**."

49. (FEI-SP) Classifique a oração destacada.
"Todos perceberam que João Fanhoso dera rebate falso."

50. (Fuvest-SP) Indique o objeto direto do verbo destacado.
"[...] fui **dizer** à minha mãe que a escrava é que estragara o doce."

51. (PUCC-SP) Assinale a alternativa cuja oração subordinada é substantiva predicativa.
a) Espero que venhas hoje.
b) O aluno que trabalha é bom.
c) Meu desejo é que te formes logo.
d) És tão inteligente como teu pai.
e) n.d.a.

52. (FCMSC-SP) A palavra **se** é conjunção subordinativa integrante (por introduzir oração subordinada substantiva objetiva direta) em qual das orações seguintes?
a) Ele se morria de ciúmes pelo patrão.
b) A Federação arroga-se o direito de cancelar o jogo.
c) O aluno fez-se passar por doutor.
d) Precisa-se de pedreiros.
e) Não sei se o vinho está bom.

53. (PUC-MG) Há oração subordinada substantiva apositiva em:
a) Na rua perguntou-lhe em tom misterioso: onde poderemos falar à vontade?
b) Ninguém reparou em Olívia: todos andavam como pasmados.
c) As estrelas que vemos parecem grandes olhos curiosos.
d) Em verdade, eu tinha fama e era valsista emérito: não admira que ela me preferisse.
e) Sempre desejava a mesma coisa: que a sua presença fosse notada.

54. (UFMG) Na frase: "Maria do Carmo tinha a certeza **de que estava para ser mãe**", a oração em destaque é:
a) subordinada substantiva objetiva indireta.
b) subordinada substantiva completiva nominal.
c) subordinada substantiva predicativa.
d) coordenada sindética conclusiva.
e) coordenada sindética explicativa.

55. (PUC-SP) "As cunhãs tinham ensinado pra ele **que o sagui-açu não era saguim não, chamava elevador e era uma máquina**." Em relação à oração não destacada, as orações em destaque são, respectivamente:
a) subordinada substantiva objetiva direta, coordenada assindética, coordenada sindética aditiva.
b) subordinada adjetiva restritiva, coordenada assindética, coordenada sindética aditiva.
c) subordinada substantiva objetiva direta, subordinada substantiva objetiva direta, coordenada sindética aditiva.
d) subordinada substantiva objetiva direta, subordinada substantiva objetiva direta, subordinada substantiva objetiva direta.
e) subordinada substantiva subjetiva, coordenada assindética, coordenada sindética aditiva.

56. (Fesp-SP) "Lembro-me **de que ele só usava camisas brancas**." A oração em destaque é:
a) substantiva completiva nominal.
b) substantiva objetiva indireta.
c) substantiva predicativa.
d) substantiva subjetiva.
e) n.d.a.

57. (Ufscar-SP) Marque a opção que contém oração subordinada substantiva completiva nominal.
a) "Tanto eu como Pascoal tínhamos medo de que o patrão topasse Pedro Barqueiro nas ruas da cidade."
b) "Era preciso que ninguém desconfiasse do nosso conluio para prendermos o Pedro Barqueiro."
c) "Para encurtar a história, patrãozinho, achamos Pedro Barqueiro no rancho, que só tinha três divisões: a sala, o quarto dele e a cozinha."
d) "Quando chegamos, Pedro estava no terreiro debulhando milho, que havia colhido em sua rocinha, ali perto."
e) "Pascoal me fez um sinalzinho, eu dei a volta e entrei pela porta do fundo para agarrar o Barqueiro pelas costas."

58. (PUC-SP) Nos trechos "[...] não é impossível **que** a notícia da morte me deixasse alguma tranquilidade, alívio, e um ou dois minutos de prazer" e "Digo-vos **que** as lágrimas eram verdadeiras", a palavra **que** está introduzindo, respectivamente, orações:
a) subordinada substantiva subjetiva, subordinada substantiva objetiva direta.
b) subordinada substantiva objetiva direta, subordinada substantiva objetiva direta.
c) subordinada substantiva subjetiva, subordinada substantiva subjetiva.
d) subordinada substantiva completiva nominal, subordinada adjetiva explicativa.
e) subordinada adjetiva explicativa, subordinada substantiva predicativa.

59. (FEI-SP) "Estou seguro de que a sabedoria dos legisladores saberá encontrar meios para realizar semelhante medida."
A oração em destaque é:
a) objetiva indireta.   d) subjetiva.
b) completiva nominal.   e) apositiva.
c) objetiva direta.

60. (UFPA) Qual o período em que há oração subordinada substantiva predicativa?

a) Meu desejo é que você passe nos exames vestibulares.

b) Sou favorável a que o aprovem.

c) Desejo-te isto: que sejas feliz.

d) O aluno que estuda consegue superar as dificuldades do vestibular.

e) Lembre-se de que tudo passa neste mundo.

61. (Unip-SP) No período: "É necessário **que todos se esforcem**", a oração destacada é:

a) substantiva objetiva direta.

b) substantiva objetiva indireta.

c) substantiva completiva nominal.

d) substantiva subjetiva.

e) substantiva predicativa.

62. (PUC-SP)

> ### Os cinco sentidos
>
> Os sentidos são dispositivos para a interação com o mundo externo que têm por função receber informação necessária à sobrevivência. É necessário ver o que há em volta para poder evitar perigos. O tato ajuda a obter conhecimentos sobre como são os objetos. O olfato e o paladar ajudam a catalogar elementos que podem servir ou não como alimento. O movimento dos objetos gera ondas na atmosfera que são sentidas como sons. [...]
>
> SANTAELLA, Lucia. *Matrizes da linguagem e pensamento.* São Paulo: Iluminuras, 2001.

A palavra relacional **que** aparece quatro vezes no parágrafo exercendo, pela ordem, as seguintes funções:

a) sujeito, objeto direto, sujeito, sujeito.

b) sujeito, sujeito, sujeito, sujeito.

c) sujeito, sujeito, sujeito, objeto direto.

d) objeto direto, objeto direto, sujeito, sujeito.

e) objeto direto, sujeito, objeto direto, sujeito.

63. (Unip-SP) "A verdade é **que a gente não sabia nada...**" Classifica-se a segunda oração como:

a) subordinada substantiva objetiva direta.

b) subordinada adverbial conformativa.

c) subordinada substantiva objetiva indireta.

d) subordinada substantiva predicativa.

e) subordinada substantiva apositiva.

64. (Unicamp-SP) A organização sintática dada a certos trechos exige do leitor um esforço desnecessário de interpretação. Abaixo você tem um exemplo disso.

"Ao chegar ao ancoradouro, recebeu Alzira Alves Filha um colar indígena feito de escamas de pirarucu e frutos do mar, que estava acompanhada de um grupo de adeptos do Movimento Evangélico Unido." (*Folha de S.Paulo*)

a) Reescreva o trecho, apenas alterando a ordem, de forma a tornar a leitura mais simples.

b) Com base na solução que você propôs, explique por que, do ponto de vista da estrutura sintática do português, o trecho acima oferece dificuldade desnecessária para a compreensão.

65. (FIT-SP) No período "Todos tinham certeza **de que seriam aprovados**", a oração destacada é:

a) substantiva objetiva indireta.

b) substantiva completiva nominal.

c) substantiva apositiva.

d) substantiva subjetiva.

e) n.d.a.

66. (Unicamp-SP) Observe que, nos trechos abaixo, a ordem que foi dada às palavras, nos enunciados, provoca efeitos semânticos (= de significado) "estranhos":

I. "Fazendo sucesso com a sua nova clínica, a psicóloga Iracema Leite Ferreira Duarte, localizada na rua Campo Grande, 159."

II. "Embarcou para São Paulo Maria Helena Arruda, onde ficará hospedada no luxuoso hotel Maksoud Plaza." (Notícias da coluna social do *Correio de Mato Grosso.*)

Escolha um dos trechos, diga qual é a interpretação "estranha" que ele pode ter e reescreva-o de forma a evitar o problema.

67. (Fuvest-SP) "Os meninos de rua que procuram trabalho são repelidos pela população."

a) Reescreva a frase, alterando-lhe o sentido apenas com o emprego de vírgulas.

b) Explique a alteração de sentido ocorrida.

68. (UFU-MG) Assinale a **única** alternativa em que o elemento em destaque **não** possui a mesma função dos demais.

a) "Hoje, o mundo se restringe às ligações financeiras **que** vão de indivíduo para indivíduo, saltando as fronteiras nacionais."

b) "Foi divertido [...] ouvir recentemente um nacionalista francês exclamar, diante da multicolorida seleção de seu país, **que** para conquistar a vitória era preciso uma equipe só de brancos [...]"

c) "Não existem mais nações, com as relações sociais, econômicas e financeiras se desenvolvendo em escala universal, **onde** as identidades se esvanecem [...]"

d) "Certo, é um jogo, é uma experiência lúdica **que** não comporta declarações de guerra: batem de frente países, e não diferentes imperialismos."

69. (UFPI) Em que alternativa a expressão destacada é um complemento nominal?

a) O livro **de que** tínhamos necessidade foi extraviado.

b) A cadeira **em que** sentamos era velha demais.

c) Era grande a alegria **de que** estávamos possuídos.

d) A pessoa **a quem** me refiro é teu amigo.

e) A rua **em que** estivemos está desobstruída agora.

70. (UFPA) A oração assinalada tem valor de adjetivo em:

a) Não sei **por que há de a gente desenhar objetivamente as coisas.**

b) **Para isso, já existe a fotografia**, com a qual jamais poderemos competir.

c) **Se tivesse o dom da pintura**, eu seria um pintor lírico.

d) E se me dispusesse a pintar Eurídice, **talvez viesse a surgir na tela um hastil, o arco tendido da lua...**

e) É tudo isso e outras coisas **que só os anjos e os demônios saberão.**

71. (UFMA) A oração é adjetiva na opção:

a) Cão que late não morde.

b) Espere, que já estou cansado.

c) O pescador disse que voltaria logo.

d) É bom que saibas essas coisas.

72. (Fuvest-SP) "O ar que respiro, este licor que bebo, pertencem ao meu modo de existir." É composto o sujeito do verbo **pertencem**.

a) Qual é esse sujeito composto?

b) Qual a classificação das orações que acompanham cada membro desse sujeito?

73. (UPM-SP) Em "A beleza da pedra **que ressalta e reluz** é indiscutível", tem-se, respectivamente:

a) oração subordinada adjetiva explicativa e oração coordenada sindética aditiva.

b) oração subordinada adverbial explicativa e oração coordenada assindética aditiva.

c) oração subordinada adjetiva restritiva e oração coordenada sindética aditiva.

d) oração subordinada adjetiva explicativa e oração coordenada sindética aditiva.

e) oração subordinada adverbial restritiva e oração coordenada sindética aditiva.

74. (Faap-SP)

"Lá a existência é uma aventura
De tal modo inconsequente
Que Joana a Louca de Espanha
Rainha e falsa demente
Vem a ser contraparente
Da nora que nunca tive"

A oração **que nunca tive** é:

a) principal.

b) coordenada.

c) subordinada substantiva.

d) subordinada adverbial.

e) subordinada adjetiva.

75. (UFPA) Há no período uma oração subordinada adjetiva:

a) Ele falou que compraria a casa.

b) Não fale alto, que ela pode ouvir.

c) Vamos embora, que o dia está amanhecendo.

d) Em time que ganha não se mexe.

e) Parece que a prova não está difícil.

76. (PUC-SP) Assinale a alternativa que apresenta um período composto em que uma das orações é subordinada adjetiva.

a) [...] a nenhuma pedi ainda que me desse fé: pelo contrário, digo a todas como sou.

b) Todavia, eu a ninguém escondo os sentimentos que ainda há pouco mostrei.

c) [...] em toda a parte confesso que sou volúvel, inconstante e incapaz de amar três dias um mesmo objeto.

d) Mas entre nós há sempre uma grande diferença; vós enganais e eu desengano.

e) – Está romântico!... está romântico... exclamaram os três [...]

77. (Fuvest-SP) Modelo: Observou que a lenha verde agonizava. → Observou a agonia da lenha verde.

Seguindo o modelo acima, reescreva a seguinte frase: "Ele se arrogava o direito de inventar leis **que determinavam o comportamento do povo**".

78. (Ueba) "Meu pai, **que havia arrancado três dentes**, não pôde viajar naquele dia."

A oração destacada classifica-se como:

a) adverbial temporal.

b) substantiva predicativa.

c) adjetiva restritiva.

d) substantiva apositiva.

e) adjetiva explicativa.

79. (Unirio-RJ) Assinale o item em que há uma oração, quanto à classificação, idêntica à segunda do período "Pernoitamos depois junto a um açude lamacento, onde patos nadavam".

a) As virilhas suadas ardiam-me, o chouto do animal sacolejava-me [...]

b) De onde vinham as figuras desconhecidas para encontrar-nos?

c) Fiz o resto da viagem com um moço alegre, que tentou explicar-me as chaminés dos banguês...

d) Os mais graúdos percebiam que a viagem era alegre.

e) Surgiam regatos, cresceram tanto que se transformaram em rios...

80. (PUCC-SP) Assinale o período em que há uma oração adjetiva restritiva.

a) A casa onde estou é ótima.

b) Brasília, que é capital do Brasil, é linda.

c) Penso que você é de bom coração.

d) Vê-se que você é de bom coração.

e) Nada obsta a que você se empregue.

81. (FGV-SP) "Nota-se facilmente **que nunca perceberam o papel secundário que exerciam naquele período**." A oração em destaque é:

a) substantiva objetiva direta.

b) substantiva completiva nominal.

c) substantiva predicativa.

d) substantiva subjetiva.

e) n.d.a.

82. (UPM-SP) "Este apartamento é o sítio em **que** as potências da fé e da vontade marcaram um encontro profundo."

"Não peço à vida **que** me dê fortuna, ganância, nem valores superficiais."

Com relação às palavras em destaque nos dois períodos acima, pode-se afirmar que:

a) a primeira dá origem a uma oração subordinada adjetiva e a segunda, a uma adverbial.

b) a primeira marca o início de uma oração subordinada adjetiva e a segunda, de uma substantiva.

c) a primeira principia uma oração subordinada substantiva e a segunda, uma adjetiva.

d) ambas iniciam orações subordinadas adjetivas.

e) ambas introduzem orações subordinadas substantivas.

83. (Faap-SP) "Não compreendíamos a razão **por que o ladrão não montava a cavalo**." A oração em destaque é:

a) subordinada adjetiva restritiva.

b) subordinada adjetiva explicativa.

c) subordinada adverbial causal.

d) substantiva objetiva indireta.

e) substantiva completiva nominal.

84. (UFV-MG) Assinale a alternativa que, em sequência, numera **corretamente** as frases a seguir, indicando, assim, a função sintática do **que**.

1) sujeito

2) objeto direto

3) objeto indireto

4) predicativo

5) complemento nominal

( ) Perdeu o único aliado a que se unira.

( ) O artilheiro que o julgaram ser não se revelou na nossa equipe.

( ) À janela, que dava para o mar, assomavam todos.

( ) A prova de que tenho mais receio é a de Matemática.

( ) Os exames que terá pela frente não o assustam.

a) 3, 2, 1, 4, 1

b) 5, 4, 4, 3, 2

c) 3, 1, 2, 5, 4

d) 5, 2, 2, 3, 1

e) 3, 4, 1, 5, 2

85. (PUC-RS) O período em que se encontra uma circunstância diferente das demais é:

a) Uma viagem constitui, sobretudo, uma forma de autodescobrimento, caso possa trazer outros benefícios.

b) Embora uma viagem possa trazer outros benefícios, constitui, sobretudo, uma forma de autodescobrimento.

c) Conquanto uma viagem possa trazer outros benefícios, constitui, sobretudo, uma forma de autodescobrimento.

d) Se bem que uma viagem possa trazer outros benefícios, constitui, sobretudo, uma forma de autodescobrimento.

e) Uma viagem constitui, sobretudo, uma forma de autodescobrimento, ainda que possa trazer outros benefícios.

86. (UFJF-MG) "[...] Toda pessoa tem capacidade para gozar os direitos e as liberdades estabelecidas nesta Declaração, sem distinção de qualquer espécie, **seja** de raça, cor, sexo, língua, religião, opinião política **ou** de outra natureza, origem nacional **ou** social, riqueza, nascimento, **ou** qualquer outra condição."

Os termos destacados no fragmento acima, retirado da *Declaração Universal dos Direitos Humanos*, adotada e proclamada pela Assembleia Geral das Nações Unidas, em 10 de dezembro de 1948, expressam o sentido de:

a) alternância e comparação.

b) adição e simultaneidade.

c) comparação e exclusão.

d) alternância e inclusão.

e) adição e comparação.

87. (UFJF-MG) "Considerando essencial que os direitos humanos sejam protegidos pelo Estado de Direito, **para** que o homem não seja compelido, como último recurso, à rebelião contra a tirania e a opressão, [...]"

O conector **para**, destacado nesse fragmento retirado da *Declaração Universal dos Direitos Humanos*, adotada e proclamada pela Assembleia Geral das Nações Unidas, em 10 de dezembro de 1948, estabelece, com a sentença anterior, uma relação semântica de:

a) causa;

b) consequência;

c) oposição;

d) finalidade;

e) adição.

88. (PUC-PR) Considerando a ideia expressa pelos termos em destaque nas frases a seguir, numere a 1ª coluna de acordo com a 2ª coluna.

1ª coluna:

( ) Para a partida decisiva, o ingresso, que custava 10 reais, foi para 20; **daí a revolta da torcida**.

( ) Muitos animais morrem **com a seca prolongada**.

( ) **Mesmo com um jogador a menos**, o time venceu o adversário.

( ) **Sem dinheiro**, não pude viajar nessas férias.

( ) Não entre **sem permissão do chefe**.

( ) **Apesar do frio**, iremos à praia amanhã.

( ) Mãe e filha saíram **para um passeio**.

2ª coluna:

(1) causa

(2) finalidade

(3) consequência

(4) concessão

(5) condição

Assinale a alternativa que apresenta a sequência correta:

a) 4, 2, 1, 3, 2, 5, 3.

b) 5, 3, 4, 1, 5, 2, 4.

c) 3, 1, 4, 1, 5, 4, 2.

d) 2, 4, 1, 3, 5, 2, 4.

e) 3, 3, 4, 1, 5, 5, 2.

89. (Fuvest-SP) Leia com atenção as seguintes frases, extraídas do termo de garantia de um produto para emagrecimento:

I. Esta garantia ficará automaticamente cancelada **se o produto não for corretamente utilizado**.

II. Não se aceitará a devolução do produto **caso ele contenha menos de 60% de seu conteúdo**.

III. As despesas de transporte ou quaisquer ônus decorrente do envio do produto para troca corre por conta do usuário.

a) Reescreva os trechos destacados nas frases I e II, substituindo as conjunções que os iniciam por outras equivalentes e fazendo as alterações necessárias.

b) Reescreva a frase III, fazendo as correções necessárias.

90. (ESPM-SP) Assinale a alternativa com ideia de **concessão**:

a) "O homem toma os limites do seu campo de visão como limites do mundo." (Schopenhauer)

b) "O pior castigo para aqueles que não se interessam por política é que serão governados pelos que se interessam." (Toynbee)

c) "Tudo é ousado para quem a nada se atreve." (Fernando Pessoa)

d) "A liberdade é ouro. Tem que ser garimpada." (Paulo Leminski)

e) "Ainda que eu falasse a língua dos anjos, eu nada seria sem o amor." (Renato Russo)

454 QUESTÕES DE VESTIBULARES E ENEM

91. (PUC-PR) Assinale a alternativa em que **não** se uniu adequadamente em 2 as duas frases que constam em 1.

a) 1. Estava fazendo muito calor. Fui, pois, tomar um banho de mar.
2. Como estava fazendo muito calor, fui tomar um banho de mar.

b) 1. Não lhe peço só admiração. Peço-lhe também respeito.
2. Não lhe peço só admiração, mas também respeito.

c) 1. Acalme-se. O caso não é tão grave assim.
2. Acalme-se, que o caso não é tão grave assim.

d) 1. Compreendi que estava errado. Procurei, portanto, corrigir-me.
2. Compreendi que estava errado, procurei, porém, corrigir-me.

e) 1. Ele é meu adversário. Mesmo assim não posso deixar de admirá-lo.
2. Embora ele seja meu adversário, não posso deixar de admirá-lo.

92. (UFJF-MG) "Os apaixonados por Dickens na Itália constituem uma restrita elite de pessoas que, **quando se encontram**, logo começam a falar de episódios e personagens como se fossem amigos comuns."

A **melhor** paráfrase semântica para a informação relativa a **tempo**, no segmento destacado, é:

a) sempre que se encontram.

b) caso se encontrem.

c) depois que se encontram.

d) à medida que se encontram.

e) antes mesmo de se encontrarem.

93. (UFV-MG) Reescreva cada uma das passagens abaixo, unindo os períodos por meio do conectivo apropriado: conjunção, pronome relativo, preposição ou locução prepositiva. (**Não** use a conjunção "e").

a) O preço do ingresso para o jogo era bastante módico. Havia pouquíssimos torcedores no estádio.

b) Chovia copiosamente em toda a cidade. O concerto teve de ser adiado.

c) Os funcionários relacionavam-se bem com o diretor. Não teriam conseguido levar adiante o projeto sem o apoio dele.

94. (ESPM-SP). No período "Todos o criticam por ter agido imprudentemente; mas, se ele tem defeitos, tem virtudes também", o conectivo **se**, na oração **se ele tem defeitos**, dá ideia de:

a) proporção.

b) causa.

c) consequência.

d) condição.

e) concessão.

95. (UFF-RJ) Reescreva a frase "Nós, os escritores nacionais, **se** quisermos ser entendidos de nosso povo, havemos de falar-lhe em sua língua" substituindo o conectivo destacado por outro com valor de causalidade, fazendo os ajustes necessários.

96. (Ufes) A circunstância indicada pelo trecho destacado não está adequada em:

a) **Como se vê**, a pesquisa do Dr. Zisman é muito importante. (conformidade)

b) Os bebês são considerados pigmeus, **desde que não apresentem três quilos de peso**. (condição)

c) Os bebês são tão pequenos, **que são considerados pigmeus**. (consequência)

d) **Caso eu saiba a causa do seu choro**, eu lhe darei atenção. (causa)

e) **Ainda que sejamos um país subdesenvolvido**, não podemos aceitar que nasçam tantas crianças subnutridas. (concessão)

97. (Fuvest-SP)

Uma forte massa de ar polar veio junto com a frente fria e causou acentuada queda da temperatura. As lavouras de trigo da Região Sul foram danificadas. Isso, associado ao longo período com registro de pouca chuva, deve reduzir o potencial produtivo da cultura."

O Estado de S. Paulo, Suplemento Agrícola.

Reescreva o texto anterior, reunindo em um só, composto por subordinação, os três períodos que o compõem, mantendo as relações lógicas existentes entre eles e fazendo as adaptações necessárias.

98. (Unicamp-SP) A história transcrita a seguir contrasta dois mundos, dois estados de coisas: o dia a dia cansativo do carregador e a situação imaginária em que ele se torna presidente da República.

"Dois carregadores estão conversando e um diz: 'Se eu fosse presidente da República, eu só acordava lá pelo meio-dia, depois ia almoçar lá pelas três, quatro horas. Só então é que eu ia fazer o primeiro carreto.'"

O carregador não consegue passar para o mundo imaginário, e acaba misturando-o de maneira surpreendente com o mundo real. Qual é a construção gramatical usada nessa história para dar acesso ao mundo das fantasias do carregador?

99. (Uerj) "Sou um bom escutador e um vedor melhor. Mas só trancado e sozinho é que consigo me expressar."

Reescreva o trecho acima em um único período constituído de uma oração subordinada concessiva e uma oração principal.

100. (UFPB) A oração destacada no período "[...] **mesmo que eu juntasse um por um, os cacos todos**, nunca mais o espelho seria como antes.", de Lygia Fagundes Telles, é:

a) temporal;

b) concessivo;

c) causal;

d) conformativo;

e) condicional.

101. (Fesp-SP) Observe:

I. Convém <u>que todos participem</u>.

II. Fique quieto, <u>pois está incomodando</u>.

III. Amou daquela vez <u>como se fosse a última</u>.

IV. Machado de Assis, <u>que escreveu Dom Casmurro</u>, fundou a Academia Brasileira de Letras.

Assinale a alternativa que não corresponde à classificação das orações sublinhadas.

a) No item I, oração subordinada substantiva subjetiva.

b) No item II, oração subordinada sindética explicativa.

c) No item III, oração subordinada adverbial comparativa.

d) No item IV, oração subordinada adjetiva explicativa.

e) No item II, a primeira oração é coordenada assindética.

102. (PUCC-SP) "**Se não tiverem organizado os documentos**, o coordenador irá solicitar ajuda de outro departamento, **se bem que não o tenham atendido em outra ocasião.**" As orações destacadas expressam, respectivamente, as seguintes circunstâncias:

a) conformidade e finalidade.

b) consequência e tempo.

c) finalidade e concessão.

d) condição e concessão.

e) condição e consequência.

103. (ESPM-SP) Das frases a seguir, retiradas do livro *O melhor do mau humor*, de Ruy Castro, marque a que contenha ideia de **concessão**:

a) "Se eu filmasse *Cinderela*, a plateia pensaria que havia um cadáver na carruagem." (Alfred Hitchcock)

b) "A maior vantagem da comida macrobiótica é que, por mais que você coma, por mais que você encha o estômago, está perfeitamente subalimentado." (Millôr Fernandes)

c) "Sou contra noivados muito longos. Dão tempo às pessoas de conhecer o caráter uma da outra..." (Oscar Wilde)

d) "A democracia é a arte e a ciência de administrar o circo a partir da jaula dos macacos." (H. L. Mencken)

e) "Dizem que escrever é um processo torturante para Sarney. Sem dúvida, mas quem grita de dor é a língua portuguesa." (Paulo Francis)

104. (Unicamp-SP) No texto a seguir, substitua **embora** por outra palavra ou expressão, de forma que o texto resultante dessa substituição, com as mínimas alterações necessárias, mantenha o sentido original.

ergueu-se rapidamente, passou para o outro lado da sala e deu alguns passos, entre a janela da rua e a porta do gabinete do marido. Assim, com o desalinho honesto que trazia, dava-me uma impressão singular. Magra **embora**, tinha não sei que balanço no andar, como quem lhe custa levar o corpo; essa feição nunca me pareceu tão distinta como naquela noite.

ASSIS, Machado de. *Missa do galo.*

105. (UPM-SP)

Dois versos para Greta Garbo

O teu sorriso é imemorial como as Pirâmides
E puro como a flor que abriu na manhã de hoje."

Mário Quintana

Assinale a alternativa **correta** sobre o texto.

a) O poeta descreveu o sorriso por meio de duas orações subordinadas adverbiais comparativas e uma oração subordinada adjetiva restritiva.

b) A flor com a qual se compara o sorriso da mulher é toda flor de toda manhã da vida do poeta.

c) O poeta fala da mulher, musa inspiradora, mas não a posiciona como sua interlocutora.

d) Os termos que têm a função sintática de predicativo do sujeito insinuam figuras de um leve erotismo na descrição do sorriso da mulher.

e) A oração subordinada adjetiva explicativa, que abriu na manhã de hoje, expande o conceito de flor, a que é comparado o sorriso.

106. (PUC-SP) No período "A roupa lavada, que ficara de véspera nos coradouros, umedecia o ar e punha-lhe um fartum acre de sabão ordinário." temos, respectivamente, as seguintes orações:

a) principal, subordinada adjetiva explicativa, coordenada sindética aditiva.

b) inicial, subordinada adjetiva explicativa, coordenada sindética aditiva.

c) principal, subordinada substantiva completiva nominal, coordenada sindética aditiva.

d) inicial, coordenada sindética explicativa, coordenada sindética aditiva.

e) principal, subordinada adjetiva explicativa, subordinada adverbial causal.

107. (UFPB) Classifica-se como subordinada adverbial causal a oração destacada no período:

a) "Fabiano, uma coisa da fazenda, um traste, seria despedido **quando menos esperasse**." (Graciliano Ramos)

b) "**Se morresse de fome ou nas pontas de um touro**, deixaria filhos robustos." (Idem)

c) "Na luta que travou **para segurar de novo o filho rebelde**, zangou-se de verdade." (Idem)

d) "**Como os pequenos resistissem**, aperreou-se." (Idem)

e) "Examinou o terreno, viu Baleia **coçando-se** a esfregar as peladuras no pé de turco [...]" (Idem)

108. (UFPI) Assinale a alternativa em que há uma relação de causa entre as orações.

a) A ciência é meu emprego, como Itaguaí é o meu universo.

b) D. Evarista não deu filhos a Bacamarte, como ele esperava.

c) Nada era tão importante para o médico como o estudo e a ciência.

d) Como diziam as crônicas, Simão Bacamarte estudara em Coimbra e Pádua.

e) Como D. Evarista era sadia, Simão Bacamarte acreditava que lhe desse filhos.

109. (Faap-SP)

"Lá a existência é uma aventura
De tal modo inconsequente
Que Joana a Louca de Espanha
Rainha e falsa demente
Vem a ser contraparente
Da nora que nunca tive"

A oração destacada recebe o nome de oração subordinada adverbial:

a) causal;

b) final;

c) condicional;

d) concessiva;

e) consecutiva.

110. (UFV-MG) No seguinte período "Choveu durante a noite, **porque as ruas estão molhadas**", a oração destacada é:

a) subordinada adverbial consecutiva.

b) coordenada sindética explicativa.

c) subordinada adverbial causal.

d) coordenada sindética conclusiva.

e) subordinada adverbial consecutiva.

456 QUESTÕES DE VESTIBULARES E ENEM

111. (UPM-SP) Examine o período "A soldadela invade o campo da disputa, **enquanto a grita aumenta em berros e assobios rudes**". A oração em destaque é:

a) coordenada sindética temporal.
b) coordenada adverbial temporal.
c) subordinada substantiva temporal.
d) subordinada adjetiva temporal.
e) subordinada adverbial temporal.

Texto para as questões 112 a 114.

"Cada pessoa¹ / que chegava² /

se punha na ponta dos pés,¹ / embora não pudesse ver.³"

112. (Faap-SP) Há no texto três orações, e estão numeradas. A primeira – **cada pessoa se punha na ponta dos pés** – chama-se:

a) absoluta.
b) principal.
c) coordenada assindética.
d) coordenada sindética.
e) subordinada.

113. (Faap-SP) A segunda – **que chegava** – é subordinada:

a) substantiva subjetiva.
b) substantiva objetiva direta.
c) adverbial causal.
d) adverbial final.
e) adjetiva.

114. (Faap-SP) A terceira – **embora não pudesse ver** – oferece uma ideia de:

a) causa.
b) fim.
c) condição.
d) concessão.
e) consequência.

115. (Cesgranrio-RJ) Classifique a oração iniciada pela conjunção **que** no período abaixo.

"Era uma fada tão suave e pura que ao vê-la o coração me estremecia." (Francisco Otaviano)

a) oração subordinada adverbial temporal.
b) oração subordinada adverbial consecutiva.
c) oração coordenada sindética explicativa.
d) oração independente.
e) n.d.a.

116. (UPM-SP) Qual das orações subordinadas pode ser considerada adverbial causal?

a) Mesmo que parta antes, precisarei do resultado das provas.
b) Chegamos tão cedo, que o portão da faculdade ainda estava fechado.
c) Já que possuo pouco dinheiro tomarei apenas um lanche.
d) O público aplaudia euforicamente para que o circense bisasse o número.
e) Realizou os exercícios de acordo com as instruções do mestre.

117. (Efoa-MG) Assinale a alternativa cujo período tem uma oração subordinada adverbial consecutiva.

a) À medida que subimos, a ilha esplende, verde, aos nossos olhos.
b) Comer pombas é, como diria Saint-Exupéry, a verdade do gavião, mas matar um gavião no ar com um belo tiro pode ser a verdade do caçador.
c) Minha medíocre história anda escrita em tuas ruas e nenhuma entre as cidades é mais formosa do que tu, nem sabe mais coisas de mim.
d) O amor é como a lua, resiste a todos os sonetos e abençoa todos os pântanos.
e) Parece tão lenta a descida desses aviões, tão suaves as nuvens brancas espalhadas pelo céu de um azul estranhamente delicado que dá vontade de viajar para qualquer cidade.

118. (Unicamp-SP) O autor do texto abaixo conhece um tipo de raciocínio cuja estrutura lembra propriedades de um círculo vicioso e tenta reproduzi-lo. No entanto, não é bem-sucedido.

"[...] Gera-se, assim, o círculo vicioso do pessimismo. As coisas não andam porque ninguém confia no governo. E porque ninguém confia no governo as coisas não andam." (DIMENSTEIN, Gilberto. *Folha de S.Paulo.*)

a) Reescreva o trecho de maneira que ele passe a ter a estrutura de um verdadeiro círculo vicioso.
b) Comparando o que você fez e o que fez o autor, explique em que ele se equivocou.

119. (Unifor-CE) Escolha nas alternativas a análise **correta** das orações destacadas no período abaixo.

"**Enquanto vagas assim à distância do vento**, airoso barco, volta às brancas areias a saudade **que te acompanha**." (José de Alencar)

a) oração principal e oração subordinada adjetiva.
b) oração subordinada adverbial temporal e oração subordinada substantiva objetiva direta.
c) oração subordinada adverbial proporcional e oração subordinada substantiva adjetiva.
d) oração subordinada adverbial temporal e oração subordinada adjetiva.
e) n.d.a.

120. (Fesp-SP) "[...] **Quando vinha para casa de táxi**, encontrei **um amigo** e o trouxe até Copacabana..." Na frase, os termos destacados exercem, respectivamente, as funções sintáticas de:

a) oração subordinada adverbial temporal e objeto direto.
b) oração subordinada adverbial final e objeto direto.
c) oração subordinada substantiva subjetiva e objeto direto.
d) oração subordinada adjetiva e adjunto adnominal.
e) oração subordinada adverbial final e adjunto adnominal.

121. (Fuvest-SP) No período "**Ainda que fosse bom jogador**, não ganharia a partida", a oração destacada encerra ideia de:

a) causa.
b) concessão.
c) fim.
d) condição.
e) proporção.

122. (UPM-SP) "A reação do adversário foi tamanha **que assustou o campeão**." A oração em destaque é:

a) subordinada adverbial causal.

b) coordenada sindética explicativa.

c) subordinada adverbial consecutiva.

d) subordinada adverbial concessiva.

e) subordinada adjetiva explicativa.

123. (UPM-SP) "[...] e eu ficava só, sem o perdão de sua presença a todas as aflições do dia, **como a última luz na varanda**."

A oração em destaque no período acima classifica-se como:

a) subordinada substantiva objetiva direta.

b) subordinada adverbial causal.

c) subordinada adverbial comparativa.

d) subordinada adverbial conformativa.

e) coordenada sindética explicativa.

124. (FMPA-MG) Nos períodos abaixo aparece, entre as orações, uma relação de concessão. Assinale a letra correspondente ao período em que a relação é outra.

a) Embora estivesse doente, fiz tudo o que me era possível.

b) Fiz tudo o que me era possível, apesar de estar doente.

c) Mesmo estando doente, fiz tudo o que me era possível.

d) Fiz tudo o que me era possível, conquanto estivesse doente.

e) Fiz tudo o que me era possível, mas estava doente.

125. (Fuvest-SP)

Ele se aproximou e com voz cantante de nordestino que a emocionou, perguntou-lhe:

— E se me desculpe, senhorinha, posso convidar a passear?

— Sim, respondeu atabalhoadamente com pressa antes que ele mudasse de ideia.

— E, se me permite, qual é mesmo a sua graça?

— Macabéa.

— Maca – o quê?

— Bea, foi ela obrigada a completar.

— Me desculpe mas até parece doença, doença de pele.

— Eu também acho esquisito mas minha mãe botou ele por promessa a Nossa Senhora da Boa Morte se eu vingasse, até um ano de idade eu não era chamada porque não tinha nome, eu preferia continuar a nunca ser chamada em vez de ter um nome que ninguém tem mas parece que deu certo – parou um instante retomando o fôlego perdido e acrescentou desanimada e com pudor – pois como o senhor vê eu vinguei... pois é...

— Também no sertão da Paraíba promessa é questão de grande dívida de honra.

Eles não sabiam como se passeia. Andaram sob a chuva grossa e pararam diante da vitrine de uma loja de ferragem onde estavam expostos atrás do vidro canos, latas, parafusos grandes e pregos. E Macabéa, com medo de que o silêncio já significasse uma ruptura, disse ao recém-namorado:

— Eu gosto tanto de parafuso e prego, e o senhor?

Da segunda vez em que se encontraram caía uma chuva fininha que ensopava os ossos. Sem nem ao menos se darem as mãos caminhavam na chuva que na cara de Macabéa parecia lágrimas escorrendo.

LISPECTOR, Clarice. *A hora da estrela.*

No trecho "Sem nem ao menos **se darem as mãos** caminhavam na chuva", o segmento destacado pode ser corretamente substituído por: "Sem que nem ao menos se

a) deem as mãos".

b) davam as mãos".

c) deram as mãos".

d) dessem as mãos".

e) dariam as mãos".

126. (Fuvest-SP) Dê o valor (explicação, consequência ou causa) da sequência destacada em relação à sua antecedente: "Eu o exasperava tanto **que se tornara doloroso para mim ser o objeto do ódio daquele homem**".

127. (FFALM-PR) No período "Embora lhe desaprovassem a forma, justificavam-lhe a essência", podemos afirmar que ocorre uma oração:

a) coordenada explicativa.

b) coordenada adversativa.

c) subordinada adverbial conformativa.

d) subordinada adverbial concessiva.

e) subordinada integrante.

128. (UFMG) Sem alterar o sentido do período, reescreva-o, eliminando as palavras destacadas e fazendo as adaptações necessárias.

"O **que** é indispensável é **que** se conheça o princípio **que** se adotou para **que** se avaliasse a experiência **que** se realizou ontem, a fim de **que** se compreenda a atitude **que** tomou o grupo **que** foi encarregado do trabalho."

129. (PUC-SP) Construa um só período com as orações a seguir, segundo as instruções entre parênteses. Coloque as orações dentro do período, na ordem que lhe parecer mais elegante e aceita na língua. Evite repetições desnecessárias e a utilização de palavras dispensáveis.

1. O Simbolismo se opõe tanto ao Realismo quanto ao Parnasianismo. (oração principal)

2. O Simbolismo acentua sob alguns aspectos o requinte da arte pela arte. (oração subordinada concessiva da oração principal)

3. O Simbolismo situa-se muito próximo das orientações românticas. (oração subordinada causal reduzida de gerúndio da oração principal)

4. O Simbolismo é, em parte, uma revivescência das orientações românticas. (oração subordinada adjetiva explicativa da oração 3)

CANDIDO, Antonio; CASTELLO, José Aderaldo.
Presença da literatura brasileira: do Romantismo ao Simbolismo.
6. ed. São Paulo: Difel, 1976. (Adaptado.)

Na avaliação será levada em conta a correção gramatical, isto é, a sua capacidade:

a) de encaixar as orações da forma como foi indicado.

b) de construir um período estilisticamente elegante, sem redundância e bem-aceito na língua.

CAPÍTULO 17 – Concordância verbal

1. (EsPCEx-SP) Assinale a alternativa correta quanto ao emprego do verbo haver.
   a) Eu não sei, doutor, mas devem haver leis.
   b) Também a mim me hão ferido.
   c) Haviam tantas folhas pelas calçadas.
   d) Faziam oito dias que não via Guma.
   e) Não haverão umas sem as outras.

2. (Ceeteps-SP) A concordância verbal está de acordo com a norma-padrão da língua portuguesa em:
   a) O peão e o agricultor, por motivo de força maior, plantará o milho aqui.
   b) Falta setenta dias para começar a colheita do café nas encostas.
   c) O engenheiro ou arquiteto visitará o loteamento amanhã.
   d) São uma hora e quarenta e nove minutos precisamente.
   e) Vende-se terras extensas naquelas regiões longínquas.

3. (IFCE) Em relação à norma culta da língua portuguesa, a concordância verbal está incorreta em:
   a) Fui eu que pagou a conta.
   b) A maioria dos congressistas aprovaram o projeto.
   c) Alagoas impressiona pela beleza de suas praias.
   d) Tu e teus primos conduzireis a cerimônia.
   e) Havia muitas garotas na festa.

4. (FGV-SP) Leia a charge.

PANCHO. *Gazeta do Povo*, 3 set. 2015.

Na fala da personagem, a concordância verbal está em desacordo com a norma-padrão da língua portuguesa.
   a) Explique por que a concordância na frase está em desacordo com a norma-padrão, esclarecendo o que pode levar os falantes a adotá-la.
   b) Escreva duas versões da frase da charge: na primeira, substitua a expressão "a gente" por "Nosso clube é um dos que"; na segunda, substitua o verbo "ter" pela locução "deve haver" e passe para o plural a expressão "uma proposta irrecusável".

5. (EsPCEx-SP) Assinale a alternativa que apresenta uma oração correta quanto à concordância.
   a) Sobre os palestrantes tem chovido elogios.
   b) Só um ou outro menino usavam sapatos.
   c) Mais de um ator criticaram o espetáculo.
   d) Vossa Excelência agistes com moderação.
   e) Mais de um deles se entreolharam com espanto.

6. (IFCE) Observe as frases abaixo e aponte a alternativa que preenche, respectiva e corretamente, as lacunas.
   I. Vossa Senhoria _____ melhor agora?
   II. Qual de nós _____ a louça hoje?
   III. Ana ou Sofia _____ o carro durante a viagem.
   IV. Praia ou serra me _____.
   V. Nem um nem outro entrevistado _____ condições de passar no teste.
   a) estais – lavará – dirigirão – agradam – tiveram
   b) está – lavará – dirigirá – agradam – teve
   c) estais – lavaremos – dirigirá – agradam – tiveram
   d) está – lavaremos – dirigirão – agrada – teve
   e) estais – lavaremos – dirigirá – agrada – teve

7. (Acafe-SC) Complete as lacunas das frases a seguir.
   1. O empresário desistiu da compra depois de ter sido informado de que naquele terreno já _____ várias invasões.
   2. Com o forte vento da noite passada, _____ algumas frutas maduras.
   3. Não _____ projetos prontos, apenas esboços mal acabados de desejos sem planejamento.
   4. Em geral, _____ muitos problemas com um simples sorriso.
   5. Na passeata dos trabalhadores, _____ protestos contra a corrupção.
   6. É necessário um esforço de todos para que sempre se _____ continuamente as melhorias, acima de tudo pensando no desenvolvimento sustentável.

   Considerando a concordância verbal, a alternativa correta é:
   a) aconteceram – caiu – existem – resolve-se – deverão haver.
   b) aconteceu – caíram – existem – resolve-se – deverá haver.
   c) aconteceram – caíram – existem – resolvem-se – deverá haver – busquem.
   d) aconteceram – caíram – existe – resolve-se – deverá haver.

Texto para a próxima questão.

As transformações que _____ ocorrido na sociedade contemporânea, em especial a partir dos anos 70, _____ propiciando mudanças nas relações científicas estabelecidas com o ambiente internacional. Um evento norteador das transformações societais e decisivo para essas mudanças foi a globalização, que _____ fortes evidências do entrosamento entre ciência e sociedade e _____ a dinâmica de produção do conhecimento, com efeitos no ensino superior sobretudo, realçando a importância da internacionalização nas funções de transmitir e produzir conhecimento.

Universidade, ciência, inovação e sociedade.
36º Encontro Anual da ANPOCS. (Texto adaptado.)

8. (PUC-RS) Assinale a alternativa que completa, correta e respectivamente, as lacunas do texto.
   a) tem – vem – trouxe – alterou
   b) têm – vêm – trouxe – alterou
   c) tem – veem – trouxe – alterou
   d) tem – veem – trouxeram – alteraram
   e) têm – vêm – trouxeram – alteraram

9. (Unifesp)

Folha de S.Paulo, 17 ago. 2013. (Adaptado.)

Mantida a norma-padrão da língua portuguesa, a frase que preenche corretamente o segundo balão é:
a) Todos os dragões o tem.
b) Todos os dragões têm isso.
c) Os dragões todos lhe tem.
d) Sempre se encontra dragões com isso.
e) Sofre disso todos os dragões.

10. (IFSP) A questão a seguir deve ser respondida de acordo com a gramática normativa. Assinale a alternativa correta quanto à concordância verbal.
a) Meus irmãos põe os óculos de grau toda vez que precisam dirigir o carro.
b) As óticas mantém uma variedade de modelos de óculos à disposição dos clientes.
c) Em breve, pode surgir novos equipamentos que se assemelhem ao Google Glass.
d) Alguns oftalmologistas alegam que nem sempre a cirurgia convêm aos pacientes.
e) Houve muitos voluntários interessados em testar os aplicativos do novo equipamento.

11. (EsPCEx-SP) Marque a única alternativa em que o emprego do verbo haver está correto.
a) Todas as gotas de água havia evaporado.
b) Elas se haverão comigo, se mandarem meu primo sair.
c) Não houveram quaisquer mudanças no regulamento.
d) Amanhã, vão haver aulas de informática durante todo o período de aula.
e) Houveram casos significativos de contaminação no hospital da cidade.

12. (IFCE) De acordo com a norma culta padrão de concordância verbal, está correta a frase da opção:
a) Deve existir outras formas de se conquistar um grande amor.
b) Aqui, precisam-se de vendedoras.
c) Vende-se casas de veraneio em Fortaleza.
d) Cada um de nós derramamos o café no vestido de Laura.
e) Os Estados Unidos ainda são uma nação poderosa.

13. (IFSP) Assinale a alternativa correta de acordo com a norma-padrão:
a) Fazem quinze dias que os camponeses não colhem nada.
b) Era esperada, na fazenda, vinte toneladas de grãos.
c) Houveram, no sítio, fortes chuvas que destruíram a plantação.
d) É necessário que todos, inclusive o agricultor, seja favorável à preservação.
e) Haviam feito os lavradores o plantio adequado das sementes.

14. (IFSC) Segundo a regra geral de concordância verbal, o verbo deve concordar em número e pessoa com seu sujeito. Verbos impessoais, como os que indicam fenômenos naturais e tempo decorrido, pela ausência do sujeito, são normalmente conjugados na terceira pessoa do singular. Com base nessas informações, assinale a alternativa na qual o verbo está conjugado CORRETAMENTE, segundo a norma-padrão.
a) Aconteceu alguns fatos curiosos em nossa última viagem.
b) Se houvessem meios de ajudá-lo, eu certamente o faria.
c) A inércia dos governantes trazem graves males à educação.
d) Quantos anos fazem que dona Eudóxia morreu?
e) Não poderia haver dúvidas quanto a sua inocência.

Texto para as questões 15 a 17.

"Não existe liberdade sem independência financeira. Ter um currículo turbinado ou uma rede de relacionamentos em dia pode perder o valor se você não tiver também uma reserva financeira para sobreviver num momento de transição de emprego."

Você S/A, set. 2005.

15. (FGV-SP) Reescreva a primeira oração do texto, substituindo **liberdade** por **perspectivas de futuro** e o verbo **existir** pela locução **poder haver**.

16. (FGV-SP) Reescreva o trecho "se você não tiver também uma reserva financeira para sobreviver", substituindo
a) o conectivo **se** por:
a.1. **caso**;
a.2. **a menos que**.

17. (FGV-SP) Reescreva o trecho "se você não tiver também uma reserva financeira para sobreviver", substituindo o verbo **ter** pelo verbo **dispor**.

18. (FGV-SP) Assinale a alternativa em que o uso dos verbos **fazer**, **haver** e **ser** está de acordo com a norma culta.

a) Ele não se olhava no espelho **haviam** três dias. A esposa se queixava muito daquela situação.

b) **Faziam** dias alegres naquele verão. Muito calor e muita mulher bonita.

c) Não **houveram** mais casos de dengue nas redondezas, desde a intervenção do médico.

d) Meu maior incômodo **são** as aves noturnas que vêm **fazer** ninho no forro da casa.

e) Agora **são** meio-dia. As pessoas que **fazem** a sesta se dirigem a casa.

19. (Ibmec) Uma das novidades do poema de Drummond é o uso do verbo ter com valor impessoal, em vez de haver. Em que alternativa o verbo ter está empregado em **sentido diferente** do que foi explorado no poema?

No meio do caminho tinha uma pedra
tinha uma pedra no meio do caminho

a) Ela tem os olhos vermelhos de chorar.

b) Não tem água na bica.

c) Teve muitos acidentes no fim de semana, na Via Dutra.

d) Tem lá uma coisa que chamam academias.

e) Tinha muita gente lá ontem.

20. (FGV-SP) Observe as seguintes frases:

1. Por que **rio** se vai a Canudos?
2. Precisa-se de **bom profissional**.
3. Calcule-se **o gasto** da viagem.
4. Elogie-se **o resultado** do seu esforço.
5. Ratificou-se **a decisão** dos associados.

Passando para o plural os elementos destacados, o verbo irá também para o plural nos itens:

a) 1, 2 e 4.   c) 1, 4 e 5.   e) 2, 4 e 5.

b) 3, 4 e 5.   d) 2, 3 e 4.

21. (PUC-SP) A sintaxe de concordância é determinada por regras presentes na Gramática Normativa da Língua Portuguesa. Uma delas refere-se ao sujeito constituído por palavras que têm forma plural precedidas ou não de artigo. Identifique o caso em que o sujeito é um plural aparente:

a) "Comparados os países com veículos, veremos que os Estados Unidos são uma locomotiva elétrica; a Argentina um automóvel; o México uma carroça; e o Brasil um carro de boi."

b) "A colossal produção agrícola e industrial dos americanos voa para os mercados com a velocidade média de 100 km por hora."

c) "Os trigos e carnes argentinas afluem para os portos em autos e locomotivas que uns 50 km por hora, na certa, desenvolvem."

d) "As fibras do México saem por carroças e, se um general revolucionário não as pilha em caminho, chegam a salvo com relativa presteza."

e) "E lá seguem bois, homens, o diabo para desatolar o carro."

22. (UFPE) Em português, há casos em que as normas gramaticais permitem flexibilidade no que se refere à concordância verbal. Indique qual dos enunciados permite flexibilidade quanto ao uso singular ou plural da forma verbal.

a) A maior parte das notícias são veiculadas de maneira responsável e inteligente.

b) Cada uma das notícias divulgadas precisam ser profundamente investigadas.

c) Na imprensa nacional e internacional, devem haver informações manipuladas e falseadas.

d) Nenhuma das agências publicitárias estão isentas da responsabilidade social e ética.

e) O resultado das últimas pesquisas mostraram que o jornalismo é bastante respeitado pela sociedade.

23. (FGV-SP) Caetano Veloso acaba de gravar uma canção, do filme *Lisbela e o prisioneiro*. Trata-se de "Você não me ensinou a te esquecer". A propósito do título da canção, pode-se dizer que:

a) A regra da uniformidade do tratamento é respeitada, e o estilo da frase revela a linguagem regional do autor.

b) O desrespeito à norma sempre revela falta de conhecimento do idioma; nesse caso não é diferente.

c) O correto seria dizer **Você não me ensinou a lhe esquecer**.

d) Não deveria ocorrer a preposição **a** nessa frase, já que o verbo **ensinar** é transitivo direto.

e) Desrespeita-se a regra da uniformidade de tratamento. Com isso, o estilo da frase acaba por aproximar-se do da fala.

24. (UFPE) Quanto à concordância, podemos afirmar que estão corretos quais dos seguintes enunciados:

a) Quem de vocês discordaria de que a palavra é um elemento reacionário?

b) O resultado das últimas pesquisas de opinião apontam para a vitória do candidato que melhor manejar a palavra.

c) O poder das palavras, já comprovado desde os tempos remotos das antigas civilizações, ainda intriga os estudiosos modernos.

d) Ficaram evidenciadas, a partir de inúmeras provas incontestáveis, a magia que reveste as palavras.

e) A maior parte das pessoas, ainda que não tenha consciência disso, deixa-se seduzir pela palavra.

25. (Uerj) Do que eu poderia dizer, resta sempre um *déficit* de oitenta por cento. E os vinte por cento que consigo falar não correspondem senão ao que eu não gostaria de ter dito – o que me deixa um saldo mortal de angústia.

No trecho acima há dois verbos cujos sujeitos exprimem quantidade. Transcreva esses verbos e, com base nas regras de concordância gramatical, indique por que um está no singular e o outro no plural.

26. (Fuvest-SP) Responda ao que se pede. Noticiando o lançamento de um dicionário de filmes brasileiros, um jornal fez o seguinte comentário a propósito do filme *Aluga-se moças*, de 1981: "O título traz um dos maiores erros ortográficos já vistos no cinema brasileiro. O título correto do longa seria *Alugam-se moças*". O comentário e a correção feitos pelo jornal são justificáveis do ponto de vista gramatical? Por quê?

27. (UPM-SP)

Digitações

A poética é uma máquina
Há um código central
Em que se digita ANULA
É a máquina do nada
Que anda ao contrário
Da sua meta
A repetição é a morte
Noutro código lateral
Digita-se ENTRA
E os cupins invadem o quarto

Sebastião Uchoa Leite

No segmento "Há um código central / Em que se digita ANULA", a concordância verbal está de acordo com a norma culta, assim como em:

a) Devem haver códigos / Em que se digitam teclas.
b) Deve haver código / Em que se digita teclas.
c) Existem códigos / Em que se digita teclas.
d) Deve existir códigos / Em que se digitam teclas.
e) Há códigos / Em que se digitam teclas.

28. (FGV-SP)

Gotas inúmeras se espargiam nas mãos e no rosto do carroceiro agachado junto do poço. Bênção, água benta, ou coisa parecida: uma impressão de doloroso triunfo, de sofredora vitória sobre a desgraça inexplicável, injustificável, na carícia dos pingos de água, que não enxugava e lhe secavam lentamente na pele. Impressão, aliás, algo confusa, sem requintes psicológicos e sem literatura.

ALPHONSUS, João. Galinha cega. In: MORICONI, Italo.
Os cem melhores contos brasileiros do século. São Paulo: Objetiva, 2000.

Por que **enxugava** está no singular e **secavam** está no plural?

29. (Unifesp) Assinale a frase correta quanto à concordância.

a) Existem possibilidades de o médico não fazer o tratamento adequado, caso não tenha informações adequadas.
b) É possível que os médicos não façam o tratamento adequado, caso não tenha a informação adequada.
c) Sem que hajam informações adequadas, o médico pode não fazer o tratamento correto.
d) Como não têm as informações adequadas, existe a possibilidade de o médico não fazer o tratamento correto.
e) Vislumbra-se possibilidades de os médicos não fazer o tratamento adequado, se não tiver as informações adequadas.

30. (ESPM-SP) Assinale o item que contenha **transgressão** às regras de **concordância verbal** segundo as normas gramaticais:

a) Pesquisa feita por psicólogos mostra que 83% dos alunos de cursinho apresentam sintomas de estresse.
b) Das vestibulandas estudadas, 90% tem estresse.
c) Mais de 1/3 dos eleitores admite mudar de candidato.
d) Ibope informa que 46% dos brasileiros só conseguem resolver problemas com apenas uma operação aritmética.
e) Ibope informa que 46% da população só consegue resolver problemas com apenas uma operação aritmética.

31. (Ibmec) Entre as frases abaixo, a única que está de acordo com a concordância estabelecida pela norma culta escrita é:

a) Volta mais vezes, você sempre será muitíssimo bem recebido.
b) Fala mais alto, não estamos lhe ouvindo.
c) Você fez tudo errado, foge daqui!!!
d) Ouça atentamente, minhas palavras servir-te-ão como bálsamo.
e) Fale pausadamente, quero absorver toda sua sabedoria.

32. (Unicamp-SP)

Sem comentários

Do delegado regional do Ministério da Educação no Rio, Antônio Carlos Reboredo, ao ler ontem um discurso de agradecimento ao seu chefe, o ministro Eraldo Tinoco: 'Os convênios assinados traduz (sic)* os esforços...'

Painel do leitor, *Folha de S.Paulo.*

* **sic**: palavra latina que significa "assim"; no caso é usada pelo jornal com o sentido de "exatamente desta forma".

O título da nota acima, "sem comentários", é, na verdade, um comentário que expressa o ponto de vista do jornal, motivado por um problema gramatical no discurso lido por A. C. Reboredo.

a) Que problema gramatical provocou o comentário do jornal?
b) Explicite o comentário que está sugerido, nesse caso específico, pela expressão "sem comentários".

33. (Unicamp-SP) Apesar de consideradas erradas, construções como "No segundo turno nós conversa", "A gente fomos", Subiu os preços" obedecem a regras de concordância sistemáticas, características principalmente de dialetos de pouco prestígio social. O trecho abaixo, extraído de um editorial de jornal (portanto, representativo da modalidade culta), contém uma construção que é de fato um erro de concordância.

Pode-se argumentar, é certo, que eram previsíveis os percalços que enfrentariam qualquer programa de estabilização [...] necessário no Brasil.

Folha de S.Paulo

a) Transcreva o trecho em que ocorre um **erro** de concordância
b) Lendo atentamente o texto, você descobrirá que existe uma explicação para esse erro. Qual é?
c) Reescreva o trecho de forma a adequá-lo à modalidade escrita culta.

34. (Fuvest-SP)

A Polícia Federal investiga os suspeitos de terem ajudado na fuga para o Paraguai e a Argentina. A polícia desses países não puderam prendê-los porque o governo brasileiro não fez o pedido formal de captura.

O Estado de S. Paulo. (Adaptado.)

a) No 2º período, há uma infração às normas de concordância. Reescreva-o de maneira **correta**.
b) Indique a causa provável dessa infração.

35. (FGV-SP) Com a migração dos investimentos surgem novos desafios, onde o tempo de retorno do capital investido tem que ser o menor possível. Explique por que a forma verbal **surgem** foi empregada no plural.

QUESTÕES DE VESTIBULARES E ENEM

36. (ESPM-SP) Em uma das opções abaixo, o verbo **haver** é impessoal e, por isso, **não** deveria estar no plural. Assinale-a:

a) Os sonegadores de imposto de renda se **haverão** com a Receita Federal.

b) No mês de abril, conhecido como "abril vermelho", **houveram** muitas invasões de terra empreendidas pelo MST, em todo o país.

c) Por **haverem** muitas propriedades rurais, vários deputados e senadores sempre se colocaram contra a reforma agrária.

d) Traficantes da Favela da Rocinha **haviam** ordenado o fechamento do comércio local, como represália à morte de um deles.

e) Times paulistas não se **houveram** bem nos jogos da última rodada.

37. (Ufac) As alternativas que se seguem contêm fragmentos de textos extraídos de jornais locais. Em uma delas, a concordância verbal não está condizente com os ensinamentos da gramática. Identifique-a.

a) "No momento do acidente, cerca de cem operários trabalhavam em obras perto do hangar."

b) "[...] um grupo de jovens matou a chutes o índio caingangue Leopoldo Crespo [...]"

c) "Mesmo com essa gripe forte, que derrubou muita gente, não se encontra vacinas na cidade."

d) "[...] quando um grupo formado por três ou quatro jovens o abordou a chutes."

e) "[...] foi surpreendido por três homens armados de revólveres."

38. (Unicamp-SP) No dia 19 de novembro passado, a *Folha de S.Paulo* publicou a seguinte nota na seção Painel:

Pane gramatical

Os computadores do TSE emitiam o aviso, ontem, no intervalo dos boletins: "Dentro de instantes será divulgado novos (sic) resultados."

Nesse mesmo dia e no mesmo jornal, lê-se o seguinte: "É exatamente essa grande maioria que chamamos, abstratamente, de povo. São os cidadãos humildes, que vivem de pequenos serviços na periferia das grandes cidades [...] São para esses cidadãos anônimos, que ganharam personalidade dia 15 de novembro, que o novo governo deverá estar voltado".

COCHRANE JÚNIOR, Leo Wallace. *O recado do povo.*

a) Que trecho do segundo exemplo poderia também ser considerado um caso de "pane gramatical"?

b) Reescreva **corretamente** os dois trechos problemáticos.

39. (UFJF-MG) "Minhas mãos, escolhendo um livro que quero levar para a cama ou para a mesa de leitura, para o trem ou para dar de presente, examinam a forma [...]" A forma verbal "examinam" está subordinada a "minhas mãos" por um princípio de:

a) regência verbal.

b) concordância nominal.

c) concordância em número e gênero.

d) colocação pronominal.

e) concordância em número e pessoa.

Texto para a próxima questão.

Gols de cocuruto

O melhor momento do futebol para um tático é o minuto de silêncio. É quando os times ficam perfilados, cada jogador com as mãos nas costas e mais ou menos no lugar que lhes foi designado no esquema – e parados. Então o tático pode olhar o campo como se fosse um quadro-negro e pensar no futebol como alguma coisa lógica e diagramável. Mas aí começa o jogo e tudo desanda. Os jogadores se movimentam e o futebol passa a ser regido pelo imponderável, esse inimigo mortal de qualquer estrategista. O futebol brasileiro já teve grandes estrategistas cruelmente traídos pela dinâmica do jogo. O Tim, por exemplo. Tático exemplar, planejava todo o jogo numa mesa de botão. Da entrada em campo até a troca de camisetas, incluindo o minuto de silêncio. Foi um técnico de sucesso mas nunca conseguiu uma reputação no campo à altura da sua reputação de vestiário. Falava um jogo e o time jogava outro. O problema do Tim, diziam todos, era que seus botões eram mais inteligentes do que seus jogadores.

VERISSIMO, Luis Fernando. *O Estado de S. Paulo.*

40. (Fuvest-SP) Em "[...] cada jogador com as mãos nas costas e mais ou menos no lugar que lhes foi designado no esquema – e parados", o autor usa o plural em **lhes** e **parados** porque:

a) ambas as palavras referem-se a **lugar**, que está aí por **lugares** (um para cada um).

b) associou **lhes** a **mãos** e **parados** a **times**.

c) antecipou a concordância com **os jogadores se movimentam**.

d) estabeleceu relação de concordância entre **lhes** e **mãos** e entre **parados** e **jogadores**.

e) fez **lhes** concordar com o plural implícito em **cada jogador** (considerados todos um a um) e **parados**, com **os times**.

41. (PUC-PR) Observe as frases incompletas que seguem:

I. A maioria dos alunos que _____ bolsa _____ entre 18 e 20 anos. (conseguiram / têm)

II. A maioria dos alunos que _____ bolsa _____ entre 18 e 20 anos. (conseguiu / tem)

III. A maioria dos alunos que _____ bolsa _____ entre 18 e 20 anos. (conseguiu / têm)

Se preenchermos os espaços com as duas formas verbais colocadas entre parênteses, fica gramaticalmente correta, ou ficam gramaticalmente corretas:

a) somente I.

b) somente II.

c) somente III.

d) I e III.

e) II e III.

42. (Cesgranrio-RJ) Assinale a opção em que a lacuna pode ser preenchida por qualquer das duas formas verbais indicadas entre parênteses.

a) Um de seus sonhos ... morrer na terra natal. (era / eram)

b) Aqui não ... os sítios onde eu brincava. (existe / existem)

c) Uma porção de sabiás ... na laranjeira. (cantava / cantavam)

d) Não ... em minha terra belezas naturais. (falta / faltam)

e) Sou eu que ... morrer ouvindo o canto do sabiá. (quer / quero)

43. (Ufac) Reescreva as frases abaixo, substituindo os termos destacados conforme se pede, atentando-se para o que prescreve a norma culta da língua.

a) És **tu** que deves pensar e querer por mim.
   Substitua **tu** por **vós**.

b) **Luís** e **Cláudio** vão pescar no lago.
   Substitua **Luís** e **Cláudio** por **tu** e **ele**.

c) Já deve fazer **um mês** que ela partiu.
   Substitua **um mês** por **dois meses**.

44. (UFS/PSS-SE) Identifique a alternativa que completa corretamente a frase.

Ele confirmou que nos ouvirá com prazer, mesmo que ... problemas que ... considerados ... .

a) surja – sejam – incontornáveis
b) surjam – sejam – incontornáveis
c) surja – seja – incontornável
d) surja – sejam – incontornável
e) surjam – sejam – incontornável

45. (Cesgranrio-RJ) Assinale a opção em que a concordância verbal contraria a norma culta da língua.

a) Não se assistia a tais espetáculos por aqui.
b) Podem-se respeitar essas convenções.
c) Pode-se perdoar aos exilados.
d) Há de se fazer muitas alterações.
e) Não se trata de problemas graves.

46. (Fuvest-SP) Das frases adiante, a única inteiramente **de acordo** com as normas gramaticais é:

a) Os votos e as sentenças do ministro, por mais que se os vejam de prismas diversos, atestam cultura jurídica indiscutível.
b) Soltam rojões contra o gabinete do ministro e depois se cotizam para pagar os vidros que a explosão dos rojões quebraram.
c) O ministro diz que lhe dói os ouvidos quanto escuta uma nota desafinada.
d) Deve haver uma lei geral e devem haver leis especiais.
e) Nós é que, senhor Presidente, não podemos concordar com tal ilegalidade.

47. (Unibero-SP) Em todas as alternativas, **exceto** em uma, o verbo pode ir para o plural ou ficar no singular:

a) Mais de uma pessoa (atingir) a meta.
b) Um bando de andorinhas (pousar) no varal.
c) Pequena parte dos cantores (dar) um agudo.
d) Um grande número de maritacas (grasnar).

48. (ESPM-SP) Assinale a alternativa que contenha **erro** de concordância.

a) Os resultados pareciam depender da vontade do diretor.
b) A medicina tem avançado pouco, hajam vistas as pesquisas sobre a Aids.
c) Os diagnósticos parecia dependerem do resultado dos exames de laboratório.
d) O poder da propaganda é discutível, haja vista a acentuada queda de consumo.
e) Se houvesse melhores condições de ensino, existiriam melhores resultados.

49. (PUC-MG) Todas as alternativas apresentam concordância correta, de acordo com a norma-padrão, **exceto**:

a) "Formulaste depois o raciocínio: houve roubo."
   Formulaste depois o raciocínio: houveram roubos.

b) "A partir de 6 de outubro do ano cadente, sumiu-me uma besta."
   A partir de 6 de outubro do ano cadente, sumiram-se duas bestas.

c) "[...] entretanto, essas criações voltam a existir porque soubeste descrevê-las."
   [...] entretanto, essa criação volta a existir porque soubeste descrevê-la.

d) "Não há, sobretudo, esse amor à tarefa bem-feita [...]"
   Não há, sobretudo, esses amores à tarefa bem-feita [...]

e) "Não há, sobretudo, esse amor à tarefa bem-feita, que se pode manifestar até mesmo num anúncio de besta sumida."
   Não há, sobretudo, esses amores à tarefa bem-feita, que se podem manifestar até mesmo num anúncio de besta sumida.

50. (FEI-SP) Assinale a alternativa que apresenta concordância verbal **incorreta**.

a) Crianças, jovens, adultos, ninguém ficou imune a seus encantos.
b) Mais de mil pessoas compareceram ao comício.
c) Não só a educação mas também a saúde precisa de muita atenção do governo.
d) Bastam dois toques para sabermos que você chegou.
e) Boa parte das pessoas está preocupada com o futuro.

51. (PUCC-SP) A única frase em que há **erro** de concordância verbal é:

a) Na comemoração certamente havia muitas pessoas que não trabalharam no projeto.
b) Se todos houvessem seguido as normas, não teria havido centenas de reclamações.
c) O descuido é tal que, naquela imensa área, já não existem várias espécies de vegetais típicos da região.
d) Eles têm trazido muitas informações sobre os cuidados no cultivo de orquídeas.
e) Se surgir mais fatos duvidosos, não haverão mais dúvidas sobre o comportamento desleal de alguém da equipe.

52. (PUC-SP) Assinale a alternativa correspondente à frase em que a concordância verbal esteja **correta**.

a) Discutiu-se a semana toda os acordos que têm de ser assinados nos próximos dias.
b) Poderá haver novas reuniões, mas eles discutem agora sobre que produtos recairão, a partir de janeiro, a taxa de exportação.
c) Entre os dois diretores deveria existir sérias divergências, pois a maior parte dos funcionários nunca os tinha visto juntos.
d) Faltava ainda dez votos, e já se comemoravam os resultados.
e) Eles hão de decidir ainda hoje, pois faz mais de dez horas que estão reunidos naquela sala.

53. (Fatec-SP) Assinale a alternativa **correta** quanto à concordância verbal.

a) Devem haver outras razões para ele ter desistido.

b) Foi então que começou a chegar um pessoal estranho.

c) Queria voltar a estudar, mas faltava-lhe recursos.

d) Não se admitirá exceções.

e) Basta-lhe dois ou três dias para resolver isso.

54. (Fatec-SP) Assinale a alternativa **incorreta**.

a) Em "**Fazia** um pouco mais que manhã", o verbo **fazer** é impessoal e **não** equivale, gramaticalmente, ao verbo **haver** em "Havia-se passado uma semana desde então".

b) O significado de **fazer** corresponde, em "**Fazia** um pouco mais que manhã", ao significado de **ser** ou **estar** em "**Era** pouco mais de meio-dia" ou "**Estava** uma tarde ensolarada".

c) É correto dizer "**Haviam-se formado** dois grupos contrários", assim como "**Devem haver** dois grupos contrários em formação".

d) São igualmente corretas as formas "**Fazia** anos que ela esperava" e "**Eram** anos de espera".

e) Estão corretas as formas verbais em "Até **há** bem pouco tempo, **existiam** senadores com cara de vitória-régia".

55. (Fuvest-SP) Reescreva as frases abaixo, substituindo **existir** por **haver** e vice-versa.

a) **Existiam** jardins e manhãs naquele tempo: **havia** paz em toda a parte.

b) Se **existissem** mais homens honestos, não **haveria** tantas brigas por justiça.

56. (Fesp-SP) Assinale o item **correto** quanto à concordância verbal.

a) Fazem quatro anos que não viajo.

b) Batem quatro horas o relógio da matriz.

c) Existem fatos que ainda não foram revelados.

d) Sobra-lhe motivos para poder considerar-se uma pessoa feliz.

e) Partirá amanhã tu, Ramiro e as crianças.

57. (FCC) Assinale a alternativa que completa **corretamente** o período: "... de exigências! Ou será que não ... os sacrifícios que ... por sua causa?"

a) Chega – bastam – foram feitos

b) Chega – bastam – foi feito

c) Chegam – basta – foi feito

d) Chegam – basta – foram feitos

e) Chegam – bastam – foi feito

58. (FMU-SP) Assinale a alternativa que apresenta a mesma estrutura que:

A causa eram provavelmente os seus poucos projetos eclesiásticos.

(Machado de Assis)

a) *Os lusíadas* são o poema onde mais aparece a heroicidade do povo português.

b) Tito eram as delícias de Roma.

c) Mais de um de nós outros poderíamos dizer com sinceridade tal coisa.

d) O que nos falta é exemplos de bons costumes.

e) O ordenado eram dez mil-réis.

59. (PUCC-SP) "O trabalho da Funai desenvolve-se em nove frentes, que **permitiram**, até agora, a aproximação com cinco novos grupos indígenas." A concordância do verbo com o sujeito na frase acima justifica-se pela mesma razão que determina a concordância verbal em:

a) A área que concentra o maior número de tribos isoladas é o Vale do Javari, na fronteira entre o Amazonas e o Peru.

b) Espero que considerem o problema da demarcação das terras indígenas com a devida severidade.

c) Discutem-se diariamente questões acerca da posse da terra.

d) Fala-se muito sobre os conflitos entre fazendeiros e índios.

e) Alguns fazendeiros chegaram ao local com um grupo de índios cintas-largas.

60. (UFPB) Em relação à concordância verbal, as lacunas dos textos

"Um ofício ou telegrama ... arrancar Batista à comissão política reservada." (Machado de Assis)

"Os ferreiros ... o sustentáculo da Nação." (Carlos Drummond de Andrade)

"... nove horas e os operários das fábricas chegavam para o almoço." (Aluísio Azevedo)

"Algum de vocês ... ir comigo à missa amanhã?" (Machado de Assis)

"Do cortiço, onde esta novidade causou sensação, ...-se nas janelas do sobrado, surgir de vez em quando Leonor ou Isaura, a sacudirem tapetes e capachos." (Aluísio Azevedo)

são preenchidas com as formas:

a) vieram – é – dava – querem – viam.

b) veio – é – davam – quer – viam.

c) veio – são – dava – querem – viam.

d) veio – são – davam – quer – via.

e) vieram – são – davam – quer – via.

61. (Fecap-SP) A concordância verbal **incorreta** é:

a) *Os lusíadas* imortalizaram Camões.

b) Quais de vós ireis à escola?

c) Outrora poderia existir opiniões diferentes sobre o assunto.

d) Quem de nós pagará as despesas?

62. (Fuvest-SP) Qual a frase com **erro** de concordância?

a) Para o grego antigo a origem de tudo se deu com o caos.

b) Do caos, massa informe, nasceu a terra, ordenadora e mãe de todos os seres.

c) Com a terra tem-se assim o chão, a firmeza de que o homem precisava para o seu equilíbrio.

d) Ela mesma cria um ser semelhante que a protege: o céu.

e) Do céu estrelado, em amplexo com a terra, é que nascerá todos os seres.

63. (Acafe-SC) "Não ... meios de saber que já ... vinte anos que não se ... mais galochas."

a) haviam, faz, usam

b) havia, faz, usam

c) havia, fazem, usa

d) haviam, fazem, usam

e) haviam, fazem, usa

64. (UFV-MG) Assinale a alternativa, abaixo, cuja sequência enumera **corretamente** as frases.

(1) Concordância verbal **correta**

(2) Concordância verbal **incorreta**

( ) Ireis de carro tu, vossos primos e eu.

( ) O pai ou o filho assumirá a direção do colégio.

( ) Mais de um dos candidatos se insultaram.

( ) Os meninos parece gostarem dos brinquedos.

( ) Faz dez anos que ocorreram todos esses fatos.

a) 1, 2, 2, 2, 1

b) 2, 2, 2, 1, 2

c) 2, 1, 1, 1, 1

d) 1, 2, 1, 1, 2

e) 2, 1, 1, 1, 2

65. (UFF-RJ) Quanto à concordância verbal, é **inaceitável**, segundo a norma culta contemporânea, a seguinte frase:

a) Não só o encontro de duas expansões, mas também a expansão de duas formas podem resultar na supressão de uma delas.

b) A guerra é um dos eventos que mais caracterizam a história das civilizações.

c) Havia apenas um campo de batatas para as duas tribos, mas outros poderiam haver na vertente posterior da montanha.

d) A vida ou a morte restará depois da batalha.

e) Cabe às tribos, pela força, definir quem tem direito às batatas.

66. (Fatec-SP) Assinale a alternativa em que o período 2 não corresponde à **correta** pluralização do período 1.

a) 1. Mantenha-se calmo: não vai haver mais assalto.
2. Mantenham-se calmos: não vai haver mais assaltos.

b) 1. A notícia parece que correu muito rapidamente.
2. As notícias parece que correram muito rapidamente.

c) 1. Haja vista a ocorrência policial...
2. Haja vista as ocorrências policiais...

d) 1. É essa a objeção que se costuma fazer?
2. São essas as objeções que se costuma fazer?

e) 1. Haverá de existir solução menos traumática.
2. Haverão de existir soluções menos traumáticas.

67. (FEI-SP) Assinale a alternativa que apresenta lapso de concordância verbal.

a) Do alto, observavam-se as ruas e as casas; via-se também, nas praças, frondosas árvores.

b) Encontrar-nos-emos amanhã à noite.

c) Ouvia-se o farfalhar das folhas das palmeiras e o marulhar das ondas.

d) Para desenvolver este projeto, precisa-se de engenheiros capazes.

e) Reestabelecer-se-iam, de imediato, as ligações, se houvesse técnicos de plantão.

68. (FCMSC-SP) Suponho que ... meios para que se ... os cálculos de modo mais simples.

a) devem haver – realize

b) devem haver – realizem

c) deve haverem – realize

d) deve haver – realizem

e) deve haver – realize

69. (Fuvest-SP) "Disse o sabiá à flauta:

Eu, tu e o artista ... de modo diferente; mas o artista e tu ... de modo igual. Portanto, entre ... e ... há uma grande diferença."

Assinale a alternativa que completa **corretamente** as lacunas do hipotético texto acima.

a) cantam, cantais, mim, tu

b) cantemos, cantam, eu, ti

c) cantamos, cantas, eu, ti

d) cantamos, cantais, mim, ti

e) cantais, cantam, eu, você

70. (Furg-RS) A alternativa em que a concordância verbal está **correta** é:

a) No centro da cidade, viam-se os representantes dos professores grevistas.

b) Dá-se aulas gratuitamente.

c) Durante a passeata, atirou-se muitos objetos nos falsos grevistas.

d) Responderam-se a todas as cartas.

e) Nesta cidade, assistiram-se aos melhores espetáculos circenses.

71. (UFV-MG) Assinale a alternativa **correta**.

a) Sem educação não podem haver cidadãos conscientes.

b) Os prefeitos são de opinião que devem haver escolas em todos os bairros.

c) Se as coisas continuarem assim, têm de haver decepções.

d) Quantos há de haver que silenciam o coração.

e) Amanhã vão haver muitas surpresas.

72. (Furg-RS) A alternativa em que a concordância verbal está **correta** é:

a) Fazem anos que não estudo mais.

b) Deveriam haver mais pessoas trabalhando aqui.

c) É justo que hajam as mesmas oportunidades para todos.

d) Houve grandes comemorações na semana passada.

73. (FGV-SP) Aponte a frase gramaticalmente **correta**.

a) Existem uma serie de problemas insolúveis.

b) Existe uma série de problemas inssolúveis.

c) Existe uma serie de problemas insolúveis.

d) Existem uma série de problemas inssolúveis.

e) Existe uma série de problemas insolúveis.

74. (UPM-SP) Assinale a frase em que a concordância verbal não é aceita pelos padrões da norma culta.

a) Minha família e eu gostaríamos de que as lojas de São Paulo acabassem com as incertezas da economia.

b) Faltava apenas dois veículos para que a indústria automobilística aquecesse o mercado de vendas de carros modernos.

c) Um mês, um ano, uma década não é suficiente para estabilizar os problemas deste país.

d) Ocuparam-se, para surpresa das Forças Armadas, todas as instalações militares da capital.

e) Poderão existir combinações afinadíssimas entre imagens e sons nos arranjos desse compositor extraordinário.

CAPÍTULO 18 – Concordância nominal

1. (UFSM-RS)

SOUSA, Mauricio de. Disponível em: <http://alb.com.br/>. Acesso em: 4 jul. 2013.

A frase que poderia substituir corretamente a inscrição na placa, mantendo-se o sentido e a adequação à norma-padrão, é:

a) Postergada a caça!
b) Proibido a caça de árvores!
c) Não é permitida caça!
d) Caça promulgada!
e) É proibido caça!

2. (IFSP) Concordância é o mecanismo pelo qual as palavras alteram suas terminações para se adequarem harmonicamente na frase. Considerando o conceito de concordância e a norma-padrão da Língua Portuguesa, associe as colunas indicando a alternativa que ordena corretamente as frases e a avaliação dos eventos de concordância:

I. Haviam muitos problemas.
II. Existiam muitos problemas.
III. A garota e o menino simpáticas.
IV. A garota e o menino bonitos.

( ) a concordância verbal está correta.
( ) há um erro de concordância verbal.
( ) há um erro de concordância nominal.
( ) a concordância nominal está correta.

a) I, II, III, IV.
b) II, III, I, IV.
c) IV, III, II, I.
d) II, I, III, IV.
e) III, IV, I, II.

3. (IFSP) Concordância é o mecanismo pelo qual as palavras alteram suas terminações para se adequarem harmonicamente na frase. Considerando o conceito de concordância e a norma-padrão da Língua Portuguesa, associe as colunas indicando a alternativa que ordena corretamente as frases e a avaliação dos eventos de concordância:

I. Nós nos conhecíamos haviam anos.
II. Nós nos conhecíamos havia anos.
III. É proibido a entrada.
IV. É proibida a entrada.

( ) a concordância verbal está correta.
( ) há um erro de concordância verbal.
( ) há um erro de concordância nominal.
( ) a concordância nominal está correta.

a) II, I, III, IV.
b) I, II, III, IV.
c) II, III, I, IV.
d) IV, III, II, I.
e) III, IV, I, II.

4. (UFU-MG)

"Os brasileiros somos assim". Esta é, segundo João Candido Portinari, a mensagem da obra de seu pai, o pintor Candido Portinari, ao povo brasileiro. Segundo ele, o recado nunca chegou de fato ao destinatário planejado, já que 95% das obras do paulista estão em coleções privadas.

PONTES, Trajano. Portinari ganha portal reformulado na internet. *Folha de S.Paulo*, São Paulo, fev. 2013. Disponível em: <http://folha.com/no1233942>. Acesso em: 3 fev. 2015. (Fragmento.)

Em "Os brasileiros somos assim", a ocorrência de sujeito de terceira pessoa do plural e verbo na primeira pessoa do plural tem a finalidade de:

a) popularizar as obras do pintor paulista por meio de uma mensagem produzida em um registro mais informal.
b) aproximar o emissor da mensagem de um destinatário que utiliza uma variedade linguística socialmente estigmatizada.
c) expor a dificuldade de comunicação existente entre o emissor da mensagem e os colecionadores de suas obras.
d) incluir o emissor da mensagem entre os elementos do grupo retratado nas obras do pintor.

5. (ESPM-SP) Na frase: "Analfabetismo, saneamento básico e pobreza **combinados** explicam 62% da taxa de mortalidade das crianças com até cinco anos no Brasil" (*Estadão*), o termo em negrito:

a) transgride as normas de concordância nominal.
b) concorda em gênero e número com o elemento mais próximo.
c) faz uma concordância ideológica, num caso de silepse de número.
d) poderia ser substituído pelo termo **combinadas**.
e) concorda com todos os termos a que se refere, prevalecendo o masculino plural.

6. (UTFPR) Analise a frase:

Poderão concorrer às vagas reservadas a candidatos negros aqueles que se autodeclararem pretos ou pardos no ato da inscrição no concurso público, conforme o quesito cor ou raça utilizado pelo Instituto Brasileiro de Geografia e Estatística (IBGE).

Considerando o texto acima, assinale a alternativa correta quanto às regras gramaticais.

a) O verbo **poder** está no plural porque concorda com **aqueles**.
b) O verbo **concorrer** exige complemento e se este for feminino plural não deve vir com crase.
c) O termo **utilizado** refere-se à expressão "cor ou raça".
d) O adjetivo **reservadas** refere-se a **inscrição**.
e) A conjunção **conforme** pode ser substituída por "já que".

7. (CPACN-RJ) Em qual opção as normas de concordância verbal e nominal estão inteiramente respeitadas?

a) As atividades educacionais, muitas vezes criticadas por pais de alunos, tem sido alvo de análise para que se evite abusos.
b) É cada vez mais comum que alunos, cuja ascensão social depende de cursos feitos, sacrifique a vida pessoal.
c) Em certas situações, e uma reunião de pais é uma delas, é necessária paciência e perseverança.
d) O noticiário de jornais e revistas, especialmente os de educação, alertam para a precariedade dos cursos técnicos oferecidos.
e) Acredito que, quando se é consciente, luta-se pelo bem-estar dos cidadãos, mesmo que não haja bastantes recursos para isso.

8. (EsPCEx-SP) Assinale a alternativa em que a palavra **bastante(s)** está empregada corretamente, de acordo com a norma culta da língua.

a) Os rapazes eram bastantes fortes e carregaram a caixa.
b) Há provas bastante para condenar o réu.
c) Havia alunos bastantes para completar duas salas.
d) Temos tido bastante motivos para confiar no chefe.
e) Todos os professores estavam bastantes confiantes.

9. (Enem)

— Ora dizeis, não é verdade? Pois o Sr. Lúcio queria esse cravo, mas vós lho não podíeis dar, porque o velho militar não tirava os olhos de vós; ora, conversando com o Sr. Lúcio, acordastes ambos que ele iria esperar um instante no jardim...

MACEDO, J. M. *A moreninha*.
Disponível em: <www.dominiopublico.com.br>.
Acesso em: 17 abr. 2010. (Fragmento.)

O trecho faz parte do romance *A moreninha*, de Joaquim Manuel de Macedo. Nessa parte do romance, há um diálogo entre dois personagens. A fala transcrita revela um falante que utiliza uma linguagem:

a) informal, com estruturas e léxico coloquiais.
b) regional, com termos característicos de uma região.
c) técnica, com termos de áreas específicas.
d) culta, com domínio da norma-padrão.
e) lírica, com expressões e termos empregados em sentido figurado.

10. (Etec-SP) Assinale a alternativa em que a frase obedece às regras da norma-padrão.

a) Fazem vários anos que tentamos erradicar doenças, como o Amarelão, neste município.
b) Aqui em casa, todos mantêm práticas ecológicas como fechar a torneira enquanto escovam os dentes.
c) As aulas de reposição do curso de Meio Ambiente terminarão ao meio-dia e meio.
d) As pessoas continuam alheias aos problemas do planeta, por pior que sejam as perspectivas.
e) Quando discutimos o que é ser ecoprático, os alunos demonstraram interesse e curiosidade aguçadas.

11. (Cesgranrio-RJ) Segundo a norma culta, há **ERRO** de concordância na opção

a) A revista custa caro.
b) Os funcionários estão meio descrentes.
c) As equipes devem estar sempre alerta.
d) Às faturas estão anexo as listas de preço.
e) Todos chegaram ao continente salvo ele.

12. (UFMG) Leia estes cartazes:

Mostra *Menas: o certo do errado, o errado do certo*, realizada no Museu de Língua Portuguesa, em 2010, com o objetivo de valorizar a linguagem popular. Disponível em: <http://noticias.r7.com>. Acesso em: 20 jun. 2011.

a) Explique, do ponto de vista da gramática normativa, o problema que ocorre na frase apresentada em cada um desses cartazes.
b) Reescreva a frase apresentada em cada um desses cartazes, de modo a adequá-la às regras do português-padrão.

13. (EsPCEx-SP) Assinale a alternativa que completa corretamente as lacunas do período abaixo.

"Informaram aos candidatos que, _____, seguiam a comunicação oficial, o resultado e a indicação do local do exame médico, e que estariam inteiramente à _____ disposição para verificação."

a) anexo – vossa
b) anexos – sua
c) anexo – sua
d) anexas – vossa
e) anexos – vossa

14. (Ceeteps-SP) Alunos de uma Etec que participavam de uma Feira de Tecnologia foram à lanchonete do pavilhão de exposições para almoçar. Lá encontraram as seguintes informações no cardápio.

- Opções do dia
- Arroz
- Feijão com fatias de linguiça calabresa
- Abobrinhas e pimentões recheados
- Quibe de forno
- Batatas fritas que vem cobertas com pimenta e orégano
- Salada com tomates, pepinos picados e alfaces frescas
- Sucos variados
- ☺ Preparamos quentinhas para viagem.

Analisando o cardápio, esses alunos perceberam que havia uma incorreção gramatical, pois:

a) o adjetivo **calabresa** escreve-se com z: calabreza.
b) o adjetivo referente a abobrinhas e pimentões deve ser **recheadas**.
c) o substantivo **quibe** escreve-se com k: kibe.
d) a forma verbal **vem** recebe acento circunflexo já que indica o plural: vêm.
e) o substantivo **viagem** escreve-se com j: viajem.

15. (ESPP-SP) Assinale a alternativa que completa correta e respectivamente as lacunas:

I. Sairemos ao meio-dia e _____.
II. Segue _____ a cópia do documento.

a) meio – anexo
b) meio – anexa
c) meia – anexo
d) meia – anexa

16. (FCL-SP) O anúncio publicitário que segue apresenta uma ocorrência singular ligada à concordância verbal. Assinale a opção que justifica o uso da forma adotada:

"A gente já sabia. Por isso convocamos primeiro. Dunga: o comentarista do BandSports e da Band é o novo técnico da Seleção Brasileira. Parabéns!"

a) Trata-se de um caso de concordância pelo sentido. O conteúdo semântico de pluralidade do sujeito "a gente" (que equivale a "nós") levou ao plural o verbo "convocamos", na oração seguinte.
b) Trata-se simplesmente de um erro de concordância. As únicas formas aceitáveis seriam: "Nós já sabíamos. Por isso convocamos primeiro." ou "A gente já sabia. Por isso convocou primeiro.".
c) Trata-se de um erro de concordância legitimado pelo tipo de público a quem o texto publicitário se refere. No caso, torcedores de futebol de baixa escolaridade. A publicidade está repleta de exemplos desse tipo.
d) Trata-se de um desvio cometido muito comumente na língua oral, na qual grande parte dos textos publicitários se baseia. O falante costuma enunciar o sujeito no singular, porque ainda não pensou na forma como irá dar continuidade à frase.
e) Trata-se de um caso de concordância de palavra para palavra, de natureza parcial (também chamada atrativa). O verbo "convocamos" concordou, atrativamente, com o sujeito mais próximo da série coordenada "a gente / nós".

17. (Cesgranrio-RJ) A concordância nominal está correta somente em:

a) É necessário muita dedicação para vencer os obstáculos.
b) É proibido a entrada de animais na copa.
c) Cuidado com os documentos que seguem anexo aos registros postais.
d) Muito obrigado, disse a mocinha da loja.
e) A reunião começou cedo e terminou ao meio-dia e meia.

18. (ESPP-SP) Considere as orações:

I. É proibido entrada.
II. Estou quite com vocês.

De acordo com a norma culta:

a) somente I está correta.
b) somente II está correta.
c) I e II estão corretas.
d) Nenhuma está correta.

19. (PUC-PR) Assinale a alternativa que **não** corresponde à concordância nominal.

a) A entrada de funcionários em usinas desativadas é proibida.
b) Ao criar o Banco de Informações de Geração (BIG), os responsáveis foram bastantes inteligentes.
c) É necessária a alteração nos valores das tarifas de energia elétrica.
d) Os agentes que cuidam da segurança da energia fornecida estão alerta.
e) O diretor-geral mandou uma carta aos consumidores e em anexo informações muito importantes.

20. (PUC-PR) Observe as seguintes sentenças da fala informal:

1. Chegou os livros de história infantil na biblioteca da escola.
2. Surgiu muitas ideias na reunião dos professores.
3. Duas obras foi inaugurada no nosso bairro.
4. Desde aquela data, começou a ocorrer muitas coisas estranhas naquela escola.

Na fala ou escrita formal, essas sentenças deveriam ser revistas segundo a norma-padrão, uma vez que não estão adequadas à regra de:

a) Concordância nominal.
b) Concordância verbal.
c) Regência verbal.
d) Colocação do verbo, núcleo do predicado frasal.
e) Colocação do sujeito da frase, que deve vir sempre antes do verbo.

Texto para as questões 21 e 22.

LOJA DE CALÇADOS FEMININO
Vende-se três lojas bem montadas, tradicionais, nos melhores pontos da cidade.

Ótima Oportunidade! F: (___) xxxx-xxxx

O Estado de S. Paulo, 15 ago. 2002.

21. (Unifesp) De acordo com as normas gramaticais, particularmente no que se refere às regras de concordância, o título deste anúncio deveria ser:

a) LOJAS DE CALÇADOS FEMININO, porque, na sequência, o texto fala em "três lojas".

b) LOJAS DE CALÇADOS FEMININOS, porque, na sequência, o texto fala em "três lojas".

c) LOJA DE CALÇADOS FEMININOS, porque o título não especifica as outras duas lojas "bem montadas" de calçados, implicitamente, masculinos.

d) LOJA FEMININA DE CALÇADOS, porque o título não se relaciona com o restante do anúncio.

e) LOJA DE CALÇADOS FEMININO, tal como aparece no anúncio, porque o vocábulo "FEMININO" apenas especifica o tipo de calçado comercializado pelas lojas à venda.

22. (Unifesp) No corpo do anúncio, a expressão "Vende-se três lojas bem montadas"

a) apresenta problema de concordância verbal. Deveria ocorrer na forma *Vendem-se* porque *se* é índice de indeterminação do sujeito, e *lojas* é o sujeito paciente.

b) não apresenta problema de concordância verbal porque *se* é índice de indeterminação do sujeito, e *lojas* é o objeto direto.

c) apresenta problema de concordância verbal. Deveria ocorrer na forma *Vendem-se* porque *se* é partícula apassivadora, e *lojas* é o sujeito paciente.

d) não apresenta problema de concordância verbal, porque *se* é partícula apassivadora, e *lojas* é o sujeito paciente.

e) apresenta problema de concordância verbal. Deveria ocorrer na forma *Vendem-se* porque *se* é pronome reflexivo com função sintática de objeto indireto, e *lojas* é o objeto direto.

23. (UFPR) Assinale a alternativa que está de acordo com a norma culta da língua.

a) Promotor e advogado de defesa saíram junto do tribunal.

b) Houveram muitas mudanças no município desde que mudei para cá.

c) Fazem vinte anos que mudei para o litoral do estado.

d) Raí é um dos poucos atletas famosos que resistiram à pressão da fama.

e) O time não precisa de muitos jogadores para a mesma posição, mas para posições diferentes, ou sejam, zagueiros, laterais e atacantes.

24. (Vunesp-SP) Assinale a alternativa correta, quanto à concordância, conforme a norma-padrão culta.

a) Com a nova legislação, institui-se multas mais severas aos infratores.

b) Foi destacado a importância de parcerias com estados e municípios.

c) Deu-se atenção especial a pessoas que tentarem impedir a fiscalização.

d) Foi encurtado, com a nova lei, os prazos para aplicação de multas.

e) Com o novo decreto, previu-se novas infrações ambientais.

25. (FGV-SP) Leia atentamente o fragmento de texto abaixo, de *O Cortiço*, de Aluísio Azevedo.

E depois da meia-noite dada, ela e Piedade ficaram sozinhas, velando o enfermo. Deliberou-se que este iria pela manhã para a Ordem de Santo Antônio, de que era irmão.

E, com efeito, no dia imediato, enquanto o vendeiro e seu bando andavam lá às voltas com a polícia, e o resto do cortiço formigava, tagarelando em volta do conserto das tinas e jiraus, Jerônimo, ao lado da mulher e da Rita, seguia dentro de um carro para o hospital.

Na primeira frase do texto, se substituirmos **sozinhas** por **só**, deverá esta última palavra flexionar-se em número? Explique.

26. (UFMS) Leia, a seguir, a manchete de uma reportagem jornalística, de autoria de Silvana Abrantes, sobre o filme *Olga*.

Olga casa com o público e se divorcia da crítica.

Primeiro longa do diretor de TV Jayme Monjardim lidera bilheteria e apanha de especialistas.

Folha de S.Paulo, 5 set. 2004. Ilustrada. p. E1.

De acordo com as informações dadas acima, é **correto** afirmar que:

1. a concordância nominal em **primeiro longa** está inadequada, uma vez que longa (metragem) é um substantivo feminino.

2. em "e **apanha** de especialistas", o verbo destacado está sendo usado no sentido figurado de **receber críticas**.

4. na frase em negrito, a autora emprega verbos com valor semântico oposto para expressar as diferentes relações do filme com seus destinatários (os espectadores e os especialistas).

8. em ambas as frases, o conector **e** liga enunciados que constituem argumentos para uma mesma conclusão: o sucesso incondicional de *Olga*.

16. o numeral **primeiro** instaura o pressuposto de que o diretor Jayme Monjardim não produziu outros filmes do mesmo tipo (longa-metragem) antes de *Olga*.

27. (Ufes) Nas frases abaixo, o pronome oblíquo destacado se refere a dois ou mais núcleos nominais; a única opção em que a concordância do pronome se faz inadequadamente é:

a) Os grandes escritores e famosos oradores, conhecemo-**los** pelo domínio que têm do idioma.

b) A agilidade mental e a facilidade de expressão, como poderemos consegui-**las**?

c) A inteligência, o amadurecimento mental, a expressão do pensamento, não **as** conseguiremos desse modo.

d) Aquele escritor e dicionarista, eu **o** conheço através de suas obras.

e) O quociente de inteligência ou nível mental, não **o** avaliamos apenas através desses conhecimentos.

28. (UEL-PR) Indique a alternativa em que a concordância foi feita segundo as normas do português escrito.

a) Não existe, na conjuntura atual, soluções perfeitas para o problema da energia no Brasil.

b) As sondas da Nasa usam um sistema chamado redes neurais, que procura imitar o funcionamento do sistema nervoso de animais.

c) A história das civilizações pode ser contada como a busca por combustíveis capaz de gerar a energia necessária para nos aquecer no inverno e cozinhar alimentos.

d) Os críticos da globalização, ao alegar que os ricos estão ficando mais ricos e os pobres mais pobres, escolhe, com frequência, o campo de batalha errado.

e) Nas obras literárias marcantes está refletido, de algum modo, as tendências dominantes da cultura de cada época.

29. (UFG-GO) No conhecido verso de um *rock* – "a gente somos inútil" –, há uma concordância que, apesar de ser condenada pelos padrões gramaticais da língua culta, é comum na fala popular. Como se explica essa possibilidade de construção na língua portuguesa?

30. (Ufal) Aponte a alternativa que preenche corretamente as lacunas da frase.

... motivos ... para que não ... ao serviço os demais funcionários.

a) Haverá – suficiente – faltem

b) Haverão – suficientes – falte

c) Haverá – suficientes – falte

d) Haverão – suficiente – faltem

e) Haverá – suficientes – faltem

31. (Ibmec) Assinale a alternativa que preenche de forma adequada e correta as lacunas nas frases abaixo, respectivamente.

I. Seguem _____ às cartas minhas poesias para você.

II. Polvo e lula _____ serão servidos no jantar.

III. Para a matrícula, é _____ a documentação pedida.

a) anexa – frescos – necessária

b) anexas – fresca – necessária

c) anexos – frescos – necessários

d) anexas – frescas – necessária

e) anexas – fresco – necessária

32. (UFMA) A concordância nominal está correta na opção:

a) Nós mesmos faremos a prova, disseram os rapazes.

b) Estavam desertas o pátio e as salas.

c) Sr. Governador, Vossa Excelência é bem-vinda.

d) Os bondes rolavam barulhento sobre os trilhos.

e) As mães, contente, reveem seus filhos.

33. (Ufac) Marque a alternativa que completa corretamente a frase.

Remeto, ... a esta carta, retrato do neto que ... muito vocês não ... .

a) anexa – há – veem

b) anexo – há – veem

c) anexa – a – vêm

d) anexa – a – veem

e) anexo – a – veem

34. (UPM-SP) Reescreva as orações que apresentam concordância nominal inconveniente, flexionando as palavras de acordo com o gênero e o número do substantivo a que se referem.

a) Já estão **incluso** no processo as investigações a respeito das manifestações linguísticas das abelhas.

b) Não há **nenhuma** probabilidades de aprofundar as pesquisas sobre a comunicação dos chimpanzés.

c) Foi **desnecessário** a discussão sobre a possibilidade da existência de uma comunicação linguística animal.

d) É **perigoso** a afirmação a respeito da emissão fônica dos vertebrados como um conjunto de símbolos linguísticos.

35. (UFPE) Assinale a alternativa em que a norma de concordância (verbal e nominal) foi inteiramente respeitada.

a) A rejeição à ideia de inferioridade ou de submissão leva boa parte das pessoas que se preocupam com a questão dos empréstimos linguísticos a exigirem um posicionamento das autoridades.

b) Se, em um país, existe, realmente, fatores de diferenciação que interfere na língua, existe também elementos de unificação com o objetivo de preservá-la.

c) O interesse do Brasil, como o de Portugal, é de que hajam resistências naturais aos modismos e aos empréstimos linguísticos.

d) Aos termos regionais faltam força para atravessarem as fronteiras dos locais em que são empregados.

e) O número de termos regionais cresceram bastantes, mas, por não haverem sido bem aceitos, não se incorporaram à língua nacional.

36. (Vunesp-SP) Esta questão serve-se do parágrafo inicial de um artigo do jornalista Clóvis Rossi.

Sauna Brasil

Os brasileiros fomos informados ontem do caráter de pelo menos uma parcela da base parlamentar governista. É gente com a qual "só se pode conversar na sauna e pelado", avisa quem entende de base parlamentar governista, o ministro das comunicações, Sérgio Motta.

Folha de S.Paulo, 8 maio 1997. p. 1-2.

O princípio básico da concordância verbal em nosso idioma prevê que o verbo deva ser flexionado em número e pessoa de acordo com o sujeito da oração. Em alguns casos, devido a circunstâncias do contexto, esse princípio pode ser transgredido. Ocorre nesses casos a chamada concordância ideológica. Tomando por base este comentário:

a) aponte uma passagem do texto de Clóvis Rossi em que o verbo não segue uma das flexões impostas pelo sujeito;

b) interprete, com base no contexto, as razões estilísticas que levaram o autor a preferir tal forma de concordância.

37. (Ufac) Assinalar a alternativa em que a concordância nominal está **correta**.

a) Os fatos falam por si só.

b) Seus apartes eram sempre o mais pertinentes possíveis.

c) O relógio bateu meio-dia e meio.

d) Todos se moviam cautelosamente, preocupado com o perigo.

e) Chegada a sua hora e a sua vez, intimidou-se.

38. (UFV-MG) Todas as alternativas abaixo estão corretas quanto à concordância nominal, **exceto**:

a) Foi acusado de crime de lesa-justiça.
b) As declarações devem seguir anexo ao processo.
c) Eram rapazes o mais elegantes possível.
d) É necessário cautela com os pseudolíderes.
e) Seguiram automóveis, cereais e geladeiras exportados.

39. (UEL-PR) "Ao esforço e à seriedade ... ao estudo é que ... os louvores que ele tem recebido ultimamente."

a) consagrado, devem ser atribuídos
b) consagrada, deve ser atribuído
c) consagrados, devem ser atribuídos
d) consagradas, deve ser atribuído
e) consagrados, deve ser atribuído

40. (FEI-SP) Em qual declaração proibitória ocorre **incorreção** gramatical?

a) É proibida a entrada.
b) Proíbe-se a entrada de estranhos.
c) É proibido entrar.
d) A eles, foi-lhes proibida a entrada.
e) Proibir-se-á, fora do expediente, as entradas de todos os funcionários.

41. (Unisinos-RS) O caso de concordância nominal **inaceitável** aparece em:

a) Nunca houve divergências entre mim e ti.
b) Ela tinha o corpo e o rosto arranhados.
c) Recebeu o cravo e a rosa perfumado.
d) Tinha vãs esperanças e temores.
e) É necessário certeza.

42. (FCC) Assinale a alternativa em que a concordância verbal e nominal está **correta**.

a) Já é meio-dia e meia; faltam poucos minutos para começar a reunião.
b) Comprei um óculos escuro nesta loja. Consegue-se bons descontos aqui.
c) Vão fazer dez anos que trabalho aqui e ainda é proibido a minha entrada na sala da Diretoria!
d) Duzentas gramas de queijo são demais para fazer torta.
e) A gente fomos ao cinema no domingo, e lá haviam amigos nossos na fila.

43. (FFCLBH-MG) Em todas as alternativas há problemas de concordância segundo a norma culta da linguagem, **exceto**:

a) "O embarque de June surpreendeu a maioria das pessoas (aproximadamente 100) que foram ao Aeroporto Internacional do Rio, para a despedida do presidente." (*Folha de S.Paulo*)
b) Compra-se lotes e casas.
c) "[...] mesmo assim, ali está a vergonha escancarada da guerra, no quintal de todos que fazem questão de virar o rosto para o outro lado. O problema é este: não há o outro lado quando se domina as novas tecnologias." (*Folha de S.Paulo*)
d) É proibido a entrada de menores de 18 anos em motéis.

44. (Faap-SP) Observando as regras de concordância nominal e verbal, reescreva a frase que segue: "Ao meio-dia e meio, depois de penosa escalada, durante a qual houveram perigos o mais surpreendentes possíveis, o grupo de alpinistas franceses atingiu o ponto mais elevado da cordilheira".

Nas questões 45 e 46, assinale a alternativa correta.

45. (UCS-RS)

a) Às vezes **era solicitado** alguns trabalhos extra-classe.
b) Às vezes **era solicitados** alguns trabalhos extra-classe.
c) Às vezes **eram solicitado** alguns trabalhos extra-classe.
d) Às vezes **eram solicitados** alguns trabalhos extraclasse.
e) Às vezes **era solicitado** alguns trabalhos extraclasse.

46. (UCS-RS)

a) Já **fazem** tantos anos assim?
b) Acho que **devem fazer** uns dez anos.
c) Vossas Excelências já **podeis** considerar o projeto aprovado.
d) Escolhe tu mesmo o que julgas ser melhor para **teu** futuro.
e) Escolhe você mesmo o que julgas ser melhor para o **teu** futuro.

47. (UPM-SP)

I. Os brasileiros somos todos eternos sonhadores.
II. Muito obrigadas! Disseram as moças.
III. Sr. Deputado, V. Ex.ª está enganado.
IV. A pobre senhora ficou meia confusa.
V. São muito estudiosos os alunos e as alunas deste curso.

Há uma concordância inaceitável, de acordo com a gramática normativa:

a) em I e II.   d) apenas em III.
b) em II, III e V.   e) apenas em IV.
c) apenas em II.

48. (Ufpel-RS) A alternativa em que são atendidas as normas de concordância da língua culta é:

a) Precisamos ser benevolentes para com nós mesmos.
b) Já tinham bastante motivos para voltar para casa.
c) Que houvesse ou não existido opiniões contraditórias não nos interessava naquele momento.
d) Sr. Ministro, V. Ex.ª sereis recebido com grande entusiasmo pela população.
e) Surgiu, na escuridão da noite, dois vultos enormes.

49. (Ufscar-SP) Aponte a alternativa em que a concordância nominal **não** é adequada.

a) Obrigava sua corpulência a exercício e evolução forçada.
b) Obrigava sua corpulência a exercício e evolução forçados.
c) Obrigava sua corpulência a exercício e evolução forçadas.
d) Obrigava sua corpulência a forçado exercício e evolução.
e) Obrigava sua corpulência a forçada evolução e exercício.

50. (Ufscar-SP) Reescreva o período abaixo. Corrija-o, se necessário, quanto à concordância. Justifique, porém, sempre sua resposta.

"É proibido a entrada de pessoas estranhas no recinto."

CAPÍTULO 19 – Regência

1. (CPACN-RJ) Assinale a opção na qual a regência do verbo destacado foi utilizada de acordo com a modalidade padrão.
   a) Eu **custo** a acreditar que existem pessoas desprezando livros em troca de computadores.
   b) O professor sempre **lembrava** de comentar as notícias internacionais após a aula.
   c) Dedicar-se ao trabalho **implica**, sempre, resultados eficazes, profícuos e confiáveis.
   d) Todos dizem que este menino **puxou** o pai quando o assunto é esportes aquáticos.
   e) Pessoas sensatas **preferem** muito mais uma boa conversa do que um programa de TV.

2. (IFCE) A regência verbal está incorreta em:
   a) Obedeça à sinalização.
   b) As enfermeiras assistiram irrepreensivelmente o doente.
   c) Paguei todos os trabalhadores.
   d) Todos nós carecemos de afeto.
   e) Costumo obedecer a preceitos éticos.

3. (FGV-RJ) Levando-se em conta a norma-padrão escrita da língua portuguesa, das frases abaixo, a única correta do ponto de vista da regência verbal é:
   a) A cidade tem características que a rendem, ao mesmo tempo, críticas e elogios.
   b) Para você evitar o estresse, é imprescindível seguir o estilo de vida que mais o interesse.
   c) É importante prezar não só a ordem, mas também a liberdade.
   d) Sua distração acarretou em grandes prejuízos para todo o grupo.
   e) Alguém precisa se responsabilizar sobre a abertura do prédio na hora combinada.

4. (IFPE)

Disponível em: <http://portaldoprofessor.mec.gov.br/storage/discovirtual/galerias/imagem/000000065/0000025206.jpg>. Acesso em: 22 set. 2015.

O verbo **assistir** no sentido de presenciar ou ver é transitivo indireto, ou seja, ele exige a preposição **a** para que possa receber um complemento. Outros verbos da língua portuguesa também possuem mais de uma regência a depender do sentido que assumem no contexto.

Sabendo disso, analise, nas frases a seguir, a adequação da regência verbal ao que concerne à norma culta da língua portuguesa.
   I. Aspiro a uma vaga na equipe titular.
   II. Depois de empossado, o governo assistirá na capital.
   III. Ele está namorando com a prima.
   IV. Esqueci-me o que havíamos combinado.
   V. Sempre ansiamos a dias melhores.

Estão corretas apenas as frases:
   a) II e III.
   b) I e II.
   c) I e III.
   d) III e V.
   e) II e V.

Texto para a próxima questão.

Geração *fast-food*

Falar em persistência é quase como lembrar dos conselhos de nossos avós: "Dê duro agora, meu filho, para poder descansar depois. Quem planta, colhe". Nas conversas de bar, nas correntes de e-mail e propagandas de TV, a mensagem é bem outra: a vida é agora, aproveite cada instante, só o que existe é o presente. De repente, parece que ficou difícil escolher uma carreira para toda a vida, permanecer com o mesmo celular ou corte de cabelo por muito tempo, acreditar em casamento que dure. "Vivemos numa sociedade de consumo, que promove um impulso à satisfação de desejos imediatos", diz a psicóloga Maria Sara Dias. [...]

Mas se estivermos apenas aproveitando o hoje e mudando de objetivos mais rapidamente, qual é o problema? Para o economista e filósofo Eduardo Giannetti, em seu livro *O valor do amanhã*, o risco é levar uma vida sem sentido maior. "Isso reduz nossa existência a uma espécie de corrida de obstáculos veloz e tecnicamente sofisticada, mas rumo a lugar nenhum", diz.

Revista Sorria, jun./jul. 2009.

5. (UTFPR) Analise os itens a seguir retirados do texto, quanto à regência verbal.
   I. É quase como lembrar dos conselhos.
   II. Uma carreira para toda a vida.
   III. Acreditar em casamento que dure.
   IV. Um impulso à satisfação de desejos.

É(são) inadequado(s), segundo a norma-padrão:
   a) apenas IV.
   b) apenas II.
   c) apenas I.
   d) I e IV.
   e) II e III.

6. (Fuvest-SP) A única frase que segue as normas da língua escrita padrão é:
   a) A janela propiciava uma vista para cuja beleza muito contribuía a mata no alto do morro.
   b) Em pouco tempo e gratuitamente, prepare-se para a universidade que você se inscreveu.
   c) Apesar do rigor da disciplina, militares se mobilizam no sentido de voltar a cujos postos estavam antes de se licenciarem.
   d) Sem pretender passar por herói, aproveito para contar coisas as quais fui testemunha nos idos de 1968 e que hoje tanto se fala.
   e) Sem muito sacrifício, adotou um modo de vida a qual o permitia fazer o regime recomendado pelo médico.

7. (UFU-MG)

MUSEU DA LÍNGUA PORTUGUESA. *Menas: o certo do errado, o errado do certo*. São Paulo, 2010. Catálogo de exposição. p. 29.

A ocorrência de frases como "As ideias que concordo são sempre as menos radicais" é comum na conversa espontânea de falantes do português brasileiro. Considerando as informações do quadro, assinale a alternativa em que o emprego do pronome relativo esteja adequado à modalidade escrita formal da língua portuguesa.

a) O livro o qual a autora foi premiada está esgotado.
b) Este é o livro que eu falei dele ontem.
c) O livro cujo o autor foi premiado está esgotado.
d) O livro do qual falamos ontem está esgotado.

8. (Ceeteps-SP) De acordo com a norma-padrão da língua portuguesa, está correta a alternativa:

a) Naquela região, muitos assinantes preferem o rádio à TV.
b) À partir das vintes e três horas, ninguém entrava no teatro.
c) Os funcionários do museu obedeceram os regulamentos.
d) Lembrou-se que levaria a mãe à Bienal na cidade de São Paulo.
e) Assistimos à diversos documentários sobre a Primeira Guerra.

Texto para a próxima questão.

9. (UTFPR) A respeito da regência do verbo **ir** com complemento feminino, considere as seguintes frases.

I. Hoje à tarde você vai à escola.
II. Hoje à tarde você vai a casa de uma amiga.
III. Hoje à tarde você vai a sorveteria.

Está(ão) correta(s) apenas:

a) I.   d) II.
b) I e II.   e) III.
c) I e III.

10. (Unifesp) Observe a imagem veiculada na internet:

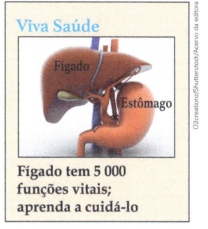

UOL, 19 maio 2011.

O texto verbal contém uma passagem em desacordo com a norma-padrão da língua portuguesa. Corrige-se essa inadequação com a substituição de

a) **tem** por **têm**.   d) **a** por **à**.
b) **vitais** por **vital**.   e) **cuidá-lo** por **cuidar dele**.
c) **aprenda** por **aprende**.

11. (PUC-PR) Leia o texto a seguir para responder à questão:

Há uma estrutura especial de sentença que exige uma atenção maior quanto à regência.

Observe esses dois exemplos:

1. Sempre gostei desse tipo de festa.
2. Esse tipo de festa que sempre gostei (não aceito pela gramática normativa).

Eis aí duas estruturas muito comuns na linguagem oral: em 1, a ordem direta conserva a regência natural do verbo gostar: gostei de...; em 2, o **de** desaparece.

Apesar de seu uso, o exemplo 2 não é aceito pela gramática normativa, que exige a presença da preposição, mesmo quando distante do verbo. Assim devemos escrever: Esse tipo de festa de que sempre gostei (gostar de).

FARACO, Carlos Alberto; TEZZA, Cristóvão. *Oficina de texto*. Petrópolis: Vozes, 2003. p. 175. (Adaptado.)

A regência verbal está de acordo com a gramática normativa na alternativa:

a) Gostei do filme que ele fez referência.
b) Esse é o argumento com o qual concordei.
c) A rua que moro é escura.
d) A empresa de que eu trabalhava foi fechada.
e) O bolo a que comi estava muito bom.

12. (FGV-RJ) A frase que está correta, tendo em vista a sintaxe de regência, é:

a) Os jovens não veem a hora de inserir-se ao mercado de trabalho.

b) A falta de informações econômicas seguras nos induz a que planejemos nosso futuro.

c) Lia, com frequência, textos barrocos, estilo que ele era um fervoroso adepto.

d) Há políticos que têm tendência por aderir sempre pelos partidos que estão no poder.

e) Nota-se uma melhoria nos serviços de saúde pelos quais a população carente não tinha.

13. (Ufscar-SP) Em **Tenho ódio mortal dos mosquitos**, a preposição **de** liga a palavra ódio à palavra mosquitos. Poderia, se quisesse, ter usado **a** e escrever: **Tenho ódio mortal aos mosquitos**. Trata-se da opção por uma determinada regência nominal.

Leia os três trechos a seguir e diga em qual deles é possível empregar indiferentemente **de** ou **a**.

I. Eu, que tinha ódio ao menino, afastei-me de ambos. (Machado de Assis, *Memórias póstumas de Brás Cubas*.)

II. O ódio a Bill Gates se explica com uma palavra bem arcaica e bem humana: inveja. (*Folha de S.Paulo*, 2 jul. 2008.)

III. O desejo de um conde por uma jovem desperta o ódio da mulher do nobre. (*Folha de S.Paulo*, 11 ago. 2008. Adaptado.)

14. (UFABC-SP) Assinale a alternativa em que se observa a norma-padrão de concordância e regência e de emprego do sinal indicativo de crase.

a) Proibição é a coisa à que menos se aprecia, apesar de haverem benefícios dela decorrente.

b) Não se pode restringir às liberdades dos indivíduos, sem os afrontarem e à seus valores.

c) A população só sentiu pleno alívio quando se removeram, das ruas, placas às quais já se havia acostumado.

d) Aprovou-se várias leis, entre elas as que proibiu à poluição visual e à ingestão de bebida alcoólica na direção de veículos.

e) Muitas coisas atualmente dificultam à vida nas cidades, razão pela qual ainda falta leis limitando direitos individuais.

15. (UFABC-SP) Assinale a alternativa em que a regência e o emprego do sinal indicativo de crase estão de acordo com a norma culta.

a) Não intenta apenas à relatar acontecimentos de cada expedição militar.

b) Refere-se à aldeia que ousou enfrentar a República.

c) Examinou à ecologia muito bem.

d) Não conheço livro idêntico à esse, feito na América.

e) Descreve o tempo seco e quente à que denomina "verão".

16. (FGV-SP) Assinale a alternativa em que, **INCORRETAMENTE**, usou-se ou deixou-se de usar uma preposição antes do pronome relativo.

a) A rua que eu moro não é asfaltada.

b) Ernesto, de cujos olhos parecia saírem raios de fogo, manifestou-se violentamente.

c) Soçobrou o navio que se dirigia a Barcelona.

d) O cachorro a que você deveria dar isso pertence ao vizinho do 43.

e) Era o repouso por que esperávamos quando regressamos de Roma.

17. (Udesc) Assinale a alternativa em que a regência da forma verbal apresentada não atende à norma-padrão da língua.

a) Esqueci o livro em casa.

b) Esqueci-me do livro em casa.

c) Preferimos as histórias bruxólicas às novelas.

d) O motorista consciente obedece os sinais de trânsito.

e) Ontem pagamos o 13º salário à secretária.

18. (UFMS) Assinale, entre as substituições propostas, a(s) que corrige(m) adequadamente a palavra ou a expressão em destaque, de acordo com o texto.

Se houvessem ainda suspeitas que a situação socioeconômica dos professores municipais passa pelo pior momento de sua luta salarial, elas acabaram no mês passado, com o aumento concedido pelo prefeito.

(1) **que** (linha 1) – substituir por **de que**;

(2) **passa** (linha 2) – substituir por **passam**;

(4) **elas acabaram** (linha 3) – substituir **por ela acabou**;

(8) **houvessem** (linha 1) – substituir por **houvesse**;

(16) **no mês passado** (linhas 3 e 4) – substituir por **no mês anterior**.

19. (Cesgranrio-RJ) Assinale a opção cuja regência do verbo apresentado é a mesma do verbo destacado na passagem "Ser aceito **implica** mecanismos mais sutis e de maior alcance..."

a) Lembrar-se.

b) Obedecer.

c) Visar (no sentido de almejar).

d) Respeitar.

e) Chegar.

20. (Cesgranrio-RJ) Assinale a opção em que a preposição destacada constitui caso de regência nominal.

a) "se adaptar rapidamente **a** uma nova situação,"

b) "saber se comunicar **com** a equipe..."

c) "ter capacidade **de** negociação são características extras..."

d) "Para chegar **a** esta conclusão foram analisados três fatores:"

e) "e para aqueles **com** quem se relaciona."

21. (ESPP-SP) Assinale a alternativa que completa corretamente a lacuna:

Existem normas _____ todos devem obedecer.

a) que   c) a que

b) as quais   d) onde

22. (ESPP-SP) Considere os períodos:

I. Informamos aos funcionários do reajuste salarial.

II. Lembrou-se da infância ao ver as fotos.

De acordo com a norma culta:

a) somente I está correto.   c) I e II estão corretos.

b) somente II está correto.   d) Nenhum está correto.

23. (Cesgranrio-RJ) Analise as frases abaixo considerando a regência verbal de acordo com o registro formal culto.

I. Esta é a cidade em que todos gostam de morar.
II. Ele estava satisfeito com tudo que aconteceu.
III. Não se esqueça de suas tarefas.
IV. O assunto que o texto trata é muito atual.

Estão corretas **APENAS** as frases

a) I e II. c) I e IV. e) I, II e IV.
b) I e III. d) I, II e III.

24. (ESPP-SP) Considere as orações:

I. Ele estava ansioso por este dia.
II. O rapaz mostrou-se apto ao trabalho.

De acordo com a norma culta:

a) somente I está correta.
b) somente II está correta.
c) I e II estão corretas.
d) Nenhuma está correta.

25. (ESPP-SP) Assinale a alternativa que completa corretamente a lacuna:

Não conhecemos o autor _____ obra o professor fez referência.

a) cuja c) a qual
b) a cuja d) que

26. (Vunesp-SP) De acordo com a norma culta, a regência verbal está correta na alternativa:

a) Há muitas ONGs que assistem às pessoas com síndrome de Down.
b) Muitas empresas preferem oferecer um curso do que doar uma cadeira de rodas.
c) Muitas pessoas não recebem a ajuda que necessitam.
d) As empresas pagam caro os professores que dão cursos de geração de renda.
e) Empresas socialmente responsáveis visam a uma posição de destaque no mercado.

27. (Vunesp-SP) Assinale a frase correta quanto às regras de regência nominal / verbal.

a) Não podemos negar que, no tocante da nova lei, nossas opiniões são divergentes.
b) A pressão exercida pela mídia acarretou no pedido de demissão do secretário.
c) A nova proposta mostrou-se aceitável de todas as partes interessadas.
d) O jornalista se predispôs em trabalhar em conjunto com seus colegas.
e) O homem não parecia hesitante em falar do assunto diante das câmeras.

28. (Vunesp-SP) Assinale a alternativa em que a regência da forma verbal destacada está correta.

a) Vi sua propaganda na TV, com uma norte-americana que teve um vídeo pornô de que **atribui** sua fama.
b) Psicólogos **protestaram** com o modo pelo qual sua profissão era ridicularizada.
c) A questão do humor ou do preconceito é ponto para o qual **convergem** a publicidade e uma preferência dos jornalistas que tratam de entretenimento.

d) Na televisão brasileira, a publicidade de cerveja a alia a mulheres gostosas, sobre como nós **faz recordar** a propaganda da Devassa.
e) Se as mulheres não se **prestam** no papel de objeto, a decisão do Conar pode ser uma conquista delas.

29. (ESPP-SP) Assinale a alternativa que completa corretamente a lacuna:

Não encontrei o remédio _____ ela precisa.

a) de que c) o qual
b) que d) cujo

30. (UFV-MG) Assinale a alternativa que preenche corretamente as lacunas abaixo:

A enfermeira procede ... exame no paciente.
O gerente visa ... cheque do cliente.
A equipe visa ... primeiro lugar no campeonato.
O conferencista aludiu ... fato.
Não podendo lutar, preferiu morrer ... viver.

a) ao, o, ao, ao, a d) o, a, ao, ao, à
b) ao, ao, o, a , do que e) a, ao, o, ao, que
c) ao, a , o, o, que

31. (Fuvest-SP) A chamada jornalística que apresenta um par com regências incompatíveis é:

a) Exposição mostra como a moda interfere e molda a figura da mulher.
b) O MST foi criado e mantido num tempo de impunidade.
c) Israel ataca e invade o QG de Arafat.
d) Estudo comprova que TV incita e amplifica atos de violência.
e) Tecnologia digital faz "E.T." voltar e encantar com imagens inéditas.

32. (Fuvest-SP)

"I – O que mudou na legislação eleitoral

Como era em 89

[...] Apenas pessoas físicas podiam fazer doações.
[...] Entidades de classe ou sindicais não podiam contribuir com os partidos. [...]" (*Folha de S.Paulo*)

"II – Contribuir 1. [...] Tomar parte em despesa comum; pagar contribuição; dar dinheiro, com outros, para determinado fim [...]. "Você não contribuiu para as obras da igreja?". "Contribuí com cem cruzados. Poucos paroquianos deixaram de contribuir [...]." (LUFT, Celso Pedro. *Dicionário de regência verbal.*)

a) O período enquadrado em I apresenta uma incorreção na regência verbal. Redija-o **corretamente**, com base na informação de II.
b) Ainda com base em II, formule uma explicação adequada para o uso da preposição no período enquadrado em I.

33. (Fuvest-SP) "Não tenho dúvidas de que a reportagem esteja à procura da verdade, mas é preciso ressalvar de que a história não pode ser escrita com base exclusivamente em documentos de polícia política." (*O Estado de S. Paulo*)

Das duas ocorrências de **de que**, no excerto, uma está correta e a outra não.

a) Justifique a **correta**.
b) Corrija a **incorreta**, dizendo por quê.

34. (Unicamp-SP) Na *Nova gramática do português contemporâneo*, de Celso Cunha, leem-se as seguintes considerações sobre a questão da chamada regência verbal: "A ligação do verbo com o seu complemento, isto é, a **regência verbal** pode [...] fazer-se: **diretamente**, sem uma preposição intermédia, quando o complemento é o **objeto direto**; **indiretamente**, mediante o emprego de uma preposição, quando o complemento é **objeto indireto**." (CUNHA, Celso. *Nova gramática do português contemporâneo*. Rio de Janeiro: Fename, 1980. p. 480.)

Com base nas considerações anteriores, identifique, no trecho abaixo, a passagem em que ocorre um problema de regência verbal.

"Gentil de Araújo, motorista do caminhão que parou o avião na Marginal do rio Tietê, há 20 anos trabalha nas estradas do país dirigindo caminhões para transportadoras. Durante todo esse tempo, diz que já viu muitos acidentes. Mas nenhum se compara, afirma, ao que ele esteve envolvido ontem pela manhã. 'Na estrada a gente vê de tudo. Já vi um barco cair de uma carreta e amassar um Fusca. Só faltava ter visto um avião bater em meu caminhão. Quando contar para os meus amigos, muitos não vão acreditar'."

a) Transcreva e diga em que consiste, na passagem transcrita, o problema de regência verbal.

b) Reescreva, a seguir, essa mesma passagem, de modo a adequá-la à modalidade escrita culta da língua.

35. (FGV-SP) Assinale a alternativa **que não é abonada pela norma culta**, quanto à regência.

a) Tratou-o com fidalguia, como a um padre.

b) Não lhe perguntou nada, apenas concordou com o que ele dizia.

c) É claro que Jesus a ama!

d) José agradeceu o homem que lhe trouxera o presente e retirou-se.

e) O chefe não lhe permitiu atender o cliente.

36. (UEM-PR)

A maneira como os verbos e os nomes se articulam com seus complementos, nas orações, denomina-se regência. Sobre a regência dos verbos e dos nomes destacados, assinale o que for adequado.

01. Em "[...] **necessita** de melhoramentos [...]" e em "[...] a consequente **necessidade** de alimentos [...]", há, respectivamente, um verbo transitivo indireto e um substantivo que requer um complemento nominal regido por preposição.

02. Em "**Trata-se** de um debate [...]", a forma verbal destacada é um verbo de ligação.

04. Em "[...] como **aconteceu** com Copérnico [...]", a forma verbal destacada é um verbo transitivo direto.

08. Em "[...] **ficarmos atrelados** a uma estagnação [...]", estão destacados um verbo transitivo direto e seu objeto, que é um nome que não rege preposição.

16. Em "[...] porquanto **é próprio** da ciência [...]", estão destacados um verbo de ligação e seu predicativo, que é um nome que rege um complemento com preposição.

32. Em "[...] **tirar** proveito **das descobertas** [...]", estão destacados um verbo transitivo direto e um complemento nominal, regido de preposição pelo antecedente, o substantivo "proveito".

37. (Fuvest-SP) Assinale a alternativa que preenche **corretamente** as lacunas da frase apresentada: "Desta forma, ... estimular as obras do metrô, uma solução não poluente, ... eficácia supera a de outras modalidades de transporte".

a) impõem-se – da qual a

b) impõe-se – que a

c) impõem-se – cuja

d) impõe-se – a qual a

e) impõe-se – cuja

38. (FGV-SP) Assinale a alternativa em que a ausência da preposição, antes do pronome relativo **que**, está de acordo com a norma culta.

a) É uma quantia vultosa, **que** o Estado não dispõe: falta-lhe numerário.

b) Vi claramente o bolso **que** você pôs o dinheiro nele.

c) Não interessava perguntar qual a agência **que** o remetente enviou a carta.

d) A garota **que** eu gosto não está namorando mais. Chegou a minha oportunidade.

e) Essa era a declaração **que** o alcaide insistia em fazer.

39. (UFPE) No trecho "Ao considerar que a energia é um dos bens mais valiosos que a Nação dispõe (...)", o *Diário de Pernambuco* registra um tipo de regência comum na linguagem coloquial. De acordo com a norma-padrão, a regência seria:

a) a que a Nação dispõe.

b) por que a Nação dispõe.

c) de que a Nação dispõe.

d) contra que a Nação dispõe.

e) em que a Nação dispõe.

40. (Unimep-SP) Considerando as frases:

I. O menino quer **a bola**.

II. A mãe quer muito **à filha**.

Podemos dizer que:

a) a frase I está errada, pois o verbo **querer** é sempre transitivo indireto.

b) a frase II está errada, pois o verbo **querer** é sempre transitivo direto.

c) ambas estão corretas, pois o verbo **querer** admite as duas regências.

d) em ambas, podemos substituir as palavras destacadas pelo pronome oblíquo **a**.

e) em ambas, podemos substituir as palavras destacadas pelo pronome oblíquo **lhe**.

41. (FGV-SP) Observe o seguinte texto, para responder à questão.

Estamos comemorando a entrega de mais de mil imóveis. São mais de 1000 sonhos realizados. Mais de oito imóveis são entregues todo dia. Quer ser o próximo? Então vem para a X Consórcios. Entre você também para o consórcio que o Brasil inteiro confia.

Texto de anúncio publicitário, editado.

Na passagem "o consórcio que o Brasil inteiro confia" deve ser acrescentada uma preposição. Reescreva a passagem acrescentando essa preposição.

42. (Ufam) Assinale o item em que há erro quanto à regência:

a) São essas as atitudes de que discordo.

b) Há muito já lhe perdoei.

c) Informo-lhe de que paguei o colégio.

d) Costumo obedecer a parceiros éticos.

e) A enfermeira assistiu irrepreensivelmente ao doente.

43. (Unicamp-SP) Os trechos a seguir mostram que certas construções típicas do português falado, consideradas incorretas pela gramática normativa da língua, já estão sendo utilizadas na modalidade escrita.

1. "Concentre sua atenção nas matérias que você tem maior dificuldade." (*Folha de S.Paulo*)

2. "Uma casa, onde na frente funcionava um bar, foi totalmente destruída por um incêndio." (*O Liberal*)

a) Transcreva as marcas típicas da linguagem oral presentes nos trechos acima.

b) Reescreva-as de modo a adequá-las à exigências da gramática normativa.

44. (PUCC-SP) As sentenças abaixo, **exceto** uma, apresentam desvios relativos à regência verbal vigente na língua culta. Assinale a que não apresenta esses desvios.

a) Vi e gostei muito do filme apresentado na Sessão de Gala de ontem.

b) Eu me proponho a dar uma nova chance, se for o caso.

c) Deve haver professores que preferem negociar do que trabalhar, devido os vencimentos serem irrisórios.

d) Com o empréstimo compulsório, não se pode dar o luxo de ficar trocando de carro.

e) A importância que eu preciso é vultuosa.

45. (FGV-SP) Assinale a alternativa que **não obedece** à norma culta em relação à **regência**.

a) Constava que o maestro, nos momentos em que mais dependia dos violinos, tinha um tique nervoso que denunciava sua preocupação.

b) As normas a que todos obedeciam chamavam-se Gerais. As Especiais eram aquelas a que poucos obedeciam.

c) Na história da cantora, desde criança, várias vezes apareciam referências a ela ser a menina que ninguém na escola gostava.

d) O salário que eles recebiam num mês mal dava para cobrir as despesas básicas da família. Costumava-se dizer que sobrava mês no final do salário.

e) Tinha esperanças de que o mensageiro trouxesse brevemente as notícias de que mais precisava.

46. (ESPM-SP) Assinale a única frase cuja **regência verbal** esteja **correta** segundo a norma culta:

a) Não somos candidatos mas sabemos como agradar nosso eleitorado. Sky, TV sem limites.

b) A perda do cartão de consumo implica numa multa de R$ 500,00.

c) A diretoria custou a perceber os verdadeiros problemas da equipe.

d) Novo Mercedes-Benz Classe C. A sinalização vai obedecer você.

e) Segundo pesquisas, as brasileiras preferem os morenos aos loiros.

47. (Faap-SP) "Triste ironia atroz que o senso humano irrita: Ele que doira a noite e ilumina a cidade, Talvez não tenha luz na choupana em que habita."

A preposição **em** logo após **choupana** é regida (exigida):

a) pelo substantivo choupana.

b) pelo verbo habitar.

c) pela mesma palavra que rege a preposição em (em + a) antes de choupana.

d) pelo substantivo luz.

e) pelo verbo ter.

48. (PUCC-SP) A frase que mantém o padrão culto da linguagem é:

a) O projeto que ele se referiu foi analisado ontem e o texto definitivo que se chegou após as discussões será encaminhado a vocês amanhã mesmo.

b) Aquele assalto a que ele foi vítima só lhe trouxe tristezas, mas as pessoas cujo testemunho ele dependeu são suas amigas até hoje.

c) O grupo de amigos, cujo padrão ele quer pertencer, é o maior responsável por seus problemas, principalmente pelo tipo de lazer que eles estão acostumados.

d) Afirmou, com maior segurança, de que havia posto o assunto em debate na sessão anterior, a qual acabamos de receber a ata.

e) O carinho com que ele sempre se dispõe a atender os mais necessitados faz dele uma pessoa da qual devemos orgulhar-nos muito.

49. (UFPE) Assinale a alternativa em que as normas de regência, nominal e verbal, não foram inteiramente cumpridas.

a) O vocabulário e a sintaxe de que se utilizam muitos autores modernistas constituem, muitas vezes, uma linguagem mais difícil do que a linguagem culta.

b) Alguns dos modernistas não repudiavam aos clássicos, nem lhes imitavam, mas conseguiam renovar o idioma sob a influência da língua falada.

c) No Brasil há muitas literaturas regionais que exibem as características da fala local a que procuram ser fiéis.

d) Os defensores de uma literatura regional procuram sempre apresentar explicações e evidências que lhes apoiem os argumentos.

e) A aprendizagem de uma língua se faz, também, lendo-se autores com que se possa aprimorar e fortalecer a experiência pessoal.

50. (PUC-RJ) Frequentemente, frases como as apresentadas abaixo são proferidas em conversas informais. Num texto formal escrito, porém, são inadequadas. Reescreva-as, sem modificar seu sentido e pontuação, mas adequando-as ao padrão da língua escrita.

a) A menina que eu gosto dos olhos dela ainda não chegou.

b) O homem que eu telefonei para ele ontem não estava em casa.

c) A rua que eu gosto de correr é toda arborizada.

51. (ITA-SP) Leia com atenção a seguinte frase de um texto publicitário: "Esta é a escola que os pais confiam".

a) Identifique a preposição exigida pelo verbo e refaça a construção, obedecendo à norma gramatical.

b) Justifique a correção.

52. (UFPB) Quanto à regência, conforme a norma da língua escrita, as lacunas do trecho: "Meu filho foi embora e eu não ... conheci. Acostumei-me ... ele em casa e me esqueci ... conhecê-lo." (Osvaldo França Jr.)

São preenchidas, respectivamente, por:

a) lhe – a – de.

b) lhe – a – por.

c) o – com – de.

d) o – a – por.

e) lhe – com – de.

53. (ESPM-SP) A expressão **com que** preenche corretamente a lacuna da seguinte frase:

a) O rapazinho se deteve diante da figura ... jamais se esqueceria.

b) A figura ... o rapazinho deparou pareceu-lhe, a princípio, exótica.

c) O rapazinho não contava se deparar com a figura ... o estarreceu.

d) A função ... o homem-sanduíche é investido é a de portar anúncios.

e) As coisas ... mais estarrecem as pessoas tornam-se, com o tempo, banais.

54. (Faap-SP) Observando a norma culta da regência verbal, reconstitua as frases que seguem com as preposições adequadas.

a) O povo tem ido nos bares das ruas para aliviar as constantes decepções diárias.

b) A esperança chegou paulatinamente nos já fatigados corações brasileiros.

c) Mudar de vida implica sempre em difíceis e embaraçosas acomodações.

d) É preferível combater os males do que intimidar as próprias emoções.

55. (UFV-MG) "Não nos expomos mais a espetáculos ridículos, tais como o deslocamento maciço de torcedores fanáticos para concursos de misses **aos quais ninguém, a não ser nós, dava importância**."

Das alterações processadas na passagem em destaque, aquela em que há **erro** de regência é:

a) [...] pelos quais ninguém, a não ser nós, se interessava tanto.

b) [...] aos quais ninguém, a não ser nós, se referia tanto.

c) [...] dos quais ninguém, a não ser nós, simpatizava tanto.

d) [...] com os quais ninguém, a não ser nós, se distraía tanto.

e) [...] sobre os quais ninguém, a não ser nós, conversava tanto.

56. (Faap-SP)

[...] Ninguém assistiu **ao formidável**

enterro de tua última quimera.

Com o pronome no lugar do termo em negrito:

a) Ninguém o assistiu.

b) Ninguém assistiu a ele.

c) Ninguém lhe assistiu.

d) Ninguém a assistiu.

e) Ninguém os assistiu.

57. (ESPM-SP) Assinale o período cuja redação está inteiramente correta quanto à norma culta.

a) Esse esquema que regula os meios de comunicação de massa é peculiar ao meio receptor.

b) A propaganda que tanto falamos é menos poderosa do que se pensa.

c) O Corinthians, que o texto se refere, leva seus torcedores a acenderem velas.

d) O povo, de cujo se espera tanto, traduz a seu modo algumas imagens da televisão.

e) Algumas entidades de macumba que o povo pede socorro estão no imaginário popular.

58. (Cesgranrio-RJ) Assinale a alternativa em que a preposição aparece empregada indevidamente.

a) De que alternativa discordamos?

b) Em que alternativa confiamos?

c) Para que alternativa caminhamos?

d) Sobre que alternativa optamos?

e) A que alternativa aludimos?

59. (UFPR) Assinale a alternativa que substitui corretamente as palavras destacadas.

1. Assistimos **à inauguração da piscina**.

2. O governo assiste **os flagelados**.

3. Ele aspirava **a uma posição de maior destaque**.

4. Ele aspira **o aroma das flores**.

5. O aluno obedece **aos mestres**.

a) lhe, os, a ela, a ele, lhes

b) a ela, os, a ela, o, lhes

c) a ela, os, a, a ele, os

d) a ela, a eles, lhe, lhe, lhes

e) lhe, a eles, a ela, o, lhes

60. (PUCC-SP) A alternativa em que os verbos têm a mesma regência e, portanto, o complemento está **corretamente** relacionado com ambos é:

a) Esse novo banco não precisa nem exige o comparecimento diário dos clientes a suas agências.

b) A coordenação do movimento não concordou e quer rever os principais pontos de seu programa.

c) Até há pouco tempo todos podiam consultar e aplicar diariamente nos Fundos de Aplicação Financeira.

d) Gilda de Abreu enfrentou e acabou por enfraquecer os preconceitos de uma sociedade que não aceitava a emancipação da mulher.

e) Todos os artistas citados no documento difundem e contribuem para a campanha contra a discriminação aos contaminados com o vírus HIV.

61. (Cesgranrio-RJ) Entre os exemplos abaixo, frequentemente empregados na linguagem informal, apenas um está de acordo com a norma culta. Assinale-o.

a) Com quem você está namorando agora?

b) Lá em casa somos em quatro filhos.

c) Tudo que o pai diz, a mãe acredita.

d) Meu amigo, isto implicará em sua suspensão.

e) O candidato residente na Rua Cosme Velho não compareceu.

62. (Cefet-MG) Em todos os trechos abaixo, retirados de *Olhai os lírios do campo*, há exemplos de regência verbal. Marque a opção em que a regência foi alterada, tornando-se **incorreta**.

a) "Lembras-te daquela tarde em que nos encontramos nas escadas da faculdade?"

b) "[...] pensava vagamente num desquite, mesmo sem se sentir ainda com coragem para propô-lo."

c) "O dr. Candia é um solitário, foge dos homens mas gosta muito dos bichos. Simpatizo-me com ele."

d) "[...] aqui estou te escrevendo porque não me perdoaria a mim mesma se fosse embora desta vida sem te dizer umas quantas coisas [...]"

e) "Eles esquecem o que têm de mais humano e sacrificam o que a vida lhes oferece de melhor: as relações de criatura para criatura."

63. (UFMG) Em todas as alternativas, a regência verbal está correta, **exceto** em:

a) Preferia-me às outras sobrinhas, pelo menos nessa época.

b) Você chama isso de molecagem, Zé Luís.

c) Eu lhe acordo antes que meu marido se levante.

d) De Barbacena, lembro-me do frio e da praça.

e) Um implica o outro que, por sua vez, implica um terceiro.

64. (FEI-SP) Assinale a alternativa em que a regência do verbo contraria a norma culta da língua.

a) Ele **queria** aos pais, contudo não **queria** os livros.

b) A vida a que **aspirava** era uma ilusão.

c) Peri ficou imobilizado por centenas de lanças que **visavam** o seu peito.

d) Jamais me **esquecerei** daquele fato marcante em minha vida.

e) **Avisaram**-no que a reunião começaria no horário marcado?

65. (PUC-PR). Observe as frases incompletas:

1. Os elementos _____ se dispõe não permitem tirar grandes conclusões.
2. Com certeza existem pessoas _____ poucas vezes nos lembramos.
3. Há provocações _____ não é possível resistir.
4. Essa foi uma das perguntas _____ não consegui responder.

Assinale a alternativa que preenche corretamente os espaços, completando as frases.

a) a que, que, a que, a que

b) de que, de quem, a que, a que

c) de que, das quais, que, de que

d) a que, de que, das quais, que

e) com que, que, que, a qual

66. (UCDB-MS) Assinale a alternativa que preenche **corretamente** as lacunas.

"Informamos ... alunos ... a feira de livros começará na próxima semana e ... os convites serão distribuídos amanhã."

a) aos – que – que

b) os – que – que

c) aos – de que – de que

d) aos – de que – que

e) os – que – de que

67. (PUCC-SP) A única frase em que a regência verbal, tendendo para a oralidade, afasta-se da norma culta escrita é:

a) A descoberta da tribo perdida colocou mais lenha na fogueira da disputa pela terra na região.

b) Estranhamente, na semana passada alguns fazendeiros levaram no local um ex-funcionário da Funai e um grupo de índios cintas-largas.

c) Os fazendeiros contestam a presença histórica dos índios.

d) Apenas na Amazônia, os sertanistas estão no encalço de 22 tribos.

e) Ali, os sertanistas dão como certa a presença de pelo menos cinco novos grupos.

68. (Ufac) Assinale a alternativa em que a regência verbal está **correta**.

a) Dona Maria não pagou o verdureiro nem o açougueiro.

b) Prefiro brincar do que trabalhar.

c) Este é o aluno que o professor deu nota baixa.

d) O romance cujas características não me lembro agora foi lido há três anos.

e) Pagaremos pela casa o preço justo.

69. (UCDB-MS) Assinale a alternativa que preenche **corretamente** as lacunas.

"As informações ... teve acesso comprovam suas suspeitas. Ele só tinha medo ... algo errado acontecesse."

a) a que – de que

b) que – que

c) a que – que

d) que – de que

e) às quais – que

70. (Ufac) Assinale a alternativa que preenche **corretamente** a lacuna da frase.

"Assim é a obra poética ... origens me referi há pouco."

a) sobre cuja

b) a cujas

c) cujas

d) de cujas

e) em cujas

71. (UFPR) Onde há **erro** de regência verbal?

a) Esqueceram-lhe os compromissos assumidos.

b) Nós lhes lembramos o compromisso assumido.

c) Eu esqueci os compromissos assumidos.

d) Não me lembram tais palavras.

e) Lembro-me que tais eram as suas palavras.

72. (Unimep-SP) Assinale a alternativa que preenche **corretamente** as lacunas.

"Esta casa, ... construção assisti, tem mais cômodos do que aquela ... você morou no Rio de Janeiro."

a) cuja – em que

b) de cuja – onde

c) a cuja – na qual

d) a qual – em que

e) da qual – onde

73. (UPM-SP) Indique a alternativa **correta**.

a) Prefiro correr à nadar.

b) Prefiro correr a nadar.

c) Prefiro mais correr a nadar.

d) Prefiro mais correr que nadar.

e) Prefiro correr do que nadar.

74. (PUCC-SP) Assinale a letra correspondente à alternativa que preenche corretamente as lacunas da frase apresentada.

"O projeto, ... realização sempre duvidara, exigiria toda a dedicação ... fosse capaz."

a) do qual a – que

b) cuja a – da qual

c) de cuja – de que

d) que sua – de cuja

75. (Cesgranrio-RJ) Assinale a opção cuja lacuna **não** pode ser preenchida pela preposição entre parênteses.

a) uma companheira desta, ... cuja figura os mais velhos se comoviam (com)

b) uma companheira desta, ... cuja figura já nos referimos anteriormente (a)

c) uma companheira desta, ... cuja figura havia um ar de grande dama decadente (em)

d) uma companheira desta, ... cuja figura os mais velhos se comoviam (por)

e) uma companheira desta, ... cuja figura as crianças se assustavam (de)

76. (Centec-BA) Há **erro** de regência verbal em:

a) Venha assistir aos debates em minha sala.

b) Ninguém lhe convidou para a festa de despedidas.

c) Perdoa-lhe as faltas, pois não agiu com maldade.

d) Este é certamente um direito que não lhe assiste.

e) Notifiquei-o de havia sido convidado.

77. (PUC-SP) Assinale a alternativa que preenche, pela ordem, **corretamente** as lacunas.

1. A aurora é o terceiro tom ... fala o poeta.

2. A aurora é o terceiro tom ... se refere o poeta.

3. A aurora é o terceiro tom ... propõe o poeta.

4. A aurora é o terceiro tom ... faz menção o poeta.

a) de que, a que, a que, que

b) que, a que, que, a que

c) de que, a que, que, a que

d) a que, a que, que, que

e) de que, que, de que, a que

78. (Centec-BA) A regência verbal está correta em:

a) Prefiro esforçar-me hoje do que lamentar amanhã.

b) Não lhe procurei mais desde a última discussão.

c) Chame os empregados e pague-os os meses atrasados.

d) Ele aspira muito pouco progresso na vida.

e) Chamei-lhe de bobo, porque perdeu uma grande oportunidade.

79. (PUCC-SP) A frase que mantém o padrão culto da linguagem é:

a) A sugestão a qual devemos acatar suas diretrizes sem questioná-la é que me debato: quero poder externar meus pontos de vista.

b) A lei cuja a contravenção pode levar o indivíduo à cadeia, e pela qual ainda estamos subordinados, será submetida a uma nova avaliação.

c) Essas são as ideias das quais ele mais se orgulha, daí poder-se concluir que não abrirá mão delas.

d) Ela solicitou para que ninguém interviesse a seu favor, a fim de não colocar em questão a autoridade que estava investida.

e) O problema o qual relacionei seu medo de escuro, de cujo já lhe falei, merece ser mais bem pesquisado.

80. (Cesgranrio-RJ) Assinale a alternativa **correta** quanto à regência.

a) O menino preferia contar histórias do que ficar sozinho.

b) O menino preferia mais contar histórias a ficar sozinho.

c) O menino preferia contar histórias a ficar sozinho.

d) O menino preferia contar histórias à ficar sozinho.

e) O menino preferia contar histórias que ficar sozinho.

81. (Aman-RJ) Escolha, abaixo, a exata regência do verbo **chamar**.

a) Chamamo-lo inteligente.

b) Chamamo-lo de inteligente.

c) Chamamos-lhe inteligente.

d) Chamamos-lhe de inteligente.

e) Todas as regências acima estão corretas.

82. (UFV-MG) Assinale a alternativa **correta**.

a) Preferia antes morrer que fugir como covarde.

b) A cortesia mandava obedecer os desejos da minha antiga dama.

c) A legenda ficou, mas a lição esqueceu.

d) O país inteiro simpatizou-se com esse princípio.

e) Jesus perdoou o pecador.

83. (UPM-SP) Aponte a alternativa em que a regência do verbo **pagar** contraria a norma culta.

a) Aliviando-se de um verdadeiro pesadelo, o filho pagava ao pai a promessa feita no início do ano.

b) O empregado pagou-lhe as polias e tachas roídas pela ferrugem para amaciar-lhe a raiva.

c) Pagou-lhe a dívida, querendo oferecer-lhe uma espécie de consolo.

d) O alto preço dessa doença, paguei-o com as moedas de meu hábil esforço.

e) Paguei-o, com ouro, todo o prejuízo que sofrera com a destruição da seca.

84. (Cesgranrio-RJ) Assinale a opção que completa **corretamente** as lacunas da seguinte frase: "O controle biológico de pragas, ... o texto faz referência, é certamente o mais eficiente e adequado recurso ... os lavradores dispõem para proteger a lavoura sem prejudicar o solo".

a) do qual, com que   d) ao qual, cujos

b) de que, que   e) a que, de que

c) que, o qual

85. (Cesgranrio-RJ) Assinale a opção em que o verbo exige a mesma preposição que **referir-se** em "(...) a boneca de pano a que me referi".

a) O homem ... quem conversei há pouco.

b) O livro ... que lhe falei há pouco.

c) A criança ... quem aludi há pouco.

d) O tema ... que escrevi há pouco.

e) A fazenda ... que estive há pouco.

86. (PUC-SP) Assinale a alternativa que preencha, pela ordem, **corretamente** as lacunas abaixo.

1. O verso ... se refere o poeta é mais belo, mais variado e mais imprevisto.
2. O verso ... trata o poeta é mais belo, mais variado e mais imprevisto.
3. O verso ... o poeta monta seu poema é mais belo, mais variado e mais imprevisto.
4. O verso ... o poeta constrói é mais belo, mais variado e mais imprevisto.

a) em que – a que – que – de que
b) com que – que – com que – de que
c) a que – de que – com que – que
d) a que – de que – que – de que
e) que – de que – com que – que

87. (UEPG-PR) Assinale a alternativa **incorreta**.

a) Os professores visam à formação dos alunos.
b) O fiscal visou os documentos.
c) O atirador visa o alvo.
d) Visamos a um futuro mais feliz.
e) Os desempregados visam melhores condições de vida.

88. (UEL-PR) "Cônscio ... sua grande responsabilidade, desempenhou-se muito bem ... tarefas ... foi incumbido."

a) em – nas – que
b) de – nas – que
c) com – das – a que
d) em – às – de que
e) de – das – de que

89. (Fuvest-SP) Assinale a alternativa gramaticalmente **correta**.

a) Não tenham dúvidas que ele vencerá.
b) O escravo ama e obedece a seu senhor.
c) Prefiro estudar do que trabalhar.
d) O livro que te referes é célebre.
e) Se lhe disserem que não o respeito, enganam-no.

90. (UFV-MG) Assinale a alternativa cuja sequência completa **corretamente** as frases abaixo.

A lei ... se referiu já foi revogada.
Os problemas ... se lembraram eram muito grandes.
O cargo ... aspiras é muito importante.
O filme ... gostou foi premiado.
O jogo ... assistimos foi movimentado.

a) que, que, que, que, que
b) a que, de que, que, que, a que
c) que, de que, que, de que, que
d) a que, de que, a que, de que, a que
e) a que, que, que, que, a que

91. (Fuvest-SP) Assinale a frase **correta**.

a) Por que motivo preferiu vim aqui, do que me esperar na rua?
b) Por que você preferiu vim aqui, do que me esperar na rua?
c) Porque você preferiu mais vir aqui que me esperar na rua?
d) Porque motivo você preferiu vir aqui, antes que me esperar na rua?
e) Por que motivo você preferiu vir aqui a me esperar na rua?

92. (Fumec-MG) Com referência à regência do verbo **assistir**, todas as alternativas estão corretas, **exceto**:

a) Assistimos ontem um belo filme na televisão.
b) Os médicos assistiram os feridos durante a guerra.
c) O técnico assistiu os jogadores no treino.
d) Assistiremos amanhã a uma missa de 7º dia.
e) Machado de Assis assistia em Botafogo.

93. (Ufpel-RS) A frase que **não** apresenta problema(s) de regência, levando-se em consideração a língua escrita, é:

a) Preferiu sair antes do que ficar até o fim da peça.
b) O cargo a que todos visavam já foi preenchido.
c) Lembrou de que precisava voltar ao trabalho.
d) As informações que dispomos não são suficientes para esclarecer o caso.
e) Não tenho dúvidas que ele chegará breve.

94. (UFPA) Assinale a alternativa que contém as respostas **corretas**.

I. Visando apenas os seus próprios interesses, ele, involuntariamente, prejudicou toda uma família.
II. Como era orgulhoso, preferiu declarar falida a firma a aceitar qualquer ajuda do sogro.
III. Desde criança sempre aspirava a uma posição de destaque, embora fosse tão humilde.
IV. Aspirando o perfume das centenas de flores que enfeitavam a sala, desmaiou.

a) II, III, IV
b) I, II, III
c) I, III, IV
d) I, III
e) I, II

95. (Fatec-SP) Assinale a alternativa que apresenta o correto emprego da crase.

a) Alguns atletas olímpicos irão à São Paulo fazer exames médicos periódicos.
b) À um ano dos Jogos Olímpicos do Rio, é impossível adquirir alguns ingressos.
c) Nossos atletas, à partir dessa semana, serão submetidos a novos treinamentos.
d) Nenhum atleta dessa delegação pode comer o que deseja o tempo todo, à vontade.
e) A homenagem à João Carlos de Oliveira, o João do Pulo, resgata a nossa história olímpica.

96. (UTFPR) Analise a frase:

Poderão concorrer às vagas reservadas a candidatos negros aqueles que se autodeclararem pretos ou pardos no ato da inscrição no concurso público, conforme o quesito cor ou raça utilizado pelo Instituto Brasileiro de Geografia Estatística (IBGE).

Considerando o texto acima, assinale a alternativa correta quanto às regras gramaticais.

a) O verbo **poder** está no plural porque concorda com "aqueles".
b) O verbo **concorrer** exige complemento e se este for feminino plural não deve vir com crase.
c) O termo **utilizado** refere-se à expressão "cor ou raça".
d) O adjetivo **reservadas** refere-se a **inscrição**.
e) A conjunção **conforme** pode ser substituída por "já que".

97. (CPACN-RJ) Assinale a opção na qual o acento indicativo de crase foi corretamente empregado.

a) A leitura deve ser um prazer, mas muitos usam um tom irônico quando se referem à ela.

b) Às pessoas que leem cabe o papel de ver o mundo de modo claro, especial e lúcido, independentemente de classe social.

c) Quando os livros perdem espaço para o computador, a sociedade começa à perder oportunidades ímpares de conhecimento.

d) Até à Educação pode utilizar-se dos meios cibernéticos, desde que não abandone os valores primeiros de sua estrutura.

e) Quanto à Vossa Senhoria, peço que se retire agora mesmo desse tribunal para não causar maiores constrangimentos.

98. (UTFPR)

Relíquias em exposição

Fora os traços arquitetônicos que remetem ao passado, a Fazenda São Francisco conta com uma sala de memória, recheada de relíquias do século 19. São documentos, fotos e objetos do período, como as fronhas de linho bordado que **a Princesa Isabel usou em sua visita à região em 1872**. No ano passado, o espaço ganhou um anexo, o Museu Armando Vianna, com mais de 40 trabalhos do artista carioca entre pinturas, desenhos e fotografias.

AZUL Magazine, 1. ed. maio 2013. p. 50.

Reescrevendo o trecho negritado, mantém-se o uso da crase substituindo a palavra **região** por:

I. local

II. cidade

III. fazenda

IV. museu

V. espaço

Estão corretos os itens:

a) I e II.   c) III e IV.   e) I e IV.

b) II e III.   d) IV e V.

Texto para a próxima questão.

Reescrever, editar e remixar na era digital: novos conteúdos?

Os historiadores da escrita defendem que ela passou por três grandes fases: manuscrita, livro impresso e eletrônica, cada uma definida por diferentes materiais e instrumentos, também advertem que cada uma sobrevive ilimitadamente nas seguintes, se adequando a diferentes áreas de uso. Ao mesmo tempo que nascem novas práticas, nada desaparece, tudo se reorganiza.

Portanto, se apresentar as culturas escritas às crianças e aos jovens é fundamental, nos encontramos diante de um desafio: a cultura escrita é diversa. Ela existe de um modo manual, tanto a impressa como a digital. A questão não se reduz a deixar de escrever no papel para fazê-lo no computador. Quando se usam papel ou computador, são mantidos, em parte, os conteúdos a ensinar, mas se impõem novos e isso nos faz reformular o ensino. [...]

In: *Revista Nova Escola*, São Paulo: Abril, Ano XXVIII, n. 260, março de 2013. p. 71.

99. (UEPB) Do enunciado "Portanto, se apresentar as culturas escritas às crianças e aos jovens é fundamental [...]", pode-se afirmar que:

I. O termo **Portanto** introduz no fluxo informacional um encadeamento discursivo, determinando a orientação argumentativa.

II. O termo "às crianças" recebe acento grave por exigência da regência do verbo "apresentar".

III. O termo **se** funciona no enunciado, em relação à sua colocação, pela mesma razão da expressão "A questão não se reduz".

Analise as proposições e marque a alternativa que apresenta apenas a(s) correta(s).

a) III   d) II

b) I e II   e) II e III

c) I e III

Texto para a próxima questão.

A jabuticaba só nasce mesmo no Brasil?

Em seu discurso de agradecimento pelo prêmio de Economista do ano em 2003, Pérsio Arida, um dos idealizadores do Plano Real, utilizou um argumento inusitado para justificar a taxa de juros de equilíbrio de 8% ao ano no Brasil. "Certas coisas são iguais à jabuticaba, só ocorrem no Brasil", explicou ele na época. Rapidamente, jornalistas e intelectuais passaram a citar a frase como parte da chamada "Teoria da Jabuticaba", com o objetivo de explicar em seus textos o porquê de alguns fenômenos só acontecerem no Brasil.

Se nas Ciências Humanas a tal teoria parece fazer sucesso, do ponto de vista biológico ela está equivocada. Quem garante isso é o pesquisador da APT (Agência Paulista de Tecnologia dos Agronegócios) Eduardo Suguino, que tratou de derrubar alguns mitos sobre a ocorrência do famoso fruto. "A jabuticaba pode até ser nativa do Brasil, mas não ocorre só aqui", explicou. "Ela já apareceu em países como Argentina e México em sua forma natural".

Ainda de acordo com Suguino, a jabuticabeira pode ser cultivada em qualquer canto do planeta. Como se trata de uma planta propagada por semente, são necessárias apenas três condições para que ela se desenvolva: água, oxigênio e calor. Mesmo assim, ele faz questão de ponderar sobre a suposta universalidade do tradicional vegetal. "Apesar de possuir essa capacidade de ser cultivada em qualquer lugar, a jabuticabeira pode ser prejudicada por alguns fatores ambientais", afirma. Depois, o pesquisador ainda forneceu exemplos de casos em que o vegetal pode sofrer danos. "Se levar um exemplar para a Europa durante o inverno, ele dificilmente sobreviverá fora de um vaso ou de ambiente protegido".

Disponível em: <www.blogdoscuriosos.com.br>. Acesso em: 19 out. 2013. (Adaptado.)

100. (IFSP) Assinale a alternativa correta de acordo com a norma-padrão:

a) À partir de dezembro, inicia-se o plantio de jabuticabas.

b) Os cientistas enviaram à elas as jabuticabeiras doentes.

c) Daqui à dez dias, os alunos plantarão uma árvore.

d) Alguns intelectuais fizeram referência à Teoria da Jabuticaba.

e) No dia à dia, é raro avistar um pé de jabuticabas.

101. (IFCE) Assinale a alternativa que exemplifica o uso correto da crase.

a) O jantar desta noite será um delicioso filé à Chatô.
b) Voltarei daqui à uma hora.
c) O fórum ocorrerá de 15 à 20 deste mês de janeiro.
d) Nosso curso começará à partir da próxima semana.
e) Irei à casa logo depois do treino.

102. (EsPCEx-SP) Assinale a alternativa que completa corretamente as lacunas da frase abaixo.

Quando se aproximava ___ tarde, logo depois do almoço, ___ moça largava ___ roupas secando, para, ___ cinco, voltar com o ombro entulhado, ___ casa, direto ___ engoma ___ ferro de carvão.

a) a – a – às – as – a – à – à
b) à – à – às – as – à – a – à
c) a – a – as – às – a – à – à
d) à – à – as – às – à – a – a
e) a – a – as – às – a – à – a

103. (PUC-SP) Em: "**Se a prática leva à perfeição...**", acerca da crase (no caso, a junção da preposição "**a**" com o artigo feminino "**a**"), é linguisticamente adequado afirmar que sua ocorrência é:

a) inadequada, pois, além de não haver junção de preposição com artigo, não altera o sentido do que é dito.
b) facultativa, porque, mesmo havendo a junção de preposição com artigo, não altera o sentido do que é dito.
c) necessária, pois, além de haver a junção de preposição com artigo, sugere que a prática seja resultante da perfeição.
d) necessária, pois, além de haver a junção de preposição com artigo, sugere que a perfeição seja resultante da prática.
e) facultativa, porque, indiferentemente de haver ou não junção de preposição com artigo, crase é uma questão estilística.

104. (UFC-CE) Assinale a alternativa em que a expressão **a noite** deve receber o acento grave indicador de crase pela mesma razão que a expressão **à toa** em **para não morrer por aí à toa como as outras mulheres dessa espécie**.

a) Inspirava-os **a noite**, musa de todo poeta.
b) **A noite** parecia-lhes uma criança, amavam-na.
c) **A noite** parecia não terminar naqueles dias gélidos.
d) Elas passaram **a noite** juntas, conversando sem parar.
e) É aconselhável agasalhar-se **a noite** para evitar resfriado.

105. (ESPM-SP) Entre os usos devidos e indevidos, marque a opção em que o acento grave, indicador da **crase**, é de uso **facultativo**:

a) EUA, Europa e Canadá levam China **à** OMC (Organização Mundial do Comércio).
b) Disputa sobre tarifas de peças para automóveis leva países **à** pedir abertura de 1º painel no órgão contra o país asiático.
c) A China e o Ocidente estão **à** beira de uma guerra comercial, depois de levarem o tigre asiático a um tribunal internacional.

d) Regras chinesas impõem taxa de "veículos complexos" **à** certas combinações de peças, aumentando as tarifas.
e) A China afirma que as medidas se destinam **à** sua proteção, tanto do aspecto do consumidor quanto do das taxas alfandegárias.

106. (FGV-SP) Assinale a alternativa em que o uso do sinal de crase está correto.

a) A professora estava **à** beira de um colapso nervoso, tanta foi a pressão que recebeu do diretor.
b) O mosqueteiro estava **à** serviço do rei, por isso não achou necessário apresentar-se ao estalajadeiro.
c) Distribuiu socos **à** torto e **à** direito, enquanto suas forças o ajudaram. Depois, acabou caindo de cansaço.
d) O espetáculo era apresentado de segunda **à** quinta-feira.
e) O texto referia-se **à** outras atividades. Dizia que tínhamos de ir **à** uma reunião no edifício da Federação das Indústrias.

107. (PUC-RJ) Há na passagem abaixo DOIS erros gramaticais. Reescreva o período corrigindo-os.

Em celebração a passagem do cinquentenário da morte de José Lins do Rego, aconteceu, há pouco mais de um mês, na capital paraibana, várias atividades culturais promovidas pelo Governo do Estado: concurso de redação, espetáculo teatral, exibição de filme e concerto.

108. (UFABC-SP) Assinale a alternativa em que a regência e o emprego do sinal indicativo de crase estão de acordo com a norma culta.

a) Não intenta apenas **à** relatar acontecimentos de cada expedição militar.
b) Refere-se **à** aldeia que ousou enfrentar a República.
c) Examinou **à** ecologia muito bem.
d) Não conheço livro idêntico **à** esse, feito na América.
e) Descreve o tempo seco e quente **à** que denomina "verão".

109. (Ufal) Observe o uso do sinal indicativo de crase no trecho: "Há também os escritores cinematográficos. E não me refiro **àqueles** que escrevem imaginando que seus livros serão adaptados ao cinema." Para seguir as regras da regência verbal, esse sinal também deve ser utilizado na alternativa:

a) Há também os escritores cinematográficos. E não desejo aludir **àqueles** que escrevem imaginando que seus livros serão adaptados ao cinema.
b) Há também os escritores cinematográficos. E não quero mencionar **àqueles** que escrevem imaginando que seus livros serão adaptados ao cinema.
c) Há também os escritores cinematográficos. E não tenciono citar **àqueles** que escrevem imaginando que seus livros serão adaptados ao cinema.
d) Há também os escritores cinematográficos. E não objetivo apontar **àqueles** que escrevem imaginando que seus livros serão adaptados ao cinema.
e) Há também os escritores cinematográficos. E não pretendo incluir **àqueles** que escrevem imaginando que seus livros serão adaptados ao cinema.

110. (IFSC) Quanto ao emprego do acento indicativo de crase, assinale a alternativa CORRETA.
a) Não gostava de fazer os deveres de casa às pressas.
b) Os bois eram mortos à marretadas.
c) Trabalho de segunda à sexta-feira.
d) Convenceu a amiga à comprar um vestido pavoroso.
e) O remédio deveria ser ministrado gota à gota.

111. (Etec-SP) Assinale a alternativa em que se emprega corretamente o sinal indicativo de crase.
a) À partir de dezembro, o lixo cresce nas rodovias Anchieta e Imigrantes.
b) Os motoristas seguem com destino à praias do Litoral Sul.
c) A Ecovias coleta à quantidade de 110 toneladas de lixo por mês.
d) A quantidade de lixo recolhida é igual à quantidade produzida em Holambra.
e) Encontram-se, nessas rodovias, de restos de alimentos à fraldas descartáveis.

112. (UEPG-PR) Considerando o emprego de acentuação, assinale o que for correto.
01) ... que ia a um cinema ou a uma festa ... – O verbo **ir** rege preposição **a**, neste caso, sem emprego do acento grave porque a preposição **a** é seguida de artigos indefinidos.
02) ... saltitavam, à mostra, alguns dentes afoitos de um pente. – O verbo **saltitar** não rege preposição **a**, neste caso, emprega-se o acento grave em **à mostra** porque se trata de uma locução adverbial de modo.
04) ... com o tempo, já não voltavam à forma original. – O verbo **voltar** equivale a retomar e rege a preposição **a**, neste caso com acento grave porque houve a fusão da preposição **a** + o artigo definido **a**.
08) E todos despertavam a sanha de colecionadores ... – O verbo **despertar** não rege preposição **a**, neste caso, **a** é artigo indefinido.
16) ... exposto à curiosidade pública e ao achincalhe. – O verbo **expor**, no sentido de vulnerável, rege preposição **a**, neste caso, emprega-se o acento grave, porque a palavra regida é **curiosidade** e precedida do artigo definido.
32) ... exposto à curiosidade e ao achincalhe. – **Achincalhe** é, também, palavra regida por **expor** e deve vir acompanhada da preposição **a**, neste caso, houve a combinação da preposição **a** + artigo o.

113. (Unifesp) Considerando os aspectos de concordância e de crase, assinale a alternativa correta.
a) Os jovens, da adolescência à vida adulta, muitas vezes se depara com conflitos referente à sua sexualidade.
b) O mundo atual oferece muitas informações à seus jovens que, para falar em sexo, encontram bastante dúvidas.
c) Dúvidas frequentes e conflito pode fazer com que o jovem não chegue à uma exata dimensão da sua sexualidade.
d) Com informações à disposição, ainda existe dúvidas sobre sexo para o jovem moderno.
e) Hoje, assiste-se a uma transformação dos valores relativos à sexualidade do jovem.

114. (ESPM-SP) Em todas as frases abaixo, extraídas da *Revista da Folha*, de 3 de outubro de 2002, está presente o acento grave, indicador da ocorrência de **crase**. Em uma delas o acento foi usado **indevidamente** (de forma proposital em razão da questão). Assinale-a.
a) "Para incentivar a adesão do público jovem à Skol, a Ambev orienta todas as suas ações de comunicação nesse sentido."
b) "Enquanto a marca Omo deu continuidade à sua linha de comunicação voltada ao público feminino [...], a Coca-Cola e a Nestlé foram mais agressivas."
c) "Para as Lojas Americanas, a prioridade é transmitir ao consumidor à ideia de variedade com preço baixo [...]"
d) "O crescimento da marca Garoto, comprada pela Nestlé no primeiro semestre deste ano, é creditado à injeção de novo capital [...]"
e) "Em relação à escolaridade, o Omo tem maior presença (com 89%) entre aqueles que têm nível superior."

115. (FGV-SP) Assinale a alternativa em que a(as), com ou sem o sinal de crase, está utilizado corretamente.
a) Chegou ao trabalho **a** tempo, **às** 8 horas da noite.
b) Teve ímpetos de atirar-se **à** ele, para afogá-lo.
c) Devido **a** morte do tio, foi obrigado **a** vestir-se de preto durante um longo tempo.
d) Faremos homenagem **à** pessoas dignas da nossa sociedade.
e) O curso será ministrado no período de 11 **à** 30 de janeiro.

116. (PUC-PR) Observe este comentário de jornal, do qual se omitiu uma palavra:

Sem perdão

Os cartazes que anunciam a temporada de Caetano Veloso no Canecão cometem uma falha que o cantor não perdoaria: Ao divulgar as datas, colocaram uma _____ indevida em "de 7 à 24 de junho".

Gazeta do Povo. Curitiba, 9 jun. 2001, p. 19.

Foi retirada do texto a palavra:
a) data.
b) crase.
c) preposição.
d) pontuação.
e) grafia.

117. (FGV-SP) Com a palavra **casa**, no sentido de lar, ocorre um fato curioso na língua portuguesa: quando utilizada nesse sentido, sem qualquer modificador, não é acompanhada por artigo definido feminino. Por exemplo, diz-se **estou em casa** e não **estou na casa**. Contudo, quando é seguida por algum modificador, vem o artigo a acompanhá-la: **venho da casa** (de + a) **de José**. Por outro lado, na linguagem familiar, costuma-se dizer **vou na escola** em vez de **vou à escola**, contrariando a norma culta que manda usar a preposição **a** com verbos que indicam movimento.

Pergunta-se: no exemplo abaixo deve ou não ocorrer o acento indicador da crase? Explique.

Vou à casa do novo habitante da cidade.

118. (UFF-RJ)

NANI, *Vereda tropical*.

A prática da gramática não deve estar desvinculada da percepção das diferenças na produção de sentido, encaminhadas pela língua no processo de comunicação. Explique as diferentes regências do verbo **combater** e as decorrentes produções de sentido no contexto em que se inserem: "Combateremos a sombra. Com crase e sem crase".

119. (PUC-PR) Assinale a alternativa em que o elemento colocado entre parênteses não preenche corretamente os pontilhados.
a) Por favor, entrem e fiquem ... vontade. (à)
b) Ele voltará daqui ... meia hora. (a)
c) Sentou-se ... mesa, mas não comeu nada. (à)
d) Dirigiu-se ao quadro negro e começou ... escrever. (a)
e) O velho matou o gato ... pauladas. (à)

120. (Ibmec) Assinale a alternativa que preenche **corretamente** as lacunas do texto abaixo.
"_____ anos que não _____ via, parecia que jamais falariam de novo. No entanto, quando _____ mágoa passa, fica aquela vontade de desdizer as ofensas, de reelaborar os pensamentos, de pedir perdão [...] _____ vezes, não é bom voltar _____ que já se fez, é melhor tocar a vida adiante e pensar que dali _____ algum tempo nada mais fará sentido".
a) Há, a, a, Às, aquilo, à.
b) A, a, à, As, àquilo, a.
c) Há, a, a, Às, àquilo, à.
d) Há, a, a, Às, àquilo, a.
e) A, há, à, As, aquilo, à.

121. (FGV-SP) Observe a palavra destacada na frase: "A campanha de meus adversários interpõe-se **à** dos meus parceiros". Assinale a alternativa que **justifica** o uso do sinal de crase.
a) "Interpor-se" rege preposição **a** e subentende-se um objeto indireto feminino.
b) "Interpor-se" rege preposição **a** e "dos meus parceiros" é masculino.
c) "Interpor-se" rege preposição **a** e subentende-se um objeto direto feminino.
d) "Interpor-se" rege preposição **a** e o objeto direto explícito é masculino.
e) "Interpor-se" é verbo intransitivo e "dos meus parceiros" é adjunto masculino.

122. (FGV-SP) Assinale a alternativa em que o sinal indicativo de crase foi empregado de acordo com a norma culta.
a) Graças à essa nova visão de ensino, o professor desenvolve atividades inovadoras.
b) De aluno dedicado à profissional reconhecido: eis aí um homem de sucesso.
c) Ele se dedica à várias espécies de pesquisa experimental.
d) É sempre à partir da experiência que se aprende?
e) O curso se destina àqueles que valorizam o saber que advém da experiência.

123. (PUC-RS) O psicoterapeuta Marco Antônio Vitti não vê com bons olhos a proliferação das câmeras de vigilância. Para ele, o uso _____ desses sistemas, além de não trazer resultados em termos de segurança, ainda representa uma ameaça _____ liberdades individuais, levando as pessoas _____ perderem a _____.
a) indiscriminado; a; a; espontaneidade
b) indiscriminado; à; à; expontaneidade
c) endiscriminado; às; a; espontaneidade
d) indiscriminado; às; a; espontaneidade
e) endescriminado; a; à; expontaneidade

124. (UFS/PSS-SE) Aponte a alternativa que completa corretamente as lacunas da frase.
Comunique ... professora que a reunião terá início ... oito horas. Peça-lhe que chegue ... tempo.
a) à – às – à   d) a – às – a
b) à – às – a   e) a – as – a
c) à – as – à

125. (ESPM-SP) Assinale a frase em que o acento grave, indicador da crase, seja facultativo (ou optativo):
a) As barbáries cometidas contra os moradores de rua são semelhantes às que são praticadas contra o cidadão comum.
b) Muitos não querem sair da rua, seja por doença mental, seja pela deterioração e perda de autoestima que os estimula à autodestruição.
c) Muitos não querem sair da rua, seja pela ilusão de maior liberdade, menos compromissos, fuga de situações às quais não querem voltar.
d) Urge debater a real situação do povo de rua, visando à sua reinclusão social.
e) Os programas de reinclusão social devem dar prioridade à cidadania.

126. (CPS-SP) Assinale a alternativa que preenche **correta-mente** as lacunas da frase, na sequência.

"Regina estava ... indecisa quanto ... mandar ... faturas ... ... notas fiscais e se ... folha bastaria para o bilhete."

a) meia; à; as; anexo; às; meia
b) meia; à; as; anexas; as; meia
c) meio; a; às; anexo; às; meio
d) meia; a; às; anexo; as; meio
e) meio; a; as; anexas; às; meia

127. (Ufam) Assinale a frase em que o **a** deveria levar acento grave (à), em face da ocorrência de crase.

a) Pede a Nossa Senhora que te proteja e que dê vida a teus pais.
b) Sabe-se que a cidade do Rio de Janeiro está ligada a de Niterói por uma majestosa ponte de quatorze quilômetros.
c) Embora sejamos livres, nossa liberdade não é absolu-ta: está sempre sujeita a restrições.
d) Costuma-se dizer que quem tem boca vai a Roma.
e) Exaustos, os viajantes chegaram a uma árvore fron-dosa, a cuja sombra descansaram.

128. (UFMS) Aponte a alternativa que completa corretamen-te as lacunas da frase.

Dirigi-me ... essa professora a fim de colocar-me ... dispo-sição para o trabalho planejado ... tanto tempo.

a) à – à – há
b) a – a – a
c) a – à – há
d) à – a – a
e) a – a – há

129. (Ufac) Assinale a alterntiva que só pode ser completada com **à**.

a) Daqui ... duas horas, estarei em Porto Velho.
b) Infelizmente não escreveram ... ninguém.
c) O barco estava agora ... mercê da correnteza.
d) Não poderão ir ... festa alguma nesta semana.
e) O prêmio foi dado ... quem não merecia.

130. (Ufes) A opção em que o **a** deve receber acento de crase é:

a) Levarei um pedaço das pessoas e dos objetos **a** que eu possa me segurar.
b) Esta é uma forma de autossuficiência **a** que não aspi-rarei tão cedo.
c) Prefiro as vantagens de estar viva **as** que a morte me ofereceria.
d) Esta forma definitiva de autossuficiência **a** que se referem não me interessa.
e) As vantagens de estar viva suplantam **as** que a morte me ofereceria.

131. (UFPI) Assinale a alternativa em que haveria acento grave, indicador de crase.

a) Simão Bacamarte preferiu a ciência ao conforto dos amigos.
b) Os amigos pediram a ele que reconsiderasse.
c) Simão Bacamarte obedeceu a voz da razão.
d) Ele respondeu a tudo com muita convicção.
e) Dirigiu-se logo para a Casa Verde.

132. (UEL-PR) Foi ... Brasília aprender ... artes políticas, mas retornou ... terra natal sem grandes conhecimentos.

a) a – as – à
b) à – as – a
c) a – às – à
d) a – as – a
e) à – às – à

133. (UFPE) O sinal indicativo de crase é obrigatório na alter-nativa:

a) Ficava horas a ouvir música.
b) Abraço a causa até as últimas consequências.
c) Convidou-me para uma visita a sua casa.
d) A partir do momento em que resolveu, ficou decidi-damente exigente.
e) A noite, no largo do Bonsucesso, haverá mais dois comícios.

134. (UFMA) Marque a alternativa correta quanto ao empre-go da crase.

a) É árdua a tarefa à que te dedicas.
b) Ofereceu prêmios à todos os concorrentes.
c) Quando chegou a casa, atirou-se à chorar.
d) Não respondeu a todas as questões, somente às que sabia.
e) Seja útil a sociedade e à pátria.

135. (PUC-SP) Use o acento indicativo da crase, quando necessário, nas orações abaixo.

a) Não vai a festas nem a reuniões.
b) Chegamos a universidade as oito horas.

136. (ESPM-SP) Preencha os espaços vazios com **a** ou **as**, marcando ou não com o acento grave, indicador de crase.

"Eu já conhecia ... fazenda, por isso fui ... cidade apreciar ... praças onde fiz referências ... V.S.ª e não ... Sr.ª que o acompanha."

137. (Fuvest-SP) Assinale a alternativa que preenche adequa-damente as lacunas do texto.

"Chegar cedo ... repartição. Lá ... de estar outra vez o Horácio conversando ... uma das portas com Clementino."

a) à – há – a
b) à – há – à
c) a – há – a
d) à – a – a
e) a – a – à

138. (PUCC-SP) Assinale a alternativa em que há uso **incorre-to** do sinal da crase.

a) Toda essa situação se deve à instabilidade da taxa de inflação.
b) Referindo-se à salários do último mês, comentou a inviabilidade de se manter aquele número de funcio-nários na empresa.
c) Não é à toa que amealhou o dinheiro que tem.
d) Em clima de grande emoção, chegou a tecer elogios inclusive àqueles que sempre o criticaram.
e) Devemos incentivá-los a dar continuidade à sua tare-fa de informar a verdade sobre a situação do país.

139. (UEL-PR) Ainda ... pouco, o professor referia-se ... ques-tões interligadas ... prática de ensino.

a) a – à – a
b) há – à – a
c) à – à – à
d) há – a – à
e) a – a – a

PARTE 4 — NORMA E ESTILO

CAPÍTULO 20 – Pontuação

1. (CPACN-RJ) Em qual opção a pontuação do período está plenamente adequada?
   a) Ano passado durante uma reunião, pais, que se sentiam insatisfeitos com a qualidade do ensino oferecido pela escola, protestaram veementemente e embora a direção procurasse contemporizar algumas mudanças precisaram ser implementadas.
   b) Ano passado, durante uma reunião, pais que se sentiam insatisfeitos com a qualidade do ensino oferecido pela escola protestaram veementemente e, embora a direção procurasse contemporizar, algumas mudanças precisaram ser implementadas.
   c) Ano passado, durante uma reunião, pais, que se sentiam insatisfeitos com a qualidade do ensino oferecido, pela escola, protestaram veementemente e, embora a direção procurasse contemporizar, algumas mudanças precisaram ser implementadas.
   d) Ano passado durante uma reunião país que se sentiam insatisfeitos com a qualidade do ensino oferecido pela escola, protestaram veementemente e embora a direção procurassem contemporizar, algumas mudanças precisaram ser implementadas.
   e) Ano passado durante uma reunião, pais que se sentiam insatisfeitos, com a qualidade do ensino oferecido pela escola, protestaram veementemente e embora a direção procurasse contemporizar, algumas mudanças precisaram ser implementadas.

2. (Uema) Leia com atenção o parágrafo que segue. Nele a linguagem empregada pela autora foge dos padrões da norma culta (os sinais de pontuação praticamente estão ausentes assim como alguns acentos gráficos). Verifique:

   "Quando eu era menina o meu sonho era ser homem para defender o Brasil porque eu lia a Historia do Brasil e ficava sabendo que existia guerra. Só lia nomes masculinos como defensor da patria. Então eu dizia para a minha mãe:"

   Reescreva o referido parágrafo, pontuando-o adequadamente, mantendo as relações lógicas existentes entre os períodos. Faça as adaptações necessárias, prescritas pela norma-padrão.

3. (CPACN-RJ) Assinale a opção na qual o texto foi pontuado corretamente.
   a) Segundo pesquisas, brasileiros, leem mais que paraguaios e bolivianos; por outro lado, utilizam bem menos, as bibliotecas públicas.
   b) Na infância, as crianças aprendem que, a leitura exige concentração, mas traz, como recompensa, bastantes alegrias e conhecimento.
   c) Não existe, em parte alguma, povo civilizado que despreze a leitura, o conhecimento, as experiências advindas das bibliotecas, e gabinetes de leitura.
   d) Os leitores adquirem, ao longo dos anos, muitas experiências preciosas; enquanto isso, os não leitores, sem perceber, furtam-se de um universo incontável de saber.
   e) Sem perceber as pessoas vão deixando para trás, quando abandonam a leitura, um universo completamente precioso; ao mesmo tempo os leitores fiéis acumulam sabedoria e ideias novas.

Observe a tirinha abaixo para responder à questão a seguir.

SANTOS, Cibele. Disponível em: <www.cibelesantos.com.br>.

4. (IFSP) Com base na tirinha, assinale a alternativa correta.
   a) Na frase: "Acorda, Armando!!!", o uso da vírgula é facultativo.
   b) A frase: "Você não sabe que o amor é como uma flor?" pode ser reescrita da seguinte maneira, sem que haja prejuízo semântico: "Você, não sabe que o amor é como uma flor?".
   c) A frase: "Você não sabe que o amor é como uma flor?" pode ser reescrita da seguinte maneira, sem que haja prejuízo semântico: "Você não sabe que o amor é como uma flor".
   d) A frase: "O amor é como o motor do carro Armando!" deve ser reescrita da seguinte maneira, a fim de que não haja erro gramatical ou prejuízo semântico: "O amor é como o motor do carro, Armando!".
   e) A frase: "O amor é como o motor do carro Armando!" deve ser reescrita da seguinte maneira, a fim de que não haja erro gramatical ou prejuízo semântico: "O amor, é como o motor do carro Armando!".

5. (EsPCEx-SP) Marque a alternativa correta quanto ao emprego da vírgula, de acordo com as normas gramaticais.

a) Ele pediu, ao motorista que parasse no hotel.

b) A vida como diz o ditado popular é breve.

c) Da sala eu vi sem ser visto todo o crime acontecendo.

d) Atletas de várias nacionalidades, participarão da maratona.

e) Meus olhos, devido à fumaça intensa, ardiam muito.

6. (Ifsul-RS) Analise as frases a seguir e assinale aquela em que houver erro no uso da vírgula.

a) Os colorados saíram alegres; os gremistas, tristes.

b) Miguel, comprou os jornais e Maria as revistas.

c) Ele não poderia, a meu ver, aceitar tais condições.

d) Nós, embora exaustos, seguimos a jornada até o fim.

Texto para a próxima questão.

Eram tempos menos duros aqueles vividos na casa de Tia Vicentina, em Madureira, subúrbio do Rio, onde Paulinho da Viola podia traçar, sem cerimônia, um prato de feijoada – comilança que deu até samba, "No Pagode do Vavá". Mas como não é dado a saudades (lembre-se: é o passado que vive nele, não o contrário), Paulinho aceitou de bom grado a sugestão para que o jantar ocorresse em um dos mais requintados italianos do Rio. A escolha pela alta gastronomia tem seu preço. Assim que o sambista chega à mesa redonda ao lado da porta da cozinha, forma-se um círculo de garçons, com o *maître* à frente. [...]

Paulinho conta que cresceu comendo o trivial. Seu pai viveu 88 anos à base de arroz, feijão, bife e batata frita. De vez em quando, feijoada. Massa, também. "Mas nada muito sofisticado."

Com exceção de algumas dores de coluna, aos 70 anos, goza de plena saúde. O músico credita sua boa forma ao estilo de vida, como se sabe, não dado a exageros e grandes ansiedades.

CARDOSO, T. *Valor*, 28 jun. 2013. (Adaptado.)

7. (FGV-RJ) Considere estas afirmações sobre elementos linguísticos presentes no texto:

I. O verbo **traçar** pertence a um registro linguístico diverso do que predomina no texto.

II. No trecho "um dos mais requintados italianos do Rio", ocorre elipse de um substantivo.

III. Com as aspas em "Mas nada muito sofisticado", o autor do texto imprime, a essa expressão, um tom irônico.

Tendo em vista o contexto, está correto apenas o que se afirma em:

a) I.   c) III.   e) II e III.

b) II.   d) I e II.

8. (EsPCEx-SP) No fragmento: "A designação **gótico**, na literatura, associa-se ao universo cadente [...]", a expressão **na literatura** está separada por vírgulas porque se trata de um(a):

a) adjunto adverbial deslocado.

b) aposto do termo gótico.

c) vocativo no meio da oração.

d) adjunto adverbial de assunto.

e) complemento pleonástico.

Texto para a próxima questão.

Cruéis convenções nos convocam: estar em forma, ser competente, ser produtivo, mostrar serviço, prover, pagar, e ainda ter tempo para ternura, cuidados, amor. O curso da existência começa a ser para muitos uma ameaça real. A sociedade é uma mãe terrível, a vida um corredor estreito, o tempo um perseguidor implacável: belos e competentes, ou belos ou competentes, atordoados entre deveres e frestas estreitas demais de liberdade ou sonho.

Nós construímos isso.

Só não previamos as corredeiras, as gargantas, os redemoinhos, a noite lá no fundo dessas águas. É quando toda a competência, a eficiência, o poder, se encolhem e ficamos nus, e sós, na nossa frágil maturidade, sob o império das perdas que começam a se apresentar sem cerimônia.

LUFT, 2014. p. 79.

9. (UEMG) Em gramáticas e em manuais de língua portuguesa, costuma-se recomendar o uso da vírgula para indicar a elipse (omissão) de um verbo, como neste exemplo: "Ele prefere filmes de suspense; a namorada, filmes de aventura".

Com base nessa regra, seria necessário alterar a pontuação da seguinte passagem:

a) "Cruéis convenções nos convocam: estar em forma, ser competente, ser produtivo, mostrar serviço, prover, pagar, e ainda ter tempo para ternura, cuidados, amor."

b) "A sociedade é uma mãe terrível, a vida um corredor estreito, o tempo um perseguidor implacável [...]"

c) "Só não previamos as corredeiras, as gargantas, os redemoinhos, a noite lá no fundo dessas águas."

d) "É quando toda a competência, a eficiência, o poder, se encolhem e ficamos nus, e sós, na nossa frágil maturidade [...]"

10. (IFSC) Assinale alternativa em que a frase apresenta pontuação CORRETA.

a) Locais, como o braço, todo tatuado ou que aparecem muito como o pescoço, realmente acabam chocando algumas pessoas.

b) Nem todas as tatuagens, usadas pela maioria das pessoas possuem um significado concreto.

c) O significado de uma tatuagem, pode ter uma conotação pessoal, e fugir do misticismo ou crenças criados em cima de determinadas formas.

d) Algumas tatuagens, por mais que tentemos dissimular, sempre trarão consigo uma imagem negativa ou positiva.

e) Não é recomendado, fazer desenhos grandes no braço, antebraço pulso, orelha, nuca ou na mão.

11. (Fuvest-SP) Em qual destas frases a vírgula foi empregada para marcar a omissão do verbo?

a) Ter um apartamento no térreo é ter as vantagens de uma casa, além de poder desfrutar de um jardim.

b) Compre sem susto: a loja é virtual; os direitos, reais.

c) Para quem não conhece o mercado financeiro, procuramos usar uma linguagem livre do economês.

d) A sensação é de estar perdido: você não vai encontrar ninguém no Jalapão, mas vai ver a natureza intocada.

e) Esta é a informação mais importante para a preservação da água: sabendo usar, não vai faltar.

Texto para a próxima questão.

Guardião da brasilidade na América

Na primeira vez em que esteve no Brasil, o historiador Thomas Cohen não estava entendendo nada. Logo ao chegar, tinha um encontro com um renomado professor de história da Universidade de São Paulo. O professor chegou uma hora e meia atrasado e anunciou que precisava viajar em seguida. Convidou o jovem Cohen, então com 25 anos, para acompanhá-lo à cidade de Franca, onde passaria o fim de semana dando palestras. Cohen pensou que o professor fizera o convite apenas para compensá-lo pelo desencontro e, polidamente, recusou. "Só depois descobri que os brasileiros são assim mesmo, disponíveis, espontâneos", diz. Cohen acabou encantando-se com a informalidade dos intelectuais brasileiros, e hoje, passados trinta anos, entende muito do Brasil. Já visitou o país dezenas de vezes, é fluente em português, especialista na obra do padre Antônio Vieira (1608-1697) e guardião de uma preciosidade: a única biblioteca dedicada exclusivamente às coisas do Brasil e de Portugal em solo americano — a The Oliveira Lima Library. [...]

PETRY, André. Revista *Veja*. São Paulo: Abril.
2317 ed. ano 46, n. 16. 17 abr. 2013. p. 93.

12. (UEPB) As aspas no enunciado "Só depois descobri que os brasileiros são assim mesmo, disponíveis, espontâneos" indicam:

I. A identificação de um discurso do outro, marcado linguisticamente pelo narrador.

II. Uma forma indireta do discurso de outra pessoa, podendo ser dispensáveis na construção discursiva.

III. Um modo de oferecer credibilidade ao discurso do autor, referendado pelo verbo de elocução **diz**, que vem logo em seguida.

Analise as proposições e marque a alternativa que apresenta, apenas, a(s) correta(s).

a) I e II   c) I   e) III
b) I e III   d) II

13. (Insper-SP)

O poder da vírgula

Numa prova de português do ensino fundamental, ante a pergunta sobre qual era a função do apóstrofo, um aluno respondeu: "Apóstrofos são os amigos de Jesus, que se juntaram naquela jantinha que o Leonardo fotografou".

A frase, além de alertar sobre os avanços que precisamos na excelência da educação, é didática quanto aos cuidados no uso da língua portuguesa, preciosidade que herdamos dos lusos, do galego e do latim.

O erro gritante que o aluno cometeu ao confundir dois termos com sonoridade parecida foi agravado com a colocação da vírgula depois de "amigos de Jesus".

SILVA, Josué Gomes da. *Folha de S.Paulo*, 2 set. 2012.

A respeito da falha de pontuação cometida pelo aluno, é correto afirmar que o emprego da vírgula:

a) revela o caráter restritivo da expressão antecedente, indicando uma pausa desnecessária.

b) permite subentender que os apóstolos mencionados não eram os verdadeiros amigos de Jesus.

c) produz uma informação incoerente, pois indica que os apóstolos eram os únicos amigos de Jesus.

d) expressa desrespeito à figura religiosa, pois o aposto está associado a necessidades mundanas.

e) provoca uma ambiguidade, pois o pronome relativo pode se referir a **amigos** ou **Jesus**.

14. (Fuvest-SP) Leia as seguintes manchetes:

Grupo I

Esperada, na Câmara, a mensagem pedindo a decretação do estado de guerra

Jornal do Brasil, 07 de outubro de 1937.

Encerrou seus trabalhos a Conferência de Paris

Folha da Manhã, 16 de julho de 1947.

Causaram viva apreensão nos EUA os discos voadores

Folha da Manhã, 30 de julho de 1952.

Grupo II

Quase metade dos médicos receita o que indústria quer

Folha de S.Paulo, 31 de maio de 2010.

Novo terminal de Cumbica atenderá 19 milhões ao ano

Folha de S.Paulo, 26 de junho de 2011.

MEC divulga hoje resultados do Enem por escolas

Zero Hora, 22 de novembro de 2012.

---

a) Cada um dos grupos de manchetes acima reproduzidos, por ter sido escrito em épocas diferentes, caracteriza-se pelo uso reiterado de determinados recursos linguísticos. Indique um recurso linguístico que caracteriza as manchetes de cada um desses grupos.

b) Manchetes jornalísticas costumam suprimir vírgulas. Transcreva a última manchete de cada grupo, acrescentando vírgulas onde forem cabíveis, de acordo com a norma-padrão da língua portuguesa.

15. (EsPCEx-SP) A alternativa que apresenta trecho corretamente pontuado é:

a) A intensa exploração de recursos naturais, constitui uma ameaça ao planeta.

b) Esperanza discordou da decisão do chefe, e pediu demissão do cargo.

c) Dona Elza pediu, ao diretor do colégio, que colocasse o filho em outra turma.

d) Os animais, que se alimentam de carne, chamam-se carnívoros.

e) Van Gogh, que pintou quadros hoje muito valiosos, morreu na miséria.

16. (Ufal) No enunciado: "A filosofia não é ciência: é uma reflexão crítica sobre os procedimentos e conceitos científicos", o uso dos dois-pontos evidencia uma relação de:

a) enumeração.   d) equivalência.
b) explicação.   e) reiteração.
c) causa e efeito.

17. (Enem)

L.J.C.

— 5 tiros?

— É.

— Brincando de pegador?

— É. O PM pensou que...

— Hoje?

— Cedinho...

COELHO, M. In: FREIRE, M. (Org.). Os cem menores contos brasileiros do século. São Paulo: Ateliê Editorial, 2004.

Os sinais de pontuação são elementos com importantes funções para a progressão temática. Nesse miniconto, as reticências foram utilizadas para indicar:

a) uma fala hesitante.

b) uma informação implícita.

c) uma situação incoerente.

d) a eliminação de uma ideia.

e) a interrupção de uma ação.

18. (UFMS) Leia os provérbios abaixo e assinale a(s) proposição(ões) correta(s).

I. Quem casa muito prontamente, arrepende-se...

II. Quem casa, muito prontamente arrepende-se...

01) Em I e II, a palavra quem pode ser substituída por "aquele que".

02) Tanto em I como em II a interpretação dos provérbios é a mesma.

04) A posição da vírgula provoca mudança de sentido entre os provérbios I e II.

08) Quem é um pronome demonstrativo em I e II.

16) Em I, está subentendida a palavra para.

19. (ESPM-SP) Assinale a alternativa cuja **pontuação** esteja correta:

a) Mas, o fim da prisão dos consumidores com programas de tratamento para viciados, repercutiu pouco sobre problemas graves associados ao mercado de drogas ilegais: a violência, o contrabando de armas e a corrupção dos agentes do Estado.

b) Mas o fim da prisão dos consumidores, com programas de tratamento para viciados repercutiu pouco sobre problemas graves associados ao mercado de drogas ilegais; a violência, o contrabando de armas e a corrupção dos agentes do Estado.

c) Mas o fim da prisão dos consumidores, com programas de tratamento para viciados, repercutiu pouco sobre problemas graves associados ao mercado de drogas ilegais; a violência, o contrabando de armas e a corrupção, dos agentes do Estado.

d) Mas o fim da prisão dos consumidores, com programas de tratamento para viciados, repercutiu pouco sobre problemas graves associados ao mercado de drogas ilegais: a violência, o contrabando de armas e a corrupção dos agentes do Estado.

e) Mas o fim da prisão dos consumidores com programas de tratamento para viciados repercutiu pouco, sobre problemas graves associados ao mercado de drogas ilegais: a violência, o contrabando de armas e, a corrupção dos agentes do Estado.

20. (PUC-RJ)

Que é, pois, o tempo? Quem poderá explicá-lo clara e brevemente? Quem o poderá apreender, mesmo só com o pensamento, para depois nos traduzir por palavras o seu conceito? E que assunto mais familiar e mais batido nas nossas conversas do que o tempo? Quando dele falamos, compreendemos o que dizemos. Compreendemos também o que nos dizem quando dele nos falam. O que é, por conseguinte, o tempo? Se ninguém me perguntar, eu sei; se o quiser explicar a quem me fizer a pergunta, já não sei.

Santo Agostinho. Confissões I, XI, cap. XIV.

O trecho abaixo versa sobre essa famosa passagem de Santo Agostinho. Reescreva-o, pontuando-o de acordo com as regras da norma culta.

Muitos séculos atrás refletindo sobre a temporalidade Santo Agostinho confessou que embora tivesse uma noção tácita de tempo aparentemente não problemática não seria capaz de fornecer uma definição explícita desse conceito.

21. (Ufal) Qual o sinal de pontuação mais adequado para substituir os parênteses no período abaixo?

"Há conhecimento de dois tipos ( ) sabemos sobre um assunto ou sabemos onde podemos buscar informação sobre ele."

a) ponto final

b) reticências

c) ponto e vírgula

d) travessão

e) dois-pontos

22. (Unifesp) Em:

Ficou talvez mais disponível, e o amor por Doroteia de Seixas o iniciou em ordem nova de sentimentos: o clássico florescimento da primavera no outono.

A vírgula separa orações coordenadas com sujeitos gramaticais ....; os dois-pontos introduzem uma ....

Os espaços devem ser preenchidos, respectivamente, com:

a) indeterminados ... síntese das informações precedentes.

b) idênticos ... ratificação das informações precedentes.

c) inexistentes ... retificação de informação mal definida anteriormente.

d) distintos ... explicação de informação anterior.

e) ocultos ... citação.

23. (FGV-SP) Assinale a alternativa corretamente pontuada.

a) Quando as mensagens são frias, tornam-se mais acessíveis, pois são mais facilmente interpretadas, esse tipo de mensagem por ser facilmente compreendido, facilita a tomada de decisão.

b) O boiadeiro virou-se para o lado da casa e perguntou: "E daí, companheiro, essa gororoba sai ou não sai?".

c) Diariamente um diretor de empresa recebe mensagens eletrônicas, relatórios, e cartas com muitos dados por exemplo, a respeito dos recursos humanos.

d) Mas, não conseguiu chegar ao poço, antes disso, tropeçou em algo que não parecera estar ali.

e) Era o pé de Antônio, atravessado à sua frente. O que não deveria ser motivo, de surpresa, já que ele havia prometido vingar-se a todo custo.

24. (FCL-SP) No primeiro semestre deste ano, uma campanha publicitária veiculada em revistas de circulação nacional estampava o seguinte texto:

A Chevrolet tem a primeira e única linha 100% Flexpower do país uma linha feita para poluir menos como este anúncio sem ponto e sem vírgula para você não fazer pausa para respirar nem emitir CO_2 enquanto lê 5 de junho Dia do Meio Ambiente

Assinale a opção que pontua corretamente o período:

a) A Chevrolet tem a primeira e única linha 100% Flexpower do país, uma linha feita para poluir menos como este anúncio. Sem ponto e sem vírgula. Para você não fazer pausa para respirar. Nem emitir CO_2 enquanto lê. 5 de junho, Dia do Meio Ambiente.

b) A Chevrolet tem a primeira e única linha 100% Flexpower do país. Uma linha feita para poluir menos. Como este anúncio, sem ponto e sem vírgula, para você não fazer pausa para respirar nem emitir CO_2, enquanto lê. 5 de junho. Dia do Meio Ambiente.

c) A Chevrolet tem a primeira, e única, linha 100% Flexpower do país. Uma linha feita, para poluir menos, como este anúncio sem ponto e sem vírgula. Para você não fazer pausa, para respirar nem emitir CO_2 enquanto lê, 5 de junho. Dia do Meio Ambiente.

d) A Chevrolet tem a primeira e única linha 100% Flexpower do país. Uma linha feita para poluir menos, como este anúncio, sem ponto e sem vírgula, para você não fazer pausa para respirar, nem, emitir CO_2 enquanto lê. 5 de junho. Dia do Meio Ambiente.

e) A Chevrolet tem a primeira e única linha 100% Flexpower do país, uma linha feita para poluir menos. Como este anúncio. Sem ponto e sem vírgula. Para você não fazer pausa para respirar nem emitir CO_2 enquanto lê. 5 de junho, Dia do Meio Ambiente.

25. (Ufal)

A importância da Literatura...
para a Engenharia

A motivação deste texto adveio da frequência com a qual tenho me deparado, ao longo dos quase dez anos como docente da Escola de Engenharia da UFMG, com a velha frase: "O último livro que li foi para o vestibular". O desalento da frase é agravado (salvo exceções) nos trabalhos, pelos textos incompreensíveis, nos quais sujeitos, predicados, objetos diretos e vírgulas digladiam-se em batalhas cruentas, que nem os corretores ortográficos conseguem minimizar.

O contato com a Literatura não é apenas benfazejo como forma de aprimoramento da expressão oral e escrita. Também fomenta o desenvolvimento do raciocínio abstrato, imprescindível para os estudos de matemática e física, dois pilares das Ciências Exatas e das Engenharias. Todavia, o usufruir da Literatura requer inevitavelmente uma dose de solidão que, parece, os nossos alunos não conseguem se dar. Diferentemente da minha geração, há hoje permanente possibilidade e perspectiva de contato a qualquer tempo (celular), em qualquer lugar (Internet). Desfrutar do prazer da Literatura é essencialmente um momento do exercício da individualidade. Da escolha do livro ao tempo gasto para a leitura.

Em outro contexto, talvez o mais importante, a Literatura influencia a forma de ver o mundo, suscita reflexões, sedimenta valores. Pelo muito que desvela e pelo muito que vela. Lembro-me do impacto de uma obra-prima da escritora belgo-francesa Marguerite Yourcenar, *Alexis – o tratado do vão combate*, que li na juventude e venho relendo pela vida afora, sempre com renovado prazer. Na Literatura nacional, não se passa incólume pelas páginas de *Vidas secas*, *O tempo e o vento*, *Tereza Batista cansada de guerra* ou *Capitães da areia*, sem refletir sobre a nossa realidade, apresentada a cada dia com disfarces imperfeitos. [...]

Recentemente, reli um daqueles exemplares – *Werther* –, cujas folhas já traziam as manchas indeléveis do tempo. O romance marcante da minha adolescência (a)pareceu-me pueril na idade madura. Com a decepção desta releitura, pude redescobrir (em verdade confirmar) velha assertiva.

Há livros adequados para cada fase da nossa existência.

Por fim, muito do meu apreço pela Literatura advém do saber o quão árdua é a produção de um texto. Mesmo científico. Levamos, por vezes, dias para finalizar um parágrafo, na renovada frustração da busca da palavra mais adequada, da frase mais elegante, enfim, na construção do texto mais envolvente. Como na elaboração deste artigo. Situação paradoxal em relação ao tempo despendido por você, leitor, se porventura conseguiu chegar até aqui.

LIBÂNIO, Marcelo.. Boletim Informativo da UFMG,
nº 1398, ano 29, 29/05/2003. (Adaptado.)

Acerca dos sinais de pontuação utilizados no texto, analise as proposições a seguir.

1) As reticências utilizadas no título indicam suspensão do pensamento, que acentua o efeito de surpresa da informação que se lhes segue.

2) Em "A motivação deste texto adveio da frequência com a qual tenho me deparado, ao longo dos quase dez anos como docente da Escola de Engenharia da UFMG, com a velha frase: 'O último livro que li foi para o vestibular'.", os dois-pontos introduzem uma citação literal.

3) No trecho: "Por fim, muito do meu apreço pela Literatura advém do saber o quão árdua é a produção de um texto. Mesmo científico.", o autor opta por isolar este último segmento, colocando-o após um ponto final, o que lhe confere maior destaque.

4) No trecho destacado: "Na Literatura nacional, não se passa incólume pelas páginas de *Vidas secas, O tempo e o vento, Tereza Batista cansada de guerra* ou *Capitães da areia*, sem refletir sobre a nossa realidade...", as vírgulas são facultativas, pois há elipse do verbo.

Estão corretas apenas:

a) 1 e 4.   d) 1 e 2.

b) 2 e 3.   e) 1, 2 e 3.

c) 3 e 4.

26. (PUC-RJ) Reescreva o período abaixo pontuando-o corretamente.

"É fato conhecido por muitos que Paulo Lins escritor carioca viveu na Cidade de Deus onde se desenrola a trama de seu famoso livro."

27. (Unicamp-SP) Na tira de Garfield, a comicidade se dá por uma dupla possibilidade de leitura.

(Garfield, de Jim Davis. *Folha de S.Paulo*. São Paulo, 11 out. 2004. p. E9.)

a) Explicite as duas leituras possíveis e explique como se constrói cada uma delas.
b) Use vírgula(s) para discernir uma leitura da outra.

28. (FGV-SP) "A participação da renda pessoal na distribuição da renda nacional deve ser aumentada, e a participação da remuneração do trabalho na distribuição primária também deve ser elevada", diz o comunicado de ontem.

Em relação à vírgula antes da palavra **e** no período acima, é correto afirmar que está:

a) incorreta, pois não pode haver vírgula se houver a palavra **e**.
b) correta, uma vez que o **e** tem valor não aditivo.
c) incorreta, pois só estaria correta se houvesse uma vírgula após a palavra **primária**.
d) correta, por se tratar de caso de polissíndeto.
e) correta, pois o **e** inicia oração com sujeito diferente do da anterior.

29. (PUC-RJ) Pontue o período a seguir, empregando apenas um sinal de vírgula e um de dois-pontos.

"É aquela velha história se você coloca coisas caras em casa vai precisar pôr trancas nas portas e grades nas janelas."

30. (FGV-SP) No trecho: "É que tudo se acha fora de um livro falho, leitor amigo" a utilização da vírgula se justifica por:

a) Isolar um termo circunstancial de modo.
b) Isolar um termo explicativo.
c) Separar termos enumerativos.
d) Separar um vocativo.
e) Isolar um termo circunstancial deslocado.

31. (ESPP-SP) Considere as duas orações:

I. O sistema educacional no Brasil, necessita de reformas.
II. Maria traga os papéis, por favor.

A pontuação está correta em:

a) somente I.   c) I e II.
b) somente II.   d) Nenhuma.

32. (Vunesp-SP) Assinale a alternativa cuja frase possui pontuação correta.

a) A Imprensa Oficial, no decorrer, da história, passou por várias transformações.
b) A Imprensa Oficial no decorrer da história, passou por várias transformações.
c) A Imprensa Oficial no decorrer, da história, passou por várias transformações.
d) A Imprensa Oficial, no decorrer da história, passou por várias transformações.
e) A Imprensa Oficial, no decorrer da história, passou, por várias transformações.

33. (UFPR) Assinale a alternativa em que o texto está de acordo com as normas de pontuação.

a) Omitir informações de doenças preexistentes, mesmo que acidentalmente pode deixá-lo sem cobertura e acarretar: a rescisão do contrato.
b) Omitir: informações de doenças preexistentes mesmo que acidentalmente; pode deixá-lo sem cobertura; e acarretar a rescisão do contrato.
c) Omitir informações de doenças preexistentes, mesmo que acidentalmente, pode deixá-lo sem cobertura e acarretar a rescisão do contrato.
d) Omitir informações, de doenças preexistentes mesmo, que, acidentalmente, pode deixá-lo sem cobertura e acarretar a rescisão do contrato.
e) Omitir informações de doenças preexistentes mesmo que acidentalmente, pode deixá-lo sem cobertura, e acarretar a rescisão do contrato.

34. (ESPM-SP) Marque a única opção correta no que se refere ao emprego das vírgulas:

a) Além disso a Rússia, tem poder de veto no Conselho de Segurança da ONU, o que na prática, torna inviável uma condenação formal, à ação russa no órgão.
b) Além disso, a Rússia tem poder de veto no Conselho de Segurança da ONU, o que, na prática, torna inviável uma condenação formal à ação russa no órgão.
c) Além disso, a Rússia tem poder, de veto no Conselho de Segurança da ONU o que, na prática torna inviável, uma condenação formal à ação russa, no órgão.
d) Além disso, a Rússia tem poder de veto, no Conselho de Segurança da ONU, o que, na prática torna inviável uma condenação formal à ação russa no órgão.
e) Além disso a Rússia tem poder de veto, no Conselho de Segurança da ONU o que na prática, torna inviável uma condenação formal à ação russa, no órgão.

35. (FGV-SP) Observe a seguinte passagem: "O Brasil para ser feliz não tem necessidade de tratados com nação alguma, pois basta somente proteger a agricultura, animar a indústria manufatureira, libertar o comércio, e franquear seus portos ao mundo inteiro. O Brasil não precisa dos favores da Inglaterra". Em qual das alternativas esse trecho está pontuado de acordo com a norma culta?

a) O Brasil, para ser feliz, não tem necessidade de tratados com nação alguma, pois basta somente proteger a agricultura, animar a indústria manufatureira, libertar o comércio e franquear seus portos ao mundo inteiro. O Brasil não precisa dos favores da Inglaterra.

b) O Brasil, para ser feliz não tem necessidade de tratados com nação alguma; pois basta, somente, proteger a agricultura, animar a indústria manufatureira, libertar o comércio, e franquear seus portos ao mundo inteiro. O Brasil não precisa dos favores da Inglaterra.

c) O Brasil para ser feliz, não tem necessidade de tratados com nação alguma, pois basta somente proteger a agricultura, animar a indústria manufatureira, libertar o comércio, e franquear seus portos ao mundo inteiro. O Brasil não precisa dos favores da Inglaterra.

d) O Brasil, para ser feliz não tem necessidade, de tratados com nação alguma. Pois basta somente proteger a agricultura, animar a indústria manufatureira, libertar o comércio e franquear seus portos ao mundo inteiro. O Brasil, não precisa dos favores da Inglaterra.

e) O Brasil, para ser feliz não tem necessidade de tratados com nação alguma, pois basta somente proteger a agricultura, animar a indústria manufatureira, libertar o comércio, e franquear seus portos ao mundo inteiro, o Brasil não precisa dos favores da Inglaterra.

36. (UFPR)

Quando o grande navio encalhou, já quase chegando a Salvador, ao bater no banco de Santo Antônio, aproximadamente às 18 horas daquela noite escura e tempestuosa de 5 de maio de 1668, todos a bordo sabiam que havia poucas chances de sobrevivência. Logo depois, o galeão português Sacramento se soltou e começou a afundar. Às 23 horas, só restavam destroços na superfície do mar. A bordo estavam cerca de 600 pessoas, entre tripulantes e passageiros que vinham de Portugal, inclusive o general Francisco Correia da Silva, designado para o cargo de governador do Brasil. Ele não estava entre os que se salvaram, cerca de 70 pessoas, principalmente marinheiros e soldados. Foi uma grande tragédia, lamentada pelos cronistas dos tempos coloniais. Era um navio de guerra português, construído em 1650, na cidade do Porto, para enfrentar as grandes viagens oceânicas e projetar, além-mar, o poder militar de Portugal.

(*História Viva*, ed. n. 20, jun. 2005.)

Indique a alternativa em que as alterações na pontuação resultaram em mudança no sentido original do texto.

a) Logo depois, o galeão português Sacramento se soltou e começou a afundar às 23 horas. Só restavam destroços na superfície do mar.

b) Quando o grande navio encalhou já quase chegando a Salvador, ao bater no banco de Santo Antônio – aproximadamente às 18 horas daquela noite escura e tempestuosa de 5 de maio de 1668 – todos a bordo sabiam que havia poucas chances de sobrevivência.

c) A bordo estavam cerca de 600 pessoas, entre tripulantes e passageiros que vinham de Portugal; inclusive o general Francisco Correia da Silva, designado para o cargo de governador do Brasil.

d) Ele não estava entre os que se salvaram: cerca de 70 pessoas, principalmente marinheiros e soldados.

e) Era um navio de guerra português, construído em 1650 (na cidade do Porto) para enfrentar as grandes viagens oceânicas e projetar além-mar o poder militar de Portugal.

37. (Vunesp-SP) Leia a frase seguinte:

Para ele, ao contrário do que dizem os fabricantes, o secador gasta alta quantidade de eletricidade, de 1 700 a 2 000 watts.

Considerando as regras de pontuação, assinale a alternativa em que a frase está reescrita corretamente e sem alteração de sentido a partir do deslocamento da expressão destacada.

a) Ao contrário do que dizem os fabricantes *para ele*, o secador gasta alta quantidade de eletricidade, de 1 700 a 2 000 watts.

b) Ao contrário do que dizem os fabricantes, o secador gasta alta quantidade de eletricidade, *para ele* de 1 700 a 2 000 watts.

c) Ao contrário do que dizem os fabricantes, o secador gasta *para ele*, alta quantidade de eletricidade, de 1 700 a 2 000 watts.

d) Ao contrário *para ele*, do que dizem os fabricantes, o secador gasta alta quantidade de eletricidade, de 1 700 a 2 000 watts.

e) Ao contrário do que dizem os fabricantes, o secador, *para ele*, gasta alta quantidade de eletricidade, de 1 700 a 2 000 watts.

38. (ESPM-SP) Do trecho extraído do jornal *Folha de S.Paulo*, assinale a alternativa que possui a melhor pontuação.

a) Nos últimos quatro anos assisti nos EUA, a dois acontecimentos gravíssimos, causadores de muita morte e destruição, um deles provocado por mão humana, o ataque às Torres Gêmeas –; o outro, natural – o furacão Katrina, que acaba de destruir Nova Orleans.

b) Nos últimos quatro anos, assisti nos EUA a dois acontecimentos gravíssimos, causadores de muita morte e destruição: um deles provocado, por mão humana – o ataque às Torres Gêmeas –; o outro, natural – o furacão Katrina que acaba de destruir Nova Orleans.

c) Nos últimos quatro anos, assisti nos EUA a dois acontecimentos gravíssimos, causadores de muita morte e destruição: um deles provocado por mão humana – o ataque às Torres Gêmeas –; o outro, natural – o furacão Katrina, que acaba de destruir Nova Orleans.

d) Nos últimos quatro anos, assisti nos EUA a dois acontecimentos, gravíssimos, causadores de muita morte, e destruição, um deles provocado por mão humana – o ataque às Torres Gêmeas –; o outro natural – o furacão Katrina, que acaba de destruir, Nova Orleans.

e) Nos últimos quatro anos, assisti, nos EUA a dois acontecimentos gravíssimos, causadores de muita morte e destruição, um deles, provocado por mão humana (o ataque às Torres Gêmeas); o outro, natural, o furacão Katrina, que acaba de destruir Nova Orleans.

39. (PUC-SP) Leia com atenção o texto abaixo.

Estradas de Rodagem

Comparados os países com veículos, veremos que os Estados Unidos são uma locomotiva elétrica; a Argentina um automóvel; o México uma carroça; e o Brasil um carro de boi.

O primeiro destes países voa; o segundo corre a 50 km por hora; o terceiro apesar das revoluções tira 10 léguas por dia; nós...

Nós vivemos atolados seis meses do ano, enquanto dura a estação das águas, e nos outros 6 meses caminhamos à razão de 2 léguas por dia. A colossal produção agrícola e industrial dos americanos voa para os mercados com a velocidade média de 100 km por hora.

Os trigos e carnes argentinas afluem para os portos em autos e locomotivas que uns 50 km por hora, na certa, desenvolvem.

As fibras do México saem por carroças e se um general revolucionário não as pilha em caminho, chegam a salvo com relativa presteza. O nosso café, porém, o nosso milho, o nosso feijão e a farinha entram no carro de boi, o carreiro despede-se da família, o fazendeiro coça a cabeça e, até um dia!. Ninguém sabe se chegará, ou como chegará. Às vezes pensa o patrão que o veículo já está de volta, quando vê chegar o carreiro.

— Então? Foi bem de viagem?

O carreiro dá uma risadinha.

— Não vê que o carro atolou ali no Iriguaçu e...

— E o quê?

— ... e está atolado! Vim buscar mais dez juntas de bois para tirar ele.

E lá seguem bois, homens, o diabo para desatolar o carro. Enquanto isso, chove, a farinha embolora, a rapadura derrete, o feijão caruncha, o milho grela; só o café resiste e ainda aumenta o peso.

MONTEIRO LOBATO. *Obras completas.* 14. ed. São Paulo: Brasiliense, 1972. v. 8, p. 74.

Responda à pergunta que se segue, baseada no texto lido, assinalando a alternativa correta.

Monteiro Lobato foi um escritor que, quanto ao uso da língua, sempre questionou a obediência aos padrões rígidos da gramática e às normas herdadas de Portugal. No texto, há momentos em que ele não segue as regras de uso da vírgula previstas pela gramática normativa. Assim, observe os fragmentos a seguir:

I. "As fibras do México saem por carroças e se um general revolucionário não as pilha em caminho, chegam a salvo com presteza."

II. "Às vezes, pensa o patrão que o veículo já está de volta, quando vê chegar o carreiro."

III. "O primeiro destes países voa; o segundo corre a 50 km por hora; o terceiro apesar das revoluções tira 10 léguas por dia."

Quanto ao uso da vírgula, em relação às regras da gramática normativa, desses fragmentos:

a) I e II estão corretos.
b) II e III estão corretos.
c) I e III estão corretos.
d) apenas II está correto.
e) apenas I está correto.

40. (UFG-GO) Pontue o texto abaixo, empregando os seguintes sinais de pontuação: vírgula, ponto e vírgula e dois-pontos.

Há mitos Timbira que narram como os índios aprenderam a fazer determinados rituais com animais terrestres aquáticos e aéreos assim nos tempos míticos a situação seria o inverso da atual os ritos existiam no âmbito da natureza mas não no da sociedade.

MELATTI, Júlio C. *Índios do Brasil.* p. 138.

41. (UPM-SP)

— Muito bom dia, senhora,
Que nessa janela está;
sabe dizer se é possível
algum trabalho encontrar?

João Cabral de Melo Neto

No primeiro verso, **senhora** vem entre vírgulas porque o termo é:

a) um aposto.
b) um sujeito deslocado.
c) um vocativo.
d) um predicativo.
e) um sujeito simples.

42. (UPM-SP)

E se baratas, ratos, moscas e mosquitos fossem exterminados? O mundo seria bem menos nojento – essa é a opinião de muita gente. Mas pense bem: as consequências ruins seriam maiores que as boas. Lembre-se das aulas na escola sobre equilíbrio ecológico. Baratas, ratos, moscas e mosquitos são elos fundamentais da cadeia alimentar da qual você também faz parte. Por mais estranha que a ideia possa parecer, sua vida depende dos pernilongos. Odair Correa Bueno dá um exemplo: "Larvas de mosquitos se alimentam de partículas em suspensão na água e também servem de comida para peixes. Sem essas larvas, muita matéria orgânica se acumularia nos rios e faltaria alimento para os peixes".

Cláudia de Castro Lima

Assinale o par de frases em que as vírgulas foram empregadas de acordo com a mesma regra.

a) E se baratas, ratos, moscas e mosquitos fossem exterminados?
Por mais estranha que a ideia possa parecer, sua vida depende dos pernilongos.

b) Baratas, ratos, moscas e mosquitos são elos fundamentais da cadeia alimentar [...]
Sem essas larvas, muita matéria orgânica se acumularia nos rios.

c) Por mais estranha que a ideia possa parecer, sua vida depende dos pernilongos.
Sem essas larvas, muita matéria orgânica se acumularia nos rios.

d) Baratas, ratos, moscas e mosquitos são elos fundamentais da cadeia alimentar [...]
Por mais estranha que a ideia possa parecer, sua vida depende dos pernilongos.

e) E se baratas, ratos, moscas e mosquitos fossem exterminados?
Sem essas larvas, muita matéria orgânica se acumularia nos rios.

43. (PUC-PR)

Estímulo elétrico contra a depressão

Um estímulo elétrico numa área precisa do cérebro de quem sofre de obsessões compulsivas e depressões pode ajudar a conseguir a cura, segundo testes feitos por neurocirurgiões franceses. Uma equipe do Centro Nacional de Pesquisas Científicas da França acaba de aplicar com sucesso a técnica, que consiste em instalar eletrodos ao nível "da cabeça do núcleo caudado, situado na metade do cérebro". A operação, que dura 12 horas é relatada na edição de outubro da revista *Journal of Neurosurgery*. O estímulo elétrico, já usado para aliviar pacientes que sofrem de mal de Parkinson, ajuda a reduzir a ansiedade de quem sofre de transtornos neurológicos.

Folha de S.Paulo, 30 out. 2004.

Marque a alternativa correta:

a) A palavra **precisa** (1ª linha) pode ser substituída por **necessitada**.

b) Na terceira frase, após a palavra **horas**, deveria ter sido usada uma vírgula.

c) Em lugar de **Uma equipe** pode-se colocar **A equipe**.

d) O artigo definido em **acabar de aplicar com sucesso a técnica** pode ser substituído pelo indefinido **uma**.

e) A primeira vírgula da última frase poderia ser excluída.

44. (UPM-SP)

Estou farto do lirismo comedido
Do lirismo bem comportado
Do lirismo funcionário público com livro de ponto expediente protocolo e manifestações de apreço ao sr. diretor.
[...]
Estou farto do lirismo namorador
Político
Raquítico
Sifilítico

Manuel Bandeira

Reescrevendo os versos de forma linear e respeitando as regras de pontuação prescritas pela gramática normativa, tem-se:

a) Estou farto do lirismo comedido, do lirismo comportado. Do lirismo funcionário público: com livro de ponto expediente protocolo e manifestações de apreço ao sr. diretor.

b) Estou farto do lirismo comedido, do lirismo comportado, do lirismo funcionário público, com livro de ponto, expediente, protocolo e manifestações de apreço ao sr. diretor.

c) Estou farto do lirismo comedido. Do lirismo comportado. Do lirismo funcionário público. Com livro de ponto, expediente, protocolo e, manifestações de apreço, ao sr. diretor.

d) Estou farto do lirismo namorador: político raquítico e sifilítico.

e) Estou farto do lirismo; Namorador; Político; Raquítico; Sifilítico.

45. (UFPE) Os enunciados a seguir são fragmentos do livro *A língua portuguesa e a unidade do Brasil*, de Barbosa Lima Sobrinho (Nova Fronteira, 2000). Em uma das alternativas, a pontuação foi modificada, tornando-se **incorreta**.

Assinale-a.

a) A língua literária, quando se torna excessivamente livresca, ou aristocrática, perde sua função natural.

b) Nenhum povo cometeria, hoje, o erro de restringir ainda mais o campo de ação de um determinado idioma, quando a tendência é para alargar as fronteiras.

c) De qualquer modo, porém, o que convém é não perder terreno, isto é, não reduzir o número de pessoas que o utilizam como idioma comum.

d) A conclusão, pois, é de que, se temos o privilégio de nos entendermos facilmente de extremo a extremo do Brasil, devemo-lo à língua portuguesa.

e) A língua portuguesa é, que nos prendeu, através dos séculos da formação; ela é que assiste, ao nosso desenvolvimento e à nossa expansão.

46. (PUC-PR) A língua é bastante flexível, o que permite escolhas no modo de dizer. Indique a alternativa com a alteração inadequada:

Segundo números do Ibope e Ratings, o país tem 20 milhões de internautas que utilizam em média 10 horas mensais de acesso. Entre as páginas mais procuradas estão finanças, comércio eletrônico, notícias e serviços de governo.

Resol, set./out. 2004, p. 12.

a) Inverter a ordem da última frase: "Finanças, comércio eletrônico, notícias e serviços de governo estão entre as páginas mais procuradas".

b) Substituir "o país tem" por "no país há".

c) Substituir "em média" por "cerca de".

d) Substituir "Segundo" por "Conforme".

e) Substituir as vírgulas da última frase por ponto e vírgula.

47. (UFPI) No trecho "Bem sei que só matarei alguém um dia (que Deus me livre e guarde) se for obrigado", extraído do romance *Palha de Arroz*, de Fontes Ibiapina (p. 75), os parênteses servem para:

a) isolar a voz interior.

b) mudar o interlocutor.

c) introduzir uma explicação.

d) assinalar mudança de registro.

e) destacar expressão de outro texto.

48. (Ufac) Assinale a alternativa que não apresenta erro de pontuação.

a) A obscenidade existe e está diante de nossas caras. É o racismo, a discriminação sexual, o ódio, a ignorância, a miséria. Tem coisa mais obscena do que a guerra?

b) A obscenidade existe e está diante de nossas caras. É o racismo, a discriminação sexual, o ódio, a ignorância, a miséria. Tem coisa mais obscena, do que a guerra?

c) A obscenidade existe e está, diante de nossas caras. É o racismo, a discriminação sexual, o ódio, a ignorância, a miséria. Tem coisa mais obscena do que a guerra?

d) A obscenidade existe e está, diante de nossas caras. É o racismo, a discriminação sexual, o ódio, a ignorância, a miséria. Tem coisa mais obscena, do que a guerra?

e) A obscenidade existe, e está diante de nossas caras. É o racismo, a discriminação sexual, o ódio, a ignorância, a miséria. Tem coisa mais obscena, do que a guerra?

49. (UFF-RJ) A pontuação pode ser substituída, muitas vezes, por conectivos, para estabelecer variados tipos de relações sintático-semânticas. Na frase extraída do capítulo 1 de *Esaú e Jacó*, "A noite é clara e quente; podia ser escura e fria, e o efeito seria o mesmo", o conectivo que pode ser usado em substituição ao ponto e vírgula tem valor:

a) explicativo

b) conclusivo

c) proporcional

d) final

e) adversativo.

50. (Fuvest-SP) As aspas marcam o uso de uma palavra ou expressão de variedade linguística diversa da que foi usada no restante da frase em:

a) Essa visão desemboca na busca ilimitada do lucro, da apologia do empresário privado como o "grande herói" contemporâneo.

b) Pude ver a obra de Machado de Assis de vários ângulos, sem participar de nenhuma visão "oficialesca".

c) Nas recentes discussões sobre os "fundamentos" da economia brasileira, o governo deu ênfase ao equilíbrio fiscal.

d) O prêmio Darwin, que "homenageia" mortes estúpidas, foi instituído em 1993.

e) Em fazendas de Minas e Santa Catarina, quem aprecia o campo pode curtir o frio, ouvindo "causos" à beira da fogueira.

51. (UFV-MG) Os sinais de pontuação que preenchem de maneira **correta** as lacunas da sentença abaixo são:

No que tange ao complexo de inferioridade ___ podemos encará-lo sob dois aspectos interessantes ___ é real, acostumados que estamos à submissão aos países desenvolvidos ___ é falso, indicativo apenas de uma humildade brasileira não percebida pelo autor.

a) ponto e vírgula, vírgula, ponto e vírgula.

b) ponto e vírgula, dois-pontos, vírgula.

c) vírgula, ponto e vírgula, dois-pontos.

d) vírgula, dois-pontos, ponto e vírgula.

e) vírgula, vírgula, vírgula.

52. (PUC-RS)

Viagens são importantes: o mundo mudou por causa dos grandes navegadores. Descobrimos muitas coisas, em nossas aventuras, mas uma das **descobertas**, a mais **importante**, só aos poucos vai aparecendo; **com a maturidade**, constatamos que a grande aventura ainda é a aventura interior, é visitar os estranhos **lugares** que temos dentro de nós, conhecer as estranhas pessoas que somos. É possível fazer essa viagem na companhia de um psicanalista, na companhia de livros; **mas é possível** fazê-la por conta própria. Como toda aventura, esta envolve riscos e frustrações, **mas**, como toda aventura, envolve um componente glorioso. É a glória de estar vivo, a glória de sobreviver. É a grande aventura.

SCLIAR, Moacyr. *Zero Hora*, 21 mar. 2004.

Instrução: Para responder à questão, analise as alterações propostas.

I. Substituir as vírgulas após **descobertas** e **importante** por travessões.

II. Substituir os pontos e vírgulas (antes de "com a maturidade" e "mas é possível") por dois-pontos.

III. Colocar vírgula após **lugares**.

IV. Colocar um ponto seguido de letra maiúscula antes do **mas**.

As propostas de alteração que mantêm a correção e o sentido são

a) a I e a II;

b) a I e a III;

c) a I e a IV;

d) a II e a III;

e) a III e a IV.

53. (UEL-PR) Considere os períodos I, II e III, pontuados de duas maneiras diferentes.

I. Pedro, o gerente do banco ligou e deixou um recado.
Pedro, o gerente do banco, ligou e deixou um recado.

II. De repente, perceberam que estavam brigando à toa.
De repente perceberam que estavam brigando à toa.

III. Os doces visivelmente deteriorados foram postos na lixeira.
Os doces, visivelmente deteriorados, foram postos na lixeira.

Com a alteração da pontuação, houve mudança de sentido somente em:

a) I.

b) II.

c) I e II.

d) I e III.

e) II e III.

54. (PUC-SP) O uso das vírgulas de intercalação está registrado adequadamente em uma das alternativas a seguir. Assinale-a.

a) E então chegava o Carnaval, registrando-se grandes comemorações ao Festival de Besteira.

b) Um padre local, por volta da meia-noite, recebeu uma denúncia e foi para o baile, exigindo da polícia que o Papa de araque fosse preso.

c) E enquanto todos pulavam no salão, o dólar pulava no câmbio. Há coisas inexplicáveis!

d) [...] e foi para o baile, exigindo da polícia que o Papa de araque fosse preso. Em seguida, declarou: "Brincar o Carnaval já é um pecado grave. Brincar fantasiado de Papa é uma blasfêmia terrível".

e) Até hoje não se sabe por que foi durante o Carnaval que o governo aumentou o dólar, fazendo muito rico ficar mais rico.

55. (Ufes) Identifique e justifique as diferentes possibilidades de interpretação nos seguintes exemplos:

Os candidatos ao vestibular, que só querem o diploma, não pensam na sociedade.

Os candidatos ao vestibular que só querem o diploma não pensam na sociedade.

56. (UFG-GO) Leia abaixo o fragmento extraído de uma revista.

Os Estados Unidos, há muito, desejam controlar a Amazônia. Não foi por outra razão que "ambientalistas" americanos iniciaram um movimento para declarar a Amazônia área de interesse mundial (essa questão foi a pauta não oficial da Eco-92, realizada no Rio, em julho de 1992)."

Caros amigos, n. 30, set. 1999. p. 31.

De acordo com as possibilidades de emprego das aspas, explique o porquê de o autor tê-las usado em **ambientalistas**.

57. (UFPR) Assinale a alternativa em que a oração entre colchetes deve ser necessariamente separada por vírgulas.

a) O presidente da República [que parte para mais uma viagem ao exterior na próxima semana] reuniu os ministros para definir estratégias a fim de combater a fome no Brasil.

b) Os integrantes da comissão [que se mostrarem contrários ao que foi decidido] devem ser substituídos.

c) O candidato [que não concordar com a divulgação das pesquisas de opinião] poderá entrar com processo na justiça.

d) O funcionário público [que for contratado depois da alteração da lei da aposentadoria] não terá mais salário integral quando se aposentar.

e) O eleitor [que se sentir ultrajado pelas campanhas eleitorais] poderá dar uma resposta a esses abusos nas urnas.

58. (USF-SP) Os períodos apresentam diferenças de pontuação. Indique a alternativa que corresponde ao período de pontuação **correta**.

a) A menina chorando de emoção, recebeu, o presente das mãos do padrinho.

b) A menina, chorando de emoção recebeu o presente, das mãos do padrinho.

c) A menina, chorando de emoção recebeu o presente das mãos, do padrinho.

d) A menina chorando, de emoção recebeu o presente, das mãos do padrinho.

e) A menina, chorando de emoção, recebeu o presente das mãos do padrinho.

59. (UPM-SP) Os trechos a seguir tiveram sinais de pontuação suprimidos e alterados. Aponte aquele cuja pontuação permaneceu gramaticalmente **correta**.

a) A ideia do ministro extraordinário dos esportes, Édson Arantes do Nascimento, o Pelé de colocar na cadeia "os meninos" que participam de brigas entre torcidas organizadas é para ficar no jargão esportivo, uma "bola fora".

b) Parece que, o Pelé do milésimo gol, que pedia escola para "esses meninos", também era bem mais sábio do que o que hoje lhes propõe "cadeia".

c) Os otimistas olham e dizem: Ah, está meio cheio. Mas os pessimistas, veem o mesmo copo, a mesma quantidade de água e acham que está meio vazio.

d) A pesquisa, descrita na edição de hoje da revista científica britânica *Nature*, é mais um dado na busca pelos cientistas de compreender os mecanismos moleculares da embriogênese, ou seja, a formação e o desenvolvimento dos seres vivos.

e) Como os bens públicos não podem ser penhorados os precatórios entram em ordem cronológica no orçamento do governo.

60. (Fesb-SP) Assinale a alternativa correspondente ao período de pontuação correta.

a) Na espessura do bosque, estava o leito da irara ausente.

b) Na espessura, do bosque; estava o leito, da irara ausente.

c) Na espessura do bosque; estava o leito, da irara, ausente.

d) Na espessura, do bosque estava o leito da irara ausente.

e) Na espessura, do bosque estava, o leito da irara ausente.

61. (Fuvest-SP) Do texto abaixo, omitiram-se as vírgulas. Transcreva-o, colocando-as.

"Quando eu pedi três meses depois que casasse comigo Iaiá Lindinha não estranhou nem me despediu."

62. (Faap-SP) Pontue adequadamente o trecho:

"Os que vivem dependentes do dinheiro sujeitos à sua força encarcerados por ele não sabem que a mais nobre das condições humanas é justamente o desprezo do vil metal quando a gente não o tem esclareço"

63. (UFPR) Quais são as frases corretamente pontuadas?

a) Os alunos angustiados esperam o resultado dos exames.

b) Os alunos, angustiados, esperam o resultado dos exames.

c) Os alunos, esperam angustiados, o resultado dos exames.

d) Angustiados, os alunos esperam o resultado dos exames.

e) Os alunos, esperam, angustiados, o resultado dos exames.

f) Os alunos esperam angustiados, o resultado dos exames.

64. (Unirio-RJ) Assinale o item em que há **erro** no tocante à pontuação.

a) — D. Sara, a senhora é nossa benfeitora.

b) Mulheres pobres, lavando roupa nas tinas, representavam o outro lado do mundo.

c) Peixadas, galinha de cabidela, tudo me recordava D. Sara.

d) Bandeira, só, enfrentava a orfandade.

e) Couto meu melhor amigo antecedeu-me na Academia.

65. (UEPG-PR) A opção em que está **correto** o emprego do ponto e vírgula é:

a) Solteiro, foi um menino turbulento; casado, era um moço alegre; viúvo, tornara-se um macambúzio.

b) Solteiro; foi um menino turbulento, casado; era um moço alegre, viúvo; tornara-se um macambúzio.

c) Solteiro, foi um menino; turbulento, casado; era um moço alegre viúvo, tornara-se um macambúzio.

d) Solteiro foi um menino turbulento, casado era um moço alegre, viúvo; tornara-se um macambúzio.

e) Solteiro, foi um menino turbulento, casado; era um moço alegre, viúvo; tornara-se um macambúzio.

66. (UFSM-RS) Assinale a alternativa em que a pontuação está **correta**.

a) Embora esteja ameaçada pela poluição, aquela praia recebe durante o veraneio, muitos turistas

b) Por muitos séculos, o homem usou, imprudentemente seu ambiente natural, ocasionando desequilíbrio ecológico.

c) A guerra flagelo terrível, tem sido uma constante, em todos os tempos da humanidade.

d) As recentes conquistas nucleares, alteram de modo profundo, as relações internacionais.

e) Jovem, para entender a vida, comece por estudar o homem.

67. (Unisinos-RS) Ocorre pontuação inaceitável em:

a) Doutor, ainda que mal pergunte, que negócio é esse?

b) Se queres distrair-te, ouve cantores italianos.

c) Bento era entre todos os empregados, o mais fiel.

d) Perdoo-te; espero, porém, que não reincidas no erro.

e) Não creias naqueles que não acreditam em ninguém.

CAPÍTULO 21 – Figuras e vícios de linguagem

Texto para a próxima questão.

QUASE NADA FÁBIO MOON E GABRIEL BÁ

MOON, Fábio; BÁ, Gabriel. *Folha de S.Paulo*, 15 jun. 2013.

1. (Uerj) O personagem presente no último quadrinho é um ácaro, um ser microscópico. Suas falas têm relação direta com seu tamanho. No contexto, é possível compreender a imagem do personagem como uma metonímia. Essa metonímia representa algo que se define como:

   a) invisível.   b) expressivo.   c) inexistente.   d) contraditório.

2. (Fuvest-SP)

   São Paulo gigante, torrão adorado
   Estou abraçado com meu violão
   Feito de pinheiro da mata selvagem
   Que enfeita a paisagem lá do meu sertão

   Tonico e Tinoco, "São Paulo Gigante".

   Nos versos da canção dos paulistas Tonico e Tinoco, o termo **sertão** deve ser compreendido como:

   a) descritivo da paisagem e da vegetação típicas do sertão existente na região Nordeste do país.
   b) contraposição ao litoral, na concepção dada pelos caiçaras, que identificam o sertão com a presença dos pinheiros.
   c) analogia à paisagem predominante no Centro-Oeste brasileiro, tal como foi encontrada pelos bandeirantes no século XVII.
   d) metáfora da cidade-metrópole, referindo-se à aridez do concreto e das construções.
   e) generalização do ambiente rural, independentemente das características de sua vegetação.

Texto para a próxima questão.

Envelhecer

A coisa mais moderna que existe nessa vida é envelhecer
A barba vai descendo e os cabelos vão caindo pra cabeça aparecer
Os filhos vão crescendo e o tempo vai dizendo que agora é pra valer
Os outros vão morrendo e a gente aprendendo a esquecer
Não quero morrer pois quero ver como será que deve ser envelhecer
Eu quero é viver para ver qual é e dizer venha pra o que vai acontecer
[...]
Pois ser eternamente adolescente nada é mais *démodé** com os ralos fios de cabelo sobre a testa que não para de crescer
Não sei por que essa gente vira a cara pro presente e esquece de aprender
Que felizmente ou infelizmente sempre o tempo vai correr.
[...]

ANTUNES, Arnaldo; ORTINHO; JENECI, Marcelo.
Disponível em: <www.arnaldoantunes.com.br/new/sec_discografia_sel.php?id=679>.

*__démodé__: fora de moda.

3. (Epcar-MG) Assinale a opção que aponta corretamente a figura de linguagem presente no trecho abaixo.

   a) "Pois ser eternamente adolescente nada é mais *démodé*" – Metonímia
   b) "Não sei por que essa gente vira a cara pro presente e esquece de aprender" – Antítese
   c) "Os filhos vão crescendo e o tempo vai dizendo que agora é pra valer" – Prosopopeia
   d) "A coisa mais moderna que existe nessa vida é envelhecer" – Eufemismo

4. (Unicamp-SP) Leia o poema "Mar Português", de Fernando Pessoa.

   Mar português

   Ó mar salgado, quanto do teu sal
   São lágrimas de Portugal!
   Por te cruzarmos, quantas mães choraram,
   Quantos filhos em vão rezaram!
   Quantas noivas ficaram por casar
   Para que fosses nosso, ó mar!
   Valeu a pena? Tudo vale a pena
   Se a alma não é pequena.
   Quem quer passar além do Bojador
   Tem que passar além da dor.
   Deus ao mar o perigo e o abismo deu,
   Mas nele é que espelhou o céu.

   Disponível em: <www.jornaldepoesia.jor.br/fpesso03.html>.

   No poema, a apóstrofe, uma figura de linguagem, indica que o enunciador:
   a) convoca o mar a refletir sobre a história das navegações portuguesas.
   b) apresenta o mar como responsável pelo sofrimento do povo português.
   c) revela ao mar sua crítica às ações portuguesas no período das navegações.
   d) projeta no mar sua tristeza com as consequências das conquistas de Portugal.

5. (IFCE) Assinale a alternativa que apresenta a correta relação entre a frase e a figura de linguagem.
   a) Finalmente passou dessa para uma melhor. (Metonímia)
   b) Já estou farto de ter que implorar um milhão de vezes por isso! (Eufemismo)
   c) Minha alma é como um buraco negro profundo e insondável. (Metáfora)
   d) Chegou à sala com um perfume doce, falando com voz macia. (Sinestesia)
   e) Ele bebeu mais de três copos e não poderá dirigir! (Hipérbole)

6. (Unicamp-SP)

   Morro da Babilônia

   À noite, do morro
   descem vozes que criam o terror
   (terror urbano, cinquenta por cento de cinema,
   e o resto que veio de Luanda ou se perdeu na língua Geral).
   Quando houve revolução, os soldados espalharam no morro,
   o quartel pegou fogo, eles não voltaram.
   Alguns, chumbados, morreram.
   O morro ficou mais encantado.
   Mas as vozes do morro
   não são propriamente lúgubres.
   Há mesmo um cavaquinho bem afinado
   que domina os ruídos da pedra e da folhagem
   e desce até nós, modesto e recreativo,
   como uma gentileza do morro.

   ANDRADE, Carlos Drummond de. *Sentimento do mundo*.
   São Paulo: Companhia das Letras, 2012. p. 19.

   No poema "Morro da Babilônia", de Carlos Drummond de Andrade:
   a) a menção à cidade do Rio de Janeiro é feita de modo indireto, metonimicamente, pela referência ao Morro da Babilônia.
   b) o sentimento do mundo é representado pela percepção particular sobre a cidade do Rio de Janeiro, aludida pela metáfora do Morro da Babilônia.
   c) o tratamento dado ao Morro da Babilônia assemelha-se ao que é dado a uma pessoa, o que caracteriza a figura de estilo denominada paronomásia.
   d) a referência ao Morro da Babilônia produz, no percurso figurativo do poema, um oximoro: a relação entre terror e gentileza no espaço urbano.

7. (Unicamp-SP) O poema abaixo é de autoria de Manoel de Barros e foi publicado no *Livro sobre nada*, de 1996.

   A ciência pode classificar e nomear todos os órgãos de um sabiá mas não pode medir seus encantos.
   A ciência não pode calcular quantos cavalos de força existem nos encantos de um sabiá.
   Quem acumula muita informação perde o condão de adivinhar: divinare.
   Os sabiás divinam.

   BARROS, Manoel de. *Livro sobre nada*.
   Rio de Janeiro: Record, 1996. p. 53.

   a) No poema há uma estrutura típica de provérbios com uma finalidade crítica. Aponte duas características dessa estrutura.
   b) Considerando que o poeta joga com os sentidos do verbo "adivinhar" e da sua raiz latina *divinare*, justifique o neologismo usado no último verso.

8. (UEFS-BA)

   CAULOS. *Só dói quando eu respiro*. Porto Alegre: L&PM, 2001. p. 56.

   Considerando-se a análise dos pressupostos e subentendidos relacionados com os elementos verbais e não verbais desse cartum de Caulos, é correto afirmar que nele está presente um recurso estilístico denominado de:
   a) comparação, cotejando os valores e o lugar dos sujeitos em uma sociedade excludente.
   b) paradoxo, sugerindo uma incompatibilidade ideológica referente aos que representam a força e a fraqueza.
   c) oximoro, explicitando, através de conceitos contrários, elementos que se complementam no contexto público.
   d) antítese, denunciando, por meio de figuras e vocábulos antagônicos, a desigualdade, a opressão e a exploração social.
   e) metonímia, substituindo os indivíduos e suas classes sociais por nomes que apresentam entre si ideias contraditórias.

Texto para a próxima questão.

Disponível em: <http://portaldoprofessor.mec.gov.br/storage/discovirtual/galerias/imagem/0000000447/0000003347.jpg>.
Acesso em: 22 set. 2015.

9. (IFPE) O humor da tirinha foi conferido, sobretudo, pela não compreensão por parte da personagem Chico Bento da figura de linguagem utilizada por seu interlocutor. A essa referida figura de linguagem dá-se o nome de:
    a) anáfora. b) metonímia. c) perífrase. d) hipérbole. e) aliteração.

10. (IFBA) Analise a imagem a seguir e identifique a figura de linguagem em evidência no título da manchete.

Disponível em: <http://desconversa.com.br/portugues/lista-conjuncoes>. Acesso em: 24 set. 2015.

a) Metáfora.
b) Hipérbole.
c) Hipérbato.
d) Metonímia.
e) Pleonasmo.

Leia o soneto do poeta Luís Vaz de Camões (1525?-1580) para responder à questão 11.

Sete anos de pastor Jacob servia
Labão, pai de Raquel, serrana bela;
mas não servia ao pai, servia a ela,
e a ela só por prêmio pretendia.

Os dias, na esperança de um só dia,
passava, contentando-se com vê-la;
porém o pai, usando de cautela,
em lugar de Raquel lhe dava Lia.

Vendo o triste pastor que com enganos
lhe fora assi negada a sua pastora,
como se a não tivera merecida,

começa de servir outros sete anos,
dizendo: "Mais servira, se não fora
para tão longo amor tão curta a vida".

CAMÕES, Luís Vaz de. *Sonetos*, 2001.

11. (Unifesp) Uma das principais figuras exploradas por Camões em sua poesia é a antítese. Neste soneto, tal figura ocorre no verso:
    a) "mas não servia ao pai, servia a ela"
    b) "passava, contentando-se com vê-la"
    c) "para tão longo amor tão curta a vida"
    d) "porém o pai, usando de cautela"
    e) "lhe fora assi negada a sua pastora"

12. (Ifsul-RS) Observe o poema de Mário Quintana:

    Tic-tac

    Esse tic-tac dos relógios
    é a máquina de costura do Tempo
    a fabricar mortalhas.

    As figuras de linguagem presentes no texto são, respectivamente:
    a) onomatopeia, metáfora e eufemismo.
    b) metáfora, metáfora e metonímia.
    c) sinestesia, metonímia e hipérbole.
    d) ironia, metonímia, catacrese.

13. (UFU-SP)

    Noite de São João

    Vamos ver quem é que sabe
    soltar fogos de S. João?
    Foguetes, bombas, chuvinhas,
    chios, chuveiros, chiando,
    chiando
    chovendo
    chuvas de fogo!
    Chá-Bum!

    LIMA, Jorge de. *Obra completa*.
    Rio de Janeiro: José Aguilar, 1958. p. 58.

    a) Quais são as três figuras de efeito sonoro que predominam nesta estrofe?
    b) Explique cada uma delas, citando exemplos retirados destes versos de Jorge de Lima.

14. (Ceeteps-SP) Analise a charge considerando que o personagem de terno seja o dono da empresa aérea.

VELATI. *Folha de S.Paulo*, 28 mar. 2013. (Original colorido.)

Nessa charge, identifica-se a figura de linguagem:

a) antítese, já que os comissários de bordo apresentam reação idêntica ao saberem da demissão.
b) personificação, visto que o objetivo principal da charge é criar uma cena divertida e plena de humor.
c) hipérbole, pois há um exagero na solução drástica encontrada pelo dono da empresa para demitir os comissários.
d) metonímia, porque se percebe a indiferença do dono da empresa perante a sensação de terror da tripulação.
e) eufemismo, pois o dono da empresa resolve, sem sutileza, como cortar parte dos funcionários da empresa aérea.

Leia o poema e observe a imagem para responder à questão a seguir.

Era um cavalo todo feito em lavas
recoberto de brasas e de espinhos.
Pelas tardes amenas ele vinha
e lia o mesmo livro que eu folheava.

Depois lambia a página, e apagava
a memória dos versos mais doridos;
então a escuridão cobria o livro,
e o cavalo de fogo se encantava.

Bem se sabia que ele ainda ardia
na salsugem do livro subsistido
e transformado em vagas sublevadas.

Bem se sabia: o livro que ele lia
era a loucura do homem agoniado
em que o incubo cavalo se nutria.

LIMA, Jorge de. Canto quarto, poemas II e IV. In: *Invenção de Orfeu*.
Disponível em: <http://www.algumapoesia.com.br/poesia3/poesianet291.htm>.
Acesso em: 14 maio 2016.

DALÍ, Salvador. *Girafas em fogo em marrom*. Disponível em:
<www.allposters.com.br/-sp/Girafas-em-Fogo-em-Marrom-posters_i1781763_.htm>. Acesso em: 14 mar. 2016.

15. (UEG-GO) Tanto na pintura quanto no soneto apresentados a imagem do fogo configura:

a) um eufemismo para a morte, cuja irrupção, muitas vezes inesperada, tem o poder de apagar o fogo da vida.
b) uma elipse cuja caracterização dialoga com a perplexidade humana perante o inusitado da existência.
c) uma prosopopeia, visto que se reveste de um caráter humano para se referir à efemeridade da vida.
d) uma metáfora do trajeto humano em direção a um lugar de aprazimento que jamais é encontrado.
e) um paradoxo, porque ao mesmo tempo em que consome, também aquece, ilumina e protege.

16. (Ceeteps-SP) Leia este fragmento do poema "A lua foi ao cinema", do escritor Paulo Leminski.

A lua foi ao cinema,
passava um filme engraçado,
a história de uma estrela
que não tinha namorado.
Não tinha porque era apenas
uma estrela bem pequena,
dessas que, quando apagam,
ninguém vai dizer, que pena! [...]

Disponível em: <http://tinyurl.com/n4oljo7>.
Acesso em: 24 jul. 2014. (Adaptado.)

A figura de linguagem predominante nesse poema é:

a) hipérbole, pois a palavra **estrela** foi empregada para suavizar um termo.
b) pleonasmo, pois a palavra **história** apresenta o mesmo sentido de **incidente**.
c) sinestesia, pois a felicidade da estrela é tratada com indiferença pelo poeta.
d) catacrese, pois a palavra **pena** foi empregada inadequadamente, num sentido impróprio.
e) personificação, pois a lua vivencia uma situação que é própria dos seres humanos.

Texto para a próxima questão.

17. (IFSP) Na tirinha acima, há uma figura de linguagem. Assinale a alternativa que a apresenta.

a) Acorda, Armando! (metonímia).
b) O amor é como o motor do carro [...] (comparação).
c) Você não sabe que o amor é como uma flor? (onomatopeia).
d) Ela murcha e morre!!! (eufemismo).
e) Se não for regada e bem cuidada [...] (antítese).

Texto para a próxima questão.

A ondomotriz é uma forma de energia renovável que se aproveita da energia das ondas oceânicas. Além de poder fornecer energia, as ondas também serviram de inspiração para Manuel Bandeira compor o poema "A onda".

A onda
a onda anda
aonde anda
a onda?
a onda ainda
ainda onda
ainda anda
aonde?
aonde?
a onda a onda

18. (Ceeteps-SP) Assinale a alternativa que apresenta uma figura de linguagem utilizada no poema.

a) Antítese, associação de ideias contrárias por meio de palavras de sentidos opostos.
b) Catacrese, emprego de uma palavra no sentido figurado por falta de um termo apropriado.
c) Eufemismo, atenuação de ideias consideradas desagradáveis, ofensivas ou cruéis.
d) Onomatopeia, palavras especiais criadas para representar sons específicos.
e) Paronomásia, semelhança sonora e gráfica entre palavras de significados distintos.

Texto para a próxima questão.

Catar feijão

1
Catar feijão se limita com escrever:
jogam-se os grãos na água do alguidar
e as palavras na folha de papel;
e depois, joga-se fora o que boiar.
Certo, toda palavra boiará no papel,
água congelada, por chumbo seu verbo:
pois para catar esse feijão, soprar nele,
e jogar fora o leve e oco, palha e eco.

2
Ora, nesse catar feijão entra um risco:
o de que entre os grãos pesados entre
um grão qualquer, pedra ou indigesto,
um grão imastigável, de quebrar dente.
Certo não, quando ao catar palavras:
a pedra dá à frase seu grão mais vivo:
obstrui a leitura fluviante, flutual,
açula a atenção, isca-a como o risco.

MELO NETO, João Cabral de. *A educação pela pedra.*

19. (FGV-RJ) Entre os recursos estilísticos de que lança mão o poeta na composição do poema, só NÃO se encontra:

a) a atenuação da distinção entre poesia e prosa.
b) a estrutura discursiva lógico-argumentativa.
c) o emprego de neologismos.
d) a personificação (ou prosopopeia).
e) o recurso sonoro da aliteração.

Texto para a próxima questão.

Science Fiction
O marciano encontrou-me na rua
e teve medo de minha impossibilidade humana.
Como pode existir, pensou consigo, um ser
que no existir põe tamanha anulação de existência?
Afastou-se o marciano, e persegui-o.
Precisava dele como de um testemunho.
Mas, recusando o colóquio, desintegrou-se
no ar constelado de problemas.
E fiquei só em mim, de mim ausente.

ANDRADE, Carlos Drummond de. *Nova reunião.*
São Paulo: José Olympio, 1983.

20. (Uerj) "Mas, recusando o colóquio, desintegrou-se **no ar constelado de problemas**."

O estranhamento provocado no verso destacado constitui um caso de:

a) pleonasmo.   c) hipérbole.
b) metonímia.   d) metáfora.

21. (Enem)

CURY, C. Disponível em: <http://tirasnacionais.blogspot.com>. Acesso em: 13 nov. 2011.

A tirinha denota a postura assumida por seu produtor frente ao uso social da tecnologia para fins de interação e de informação. Tal posicionamento é expresso, de forma argumentativa, por meio de uma atitude:

a) crítica, expressa pelas ironias.
b) resignada, expressa pelas enumerações.
c) indignada, expressa pelos discursos diretos.
d) agressiva, expressa pela contra-argumentação.
e) alienada, expressa pela negação da realidade.

Texto para a próxima questão.

A rosa de Hiroxima

Pensem nas crianças
Mudas telepáticas
Pensem nas meninas
Cegas inexatas
Pensem nas mulheres
Rotas alteradas
Pensem nas feridas
Como rosas cálidas
Mas oh não se esqueçam
Da rosa da rosa
Da rosa de Hiroxima
A rosa hereditária
A rosa radioativa
Estúpida e inválida
A rosa com cirrose
A antirrosa atômica
Sem cor sem perfume
Sem rosa sem nada.

Vinicius de Moraes, *Antologia poética*.

22. (Fuvest-SP) Neste poema,

a) a referência a um acontecimento histórico, ao privilegiar a objetividade, suprime o teor lírico do texto.
b) parte da força poética do texto provém da associação da imagem tradicionalmente positiva da rosa a atributos negativos, ligados à ideia de destruição.
c) o caráter politicamente engajado do texto é responsável pela sua despreocupação com a elaboração formal.
d) o paralelismo da construção sintática revela que o texto foi escrito originalmente como letra de canção popular.
e) o predomínio das metonímias sobre as metáforas responde, em boa medida, pelo caráter concreto do texto e pelo vigor de sua mensagem.

23. (Unicamp-SP) A propaganda a seguir explora a expressão idiomática "não leve gato por lebre" para construir a imagem de seu produto:

NÃO LEVE GATO POR LEBRE
SÓ BOM BRIL É BOM BRIL

a) Explique a expressão idiomática por meio de duas paráfrases.
b) Mostre como a dupla ocorrência de BOM BRIL no *slogan* "SÓ BOM BRIL É BOM BRIL", aliada à expressão idiomática, constrói a imagem do produto anunciado.

24. (Enem)

Dia desses resolvi fazer um teste proposto por um site da internet. O nome do teste era tentador: "O que Freud diria de você". Uau. Respondi a todas as perguntas e o resultado foi o seguinte: "Os acontecimentos da sua infância a marcaram até os doze anos, depois disso você buscou conhecimento intelectual para seu amadurecimento". Perfeito! Foi exatamente o que aconteceu comigo. Fiquei radiante: eu havia realizado uma consulta paranormal com o pai da psicanálise, e ele acertou na mosca.

Estava com tempo sobrando, e curiosidade é algo que não me falta, então resolvi voltar ao teste e responder tudo diferente do que havia respondido antes. Marquei umas alternativas esdrúxulas, que nada tinham a ver com minha personalidade. E fui conferir o resultado, que dizia o seguinte: "Os acontecimentos da sua infância a marcaram até os 12 anos, depois disso você buscou conhecimento intelectual para seu amadurecimento".

MEDEIROS, M. *Doidas e santas*. Porto Alegre, 2008 (adaptado).

Quanto às influências que a internet pode exercer sobre os usuários, a autora expressa uma reação irônica no trecho:

a) "Marquei umas alternativas esdrúxulas, que nada tinham a ver".
b) "Os acontecimentos da sua infância a marcaram até os doze anos".
c) "Dia desses resolvi fazer um teste proposto por um site da internet".
d) "Respondi a todas as perguntas e o resultado foi o seguinte".
e) "Fiquei radiante: eu havia realizado uma consulta paranormal com o pai da psicanálise".

Texto para a próxima questão.

Disponível em: <http://sustentabilizando.wordpress.com>. Acesso em: 9 dez. 2009.

25. (Ceeteps-SP) Na fala de Calvin, expressa no terceiro quadrinho da tira, percebe-se uma crítica feita por meio da ironia. Que palavra indica essa crítica?

26. (Fuvest-SP) Texto para a próxima questão.

[José Dias] Teve um pequeno legado no testamento, uma apólice e quatro palavras de louvor. Copiou as palavras, encaixilhou-as e pendurou-as no quarto, por cima da cama. "Esta é a melhor apólice", dizia ele muita vez. Com o tempo, adquiriu certa autoridade na família, certa audiência, ao menos; não abusava, e sabia opinar obedecendo. Ao cabo, era amigo, não direi ótimo, mas nem tudo é ótimo neste mundo. E não lhe suponhas alma subalterna; as cortesias que fizesse vinham antes do cálculo que da índole. A roupa durava-lhe muito; ao contrário das pessoas que enxovalham depressa o vestido novo, ele trazia o velho escovado e liso, cerzido, abotoado, de uma elegância pobre e modesta. Era lido, posto que de atropelo, o bastante para divertir ao serão e à sobremesa, ou explicar algum fenômeno, falar dos efeitos do calor e do frio, dos polos e de Robespierre. Contava muita vez uma viagem que fizera à Europa, e confessava que a não sermos nós, já teria voltado para lá; tinha amigos em Lisboa, mas a nossa família, dizia ele, abaixo de Deus, era tudo.

Machado de Assis, *Dom Casmurro*.

Considerado o contexto, qual das expressões sublinhadas foi empregada em sentido metafórico?

a) "Teve um pequeno legado."
b) "Esta é a melhor apólice."
c) "certa audiência, ao menos."
d) "ao cabo, era amigo."
e) "o bastante para divertir."

27. (CPS-SP)

Texto 01

Descuidar do lixo é sujeira

Diariamente, duas horas antes da chegada do caminhão da prefeitura, a gerência [de uma das filiais do McDonald's] deposita na calçada dezenas de sacos plásticos recheados de papelão, isopor, restos de sanduíches. Isso acaba propiciando um lamentável banquete de mendigos.

Dezenas deles vão ali revirar o material e acabam deixando os restos espalhados pelo calçadão.

Veja. São Paulo: Abril, 23 dez. 1992.

Texto 02

O bicho

Vi ontem um bicho
Na imundície do pátio
Catando comida entre os detritos.
Quando achava alguma coisa,
Não examinava nem cheirava:
Engolia com voracidade.
O bicho não era um cão,
Não era um gato,
Não era um rato.
O bicho, meu Deus, era um homem.

BANDEIRA, Manuel. In: *Seleta em prosa e verso*.
Rio de Janeiro: J. Olympio/MEC, 1971. p. 145.

Analise as seguintes proposições:

I – Os dois textos possuem em comum o mesmo tema: a miséria humana.
II – O **texto 01** se distingue do **texto 02** quanto ao uso da linguagem (no primeiro texto a linguagem é referencial; no segundo, literária).
III – Em "O bicho, **meu Deus**, era um homem", os vocábulos em destaque constituem um vocativo.
IV – No **texto 01**, o homem é respeitado como ser humano; enquanto que, no **texto 02**, o homem é comparado a um bicho.

Assinale a alternativa correta.

a) Apenas as proposições II e IV são VERDADEIRAS.
b) Apenas as proposições I e III são VERDADEIRAS.
c) Apenas as proposições I, II e III são VERDADEIRAS.
d) Apenas a proposição IV é VERDADEIRA.
e) Apenas a proposição II é VERDADEIRA.

28. (ITA-SP) Assinale a opção em que o provérbio apresenta construção sintática semelhante a: De mau corvo, mau ovo.

a) Em boca fechada, não entra mosca.
b) Palavra não quebra osso.
c) Não confies em casa velha, nem tampouco em amigo novo.
d) Longe dos olhos, longe do coração.
e) Quem vê cara, não vê coração.

29. (ESPM-SP) Assinale a afirmação incorreta sobre uma frase de propaganda, veiculada pela mídia, do refrigerante Coca--Cola: "Todos falamos futebol".

a) A concordância do verbo não é gramatical (com o sujeito "todos"), mas sim ideológica.

b) Ao procedimento usado dá-se o nome de silepse de pessoa.

c) O emissor da mensagem se inclui entre aqueles que falam futebol.

d) O mesmo fenômeno de silepse ocorre na frase: "Vossa Excelência deve estar equivocado", diferenciando-se apenas para a manipulação de gênero.

e) O uso da preposição **de** com o verbo **falar** é optativo, fazendo com que o complemento "futebol" ou "de futebol" tenham a mesma função sintática.

30. (Fuvest-SP)

Vestindo água, só saído o cimo do pescoço, o burrinho tinha de se enqueixar para o alto, a salvar também de fora o focinho. Uma peitada. Outro tacar de patas. Chu-áa! Chu-áa... – ruge o rio, como chuva deitada no chão.

Nenhuma pressa! Outra remada, vagarosa. No fim de tudo, tem o pátio, com os cochos, muito milho, na Fazenda; e depois o pasto: sombra, capim e sossego...

Nenhuma pressa. Aqui, por ora, este poço doido, que barulha como um fogo, e faz medo, não é novo: tudo é ruim e uma só coisa, no caminho: como os homens e os seus modos, costumeira confusão. É só fechar os olhos.

Como sempre. Outra passada, na massa fria. E ir sem afã, à voga surda, amigo da água, bem com o escuro, filho do fundo, poupando forças para o fim. Nada mais, nada de graça; nem um arranco, fora de hora. Assim.

ROSA, João Guimarães. O burrinho pedrês. Sagarana.

Como exemplos da expressividade sonora presente neste excerto, podemos citar a onomatopeia, em "Chu-áa! Chu-áa...", e a fusão de onomatopeia com aliteração, em:

a) "vestindo água". d) "filho do fundo".

b) "ruge o rio". e) "fora de hora".

c) "poço doido".

31. (Fuvest-SP) Observe este texto, criado para **propaganda** de embalagens:

"Ao final do processo de reciclagem, aquele lixo de lata vira lata de luxo, embalando as bebidas que todo mundo gosta, das marcas que todo mundo pode confiar".

a) Este texto, representativo das normas urbanas de prestígio, apresenta duas construções gramaticais não recomendadas pelas gramáticas normativas no que se refere à regência de verbos. Aponte essas construções.

b) Transcreva do texto um trecho em que apareça um recurso de estilo que torne a mensagem mais expressiva. Explique em que consiste esse recurso.

32. (PUC-SP)

Verdes mares bravios de minha terra natal, onde canta a jandaia nas frondes da carnaúba;

Verdes mares que brilhais como líquida esmeralda aos raios do sol nascente, perlongando as alvas praias ensombradas de coqueiros;

Serenai, verdes mares, e alisai docemente a vaga impetuosa para que o barco aventureiro manso resvale à flor das águas.

No texto, o uso repetitivo da expressão **verdes mares** e os verbos **serenai** e **alisai**, indicadores de ação do agente natural, imprimem ao trecho um tom poético apoiado em duas figuras de linguagem:

a) anáfora e prosopopeia.

b) pleonasmo e metáfora.

c) antítese e inversão.

d) apóstrofe e metonímia.

e) metáfora e hipérbole.

33. (FGV-SP) Observe os períodos abaixo destacados. A respeito deles, pergunta-se e pede-se:

— Quem ama o feio, bonito lhe parece.

— Quem ama, o feio bonito lhe parece.

a) Há diferença de sentido entre eles? Explique.

b) No segundo dos períodos, falta uma palavra, que está subentendida. Transcreva esse período, mas inclua a palavra que falta.

34. (Vunesp-SP)

Crônica (15.03.1877)

Mais dia menos dia, demito-me deste lugar. Um historiador de quinzena, que passa os dias no fundo de um gabinete escuro e solitário, que não vai às touradas, às câmaras, à rua do Ouvidor, um historiador assim é um puro contador de histórias.

E repare o leitor como a língua portuguesa é engenhosa. Um contador de histórias é justamente o contrário de historiador, não sendo um historiador, afinal de contas, mais do que um contador de histórias. Por que essa diferença? Simples, leitor, nada mais simples. O historiador foi inventado por ti, homem culto, letrado, humanista; o contador de histórias foi inventado pelo povo, que nunca leu Tito Lívio, e entende que contar o que se passou é só fantasiar.

O certo é que se eu quiser dar uma descrição verídica da tourada de domingo passado, não poderei, porque não a vi.

[...]

ASSIS, Joaquim Maria Machado de.,
História de Quinze Dias. In: Crônicas.

O **quiasmo** é um procedimento estilístico que consiste na construção de frases ou de expressões segundo um princípio de retomada que pode ser representado como $\begin{smallmatrix} A & B \\ B & A \end{smallmatrix}$ ou seja, os elementos retomados se repetem em ordem inversa, como neste exemplar de Olavo Bilac: "Vinhas fatigada e triste, e triste e fatigado eu vinha".

a) Demonstre que o segundo período do segundo parágrafo do texto de Machado de Assis foi escrito de acordo com o princípio do **quiasmo**.

b) Explique o que quer significar o cronista com esse período aparentemente contraditório.

35. (UFC-CE) Elabore uma frase em que a expressão **Dar ponto sem nó** seja empregada:

a) no sentido denotativo;

b) no sentido conotativo.

36. (UFRRJ) Leia atentamente os versos a seguir.

Por falta d'água perdi meu gado

Morreu de sede **meu alazão**

Considerando que "meu alazão" é sujeito de "morreu", a opção que indica a figura construída pelo autor é:

a) próclise.
b) ênclise.
c) inversão.
d) mesóclise.
e) paralelismo.

Texto para a próxima questão.

É preciso casar João,
é preciso suportar Antônio,
é preciso odiar Melquíades,
é preciso substituir nós todos.
É preciso salvar o país,
é preciso crer em Deus,
é preciso pagar as dívidas,
é preciso comprar um rádio,
é preciso esquecer fulana.

37. (UPM-SP) O paralelismo dos versos, no contexto, contribui para a expressão:

a) de uma visão idealizada das relações humanas.
b) da ideia do caráter ininterrupto das pressões sociais sobre o indivíduo.
c) da interrupção da obrigatoriedade.
d) do constante questionamento sobre a fugacidade do tempo.
e) do bem-estar produzido pela utopia como única possibilidade de realização.

38. (Enem)

Eu começaria dizendo que poesia é uma questão de linguagem. A importância do poeta é que ele torna mais viva a linguagem. Carlos Drummond de Andrade escreveu um dos mais belos versos da língua portuguesa com duas palavras comuns: cão e cheirando. Um cão cheirando o futuro."

Entrevista com Mário Carvalho. Adaptada de:
Folha de S.Paulo, 24 maio 1988.

O que deu ao verso de Drummond o caráter de inovador da língua foi:

a) o modo raro como foi tratado o **futuro**.
b) a referência ao cão como **animal de estimação**.
c) a flexão pouco comum do verbo **cheirar** (gerúndio).
d) a aproximação não usual do agente citado e a ação de **cheirar**.
e) o emprego do artigo indefinido **um** e do artigo definido **o** na mesma frase.

39. (Fuvest-SP)

É impossível colocar em série exata os fatos da infância porque há aqueles que já acontecem permanentes, que vêm para ficar e doer, que nunca mais são esquecidos, que são sempre trazidos tempo afora, como se fossem dagora. É a carga. Há os outros, miúdos fatos, incolores e quase sem som – que mal se deram, a memória os atira nos abismos do esquecimento. Mesmo próximos eles viram logo passado remoto. Surgem às

vezes, na lembrança, como se fossem uma incongruência. Só aparentemente sem razão, porque não há associação de ideias que seja ilógica. O que assim parece, em verdade, liga-se e harmoniza-se no subconsciente pelas raízes subterrâneas – raízes lógicas! – de que emergem os pequenos caules isolados – aparentemente ilógicos! só aparentemente! – às vezes chegados à memória vindos do esquecimento, que é outra função ativa dessa mesma memória.

NAVA, Pedro. *Baú de ossos.*

O que Pedro Nava afirma no final do texto ajuda a compreender o título do livro *Esquecer para lembrar*, de Carlos Drummond de Andrade, título que contém:

a) um paradoxo apenas aparente, já que designa uma das operações próprias da memória.
b) uma contradição insuperável, justificada apenas pelo valor poético que alcança.
c) uma explicação para a dificuldade de se organizar de modo sistemático os fatos lembrados.
d) uma fina ironia, pois a antítese entre os dois verbos dá a entender o inverso do que nele se afirma.
e) uma metáfora, já que o tempo do esquecimento e o tempo da lembrança não podem ser simultâneos.

40. (Unicamp-SP)

Às vezes, quando um texto é ambíguo, é o conhecimento que o leitor tem dos fatos que lhe permite fazer uma interpretação adequada do que lê. Um bom exemplo é o trecho que segue, no qual há duas ambiguidades, uma decorrente da ordem das palavras e outra, de uma elipse do sujeito: "O presidente americano [...] produziu um espetáculo cinematográfico em novembro passado na Arábia Saudita, onde comeu peru fantasiado de marine* no mesmo bandejão em que era servido aos soldados americanos."

Veja, 9 jan. 1991.

*marine: fuzileiro naval americano.

a) Quais as interpretações possíveis das construções ambíguas?
b) Reescreva o trecho de modo a impedir interpretações inadequadas.
c) Que tipo de informação o leitor leva em conta para interpretar adequadamente esse trecho?

41. (Fuvest-SP)

[...]
Num tempo
Página infeliz da nossa história
Passagem desbotada na memória
Das nossas novas gerações
Dormia
A nossa pátria mãe tão distraída
Sem perceber que era subtraída
Em tenebrosas transações
[...]

BUARQUE, Chico; HIME, Francis. Vai passar.

a) É correto afirmar que o verbo **dormia** tem uma conotação positiva, tendo em vista o contexto em que ele ocorre? Justifique sua resposta.
b) Identifique, nos três últimos versos, um recurso expressivo sonoro e indique o efeito de sentido que ele produz. (Não considere a rima **distraída/subtraída**.)

42. (Unifesp) Chama-se cacofonia ao "som desagradável, proveniente da união das sílabas finais de uma palavra com as iniciais da seguinte" (*Dicionário Aurélio Básico da Língua Portuguesa*). Normalmente, a palavra produzida é de sentido ridículo e baixo. Podemos encontrar no texto passagem em que o autor poderia ter invertido a ordem dos termos, mas não o fez certamente porque geraria uma cacofonia de muito mau gosto, até mesmo veiculadora de preconceito, o que seria altamente indesejável. Assinale a alternativa que ilustra os comentários sobre essa possibilidade de expressão linguística.

a) Você já ouviu a história de Adão e Eva? = Você já ouviu a história de Eva e Adão?

b) [...] e deve se lembrar do que aconteceu com os dois. = [...] e deve lembrar-se do que aconteceu com os dois.

c) [...] o pobre coitado não resistiu. = [...] não resistiu o pobre coitado.

d) [...] pagar um preço tão alto por uma simples maçã. = [...] pagar um preço tão alto por uma maçã simples.

e) E, assim, nasceu a propaganda. = E a propaganda nasceu assim.

43. (FGV-SP) Considere o texto seguinte para responder à questão:

Não existe liberdade sem independência financeira. Ter um currículo turbinado ou uma rede de relacionamentos em dia pode perder o valor se você não tiver também uma reserva financeira para sobreviver num momento de transição de emprego.

Você S/A, set. 2005.

A palavra **turbinado** está empregada, no contexto, em sentido figurado. Reescreva o trecho "Ter um currículo turbinado" substituindo a palavra em questão por termo ou expressão de sentido não figurado.

44. (ESPM-SP) O escritor Paulo Lins em seu romance *Cidade de Deus* expressa o avanço da violência no Brasil, nas últimas décadas, com a frase "Falha a fala. Fala a bala". Nas duas frases só não se pode identificar a seguinte figura de linguagem:

a) paronomásia, pelo trocadilho ou jogo de palavras com apelo sonoro.

b) aliteração, pela repetição de fonemas consonantais.

c) assonância, pela repetição da vogal **a**.

d) perífrase, pela substituição de violência por um dos elementos que a compõe (bala).

e) personificação, pela característica humana atribuída à bala.

45. (Fuvest-SP) Na frase "[...] data da nossa independência política, e do meu primeiro cativeiro pessoal", ocorre o mesmo recurso expressivo de natureza semântica que em:

a) Meu coração / Não sei por que / Bate feliz, quando te vê.

b) Há tanta vida lá fora, / Aqui dentro, sempre, / Como uma onda no mar.

c) Brasil, meu Brasil brasileiro, / Meu mulato inzoneiro, / Vou cantar-te nos meus versos.

d) Se lembra da fogueira, / Se lembra dos balões, / Se lembra dos luares, dos sertões?

e) Meu bem querer / É segredo, é sagrado, / Está sacramentado / Em meu coração.

46. (Uepa) Na expressão "O Brasil voa com mais conforto e tecnologia nas asas da Varig", utilizando-se da conotação para explicitar as intenções comunicativas do texto publicitário, o autor se valeu dos recursos da:

a) metonímia.   d) sinestesia.

b) ironia.   e) antítese.

c) pleonasmo.

47. (Ufac) Atente para a leitura do seguinte fragmento de texto:

Genericamente falando, o sucesso é ingrato com o ídolo. Faca afiada de dois gumes. Roda-gigante que o leva ao topo, num instante, e ao nível do chão, em outro. Aplausos, tapinhas nas costas, sorrisos e rapapés, quando tudo anda bem. Narizes torcidos, olhares enviesados, esquecimento, bagaço de laranja jogado no saco do lixo, quando a onda passa.

DANDÃO, Francisco. Domingos Barbosa (quem?). In: *A arte do chute na rede do improvável*: crônicas esportivas. São Paulo: Obra-prima, 2002. p. 65.

O trecho de Francisco Dandão vem enriquecido de recursos estilísticos que o tornam bastante expressivo. Dentre esses recursos, dois se destacam, caracterizando a linguagem como:

a) metafórica e eufemística.

b) metafórica e antitética.

c) hiperbólica e eufemística.

d) permeada de inversões e frases quebradas.

e) hiperbólica e sinestésica.

48. (UFRJ) Leia atentamente a definição a seguir.

"Aliteração é a repetição de um dado fonema num verso, estando estes fonemas seguidos ou próximos."

O verso do poema "O retirante resolve apressar os passos para chegar logo ao Recife", de João Cabral de Melo Neto, que exemplifica a definição é:

a) "Nunca esperei muita coisa".

b) "O que me fez retirar".

c) "da tal velhice que chega".

d) "e entre a Caatinga e aqui a Mata".

e) "se na serra vivi vinte".

49. (Unicamp-SP) "[...] a fazenda dormia num silêncio recluso, a casa estava de luto [...]". A figura de linguagem empregada pelo autor neste trecho do capítulo 23 de *Lavoura arcaica* é:

a) a metonímia.

b) a antítese.

c) a hipérbole.

d) a metáfora.

e) a prosopopeia ou personificação.

50. (Aman-RJ) "Ele me encara, vê que não sou nenhum tubarão, rabisca uns números razoáveis, faz umas contas, conclui: 'é tanto'."

Considerando a forma com que o autor montou as orações nesse período, temos:

a) um polissíndeto.   d) um pleonasmo.

b) uma silepse.   e) um anacoluto.

c) um assíndeto.

51. (PUC-PR) Quanto ao sentido figurado no texto, considere as três figuras abaixo relacionadas, cada uma identificada por uma de suas características mais genéricas:

I. eufemismo: suavização de uma palavra ou expressão;
II. metonímia: a parte pelo todo;
III. personificação: atribuição de vida, ação, movimento e voz a coisas inanimadas.

A seguir, observe os exemplos e os relacione com as figuras de linguagem:

( ) "A bossa nova ficou mais triste."
( ) "Baden Powell deixou o mundo em saudade."
( ) "Powell tinha a arte na ponta dos dedos."

A sequência correta é:

a) III, I, II.   c) III, II, I.   e) I, III, II.
b) II, III, I.   d) II, I, III.

52. (Unesp-SP) "As demissões também poderão ser revistas em parte. Só não será aceita nas negociações a reversão total de todas as demissões, como queriam os líderes grevistas. Aumento salarial também não poderá entrar em pauta, pelo menos não antes da próxima data-base em setembro."

No texto que lhe apresentamos, recortado de uma notícia publicada em jornal, o revisor "cochilou" naquilo que os gramáticos denominam "pleonasmo vicioso", ou seja, o emprego de mais de uma palavra, desnecessariamente, para expressar o mesmo sentido.

Leia-o atentamente e, a seguir:

a) explique **onde** e **como** ocorre o acidente de texto na notícia;
b) escreva uma versão nova da frase, sem a redundância.

53. (Ufal) Está incorreta a classificação da figura de linguagem na frase:

a) Choravam as águas do rio a caminho do mar. (personificação)
b) Ele entregou a alma ao Criador. (eufemismo)
c) Já li esse poeta inteirinho. (metáfora)
d) Suas lágrimas inundaram o quarto. (hipérbole)
e) Venho pedir-lhe a mão de sua filha. (metonímia)

54. (Febasp)

Se você gritasse,
se você gemesse,
se você tocasse,
a valsa vienense,
se você dormisse,
se você cansasse,
se você morresse....
Mas você não morre,
você é duro, José!

Considerando a repetição da expressão "se você" no início dos versos, a repetição dos sons cê (se, cê, sse) e a expressão "você é duro", estilisticamente ocorrem:

a) anáfora, aliteração, metáfora.
b) pleonasmo, assonância, prosopopeia.
c) anadiplose, polissíndeto, personificação.
d) metáfora, silepse, anáfora.

55. (PUC-SP) O trecho de *Lavoura arcaica* "[...] os dois permanecemos trancados durante toda a viagem que realizamos juntos [...]" apresenta, quanto à concordância verbal:

a) respectivamente, silepse ou concordância ideológica e indicação do sujeito pela flexão verbal.
b) em ambos os casos, indicação do sujeito apenas pela flexão verbal.
c) em ambos os casos, concordância ideológica ou silepse.
d) respectivamente, concordância ideológica e silepse.
e) respectivamente, indicação do sujeito pela flexão verbal e silepse ou concordância ideológica.

56. (FGV-SP) "Nisso, outro assobio passou rentoso de minha barba [...]"

Nesse período, há um exemplo de sinestesia que, no caso, consiste no acúmulo de duas sensações:

a) visual e olfativa.
b) gustativa e olfativa.
c) tátil e visual.
d) olfativa e auditiva.
e) auditiva e tátil.

57. (UFV-MG) "Fiquei sabendo que mais da metade da população mundial somos crianças."

Ocorre, neste fragmento, um exemplo de:

a) inversão na mudança da ordem natural dos termos no enunciado.
b) omissão de um termo que já apareceu antes.
c) concordância não com o que vem expresso, mas com o que se entende, com a ideia que está implícita.
d) aproximação de termos contrários, que se opõem pelo sentido.
e) exagero na colocação da ideia com finalidade expressiva.

58. (Fuvest-SP) Na elaboração de suas obras, os escritores usam diferentes figuras ou recursos estilísticos. Do texto a seguir, cite um exemplo de:

a) gradação;
b) antítese.

Voltemos à casinha. Não serias capaz de lá entrar hoje, curioso leitor; envelheceu, enegreceu, apodreceu, e o proprietário deitou-a abaixo para substituí-la por outra, três vezes maior, mas juro-te que muito menor que a primeira. O mundo era estreito para Alexandre; um desvão de telhado é o infinito para as andorinhas.

Machado de Assis

59. (Unicamp-SP) A conhecida ironia de Machado de Assis fica evidente na conhecida passagem do romance *Memórias póstumas de Brás Cubas*: "[...] Marcela amou-me durante onze meses e quinze contos de réis [...]". Nesse, como em muitos outros trechos de seus romances, o escritor usa com maestria as palavras, obtendo, através da sua combinação, o efeito irônico desejado.

Diga qual é a ironia presente na passagem citada e explique de que maneira Machado de Assis consegue obter o efeito irônico através das relações de significação que se estabelecem entre as palavras que escolheu.

QUESTÕES DE VESTIBULARES E ENEM

As questões **60** e **61** referem-se à estrofe do texto "Soldados verdes", de Cassiano Ricardo. Leia-o atentamente para respondê-las.

O cafezal é a soldadesca verde
que salta morros na distância iluminada
um dois, um dois, de batalhão em batalhão
na sua arremetida acelerada contra o sertão.

60. (UPM-SP) "que **salta** morros na distância iluminada".
A figura de linguagem destacada no verso é:

a) onomatopeia.
b) metáfora.
c) metonímia.
d) prosopopeia.
e) eufemismo.

61. (UPM-SP) O primeiro verso do poema apresenta o emprego da:

a) metonímia.
b) catacrese.
c) metáfora.
d) comparação.
e) onomatopeia.

62. (FOC-SP) Observe a oração: "O tique-taque do relógio nos perturbava". Qual é a figura de linguagem da expressão destacada?

63. (FGV-SP) O pleonasmo é a reiteração de uma mesma ideia por meio de uma superabundância ou repetição de palavras. Quando este recurso nada acrescenta e pode resultar de uma ignorância do sentido exato da palavra, temos um **pleonasmo vicioso**. Indique, dentre as seguintes alternativas, aquela em que o termo destacado pode ser considerado um **pleonasmo vicioso**.

a) **Paisagens**, quero-as comigo!
b) A plateia gostou do **principal** protagonista.
c) Sei de uma criatura antiga e **formidável**.
d) Como são **charmosas** as primeiras rosas.
e) Os altares eram humildes e **solenes**.

64. (Ufscar-SP) Identifique a alternativa **incorreta** quanto à classificação das figuras de linguagem.

a) A metáfora está presente em: "Deixa em paz meu coração / Que ele é um pote até aqui de mágoa". (Chico Buarque)
b) Existe uma metonímia em: "Gostaria de tocar Chopin".
c) A antítese está presente em: "Até quando, Catilina, abusarás de nossa paciência?".
d) Temos a figura da hipérbole em: "Abram mais janelas do que todas as janelas que há no mundo". (Fernando Pessoa)
e) Temos uma prosopopeia em: "O livro é um mudo que fala, um surdo que ouve, um cego que guia".

65. (PUC-PR) Marque a opção em que há uma metáfora.

a) "Minha vida é uma colcha de retalhos, todos da mesma cor." (Mário Quintana)
b) Trata-se de uma pessoa que sempre falta com a verdade.
c) Cada qual procurava cuidar de si mesmo.
d) Caminhar para a morte, pensando em vencer na vida.
e) "Olhe, meu filho, os homens são como formigas." (Érico Veríssimo)

66. (FMU-SP) Observe as letras destacadas nos versos:
"O **v**ento **v**oa
a noi**t**e **t**oda se a**t**ordoa"
Nas consoantes que se repetem, você vê:

a) aliteração.
b) assonância.
c) eco.
d) rima.
e) onomatopeia.

67. (UPM-SP) Qual dos períodos abaixo apresenta um desvio das normas propostas pela gramática, conhecido no domínio da linguagem figurada como catacrese?

a) Os olhos piscavam mil vezes por minuto diante do horrível espetáculo.
b) Eu parece-me que vivo em função de um áspero orgulho.
c) Com o espinho enterrado no pé, levantou-se rápida à procura do pai.
d) Suas faces avermelhadas traduziam-se em chamas encolerizadas por causa dos males indignados.
e) A perversidade secreta daquelas montanhas selvagens assustava as calmas águas do riacho.

68. (UPM-SP) Aponte a alternativa que contenha a mesma figura de pensamento existente no período a seguir.
"Acenando para a fonte, o riacho despediu-se triste e partiu para a longa viagem de volta."

a) O médico visualizou, por alguns segundos, a cara magra do doente, antes que a última paixão se calasse.
b) Os arbustos dançavam abraçados com os pinheiros a suave valsa do crepúsculo.
c) Contemplando aquela terna fisionomia, afastou-se com um sorriso pálido e irônico.
d) Só o silêncio tem sido meu companheiro neste período amargo de intensa solidão.
e) A mesquinhez de tua atitude é poço profundo, cavado no íntimo de teu espírito.

69. (Fatec-SP)

Vozes veladas, veludosas vozes.
Volúpias dos violões, vozes veladas.
Vagam nos velhos vórtices velozes
Dos ventos, vivas, vãs, vulcanizadas.

Indique o recurso literário evidente no trecho de "Violões que choram", poema de Cruz e Souza.

70. (UPM-SP)

A luz dos intervalos
de matar o tempo
de anunciar a eternidade
de estourar o momento dos cardíacos
de expulsar os loucos
de aproximar os rejeitados
de providenciar novas experiências
de costurar encontros.

Nos versos acima, há um recurso estilístico reconhecido, no domínio das figuras, como:

a) assíndeto.
b) hipérbato.
c) polissíndeto.
d) anáfora.
e) anacoluto.

CAPÍTULO 22 – Emprego de algumas palavras e expressões

1. (Fuvest-SP) Um restaurante, cujo nome foi substituído por Y, divulgou, no ano de 2015, os seguintes anúncios:

I

II

a) Na redação do anúncio II, evitou-se um erro gramatical que aparece no anúncio I. De que erro se trata? Explique.
b) Tendo em vista o caráter publicitário dos textos, com que finalidade foi usada, em ambos os anúncios, a forma **pra**, em lugar de **para**?

Texto para a próxima questão.

_____ dois meses, a jornalista britânica Rowenna Davis, 25 anos, foi furtada. Só que não levaram sua carteira ou seu carro, mas sua identidade virtual. Um hacker invadiu e tomou conta de seu e-mail e – além de bisbilhotar suas mensagens e ter acesso a seus dados bancários – passou a escrever aos mais de 5 mil contatos de Rowenna dizendo que ela teria sido assaltada em Madri e pedindo ajuda em dinheiro.

Quando ela escreveu para seu endereço de *e-mail* pedindo ao *hacker* ao menos sua lista de contatos profissionais de volta, Rowenna teve como resposta a cobrança de R$ 1,4 mil. Ela se negou a pagar, a polícia não fez nada. A jornalista só retomou o controle do *e-mail* porque um amigo conhecia um funcionário do provedor da conta, que desativou o processo de verificação de senha criado pelo invasor.

Galileu, dezembro de 2011. (Adaptado.)

2. (Unifesp) A lacuna do início do texto deve ser corretamente preenchida com:
   a) À.
   b) Há cerca de.
   c) Fazem.
   d) Acerca de.
   e) A.

3. (Ifsul-RS) Escolha a palavra que preenche corretamente cada lacuna.

   Outro dia eu li que Israel bombardeou a Síria. O que ele tem _____ com isso? Israel entrou na guerra? (1) a ver (2) haver

   Uma parte do povo sírio quer a saída de Bashar al-Assad, um ditador que comanda o país _____ mais de 15 anos. (3) a (4) há

   Mais de 70 mil _____ abandonaram a Síria, fugindo da guerra. (5) emigrantes (6) imigrantes

   A sequência correta, de cima para baixo, é
   a) 1 - 3 - 6
   b) 1 - 4 - 5
   c) 2 - 3 - 5
   d) 2 - 4 - 6

4. (Enem)
   Como estamos na "Era Digital", foi necessário rever os velhos ditados existentes e adaptá-los à nova realidade. Veja abaixo...
   1. A pressa é inimiga da conexão.
   2. Amigos, amigos, senhas à parte.
   3. Para bom provedor uma senha basta.
   4. Não adianta chorar sobre arquivo deletado.
   5. Mais vale um arquivo no HD do que dois baixando.
   6. Quem clica seus males multiplica.
   7. Quem semeia *e-mails*, colhe *spams*.
   8. Os fins justificam os *e-mails*.

   Disponível em: <www.abusar.org.br>. Acesso em: 20 maio 2015. (Adaptado.)

   No texto, há uma reinterpretação de ditados populares com o uso de termos da informática. Essa reinterpretação:
   a) torna o texto apropriado para profissionais da informática.
   b) atribui ao texto um caráter humorístico.
   c) restringe o acesso ao texto por público não especializado.
   d) deixa a terminologia original mais acessível ao público em geral.
   e) dificulta a compreensão do texto por quem não domina a língua inglesa.

5. (Unicamp-SP) Millôr Fernandes foi dramaturgo, jornalista, humorista e autor de frases que se tornaram célebres. Em uma delas, lê-se:
   Por quê? é filosofia. **Porque** é pretensão.
   a) Explique a diferença no funcionamento linguístico da expressão **porque** indicada nas duas formas de grafá-la.
   b) Explique o sentido do segundo enunciado do texto ("**Porque** é *pretensão*"), levando em consideração a forma como ele se contrapõe ao primeiro enunciado. Considere em sua resposta **apenas** o sentido atribuído à palavra **pretensão** que se encontra abaixo.

   pretensão: vaidade exagerada, presunção.

6. (UEG-GO) Leia a tira para responder aos itens abaixo.

BROWNE, Chris. Hagar, o horrível. *O Popular*. Goiânia, 8 set. 2011.

a) Explique o uso do **por que** no primeiro quadrinho.
b) Qual é a relação estabelecida entre trabalho e remuneração no diálogo entre os personagens?

Texto para as questões 7 e 8.
Leia o texto a seguir.

S.O.S. PORTUGUÊS

Qual a diferença entre "acerca de", "a cerca de" e "há cerca de"? J. A. B., Recife, PE.

Inicialmente, deve-se lembrar que existe a expressão "cerca de", que pode vir precedida da preposição "a" ("a cerca de"). O sentido de ambas é "aproximadamente" ou "mais ou menos", como se pode observar nas frases "cerca de 70 mil veículos deixaram a capital no feriado prolongado" ou "estávamos a cerca de 2 quilômetros da cidade". Na expressão "há cerca de", temos a referida expressão "cerca de" precedida do verbo haver, o que indica tempo transcorrido e equivale a "faz". Portanto, deve-se empregá-la quando o sentido for algo como "faz aproximadamente", como se nota nas frases "Há cerca de um mês uma reunião decidiu a escolha do candidato" e "definimos o cronograma de reuniões há cerca de um mês". Já a expressão "acerca de" é uma locução prepositiva, ou seja, um conjunto de palavras que funciona como preposição, relacionando dois termos em uma oração. Essa expressão é empregada com o sentido de "a respeito de", "relativamente a", "quanto a", "sobre", como se pode observar nas frases "discutimos acerca de uma boa saída para o caso" e "conversamos acerca da herança". Portanto, para o correto emprego dessas expressões, é preciso estar atento ao sentido delas no texto.

Consultoria ERNANI TERRA, autor de livros didáticos e paradidáticos e doutorando em Língua Portuguesa pela Pontifícia Universidade Católica de São Paulo (PUC-SP).

Nova Escola, n. 234, agosto de 2010.

7. (PUC-PR) A seção S.O.S. PORTUGUÊS, como o próprio título designa, tem o objetivo de esclarecer dúvidas pontuais dos leitores da revista em que é veiculada.
Assinale a alternativa que NÃO apresenta uma declaração adequada em relação ao gênero do texto e suas informações.

a) O texto anterior se estrutura no formato pergunta-resposta, muito comum nesse tipo de seção. O leitor da revista faz o questionamento, e o consultor Ernani Terra soluciona a dúvida.
b) Por se tratar de uma revista da área educativa, é pertinente a existência de uma seção como a S.O.S. PORTUGUÊS em sua composição.
c) Para empregarmos adequadamente as expressões em análise na seção, é fundamental conhecer o significado de cada uma, o que fica claro na explicação do consultor.
d) O consultor que responde à pergunta é doutorando em Língua Portuguesa e autor de obras na área. Essa informação é irrelevante para dar respaldo e confiabilidade à resposta apresentada na seção.
e) Como as expressões "acerca de", "a cerca de" e "há cerca de" são homófonas (apresentam a pronúncia equivalente), o falante não sente dúvidas no seu emprego oral. Para os textos escritos, no entanto, a explicação sobre a diferença de sentido das expressões e as respectivas grafias é fundamental.

8. (PUC-PR) Após a leitura e interpretação do texto da seção S.O.S. PORTUGUÊS sobre o emprego das expressões "acerca de", "a cerca de" e "há cerca de", analise as sentenças a seguir e assinale a alternativa que exemplifica o emprego ADEQUADO.

a) A cerca do desenvolvimento sustentável palestrou a candidata ao governo federal.
b) Ontem o turista mencionou que esteve no Brasil há cerca de nove anos.
c) O novo museu fica acerca de 300 metros daqui.
d) O engenheiro está formado a cerca de cinco anos.
e) O professor falou a cerca das novas metodologias de ensino.

9. (FGV-SP) Assinale a alternativa que preenche corretamente o espaço da frase: Descubra _____ os bons sofrem.

a) porquê   c) por quê   e) por que
b) o porquê   d) porque

10. (Fuvest-SP) A frase em que todos os vocábulos grifados estão corretamente empregados é:

a) Descobriu-se, há instantes, a verdadeira razão porque a criança se recusava à frequentar a escola.

b) Não se sabe, de fato, porquê o engenheiro preferiu destruir o pátio a adaptá-lo às novas normas.

c) Disse-nos, já a várias semanas, que explicaria o porque da decisão tomada às pressas naquela reunião.

d) Chegava tarde, porque precisava percorrer a pé uma distância de dois à três quilômetros.

e) Não prestou contas à associação de moradores, não compareceu à audiência e até hoje não disse por quê.

11. (FGV-SP) Assinale a alternativa que preenche, de acordo com a norma culta, os espaços da frase: _____ 23 anos _____ o golpe fatal no socialismo de Mitterrand.

a) A - aconteceu

b) Ha - aconteceu

c) À - acontecia

d) Há - acontecia

e) A - acontecia

12. (PUC-PR) Leia as frases e assinale a alternativa que contém erro de grafia.

a) Por que a matriz energética brasileira é a mais renovável do mundo?

b) A ANEEL possui uma equipe de assessores competentes.

c) Os processos de Audiências e Consultas Públicas, ao longo de sua condução, contam com a realização de seções públicas.

d) O Brasil utiliza 45% de fontes renováveis em suas matrizes.

e) Conforme previsão do Plano Nacional, o Brasil chegará a 47% de fontes renováveis em suas matrizes.

13. (UEPG-PR) Assinale as alternativas em que os vocábulos destacados estão empregados em sua forma correta.

01) Os pescadores africanos chegaram ao Brasil **há** 3 dias.

02) Do Brasil **a** África é realmente uma distância considerável.

04) A ilha fica **a** vinte quilômetros da costa.

08) Os pescadores não conseguiram retornar **à** África.

16) **Há**, certamente, muita verdade nas palavras da arqueóloga.

14. (Fuvest-SP) A televisão tem de ser vista ... um prisma crítico, principalmente as telenovelas, ... audiência é significativa. Temos de procurar saber ... elas prendem tanto os telespectadores.

Preenchem de modo correto as lacunas acima, respectivamente,

a) a nível de – as quais a – por que.

b) sobre – que – porquê.

c) sob – cuja – por que.

d) em nível de – cuja a – porque.

e) sob – cuja a – porque.

15. (FGV-SP) Assinale a alternativa em que as formas **mal** ou **mau** estão utilizadas de acordo com a norma culta.

a) Mau-agradecidas, as juízas se postaram diante do procurador, a exigir recompensas.

b) Seu mal humor ultrapassava os limites do suportável.

c) Mal chegou a dizer isso, e tomou um sopapo que o lançou longe.

d) As respostas estavam mau dispostas sobre a mesa, de forma que ninguém sabia a sequência correta.

e) Então, mau ajeitada, desceu triste para o salão, sem perceber que alguém a observava.

16. (UFV-MG) Assinale a única alternativa em que a expressão **porque** deve vir separada.

a) Em breve compreenderás porque tanta luta por um motivo tão simples.

b) Não compareci à reunião porque estava viajando.

c) Se o Brasil precisa do trabalho de todos é porque precisamos de um nacionalismo produtivo.

d) Ainda não se descobriu o porquê de tantos desentendimentos.

e) Choveu durante a noite, porque as ruas estão molhadas.

17. (UFSC) Dentre as proposições abaixo, algumas ferem a norma-padrão. Assinale aquelas que não apresentam desvio gramatical.

01. Se todos houvessem seguido as normas, não haveria tantas reclamações.

02. O desrespeito à natureza é tanto que, naquele lugar, já não existem animais daquela espécie.

04. Havia apenas uma saída para o problema, mas outras poderiam haver caso analisássemos o problema com mais calma.

08. O desafio que me refiro implica em fazer escolhas.

16. Restabelecer-se-iam, de imediato, as ligações, se houvessem técnicos de plantão.

32. Hão de trazer o que me prometeram! Ora, se hão!

18. (UEL-PR) No jornal de um supermercado aparece um cliente pronunciando-se a respeito da loja: "Compro no supermercado X a 28 anos, pois sou bem tratado pelos funcionários e lá encontro toda a mercadoria que preciso". Observe como o depoimento do cliente foi reescrito:

I. Compro no supermercado X há 28 anos, pois lá sou bem tratado pelos funcionários e encontro toda a mercadoria de que preciso.

II. Compro no supermercado X à 28 anos, pois sou bem tratado pelos funcionários, onde encontro toda a mercadoria que preciso.

III. Compro no supermercado X há 28 anos, pois sou bem tratado pelos funcionários e lá encontro toda mercadoria cuja qual preciso.

Segue(m) as normas da língua-padrão:

a) Apenas a versão I.

b) Apenas as versões I e III.

c) Apenas a versão III.

d) Apenas as versões I e II.

e) Apenas as versões II e III.

19. (CPS-SP) Torne o texto a seguir mais enxuto, mais conciso: elimine palavras desnecessárias.

"A árvore, oca por dentro, era muito elevada, tinha vinte metros de altura total, do chão ao topo: estava, por esta razão, prestes a cair, daí a instantes, para baixo."

20. (PUC-PR – Adaptado) Nas frases a seguir, coloque:

(1) onde   (2) aonde

( ) _____ pretende você chegar?
( ) Você sabe _____ fica a Rua das Flores?
( ) _____ será que se esconderam os meninos?
( ) Veja bem _____ eles se dirigem.

Assinale a alternativa que contém a sequência correta:

a) 1, 2, 1, 2.
b) 2, 1, 2, 1.
c) 1, 2, 2, 1.
d) 2, 1, 1, 2.
e) 1, 1, 1, 2.

21. (UAM-SP) Observe atentamente as frases abaixo:

I. "Aonde você mora / Aonde você foi morar?" (Cidade Negra)
II. "Moro aonde não mora ninguém." (Agepê)
III. Da onde eu vim, a vida era de uma monotonia ímpar. Não havia televisão.
IV. Aonde eu for não importa, desde que seja onde estiveres.

Assinale a alternativa em que o emprego de **onde**, **aonde** ou **donde** esteja de acordo com a variante culta da linguagem:

a) Somente a I é correta.
b) A I e a IV são corretas.
c) Somente a IV é correta.
d) A II e a III são corretas.
e) Somente a III é correta.

22. (PUC-PR) Observe as frases:

1. O mar ficava _____ apenas alguns quilômetros de lá. (a)
2. Chegou de viagem _____ cerca de duas semanas. (há)
3. Parou _____ uns 10 metros longe de mim. (a)
4. Não nos vemos _____ alguns anos. (há)
5. Você sabe daqui _____ quanto tempo o ônibus vai partir? (a)

Com os elementos colocados entre parênteses, ficam corretamente preenchidos os espaços:

a) somente das frases 1, 2 e 4;
b) somente das frases 3 e 5;
c) somente das frases 2 e 4;
d) somente das frases 1, 3 e 5;
e) de todas as frases.

23. (PUC-RS) No período abaixo, existem partes destacadas que podem conter erro ou não. Assinale a alternativa que corresponde à parte destacada que você considera errada.

Outras lembranças me **vêm** à mente ao pensar em "Big Brother Brasil". A mais óbvia é 1984, o clássico que trata de uma sociedade autoritária, **onde** reina o pensamento único e todos são vigiados pelo Grande Irmão. George Orwell deve estar se revirando no túmulo ao perceber que **a** personagem de sua obra virou sinônimo de **entretenimento** de gosto duvidoso.

a) vêm
b) onde
c) a
d) entretenimento
e) nenhuma das alternativas

24. (FGV-SP) Assinale a alternativa em que não haja erro de grafia.

a) Não tinha feito a prova no dia regular nem tão pouco a substitutiva.
b) Afim de que as soluções pudessem ser adotadas por todos, José de Arimateia havia distribuído cópias do relatório no dia anterior.
c) Porventura, meu Deus, estarei louco?
d) Assinalou com um asterístico a necessidade de notas informativas adicionais.
e) Com frequência, os médicos falam de AVC, Acidente Vascular Cerebral. Porisso, os próprios pacientes já estão familiarizados com esse termo.

25. (Fuvest-SP) Selecione a forma adequada ao preenchimento das lacunas: "O ... aluno foi ... na prova de Inglês, ... não sabe; se você o ... , é bom avisá-lo".

a) mau – mal – mas – vir
b) mal – mau – mas – ver
c) mal – mal – mais – ver
d) mau – mau – mais – vir
e) mau – mal – mais – vir

26. (Unicamp-SP) No diálogo transcrito a seguir, um dos interlocutores é falante de uma variedade de português que apresenta uma série de diferenças em relação ao português culto. Identifique na fala desse interlocutor as marcas formais dessas diferenças e transcreva-as. Faça, a seguir, uma hipótese sobre quem poderia ser essa pessoa (sua classe social e grau de escolaridade).

Interlocutor 1: Por que o senhor acha que o pessoal não está mais querendo tocar?

Interlocutor 2: É... a rapaziada nova agora não são mais como era quando nós ia, não senhora. Quando nós saía com o Congo nós levava aquele respeito com o mestre que saía com nós, né? Então nós ficava ali, se fosse tomar alguma bebida só tomava na hora que nós vinhesse embora.

27. (Unicamp-SP) O jornal *Folha de S.Paulo* introduz com o seguinte comentário uma entrevista com o professor Paulo Freire: "'A gente cheguemos' não será uma construção gramatical errada na gestão do Partido dos Trabalhadores em São Paulo".

Os trechos da entrevista nos quais a *Folha* se baseou para fazer tal comentário foram os seguintes:

"– A criança terá uma escola na qual a sua linguagem será respeitada [...] Uma escola em que a criança aprenda a sintaxe dominante, mas sem desprezo pela sua".

"– Esses oito milhões de meninos vêm da periferia do Brasil [...] Precisamos respeitar a [sua] sintaxe mostrando que a linguagem é bonita e gostosa, às vezes é mais bonita que a minha. E, mostrando tudo isso, dizer a ele: 'Mas para tua própria vida tu precisas dizer 'a gente chegou' [em vez de 'a gente cheguemos']'. Isso é diferente, [a abordagem] é diferente. É assim que queremos trabalhar, com abertura, mas dizendo a verdade".

Responda de forma sucinta:

a) Qual é a posição defendida pelo professor Paulo Freire com relação à correção dos erros gramaticais na escola?
b) O comentário do jornal faz justiça ao pensamento do educador? Justifique sua resposta.

ÍNDICE ANALÍTICO

a

a (indicando tempo), 346
a fim de, 345
a gente, 143
a maior parte de, 272
a maioria de, 272
a par, 345
abecedário (v. alfabeto)
abreviação, 66
acento
    agudo, 28
    circunflexo, 29
    diferencial, 45
    gráfico, 18
    grave, 29, 45
    prosódico, 42
    tônico, 18
acentuação
    de formas verbais, 44
    de marcas registradas, 46
    de palavras com elementos ligados
        por hífen, 45
    gráfica, 42
regras, 42
    formas verbais, 44
    hiatos, 44
    monossílabos, 44
    oxítonas, 43
    paroxítonas, 43
    proparoxítonas, 42
acerca de, 345
adjetivo, 100
    classificação, 100
        biformes, 105
        pátrios, 100
            pátrios compostos, 103
        uniformes, 105
    empregado como advérbio, 111, 289
    flexão, 105
    grau, 106
        comparativo, 107
        superlativo, 108
            absoluto, 108
            relativo, 108
adjunto adnominal, 235
    diferença entre adjunto adnominal e
    complemento nominal, 235
adjunto adverbial, 237
    classificação, 237
advérbio, 190
    classificação, 191
        interrogativos, 192
    de enquadramento nocional, 193
    de enunciação, 190
    grau, 192
        comparativo, 192
            de igualdade, 192
            de inferioridade, 192

de superioridade, 192
    superlativo, 192
        analítico, 192
        sintético, 192
afim, 345
agente da passiva, 230
agradar (regência), 298
agradecer (regência), 295
agradecido (concordância), 288
alfabeto, 28
alguma coisa
    boa, 290
    de bom, 290
    de novo, 290
    nova, 290
alguns de nós, 275
aliteração, 331
alofone, 23
alomorfe, 51
alteração de um verbo seguido de
    pronome oblíquo, 178
ambiguidade, 338
anacoluto, 333
anáfora, 334
análise
    mórfica, 51
    sintática, 206
anástrofe (v. inversão)
anexo (concordância), 287
anfibologia (v. ambiguidade)
anticlímax, 335
antítese, 334
antonomásia, 337
ao encontro / de encontro, 345
ao invés de, 346
ao par, 345
aonde (emprego), 347
apenso (v. anexo)
apócope, 23
aposto, 238
    enumerativo, 239
    especificativo, 239
    explicativo, 238
    recapitulativo, 239
    resumitivo, 239
apóstrofe, 335
apóstrofo (emprego), 29
arcaísmo, 54, 339
artigo
    classificação, 93
        com nomes de pessoas, 95
        com valor de superlativo, 97
        definido, 93
        indefinido, 93
    emprego, 94
    propriedades, 94
aspas (emprego), 326
aspecto verbal, 168
    durativo, 168

imperfectivo, 168
incoativo, 168
iterativo, 168
perfectivo, 168
terminativo, 168
aspirar (regência), 299
assíndeto, 332
assistir (regência), 299
assonância, 331
atender (regência), 300
aumentativo, 86
avisar (regência), 301

b

barato (concordância), 288
barbarismo, 338
bastante (concordância), 288
bater (indicando horas), 279

c

cacoépia, 19
cacófato, 338
caro (concordância), 288
catacrese, 337
cedilha (emprego), 32
cerca de, 275, 345
certificar (regência), 301
cessão (emprego), 346
chamar (regência), 300
chegar (regência), 313
cientificar (regência), 301
clichê, 336
clímax (v. gradação)
colocação pronominal, 141
combinação, 195
comparação, 336
complemento
    nominal, 231
    verbal, 226
composição, 63
    por aglutinação, 64
    por justaposição, 64
compostos eruditos, 63
concordância
    de nomes que só se usam no
        plural, 273
    dos particípios, 290
    entre verbo e sujeito, 210
    gramatical, 291
    ideológica (silepse), 291
    nominal, 286
    porcentagem, 276
    verbal, 271
conectivo, 196
conjugação verbal, 169
conjunção, 196
    coordenativa, 197
        aditiva, 197
        adversativa, 197

alternativa, 197
conclusiva, 197
explicativa, 197
subordinativa, 197
causal, 197
comparativa, 197
concessiva, 197
condicional, 197
conformativa, 197
consecutiva, 197
final, 197
integrante, 197
proporcional, 197
temporal, 197
consoante, 15
de ligação, 53
contração, 195
crase, 308
com os pronomes demonstrativos *aquele(s)*, *aquela(s)* e *aquilo*, 312
da preposição *a* com o artigo *a* ou *as*, 308
depois da preposição *até*, 311
diante das palavras *casa* e *terra*, 312
diante de nomes de lugar, 311
diante de pronomes relativos, 312
em locuções formadas por palavras femininas, 310
em palavras repetidas, 309
não ocorre crase, 309
quando é facultativa, 311
custar (regência), 296

d

dar (indicando horas), 279
de mais, 346
decalque, 68
demais, 346
derivação
imprópria, 65
parassintética, 64
prefixal, 64
regressiva, 65
sufixal, 64
desinência, 51, 149
zero, 52
desobedecer (regência), 296
dever (seguido de infinitivo), 280
diérese, 21
dígrafo, 13
consonantal, 13
vocálico, 13
digrama (v. dígrafo)
diminutivo, 86
disfemismo, 335
dissílabas, 18
divisão silábica, 22
dois-pontos (emprego), 326

e

é
bastante, 281
bom, 287
necessário, 287
muito, 281

pouco, 281
proibido, 287
suficiente, 281
eco, 340
elementos mórficos, 50
afixo, 53
prefixo, 53
sufixo, 53, 61
consoante de ligação, 53
desinência, 51
radical, 51
tema, 53
vogal
de ligação, 53
temática, 53
elipse, 332
em vez de, 346
emprego
dos modos verbais, 163
imperativo, 164
formação do imperativo, 151
indicativo, 163
subjuntivo, 163
dos tempos verbais, 165
ênclise, 141
encontros
consonantais, 21
vocálicos, 20
ditongo, 20, 44
hiato, 21, 44
tritongo, 21
epêntese, 24
esquecer (regência), 301
eufemismo, 335
expressão
de realce *é que*, 281
partitiva, 272

f

fazer (concordância do verbo impessoal), 279
fonema, 12
classificação, 15
consoante, 15
semivogal, 15
vogal, 15
fonética, 12
fonologia, 12
fôrma, 46
formas
arrizotônicas, 150
nominais (verbo), 162
rizotônicas, 150
variantes, 35
frase, 206
declarativa, 207
exclamativa, 207
imperativa, 207
interrogativa, 207
nominal, 207
optativa, 207

g

gerúndio, 162

gradação, 335
gráfico (v. acento)
grande parte de, 272
grato (concordância), 288

h

há (emprego), 346
há cerca de, 345
haja vista (concordância), 277
haver (concordância do verbo impessoal), 279
hibridismo, 68
hífen (emprego), 38
hipérbato (v. inversão)
hipérbole, 335
homófonas, 37
homógrafas, 37
homônimos, 37

i

implicar (regência), 301
incluso (v. anexo)
índice de indeterminação do sujeito, 212, 276
infinitivo, 162
emprego, 164
informar (regência), 301
interjeição, 200
inversão, 333
ir (regência), 313
ironia, 334

l

lembrar (regência), 301
leso (concordância), 288
letras, 12
léxico, 54
lítotes, 335
locução
adjetiva, 103
adverbial, 191
conjuntiva, 197
interjetiva, 200
prepositiva, 194
pronominal, 138
verbal, 148
longe (concordância), 288

m

mais (emprego), 347
de..., 275
de dois, 275
de um, 275
mais bem, 192
mais mal, 192
mal / mau (emprego), 347
mas (emprego), 347
mas também, 279
meio (concordância), 288
menos (concordância), 288
mesmo (concordância), 288
mesóclise, 142
metade de, 272
metafonia, 82

metáfora, 336
metonímia, 336
mil reais, 119
monossílabas, 18
morador na, 314
morfemas (v. elementos mórficos)
morfologia, 50
morfossintaxe, 69
   da conjunção, 198
   da interjeição, 201
   da preposição, 196
   do adjetivo, 109
   do adjunto adnominal, 236
   do adjunto adverbial, 238
   do advérbio, 194
   do agente da passiva, 230
   do aposto, 239
   do artigo, 96
   do complemento nominal, 231
   do numeral, 118
   do predicativo do objeto, 221
   do predicativo do sujeito, 220
   do pronome demonstrativo, 134
   do pronome indefinido, 140
   do pronome interrogativo, 140
   do pronome pessoal, 126
   do pronome possessivo, 131
   do pronome relativo, 138
   do substantivo, 88
   do sujeito, 211
   do verbo, 185
   do vocativo, 240
   dos objetos, 229
muito (concordância), 288

n

nada, 278
namorar (regência), 296
não só..., 279
nem
   ... nem, 279
   um, 347
nenhum, 347
neologismo, 54, 339
ninguém, 278
notações léxicas, 12, 28
notificar (regência), 301
numeral, 114
   classificação, 114
      adjetivos, 114
      cardinais, 114
      fracionários, 114, 277
      multiplicativos, 114
      ordinais, 114
      substantivos, 114
   coletivos numerais, 118
   emprego, 117
   flexão, 116

o

obedecer (regência), 296
objeto
   constituído por um pronome
   oblíquo átono, 227
   direto, 226
   interno (ou cognato), 228
   preposicionado, 228
   indireto, 227
   pleonástico, 229
obrigado (concordância), 288
onde (emprego), 347
onomatopeia, 66, 332
operadores argumentativos, 198
oração, 208
   absoluta, 208, 244
   coordenada, 245
      aditiva, 246
      adversativa, 246
      alternativa, 246
      assindética, 245
      conclusiva, 246
      explicativa, 246
      sindética, 245
   desenvolvida, 251
   intercalada, 247
   interferente, 247
   principal, 251
   subordinada, 251
      adjetiva, 256
         explicativa, 257
         reduzida, 258
         restritiva, 257
      adverbial, 261
         causal, 261
         comparativa, 262
         concessiva, 262
         condicional, 263
         conformativa, 263
         consecutiva, 262
         final, 263
         proporcional, 263
         temporal, 263
      substantiva, 252
         apositiva, 253
         completiva nominal, 252
         objetiva direta, 252
         objetiva indireta, 252
         predicativa, 252
         subjetiva, 251
ordem
   direta, 209, 321
   indireta, 209, 321
   inversa (v. ordem indireta)
ortoépia, 19
ortografia, 28
oximoro, 334

p

pagar (regência), 302
palavra-frase, 201
palavra-valise, 68
palavras
   classes de, 69, 70
   classificação das, 69
   cognatas, 51
   compostas, 63
   denotativas, 193
   derivadas, 63
   primitivas, 63
   simples, 63
paradoxo, 334
parecer (seguido de infinitivo), 280
parênteses (emprego), 327
parônimos, 35
paronomásia, 331
particípio, 162
pedir (regência), 297
perdoar (regência), 302
perífrase (v. antonomásia)
período, 208, 244
   composto, 244
      por coordenação, 244
      por coordenação e subordinação, 245
      por subordinação, 245
   simples, 208, 244
personificação (v. prosopopeia)
perto de, 275
pessoas do discurso, 122
pleonasmo, 334, 340
plural
   de autor, 125
   dos adjetivos
      compostos, 106
      simples, 105
   dos diminutivos terminados em *-zinho*
   e *-zito*, 84
   dos substantivos
      compostos, 85
      simples, 83
   majestático, 126
poder (seguido de infinitivo), 280
polissílabas, 18
polissíndeto, 332
ponto (emprego), 320
   de exclamação (emprego), 321
   de interrogação (emprego), 320
ponto e vírgula (emprego), 325
por que / por quê / porque / porquê
   (emprego), 348
possível (concordância), 289
pouco (concordância), 288
poucos de nós, 275
predicação verbal, 217
predicado, 209, 217
   tipos, 221
      nominal, 221
      verbal, 221
      verbo-nominal, 221
predicativo
   do objeto, 220
   do sujeito, 219
preposição, 194
   classificação, 195
      acidentais, 195
      essenciais, 195
preferir (regência), 297
prefixação (v. derivação prefixal)
prevenir (regência), 301
proceder (regência), 302
próclise, 141
pronome, 122
   adjetivo, 122
   apassivador, 161, 213, 230, 276

ÍNDICE ANALÍTICO 517

classificação
   demonstrativo, 132
      emprego, 133
   indefinido, 138
      emprego, 139
   interrogativo, 140
   pessoal, 123
      emprego, 124
      reto, 123
      oblíquo, 123
   possessivo, 130
      concordância, 130
      emprego, 131
   relativo, 136
      emprego, 136
      funções sintáticas, 257
   de tratamento, 124, 273, 290
   reflexivo, 124
   substantivo, 122
   uniformidade de tratamento, 125
próprio (concordância), 288
prosódia, 20
prosopopeia, 335
pseudo (elemento de composição), 288
pseudoprefixos, 72
puxou ao pai, 314

q

quanto possível, 290
querer (regência), 303
quiasmo, 334
quite (concordância), 288

r

radical, 51, 148
raiz, 51
regência, 295
   nominal, 295, 305
   verbal, 295
regente, 194, 295
regido, 194, 295
residente na, 314
responder (regência), 297
reticências (emprego), 327

s

se nao / senao (emprego), 349
seção / sessão (emprego), 346
semivogal, 15
ser (verbo), 280
siglas, 67
sílaba, 18
   pós-tônica, 18
   pré-tônica, 18
   subtônica, 18
   tônica, 18
silabada, 20
silepse, 291, 333
   gênero, 333
   número, 333
   pessoa, 333
simpatizar (regência), 298
síncope, 23
sinédoque (v. metonímia)

sinérese, 21
sinestesia, 337
sínquise (v. inversão)
sintaxe, 206
só (concordância), 289
soar (indicando horas), 279
sobre tudo / sobretudo, 349
solecismo, 338
somos trinta, 314
substantivo
   abstrato, 77
   biforme, 79
   coletivo, 78, 272
   composto, 76
   comum, 77
   comum de dois gêneros, 80
   concreto, 77
   derivado, 76
   empregado como adjetivo, 290
   epiceno, 80
   heterônimo, 80
   primitivo, 76
   próprio, 77
   que só se usa no plural, 82
   que só se usa no singular, 82
   simples, 76
   sobrecomum, 80
   uniforme, 80
sufixação (v. derivação sufixal)
sufixo, 61
   adverbial, 63
   de valor aumentativo, 61
   de valor diminutivo, 61
   nominal, 61
   verbal, 62
sujeito, 209
   quando é formado de dois infinitivos, 278
   tipos, 212
      composto, 212, 277
         formado de pessoas
         gramaticais diferentes, 278
         quando os núcleos estiverem
         ligados pela conjunção *ou*, 278
         quando os núcleos estiverem
         ligados por com, 279
         quando os núcleos são sinônimos
         ou quase sinônimos, 277
         quando os núcleos vierem
         dispostos em gradação, 278
      determinado, 212
      indeterminado, 212
      oculto, 212
      oração sem, 214
      simples, 212

t

tampouco, 349
tanto... quanto, 279
tão pouco, 349
tema, 53, 149
tempos primitivos e derivados, 150
termos (da oração)
   acessórios, 235
   essenciais, 208
   integrantes, 226

til (emprego), 29, 45
tônica (v. sílaba)
tônico (v. acento)
travessão (emprego), 326
trissílabas, 18
tudo, 278

u

um
   dos que, 273
   único adjetivo referindo-se a mais de
   um substantivo, 286
   único substantivo determinado por
   mais de um adjetivo, 287

v

valor
   anafórico, 122
   catafórico, 122
verbo, 147
   classificação, 154
      abundantes, 156
      auxiliares, 173
      de ligação, 218
      defectivos, 155
      intransitivos, 217
      irregulares, 155
      lexicais, 217
      pronominais, 158
      regulares, 154
      transitivos, 218
         circunstanciais, 218
         diretos, 218
         diretos e indiretos, 218
         indiretos, 218
      com índice de indeterminação do
      sujeito, 276
      com pronome apassivador, 276
   flexão, 158
      de modo, 160
      de número, 160
      de pessoa, 160
      de tempo, 158
   impessoais, 160
   reflexivos, 161
   tempos simples e compostos, 159
   unipessoais, 156
vírgula (emprego), 321
   entre orações, 323
visar (regência), 303
vocativo, 240
vogal, 15
   de ligação, 53
   temática, 52, 149
voz
   ativa, 160
   passiva, 161
      analítica, 161
      sintética, 161
   reflexiva, 161

z

zeugma, 332

LISTA DE INSTITUIÇÕES PROMOTORAS DE EXAMES VESTIBULARES

Acafe-SC: Associação Catarinense das Fundações Educacionais

Aman-RJ: Academia Militar das Agulhas Negras

Ceeteps-SP: Centro Estadual de Educação Tecnológica Paula Souza

Centec-BA: Centro de Educação Tecnológica da Bahia

Cesesp-PE: Centro de Seleção ao Ensino Superior de Pernambuco

Cesgranrio-RJ: Centro de Seleção de Candidatos ao Ensino Superior do Grande Rio

Covest-PE: Comissão do Vestibular das Universidades Federal e Federal Rural de Pernambuco

CPACN-RJ: Colégio Naval

CTA-SP: Centro Técnico Aeroespacial

EEM-SP: Escola de Engenharia de Mauá

Efei-MG: Escola Federal de Engenharia de Itajubá

Efoa-MG: Escola de Farmácia e Odontologia de Alfenas

Enade: Exame Nacional de Desempenho dos Estudantes

Enem: Exame Nacional do Ensino Médio

Epcar-MG: Escola Preparatória de Cadetes do Ar

Esan-SP: Escola Superior de Administração de Negócios de São Paulo

EsPCEx-SP: Escola Preparatória de Cadetes do Exército

ESPM-SP: Escola Superior de Propaganda e Marketing

ESPP: Empresa de Seleção Pública e Privada

ETEC: Escola Técnica Estadual

Faap-SP: Fundação Armando Álvares Penteado

Facens-SP: Faculdade de Engenharia de Sorocaba

Faenquil-SP: Faculdade de Engenharia Química de Lorena

Fafeod-MG: Faculdade Federal de Odontologia de Diamantina

Fameca-SP: Faculdade de Medicina de Catanduva

Famema-SP: Faculdade de Medicina de Marília

Fasp-SP: Faculdades Associadas de São Paulo

Fatec-SP: Faculdade de Tecnologia de São Paulo

FAUSantos-SP: Faculdade de Arquitetura e Urbanismo de Santos

FCC-SP: Fundação Carlos Chagas

FCC-PR: Fundação Carlos Chagas do Paraná

FCL-SP: Faculdade Cásper Líbero

FCMSC-SP: Faculdade de Ciências Médicas da Santa Casa de São Paulo

Feaa-SP: Faculdade de Engenharia e Agrimensura de Araraquara

Febasp: Faculdade de Belas Artes de São Paulo

Fecap-SP: Fundação Escola de Comércio Álvares Penteado

Feevale-RS: Universidade Feevale

Fefasp: Faculdade de Economia, Finanças e Administração de São Paulo

FEI-SP: Faculdade de Engenharia Industrial

Fesb-SP: Fundação Municipal de Ensino Superior de Bragança Paulista

Fesp-SP: Faculdade de Engenharia de São Paulo

FFALM-PR: Fundação Faculdades Luiz Meneghel

FFCLBH-MG: Faculdade de Filosofia, Ciências e Letras de Belo Horizonte

FFCLT-SP: Faculdade de Filosofia, Ciências e Letras de Taubaté

FGV-SP: Fundação Getúlio Vargas

FGV-RJ: Fundação Getúlio Vargas

FIT-SP: Faculdades Integradas Tibiriçá

FMABC-SP: Faculdade de Medicina da Fundação do ABC

FMIt-MG: Faculdade de Medicina de Itajubá

FMP-RJ: Faculdade de Medicina de Petrópolis

FMPA-MG: Faculdade de Medicina de Pouso Alegre

FMT-SP: Faculdade de Medicina de Taubaté

FOC-SP: Faculdades Oswaldo Cruz

FSA-SP: Centro Universitário Fundação Santo André

Fumec-MG: Fundação Mineira de Educação e Cultura

Furg-RS: Fundação Universidade Federal do Rio Grande

Fuvest-SP: Fundação Universitária para o Vestibular

Ibmec: Faculdades do Instituto Brasileiro de Mercado de Capitais

Ifal: Instituto Federal de Alagoas

IFBA: Instituto Federal de Educação, Ciência e Tecnologia da Bahia

IFCE: Instituto Federal de Educação, Ciência e Tecnologia do Ceará

IFPE: Instituto Federal de Educação, Ciência e Tecnologia de Pernambuco

IFPR: Instituto Federal do Paraná

IFSC: Instituto Federal de Educação, Ciência e Tecnologia de Santa Catarina

IFSP: Instituto Federal de Educação, Ciência e Tecnologia de São Paulo

Ifsul-RS: Instituto Federal de Educação, Ciência e Tecnologia Sul-Rio-Grandense

Imes-SP: Instituto Municipal de Ensino Superior

Insper-SP: Instituto de Ensino e Pesquisa

LISTA DE INSTITUIÇÕES PROMOTORAS DE EXAMES VESTIBULARES

ITA-SP: Instituto Tecnológico de Aeronáutica

Mapofei: Antigo exame vestibular unificado para a Escola de Engenharia Mauá (EEM-SP), a Escola Politécnica da Universidade de São Paulo (USP) e a Faculdade de Engenharia Industrial (FEI-SP)

Omec-SP: Organização Mogiana de Educação e Cultura

Osec-SP: Organização Santamarense de Educação e Cultura

PUCC-SP: Pontifícia Universidade Católica de Campinas

PUC-PR: Pontifícia Universidade Católica do Paraná

PUC-RJ: Pontifícia Universidade Católica do Rio de Janeiro

PUC-RS: Pontifícia Universidade Católica do Rio Grande do Sul

PUC-SP: Pontifícia Universidade Católica de São Paulo

UAM-SP: Universidade Anhembi-Morumbi

UCDB-MS: Universidade Católica Dom Bosco

UCS-RS: Universidade de Caxias do Sul

Ucsal-BA: Universidade Católica de Salvador

Udesc: Universidade do Estado de Santa Catarina

Ueba: Universidades Estaduais da Bahia (Uesc, Uesb, Uneb e Uefs)

Uece: Universidade Estadual do Ceará

UEFS-BA: Universidade Estadual de Feira de Santana

UEG-GO: Universidade Estadual de Goiás

UEL-PR: Universidade Estadual de Londrina

Uema: Universidade Estadual do Maranhão

UEMG: Universidade do Estado de Minas Gerais

UEM-PR: Universidade Estadual de Maringá

Uepa: Universidade do Estado do Pará

UEPB: Universidade Estadual da Paraíba

UEPG-PR: Universidade Estadual de Ponta Grossa

Uerj: Universidade do Estado do Rio de Janeiro

UFABC: Universidade Federal do ABC

Ufac: Universidade Federal do Acre

Ufal: Universidade Federal de Alagoas

Ufam: Universidade Federal do Amazonas

UFC-CE: Universidade Federal do Ceará

Ufes: Universidade Federal do Espírito Santo

UFF-RJ: Universidade Federal Fluminense

UFG-GO: Universidade Federal de Goiás

UFJF-MG: Universidade Federal de Juiz de Fora

UFMA: Universidade Federal do Maranhão

UFMG: Universidade Federal de Minas Gerais

UFMS: Universidade Federal de Mato Grosso do Sul

UFMT: Universidade Federal do Mato Grosso

Ufop-MG: Universidade Federal de Ouro Preto

UFPA: Universidade Federal do Pará

UFPB: Universidade Federal da Paraíba

UFPE: Universidade Federal de Pernambuco

UFPel-RS: Universidade Federal de Pelotas

UFPI: Universidade Federal do Piauí

UFPR: Universidade Federal do Paraná

UFRJ: Universidade Federal do Rio de Janeiro

UFRN: Universidade Federal do Rio Grande do Norte

UFRRJ: Universidade Federal Rural do Rio de Janeiro

UFSE: Universidade Federal de Sergipe

UFSC: Universidade Federal de Santa Catarina

Ufscar-SP: Universidade Federal de São Carlos

UFSM-RS: Universidade Federal de Santa Maria

UFTM-MG: Universidade Federal do Triângulo Mineiro

UFU-MG: Universidade Federal de Uberlândia

UFV-MG: Universidade Federal de Viçosa

UGF-RJ: Universidade Gama Filho

UM-SP: Universidade Metodista

UnB-DF: Universidade de Brasília

Unesp-SP: Universidade Estadual Paulista "Júlio de Mesquita Filho"

Unibero-SP: Centro Universitário Ibero-americano

Unicamp-SP: Universidade Estadual de Campinas

Unic-MT: Universidade de Cuiabá

UniFAI-SP: Centro Universitário Assunção

Unifal-MG: Universidade Federal de Alfenas

Unifei-MG: Universidade Estadual de Itajubá

Unifenas-MG: Universidade José do Rosário Vellano

Unifesp: Universidade Federal de São Paulo

UniFMU-SP: Centro Universitário das Faculdades Metropolitanas Unidas

Unifor-CE: Universidade de Fortaleza

Unimep-SP: Universidade Metodista de Piracicaba

Unip-SP: Universidade Paulista

Unirio-RJ: Universidade Federal do Rio de Janeiro

Unisinos-RS: Universidade do Vale do Rio dos Sinos

Unitau-SP: Universidade de Taubaté

Uniube-MG: Universidade de Uberaba

UPF-RS: Universidade de Passo Fundo

UPE: Universidade de Pernambuco

UPM-SP: Universidade Presbiteriana Mackenzie

USF-SP: Universidade São Francisco

USJT-SP: Universidade São Judas Tadeu

USM-SP: Universidade São Marcos

USU-RJ: Universidade Santa Úrsula

UTFPR: Universidade Tecnológica Federal do Paraná

Vunesp: Fundação para o Vestibular da Unesp

BIBLIOGRAFIA

AZEREDO, José Carlos de. *Gramática Houaiss da língua portuguesa*. 3. ed. São Paulo: Publifolha, 2012.

BACCEGA, Maria Aparecida. *Concordância verbal*. 3. ed. São Paulo: Ática, 1986.

BARROS, Diana Luz Pessoa de. *Teoria do discurso*: fundamentos semióticos. São Paulo: Atual, 1988.

BECHARA, Evanildo. *Moderna gramática portuguesa*. 37. ed. Rio de Janeiro: Lucerna, 2001.

CABRAL, Ana Lúcia Tinoco. *A força das palavras*: dizer e argumentar. São Paulo: Contexto, 2010.

CÂMARA JÚNIOR, Joaquim Mattoso. *Estrutura da língua portuguesa*. Petrópolis: Vozes, 1970.

CARONE, Flávia de Barros. *Morfossintaxe*. 8. ed. São Paulo: Ática, 1999.

_____. *Subordinação e coordenação*: contrastes e confrontos. São Paulo: Ática, 2000.

CASTILHO, Ataliba T. de. *Nova gramática do português brasileiro*. São Paulo: Contexto, 2010.

COSTA, Sônia Bastos Borba. *O aspecto em português*. 3. ed. São Paulo: Contexto, 2002.

CUNHA, Celso; CINTRA, Lindley. *Nova gramática do português contemporâneo*. 3. ed. Rio de Janeiro: Lexikon, 2007.

FÁVERO, Leonor Lopes. *Coesão e coerência textuais*. 8. ed. São Paulo: Ática, 2000. (Série Princípios).

FERNANDES, Francisco. *Dicionário de verbos e regimes*. 4. ed. Porto Alegre: Globo, 1974.

_____. *Dicionário de regimes de substantivos e adjetivos*. Porto Alegre: Globo, [s.d.].

FIORIN, José Luiz. *As astúcias da enunciação*: as categorias de pessoa, espaço e tempo. 2. ed. São Paulo: Ática, 2001.

_____. *Figuras de retórica*. São Paulo: Contexto, 2014.

GARCIA, Othon M. *Comunicação em prosa moderna*. 27. ed. Rio de Janeiro: Ed. da FGV, 2010.

HAUY, Amini Boainain. *Gramática da língua portuguesa padrão*. São Paulo: Edusp, 2014.

ILARI, Rodolfo; GERALDI, João Wanderley. *Semântica*. São Paulo: Ática, 2006. (Série Princípios).

KEDHI, Valter. *Morfemas do português*. 6. ed. São Paulo: Ática, 2000.

_____. *Formação de palavras em português*. 3. ed. São Paulo: Ática, 2000.

KOCH, Ingedore V. *A coesão textual*. São Paulo: Contexto, 1990.

KURY, Adriano da Gama. *Novas lições de análise sintática*. 9. ed. São Paulo: Ática, 2004.

LIMA, Rocha. *Gramática normativa da língua portuguesa*. 23. ed. Rio de Janeiro: José Olympio, 1983.

MATEUS, Maria Helena Mira et al. *Gramática da língua portuguesa*. 3. ed. Lisboa: Editorial Caminho, 1989.

NEVES, Maria Helena de Moura. *Gramática de usos do português*. São Paulo: Ed. da Unesp, 2000.

_____. *Guia de usos do português*: confrontando regras e usos. São Paulo: Ed. da Unesp, 2003.

SANDMANN, Antônio. *Morfologia lexical*. 2. ed. São Paulo: Contexto, 1997.

TERRA, Ernani. *A produção literária e a formação de leitores em tempos de tecnologia digital*. Curitiba: InterSaberes, 2015.

TRAVAGLIA, Luiz Carlos. *Gramática*: ensino plural. São Paulo: Cortez, 2003.

VILELA, Mário; KOCH, Ingedore Villaça. *Gramática da língua portuguesa*: gramática da palavra, gramática da frase, gramática do texto/discurso. Coimbra: Almedina, 2001.